基金项目

● 全国教育科学规划教育部青年课题" 明清时期华侨与海丝沿线国家华文教育发展研究"（EOA190471）

明清时期

海外华侨双语教育发展研究

史玄之 著

厦门大学出版社 国家一级出版社
XIAMEN UNIVERSITY PRESS 全国百佳图书出版单位

图书在版编目（CIP）数据

明清时期海外华侨双语教育发展研究 / 史玄之著
. -- 厦门：厦门大学出版社，2024.3
ISBN 978-7-5615-9319-6

Ⅰ．①明… Ⅱ．①史… Ⅲ．①华文教育-双语教学-发展-研究-国外-明清时代 Ⅳ．①G749.1

中国国家版本馆CIP数据核字(2024)第042276号

责任编辑　薛鹏志
美术编辑　李嘉彬
技术编辑　朱　楷

出版发行　厦门大学出版社
社　　址　厦门市软件园二期望海路39号
邮政编码　361008
总　　机　0592-2181111　0592-2181406(传真)
营销中心　0592-2184458　0592-2181365
网　　址　http://www.xmupress.com
邮　　箱　xmup@xmupress.com
印　　刷　厦门市明亮彩印有限公司

开本　720 mm×1 000 mm　1/16
印张　30.75
插页　2
字数　540 千字
版次　2024 年 3 月第 1 版
印次　2024 年 3 月第 1 次印刷
定价　126.00 元

本书如有印装质量问题请直接寄承印厂调换

厦门大学出版社
微信二维码

厦门大学出版社
微博二维码

序

华侨教育与海外华侨社会的形成发展相生相随,其最主要的目的在于培养华侨及其后代保持和传承中华文化并掌握在侨居地生存和发展所需的知识与技能,而担负起这一重大使命的教育组织机构最初就是由华侨在海外创办的华侨学校。因此华侨学校在海外华侨社会的发展中始终具有举足轻重的地位和作用,与华侨社团及华侨报刊并称为海外华侨社会的三大支柱,素有"华社三宝"之称。

早期海外华人创办的华侨学校,无论是富商豪门私设的家塾抑或会馆社团公设的义学,均以传授孔孟儒学及礼仪为主要内容,其目的旨在使得华人子弟"习闻圣人之教、中国礼仪彝伦之正",在海外继续传承和弘扬中华传统文化。创立于1690年被誉为海外第一所华侨学校的吧城(今雅加达)明诚书院,开设的课程以四书五经儒家经典为首要。每月的初一日,"考院内学童所作诗文、对句、写字、算法、字说、世事,通则有赏"。又如,创立于1888年的英属马来亚槟城南华义学规条中,明确要求学童先读《孝经》,次读《四书》。"每逢朔、望日,塾师须将圣谕及孝悌忠信诸故事,明白宣讲,冀其心体力行"。当时海外华侨私塾、义学所聘请的塾师或教读先生,大多来自闽粤侨乡的文人学士,也有部分为寓居海外的儒士。清代中叶撰著海外游记《噶喇吧纪略》的程逊我(程日炌)和《海岛逸志》的王大海(王柳谷),均为来自福建漳州的儒生。他们以舌耕为业,分别在1729—1736年间、1783—1793年间,受聘在巴达维亚和三宝垄的华人富商家庭中教读诗书。

据荷属东印度巴达维亚华人公馆(吧国公堂)《公案簿》的档案文献记载,荷印殖民当局在1844年曾一度只准许华人新客中的"匠人百工"入境吧城,而对"文人学士"的入境则加以严格禁止。为此,吧城华人公馆专门致书荷兰殖民政府，指出当局"所禁者文人学士，实有负于圣教所云，恐仁、义、礼、智之风，尽泯于今矣！……夫童子自幼须教以礼仪，至其长大方能知诗识理，通权达变而利生焉。既无贤人教督，势必至于庸愚，商贾贸易谁能掌数？"长此以往，对华人社会的发展为害甚大。在华人公馆的坦诚进言与不懈努力之下，荷印殖民当局在1846年以后逐渐放宽了华人新客中的"文人学士"的入境限制，并向华人公馆了解华人社会对教读先生、掌理数簿财副、行医先生逐年需求的数量。根据华人公馆的估算，"此三等人逐年在吧约用600名"，其中"教读160名、财副360名、医生80名"。由此足见，当时巴达维亚除了华人公馆公设的明诚书院义学之外，显然还拥有为数众多华侨私设的家塾，"崇文重教、尊师好学"这一中华民族优良传统在巴达维亚华人社会里已蔚然成风。

从19世纪中叶直至20世纪初期，先后受到晚清洋务运动兴学堂、遣留学，以及戊戌变法改革建立新式学堂等活动的影响，尤其是在清末新政废除科举、办学堂、派留学等育才兴学革新政策的推动之下，海外华侨教育也经历了由义学私塾旧式华侨教育向新式学堂近代华侨教育的转型过程。与清末国内兴办新式学校的风气相呼应，华侨也在东南亚各地掀起了创办新式学校的热潮。荷印吧城中华会馆于1901年3月创办了荷印第一所新式华文学校——中华学校，学校实行国语教学，用白话文教授学生学习中国历史、地理、文化道德、算术、商业簿记以及英语等科目，因而也成为东南亚地区第一所现代化的华文学校。菲律宾的第一所华侨学校是创立于1899年的小吕宋（马尼拉）华侨中西学校（Anglo-Chinese School），其最初为蒙馆，仅开设单一的中文课程，主要教授四书五经和尺牍。到1902年以后，学校对教学内容进行改革，聘请英文教员，增设英文部，为学生加授英文，以备"学生出校后适应商场实用"，中英文并授始兴。此举不仅使得马尼拉中西学校的校名名实相副，而且也开启了菲律宾华侨学校双语教育的先河，并对20世纪初以来菲华社会的华侨教育蓬勃发展产生了深远的影响。英属马来亚的槟榔屿华侨也于1904年创办了新马地区第一所新式学校——槟城中华学堂，开设的课程包括修身、读经、国文（华文）、外国语（英语）、历史、地理、算术、物理学、体操等科目，由此翻开了新马地区华侨教育史崭新的一页。此后，新式华侨学校在南洋地区如雨后春笋纷纷建立起来。

　　随着新式华侨学校在教学内容上的改进以及教学语言上的变化,使得"汉语＋外语"、"儒学＋西学"的双语教育逐渐成为华侨学校的主要教育模式和办学发展方向。时至今日,"双语(汉语、英语)教育"乃至"三语(汉语、本国通用语言、英语)并重,五育(德育、智育、群育、体育和美育)兼修"的办学理念和教育模式,已普遍成为海外华文学校蓬勃发展的鲜明特色之一。因此对海外华侨学校双语(或三语)教育的研究已然构成了海外华侨教育史研究领域中一个重要的研究方向。从目前已有的关于华侨双语教育问题的研究成果来看,研究的视角主要聚焦于对当代海外华文学校双语教育理念与实践的共时性研究。相对而言,从历史视角对华侨双语教育的发展历程进行历时性研究,并从中总结和汲取历史经验启示的研究成果依然暂付阙如。有鉴于此,全面梳理和勾勒海外华侨双语教育发展的历史进程,系统论述和归纳华侨双语教育实践的具体形式以及其在教材选用、教学内容和教学语言选择等教学举措方面的特点,详细考察和分析制约华侨双语教育发展的主客观因素,深入探讨和总结华侨双语教育发展的历史作用和启示意义等问题,必将有助于进一步拓展和深化海外华侨教育史研究领域的广度和深度。

　　史玄之博士的新著《明清时期海外华侨双语教育发展研究》,就是其主持的全国教育科学"十三五"规划教育部青年项目课题"明清时期华侨与海丝沿线国家华文教育发展研究"的阶段性研究成果。此一研究成果最为显著的特色和主要建树在于以明清时期海外华侨社会的形成发展为历史背景,从"纵向"和"横向"两个维度对这一时期海外华侨双语教育的发展进行了较为全面、系统和深入细致的考察和研究。该课题研究广泛收集和整理中外相关的历史文献资料,根据海外侨校双语教育各阶段的发展进程,在纵向上将明清时期海外华侨双语教育发展历程分为萌芽期、起步期和快速发展期三个阶段,在充分把握和系统论述海外华侨双语教育历史发展脉络及概况的基础上,从中总结和归纳出海外侨校双语教育实践经验及其发展演变的规律。在横向上重点分析和比较这一时期海外华侨双语教育实践在教育目标、教育形式、办学主体、教育对象、教师聘用、教学模式、教学方法、课程设置、教材编写、教学语言选择等方面的特点;进而从海外侨校办学者的个人背景与教育理念、明清政府及侨居国政府颁布的华侨教育政策等三个层面,深度剖析推动或制约明清时期海外华侨双语教育发展的内外因素。通过这一完整而又多维立体的研究框架体系,深入探讨明清时期海外侨校双语教育实践对于华侨及其后代在传承中华传统文化、适应和融入侨居国当地社会生活环境,以及提高华侨社会经济地位等各方面所发挥的积极作用和重要影响。

值得注意的是,为了进一步阐述明清时期海外华侨教育与华侨双语教育的内涵与外延,论证华侨双语教育与华文教育(汉语教育)之间的辩证关系,作者将海外华侨学校教育作为华侨教育的主要形式进行重点考察和研究,明确指出华侨双语教育是华侨教育的重要组成部分,在华侨教育中占有极其重要的地位;主张华侨双语教育是指面向华侨群体的一种教育形式,即在学校及其他教育组织、机构中使用汉语和英语(或侨居国通用语言)进行教育,既包括传授华侨群体两种语言,也包括使用两种语言进行非语言学科(如数学、物理等学科)的教学。作者认为,华侨双语教育在概念上虽与海外华侨教育相近,但更加着重突显出语言在华侨教育中所发挥的重要角色和功能,从而进一步强调海外华侨双语教育的目的和功能不但是华侨移民及其后代学习汉语、保持与传承中华传统文化和民族特性的重要途径,而且为华侨在侨居国的生存与发展、融入当地主流社会、提高自身就业竞争力和社会经济地位奠定了重要基础。

由于在清末一些新式海外华侨学校的发展中甚至超越了"双语教育"的范畴,华侨学生不仅需要接受汉语教育,而且为了适应在侨居地生存和发展,还需要接受侨居地民族语言和流行语言教育,由此产生"多语教育"的形式。鉴于明清时期海外华侨所实施的双语教育有其特殊性和历史性,作者将部分新式华侨学校中出现的"多语教育"形式归纳入"双语教育"的概念范畴内,但在进行具体分析华侨学校的双语教育模式时,并不严格按照现有国际流行的双语教育模式分类进行分析,而是在史料收集、归纳与分析的基础上,根据实际情况对这一时期海外侨校双语教育的模式展开个案研究,从而在一定程度上进一步扩展了已有研究中关于国际双语教育模式的种类和范围,颇具学术研究的价值和意义。

史玄之博士多年来一直致力于从事中国近代教育史、语言传播史和华侨华人史等领域的研究工作。本书是继其在 2021 年出版《晚清双语教育政策与实践研究》之后奉献给读者的又一部呕心力作,也是迄今为止第一部旨在对当今海外华侨双语教育发展历程及其主要教育模式和特点进行历史溯源的学术研究专著,充分体现出作者在此一研究领域里不断深耕拓展的探索精神,以及其对学术研究孜孜不倦的执着追求和认真严谨的治学态度。完全有理由相信此一佳作的出版,有助于进一步深化对于明清时期海外华侨双语教育产生的动因及其发展规律的认识和了解,可为推进海外侨校的双语乃至三语教育实践的长远发展等提供可资借鉴的历史经验和启示。

聂德宁

2023 年 9 月 10 日

目　录

第一章

绪　论

伴随着古代海上丝绸之路的开辟和延伸,中国与世界东西方国家之间的交往日益频繁,中国人陆续移民海外侨居。历史上,侨居海外国家和地区的中国人及其后裔大都泛称为"唐人"、"华人"和"番客"。直到清末,侨居海外国家和地区的中国人及其后裔形成"华民"和"侨民"乃至"华侨"等称谓。本书遵循学界传统的共识,将20世纪初期以前侨居在海外国家和地区的具有中国血统的中国人及其后裔通称为"海外华侨"。当引申述及当代的海外华侨移民及其后裔时,则采用通常的"海外华侨华人"称谓。

海外华侨历经千辛万苦于异域扎根定居,华侨社区和华侨社会逐步形成,而华侨教育就成为一代代华侨在侨居地生存与发展的重要途径。保持中华民族特性与掌握在侨居地生存和发展所需的知识与技能,这是海外华侨教育的两大主要目的,而在这两大目的共同作用下形成了海外华侨双语教育。海外华侨双语教育是面向华侨及其后代的一种教育形式,即在学校及其他教育组织、机构中使用汉语和英语(或侨居国通用语言)进行教育,既包括教授华侨群体两种语言,也包括使用两种语言进行非语言学科(如数学、物理等学科)的教育。

一、海上丝绸之路的开辟与海外华侨社会的形成

海上丝绸之路是从中国出发而连通世界的海上通道。其萌芽于商周,发展于春秋战国,形成于秦汉,加速于唐,勃兴于宋,繁华于元,鼎盛于明,转变于清。狭义而言,海上丝绸之路是指以丝绸进出口为代表的中外海上贸易路线;广义而言,海上丝绸之路是指中国同世界各个国家、民族之间通过

海路进行的经济、文化、科技、宗教、政治等全方位的交往,这是世界上持续历史最久、距离最长的一条中外往来通道,也是中国与世界互鉴互学、深入融合的合作载体,更是世界上造福国家最多、谋得共赢最久的互利平台。

海上丝绸之路的发展历史也是中国人自古向海求生、向海谋富、向海图强的一部历史。早在先秦之时,勇敢的中国人就扬帆出海,踏上向海求生之路。当时的岭南先民使用平底小舟从事海上渔业生产,并穿梭于南中国海乃至南太平洋沿岸及其岛屿,形成了以陶瓷为纽带的贸易交往圈。春秋时期,齐国与朝鲜已有贸易往来,齐国在胶东半岛开辟了一条直通朝鲜半岛、日本列岛直至东南亚的黄金通道,该通道被称为"循海岸水行",并通过这条黄金通道从朝鲜输入了"文皮"(虎皮)等各种特产。战国时期,燕国与朝鲜之间的贸易已相当活跃,还有人自朝鲜东渡日本营商。

汉代是中华文化发展史上的第一个黄金时代,也是中华文化凭借海上丝绸之路第一次全面地向世界开放,自觉地向海外开拓、传播的时代。正是在这个雄心万丈的时代,中国开辟了和南洋的海路商道。东汉史学家班固在《汉书·地理志》中就有关于海上丝绸之路最早的记录:"自日南①障塞,徐闻、合浦船行可五月,有都元国。又船行可四月,有邑卢没国。又船行可二十余日,有谌离国。"②该记录中的都元国在今印度尼西亚(简称印尼)苏门答腊岛东北部,一说在今马来半岛南部,一说在今越南俄厄。邑卢没国,在今缅甸勃固附近。谌离国在今泰缅一带,其具体的地理位置有泰国暹罗湾沿岸说、泰国佛统府说、泰国西部北碧府说、缅甸伊洛瓦底沿岸说等多种说法。东汉时期,中国人不但延伸和拓宽了通向东南亚的海上商路,还将海上丝绸之路延续至波斯湾边,甚至决定横渡波斯湾,将贸易向欧洲拓展。尽管在波斯湾岸边被波斯人劝阻下来,但是凭借海上丝绸之路,中国与非洲官方建立了友好关系。

唐朝是海上丝绸之路发展的关键时期。751 年,唐王朝和阿拉伯帝国的阿拔斯王朝(黑衣大食)之间为争夺中亚地区的权益,在怛罗斯(今哈萨克斯坦江布尔附近)进行了一场改变历史发展的战役,唐朝兵败。战后,大食控制了中亚,切断唐朝通往西域的陆上交通,陆上丝绸之路因交通阻塞而迅

---

① 日南,下辖朱吾县、比景县、卢容县、西卷县、象林县,辖境在今越南,西卷县为郡治。公元前111年,汉武帝灭南越国,设置南海、苍梧、郁林、合浦、交趾、九真、日南、珠崖、儋耳等九郡,隶属交趾刺史部,其中日南、九真、交趾三郡位于今越南境内。

② (汉)班固:《汉书》卷二十八,《地理志下》,北京:中华书局,2007 年,第 314 页。

速衰败。特别是"安史之乱"后,连绵多年的战争重创了北方经济,与此同时,南方经济仍保持着持续的发展和繁荣,全国经济重心快速向南方转移,这更使唐朝政权致力于经营与海外诸国的海上交通贸易,于是海路渐渐成为中外经济文化交流的主要管道,使海上丝绸之路的延伸速度加快。

明朝是海上丝绸之路发展的高潮时期。1405 年至 1433 年,政府以国家力量强力推进海上丝绸之路发展,郑和七下西洋是其中最重要的行动。郑和七下西洋,既是中国政府延伸和拓宽海上丝绸之路的主动作为,也是中国向世界展示和平、和谐、包容、互鉴、兼利、共赢的海上丝绸之路精神的积极行动,密切了中国与世界上更多国家的友谊,团结更多国家参与共建海上丝绸之路,促使中国与 150 多个国家和地区建立了友好关系和直接的商贸往来,成为海上丝绸之路建设的一个极为关键时期。

清朝是海上丝绸之路发展的转折时期。清朝海上丝路发展可以分成两个时期:第一个时期是清初至 1840 年鸦片战争爆发之前,清政府完全掌握着海上丝绸之路发展的主动权,不断推进海上丝绸之路的发展;第二个时期是 1840 年鸦片战争爆发之后至 1911 年,西方列强以坚船利炮打开了中国国门,清政府被迫签订一系列丧权辱国的中外不平等条约,失去了对海上丝绸之路发展的把控权,被动且高代价地卷入世界海上贸易之中,但在客观上海上丝绸之路的长度和宽度得到延伸。

自秦汉开始,中国大地遭遇频繁的战乱,加上自然灾害、朝代更迭、列强入侵等因素的影响,国家发展处于不稳定的状态之中。然而,再深重的灾难、再严酷的挫折、再疯狂的打击,都没有阻挡住中国人民积极投身海上丝绸之路建设的激情与斗志,这与海上丝绸之路的强大生命力有关,与互利共赢的海上丝绸之路精神为世界人民所认同有关,更与中国人深植于心、外化于行的探索勇气、开放胆魄、宏大梦想有关。在连通亚洲的同时,海上丝绸之路还向欧洲、非洲、美洲、大洋洲延伸。

据史料记载,早在两千多年前,自西汉张骞出使西域、开辟丝绸之路后,中国丝织等产品就辗转进入北非,埃及的琉璃等商品也开始传入中国。《宋史》有记,北宋时期,中国与东非层檀国(不同朝代又译层拔、层摇罗,今坦桑尼亚联合共和国的桑给巴尔岛)之间已经开始了官方往来。[1] 元明时期,中

---

[1] 方积根、胡文英:《非洲华侨历史与现状概述》,方积根:《非洲华侨史资料选辑》,北京:新华出版社,1986 年,第 22 页。

国已有不少人前往非洲经商,而清朝时期,中国人前往更多的非洲国家营商兴业。

在遥远的拉丁美洲,早在 16 世纪中叶,就有中国人移民到墨西哥谋生,16 世纪末墨西哥城就有了唐人街。在这之后,越来越多的中国人踏上拉丁美洲这片神奇的土地,仅仅在有清一朝,中国人就踏上巴西、阿根廷、智利、秘鲁、委内瑞拉、厄瓜多尔、圭亚那、苏里南、巴拿马、哥斯达黎加、尼加拉瓜、萨尔瓦多、古巴、牙买加、多米尼加等众多国家的土地,他们在这些国家行商、筑路、建桥、耕种、开掘运河,用心血乃至生命深刻诠释海上丝绸之路精神内核——合作、共赢、互惠、互利。

在太平洋波岸,中国人为美国今日之繁华做出重要的贡献。从 1571 年至 1748 年,已有华人在加利福尼亚造船。1788 年,在美国遥远的西部已有华工的身影,仅 1849 年至 1882 年,沿着海上丝绸之路到美国的中国工人就有 30 万人之多,他们对美国西部的开发做出巨大的贡献。横贯美国中、西部的太平洋大铁路西段,长达 1800 英里,约占整条铁路的三分之二,一路上有崇山峻岭、悬崖绝壁、河谷急流、热带沙漠,地形十分复杂,全部工程的90％以上都由中国工人承担,一些路段经常有上万名华工筑路。1770 年,美国的近邻加拿大也出现了第一批中国人,他们也成为加拿大的建设者。[①]

海上丝绸之路与中国人移民海外密切相关。先秦时期是海上丝绸之路的开创期,也是中国海外移民传说期;秦汉时期是海上丝绸之路的形成期,也是中国海外移民胚胎期;魏晋南北朝时期是海上丝绸之路的发展期,也是中国海外移民萌芽期;隋唐五代时期是海上丝绸之路的转折期,也是中国海外移民成长期;宋元时期是海上丝绸之路的繁盛期,也是中国海外移民长成期;明清时期是海上丝绸之路的发展高峰期,也是中国海外移民鼎盛期。

随着踏上海上丝绸之路耕海世界的中国人越来越多,华侨由此产生。华侨在历史上称为"唐人"、"华人"、"中国人"或"中华人",亦称为"北人"、"闽粤人"、"华民"、"华工"和"华商"等,这些称呼在广义上都是指移居海外的中国人。1878 年,清朝驻美国使臣陈兰斌在给朝廷的奏章中,把寓居外国的中国人称为"侨民"。1883 年,轮船招商局总办郑观应在给李鸿章的奏章中,正式使用了"华侨"一词。1904 年,清政府外务部就在海外设置领事馆一事上奏清廷:"在海外设领,经营支出无多,而华侨受益甚大。"于是"华

---

① 陆国俊:《美洲华侨史话》,天津:天津教育出版社,1991 年,第 44～46 页。

侨"一词普遍成为寄居外国中国国民的专称。1909 年 3 月 28 日,清政府颁布了一项基于血统主义原则的国籍法——《大清国籍条例》,第一条规定:"凡下列人等,不论是否生于中国地方,均属中国国籍:一、生而父为中国人者;二、生于父死后而父死时为中国人者;三、母为中国人而父无可考者或无国籍者。"①为方便起见,我们将当时定居海外的中国人统称为"华侨"。

虽然中国人早在汉代就沿着海上丝绸之路赴海外开展经商活动,且耕海天下的中国人越来越多,海上丝绸之路也随之不断延伸,但在宋代及宋代之前,前往世界各地经商的大批中国人,往往是在贸易完成后就返回祖国,留居海外者不多。元代,因政治因素留居海外的中国人多了一些,因经商而定居于海外的人数也开始增多,随之在一些与中国通商历史悠久、商贸往来频繁的区域出现了华侨集中生活区。如 13 世纪在今印尼东爪哇省的图班市(又名厨闽)就有华侨组成的"新村"②,在曼谷出现由华侨组成的"奶街",但无论从移民人数还是华侨聚居区的规模,抑或是在当地的影响力来说,这些华侨集中生活区严格说来并非真正意义上的华侨社区,仅仅是为后来华侨社区、华侨社会的形成奠定了一些基础。

明代,随着中国人赴海外经商人数的增多和经商区域的拓宽,定居海外的华侨不断增加,在东南亚和美洲多地都形成了华侨社区。社区,指的是若干社会群体或社会组织聚集在某一个区域里所形成的一个生活上相互关联的大集体,它是社会有机体最基本的内容,也是宏观社会的缩影。社区具有某种互动关系和共同文化维系力,其在一定领域内由相互关联的人群形成共同体及活动区域。构成社区的基本要素包括具有一定数量的人口、一定范围的地域、一定规模的设施、一定特征的文化、一定类型的组织,居民之间有共同的意识和利益,有着较密切的社会交往。简言之,社区就是聚居在一定地域范围内的人所组成的社会生活共同体。

华侨社区,指的是海外华侨集中居住的区域,在这一区域内主要通行语言为中国官方语言(汉语普通话)和中国地方方言,人们按照中国传统的礼俗和道德安排生活、处理人际关系。明代,华侨社区多出现在南洋地区,其主要原因有以下五点:一是当时华侨多集中于中国通往印度、阿拉伯、北非

---

① 《大清国籍条例》,《北洋法政学报》1909 年第 100 期,第 1 页。

② 新村,又名革儿昔,指的是今印尼爪哇岛东北岸泗水附近的锦石(Gresik)。公元 15 世纪以后为爪哇重要商埠。马欢的《瀛涯胜览》有记:"番名曰革儿昔。原系沙滩之地,盖因中国之人来此创居,遂名新村,至今村主广东人也。"

的海路商道沿线的一些南洋国家中,特别是商品经济较发达的地区和城市;二是华侨在南洋的势力逐渐增强,加之移民人数不断增多,华侨不仅掌握了海上贸易的控制权,而且成为开发当地资源、推动当地商品经济发展的一支重要力量,这不但促成了更多华侨社区的出现,也为南洋华侨社会的发展奠定了基础;三是华侨到南洋谋生,不可避免地遇到自然环境和社会环境的不适应,产生了极强的内聚力,为了生活的需要和谋生的方便,华侨很自然地聚居在一地;四是南洋地区的一些侨居国政府规定华侨只能居住于一定的范围内,这在客观上促进了华侨社区的形成;五是赴南洋经商和因经商而定居南洋的中国人带有极强的地域性、宗亲性,来自中国某一地的同乡会集中定居于海外某一地,一个亲人定居于海外某一地且生意有起色,其他亲戚就纷纷效而前往,这种特性也有助于华侨社区的形成。

有明一代,在中国通往印度、阿拉伯、北非的海路商道沿线地区,在占城①、柬埔寨、满剌加(今马来西亚马六甲州)、苏门答腊的旧港(今印尼南苏门答腊省首府巨港)、爪哇的杜板(今印尼泗水附近的图班)、革儿昔(今印尼东爪哇省锦石县)、苏儿把牙(今印尼第二大城市泗水市)、三宝垄(今印尼中爪哇省首府和最大城市)、文莱、麻逸(今菲律宾民都洛岛)、苏禄(今菲律宾苏禄省)、暹罗的阿瑜陀耶城(今泰国大城府)等地都有固定的华侨社区。在琉球(今日本冲绳县)有久米村(今日本那霸港附近),这里是移民琉球的"闽人三十六姓"及后人集中居住地。在遥远的美洲,16 世纪末在墨西哥城就有了唐人街。

也是在明代,在海外华侨人数最多的南洋地区,随着华侨社区数量增多、规模扩大、影响力增加,华侨社会开始形成并走向相对成熟:"华侨聚居地的人数相当可观,多者达千余家,甚至数千家。华侨社会到这时已开始发展成熟,其标志之一是华侨社会已产生自己的领袖,华侨已能自己治理自

---

① 占城,位于今越南境内,本为西汉时期汉武帝设置的日南郡象林县。137 年,象林县功曹区连(一说是功曹之子,作区达或区逵,又称释利摩罗)杀县令,自称林邑国王,建立了自己的政权。中国古籍称其为象林邑,简称林邑。南朝后期占领了整个日南郡。758 年前后,来自林邑南部宾童龙(Panduranga)的贵族毕底邠陀罗跋摩(Prithivindravarman)获得了林邑的政权,建立了自己的王朝,国号从"林邑"变成了"环王"。875 年,环王君主去世后无后,非出身王族的因陀罗跋摩获得统治权,建立了新的王朝。此后,中国史书不再把当地称为环王,而改称"占城",全称占婆补罗,曾译作占婆、占波、瞻波、摩诃瞻波、占不劳等。

己。"①以今日印尼南苏门答腊省巨港一带为例,当地华侨领袖有梁道明、接棒梁道明的施进卿、接棒施进卿的施二姐等,施二姐在移居爪哇新村后被爪哇国王封为新村领袖。此外,随着郑和七下西洋,在海外华侨人数最多的东南亚还出现了华侨伊斯兰社区,涌现出了一批在当地颇有影响力的华侨领袖,如颜英裕、孙龙、彭德庆、彭瑞和等。这些华侨领袖从诞生那一刻起,就带有一个鲜明的共性,即大多是成功的商人,如孙龙本身就是一个大型火药厂的老板。

明代,伴随着华侨社会的出现与成熟,华侨的心理状态和未来人生规划也发生了变化,从赚钱归乡到叶落归根,部分华侨还有了"落地生根"之意。当时的华侨社会一方面保持着与中国的密切联系,坚持着中华民族的儒家道德、礼仪和传统习俗,保持着中国的传统文化和生活方式;另一方面,他们又努力适应侨居地的人文环境,逐渐融入当地社会。这主要表现在两个方面:一是华侨携妻移民,并将家安在侨居国;二是集团式华侨移民中有大量妇女,如 1574 年,广东饶平籍海上绿林首领林凤"率战舰六十二艘、水陆军二千,妇女一千五百,职工多人,自澎湖出发,直驶南行,至吕宋岛西岸之乙罗高寄艇。11 月 29 日,抵马尼拉湾"。② 与此同时,部分华侨与当地人通婚者也在不断增加。《明史》中就有这样的记载:满剌加居民,"男女椎髻,身体黝黑,间有白者,唐人种也"。③ 此记载说明,在侨居满剌加的华侨中,有的人已与当地女子结婚,生儿育女,在当地人中出现了少数肤色较白的华巫混血儿。

二、海外华侨教育的缘起与演变

有子女生活于异邦,这对于有着尊师重教传统的中国人来说,自然将眼光投入办学课子之上,这也就出现了面向华侨及其后代的华侨教育。就教育性质和目的而言,教育史学者张正藩认为,华侨教育是伴随着华侨移民以及华侨社会的出现而产生的重要问题。华侨移民异域,并在异域扎下根来,接受教育是华侨及其后代在侨居地能否长久生存与发展的重要基础。华侨

---

① 陈碧笙:《南洋华侨史》,南昌:江西人民出版社,1989 年,第 53~54 页。
② 李长傅:《南洋史地与华侨华人研究》,广州:暨南大学出版社,2001 年,第 187 页。
③ (清)张廷玉:《明史》卷三二五,《外国传》,《二十五史》第十册,上海:上海古籍出版社、上海书店,1986 年,第 8699 页。

教育之所以是一国(或地区)侨务工作的重中之重,因其不仅是向华侨传授知识与技能的重要利器,也是改进华侨在侨居地生活、稳固华侨工商业基础的主要工具,更是海外华侨保持中华民族特性、传承中华民族精神与文化的主要方式:

> 华侨移殖海外,数逾千万,对于祖国的政治经济社会文化方面,都息息相关,不可分割。但他们远离祖国,长期居住海外,已经习惯于应用当地的语言文字,熟悉当地的生活习惯,对于祖国文化,虽然不会忘怀,但长久隔绝的关系,印象不免日趋淡薄。至于一些在海外生长的侨生,进侨校还好,如为了适应当地环境,谋将来生活的出路,而进当地学校,则难免不习于土化,数典忘祖。因此我们惟有发展侨民教育,始能挽救此种危机。同时我们发展侨民教育,必须特别注重民族精神教育,使华侨子弟都能认识祖国地大物博,山河壮丽,了解中华民族为世界上最有悠久历史的民族,中华民族文化为世界上最丰富最伟大的文化。他们能够有此认识了解,则他们将更热爱国家热爱民族了。[①]

就教育形式而言,明清时期,海外华侨教育的发展呈现出从非正式教育到正式学校教育的转变过程,这与华侨移民切实需求的变化相一致。华侨移民海外,其最初的需求是暖衣足食,能够先在侨居国生存下来。为了谋生的需要,华侨必然会与当地土著居民或外来殖民者进行交流,学习当地语言以及基本的生存技能就成为华侨移民后所面临的最迫切的问题。在这种迫切的需求下,华侨所接受的教育是一种应付现实需求的非正式教育,主要由先民口述,或者由父兄戚友、店东伙计、师傅教授,并没有固定的教师和课本。[②] 随着时间的推移,在解决了生存的问题后,华侨要想更好地在侨居地发展,开创一番事业,就需要接受系统的教育。华侨自身需求的变化促使华侨教育的形式不断地变化,以学校教育为主要形式的正式教育就逐渐成为华侨接受教育的主要形式。

明代最早出现的华侨教育沿袭了中国旧式教育的形式,主要有以下三种形式:一是教馆或坐馆,即有一定经济实力的华侨从中国请塾师来家教子;二是乡塾,即以乡域为界,华侨集资请先生在当地设馆教书,如琉球久米村的乡塾;三是家塾或私塾,即中国有文化者前往海外华侨聚集地,在自己

---

① 张正藩:《华侨教育新论》,台北:"中央"文物供应社,1955 年,第 4 页。
② 张正藩:《华侨教育新论》,台北:"中央"文物供应社,1955 年,第 6 页。

家中设学授业。除了华侨个人或组织开办的教馆(坐馆)、乡塾、家塾(私塾)外,从明代至清代,以学校教育为形式的华侨教育还包括由侨居地教会面向华侨子女开办的教会学校(美国北亚当斯市的一些教会就曾为华工设立主日学校,星期天上课,教授华工英语)和华侨个人或组织开办的蒙馆、义学、新式华侨学校。各种教育形式的混杂,推动了明清时期海外华侨教育的持续发展,"据 17 世纪欧洲人在印度尼西亚万丹所见,华侨子女到七八岁以后,就接受很好的教育。由年长者教他们学读写中国文字、做算术、记账,并学做生意,训练他们成为理财能人"。[①]

无论是上述何种学校,学校教育都成为这一阶段华侨教育的重要组成部分。华侨不再局限于通过身边人的口口相传来接受教育,而是在固定的地点、由固定的教师来授课,教育形式更加系统。以华侨学校为形式的海外华侨教育是本书的研究对象,而华侨家庭教育、口述教育等非正式教育形式并不在本书的范畴内,这些非正式的教育形式虽在本书叙述中有所涉及,但并不会重点叙述与分析。

根据现存史料的记载,华侨教育史学者对于第一所海外华侨学校的产生有争论。[②] 多数学者认为,第一所海外华侨学校应是荷属东印度巴达维亚(吧城)华人公馆[③]的明诚书院。1690 年 6 月,在吧城华侨甲必丹郭郡观的倡议下创办了这所华侨义学。郭郡观,原籍福建海澄(今龙海),在吧城担任甲必丹十八年,担任雷珍兰十九年四个月,担任武直迷三年。四十年作为华侨领袖的经历,让郭郡观在当地华侨中拥有很高的声望,也更了解当地华侨的迫切需要。当时在巴达维亚的华侨中有相当一部分是土生华侨,其父辈到巴达维亚后与当地妇女结婚,子女一般都具有母系方面的土著血统,由母亲抚养长大。因此大多都只讲马来语或者由马来语和福建方言混合而成的语言,并不会讲汉语。为了让华侨子女保持中华民族特性,传承中华传统

---

① 陈碧笙:《南洋华侨史》,南昌:江西人民出版社,1989 年,第 405 页。

② 别必亮:《承传与创新:近代华侨教育研究》,石家庄:河北教育出版社,2001 年,第 9～11 页。

③ 吧城华人公馆,又称吧国公堂,设于 1742 年,为荷兰殖民当局委任吧城唐人官员负责审理议决华侨社会内部事务的管理机构。职官包括玛腰(少校衔首领)、甲必丹(上尉衔首领)、雷珍兰(中尉衔首领)、朱葛礁(书记官)、武直迷(财产管理官)等。吧国,即噶喇吧国的简称,在今印尼雅加达。1619 年荷兰占领吧城后,在废墟上重建巴达维亚城,简称巴城。"巴达维亚"为荷兰语译音,华语始终称作"吧城"。

文化,巴达维亚的华侨急切地需要让子女接受汉语和儒学教育,这也是明诚书院开设的主要目的。郭郡观在巴达维亚"建病厝(医院),立义学,额曰'明诚书院',以利后人,万代无穷之奕休"。而对于那些无人教导的"华侨弃婴"来说,"建一义学,请一位唐人先生以教之……则贫儿不致艰于读书"。[1] 由此可见,巴达维亚明诚书院不仅是一所华侨义学,也兼具养济院的功能。兼有华侨社会文化教育与福利救济双重色彩的明诚书院受到当地华侨的赞赏:"义学美色甘病厝之设,大有益于我唐人,是郭郡观德被死生,恩及孤独贫穷,其功伟矣!"[2]

关于海外华侨学校起源的第二种说法,一些学者认为,第一所海外华侨学校是1729年在吧城养济院中附设的学校。当时巴达维亚的华侨计划将养济院进行扩充,进一步增强养济院的教育功能。出于救济贫穷华侨、控制华侨群体反抗殖民统治情绪等目的,荷兰东印度公司为养济院增拨一间房屋作为开办的学校所用,其办学经费由当地管理华侨的吧国公堂来承担。该学校最初有三四十名学生,荷兰东印度公司甚至曾派一些荷兰官员的子女来此学校学习汉语。

关于海外华侨学校起源的第三种说法,少数一些学者认为,1775年由吧城雷珍兰高根观开办的明诚书院和南江书院是最早开设的海外华侨学校:

> 是年(1775年),高根观倡首会六雷,向甲大议举观音亭后地,营建义学一所,为雷珍兰之大学,崇祀紫阳禄位,额曰"明诚书院"。城内南江书院,崇祀紫阳圣像,令作甲大学。各延师住内,教授贫穷生徒。岁设二丁祭祀,畅饮,以文会友。二雷一朱监场,考订甲乙,赏以膏火,南江书院亦然,有如是斯文风之盛,彬彬如也。[3]

华侨史研究专家许云樵先生在《开吧历代史纪》中上述校注语中说道:"明诚书院及南江书院创立于1775年,堪为南洋华侨学校之鼻祖,而高根观先生实为南洋华侨教育史上之开山祖也。"[4]这也说明关于华侨学校起源的第三种说法是有史学依据的。

无论海外华侨学校的起源符合上述何种说法,荷属东印度巴达维亚(吧

---

① 许云樵校注:《开吧历代史纪》,《南洋学报》1953年第9卷第1辑,第22页。
② 许云樵校注:《开吧历代史纪》,《南洋学报》1953年第9卷第1辑,第22页。
③ 许云樵校注:《开吧历代史纪》,《南洋学报》1953年第9卷第1辑,第22页。
④ 许云樵校注:《开吧历代史纪》,《南洋学报》1953年第9卷第1辑,第22页。

城)均被视为海外华侨学校教育的发源地。从荷属东印度地区开始,以学校为形式的华侨教育开始在南洋地区其他国家和北美、东亚等华侨聚居区发展起来。到19世纪中叶,华侨学校数量进一步增加,办学主体也不断丰富,这主要表现在以下五个方面:一是出现由华侨地缘组织开办的学校,如1823年新加坡已有三家闽粤籍华侨开办的私塾,专门招收广东、福建籍华侨子弟读书;二是出现由华侨血缘组织开办的学校,如新加坡陈姓族人办的毓兰书室;三是出现由华侨富商和华侨领袖独资举办的学校,如新加坡华侨颜永成创办的培兰书院;四是出现在华侨寺庙内开设的学校,如在缅甸北部八莫,由云南籍华侨在关帝庙内设蒙馆,教授华侨子女;五是出现了由华侨企业自办的学校,如广东嘉应州(今梅州)人罗芳伯、陈兰伯在今印尼的西加里曼丹岛创办兰芳公司,兰芳公司下设蒙馆,教导其内部的华侨子弟。

到19世纪后半叶,与中国旧式教育向新式教育转型基本同步,海外华侨教育也逐步完成了由旧式教育向新式教育的转变,出现了新式华侨学校。与义学、私塾、庙学等旧式华侨教育机构相比,新式华侨学校具有以下三大特点:一是学校课程既包括传统儒学教育内容,也包括近代自然科学教育,还开设体育课;二是学校教学有层级之分,以小学为例,有低年级、高年级之分;三是有相对统一的教材、固定的教学场所和相对稳定的资金筹措渠道。

事实上,新式华侨学校的出现和近代华侨教育的发展是诸种力量共同作用的结果:一是因为晚清时期清政府对华侨政策进行重大调整,开始重视海外华侨教育,通过多种措施激励和支持华侨办学,福建、广东、广西等华侨较多的省份,不断派出官员到华侨较多的国家进行劝学或组织办学;二是康有为等维新派在戊戌变法失败后,逃亡海外,继续宣传"保国、保种、保教(孔教)",鼓吹兴学,得到华侨社会的支持和响应;三是兴中会、同盟会在海外的一些成员需要以教师的身份作为掩护,以学校为阵地开展革命活动,在华侨人数较多的日本和南洋地区多地创办新式学校;四是一批出生、成长于侨居国的华侨知识分子投身于创办新式学校的浪潮,鼓吹复兴儒家学说;五是一些侨居国政府对华侨教育采取歧视性政策,华侨有着强烈的自办学校以让子女接受教育的需求,如荷兰殖民者在巴达维亚限制华侨子女进入公立学校学习,这就促使当地华侨组织开始创办自己的学校;六是华侨社会的进一步成熟以及华侨经济实力的上升,为华侨办学创造了条件。

综上所述,无论是从17世纪至19世纪中叶时期的旧式华侨教育,还是19世纪后半叶至20世纪初出现的近代华侨教育,海外华侨教育一直是华侨及其后代保持中华民族特性、传承中华文化的重要途径，也是其适应侨居地生活和在侨居地提高社会经济地位、职业竞争力的知识阶梯，在这双重需求持续刺激下，明清时期海外华侨教育快速发展。

伴随着海外华侨教育由旧式华侨教育向近代华侨教育转型，华侨学校的教学内容也进一步丰富、提高。新式华侨学校，不仅逐渐以统一的中国国语取代华侨祖籍地的方言，作为汉语、儒学等课程的教学内容与教学媒介，而且还增加了英语（或侨居国通用语言）、西学等教学内容，开始使用外语作为部分课程的教学语言。教学内容和教学语言上的改变，也使得"汉语＋外语"和"儒学＋西学"的双语教育成为海外华侨学校的主要教育模式。针对这一时期海外华侨学校双语教育的发展历程，双语教育实践的具体形式和其在教材、师资、教学语言、教学内容、教学方法等微观教学方面的特点，影响海外华侨双语教育发展的因素，海外华侨双语教育发展留下的历史启示等问题的梳理、归纳、分析与论证，将是本书的重中之重。

三、海外华侨教育史研究的学术回顾

（一）海外华侨教育史的研究

关于海外华侨教育史，国内最早的研究要追溯到民国时期。1929 年，暨南大学南洋文化教育事业部创办者刘士木与钱鹤、李则纲合编了《华侨教育论文集》[①]，该论文集收录了四十余篇由民国时期侨务官员、学者以及对华侨教育有深入了解的海外华侨所撰写的学术论文。论文主题涉及华侨教育的优劣与发展方向、南洋各国华侨教育情况、各教育阶段的华侨教育情况，还涉及华侨女子教育情况以及华侨学校在教材选择、教务辅助、教学内容等方面存在的问题。一年之后，钱鹤主编、暨南大学南洋文化教育事业部编纂的《南洋华侨学校之调查与统计》[②]出版问世，这是我国第一部关于海外华侨教育史的著作。该著作分为甲、乙两编，甲编主要展现对民国时期南洋华侨学校的调查，既包括对南洋华侨学校的总体概览和调查结果，也包括对马来半岛、印尼、菲律宾、缅甸、暹罗（今泰国）等地华侨学校的调查；乙编

---

① 钱鹤、刘士木、李则纲：《华侨教育论文集》，上海：国立暨南大学南洋文化事业部，1929 年。

② 钱鹤：《南洋华侨学校之调查与统计》，上海：国立暨南大学南洋文化事业部，1930 年。

则从校址、学校发展沿革、创办人、管理层、教职员、学生人数、经费来源等方面，分别对 108 所南洋华侨学校进行具体的调查统计研究。该著作中的大部分史料主要取自国内外各种刊物，包括《中央侨务月刊》《小吕宋华侨中西学校三十周年纪念册》《钟灵中学校刊》和《荷印华侨教育鉴》等。该著作主要是对民国时期海外华侨学校进行的一项调查和统计，与本书所聚焦的明清时期华侨教育发展史在历史时期上有一定差异，但对民国时期海外华侨学校的历史沿革的调查，特别是其调查所依据的史料中也涉及明清时期部分华侨学校的发展情况，这对本书带来一定的启示，并成为本书所依据史料的一部分。

《南洋华侨学校之调查与统计》出版七年之后，由林之光、朱化雨整理，国立中山大学研究院教育研究所编纂的《南洋华侨教育调查研究》①，通过问卷调查的研究方法对南洋英属、荷属、暹罗、缅甸、菲律宾、安南等 172 所学校的教学情况进行研究，对南洋华侨教育的历史和现状进行综合考察。该调查研究是我国早期对地区性（如南洋）华侨教育进行的一次系统调研。研究者并未亲自前往华侨学校收集有关华侨教育的相关史料，而是将制定好的表格寄给南洋各所华侨学校，各校填好后将表格寄回。这种史料收集的方式，由于依托研究对象回收数据，在史料真实性、准确性、研究的信度上存在一定质疑（一些海外华侨学校并未提供准确的华侨教育数据），但其却能够在较大范围内收集南洋华侨学校的相关史料。史料内容翔实、覆盖学校范围广，这是该调查研究的一大特色。

此外，在 20 世纪 20—30 年代，我国关于华侨教育史的研究成果还包括：温雄飞的《南洋华侨通史》②、李长傅的《南洋华侨史》③、刘继宣与束世澂合著的《中华民族拓殖南洋史》④、庄希泉、余佩皋夫妇二人合著的《南洋英属华侨教育之危机》⑤、陈达的《南洋华侨与闽粤社会》⑥、谢怀清的《南洋华

---

① 林之光、朱化雨：《南洋华侨教育调查研究》，广州：国立中山大学出版部，1936 年。

② 温雄飞：《南洋华侨通史》，上海：东方印书馆，1929 年。

③ 李长傅：《南洋华侨史》，黄炎培点校，上海：国立暨南大学南洋文化事业部，1929 年。

④ 刘继宣、束世澂：《中华民族拓殖南洋史》，南京：国立编译馆，1935 年。

⑤ 庄希泉、余佩皋：《南洋英属华侨教育之危机》，上海：南洋教育社，1921 年。

⑥ 陈达：《南洋华侨与闽粤社会》，长沙：商务印书馆，1938 年。

侨教育》①等，这些研究主要以南洋地区为研究范围，论述南洋华侨教育的发展历程，调查、统计不同历史时期南洋华侨学校的师生人数，分析南洋华侨学校教育实践的特点。

1940年，侨居新加坡的学者许云樵，与姚楠、张礼千等一批从事南洋问题研究的专家发起成立中国南洋学会，这是海外最早成立的研究东南亚以及海外华侨华人问题的学术团体。许云樵担任该学会理事，并被推举为该学会会刊《南洋学报》的主编。《南洋学报》于1940年创办，每年刊发两辑，它是民国时期东南亚历史地理研究、华侨华人研究、华侨教育研究的重要阵地，其学术水平超过之前的同类专门刊物。特别是许云樵等老一辈华侨华人学者在研究中对考古挖掘的文物资料、经调查研究得来的口述资料进行系统梳理和比对，为之后海内外学者研究华侨教育史提供了宝贵的历史资料和研究思路。

第二次世界大战结束后，国内有关华侨教育史的研究曾一度停滞。随着改革开放后华侨移民的增多，华侨教育成为海外华侨及其后代传承中华文化、适应侨居国生活、提高华侨在侨居国社会经济地位的重要方式，华侨教育研究也自然成为学术热点，而华侨教育史研究也因其在华侨研究中的基础作用，颇受学者的关注。特别是近二三十年来，国内学界先后出现了一批质量优良的海外华侨教育史研究专著。根据研究主题和研究类型划分，迄今为止有关海外华侨教育史研究的专著主要分为以下三大类：（一）华侨教育通史研究；（二）地区、国别华侨教育史研究；（三）聚焦华侨教育史某个方面的专题研究。

在华侨教育通史研究方面，国内学界出现了一批颇有分量的研究专著，其中包括周南京主编的《世界华侨华人词典》②、林蒲田的《华侨教育与华文教育概论》③、潘翎主编的《海外华人百科全书》④、别必亮的《承传与创新：近代华侨教育研究》⑤、黄昆章主编的《华侨华人百科全书·教育科技卷》⑥、张

①　谢怀清：《南洋华侨教育》，上海：国立暨南大学南洋文化事业部，1931年。
②　周南京：《世界华侨华人词典》，北京：北京大学出版社，1993年。
③　林蒲田：《华侨教育与华文教育概论》，厦门：厦门大学出版社，1995年。
④　潘翎：《海外华人百科全书》，崔贵强译，香港：三联书店（香港）有限公司，1998年。
⑤　别必亮：《承传与创新：近代华侨教育研究》，石家庄：河北教育出版社，2001年。
⑥　黄昆章：《华侨华人百科全书·教育科技卷》，北京：中国华侨出版社，1999年。

西平的《世界汉语教育史》①、赵红英与张春旺主编的《华侨史概要》②等等。
这些专著系统、全面地概述了海外华侨教育的发展历程和各个历史时期华
侨教育的特点。

　　林蒲田所著的《华侨教育与华文教育概论》,明确了"华侨教育"与"华文
教育"在教育性质、教育对象、教育宗旨和任务、归属、管理体制上的区别和
联系,提出华侨教育的任务应是提高华侨文化素质、培养华侨人才、传承中
华文化。该研究认为,第二次世界大战(简称"二战")是华侨教育和华文教
育在教育内容上的一个分界线,二战前海外华侨华人主要接受中国语言文
化教育,而二战后主要接受当地语言文化教育,同时接受华文教育。或许是
受制于所收集史料的局限性,或许是因为该研究主要聚焦于当今华侨教育
的发展,而非华侨教育史,将二战作为海外华侨教育与华文教育的分界线,
这一论断与史实有一定出入。事实上,二战前的近代华侨学校并不局限于
中国语言文化教育,一些海外华侨学校已经开始实施双语教育甚至三语教
育,并以此为学校教育的主要形式,除了传统的华文教育和儒学教育外,华
侨学生还须接受英语教育、侨居国当地通用语教育以及西学教育。

　　《世界华侨华人词典》、《海外华人百科全书》和《华侨华人百科全书·教
育科技卷》三本专著,从成果形式上看,均是海外华侨华人研究领域中的三
本工具书。1993 年,北京大学、中国华侨历史学会、全国侨联华侨研究所等
十余家高校和科研院所,组织学者编写、出版《世界华侨华人词典》,由周南
京担任主编。这是我国首部全面系统地介绍华侨华人历史与现状的工具
书。全书共收录词目七千余条,分别概括世界华埠分布、历史地理、文物古
迹、人物社团、政治经济文化、历史事件与重大活动、各种法律条约政策、报
刊著作、专有名词等内容。全书注意吸收国内外最新的研究成果,成为当今
学者研究华侨华人问题重要的参考书。由英籍华人学者潘翎主编、崔贵强
翻译的《海外华人百科全书》,根据史料主题将全书分为华侨华人原籍地、移
民、组织、关系、社区等部分,并按照华侨侨居的地理区域与专题划分,分为
东南亚、美洲、大洋洲、欧洲、东亚、印度洋和非洲等章,概述华侨移民社区形
成的历史和发展进程,介绍历史上杰出的华侨代表,并描述华侨文教事业的
发展。此外,《华侨华人百科全书·教育科技卷》共收录一千三百余个词条,

---

① 张西平:《世界汉语教育史》,北京:商务印书馆,2009 年。
② 赵红英、张春旺:《华侨史概要》,北京:中国华侨出版社,2015 年。

包括华侨教育、华文教育和科学技术三个部分,所收录的华侨教育资料较全,成为世界范围内华侨华人教育、科技研究的一个里程碑,相关教育资料被随后很多学者的研究使用。

别必亮教授的《承传与创新:近代华侨教育研究》一书将研究时间范围定在近代时期,分主题论述近代华侨教育的历史沿革,近代中国政府、侨居国政府颁布的华侨教育政策,近代华侨学校的课程、教材、教法、师资条件、生源情况、教育经费的来源与使用情况,近代华侨教育组织与管理,近代华侨教育家思想等。着重对近代华侨教育政策与实践进行全盘剖析,对于明朝、清朝中前期的华侨教育情况的论述相对较少。由于其研究对象为整体华侨教育情况,因此并未从双语教育模式的角度来分析海外华侨双语教育产生的原因、主要形式、特点和主要影响,这与本书的研究对象有一定差异。

2015 年,赵红英、张春旺主编的《华侨史概要》一书是全面概括华侨华人历史的综合性学术著作。该书的"海外华文教育与华文文学"一章,将华文教育分为广义华文教育和狭义华文教育两个部分,简要概述了 17 世纪以后东南亚、美洲华文教育的发展情况。该书以华侨移民史和华侨社团史为聚焦点,对于华侨教育史的论述篇幅相对较少,且并未深入分析世界各地华侨教育的主要形式、发展沿革以及华侨教育在侨居国社会产生的影响,这与本书的研究重点有一定区别,但其关于华侨移民进程、华侨社团形成原因等部分的内容为本书关于华侨教育产生背景方面的论述提供了一定的参考和借鉴。

除了关于华侨教育通史研究外,另一大类研究以地区、国别华侨教育史为研究对象,全面、细致地论述了华侨教育在东南亚、美洲等华侨聚集地区的发展历程,研究队伍中既包括我国华侨教育研究领域的学者,也包括以华人、华裔、汉学家为主体的海外华侨教育研究专家。相关研究专著包括菲律宾籍华人陈烈甫的《菲律宾华侨教育》[①],日本华侨史研究专家市川信爱的《南洋华侨教育的嬗变》[②],新加坡籍华人学者宋旺相的《新加坡华人百年史》[③],新加坡籍华裔学者许苏吾的《新加坡华侨教育全貌》[④],新加坡籍华裔

---

① 陈烈甫:《菲律宾华侨教育》,台北:海外出版社,1958 年。

② 市川信爱:《南洋华侨教育的嬗变》,翁其银译,《辽宁师范大学学报》1989 年第 5 期,第 33~38 页。

③ 宋旺相:《新加坡华人百年史》,叶书德译,新加坡:新加坡中华总商会,1993 年。

④ 许苏吾:《新加坡华侨教育全貌》,新加坡:南洋书局,1949 年。

学者陈育崧的《椰阴馆文存》[①]，马来西亚籍华裔学者郑良树的《马来西亚华文教育发展史》[②]，中国华侨史研究专家温广益、蔡仁龙、刘爱华合著的《印度尼西亚华侨史》[③]，马来西亚籍华裔学者莫顺生的《马来西亚教育史：1400—1999》[④]，马来西亚学者陈绿漪的《大马半岛华文教育的发展》[⑤]，新加坡籍华裔学者叶钟铃的《马来西亚华文教育发展史略（1819—1969）》[⑥]，新加坡籍华裔学者王秀南的《东南亚教育史大纲》和《星马教育泛论》[⑦]，旅美学者刘伯骥的《美国华侨教育》[⑧]，蔡昌卓的《东盟华文教育》[⑨]等。在这些论著中，陈育崧撰著的《椰阴馆文存》是华侨教育史研究领域极有影响力的研究著作。《椰阴馆文存》第二卷收录了陈育崧先生所撰写的多篇有关新马华侨教育史的论文，包括《马来亚华侨新教育的发轫——槟榔屿中华学校创立经过》、《马来亚华文教育的发轫史》、《新加坡第一间华文学校的发现》和《暨南创校考》等文章。这些论作以翔实的原始史料为基础，对新马华侨学校的教育历史进行细致的个案分析，史学价值较高，其中很多史料被之后相关华侨教育史研究所参考和引用。

海外华侨教育发展最好的东南亚地区是区域/国别华侨教育史研究的聚焦热点地区。周聿峨教授撰写的《东南亚华文教育》[⑩]一书是相关领域极具代表性的学术专著。该书首先概述了二战前后东南亚华文教育的基本特点，归纳和总结出东南亚华文教育具有华侨自己创办与管理、中国政府参

---

① 　陈育崧：《椰阴馆文存》，新加坡：南洋学会，1983年。

② 　郑良树：《马来西亚华文教育发展史》（全四册），吉隆坡：马来西亚华校教师会总会，1998—2003年。

③ 　温广益、蔡仁龙、刘爱华：《印度尼西亚华侨史》，北京：海洋出版社，1985年。

④ 　莫顺生：《马来西亚教育史：1400—1999》，吉隆坡：马来西亚华校教师会总会，2000年。

⑤ 　陈绿漪：《大马半岛华文教育的发展》，马来西亚华侨教师会总会：《教总33年：马来西亚华校教师会总会庆祝成立33周年纪念特刊》，吉隆坡：马来西亚华校教师会总会，1987年，第741~754页。

⑥ 　叶钟铃：《马来西亚华文教育发展史略（1819—1969）》，《新马印华校教科书发展回顾》，新加坡：华裔馆，2005年，第47~52页。

⑦ 　王秀南：《东南亚教育史大纲》，新加坡：东南亚教育研究中心，1989年；王秀南：《星马教育泛论》，香港：东南亚研究所，1970年。

⑧ 　刘伯骥：《美国华侨教育》，台北：海外出版社，1957年。

⑨ 　蔡昌卓：《东盟华文教育》，桂林：广西师范大学出版社，2010年。

⑩ 　周聿峨：《东南亚华文教育》，广州：暨南大学出版社，1995年。

与、华侨教育与中华民族民主运动关系密切等几大特点。随后,该书分六章分别概述了新加坡、马来西亚、菲律宾、泰国、印尼、越南、缅甸、柬埔寨、文莱、老挝等地华文教育发展史,并在总结华文教育历史沿革特点的基础上分析东南亚华文教育的现状,展望东南亚华文教育的发展前景。《东南亚华文教育》一书,分历史时期概述各阶段东南亚华文教育的特点,这一研究范式随后被很多相关研究效仿,新世纪以来先后出现了相似的多部区域/国别华侨教育史研究专著,黄昆章的《印度尼西亚华文教育发展史》①、郑良树的《马来西亚华文教育发展简史》②、吴明罡的《近代南洋华侨教育研究:以新加坡、马来西亚、印度尼西亚为中心》③等一批区域/国别华侨教育发展史研究。

除了区域/国别华侨教育史研究外,还有一批华侨华人史研究中涉及华侨教育史,相关研究包括:黄文鹰、陈曾唯、陈安尼等学者合著的《荷属东印度公司统治时期吧城华侨人口分析》④、温广益、蔡仁龙、刘爱华等学者合著的《印度尼西亚华侨史》,陈碧笙的《南洋华侨史》⑤、英国历史学家维克多·珀塞尔(Victor Purcell)的《马来亚的华人》(*The Chinese in Malaya*)和《东南亚华人》(*The Chinese in Southeast Asia*)⑥、朱杰勤的《东南亚华侨史》⑦、吴凤斌的《东南亚华侨通史》⑧、周南京的《风雨同舟:东南亚与华人问题》⑨、罗晃潮的《日本华侨史》⑩、黄昆章与吴金平合著的《加拿大华侨华人史》⑪、

① 黄昆章:《印度尼西亚华文教育发展史》,吉隆坡:马来西亚华校教师会总会,2005年。

② 郑良树:《马来西亚华文教育发展简史》,北京:外语教学与研究出版社,2007年。

③ 吴明罡:《近代南洋华侨教育研究:以新加坡、马来西亚、印度尼西亚为中心》,长春:吉林大学出版社,2014年。

④ 黄文鹰、陈曾唯、陈安尼:《荷属东印度公司统治时期吧城华侨人口分析》,厦门:厦门大学南洋研究所,1981年。

⑤ 陈碧笙:《南洋华侨史》,南昌:江西人民出版社,1989年。

⑥ Purcell V. *The Chinese in Malaya*. London: Oxford University Press, 1948. Purcell V. *The Chinese in Southeast Asia*. London: Oxford University Press, 1948.

⑦ 朱杰勤:《东南亚华侨史》,北京:高等教育出版社,1990年。

⑧ 吴凤斌:《东南亚华侨通史》,福州:福建人民出版社,1994年。

⑨ 周南京:《风雨同舟:东南亚与华人问题》,北京:中国华侨出版社,1995年。

⑩ 罗晃潮:《日本华侨史》,广州:广东高等教育出版社,1994年。

⑪ 黄昆章、吴金平:《加拿大华侨华人史》,广州:广东高等教育出版社,2001年。

泰国籍华裔学者洪林、黎道纲合著的《泰国华侨华人研究》[①]，李学民、黄昆章合著的《印尼华侨史(古代至 1949 年)》[②]，徐善福、林明华合著的《越南华侨史》[③]，林远辉、张应龙合著的《新加坡马来西亚华侨史》[④]，澳大利亚籍华人学者颜清湟所著的《海外华人史研究》[⑤]，高伟浓的《拉丁美洲华侨华人移民史、社团与文化活动远眺》[⑥]，叶曙明的《印尼华侨华人史话》[⑦]，伍茗欣的《缅甸华侨华人史话》[⑧]，施雪琴的《菲律宾华侨华人史话》[⑨]，秘鲁籍华裔学者陈汉基(欧亨尼奥·陈-罗德里格斯)的《美洲华人简史》[⑩]，旅美学者刘伯骥的《美国华侨史》[⑪]，美籍华裔学者麦礼谦的《从华侨到华人：20 世纪美国华人社会发展史》[⑫]，美籍华人学者陈依范的《美国华人发展史》[⑬]等。

　　华侨教育史领域的第三类研究，侧重于对华侨教育的某一个主题进行专题研究，聚焦于华侨教育政策、华侨教育与华侨社团的关系等主题。中国与东南亚研究学者庄国土教授所著的《中国封建政府的华侨政策》[⑭]一书是关于中国华侨政策史研究的代表之作。该研究以丰富、翔实的第一手史料展现了明清时期政府对华侨移民的政策变化，其中就包括清政府为促进海外华侨教育而颁布的各项措施，诸如派遣使臣前往海外华侨聚集地劝学、视学、卖官鬻爵等。庄国土教授与林忠强、陈庆地、聂德宁等学者合著的《东南亚的福建人》[⑮]一书，分析闽侨热心于海外创办华侨学校的深层因素，并归

---

① 洪林、黎道纲：《泰国华侨华人研究》，香港：香港社会科学出版社，2006 年。

② 李学民、黄昆章：《印尼华侨史(古代至 1949 年)》，广州：广东高等教育出版社，2005 年。

③ 徐善福、林明华：《越南华侨史》，广州：广东高等教育出版社，2011 年。

④ 林远辉、张应龙：《新加坡马来西亚华侨史》，广州：广东高等教育出版社，2008 年。

⑤ 颜清湟：《海外华人史研究》，新加坡：亚洲研究学会，1992 年。

⑥ 高伟浓：《拉丁美洲华侨华人移民史、社团与文化活动远眺》，广州：暨南大学出版社，2012 年。

⑦ 叶曙明：《印尼华侨华人史话》，广州：广东教育出版社，2018 年。

⑧ 伍茗欣：《缅甸华侨华人史话》，广州：广东教育出版社，2018 年。

⑨ 施雪琴：《菲律宾华侨华人史话》，广州：广东教育出版社，2019 年。

⑩ 陈汉基：《美洲华人简史》，翁妙玮译，北京：新世界出版社，2021 年。

⑪ 刘伯骥：《美国华侨史》，台北：黎明文化事业公司，1976 年。

⑫ 麦礼谦：《从华侨到华人：20 世纪美国华人社会发展史》，香港：三联书店(香港)有限公司，1992 年。

⑬ 陈依范：《美国华人发展史》，香港：三联书店(香港)有限公司，1984 年。

⑭ 庄国土：《中国封建政府的华侨政策》，厦门：厦门大学出版社，1989 年。

⑮ 林忠强等：《东南亚的福建人》，厦门：厦门大学出版社，2006 年。

纳了陈嘉庚等闽籍华侨教育家毁家兴学精神对后人兴办华侨教育的影响。马慧玥的《近代华侨教育政策与法律研究》①一书,从法学和社会学的研究视角,分析晚清政府实施的华侨教育政策以及东南亚、日本、朝鲜等侨居地政府实行的教育政策。该研究区别于传统教育史研究以史料分析为主的研究范式,而是运用法学理论分析近代华侨教育政策的法理性以及华侨教育实践在教育政策影响下的调适过程。需要指出的是,该书将华侨教育限定为"华侨为华侨后代学习中国语文和科学文化知识,在侨居地进行的教育"。显然,这一定义的限定,使得该研究局限于对海外华侨华文教育政策的研究,而关于侨居国政府对华侨接受其他语言教育的政策并未涉及,这与本书的研究范围和目的也有明显区别。明清时期,海外华侨教育的发展离不开当地华侨社团组织的支持,因此针对华侨社团组织的专题研究也是华侨教育研究中的重要部分。石沧金教授的《马来西亚华人社团研究》②一书,剖析了华人社团与华文报刊、华文学校之间的关系。研究发现,华人社团是华文报刊的重要广告客户,更是华文学校及福利事业的重要捐款者。由于该研究主要聚焦于当今马来西亚华人社团的发展现状、组织结构和面临的挑战,其涉及马来西亚华人社团的历史、马来西亚华人社团与华侨教育历史发展关系的内容相对较少,特别是关于明清时期马来亚辖地的华侨社团与华侨学校之间的关系较少涉及,这为之后的研究留下了较大的学术空间。

除了学术专著外,近三十年来,海内外学术界还产生了一批关于华侨教育发展史的学术论文。从研究主题上分析,相关学术论文主要包括华侨教育史综述、区域/国别华侨教育史研究、华侨教育家研究、华侨教育政策研究等四大类。

关于华侨教育发展史综述,已有学术论文主要以海外侨居地的华文教育发展史为研究对象,以华文教育的历时性发展叙述为主线,概述不同历史时期华文教育的特点和变化。耿红卫的《海外华文教育的历史回顾与梳理》一文③,在区分了"华文教育"、"华侨教育"、"华人教育"和"对外汉语教育"等概念的差异后,将海外华文教育史分为华文教育形成期(鸦片战争以前)、兴盛期(鸦片战争至第二次世界大战结束)、不平衡发展时期(第二次世界大

---

① 马慧玥:《近代华侨教育政策与法律研究》,北京:法律出版社,2019 年。
② 石沧金:《马来西亚华人社团研究》,广州:暨南大学出版社,2013 年。
③ 耿红卫:《海外华文教育的历史回顾与梳理》,《东南亚研究》2009 年第 1 期,第 71~78 页。

战后至 20 世纪 70 年代末)、复兴期(20 世纪 80 年代)、高涨期(20 世纪 90
年代以来)等五个历史阶段。马兴中的《华侨华文教育的回顾与前瞻》一
文①,在回顾海外(主要是东南亚地区)华侨华文教育历史以及国内华侨教
育发展历程的基础上,对未来华侨华文教育的性质、特点、办学层次、师资、
教材、学术研究等方面进行展望,并对华侨华文教育的未来发展提出了不少
宝贵的建议。

　　区域/国别华侨教育史研究是相关学术论文的另一大研究热点。海内
外专家、学者多以教育史料为依据,梳理一个地区或国家华侨教育的发展历
史,从中归纳当地华侨教育在不同历史时期发展的特点、面临的困境以及影
响华侨教育发展的主要因素。作为海外华侨教育发展最为兴盛的地区之
一,东南亚的华侨教育史成为很多学者研究的焦点。吴明罡的《近代南洋华
侨教育研究》②一文,重点分析了 19 世纪至 20 世纪初南洋地区华侨教育从
相对封闭、落后的旧式教育向较为先进、实用的近代教育转变的过程。研究
发现,近代南洋华侨教育在实质上是中国教育体系的一个重要组成部分,与
中国教育有着天然的联系,但受地域、居住地文化背景和侨居国教育政策等
诸多因素的影响,南洋各地华侨教育的发展存在很多地域差异。谢美华的
《华侨教育与 20 世纪初东南亚华侨民族主义的产生》③一文,则重在分析 20
世纪初中国近代教育传播至东南亚地区的路径和过程,以及近代华侨教育
与当地华侨民族主义产生、发展二者互为因果的关系。研究发现,近代华侨
教育对于东南亚华侨保持中华民族意识和启迪民智发挥重要作用,而同时
华侨民族主义的产生和发展也推动了近代华侨教育的进一步发展。

　　除了关于一个地区华侨教育史的研究外,更多的学术论文进一步缩小
研究对象的范围,往往围绕一个国家的华侨教育史展开研究。一部分学术
论文对一国华侨教育发展史进行梳理,方起驹、杨耀宗、金永礼的《新马华人

---

① 马兴中:《华侨华文教育的回顾与前瞻》,《暨南学报(哲学社会科学版)》1999 年第 2
期,第 125～130 页。

② 吴明罡:《近代南洋华侨教育研究》,长春:吉林大学博士学位论文,2010 年。

③ 谢美华:《华侨教育与 20 世纪初东南亚华侨民族主义的产生》,《华侨华人历史研
究》1997 年第 1 期,第 26～30 页。

教育发展小史》①,耿红卫的《新加坡华文教育史简论》②、《美国华文教育史简论》③、《泰国华文教育的历史回顾与梳理》④,吴莹的《异域与本土:近代英属马来亚华侨教育百年发展研究:兼论其对闽省侨乡教育的辐射(1840—1941)》⑤,张淑细的《马来西亚教育历史的回顾与展望》⑥,赵凌梅的《马来西亚华语教育历程及发展研究》⑦,陈迎雪的《隔离、融合与多元:美国华人教育发展研究》⑧,孙琳的《越南华文教育发展历史与现状研究》⑨,郭健的《马来西亚与新加坡华文教育发展历程比较研究》⑩等。

另一部分学术论文,则侧重于对一国华侨教育的某一个历史阶段或者某一所(类)华侨学校的教育实践进行个案分析式的深入研究,研究主题包括:华侨学校的形式、华侨学校与华侨社团的关系、华侨女子教育、华侨学校经费来源、华侨教育与华族身份认同、华侨学校教师群体、华侨学校发展与侨居国社会文化变化关系等。王立芳的《崇文阁:神与教育的联结——试论近代新加坡神庙羽翼下的华侨学堂》⑪一文,侧重于对新加坡有史可证的第一所华侨私塾——崇文阁进行研究,剖析旧式华侨教育机构将神庙与教育合为一体的独特教育形式。新加坡籍华人学者李志贤的《新加坡潮人教育

---

① 方起驹、杨耀宗、金永礼:《新马华人教育发展小史》,吴泽:《华侨史研究论集》(一),上海:华东师范大学出版社,1984年,第330~337页。

② 耿红卫:《新加坡华文教育史简论》,《船山学刊》2006年第2期,第222~223页。

③ 耿红卫:《美国华文教育史简论》,《理论界》2007年第1期,第214~215页。

④ 耿红卫:《泰国华文教育的历史回顾与梳理》,《八桂侨刊》2010年第4期,第53~56页。

⑤ 吴莹:《异域与本土:近代英属马来亚华侨教育百年发展研究:兼论其对闽省侨乡教育的辐射(1840—1941)》,上海:华东师范大学博士学位论文,2013年。

⑥ 张淑细:《马来西亚教育历史的回顾与展望》,《纪念〈教育史研究〉创刊二十周年论文集(17):外国教育政策与制度改革史研究》,2009年,第223~226页。

⑦ 赵凌梅:《马来西亚华语教育历程及发展研究》,福州:福建师范大学硕士学位论文,2016年。

⑧ 陈迎雪:《隔离、融合与多元:美国华人教育发展研究》,保定:河北大学博士学位论文,2011年。

⑨ 孙琳:《越南华文教育发展历史与现状研究》,郑州:郑州大学硕士学位论文,2020年。

⑩ 郭健:《马来西亚与新加坡华文教育发展历程比较研究》,福州:福建师范大学硕士学位论文,2011年。

⑪ 王立芳:《崇文阁:神与教育的联结——试论近代新加坡神庙羽翼下的华侨学堂》,《闽台文化交流》2007年第1期,第148~152页。

事业与政治环境的互动——潮人学校转型的观察》①一文,聚焦于潮州人在新加坡所办的华侨学校从创办之初至二战以后这一时期的两次转型,探讨了潮州社团所办的华侨教育事业与中国、新加坡政治环境之间的互动关系。范若兰的《战前新马华侨女子教育的发展》②和《性别与教育:战前新马华文教育的性别分析》③两篇论文,从性别视角归纳第二次世界大战前新马地区华侨女子教育的发展,并从华侨女校与男校在课程设置、办学经费等方面的差异角度分析二战前新马华文教育性别差异的主要根源。叶舒、徐华炳的《教育与社会的互动:印度尼西亚华文学校经费来源探析(1901—1966)》④一文,以 1901 年至 1966 年间印尼华侨学校的经费来源为研究对象,研究华侨学校经济来源与教育社会化之间的关系。研究认为,华侨学校经费的筹措从实质上说是该校对外展示的一个窗口,而慈善团体借助这个渠道成为教育与社会互动的中介人。马峰的《印尼华文教育的历史发展与华族身份认同调适——基于印尼华文文学作品的视角》⑤一文,从华侨文学与华文教育关系的视角出发,集中分析印尼华侨在 1966 年以前、1966—1998 年、1998 年后三个历史时期在华族身份认同上的变化以及华侨自我内心调适的过程。其他有关一国华侨教育发展史的研究还包括:日本学者中村聪的《日本横滨大同学校之创立》⑥、马来西亚籍华裔学者王琛发的《马来西亚华文教育与五福书院历史探源》⑦、印尼归侨蔡仁龙的《印尼华文教育刍议》⑧、

①　李志贤:《新加坡潮人教育事业与政治环境的互动——潮人学校转型的观察》,《汕头大学学报(人文社会科学版)》2004 年第 3 期,第 63~71 页。

②　范若兰:《战前新马华侨女子教育的发展》,《东南亚研究》2004 年第 2 期,第 72~77 页。

③　范若兰:《性别与教育:战前新马华文教育的性别分析》,《华侨华人历史研究》2004 年第 4 期,第 34~40 页。

④　叶舒、徐华炳:《教育与社会的互动:印度尼西亚华文学校经费来源探析(1901—1966)》,《八桂侨刊》2019 年第 4 期,第 28~36 页。

⑤　马峰:《印尼华文教育的历史发展与华族身份认同调适——基于印尼华文文学作品的视角》,《民族教育研究》2019 年第 30 卷第 6 期,第 143~151 页。

⑥　中村聪:《日本横滨大同学校之创立》,马燕译,《东方论坛》2008 年第 5 期,第 93~97 页。

⑦　王琛发:《马来西亚华文教育与五福书院历史探源》,《地方文化研究》2019 年第 4 期,第 70~83 页。

⑧　蔡仁龙:《印尼华文教育刍议(上)》,《海外华文教育》2000 年第 4 期,第 65~69 页;蔡仁龙:《印尼华文教育刍议(下)》,《海外华文教育》2001 年第 1 期,第 66~71 页。

王格格的《晚清南通士子与印尼华文教育研究》①、王冬梅的《流动社群与跨国教育:以近代晋江籍菲侨创办的华校侨校为例》②、陈欣妍的《英属马来亚华文教育近代转型动因探究:基于中国视角的考察》③、黄集初的《马来西亚华文教育体系的省思》④等。

已有相关学术论文中另一大类的研究是分析明清时期对海外华侨教育有突出贡献的华侨教育家或侨校办学人的教育思想和办学行为。李毅婷的《晚清新加坡闽籍商人的兴学活动与儒学传播》⑤一文,以陈金声、邱菽园、林文庆等新加坡闽籍名士为研究对象,分析他们通过创办华侨学校在当地华侨中普及汉语、复兴儒学的活动,剖析新加坡闽籍侨商对促进当地华侨中华文化认同所发挥的重要作用。新加坡籍华裔学者柯木林的《闽籍人物与新加坡》⑥一文,对陈笃生家族掌握新加坡华侨社会领导权、陈金声家族提倡传统儒学教育的史实进行系统的考证,归纳、总结了以陈笃生和陈金声为代表的闽籍华侨对当地华侨社会发展、华侨教育进步做出的巨大贡献。其他类似的研究还包括陈育崧的《左子兴领事对新加坡华侨的贡献》⑦、蔡仁龙的《印尼华人马来语之父李金福》⑧、余定邦的《邱菽园、林文庆在新加坡早期的兴学活动》⑨、李艳阳的《传统与变迁:新加坡土生华人个案研究:以

---

① 王格格:《晚清南通士子与印尼华文教育研究》,泉州:华侨大学硕士学位论文,2017年。

② 王冬梅:《流动社群与跨国教育:以近代晋江籍菲侨创办的华校侨校为例》,厦门:厦门大学硕士学位论文,2009年。

③ 陈欣妍:《英属马来亚华文教育近代转型动因探究:基于中国视角的考察》,《莆田学院学报》2017年第24卷第1期,第104~108页。

④ 黄集初:《马来西亚华文教育体系的省思》,武汉:华中师范大学博士学位论文,2016年。

⑤ 李毅婷:《晚清新加坡闽籍商人的兴学活动与儒学传播》,《中国高校社会科学》2017年第6期,第143~152、157页。

⑥ 柯木林:《闽籍人物与新加坡》,东南周末讲坛选粹编委会:《东南周末讲坛选粹》(四),福州:海峡文艺出版社,2013年,第210~220页。

⑦ 陈育崧:《左子兴领事对新加坡华侨的贡献》,《椰阴馆文存》第一卷,新加坡:南洋学会,1983年:第121~127页。

⑧ 蔡仁龙:《印尼华人马来语之父李金福》,《华侨华人历史研究》1992年第3期,第56~61页。

⑨ 余定邦:《邱菽园、林文庆在新加坡早期的兴学活动》,《东南亚纵横》2003年第6期,第42~44页。

陈笃生和陈金声家族为例》①、刘理利的《一门三杰：从萃英书院牌匾看陈金声家族对新加坡华文教育的贡献》②、程露晞的《左秉隆与晚清新加坡华文教育》③、沈逸婷的《晚清侨务与海外侨领：新加坡侨领吴寿珍个案研究》④等。

除了研究华侨教育家或侨校办学人的兴学活动外，还有一部分学术论文侧重于研究华侨教育家或侨校办学人的教育思想。张亚群的《从西洋文化回归儒学文化：林文庆大学教育思想解析》⑤一文，剖析新加坡华侨林文庆的受教育经历对其教育思想形成的影响。林文庆以儒家思想为基础，吸收近代西方大学的发展之道，构建了独特的高等教育办学理念。其他类似的研究还包括李叔飞的《海峡华人知识精英的民族主义观念——伍连德与林文庆的比较研究》⑥、严春宝的《林文庆儒学思想研究》⑦、张学惠的《新加坡学者李元瑾对林文庆思想研究的观点概述》⑧、叶隽的《"生于南洋"与"留学西洋"——林文庆、李登辉等的现代大学理念及其侨易背景》⑨、李海涛与曲晓范合撰的《新加坡华侨邱菽园救国维新思想探究》⑩等。

明清时期中国政府和侨居国政府制定的华侨教育政策，也在很大程度上影响了明清时期华侨教育的发展。华侨教育政策是华侨教育研究领域的

---

①　李艳阳：《传统与变迁：新加坡土生华人个案研究：以陈笃生和陈金声家族为例》，福州：福建师范大学硕士学位论文，2015年。

②　刘理利：《一门三杰：从萃英书院牌匾看陈金声家族对新加坡华文教育的贡献》，《文物天地》2022年第8期，第100～103页。

③　程露晞：《左秉隆与晚清新加坡华文教育》，《五邑大学学报（社会科学版）》2014年第16卷第3期，第29～33页，第93～94页。

④　沈逸婷：《晚清侨务与海外侨领：新加坡侨领吴寿珍个案研究》，泉州：华侨大学硕士学位论文，2016年。

⑤　张亚群：《从西洋文化回归儒学文化：林文庆大学教育思想解析》，《高等教育研究》2010年第31卷第1期，第87～93页。

⑥　李叔飞：《海峡华人知识精英的民族主义观念——伍连德与林文庆的比较研究》，《华侨华人历史研究》2009年第4期，第42～51页。

⑦　严春宝：《林文庆儒学思想研究》，《哲学动态》2012年第11期，第33～40页。

⑧　张学惠：《新加坡学者李元瑾对林文庆思想研究的观点概述》，《华侨华人历史研究》1997年第S1期，第63～68页。

⑨　叶隽：《"生于南洋"与"留学西洋"——林文庆、李登辉等的现代大学理念及其侨易背景》，《教育学报》2022年第18卷第3期，第159～171页。

⑩　李海涛、曲晓范：《新加坡华侨邱菽园救国维新思想探究》，《史学集刊》2016年第6期，第33～39页。

第四类热点问题,在相关的学术论文中,有相当一部分研究涉及华侨教育政策。针对明清政府颁布的华侨教育政策,已有研究主要聚焦于晚清时期政府制定的"视学"、"劝学"、"助学"和"奖学"等促进华侨教育发展的政策。邱建章的《论晚清政府的华侨教育政策》①一文,归纳了清政府颁布的华侨教育政策,这些教育政策主要包括:鼓励中国教员到海外华侨学校任教、改善海外华侨学校师资状况、派员巡察海外华侨学校、加强对海外华侨学校的管理、鼓励创建海外华侨学校、扶持海外华侨学校发展、在中国创办华侨学校以吸引华侨子女回国、招揽华侨人才为清政府效力等政策。作者进一步分析到,这些华侨教育政策背后的目的是清政府希望通过华侨教育在海外华侨中宣扬"忠君爱国"的思想,提高华侨对于清政府的吸附力,消弭维新派和革命派在侨居地的宣传活动对海外华侨的影响,并利用华侨的经济力量弥补国库空虚。高伟浓的《晚清政府的南洋"劝学"与华侨兴学——槟榔屿、马来联邦、荷属东印度和新加坡的案例阐析》②一文,以槟榔屿、马来亚、荷属东印度和新加坡四地的华侨教育为例,分析清政府在南洋的劝学政策与侨居地华侨绅商兴学行为的互动关系。文章认为,清政府的兴学政策并不是推动南洋华侨教育发展的主要原因,一代代华侨绅商长期兴学的意愿和实际兴学行为是支撑南洋华侨教育持续发展的主要动力。胡耿的《晚清华侨视学:意外的王朝"掘墓人"》③一文和陈奕平、王岚的《晚清领事保护与南洋华侨教育研究》④一文,都认为清政府在侨居地实施的视学、助学等华侨教育政策在客观上起到增强南洋华侨的中华文化认同、改善南洋华侨教育生态环境的作用。原本清政府希望通过华侨教育来培养华侨子弟效忠清政府之心,但结果却事与愿违,很多接受近代教育的华侨子弟积极参与到辛亥革命之中,反而成为推翻清王朝的"掘墓人"。其他关于明清政府华侨教育政策的学术论文还包括:庄国土的《论晚清政府在南洋的设领护侨活动及其作

---

① 邱建章:《论晚清政府的华侨教育政策》,《河南大学学报(社会科学版)》2002 年第 4 期,第 58~62 页。

② 高伟浓:《晚清政府的南洋"劝学"与华侨兴学——槟榔屿、马来联邦、荷属东印度和新加坡的案例阐析》,《东南亚纵横》2020 年第 5 期,第 21~33 页。

③ 胡耿:《晚清华侨视学:意外的王朝"掘墓人"》,《华侨华人历史研究》2019 年第 4 期,第 80~87 页。

④ 陈奕平、王岚:《晚清领事保护与南洋华侨教育研究》,《暨南学报(哲学社会科学版)》2022 年第 44 卷第 7 期,第 111~122 页。

用——晚清华侨政策研究之一》①、袁丁的《同光年间清政府对遣使设领态度的转变——晚清侨政研究》②、姚敏的《中国华文教育政策的沿革》③、黄小用的《20世纪初年清政府对海外华人教育的扶持》④、焦海燕和陈先松的《使臣日记与清政府东南亚华侨政策的转变》⑤、黎海波的《晚清政府的非洲华侨政策：评价与反思》⑥等。

与研究明清时期中国政府颁布的华侨教育政策相比，对明清时期侨居国华侨教育政策的研究相对较少，仅有少数几篇关于侨居国华侨政策的学术论文中涉及华侨教育政策。相关学术论文主要聚焦17至20世纪初东南亚在西方国家殖民政权控制下实施的华侨教育政策以及其他华侨相对聚居地区（如北美、东亚）政府出台的华侨教育政策，并阐述当地华侨群体对侨居国教育政策的抗争与接纳过程。相关学术论文包括：庄国土的《早期东南亚各殖民政权对华侨政策的特点》⑦、胡春燕的《抗争与妥协：马来西亚华社对华族母语教育政策制定的影响》⑧、沈燕青的《吧国公堂对吧城华侨教育发展的贡献》⑨、刘俊涛的《越南政权华侨政策的演变（1600—1840年）》⑩、林颖

① 庄国土：《论晚清政府在南洋的设领护侨活动及其作用——晚清华侨政策研究之一》，《南洋问题研究》1983年第3期，第48～58页。
② 袁丁：《同光年间清政府对遣使设领态度的转变——晚清侨政研究》，《华侨华人历史研究》1994年第2期，第60～65页。
③ 姚敏：《中国华文教育政策的沿革》，《语言战略研究》2017年第2卷第1期，第41～48页。
④ 黄小用：《20世纪初年清政府对海外华人教育的扶持》，《湘潭大学学报（哲学社会科学版）》2004年第2期，第64～68页。
⑤ 焦海燕、陈先松：《使臣日记与清政府东南亚华侨政策的转变》，《历史档案》2020年第3期，第115～120页。
⑥ 黎海波：《晚清政府的非洲华侨政策：评价与反思》，《华侨华人历史研究》2009年第1期，第68～75页。
⑦ 庄国土：《早期东南亚各殖民政权对华侨政策的特点》，《华侨华人历史研究》1994年第4期，第57～64页。
⑧ 胡春燕：《抗争与妥协：马来西亚华社对华族母语教育政策制定的影响》，广州：暨南大学博士学位论文，2010年。
⑨ 沈燕青：《吧国公堂对吧城华侨教育发展的贡献》，《南亚东南亚研究》2019年第4期，第91～105、153～154页。
⑩ 刘俊涛：《越南政权华侨政策的演变（1600—1840年）》，《世界民族》2018年第4期，第79～87页。

的《法属越南的华侨政策变化及中方交涉》①、赵亮的《西属菲律宾时期"以华养菲"华侨政策的扬抑轨迹》②、李永的《排拒与接纳：旧金山华人教育的历史考察(1848—1943)》③、袁艳的《融入与疏离：华侨华人在古巴(1847—1970)》④、王岚与陈奕平合撰的《一战后东南亚殖民当局对华侨教育的压制与华侨抗争》⑤、泰国学者韦丽娟的《泰国汉语教育政策及其实施研究》⑥等。研究发现，根据各侨居国在不同历史时期对待华侨态度和政策的变化、华侨人口与经济实力的变化以及侨居国不同时期政治社会环境的变化，侨居国政府制定的华侨教育政策在不同历史时期各有不同，各个国家在华侨教育政策上也有差异，难以以一种模式概括所有侨居国华侨教育政策，需根据具体研究的历史时期和研究对象国家进行具体分析。

(二)海外华侨双语教育的研究

在海外侨居国，华侨一般属于少数族群，而在侨居国官方语言教育的影响下，华侨及其后代的语言教育问题一直颇受关注。一方面，华侨移民及其后代需要学习汉语以传承中华文化，这样可以使他们保持中华民族特性和文化传统；另一方面，华侨也需要学习侨居国当地的官方语言和通用语言，以更好地在侨居国生存与发展，融入当地主流社会，提高自身就业竞争力和社会地位，而"双语教育"为满足海外华侨的这两大需求提供了可能。

目前被语言教育界广为接受的"双语教育"定义和所应用的相关理论主要源于西方国家。关于"双语教育"的定义，美国学者大卫·科森(David Corson)认为，由于双语教育在不同的教育情境中有不同的内涵，给其下一

① 林颖：《法属越南的华侨政策变化及中方交涉》，广州：暨南大学硕士学位论文，2019年。

② 赵亮：《西属菲律宾时期"以华养菲"华侨政策的扬抑轨迹》，《兰州学刊》2007年第8期，第183～185页。

③ 李永：《排拒与接纳：旧金山华人教育的历史考察(1848—1943)》，武汉：华中师范大学博士学位论文，2012年。

④ 袁艳：《融入与疏离：华侨华人在古巴(1847—1970)》，天津：南开大学博士学位论文，2012年。

⑤ 王岚、陈奕平：《一战后东南亚殖民当局对华侨教育的压制与华侨抗争》，《八桂侨刊》2022年第2期，第54～61页。

⑥ 韦丽娟：《泰国汉语教育政策及其实施研究》，上海：华东师范大学博士学位论文，2012年。

个放之四海而皆准的定义几乎是不可能的。[①]《语言与教育百科全书》(*Encyclopedia of Language and Education*)中将双语教育定义为：在学校里学生使用两种语言进行学习的一种教育形式，双语教育的目的不仅是学习两门语言，也包括使用两种语言进行非语言学科的学习。[②] 这一定义对课堂上使用两种语言的次序和比例问题并未给出清晰的界定，继而无法从该定义中判断课堂中两种语言是同时使用还是依次使用。《国际教育百科全书》(*The International Encyclopedia of Education*)对"双语教育"给出了一个更加广义的定义，双语教育并非指两种语言必须在一个学期中同时使用或者依次使用，学习者只要在其整个受教育阶段中学习过两种语言，这就可以属于双语教育的范畴。[③] 小学一年级时以学生的母语（或第一语言）为教学语言，而在高年级时使用第二语言（或外语）为教学语言，这也属于双语教育。

与上述对双语教育相对宽泛的定义不同，《朗文语言教学与应用语言学词典》(*Longman Dictionary of Language Teaching and Applied Linguistics*)中对双语教育的定义更加具体，即"在学校中使用学生的第二语言或外语教授非语言学科的教育模式"[④]；在《双语能力和双语现象》(*Bilinguality and Bilingualism*)一书中，"双语教育"则被定义为：在学校中使用两种语言对不同学科进行教学的一种教育模式，其并不限定具体的学科是语言学科还是非语言学科。[⑤] 这一定义与本书中面向海外华侨的双语教育概念较为接近，即在华侨学校及其他教育组织、机构中使用汉语和英语（或侨居国当地通用语言）进行教育，这既包括教授华侨两种语言，也包括使用两种语言进行非语言学科（如数学、物理等学科）的教学。

除了双语教育的定义和范畴外，双语教育对受教育者带来的切实裨益

---

① Corson D. Bilingual education policy and social justice. *Journal of Education Policy*，1992，7(1)：45-69.

② Street B.，Hornberger N. H. *Encyclopedia of Language and Education* (Volume 2). Rotterdam：Springer Netherlands，2008.

③ Husén T.，Postlethwaite T. N. *The International Encyclopedia of Education* (2nd edition). Oxford：Pergamon，1994.

④ Richards J.，Schmidt R. *Longman Dictionary of Language Teaching and Applied Linguistics* (4th edition). London：Pearson Education Limited，2010.

⑤ Hamers J. F.，Blanc M. H. A. *Bilinguality and Bilingualism*. Cambridge：Cambridge University Press，2000.

也是相关研究领域中的一大热点,特别是双语教育与认知能力发展之间的关系,成为语言学与心理学跨学科研究的重要问题。心理学家埃伦·比亚利斯托克(Ellen Bialystok)通过大量实验,比较了具有双语能力的儿童、成人与仅有单语能力的儿童和成年在认知水平上的差异。相关实验结果表明,双语能力的被试者虽在词条记忆方面略逊于单语能力的被试者[1],但在行为执行控制方面有明显的优势。[2] 此外,相关实证研究还发现,儿童双语能力的发展对其发散思维[3]、元语言意识[4]、交际敏感性[5]等方面起到积极作用。拥有双语能力的儿童经常在两种语言中转换,从一种语言中寻找合适的词汇,并同时排斥另一种语言的干扰,具备完成多种行为控制任务的能力。[6] 虽然心理学家至今并未从双语者身上找到特殊的神经控制机体来解释其超过单语者行动控制力的原因,但已有研究显示出双语教育对儿童认知能力发展的裨益。需要指出的是,埃伦·比亚利斯托克及其他西方学者的实验研究中所选择的对象是"平衡双语者"(balanced bilinguals),即这些被试者一直在双语环境中(如官方语言为英语和法语的加拿大东渥太华区)成长,每天拥有大量接触、使用两种语言的机会。这些被试者的教育环境与从中国移民海外的华侨相比有一定的差异。在中国出生的新客华侨中,相当一部分人从小在中国的单语环境中成长,在成年后才前往海外学习、工

---

① Bialystok E. *Bilingualism in Development: Language, Literacy and Cognition*. Cambridge: Cambridge University Press, 2001. Sullivan D. M., Poarch J. G., Bialystok E. Why is lexical retriever slower for bilinguals? Evidence from picture naming. *Bilingualism Language and Cognition*, 2018, 21(3): 479-488.

② Bialystok E. Reshaping the mind: the benefits of bilingualism. *Canadian Journal of Experimental Psychology*, 2011, 65(4): 229-235. Bialystok E., Craik F., Luk G. Bilingualism: consequences for mind and brain. *Trends in Cognitive Sciences*, 2012, 16(4): 240-250.

③ Alexandar O. Enhanced creativity in bilinguals? Evidence from meaning interpretations of novel compounds. *International Journal of Bilingualism*, 2016, 20(3): 315-334. García O., Beardsmore B. H. *Bilingual Education in the 21st Century: A Global Perspective*. Malden, Massachusetts: Wiley-Blackwell, 2009.

④ Ter Kuile H., Veldhuis M., Van Veen S. C., et al. Bilingual education, metalinguistic awareness, and the understanding of an unknown language. Bilingualism: *Language and Cognition*, 2011, 14(2): 233-242.

⑤ García O., Beardsmore B. H. *Bilingual Education in the 21st Century: A Global Perspective*. Malden, Massachusetts: Wiley-Blackwell, 2009.

⑥ Bialystok E., Craik F. I., Luk G. *Bilingualism: Consequences for Mind and Brain*. Trends in Cognitive Sciences, 2012, 16(4): 240-250.

作、生活，其与上述实验被试者的语言成长背景有所不同，而且即便是土生华侨，由于其家庭环境、社会环境的影响，也极少有华侨学生是平衡双语者。因此我们无法直接将关于平衡双语者的研究成果应用于所有华侨学生中，须对华侨学生的成长环境和教育背景进行细致的剖析。

关于双语教育模式的探讨，也是世界范围内双语教育研究的重点之一。已有相关研究主要在阈限理论（the Thresholds Theory）、态度—动机模式（the Attitude-Motivation Model）、社会—教育模式（the Social-Educational Model）、双语教育评价模式、输入—输出—情境—过程双语教育模式等理论的支撑下，从不同维度对双语教育的模式进行归纳和分析。在众多关于双语教育模式的研究中，英国学者柯林·贝克（Colin Baker）对双语教育模式的分类最广为学术界接受。根据各国教育对象、课堂教学语言的使用状况、教育目标、语言习得目标、教育环境等维度，柯林·贝克将双语教育分为十种模式。[①] 这十种模式可以再根据实施双语教育的目标分为"弱势双语教育"和"强势双语教育"两大类。在实施弱势双语教育的课堂中，实际上教师只使用目标语（多数语族语言）进行教学，仅在教育初始阶段使用两种语言（目标语以及学生母语/第一语言）进行教学。当学生的目标语水平达到一定高度时，教学语言逐渐过渡到仅使用目标语一种语言。因此弱势双语教育实质上是一种"单语教育"，其主要目标并不是平衡地培养受教育者的双语能力，而是最终形成相对单语制或者有限双语制语言社会，弱势双语教育具体包括结构浸入式双语教育、重新编班（单班式）双语教育、种族隔离主义双语教育、外语教学主流式双语教育、过渡式双语教育、分离主义少数语族双语教育等六种教育模式。[②]

与弱势双语教育不同，强势双语教育强调在非语言学科中坚持使用两种语言（学生母语和目标语）进行教学，两种语言的地位平等，其教育目标是真正地培养双语双元文化人才。根据在教育过程中学生母语和目标语使用的比例和时期，强势双语教育可以进一步分为浸入式双语教育、保持型双语教育、双向式双语教育和主流双语教育等四种模式。[③] 从教育目的上来看，

---

① Baker C. *Foundations of Bilingual Education and Bilingualism*. Philadelphia, PA：Multilingual Matters Ltd.，1993：153.

② 王莉颖：《双语教育理论与实践：中外双语教育比较研究》，上海：上海教育出版社，2008 年。

③ 王斌华：《双语教育与双语教学》，上海：上海教育出版社，2003 年。

保持型双语教育模式为多数国家(或地区)针对语言少数民族学生(包括华侨在内)而采取的双语教育模式。这一双语教育模式的目的是在保持学生母语、强化其对母语文化认同的基础上,学习与接受目标语和目标语文化,培养双语双元文化人才。在教学上,保持型双语教育模式允许少数语族的学生通过其母语(或第一语言)接受教育,教师也可以使用学生的母语(或第一语言)和目标语进行双语教学。

了解双语教育的定义、范围、作用、理论基础和应用模式,可以有助于我们更清晰、全面地分析海外华侨双语教育的实践情况,归纳华侨双语教育的主要模式和特点。已有关于华侨双语教育的研究,主要聚焦于分析当今海外华侨学校双语教育的模式、特点和存在的主要问题,研究对象主要是由侨居国政府开办的双语学校,而对华侨个人或团体开办的双语(或多语)学校研究较少,对华侨双语教育历史的研究更是少之又少。按照研究主题来分,已有相关研究主要分为两大类:第一类是针对一国(或地区)华侨教育历史与现状进行研究,其中并未重点分析海外华侨双语教育发展史;第二类是针对当今一国(或地区)华侨双语(或多语)教育实践的研究。

具体而言,在第一类研究中,研究者多以面向华侨开办的华文学校作为研究对象,分析华文教育在侨居国的发展情况和存在的主要困难。印尼归侨梁英明教授所撰写的《从中华学堂到三语学校——论印度尼西亚现代华文学校的发展与演变》[①]一文,回顾了印尼华文学校的百年历史和发展历程,将印尼华文学校的发展史分为三个历史时期,即 1901—1930 年是现代华文学校的初创时期,1931—1966 年是华文学校的鼎盛时期,1967 年后是印尼华文学校的衰落时期。在文章中,梁英明教授也简略地分析了印尼华侨所办的三语学校及开展的三语教育(汉语、印尼语、英语)情况,指出印尼三语教育的萌芽出现在 1949 年印尼公立高级商业学校之中。梁英明教授认为,三语学校的创立并不是华文学校的复活,而是适应印尼社会需要而诞生的新型多语华侨教学机构。由于三语学校从属于印尼国民教育体系,它的课程设置和教学内容须符合当地教育部门的规定,因而更容易获得印尼政府的认可和支持。虽然梁英明教授的这篇论文并未从双语(三语)教育模式的理论角度具体分析印尼现有三语学校的教育模式,但其对印尼三语学

---

① 梁英明:《从中华学堂到三语学校——论印度尼西亚现代华文学校的发展与演变》,《华侨华人历史研究》2013 年第 2 期,第 1~12 页。

校教育实践的定性,恰恰说明双语(三语)教育在当今印尼等侨居国的华侨教育中发挥重要作用。双语(三语)教育的出现,不仅可以满足华侨学习汉语、接受中华文化教育的需求,而且也使得华侨教育更适合侨居国社会的需求,符合当今华侨从"落叶归根"到"落地生根"的心态转变,也更容易获得侨居国政府的支持。谷佳维的《从留根教育到综合素质教育:西班牙华文教育发展的新趋向》①一文认为,西班牙华侨教育正从传统的以教授华语为主要目标的留根教育,逐渐向旨在帮助华侨二代移民适应当地社会、提高群体竞争力的综合素质教育转型,而华侨学校中开设的西班牙语、英语、汉语等三语课程以及其形成的三语教育模式,正是实现这一教育转型的重要途径。在跨文化族群认同理论的支撑下,研究发现,华侨教育模式的转型与西班牙华侨的族群认同策略转变有关,从第一代移民的保留策略向第二代移民的适应策略转变,华侨族群逐渐形成跨文化的双向族群认同建构,即保留母语族群的生活方式和价值观,并能够适应多数族群的生活方式和价值观的双向认同策略。在回顾海外华侨教育历史、分析海外华侨教育现状的基础上,这一类研究还重点分析当今海外华侨教育(包括双语或三语教育)中存在的主要问题,华侨子女或华裔青少年学习汉语的主观能动性不强②,华侨学校办学经费、师资、教材等方面缺口较大③、华侨学校与侨居国主流社会或主流教育的融合度不高④、华侨学校面临侨居国公立/私立学校冲击⑤等问题。

从上述关于一国(或地区)华侨教育历史和现状的研究综述来看,已有研究侧重于对华侨学校华文教育的研究,甚至一部分研究将"华文教育"与"华侨教育"的概念混淆。事实上,华文教育仅是华侨教育中的一部分。从近现代华侨教育的发展历程上看,华侨教育不仅包括华文教育以及以华文为媒介的中华文化教育,还包括英语教育、侨居国通用语言教育以及以英语

---

① 谷佳维:《从留根教育到综合素质教育:西班牙华文教育发展的新趋向》,《华侨华人历史研究》2020 年第 1 期,第 11~19 页。

② 王琳:《法国华文教育的新发展及其困境:以法国新兴华文学校为例》,《世界华文教学》2020 年第 1 期,第 83~100 页。

③ 刘振平、杨绪明:《"一带一路"背景下新加坡汉语传播现状及策略》,《海外华文教育》2019 年第 1 期,第 5~13 页。

④ 王智新:《在日华人华侨教育的现状、问题与思考》,《湖北民族大学学报(哲学社会科学版)》2021 年第 39 卷第 1 期,第 127~138 页。

⑤ 陈雯雯:《巴西华文教育历史发展浅析》,《世界华文教学》2020 年第 1 期,第 69~82 页。

和侨居国通用语言为媒介的西学(科学)教育,这形成了华侨学校的双语(或三语)教育模式。已有相关研究并未上升至双语教育的角度来分析华侨教育的具体模式,也未使用双语教育理论剖析华侨教育实践的发展现状和存在的主要问题,这也为本书提供了一个较大的学术增长点。

关于海外华侨双语教育的第二类研究,主要是聚焦当今双语教育发展较好的新加坡、日本等国的双语教育政策与实践。这类研究中的一部分是针对侨居国当地由华侨个人或团体所开办的华侨学校进行双语教育研究,也有一部分是对侨居国政府开办的双语学校展开研究,但研究对象均为面向华侨学生的双语教育。薛鸣和陈于华合撰的《日本中华学校的双语教育及其意义——以神户中华同文学校为例》[①]一文,以日本现今规模最大的华侨学校——神户中华同文学校为研究对象,分析该校在实施双语教育(汉语＋日语)后产生的教学效果。研究发现,在现今神户中华同文学校中,超过80％的华侨学生第一语言为日语,在学校实施汉日双语教育后,学校不仅增加了生源,而且还得到日本当地政府和市民的认可。除了在神户中华同文学校的学习外,学生走出课堂后并没有自然使用汉语的环境,因此华侨学校学生的汉语水平很难达到较高的程度。再加之神户中华同文学校的毕业生要准备参加日本高考,神户中华同文学校中除了汉语和与中华文化相关的科目外,其他科目都使用日本公立中学的教材,并使用日语授课,这就使得神户中华同文学校的教学内容逐渐本土化,双语教育模式也逐渐沦为"过渡式双语教育"模式,汉语教育逐渐走向边缘化。此外,研究发现,神户中华同文学校的学生学习汉语的积极性未被完全激发,对中华文化和中国的认同感也远未达到理想的状态。

由于新加坡特殊的地理位置、复杂的民族构成以及自身的国际定位,新加坡实施的"英语＋学生母语"的双语教育模式一直被视为国际上开展双语教育的国家中最为成功的模板之一,自然也有不少研究聚焦于新加坡双语教育政策和实践。周进的《新加坡双语教育政策发展研究》[②]一文,将新加坡双语教育政策的制定过程分为四个阶段:1965年以前是独立建国前双语教育的启蒙与探索阶段、1965—1986年是生存与发展主题下双语教育政策

---

① 薛鸣、陈于华:《日本中华学校的双语教育及其意义——以神户中华同文学校为例》,《国际汉语教育》2015年第1期,第98~108页,第200~201页。
② 周进:《新加坡双语教育政策发展研究》,保定:河北大学博士学位论文,2014年。

的确立与实践阶段、1987—2007 年是经济腾飞主题下双语教育政策的修正与完善阶段、2008 年至今是重造新加坡主题下双语教育政策的深入推进阶段。黄明的《新加坡双语教育发展史——英汉语用环境变迁研究(1946—2006)》[①]一文,不仅对新加坡双语教育发展史进行划分,而且将新加坡的双语教育模式归纳为"过渡—保持双语教育模式"。文章认为,这一双语教育模式统一了新加坡的国家意识,促进了新加坡的政治及社会稳定、四大民族的和谐和经济的高度发展,并在普及英语的同时也保持了各民族的语言与文化。在黄明的另一篇论文《新加坡的双语教育政策及"讲标准华语运动"》[②]中,其从多元文化主义的视角出发,剖析了新加坡双语教育政策产生的哲学根源。他认为新加坡双语教育政策在实质上从属于多元文化主义模式,该模式决定了语言政策制定者要选择两种语言(学生母语＋民族共同语)来实施学校教育,以显示政府能够平等地对待国内四大语言(英语、华语、马来语、泰米尔语)。当然,平等地对待国内四大语言并不意味着四种语言在功能和地位上须完全相同,多元文化主义模式也不是平衡地强调多种语言的功能相同,这也是新加坡双语教育政策一直坚持"突出英语＋保留母语"原则的原因。

尽管新加坡的双语教育取得了良好的效果,但已有研究也发现在新加坡双语教育政策下的华文教育正面临发展上的诸多困境。郝洪梅和高伟浓的《新加坡双语教育政策下的华文处境》[③]一文中,列举了当下新加坡华文教育面临的诸多问题,包括华文在家庭中的使用日益减少,华文在学校教学中的地位下降,华文学校在经费、师资、教材等方面有明显缺陷,华文语言教育与中华民族文化教育脱节,不同时期政府领导人对华文教育的排斥,等等。

从上述一国(或地区)华侨双语教育政策与实践的研究综述来看,大多数研究还是聚焦于剖析当今海外华侨双语教育政策出台的哲学依据、主要特点以及华侨双语教育实践中存在的主要问题。已有研究留下了较大的研

① 黄明:《新加坡双语教育发展史——英汉语用环境变迁研究(1946—2006)》,厦门:厦门大学博士学位论文,2008 年。

② 黄明:《新加坡的双语教育政策及"讲标准华语运动"》,《世界民族》2008 年第 1 期,第 43～49 页。

③ 郝洪梅、高伟浓:《新加坡双语教育政策下的华文处境》,《东南亚纵横》2004 年第 10 期,第 25～29 页。

究空间,这主要体现在以下两个方面:

一是已有研究聚焦的双语教育实际上并非完全针对华侨及其后代的需要提供的双语教育,绝大多数的研究是从侨居国政府视角来分析双语教育的实施情况,其推行的双语教育实际上是面向侨居国的全体民众,而对于由华侨个人或团体所开办的华侨学校中实施的双语教育研究相对较少。已有研究过分地夸大了侨居国政府对华侨教育的主导权,忽视了侨居国的私立华侨学校事实上也拥有一定的教育自主权,并且无论是私立华侨学校还是公立华侨学校,其自身和侨居国政府之间也存在一定的互动关系。

二是已有研究较少从历史发展的视角来剖析一国(或地区)双语教育的发展历程,即使对于新加坡、日本等双语教育开展历史悠久、双语教育发展相对较好的国家,已有研究也多关注于第二次世界大战后该国双语教育政策和实践,而忽视了二战之前华侨双语教育的发展情况。由于研究视角多局限于现今,对当今双语教育发展中存在的问题也缺乏更广阔、深入的研究和思考,较难从历史发展的经验中寻求可借鉴的经验。因此在剖析一国(或地区)双语教育发展存在的桎梏和寻求未来解决方案时,基于缺少客观、深入的研究,所得出的一部分结论不仅重复性较强,而且脱离华侨教育的实际情况。在对未来华侨双语教育发展提出建议时,一些研究者甚至提出"侨居国政府应加强华侨母语教育,加大对华侨学校资助力度","华侨学校须避开孔子学院冲击"等这样严重脱离现实的"纸面"建议,这些建议显然缺乏对侨居国政府制定语言政策时背后语言意识形态的剖析,也缺乏对华侨在侨居国所处教育环境的客观认识。

综上所述,关于海外华侨教育史的已有研究主要聚焦于海外华侨教育史发展的整体情况与特点、区域/国别华侨教育发展史、华侨教育政策、华侨教育家研究等四大类。已有研究所关注的历史时期主要集中在二战之后,而或许是受制于早期华侨教育史料收集的难度,关于明清时期的华侨教育研究相对较少,这也是本书区别于已有研究的创新之处。此外,已有关于华侨双语教育史的研究主要聚焦于对当代华侨双语教育政策和实践的共时性研究,较少有从历史视角对华侨双语教育的发展进程进行历时性研究,并从双语教育的发展史中总结经验。

四、海外华侨双语教育发展研究的学术价值和实践意义

本书在海外华侨教育史已有研究的基础上,试图重点从以下五个方面

进行深入探讨,填补已有研究中留下的学术空白点。

第一,明清时期海上丝绸之路的发展与华侨移民海外的过程、动因和主要形式。在海上丝绸之路开辟和发展的背景下,大量华侨移民海外,并形成一定规模的华侨组织和华侨社会,而华侨移民、华侨组织和华侨社会的形成实际上是产生华侨教育的历史背景和重要基础。因此梳理分析明清时期华侨移民的动因、籍贯、移民路线,华侨组织的诞生、形式、功能和华侨社会的出现,对于研究明清时期海外华侨双语教育的目的、性质有重要意义。

第二,明清时期海外华侨双语教育的发展。已有研究多关注侨居国政府所开办的、接受一定数量华侨子女的学校,而对于由华侨个人或组织所办的华侨学校关注较少。而且已有研究多将华侨学校汉语教育、儒学教育与外语教育、西学教育混淆,或者仅仅聚焦于汉语教育和儒学教育,而忽视了汉语教育与外语教育、儒学教育与西学教育并行的双语教育模式。本书通过收集、分析与海外华侨学校双语教育相关的第一手和第二手史料,按照华侨学校双语教育发展各阶段的特点,将明清时期海外华侨双语教育的发展历程分为萌芽期、起步期和快速发展期等三个阶段,归纳明清时期海外华侨学校双语教育实践的主要特点,分析海外华侨学校双语教育实践对于华侨及其后代传承中华传统文化、适应侨居地生活、提高华侨社会经济地位等方面所起到的重要作用。

第三,明清时期海外华侨学校办学者与华侨双语教育发展的关系。明清时期,海外华侨学校多由华侨个人或组织自创。因此华侨学校双语教育的发展,实际上与海外华侨学校办学者自身的成长背景、受教育经历和其秉持的教育理念等方面都有密切的关系,这也是推动这一时期海外华侨双语教育发展的重要内因。

第四,明清时期华侨教育政策与海外华侨双语教育发展的关系。除了海外华侨学校办学者的成长背景、受教育经历和教育理念外,华侨教育政策的制定与实施也是影响海外华侨双语教育发展的外因。华侨教育政策既包括明清政府制定并颁布的华侨教育政策,也包括侨居国政府颁布的华侨教育政策。华侨教育政策的研究,属于教育宏观研究,而分析不同时期华侨双语教育政策变化的内外因,并将华侨双语教育政策与双语教育实践结合起来展开研究,可以有助于达到海外华侨双语教育宏观研究与微观研究的统一,进一步丰富华侨教育史研究的内容,拓宽华侨教育史研究的视域。

第五,明清时期海外华侨双语教育对当今海外华侨教育发展的历史启示。以史为鉴,通过研究历史上海外华侨双语教育政策与实践的特点,对有代表性的海外华侨学校双语教育实践进行个案分析,可以为当今海外华侨学校双语教育实践的发展和华侨教育政策的制定提供可借鉴的历史经验和启示,有助于新一代华侨既能传承中华民族的语言和文化,又能在侨居国更好地生存与发展,提高自身的社会经济地位。

本书阐述明清时期海外华侨双语教育发展的历史历程,为当今海外华侨双语教育的发展进行历史溯源研究,为进一步梳理海外华侨教育史奠定基础,同时也为当今我国华侨教育政策的制定、海外华侨学校双语乃至三语教育实践的发展提供历史启示。本书首先以海上丝绸之路的开辟—中国海外移民的增加—海外华侨社会的形成—海外华侨双语教育的出现为主线,分析明清时期海外华侨双语教育产生的历史背景和主要动因。其次根据海外华侨双语教育在明清各历史时期呈现的不同特点,将这一时期的海外华侨双语教育发展历程具体分为萌芽期、起步期和快速发展期三个阶段,以巴达维亚中华学校和横滨大同学校两所具有代表性的海外华侨双语学校为个案,重点分析这一时期海外华侨双语教育实践在教育目标、教育形式、办学主体、教育对象、教师聘用、教学模式、教学方法、课程设置、教材编写、教学语言选择等方面的特点。最后,从明清时期海外华侨学校办学者的个人背景与教育理念、明清政府颁布的华侨教育政策、侨居国政府颁布的华侨教育政策等三个方面,深度剖析影响明清时期海外华侨双语教育发展的因素,并剖析各种推力形成的原因、单体作用和综合作用。

明清时期海外华侨双语教育发展史的研究,主要具有如下三大学术价值和实践意义。

第一,有助于拓宽中国教育史的研究范畴。从研究范畴上说,海外华侨教育是中国教育体系中的一个重要组成部分。虽然海外华侨教育在教育背景、教育目标、教育对象、教育条件等方面与中国教育有明显差异,但鉴于海外华侨与中华文化根脉有着天然的联结,海外华侨教育对于中华文化在华侨群体中的传承和在侨居地的传播等方面都发挥重要的作用。因此研究海外华侨教育史对于拓宽中国教育发展史的研究范畴、分析中国教育传统与海外不同教育文化的嫁接与融合等方面有着重要的学术价值。

第二,为进一步研究华侨华人史、中外交流史奠定基础。历史上,海外华侨是独特的群体,特别是第一代、第二代华侨移民群体,他们身上既带有中华文化的印记和符号,又在融入侨居国生活的过程中浸染了国外的文化和生活习气,成为中外友好关系的桥梁和纽带。明清时期海外华侨双语教育的发展进程,见证了华侨移民在侨居国扎根定居、逐渐发展壮大的过程,海外华侨双语教育也是华侨不断完善自身知识体系、提高在侨居国社会经济地位的重要推力。鉴于华侨在中外往来间的重要作用和特殊身份,研究明清时期海外华侨双语教育史,也是研究中国对外交通史、中国国际贸易史、中国海外移民史、中华文化传播史、中国外交史的重要基础,从中可以分析华侨双语教育在形成华侨群体高度国际主义和传承中华文化方面发挥的重要作用。

第三,为更好地传播中华文化,推动海外华文教育与住在国本土教育的融合提供历史借鉴。海外华侨教育史的发展历程有其坚实的根脉,而把握其教育发展的历史规律,可以帮助我们全盘审视海外华侨教育发展过程中的跌宕起伏,从中总结出有借鉴意义的历史启示和经验。虽然明清时期海外华侨教育在教育背景和教育条件上与当今海外华文教育有较大差异,但由于双语教育是一种以实践为导向的教育形式,其在教育模式、教学方法、教师招聘、教材选择、测试手段等方面仍有很多值得当今借鉴的历史经验。特别是在海外华文教育与住在国当地语言教育的融合与衔接、双语教育课程体系建构等方面,海外华侨学校双语教育实践史可为当今充分调动华侨华人力量以提高海外华侨学校办学水平,探寻在海外华侨华人和华裔群体内传承中华文化以及在海外非华侨华人华裔群体中传播中华文化的有效路径,提供有价值的历史解题思路。

五、研究依据的史料

本书内容属于教育史研究范畴,而教育史研究中所依据的史料是研究者对一段教育史进行合理分析、推测以及回答研究问题的基础。[①] 所依据的史料形式多样,可以包括文字、图片、口头讲述等任何一种记录历史事件的形式。根据史料的具体内容,玛莎・豪厄尔(Martha Howell)和沃尔特・普雷维尼尔(Walter Prevenier)将史料分为以下三大类:

第一,个人叙事史料(ego documents),包括历史人物的日记、随笔、私人信函、回忆录、个人传记等,这其中日记、随笔、私人信函等史料属于"无意

---

① Howell M., Prevenier W. *From Reliable Sources: An Introduction to Historical Methods*. New York: Cornell University Press, 2001.

史料",即历史人物在历史事件发生时,在自身无意识状态下留下的历史证据,而回忆录、个人传记等史料则属于"有意史料",其是指作者根据某种目的和具体任务"有意"地选取部分历史记录而组织编写的史书或是成文的历史著述。

第二,对外公开史料(diplomatic sources),包括一国(或地区)制定的各项法律、规章、条文、政策等资料。

第三,社会史料(social documents),包括由权威组织机构(如国家政府)保存的官方记录,例如立法议会记录、政府档案、政府各部门年报公报等资料。

需要指出的是,以上三类史料的主客观性程度各有不同。在个人叙事史料中,由于对史料的记录和处理时间不同,往往后人对历史人物所著述的个人传记比历史人物的日记和随笔主观性更强。个人传记由后世学者所著,其著述时间距离历史时代比较遥远,所著传记的语境与历史语境也有较大差异。

根据历史记录者与历史事件之间的距离,史料又可以进一步分为第一手史料(原始史料)和第二手史料。第一手史料指的是历史事件参与者(或者是历史事件见证者)所记录的历史资料。[①] 由于史料记录者距离历史事件较近,其史料的可靠度、可信度较高,第一手史料相对较为客观、真实,学术价值较高,因此其更受到历史研究者的推崇。第二手史料指的是由距离历史事件较远的后人所记录的资料,或者是后人的研究成果。由于后人在记录、解释历史事件的过程中可能受到外部环境和写作目的的影响,为了佐证某一历史结论,可能会有意识地选择相关的历史片段,并刻意回避某些与结论相悖的史料,因此第二手史料的主观色彩较浓。[②] 第二手史料并非没有学术价值,它不仅为历史研究者提供历史事件的背景介绍,而且在一定程度上也弥补了当第一手史料缺失时留下的空白,还可以展示后人对于历史事件的态度和评价。[③]

---

① Kamil L. M., Mosenthal P. B., Pearson P. D, et al. *Handbook of Reading Research*. Mahwah, New Jersey: Lawrence Erlbaum Associates, 2002.

② Bentz V. M., Shaprio J. J. *Mindful Inquiry in Social Research*. California: Sage, 1998.

③ Tosh J., Lang S. *The Pursuit of History* (4ᵗʰ *edition*). Edinburgh: Pearson Education, 2006.

　　为了提高研究史料的可信度和可靠度,我们主要以第一手史料为依据。在叙述明清时期海外华侨双语教育背景、以及相关第一手史料缺失时,也会应用第二手史料。具体而言,本书所依据的史料主要分为以下几大类:

　　第一类史料是关于明清时期海外华侨学校教育实践、教育活动等方面的微观史料。其中既包括对吧城中华学校、横滨大同学校等海外华侨学校的招生启事、学校章程、课程设置、教学大纲、教学材料、教师与学生名单、课堂记录、考试试卷等第一手史料,也包括当今海外华侨学校的纪念刊、校志(这些学校的前身是明清时期的华侨学校)等第二手史料[①],如《横滨山手中华学校百年校志(1898—2004)》、《神户中华同文学校建校 80 周年纪念刊》、《小吕宋华侨中西学校三十周年纪念刊(1899—1929)》、《新华学校四十一周年纪念刊》、《雅加达八帝贯中华会馆学会一百周年纪念刊》、《端蒙中学七十周年纪念刊(1906—1976)》、《印尼直葛中华学校创办一百周年纪念特刊(1906—2006)》和《横滨中华学院百周年院庆纪念特刊》等。

　　第二类史料是明清政府针对华侨教育的相关奏折、规章条文等。其中,奏折是明清官吏向皇帝奏事的文书,其不仅直接记录了各级政府对于华侨教育的相关决策,而且这些决策背后也间接投射出明清政府对于海外华侨教育的态度。由于本书将分析明清政府制定的华侨教育政策,因此这些奏折是研究明清时期华侨教育政策、政府对于海外华侨教育的态度等问题的重要史料。此外,鉴于海外华侨教育所处环境的特殊性,华侨侨居国政府档案(包括立法议会记录、殖民地各部门年报)等史料,可以反映侨居国政府针对华侨教育颁布的政策,也是研究明清时期海外华侨教育发展影响因素的重要史料。

　　第三类史料是明清时期海外华侨学校办学者的手稿、公开演讲稿、文章、回忆录、私人日记、信札等。这一时期海外华侨学校办学者的成长背景、受教育经历和其秉持的教育理念,对于海外华侨学校的创办和海外华侨双语教育的发展起到重要作用,也是本书的重点研究内容之一。海外华侨学校办学者的个人手稿、公开演讲稿、文章、日记等内容,能够直接反映其对海外华侨教育的基本态度和理念。19 世纪末 20 世纪初,林文庆就曾在新加坡多次发表公开演讲,呼吁振兴华侨教育,并在其创办的《海峡华人杂志》中多次撰文阐述其对于华侨接受儒学教育、西学教育、语言教育的想法,而有

————————————

①　这些第二手史料中记载了不少华侨学校在历史上的教育实践情况。

关林文庆教育理念的手稿、公开演讲稿、文章、日记等第一手史料是研究林文庆教育思想和理念的关键。

第四类史料是明清时期在中国以及海外侨居地发行的相关报纸、期刊。明清时期中外相关报纸、期刊上刊登的新闻报道和评论文章,不仅记录了这一时期海外华侨学校双语教育的开展情况,而且描述了海外华侨双语教育发展背后的社会背景。本书所涉及的这方面史料既包括在中国出版的《鹭江报》、《神州日报》、《教育杂志》、《华商联合报》、《申报》、《松江教育杂志》、《时事新报》、《中华教育界》、《东方杂志》、《学部官报》、《安徽学务杂志》、《济南报》、《竞业旬报》、《知新报》、《湘报文编》、《时务报》、《新民丛报》、《湘报类纂》、《时报》和《之罘报》等报刊,也包括在海外侨居地出版的中英文报刊,如新加坡的《叻报》,日本的《清议报》、《横滨贸易新报》、《神户周报》(*The Kobe Weekly Chronicle*),美国的《旧金山呼声报》(*The San Francisco Call*)等。在这些明清时期的报纸期刊中,1909 年在上海创办的《教育杂志》记录了清末时期中国近代教育变革的历史,译述国外教育经验,叙述教育资料,并刊登了海内外教育家传记,而其中包括了关于同时期海外华侨教育的相关资料,这是本书使用的重要史料之一。此外,1881 年,祖籍厦门的新加坡华侨薛有礼创办的《叻报》是新加坡最早的中文报纸,该报全面记录了 19 世纪末 20 世纪初新加坡华侨教育的整体发展情况,其中刊登了不少与新加坡华英义塾等华侨学校有关的报道,这对于了解这一时期新加坡华侨学校的双语教育实践很有价值,也是本书所依据的重要史料之一。

除了上述四大类的史料外,为了更全面地叙述、分析明清时期华侨双语教育所处的时代背景,为研究提供更多新视角和新思路,并能补充已有史料中存在的空白点,本书还参考了有关明清时期海外华侨教育史的史料汇编、相关史学专著、海外华侨学校办学者、海外华侨教育历史人物的个人传记、已发表的期刊学术论文以及网络资源中所涉及的各类相关史料。

六、重要概念的界定

明清时期是中国历史上社会转型的重要时期,也是封建社会由盛转衰的时期。在这一时期,封建专制主义中央集权加剧,资本主义萌芽开始出现并缓慢发展,特别是鸦片战争以后,外国语言、思想、文化、宗教、制度乃至各类人员开始源源不断地涌入中国,在一定程度上促使中国进入了近代化进程。受到政治、战争、经济、社会、文化等国内外多方面"推力"和"拉力"因素的影响,中国人移民海外逐渐增多。因此明清时期实际上是中国海外移民史、中外交流史上的重要时期。明清时期的时间跨度从 1368 年明太祖朱元璋建立的明王朝开始,到 1911 年清王朝覆灭。由于涉及的专有名词、术语较多,且这些名词、术语的概念较为复杂,容易使人产生混淆。为此,对所涉及的一些重要名词、术语概念特加以界定和说明。

（一）清廷与清政府

在清史研究和中国近代史研究中,学者习惯上以"清廷"来指清政府的最高统治者,即皇帝或控制了皇权的人(如慈禧太后),其范围一般不超过军机大臣,实即最高决策层。而"清政府"所指的范围则要宽泛一些,不但指整个清朝中央政权,有时甚至也指地方政权。在本书中,制定、颁布具体政策时使用"清政府"一词,其既包括清中央政府,也包括清地方政府,而在清中央政府部门(例如总理衙门、学部)上奏时,则使用"清廷"一词,即向最高决策层上奏。此外,授予他人虚衔时也使用"清廷"一词,如清廷向捐资办学的华侨授予虚衔。

（二）南洋与东南亚

南洋,是明清时期对南亚、东南亚一带的称呼,包括今马来群岛、菲律宾群岛、印尼群岛、中南半岛沿海、马来半岛等地。而"东南亚",是第二次世界大战时因盟军划分战区而启用的地理概念。本书在论及明清时期的历史时使用"南洋"这一概念。

（三）学堂与学校

学堂与学校两者的含义基本相同。晚清时期,中国旧式教育机构统称为"书院"(如福州正谊书院),新式教育机构统称为"学堂"(如京师大学堂),一些旧式教育机构在教育近代化进程中转为新式教育机构后,更名为"学堂"。如正谊书院与邻近的凤池书院合并转为新式教育机构后,先后易名为"全闽大学堂"和"福建高等学堂"。清末废除科举、兴办学校后,大体上相应将旧有的学堂也改称"学校"。如 1912 年京师大学堂更名为"北京大学校",1912 年福建高等学堂更名为"福建高等学校"。

海外华侨学校的发展主要以旧式教育和新式教育作为分界线,旧式华侨教育机构主要包括义学、义塾、私塾、蒙馆、书院、专馆等,这些教育机构也可在广义上统称为"学堂",而新式华侨学校在办学主体、教学内容、教学模式和教学方法等方面具有近代教育的特征,称之为"学校"者为多。也有一些新式华侨学校在其创办早期仍取名为"学堂",而后更名为"学校"。巴达维亚中华学校(也称为"吧城中华学校")在1901年创办之初取名为"巴达维亚中华会馆中华学堂",而后更名为"巴达维亚中华会馆中华学校"。为了避免概念上的混淆,在本书中,除了在引述文献资料时直接引用"学堂"或"学校"外,其余各处均按上述方式对海外华侨"学堂"和"学校"加以区分,将旧式华侨教育机构统称为"学堂",而将新式华侨教育机构统称为"学校"。

(四)海外华侨与海外华人

历史上移居海外国家和地区的中国人及其繁衍后裔的群体,即寓居在海外的华人,闽粤人称呼为"番客",中外史籍称谓"唐人"。《明史·真腊传》记载:"唐人者,诸番呼华人之称也,凡海外诸国尽然。"直至清末,官方又称作"华民"、"华工"和"侨民"以及"华侨"等,终于形成共认的"华侨"称谓。根据本书的阐述,20世纪初期以前移居在海外国家和地区的具有中国血统的中国侨民及其后裔通称为"海外华侨"。当引申述及当代的海外华侨移民及其后裔时,则采用通常使用的"海外华侨华人"称谓。

历史上最先采用血统论来界定海外移民群体。新客华人(华侨),是指出生于中国、因某种原因侨居于海外的中国移民。土生华人(华侨),是指出生于海外的中国移民后代,既包含父母双方均为中国移民而生的后代,也包含由中国移民与所在国居民通婚后所繁衍的后代。

1909年3月28日,清政府颁布中国历史上第一部成文的国籍法——《大清国籍条例》,根据中国血统的原则赋予海外华侨既可以拥有中国国籍,又可以拥有侨居国赋予的所在地国籍。第二次世界大战后,伴随世界性民族意识和国家意识的强化以及国际移民的新发展,中国转变为偏重于以国籍为准则来审视中国移民的身份。

1955年4月,中国政府与印尼政府签订《中华人民共和国和印度尼西亚共和国关于双重国籍的条约》。根据条约规定,中国政府放弃以血统确定国籍的原则,鼓励海外华侨放弃中国国籍,加入居住国国籍,成为居住国的国民。此后,"华侨"的身份,适用于指长期定居在国外而拥有中国国籍的中国移民群体及其后裔。"华人"的身份,适用于指拥有中国血统但加入外国国籍的中国移民群体及其后裔。

1980 年 9 月,《中华人民共和国国籍法》颁布,其中第三条重申"中华人民共和国不承认中国公民拥有双重国籍"。中国政府基于国籍准则,重新定义适用于当代的"华侨"和"华人"的概念。华侨定义为"指定居在国外的中国公民";外籍华人定义为"指原是华侨或华侨后裔,后已加入或已取得居住国国籍者"。应当指出,海内外学界比较倾向于以血统和文化基因相结合来审视华人,"华人"的定义尚待进一步深入探讨。

（五）海外华侨教育

海外华侨教育是指明清时期由海外华侨个人、家族及组织面向当地华侨群体而兴办的教育。在教育目的和教育主体上,海外华侨教育与侨居国政府及当地教会为吸引华侨学习侨居国语言、科学、宗教、文化而兴办的教育,以及与在中国面向归侨及其子女所兴办的教育,有着明显的区别。因此在本书关于"中国华侨教育政策"和"侨居国华侨教育政策"的章节中虽提及由明清政府和侨居国政府面向华侨开办的学校,但其教育实践并不在本书的重点讨论之中。

从内涵上看,华侨教育有广义、狭义两种诠释。从广义上说,华侨教育包括华侨各行各业从业者之间、从业者师徒之间的言传身教,华侨家庭教育以及华侨所处环境的社会教化。广义上的华侨教育在教与学的时间性、空间性和目的性上都较为模糊,教学对象比较广泛,教学内容也较为随意,故不在本书重点讨论分析的范畴内。从狭义上说,华侨教育则是专指在特定教学场所、以特定形式进行的教学活动,而学校教育是其中的主要形式。与华侨家庭教育和社会教化不同,以学校及其他教育组织、机构为教育场所的华侨教育,在教育对象、教育时间、教育地点、教育目的上都较为明确、固定,教育内容具有相对较强的针对性和系统性。因此华侨学校教育将是本书中重点讨论分析的华侨教育形式。

（六）华侨双语教育

华侨双语教育是华侨教育的重要组成部分,在华侨教育中占有极其重要的地位。在本书中,华侨双语教育是指面向华侨的一种教育形式,即在学校及其他教育组织、机构中使用汉语和英语(或侨居国通用语言)进行教育,既包括教授华侨两种语言,也包括使用两种语言进行非语言学科(如数学、物理等学科)的教学。因此华侨双语教育的概念范畴明显大于汉语教育,其同时包含了面向华侨群体的汉语教育和英语（或侨居国通用语言）教育，以及以两种语言为媒介的非语言学科教育。华侨双语教育，在概念上更接近于海外华侨教育，更加凸显语言在华侨教育中所发挥的重要角色和功能。从海外华侨双语教育的目的和功能上看，海外华侨双语教育不仅是华侨移民及其后代学习汉语、保持与传承中华传统文化和民族特性的重要途径，也为华侨在侨居国生存发展、融入当地主流社会、提高自身就业竞争力和社会经济地位奠定了重要基础。

需要指出的是，明清时期，海外华侨所接受的双语教育有其特殊性和历史性，这主要表现在以下两个方面：

一是明清时期海外华侨学校双语教育体系中的汉语教育有着丰富的内涵。鉴于明清时期华侨移民迁徙与定居的历史原因，海外华侨学校在汉语教育上经历了从华侨祖籍地方言教育到中国国语教育的转变。明代至清代中前期华侨迁徙异国后，多以血缘、地缘为纽带成立华侨帮会、会馆、社团，而在这些华侨组织附设的学堂中也自然使用华侨方言为教学媒介语。晚清时期，随着海外华侨中华民族意识的提高，以及受到中国"国语运动"的辐射影响，学习统一的中国国语成为新式华侨学校"汉语教育"的主要内容。为了避免概念的混淆，本书中所提及的汉语教育既包括旧式华侨学校中的中国地方方言教育，也包括新式华侨学校中的中国国语教育。

二是明清时期海外华侨双语教育的实践模式有其时代特殊性，关于华侨学生母语（第一语言）的界定有一定的模糊性。现有国际上的双语教育模式理论均是在 20 世纪 90 年代以后提出的，其划分依据主要是根据教育对象、学生母语、教育目标、两种语言的地位以及教学次序等维度进行划分，将双语教育分为弱势双语教育和强势双语教育两大类，每一大类下归纳出若干种教育模式，其中学生的母语语种是划分双语教育模式的一个重要维度。

关于明清时期海外华侨及其后代的母语问题一直在学术界存在着争论。从教育对象的人数和地位来看，虽然在某些侨居国中，华侨所占当地总人口的比例较大，但华侨子女的母语——汉语并不是侨居国最重要的官方语言。因此从概念上看，华侨学生应属于侨居国的少数语族学生，其所接受的双语教育除了母语汉语外，还需要接受侨居国的主流语言（或通用语言）教育。需要指出的是，明清时期，相当一部分华侨在移民海外后与当地土著女性结婚，其所生子女为当地土生华侨。若这些土生华侨子女从小接受其母亲的教育，其第一母语很有可能是侨居地的土著语言，甚至会出现"语言马赛克现象",即形成汉语与侨居地土著语言混杂的母语。而且明清时期华侨所生活的侨居地多数处在西方殖民统治之中(例如荷属东印度、英属马来亚地区),而这些侨居地殖民政府的官方语言(如荷属东印度的荷兰语、英属马来亚的英语)是该地区的官方语言。因此一些新式海外华侨学校的发展中甚至超越了"双语教育"的范畴,华侨学生不仅需要接受汉语教育,而且为了在侨居地生存和发展,还需要接受侨居地土著语言和殖民语言教育,这就形成了"多语教育"的形式。本书将部分新式华侨学校中出现的"多语教育"形式也归纳进"双语教育"的概念范畴内,但在具体分析海外华侨学校的双语教育模式时,并不严格按照现有国际流行的双语教育模式分类进行分析,而是根据实际情况对明清时期海外华侨学校双语教育的模式展开具体分析,并在史料收集、归纳与分析的基础上,补充、拓宽已有研究中关于国际双语教育模式的种类和范围。

(七)巫语、马来语和印尼语

巫语从 7 世纪开始在马来群岛使用,成为马来群岛乃至南洋社会的重要通用语之一,实际上指马来语。本书中将出现巫语和马来语混合使用的情况。印尼语是以廖内方言为基础的一种马来语,与马来语在发音和词义上大体相同,在印尼语的发展过程中吸收了英语、爪哇语的元素,进一步丰富了印尼语。1945 年 8 月 17 日,印尼宣布独立,成立印度尼西亚共和国,而印尼语的确立是重要的国家符号,其与马来语的区别也主要是出于民族独立、国家符号的政治考虑,而非语言学上的考虑。因此本书以印尼独立为时间分界线,在独立之前将印尼语称为巫语或马来语,独立之后称为印尼语。

第二章

海上丝绸之路与海外华侨社会的形成和发展

中国漫长的海岸线自北向南，与他国海上交通历史悠久。海上丝绸之路萌芽于商周，发展于春秋战国，形成于秦汉，兴于唐宋，繁华于元，鼎盛于明，转变于清，这是已知世界上最古老的海上航线。自先秦以来，不断有人沿着海路移居海外，史书曾记载箕子东走朝鲜、孔子欲居九夷的先秦故事，秦汉时代已有秦人、汉人移居日本的相关记录。

唐朝是我国历史上最繁荣强盛的朝代，中国也是当时世界上以高度文明而著称的国家。随着海上交通、对外贸易和中外政治、文化交往的发展，已开始有少数中国人移居南洋从事商业或手工业活动。

宋朝结束了五代十国的大分裂局面，商业、手工业更为兴盛，由于贡赋、漕运多取海道，促进了航海业的发展，加上当时西北通向西亚和欧洲的陆上丝绸之路中断，北宋朝廷为了增加收入，采取奖励海外贸易的政策。当时在广州、泉州、明州（今宁波）等口岸相继设置了掌管对外贸易的市舶司，广东、福建沿海一带人民到南洋经商的人逐渐增多。南宋以后，随着航海业和海上贸易的不断发展，中国与南洋群岛诸国的政治、经济、文化交往日益频繁，广东、福建、广西等沿海地区的人民到南洋更多地方经商和谋生，其中一些人由于经济、政治等方面的原因，在当地定居。宋元交替之际，有一些汉族人或因不甘受异族（蒙古人）的统治，或为躲避战乱，出现了向海外移民的小高潮。

元朝统治者对海上交通和海外贸易十分重视，因经商而留居海外者增多。特别是元代统治者多次对外用兵，未能回归祖国的士兵流散海外多地成为华侨，加上横跨欧亚的四大汗国的建立，促成了中国人向海外移民的又一次高潮。

　　明清时期，海上丝绸之路在曲折中发展，经历了一次又一次重大挫折，但一次又一次顽强地崛起，这使得海上丝绸之路不断延伸与拓宽。明代，郑和七下西洋激发了整体海上贸易交往的繁盛，引发了海上丝绸之路发展的高潮。之后，明代、清代海禁虽时紧时松，但海上丝绸之路给中国与沿线国家带来的共赢效应，使海上丝绸之路势不可挡般继续向前推进。海上丝绸之路的发展，也在客观上形成了中国人移民海外的高峰，促成海外华侨社会的形成和进一步扩大。

第一节　明以前海上丝绸之路与中国人移民海外的进程

一、海上丝绸之路的开辟与海外移民的萌芽

（一）先秦时期：海上丝绸之路开创期与中国海外移民传说期

　　先秦时期（旧石器时期至公元前 221 年），是指秦朝建立之前的历史时代，这个时期包括夏、商、西周、春秋、战国等历史阶段。

　　中国人最早通过海路移民海外的记录是周初箕子东走朝鲜。箕子，名胥余，殷（今河南省安阳市）人，他是商王文丁的儿子、商王帝乙的弟弟、商王帝辛（纣王）的叔父、商朝末年的太师。箕子东走朝鲜的故事，发生在公元前 11 世纪，见之于《尚书大传》、《史记·宋微子世家》、《汉书·地理志》和《三国志》等史书中。箕子是商纣王的叔父，纣王不仅沉湎酒色，穷兵黩武，重刑厚敛，而且拒绝劝告，箕子再三进谏，反被纣王所囚。公元前 1046 年，周武王灭商，让召公释放箕子。箕子不忍看到殷商王朝灭亡，率 5000 人从今胶州湾渡海去了朝鲜。箕子一行，成为中国最早的华侨。

　　周初，分封诸侯，周武王得知箕子在朝鲜，封之为朝鲜侯。箕子在朝鲜建立国家，定都于王俭城（今平壤），因受周封号，箕子所立的国家成为周的藩属国。箕子东去朝鲜，带去中国先进的生产技术和文化，对当地社会发展有一定的帮助。朝鲜的《三国史记》、《三国遗事》和《帝王韵记》等历史文献对此都有记载，认为是箕子创立了古朝鲜的一代王朝，即"箕子朝鲜"或"箕氏朝鲜"。朝鲜高丽王朝中期崇拜箕子之风盛行，建立箕子祠纪念箕子。《高丽史》卷六十三记载："肃宗七年（公元 1102 年）十月壬子朔，礼部奏：我

国教化礼仪自箕始,而不载礼典,乞求其坟茔立祠以祭。从之。"①箕子东走朝鲜的历史至今尚无得到充分的考古史料认证,还只能看作有史可稽的一种传说。这一传说也说明在商周之际可能就有中国人通过海路移民到朝鲜半岛,并带去中国先进的物质文明和精神文化。②

先秦另一个与中国人移居海外相关的传说是孔子欲居九夷。孔子,名丘,字仲尼,鲁国陬邑(今山东省曲阜市)人,祖籍宋国栗邑(今河南省夏邑县),他是中国古代伟大的思想家、政治家、教育家,儒家学派创始人。早在公元前 7 世纪左右,"朝鲜"这个名称就传到中国。在孔子生活的年代,中国人对朝鲜并不陌生,所以连孔子都想去朝鲜生活。《汉书》对此有记载:"东夷天性柔顺,异于三方之外,故孔子悼道不行,设浮于海,欲居九夷,有以也夫。"③这里的"东夷"指的是朝鲜,意思是朝鲜百姓自古以来便性格随和,通情达理,与中国周边南、西、北三方的人不一样,就连孔夫子都曾设想,如果他的道不能行之于中国,便想乘着小筏子渡海到朝鲜去生活。由此可推测,在孔夫子生活的那个时代,由海路到朝鲜并非难事。

也是在先秦时代,中国人还开始向日本移民。特别是在战国时期,苦于战乱兵祸的北方齐、燕、赵等国一些居民为避战乱渡海进入日本定居,成为日本史学家所说的"铜铎民族"、"出云民族"。在今日本广岛县、冈山县等地都曾发现先秦时代燕、赵、齐、鲁等国的货币明刀。这些文物史料从一个侧面说明,先秦时代曾有中国人移民日本。

(二)秦汉时期:海上丝绸之路形成期与中国海外移民胚胎期

秦汉时期是中国历史上秦和汉两个大一统王朝的合称,是中国社会转型期、中国文化整合期,也是中国历史上第一个强盛时期,海上丝绸之路在这一时期开始形成。根据先秦时期史籍的记载,国人通过海路移民海外的具体国家只有朝鲜、日本。在秦汉时期,中国人移民海外的国家和区域有所扩大,这一时期是中国海外移民的胚胎时期。

---

① 顾铭学:《先秦时期中朝关系问题初探》,北京大学韩国学研究所:《韩国学论文集》第一辑,北京:社会科学文献出版社,1992 年,第 6 页。

② 武斌:《中华文化海外传播史》第一卷,西安:陕西人民出版社,1998 年,第 103~104 页。

③ (汉)班固:《汉书》卷二十八,《地理志下》,北京:中华书局,2007 年,第 311 页。

1.秦朝时期:北向海上丝绸之路的开辟与中国人移民东北亚

秦朝(公元前221—公元前206年),公元前256年,秦灭周。公元前221年,秦完成统一,成为中国历史上第一个君主专制中央集权统一王朝,传二帝。

在秦统一六国后,原齐、楚、韩等国人民为躲避战乱和苛政,从山东半岛渡海到朝鲜半岛的中部和南部。位于朝鲜半岛南部的马韩划出东部沿海一带(今韩国庆尚北道庆州地区),给来自中国的移民居住。此后,他们与当地人民一起建立了国家,取名"辰韩"(也称秦韩),定都于庆州,《三国志》《晋书》和《梁书》等史书对此都有记载。《晋书·四夷传》中记述:"辰韩在马韩之东。自言秦之亡人避役入韩。韩割东界以居之。立城栅,言语有类秦人,由是或谓之为秦韩。"①至于移民到朝鲜的具体人数,《三国志》对此有记载:"陈胜等起,天下叛秦,燕、齐、赵民避地朝鲜数万口。"②因受战争迫害而移民朝鲜的中国人不少,汉朝时期辞赋家、思想家扬雄曾把北燕、朝鲜洌水(今朝鲜大同江)之间列为汉语方言区之一。

秦始皇统治时期,已有中国人移民海外的历史传奇,其中最著名的有如徐福东渡日本。徐福,字君房,琅琊郡(今江苏省连云港市赣榆区金山镇徐福村)人,秦代方士,相传也是鬼谷子先生的关门弟子。他博学多才,通晓医学、天文、航海,在沿海一带民众中名望甚高。

徐福东渡的记录,最早见于司马迁的《史记》。秦始皇时期派遣徐福出海采集长生不老的仙药,徐福率数千名童男童女,携带足够三年用的粮食和药品,还带了部分农具,泛海东渡,再没有回来。据说他们最后到达了日本,给那里带去中华文化和先进的农业耕种技术,帮助当地人民发展生产。西汉的东方朔在《海内十州记》中也记载了徐福带童男童女坐楼船去"三神山"寻找长生不老药的故事。927年,日本高僧弘顺大使(即宽辅和尚)渡海到中国学习,把流传在日本的徐福故事告诉了义楚和尚。义楚在《义楚六贴》中记有此事:

> 日本国,亦名倭国,东海中。秦时,徐福率五百童男、五百童女,止此国也。今人物一如长安……又东北千余里有山,名富士……徐福至

---

① (唐)房玄龄:《晋书》卷九十七,《四夷传》,《二十五史》第二册,上海:上海古籍出版社、上海书店,1986年,第1540页。

② (晋)陈寿:《三国志》卷三十,《魏书·东夷传》,北京:中华书局,2006年,第506页。

此,谓蓬莱。至今子孙皆曰秦氏。[①]

在日本的纪伊半岛有徐福之丘和徐福宫等专门祭祀徐福的遗迹存在。在日本和歌山县最东面的新宫市至今还保存有徐福墓,徐福墓附近还有徐福七位亲信的墓,并以北斗七星的形式分布在其周围。此外,日本新宫市徐福町原先还有徐福祠,日本九州佐贺县有徐福船队上岸的石碑,因传说徐福曾在佐贺市的金立山住过,金立神社也以徐福作为其奉祀的主神。日本人民把徐福当作亲人和恩人,长期举行各种祭祀活动纪念徐福,甚至还有不少日本人认徐福是自己的祖先。

2.两汉时期:海上丝绸之路的延长与中国人海外移民地的增加

在先后创造了"文景之治"、"汉武盛世"和"孝宣之治"的西汉和开创了"光武中兴"、"明章之治"和"永元之隆"的东汉,中国成为世界上最先进的文明国家。两汉时期,中国与海外的交通条件得到快速发展。钱穆在论及中国文化发展的历史和特点时指出:"中国的对西交通,有西北的陆线与西南的海线两条大路。尤其是汉唐以下,中国那两条路线之交通频繁,是历历有史可征的。"[②]

西汉(公元前206—公元25年)包括王莽(公元9—23年)和更始帝(公元23—25年),这是中国历史上继秦朝之后又一个君主专制中央集权的大一统王朝,汉高祖刘邦所建,国都长安(今陕西省西安市),传刘氏十四帝(包括更始帝刘玄),其间王莽曾篡汉自立。

西汉初年,中国曾出现群体移民朝鲜的现象,这些移民还在朝鲜半岛建立政权。汉高祖刘邦在中国东北地区设置郡县,封卢绾为燕王,定都于蓟(今北京)。公元前195年,卢绾与匈奴联手叛汉。次年刘邦派樊哙、周勃率兵征讨,攻占燕都,卢绾败逃。为避战乱,燕地不少百姓逃往他乡,其中燕人卫满率千余人渡过浿水(两汉时指今朝鲜青川江,三国时指今朝鲜大同江),移民朝鲜半岛。司马迁的《史记》对此有清晰的记载:"燕王卢绾反,入匈奴,满亡命,聚党千余人,魋结蛮夷服而东走出塞,渡浿水,居秦故空地上下障。"[③]《三国志》中也有记录:朝鲜王"准信宠之,拜为博士,赐以圭,封之百

---

① 中国中日关系史研究会:《日本的中国移民》,北京:生活·读书·新知三联书店,1987年,第38页。

② 钱穆:《中国文化史导论》,上海:生活·读书·新知三联书店上海分店,1988年,第162~163页。

③ (汉)司马迁:《史记》卷一一五,《朝鲜列传》,北京:中华书局,2006年,第668页。

里,令守西边"。① 上述引文中的"准",指的是箕子朝鲜的末代王,为中国移民后裔。第二年,卫满自立为王,国号仍称朝鲜,史称"卫氏朝鲜",这是继箕子建立"箕氏朝鲜"后,中国移民在朝鲜建立的又一个王朝。

西汉时期,汉武帝派遣张骞出使西域,沟通中原与西域各国的联系,开辟了丝绸之路。也是在西汉,中国开辟通往南洋及印度的海路商道,海上丝绸之路由此开始连接世界上更多的国家。《汉书·地理志》中有对此最早的记录:

> 自日南障塞,徐闻、合浦船行可五月,有都元国。又船行可四月,有邑卢没国。又船行可二十余日,有谌离国。步行可十余日,有夫甘都卢国。自夫甘都卢国船行可二月余,有黄支国,民俗略与珠崖相类。其州广大,户口多,多异物,自武帝以来皆献见。有译长,属黄门,与应募者俱入海市明珠、璧流离、奇石异物,赍黄金杂缯而往……大珠至围二寸以下。平帝元始中,王莽辅政,欲耀威德,厚遗黄支王,令遣使献生犀牛。自黄支船行可八月,到皮宗;船行可二月,到日南象林界云。黄支之南,有已程不国。②

都元国,在今印尼苏门答腊岛东北部,一说在今马来半岛南部,也有说法认为其在今越南的建江省。邑卢没国,在今缅甸勃固附近。谌离国,在今泰缅一带。夫甘都卢国,一说在今缅甸蒲甘地区,一说在今缅甸伊洛瓦底江中游卑谬附近。黄支国,一般认为在今印度马德拉斯西南的甘吉布勒姆。已程不国,一说为今非洲埃塞俄比亚者,一说为今斯里兰卡。

当时,中国通往南洋、印度的海路商道由雷州半岛出发,《汉书》中的徐闻即在雷州半岛南端,合浦则在北部湾东北岸。公元前 111 年,伏波将军路博德率师平南越,建置徐闻县,辖地为雷州半岛,隶于合浦郡,县治、郡治均设在徐闻县西南海滨讨网村(今二桥村)。自雷州半岛入海,沿着印度支那海岸折入暹罗湾,在暹罗湾东岸登陆,步行越过地峡,进入缅甸境内。之后西渡孟加拉湾,可到达印度南部和锡兰(今斯里兰卡)。归航时,同样沿着海岸航行,穿过马六甲海峡北返广东。

西汉时期开辟的这条印度洋航路是当时世界上最长的远洋航路之一。往返于这条航路者,主要有两类人:一是由奉命出使海外的政府官员;二是

---

① (晋)陈寿:《三国志》卷三十,《魏书·东夷传》,北京:中华书局,2006 年,第 507 页。
② (汉)班固:《汉书》卷二十八,《地理志下》,北京:中华书局,2007 年,第 314～315 页。

以通商贸易、宗教交往为目的的民众。当时中国连接南洋的海上丝绸之路得到政府支持,朝廷派遣黄门①执掌,并征招民间航海老手一起出航,这也从一个方面说明民间远洋航海活动早于汉武帝时期。

根据陈里特在《中国海外移民史》一书中的记载,西汉时期,中国人曾移民到黑海与里海间的亚美尼亚:

> 纪元前一世纪,其国王梯格伦斯第六(Tigranes VI A.D. 142-178)在位时,有外国移民数队来奔,内有中国人甚多,王使居阿美尼亚省(Kurdish Armenia)境内。考今日阿美尼亚世家大族之宗系源流,颇有来自中国之迹象,如奥配亮族(Orpelians),亦称日巴古里尼(Jenpakurini),其先世尝为日伯尔(Jen-palsur)即中国之皇帝。又马密哥尼族(Mamigonian),代出能人,掌握政权。②

阿美尼亚,即今亚美尼亚共和国,是当时西亚强国之一,疆域从当代的里海、地中海一带一直绵延到埃及。

东汉(公元 25—220 年),是继西汉之后又一个君主专制中央集权的大一统王朝,由光武帝刘秀所建,国都洛阳,传十四帝(包括未被正史单独列传、在位不足 7 个月的刘懿和在位仅 5 个月的刘辩)。与西汉并称汉代,又称两汉时期。

公元前 110 年,汉灭闽越国,立为冶县,属会稽郡,寻为东冶县,县治即在今天福建省福州市。政府利用东冶得天独厚的优越条件和人民擅长航海的传统,开辟了东冶港,并将其作为对外交通和贸易的港口。东汉前期,东冶港已成为东南海运的枢纽和对外贸易的主要港口。《后汉书》卷三十三曾记载了东汉初大司农郑弘的事迹,其中有记载:

> 建初八年,代郑众为大司农。旧交趾七郡贡献转运,皆从东冶。泛海而至,风波艰阻,沉溺相系。弘奏开零陵、桂阳峤道,于是夷通,至今遂为常路。③

这一记录说明,东汉前期,东冶与中南半岛已开辟了定期航线,海上交通相当频繁,来自中南半岛的海外商品皆在此集散转运。一直到东汉末年,东冶港与中南半岛的航线依旧畅通无阻。当时,中国海舶"候劲风,揭百尺,

---

① 黄门,特指黄门侍郎,又称黄门郎,秦代初置。
② 陈里特:《中国海外移民史》,太原:山西人民出版社,2014 年,第 1~2 页。
③ (南朝宋)范晔:《后汉书》卷三十二,《郑弘传》,北京:中华书局,2007 年,第 343 页。

维长绡,挂帆席,望涛远决,闷然鸟逝,鹬如惊凫之失侣,倏如六龙之所掣。一越三千……或掣掣泄泄于裸人之国,或泛泛悠悠于黑齿之邦"。① 引文中的"裸人"、"黑齿"指的是当时中南半岛上的土著部落。据《三国志》载:"女王国东渡海千余里,复有国,皆倭种。又有侏儒国在其南,人长三四尺,去女王国四千余里。又有裸国、黑齿国复在其东南,船行一年可至。"②《梁书》对裸国、黑齿国也有详尽记载:倭国"其南有侏儒国,人长三四尺。又南黑齿国、裸国,去倭四千余里,船行可一年至"。③

在汉代,东冶港除了拥有通向中南半岛的海上航线外,还开辟了跨越大洋与日本、夷洲、澶洲商贸往来的东海航线。《后汉书》记载:倭国"其地大较在会稽东冶之东,与朱崖、儋耳相近"。④ 由此可见,东冶是当时中国与日本海上交通的重要港口。《后汉书》还记载了东冶港在汉代开通了到菲律宾的海上航线:

> 会稽海外有东鳀人,分为二十余国。又有夷洲及澶洲。传言秦始皇遣方士徐福将童男女数千人入海,求蓬莱神仙不得,徐福畏诛不敢还,遂止此洲,世世相承,有数万家,人民时至会稽市。会稽东冶县人有入海行遭风,流移至澶洲者。所在绝远,不可往来。⑤

夷洲即今天的中国台湾省,澶洲即今日的菲律宾。汉代,澶洲人沿着今日从菲律宾北部至中国台湾省澎湖的路线,横渡台湾海峡,到福建沿海开展贸易活动。此外,根据《后汉书》的记载,当时也有一部分东冶居民借助海外航线移民到菲律宾。⑥

《后汉书》还记载了东汉时期中国人决定闯过波斯湾,前往今日的欧洲地区:

> 和帝永元九年,都护班超遣甘英使大秦,抵条支。临大海欲度,而安息西界船人谓英曰:"海水广大,往来者逢善风三月乃得度,若遇迟

① (晋)木玄虚:《海赋》,(南朝梁)萧统:《昭明文选》第一册,于平等校注,北京:华夏出版社,2000年,第355页。

② (晋)陈寿:《三国志》卷三十,《魏书·东夷传》,北京:中华书局,2006年,第510页。

③ (唐)姚思廉:《梁书》卷五十四,《诸夷传》,《二十五史》第三册,上海:上海古籍出版社、上海书店,1986年,第2108页。

④ (南朝宋)范晔:《后汉书》卷八十五,《东夷传》,北京:中华书局,2007年,第831页。

⑤ (南朝宋)范晔:《后汉书》卷八十五,《东夷传》,北京:中华书局,2007年,第832页。

⑥ 廖大珂:《福建海外交通史》,福州:福建人民出版社,2002年,第7页。

风,亦有二岁者,故入海人皆赍三岁粮。海中善使人思土恋慕,数有死亡者。"英闻之乃止。①

大秦国是古代中国对罗马帝国及近东地区的称呼。安息国,为亚洲西部伊朗地区的奴隶制帝国。条支,一译条枝,即塞琉古王朝(Seleucid Dynasty,公元前312—前64年),其以今叙利亚为中心,包括今伊朗和亚美尼亚在内(初期还包括印度的一部分)。公元97年,甘英奉命出使大秦,欲探索又一条联通中西的航线,直抵波斯湾头的条支,因安息国船夫之劝,没有横渡大海,而是选择打道回府,但他的闯荡与探索还是很有价值。驻足条支后,甘英认真调查了大秦国的详细情况,了解到通过陆路自安息去大秦的路线。根据他的记述,中国人得以充分了解过去一直不清楚的西方情况。也正因此《后汉书》中对大秦国的介绍,比《史记》和《汉书》要详细得多。

东汉时期,中国与非洲有了官方联系,非洲有国家派出使者乘船驶往中国。非洲的阿克苏姆王国,地理位置差不多在今天的埃塞俄比亚,这个王国在红海边的港口城市阿杜利,《后汉书》称为"兜勒"。根据《后汉书》的记载,阿杜利市曾派遣了一个代表团,不远万里航行至中国,上岸后又风尘仆仆地赶赴洛阳,东汉政府以礼相待,赐其王金印紫绶。这是有史可查的非洲国家第一次向中国派遣外交使节,从此两国海上交往较之前更多。

(三)魏晋南北朝时期:海上丝绸之路发展期与中国海外移民萌芽期

魏晋南北朝(220—589年),又称三国两晋南北朝,主要分为三国(魏、蜀汉、吴)、两晋(西晋、东晋)和南北朝时期。随着海外交通的发展,海上丝绸之路的延伸,中国人移民海外增多,移民地也随之增多。

魏晋南北朝时期,相对北方混乱的地方割据与军事纷争而言,南方的局势比较稳定。南方各政权——吴、东晋、宋、齐、梁、陈"六朝",积极发展航海事业,扩大与海外多国的海上联系。

1.三国时期:首次出现中国人沿海上丝绸之路跨洲移民

三国(220—280年)是中国历史上一个时期,同时有魏、蜀汉和吴三个割据政权。魏(220—265年),占据中原地区,定都洛阳。蜀汉(221—263年),占据今云南全省,四川、贵州二省的大部,陕西,甘肃南部,广西西北部及缅甸东北部、越南西北部,定都成都。吴(222—280年),辖境包括我国现

---

① (南朝宋)范晔:《后汉书》卷八十八,《西域传》,北京:中华书局,2007年,第865页。

今浙江、福建、江西、广东、湖南省的完整地区,以及江苏、广西、安徽、湖北省和上海市的部分地区,还有现今越南的北部地区,先后在武昌(今湖北省鄂州市)和建业(今江苏省南京市)建都。

三国时期,吴国因与魏、蜀汉呈鼎立之势,所统治地区又在三国东部,故称"东吴"。吴国又因是孙权建立的政权,也称"孙吴"。吴国"以舟楫为舆马,以大海为夷庚",水运业发达,拥有船舶五千多艘[1],这为当地人民发展海外交通创造了条件。吴国在闽中设立建安郡,并在侯官县(今福建福州)置典船都尉,专司造船,都尉营设在福州开元寺东直巷,专门制造能航行大海的船舶。此外,吴国在建安郡设立温麻船屯(在今福建霞浦),用屯田的方式征集技术工匠和普通劳动力,建立更大规模的造船基地。临海郡的横屿船屯(在今浙江平阳)、广州的番禺等地,也是当时重要的造船基地。据宋代《太平御览》记载:吴国当时曾制造可容 3000 人的大船,所造的海舶"弘舸连舳,巨槛接舻"。[2] 由此可以看出当时中国造船能力的提高和航海技术的进步,这为海上丝绸之路的延伸提供了基础。

吴国十分重视发展与南洋国家的友好关系。243 年,扶南(今柬埔寨)王范旃曾派遣使团带着乐师和产品作礼物到中国。244—251 年,孙权派宣化从事朱应、中郎将康泰出使扶南,两人受到当时扶南王范寻的热情接待,在扶南留居数年,一直在探询通往大秦的海路。据《梁书》记载,在朱应、康泰历时十余年的外交活动中,他们曾游历百数十国。[3] 这是中国使节首次访问扶南,也是第一次派出专使到南洋诸国进行外交活动。回国后,朱应、康泰分别写下《扶南异物志》和《吴时外国传》,这成为研究中国和南洋诸国早期经济文化交流的重要文献。在中国南沙群岛有两个岛礁分别以二人的名字命名,为朱应滩、康泰滩。在范旃手下大将范寻执掌扶南国期间,中国与扶南国的使节往来一直很频繁,两国关系也很密切。

吴国还着力开辟通往罗马帝国的海路。226 年,大秦商人秦论从海道经交趾到建业(即建康,今江苏省南京市),谒见孙权。237 年,孙权送了山越人男女各十名给大秦商人秦论作为奴仆,并且派会稽郡官员刘咸送秦论回国,但刘咸在半路上得病去世,中国又一次失去与罗马帝国官方交往的机

---

① 邓端本:《广州港史(古代部分)》,北京:海洋出版社,1986 年,第 14 页。

② (晋)左思:《吴都赋》,(南朝梁)萧统:《昭明文选》第一册,于平等校注,北京:华夏出版社,2000 年,第 133 页。

③ 陈里特:《中国海外移民史》,太原:山西人民出版社,2014 年,第 3 页。

会。中国人从未放弃延伸海上丝绸之路的尝试,孙权随后派出朱应、康泰二人出使南洋时,也在寻找从中国通往罗马帝国的海路:

> 他们的副使到过南印度迦那调州的黄支和歌营,得知乘中国大舶船张七帆,时风一月余日,乃入大秦国。可见当时已有中国商船直航罗马,亦可见中国与罗马民间商业往来是颇为兴盛的。①

三国时期,吴国与北方的魏国都同朝鲜有海路交往。公元前1世纪中叶到公元7世纪中叶是朝鲜历史上的"三国时代",朝鲜半岛上出现高句丽、百济、新罗三个国家。高句丽与中国交往,既有陆路,亦有海路。百济借助海路与中国交往,新罗在6世纪占领汉江流域前或是通过高句丽的障碍从陆路与中国交往,或是通过百济的海路往来,后来则主要凭借海路与中国交往。在密切交往中,中国人开始移民朝鲜半岛。

据陈里特在《中国海外移民史》中的介绍,三国时期有中国人移民今日亚美尼亚,他在书中记载了公元5世纪亚美尼亚学者摩西氏的研究:

> 摩西氏:以马氏之来,在其生前二百年,波斯萨珊王朝(Sassanian Dynasty)太祖阿尔戴细尔(Ardeshir)有子名马姆康(Mamkon)者犯法当坐,逃至波斯避之。中国人追至,因波斯保护罪人,以宣战相恫吓,马姆康不得已,乃西至阿美尼亚国王梯乃代梯斯(Tiridetes)优待之,封以大龙(Daron)省,使马姆康及所率徒党居焉。马氏之来,既在摩氏生前二百年,其当约在第三世纪初半。所谓马姆康,即马密哥尼之祖先,其来自中国,阿美尼亚各史家皆有此记载也。②

2.两晋时期:日本列岛出现中国移民群体

两晋(265—420年),由西晋(265—317年)与东晋(317—420年)两个时期组成。东晋时期,在我国北方和巴蜀之地,先后存在过一些封建割据政权,其中包括汉(前赵)、成(成汉)、前凉、后赵(魏)、前燕、前秦、后燕、后秦、西秦、后凉、南凉、南燕、西凉、北凉、北燕、夏等国,历史上叫作"十六国"。

在两晋时期,中国继续经由海路与外国往来。278年,朝鲜半岛的百济国吉尔王向西晋请求内附。280—290年,百济国数次遣使与西晋通贡,民间亦有人员和贸易交往。东晋时,百济先后六次遣使赴东晋,东晋前后两次派出使节前往百济进行外交活动,民间往来也颇为频繁。

---

① 武斌:《中华文化海外传播史》第一卷,西安:陕西人民出版社,1998年,第353页。
② 陈里特:《中国海外移民史》,太原:山西人民出版社,2014年,第2页。

两晋时期,随着中国联系世界的海上丝绸之路延伸,居于异邦的华侨增多。《中国海外移民史》一书中曾提到东晋高僧法显在爪哇等地看到定居的华侨:

晋代高僧法显为精究佛法,由陆行抵印度,自狮子国经海道回国,中途遇风,飘至耶婆提,即今之苏门答腊或爪哇也。法显往印度系在晋义熙十一年,即西元四一六年,其回国后著有《佛国记》一书,详述旅行经过,并谓其所经地区,已有中国人民居住云云,行之于世。若以法显之佛国记观之,中国人民之足履南洋群岛者,实远在法显以前。[①]

上述引文所提及的耶婆提,即叶调国,在今印尼爪哇、苏门答腊两岛上,这是古代中西海上交通线上的要地。狮子国,即僧伽罗,为斯里兰卡的古代名称。当年,法显从古印度东北部多摩黎国(今印度西孟加拉邦米德纳普尔之塔姆卢克附近)出海,经狮子国,横渡孟加拉湾,航达耶婆提国,再北上归国。

从法显的记述中可以看出以下四点:一是当时南亚与东南亚、东亚之间的海路已较为畅达,两百人以上的商舶已能往返于西太平洋与北印度洋;二是从孟加拉湾经斯里兰卡、苏门答腊到广州,已有相对稳定的航路与航期;三是当时多摩黎国、狮子国、耶婆提国和广州,已成为世界上主要的海上通商口岸;四是在法显到耶婆提国之前,爪哇岛西北端的万丹就早有华人居住。后来的考古发现也佐证了这一点:考证当地发掘的古瓷器,其形状与中国出土的古瓷器完全一样。这些古瓷器中的祭祀用品,也可能是当地华侨的殉葬品,这也从一个侧面证明爪哇早有中国人居住。[②]

两晋时期还出现了中国人移民日本列岛的第一次高潮。当时,移往日本的主要有两个移民群体:一是283年弓月君率领的"秦人"移民集团。日本有些史籍中提到,弓月君率127县百姓移居日本。对于弓月君其人,有的说法称他是秦始皇的五世孙,有的说他是秦始皇十三世孙。二是289年阿知使主与儿子一起率领的"汉人"移民集团。根据《日本书纪》记载,阿知使主父子率领17县部分百姓迁往日本岛。关于阿知使主其人,有的说他是后汉灵帝的三世孙,有的说是后汉灵帝四世孙。"秦人"和"汉人"两个移民群

---

① 陈里特:《中国海外移民史》,太原:山西人民出版社,2014年,第3页。

② 甫榕·沙勒:《在荷兰东印度公司以前居住印度尼西亚的中国人》,廖崐殿译,《南洋问题资料译丛》1957年第2期,第83~88页。

体代代繁衍生息,对日本的发展发挥了很大的作用。至 5 世纪后半叶,日本雄略天皇下令收集秦氏遗族,共得 18600 人。至 6 世纪中叶,秦人在日本已有数万人之多。[①]

3.南北朝时期:海上丝绸之路延伸至阿拉伯海与波斯湾头

南北朝(420—589 年)由南朝和北朝组成。南朝(420—589 年)是中国历史上四个由汉族建立的王朝的统称,先后是宋、齐、梁、陈四个朝代,均以建康为都。北朝(386—581 年)是中国南北朝时期存在于北方五个朝代的总称,包括北魏、东魏、西魏、北齐和北周五朝。

南朝的宋、齐、梁、陈四朝,为了增加财源,特别重视海外交通和海上贸易的发展。对此,《梁书》中有以下记载:

> 海南诸国,大抵在交州南及西南大海洲上,相去近者三五千里,远者二三万里……晋代通中国者盖鲜,故不载史官。及宋、齐,至者有十余国,始为之传。自梁革运,其奉正朔,修贡职,航海岁至,逾于前代矣。[②]

南朝时,由于宋、齐、梁、陈四个朝代政府的推动和民间的参与,海上丝绸之路较之前代有了新的发展。我国历史文化学者武斌在《中华文化海外传播史》一书中认为,当时的中国航海者将海上丝绸之路延伸到阿拉伯海和波斯湾一带,沟通了东亚和西亚的联系。[③] 中国的丝绸、瓷器等通过海路销往东亚、南洋,南洋诸国的商品也通过商船输往中国,海上商路持续发展。《宋书》对此有这样描述:"舟泊继路,南使交属。"[④]

也是在南朝时,中国沿海地区与海外建立经常性的海上联系。以今福州市为例,在南朝时,作为南方重要出海口的福州,与南海诸国的海上交通有较大发展。陈朝时,印度僧人拘那罗陀(即真谛)从中国回国,先到晋安郡(郡治在今福州市),再从这里乘船到马来半岛的楞伽修国。[⑤] 关于楞伽修

---

① 刘毅:《"归化人"对大和国经济发展的贡献》,转引自刘德有、马兴国:《中日文化交流事典》,沈阳:辽宁教育出版社,1992 年,第 22~24 页。

② (唐)姚思廉:《梁书》卷五十四,《诸夷传》,《二十五史》第三册,上海:上海古籍出版社、上海书店,1986 年,第 2105 页。

③ 武斌:《中华文化海外传播史》第一卷,西安:陕西人民出版社,1998 年,第 239 页。

④ (宋)沈括:《宋书》卷九十七,《蛮夷传》,《二十五史》第三册,上海:上海古籍出版社、上海书店,1986 年,第 1899 页。

⑤ (唐)释道宣:《续高僧传》卷一,台北:文殊出版社,1988 年。

国,一说其在今泰国东部地区,一说其在今缅甸的德那萨灵。① 印度高僧选择海路前往楞伽修国此举,说明当时福州与南海诸国,特别是与中南半岛和马来半岛有着经常的海上交通。

与海外进行沟通的前提是中国与海外开辟了一些新航线。统一日本后的大和国,在 5 世纪时频繁地向中国南朝宋、齐、梁等地派遣使节,中国与大和国经贸往来也随之增加。当时由于高句丽与日本处于敌对状态,大和国不能再取传统的辽东路线通使,只能开辟新航线:经壹岐(今日本壹岐岛)—对马(今日本对马岛)—朝鲜半岛南端的任那—沿海岸抵达百济—横渡黄海—抵胶东半岛—沿海岸南下到达建康。《文献通考》对此有记载:"倭人初通中国也,实自辽东而来……至六朝及宋,则多从南道浮海入贡,及通互市之类,而不自北方。"②《南史》在记述扶桑国时,述及扶桑与中国晋安郡有海路相通:"梁天监六年,有晋安人渡海,为风所飘至一岛,登岸,有人居止,女则如中国,而言语不可晓。"③扶桑国,多指日本。从中可推测出,当时福州与日本已有海上交通。

在南北朝时期,随着航线延伸和中外人士、商贸往来增加,加之政权频繁更迭,社会动荡,民生凋敝,部分中国人移民海外。以日本为例,5 世纪末,一些中国人移居日本。移往日本的中国人主要有两类:第一类是原来居住于其他国家、后移往日本的中国人。据《日本书纪》记载,463 年,一位自称是西汉人的移民后代欢因知利曾告诉日本天皇,在百济还有不少特别能干、有各种手艺的中国人,天皇得知后立即派人带着欢因知利到百济,下令百济当局组织这些汉人东渡日本,这些中国人赴日后从事手工业生产和技术性工作,被称为"新汉人"。④ 第二类是赴日本经商和工作的移民,他们中有的是被政府派去日本的技术移民。470 年,日本天皇派出使者赴南朝刘宋王朝,请求支援技术人才。刘宋朝廷派出种桑、养蚕、纺织、裁缝工匠,他们的到来,有力地促进了日本的纺织和成衣制造业的进步。据不完全统计,到 6 世纪上半叶,中国在日本的移民总数有六七万人。⑤

---

① 张星烺:《中西交通史料汇编》第六册,北京:中华书局,1979 年,第 150 页。
② (宋)马端临:《文献通考》卷三二四,《四裔》,上海:商务印书馆,1936 年,第 2554 页。
③ (唐)李延寿:《南史》卷七十九,《夷貊传》,《二十五史》第四册,上海:上海古籍出版社、上海书店,1986 年,第 2883 页。
④ 木宫泰彦:《日中文化交流史》,胡锡年译,北京:商务印书馆,1980 年,第 45 页。
⑤ 汪向荣:《古代中日关系史话》,北京:时事出版社,1986 年,第 31 页。

南朝萧梁时期大兴佛教,唐朝诗人杜牧曾留诗相喻:"南朝四百八十寺,多少楼台烟雨中。"中印半岛多国崇佛之风也甚盛,宗教交往就成为这一时期中国和南洋诸国友好交往的重要内容。各国名僧交往甚多,有些中国名僧借海路、陆路到国外研究佛法,其中一些僧人长期居住在室利佛逝国国都(今印尼巨港)研究佛教,从事宗教活动,甚至和当地名僧合译佛经。

南北朝时期,还有一些中国人移居朝鲜半岛。541 年,东魏权臣高欢领兵与从北魏分裂出来的西魏政权连年作战,百姓为避战乱,逃往高句丽。北齐代东魏之后,高欢作为北齐王朝奠基人,其次子高洋成为首任皇帝。北齐政权成立后,要求高句丽遣送移民回中国,高句丽被迫送回五千户中国移民,这仅是移民中的一部分。当时,朝鲜半岛上的百济、新罗两个国家也有中国移民在此安营扎寨,其中部分移民是被政府派往百济的文化人和技术工匠。《南史》中对此有记载:534 年、541 年,百济"累遣使献方物,并请涅槃等经义、毛诗博士并工匠、画师等",梁孝武帝"并给之"。[①]

二、海上丝绸之路的转折与海外移民的成长

隋唐五代时期是海上丝绸之路的重大转折期与中国海外移民成长期,随即进入快速发展轨道。唐代作为中国历史上繁荣强盛的朝代、作为当时世界上以高度文明著称的国家,随着海上交通、对外贸易和中外政治、文化交往的发展,唐代中国移民较之前朝进一步增加,出现了中国历史上第一个极具广泛影响力的华侨名称——唐人。值得关注的是,唐代的对外交通出现了一个历史性的转折:以陆路为主的对外交通(丝绸之路)已经逐渐衰落。在国际贸易不断扩大的情况下,海上丝绸之路渐次成为中国对外交通的主力军。

(一)隋代:海陆三道通欧洲

隋朝(581—618 年)是中国历史的又一个君主专制中央集权大一统王朝。581 年,北周静帝禅让于丞相杨坚,北周覆亡。隋文帝杨坚定国号为隋,定都大兴(今陕西省西安市)。589 年,隋军南下灭陈朝,统一中国,结束了自西晋末年以来中国长期分裂的局面,历二帝。

---

① (唐)李延寿:《南史》卷七十九,《夷貊传》,《二十五史》第四册,上海:上海古籍出版社、上海书店,1986 年,第 2883 页。

隋朝虽然存世短,但仍继续拓展海外交通,海上对外贸易进一步发展。《隋书》载:"炀帝即位……时西域诸番,多至张掖,与中国交市。"①金兆丰在《中国通史》中曾说:"隋炀帝时,河西诸郡为东西交易中枢,西方贾人来集其地者,溢四十国。"②裴矩奉命监管中外互市,他极尽责,"知帝方勤远略,诸商胡至者,矩诱令言其国俗山川险易,撰《西域图记》三卷,入朝奏之。"③在《西域图记》中,裴矩详细介绍了通过陆路与海道并用,从中国到欧洲的北道、中道和南道三条行进路线:

> 发自敦煌,至于西海,凡为三道,各有襟带。北道从伊吾,经蒲类海铁勒部、突厥可汗庭,度北流河水,至拂菻国,达于西海。其中道从高昌、焉耆、龟兹、疏勒,度葱岭,又经钹汗、苏对沙那国、康国、曹国、何国、大小安国、穆国,至波斯,达于西海。其南道从鄯善、于阗、朱俱波、喝槃陀,度葱岭,又经护密、吐火罗、挹怛、帆延、曹国,至北婆罗门,达于西海。其三道诸国,亦各自有路,南北交通,其东女国、南婆罗门国等,并随其所往,诸处得达。故知伊吾、高昌、鄯善,并西域之门户也。总凑敦煌,是其咽喉之地。④

如《西域图记》所述,西海,即地中海。拂菻国,即罗马帝国。婆罗门国,即印度。这三条通路,北道由新疆哈密经天山北麓至中亚,经里海北岸通往欧洲;中道由新疆吐鲁番沿天山南麓越葱岭至中亚通往欧洲;南道从新疆罗布泊附近越流沙,沿昆仑山北麓越葱岭到中亚通往欧洲。关于所提及的女国,据《隋书·西域传》记载:"女国,在葱岭之南,其国代以女为王。"⑤女国距离新疆的于阗约三千里,出产俞石(即黄铜)、朱砂、麝香、牦牛、骏马、蜀马等多种商品,除了黄金外,还盛产盐,与天竺(今印度)保持着贸易关系;国小民少,方圆不过五六里,人口不过万户。在 587 年,女国还曾向隋朝遣使进

① (唐)魏征:《隋书》卷六十七,《虞世基等传》,《二十五史》第五册,上海:上海古籍出版社、上海书店,1986 年,第 3437～3438 页。

② 金兆丰:《中国通史》第八卷,北京:中国工人出版社,2016 年,第 512 页。

③ (唐)魏征:《隋书》卷六十七,《虞世基等传》,《二十五史》第五册,上海:上海古籍出版社、上海书店,1986 年,第 3437～3438 页。

④ (唐)魏征:《隋书》卷六十七,《虞世基等传》,《二十五史》第五册,上海:上海古籍出版社、上海书店,1986 年,第 3437～3438 页。

⑤ (唐)魏征:《隋书》卷八十三,《西域传》,《二十五史》第五册,上海:上海古籍出版社、上海书店,1986 年,第 3469 页。

贡。《隋书》对中国通向欧洲的海陆线路的介绍,"独异于以前史书"。[1]

隋朝时期,政府致力于发展与南洋诸国的交通往来,派遣使者出使南洋。607年,隋炀帝曾派屯田主事常骏、虞部主事王君政等自南海郡乘船出使赤土国。赤土国为当时南洋的一个国家,在今马来西亚的吉打和其北部地区,也有说在今巨港、马六甲等,赤土王遣使迎至都城,两国建立了友好关系,带动了彼此的商贸往来。根据《隋书·南蛮传》的记载,隋朝与真腊(柬埔寨及越南南端一带)、婆利(在今印尼,一说是巴厘岛,一说是加里曼丹)、丹丹(位于马来半岛中部)、盘盘(位于马来半岛北部)等国建立了友好关系,这些国家派遣使臣入华。

随着陆地与海上丝绸之路的发展,隋代中国对联结欧亚的里海沿岸国家有了更多了解,与之交往日益增多。里海沿岸国家,今指哈萨克斯坦、土库曼斯坦、伊朗、阿塞拜疆、俄罗斯五国。在《隋书·铁勒传》中,较为详细地介绍里海西北诸部落的具体情况。

至于隋代是否有人因经商和出使而移民海外,目前没有直接史料可以证实,但能证实的是隋朝有中国移民在海外。《隋书·东夷传》在记述百济时提及,百济国内"杂有新罗、高丽、倭等,亦有中国人,其衣服与高(句)丽略同"。[2]《隋书·东夷传》在介绍新罗时也提到,新罗"其人杂有华夏、高丽、百济之属"。[3] 隋代三征高句丽时,还出现中国士兵因滞留海外而成为侨民的现象。

(二)唐代:中国海外移民有了"唐人"之名

唐朝(618—907年)是中国历史上继隋朝之后又一个君主专制中央集权大一统王朝。隋末唐国公李渊在晋阳起兵,于618年称帝,建立唐朝,定都长安,共历二十二帝(包括未被正史列传、在位仅17天的少帝李重茂)。

唐代是中国封建史上极其鼎盛的时期,也是海外交通快速发展之时。自唐代中叶开始,陆上丝绸之路因交通阻塞迅速衰弱,这在客观上为海上丝绸之路的发展带来了契机,加上随着经济中心不断南移,以及南方相对和平

---

① 张星烺:《中西交通史料汇编》第一册,北京:华文出版社,2018年,第129页。

② (唐)魏征:《隋书》卷八十一,《东夷传》,《二十五史》第五册,上海:上海古籍出版社、上海书店,1986年,第3466页。

③ (唐)魏征:《隋书》卷八十一,《东夷传》,《二十五史》第五册,上海:上海古籍出版社、上海书店,1986年,第3466页。

的有利环境,海上丝绸之路进入了重大转折期,并由此步入快速发展的轨道。

1.海上丝绸之路进入重大转折期的原因

唐代海上丝绸之路之所以进入重大转折期,除了经济全面发展的推动作用外,主要还有以下五大原因:

第一,对世界的强大影响力。唐朝时期,中国成为世界上最发达、最文明的国家之一。仅开元时期前来朝贡的番国多达70个,全盛时期的唐朝可以说是世界的中心,大量的外国人生活在唐朝都城长安。

第二,实行对外开放政策。唐王朝不但鼓励外国人来华进行经济、文化方面的交流与合作,也鼓励中国人赴海外经商和进行各种文化活动,使中外经济和文化交流空前发展。

第三,着力推动海上对外贸易的发展。唐王朝出台一系列鼓励民间开展海上对外贸易的政策,并首设市舶司管理海上对外贸易。

第四,陆上丝绸之路被切断。751年,唐王朝和阿拉伯帝国的阿拔斯王朝(黑衣大食)之间为争夺中亚地区的权益,在怛罗斯(今哈萨克斯坦江布尔附近)进行了一场改变历史进程的战役,唐朝兵败。特别是安史之乱后,大食控制了中亚,切断唐朝通西域的陆上交通,陆上丝绸之路因交通阻塞而迅速衰败。

第五,经济重心南移。安史之乱后,连绵多年的战争重创了北方经济,全国经济重心迅速向南方转移,南方经济保持着持续的发展和繁荣,更使唐朝政府致力于经营与海外诸国的海上交通,海路渐渐成为中外经济、文化交流的主要管道,海上丝绸之路的延伸速度加快。

2.海上丝绸之路进入重大转折期的表现

海上丝绸之路在唐代进入重大转折期,这主要表现在以下六个方面:

第一,港口建设发展快,诞生四大世界名港。唐代,中国的港口建设发展很快,从南到北都出现了一些享誉世界的港口,在公元9世纪中叶形成了四大国际贸易港:鲁金、汉府、汉久、刚突。经过历史学家考证,鲁金即龙编(在今越南河内一带),汉府即广州,汉久即福州(一说是泉州),刚突即扬州。《道里邦国志》还特别指出:"汉府是中国最大的港口。"[1]

---

[1] 伊本·胡尔达兹比赫:《道里邦国志》,宋岘译注,北京:华文出版社,2017年,第62页。

有三个数据可以佐证唐代广州航运量之大:一是据《旧唐书》的记载,770年,在时任广州刺史兼岭南节度观察使李勉的经营下,前来广州港经商的海舶一年有四千余艘。[①] 二是据柳宗元在《岭南节度使飨军堂记》中的记录:"唐制岭南五府……其外大海多蛮夷,由流求、诃陵西抵大夏、康居,环海而国以百数,则统于押番使焉。"[②]三是根据张星烺的考证,唐代广州港一年有80万人进出参加贸易活动。[③]

扬州地处南北运河与长江交汇之处,且临海有优良的港口,唐代对外贸易十分发达,国内外商人集聚于此,开展经济活动,西亚、北非、西北亚、南洋诸国的珠宝、香料、药材、珍玩,以及中亚、北欧多国的宝石、毛皮,南亚诸国的香料和染料等由海路运至扬州,再通过陆路或长江、运河运至国内其他区域。中国的丝绸、陶瓷、茶叶、香料、药材等货物也从扬州出发,借海路发往世界,这也让扬州成为国际贸易中心之一。

福州在唐代作为对外商贸港城,设置观察使、榷货务、巡检司、市舶司等机构管理对外贸易。入港的不仅有大量商品货物,还有众多国家来的贡使、商人、僧侣及求学者。交通商旅的国家有新罗、占城、三佛齐、天竺、大食诸国。

除四大贸易港之外,从北到南还有一些名港。如宁波港,在唐代对外海上贸易中也占有重要一席,浙江产的越窑、青瓷从宁波港出发,最远销到埃及开罗。北方的登州港在唐代也成为东北亚海上交通中心。

第二,海上丝绸之路延伸,诞生世界最长航线。唐代海上丝绸之路的延伸远超前代,其重要标志即是由南至西的延伸,途经印度洋,至波斯湾、红海和阿拉伯半岛一带,开创8世纪到14世纪中国和波斯湾各国交流的黄金时代。入唐之后,由于造船和航海技术的进步,海舶能够横越大洋大海,"往日热闹一时的克拉地峡,为马六甲海峡航线所代替,航行于南海的远洋航线,不用再横越克拉地峡,而可直接坐船进马六甲海峡"。[④]

唐代,中国已有了沟通南洋、西亚、东非的跨洲海上丝绸之路。《新唐

---

① (五代)刘昫:《旧唐书》卷一三一,《李勉等传》,《二十五史》第五册,上海:上海古籍出版社、上海书店,1986年,第3914页。

② (唐)柳宗元:《岭南节度使飨军堂记》,转引自邓端木:《广州港史(古代部分)》,北京:海洋出版社,1986年,第53页。

③ 张星烺:《中西交通史料汇编》第二册,北京:华文出版社,2018年,第589页。

④ 邓端本:《广州港史》(古代部分),北京:海洋出版社,1986年,第46页。

书·地理志》中详细记载了自广州出发连接亚洲、非洲的海上通道——广州通海夷道,这是唐朝对外交通中最重要的一条航线。航线途经南海、印度洋、波斯湾、东非等一百多个国家和地区,不算中途停留时间,航期亦需 96天,这是当时全球最长的远洋航线。广州通海夷道的活动范围几乎覆盖了当时大半个地球的人类历史活动,成为古代东西方文化、经济交流的重要载体。

除了上述航线外,根据日本学者高楠顺次郎的考证:中国另有以下六条从广州到海外多国的海上丝绸之路:第一条海上丝绸之路从广州出发,到南洋,至锡兰(即今斯里兰卡),再到阿拉伯地区,沿阿拉伯海岸入波斯湾,至波斯地区。第二条海上丝绸之路从广州出发,到南洋,再至美索不达米亚(今伊拉克),之后经阿拉伯之南,复经亚丁峡、红海。第三条海上丝绸之路往返于波斯、锡兰、南洋、广州之间。第四条海上丝绸之路往返于阿拉伯、锡兰、南洋、广州之间。第五条海上丝绸之路往返于锡兰、阇婆(今印尼爪哇)、林邑(在今越南南部顺化一带)、广州之间。第六条海上丝绸之路往返于广州与南洋之间。中国人沿着这些海上丝绸之路,经商于沿路各国。南洋、阿拉伯、波斯和非洲、欧洲多国人也沿着这些海路乘船入华,与中国商贸往来,获得共赢。

第三,与东北亚海上交通进入新时代。唐代,中日海上交通、商贸往来和文化交流,进入了一个前世未有的发展时代。当时中日之间无论是遣唐使还是民间经济和人员往来,最常使用的有以下三条海路:第一条海路:沿着筑紫(今日本九州岛)、壹岐、对马海上路线,至百济(后经新罗),然后横渡黄海,在登州或莱州(皆位于今山东胶东半岛)上岸,再由陆路沿着山东的益都(今青州)、曹州(今曹县),河南的汴州(今开封)、洛阳而达长安。第二条海路:南从筑紫的博多(今日本福冈县博多港)起航,沿九州西岸南下,从萨摩(今日本萨摩川内)沿着种子岛、屋久岛、奄美大岛前行,在此附近横渡东中国海,行至长江中下游,多在明州(今浙江宁波)登陆,然后经由扬州,通过大运河至汴州,再通过陆路到长安。第三条海路:从博多登船,海行到平户岛或值嘉岛(今日本五岛列岛)候风,乘顺风横渡东中国海,在长江或杭州湾附近口岸登陆,最常在楚州(今江苏淮安)、扬州、明州上岸。[1] 除此之外,还有多条互相联结的海路,如福州与日本的海路就十分畅通。

---

① 池步洲:《日本遣唐使简史》,上海:上海社会科学院出版社,1983 年,第 14、20 页。

唐代,中国与朝鲜半岛的海上航线十分畅达。据《新唐书》的记载,785—805年间,宰相贾耽讲述唐代与外国最主要的对外交通线路有七条,其中两条通朝鲜半岛,分别是"营州入安东道"和"登州海行入高丽"。[①] 前者从今辽宁辽阳出发赴高丽,后者从今山东胶东半岛出发到朝鲜半岛。此外,当时到朝鲜半岛还有多条海路,如福州就有繁忙的海上商路直通新罗。

第四,与南洋海上商路畅达。唐代,中国与南洋海路相通,与中国通好的南洋诸国有20多个,其中商贸往来十分密切的国家有林邑、真腊、丹丹、盘盘、堕和罗(在今湄南河下游)、赤土、骠国(在今缅甸境内)、室利佛逝、堕婆登(在今印尼苏门答腊岛)、诃陵(在今印尼爪哇)、印度、摩罗游(一译末罗瑜,在今印尼占碑省)、狮子国(即今斯里兰卡)等。

中国商人沿着海上丝绸之路赴南洋经商者不断增多。傅宗文先生在《沧桑刺桐》一书中,曾提到唐代泉州人中掀起乘船前往南洋经商的浪潮:"林銮出航东南亚,并掀起当地莫徭居民以及泉州海洋族群与汉人竞相结伙参加的热潮。"[②]

第五,与中亚、西亚海上交通频繁。唐代,中国商人通过印度而前往西亚进行贸易的人数众多。[③] 因为海路通畅,中国商船已出没于霍尔木兹海峡和波斯湾,同时越来越多的阿拉伯和波斯商人取道马六甲海峡北上交州[④]、广州,这些来华的波斯和阿拉伯商船大都从阿曼的苏哈尔或波斯北岸的尸罗夫(今伊朗塔赫里),沿印度西海岸,绕过马来半岛,到中国东南沿海,活跃于我国各个港口和商业重镇。

第六,与欧洲、非洲直接海上商路开始形成。有唐一代,中国与欧洲一些国家不仅通过海路进行官方往来,民间贸易也十分频繁,海上商路已初步形成。拜占庭,即东罗马帝国,不但遣使入唐,两国民间贸易也一直不断,大

---

① (宋)宋祁等:《新唐书》卷四十三,《地理志下》,《二十五史》第六册,上海:上海古籍出版社、上海书店,1986年,第4253页。

② (清)蔡永兼:《西山杂志》,转引自傅宗文:《沧桑刺桐》,厦门:厦门大学出版社,2011年,第86～87页。

③ 陈里特:《中国海外移民史》,太原:山西人民出版社,2014年,第5页。

④ 交州,西汉时期称交趾刺史部。东汉时期,汉献帝于203年改交趾刺史部为交州,辖今中国广东、广西及越南北部和中部,州治番禺。三国时期,吴国分交州为广州和交州,交州辖境减小,包括今越南北部和中部、广东雷州半岛和广西南部,治所在龙编(今越南河内)。唐初,唐朝政府设立交州总管府。武德七年(624年),改交州总管府为交州都督府,唐高宗于679年改交州都督府为安南都护府。

批中国丝织品凭借海路输往拜占庭。我国第一部记述历代典章制度的典志体史书——《通典》，记载拜占庭"又常利得中国缣素，解以为胡绫绀纹，数与安息诸胡，交市于海中"。[①] 这些都说明，中国丝绸在欧洲和世界多地很有市场，但目前并没有找到唐代中国人移民欧洲的直接记录。

唐代，中国与非洲一些国家建立了官方联系，这些国家派出使者赴唐，来华的还有肩负使命的商人、水手和旅行者。628年，位于非洲东北岸的殊奈国（在今索马里南部）就派员使华，代表团一行在海上航行了六千海里才到中国，从广州上岸，不远万里抵达长安。正式的官方交往，促进中国与非洲海上往来的增加。据记载，750年，广州当地就有赤蛮人居住，而赤蛮人即指非洲人和阿拉伯人。[②]

综上所述，作为丝绸之路的重要转折期，唐代海上丝路得到高速发展。仅从广州起始的海上丝绸之路，已延伸至南洋、波斯湾、北非、东非等地区，商道的形成是因商贸的频繁而致。这条海上丝绸之路航程之长、海况之复杂、航区之宽阔，不仅折射出中国商品深受世界的喜爱和消费市场的强吸引力以及中国在世界范围内的影响力，而且也体现了唐代中国强大的航海实力和造船能力。法国学者简·索瓦杰（Jean Sauvaget）在《中国印度见闻录》中也提到："应该承认中国人在开导阿拉伯人远东航行中的贡献。波斯湾的商人乘坐中国人的大船才完成他们头几次越过中国南海的航行。"[③]

海上丝绸之路的延伸与中国人出海营商之风的形成互为推动。以唐时福建晋江东石为例，居于此的高、黄、叶、李四大姓，都是因做海上对外贸易而成为世家大族，一代又一代人融资集货，招募海船，沿着海上丝绸之路到各国贸易，成为海商世家，在为家族累积财富的同时，也为当地公益事业的发展做出重要贡献。

随着海上丝绸之路的延伸，中外贸易越来越密切。美国学者菲利普·希提（Philip K. Hitti）在其所著的《阿拉伯通史》中，介绍了停泊在巴格达港的中国商船和城内的中国商品专卖市场：

> 巴格达城的码头，有好几英里长，那里停泊着几百艘各式各样的船

---

① （唐）杜佑：《通典》卷一九三，《大秦》，转引自武斌：《中华文化海外传播史》第一卷，西安：陕西人民出版社，1998年，第767~768页。

② 真人元开：《唐大和上（尚）东征传》，汪向荣校注，北京：中华书局，1979年，第74页。

③ 简·索瓦杰：《中国印度见闻录》，穆根来、汶江、黄倬汉译，北京：中华书局，1983年，第25页。

只,有战舰和游艇,有中国大船……市场上有从中国运来的瓷器、丝绸和麝香……城里有专卖中国货的市场。①

阿拉伯地理学家伊本·胡尔达兹比赫在其所著的《道里邦国志》中,记载了当时中国依托海上丝绸之路运往阿拉伯世界的商品种类:"由此东方海洋,可以从中国输入丝绸、宝剑、花缎、麝香、沉香、马鞍、貂皮、陶瓷、绥勒宾节、肉桂、高良姜。"②由此可见,唐代海上丝绸之路的畅达给沿线国家带来了巨大的经济利益。

3.中国海外移民的真正肇端期

唐代,伴随着中外交通快速发展和中外贸易的日渐繁荣,走出国门的中国人不断增多。陈里特在《中国海外移民史》中认为,唐代是中国海外移民真正的肇端,"称中国为唐山,其所居之地曰唐人街(China Town),实含有唐代为中国移民肇始之意也"。③ 宋人朱彧在《萍洲可谈》卷二中有这样的记载:"北人(即中国人)过海外,是岁不还者,谓之住番。诸国人至广州,是岁不归者,是谓住唐。"④

这一时期,中国海外移民地区主要在朝鲜半岛、西亚和南洋等地区。新罗是朝鲜半岛上的重要国家,《新唐书·东夷传》中曾介绍了居住在新罗的中国移民。当年,唐太宗派陈大德出使新罗,陈大德在新罗受到当地中国移民的真诚欢迎:"大德入其国,厚饷官守,悉得其纤曲。见华人流客者,为道亲戚存亡,人人垂涕。故所至士女夹道观。"⑤

移居西亚者以商人和技术专才为多,陈里特在《中国海外移民史》中对于唐代移民西亚的中国人有此记录:

中国商人,贸易印度而达西亚者为数亦甚众。此为大陆方面中国人民移居西亚之情形……其时,中国移民之达西域者,有如《经行记》所云:"汉匠作画者,京兆人樊淑、刘泚;织络者,河东人乐阽、吕礼。"此足

---

① 菲利普·希提:《阿拉伯通史》上册,马坚译,北京:商务印书馆,1979 年,第 355 页。

② 伊本·胡尔达兹比赫:《道里邦国志》,宋岘译注,北京:华文出版社,2017 年,第 63 页。

③ 陈里特:《中国海外移民史》,太原:山西人民出版社,2014 年,第 5 页。

④ (宋)朱彧:《萍洲可谈》卷二,吴玉贵、华飞:《四库全书精品文存》第十八卷,北京:团结出版社,1997 年,第 409 页。

⑤ (宋)宋祁等:《新唐书》卷二二〇,《东夷传》,《二十五史》第六册,上海:上海古籍出版社、上海书店,1986 年,第 4792 页。

为当时中国移民于大食国之佐证。[①]

大食是中国人移民西亚的主要居住地。《经行记》的作者杜环本是军士,在怛罗斯之战中被俘,由于聪明能干,杜环为大食帝国所用。此后,杜环因各种原因滞留中亚、西亚和北非十余年。762 年的春夏时节,漂泊已久的杜环经过广州通海夷道回国,写下《经行记》。杜环在大食看到的樊淑、刘泚、乐阤、吕礼等人,肯定是先于杜环而居住在大食的中国人。陈里特在《中国海外移民史》中也记录了在大食国居住的华人:

> 通考达拉司条(Talas)云:"(大食)此国商胡杂居,有小城三百,本华人,为突厥所掠,众保此,尚华语,则大食以前,尚有中国虏人居西亚也。"又据沙畹之说,当阿拉伯人大败唐将高仙芝时,唐人将亚洲以西所未谙之造纸工业输入石国(Samarkand)。再据阿拉伯人之记载,以唐代中国商船经南洋、印度,至波斯湾贸易。中国人之居留底格里斯河(Tigris R.),与幼发拉底河(Euphrate R.)口之巴斯拉国(Basrah,今伊拉克巴士拉地区)者甚多,其子孙亦甚繁荣,而阿拉伯之亚丁(Aden),亦有居留地。[②]

从上述引文中可以看出,除了石国(今乌兹别克斯坦共和国首都塔什干)是陆上丝绸之路上重要的商业枢纽外,其余唐代中国移民海外聚集地多为海上丝绸之路的商业枢纽。

唐末时期,也有一部分中国人因经商和躲避战乱移居南洋。唐末因黄巢起事,闽、粤、浙、苏一带人民为避战乱,"随外国商舶,扬帆西去,留居南洋各岛者,为数当众"。[③]公元 10 世纪,阿拉伯人马素提游历非洲、印度、马来群岛和中国多地,写下《黄金牧地》一书。书中提到,他在 943 年途经苏门答腊时,发现"许多中国人耕植于此岛,而尤以巴粦邦区域为多,盖避中国黄巢之乱而至者"。[④] 其中所提的"巴粦邦",今在印尼巨港一带,这些史料都证明中国人正式定居南洋始于唐代。此外,在唐代,远航南海并长居南洋的还有中国僧人。名僧大津在 683 年曾渡海西行,学习昆仑语和梵文,留在印度十年之久。高僧义净在南洋留居二十五年,游历三十余国而归。名僧慧日

---

① 陈里特:《中国海外移民史》,太原:山西人民出版社,2014 年,第 6 页。
② 陈里特:《中国海外移民史》,太原:山西人民出版社,2014 年,第 6 页。
③ 陈里特:《中国海外移民史》,太原:山西人民出版社,2014 年,第 6 页。
④ 李长傅:《中世南洋华侨发展史》,广州:暨南大学出版社,2001 年,第 76 页。

留居天竺十三年,计行七十余国。[①]

唐代以其强大的国力和灿烂的文化,使它的经济文化影响力不仅遍及四邻各国,而且远播欧洲,这也使得移民海外的中国人有了一个世界通用名——唐人。

(三)五代:海上贸易远超盛唐时期

五代是中国历史上一个重要的分裂割据时期,自907年朱温代唐算起,到960年赵匡胤建立北宋王朝止,在这五十三年里,除后梁、后唐、后晋、后汉、后周五个朝代外,还先后存在过一些封建割据政权,其中包括吴、前蜀、吴越、楚、闽、南汉、荆南(南平)、后蜀、南唐、北汉等国,史称"十国"。历史上也有学者将五代时期称作"五代十国时期"。

五代时期,海外贸易发展较快,超过盛唐时期。

1.五代海上贸易远超盛唐时期的原因

五代时期,延续着唐代天宝年间后期重点发展海上对外贸易的传统,海上丝绸之路得到较大发展,主要有以下三大具体原因:

第一,陆上丝绸之路继续阻塞不通。传统的陆上丝绸之路是从长安或洛阳沿渭水至兰州再到凉州(今甘肃省威武市),之后再行经今新疆,到中亚、西亚,并连接地中海各国的陆路通道。安史之乱后,陇西地区先后被吐蕃、李茂贞、前蜀、后蜀所占据,致使传统的陆上丝绸之路受阻。

第二,南方各个割据政权着力建设海上商路。五代时期,北方战乱不断,南方各割据政权所辖境内社会相对稳定,视海上丝绸之路贸易为立国之根本,出台一系列政策,开展海上对外贸易。

第三,南方人口增加,经济快速发展。因北方战乱致人口大量南迁,带来先进的农业生产和手工业制作技术,南方在制茶业、粮食加工业、纺织业、制瓷业、造纸业等领域的发展均超过了北方,这为南方海上对外贸易的活跃提供了产业支撑。

2.五代海上丝绸之路远超盛唐时期的表现

五代时期虽割据混战,但南方各国海上对外贸易依旧快速发展,甚至比唐代时期还要繁荣。这一时期海上丝绸之路活跃的具体表现如下:

第一,对外贸易港口快速增加。唐代最重要的对外贸易港口是交州港、

---

① 方豪:《中西交通史》上卷,上海:上海人民出版社,2015年,第261~262页。

广州港、扬州港、福州港、泉州港,到五代时期,较闻名的对外贸易商港已增加到十多个,并形成了在国内外较有影响力的大型国际区域航运中心。分属南汉、闽、吴越三国的广州、泉州、福州、明州、杭州,成为五代时期最具代表性的港口城市。

闽国着力发展海外贸易,致力于建设港口。在广州番商因黄巢所部入城屠杀致海外贸易断绝的情况下,闽国"雍容下士,招来蛮裔商贾,敛不加暴,而国用日以富饶"。① 因此海外贸易继续得以发展。特别是为开展对外贸易,首开甘棠港:"招来海中蛮夷商贾……开以为港。闽人以为审知②德政所致,号为甘棠港。"③

吴越国的对外贸易港口也有了快速发展。主要对外贸易口岸除了杭州外,还有明州(今宁波)、温州、台州等港,明州港、温州港是当时对日本和朝鲜半岛贸易的主要商港。

第二,海上商业航线的增加与延伸。五代时期开辟了更多通往国外的航线,方便海上交通,打通货源与市场阻点。随着南汉割据政权的兴起,广州港得以复兴,海上商业航线继续延伸,打造了全国最长的海上商路:从广州出发,沿着今广东、广西、越南海岸西行,穿过马六甲海峡,然后到波斯湾、北非东岸,全程需要约九十天。

闽国除继续使用从福州到南洋航线外,还开辟了从福州到高丽、日本以及北方诸港的北上航线。这些航线的开辟,沟通了福州与东北亚、南洋的联系。闽国的泉州港也开通了通往亚洲、非洲多国的对外海上贸易航线。

吴越国开辟了通往朝鲜半岛、日本、南洋、西亚、非洲等地的海上商路,甚至与一些国家和地区的海上航线远不止一条。杭州通往朝鲜半岛、日本的航线至少有三条,明州港也有连通日本的海上航线:从明州出发,到达日本值嘉岛,进入博多港,相距仅有 609 海里,这是五代时期中日交通最主要的港口。从这里出发,只需要三至六昼夜,就可以完成一个单程航线。

第三,对外贸易商品种类增多。这一时期,中国输出的商品由丝绸变为

---

① （清）吴任臣:《十国春秋》,徐敏霞、周莹点校,北京:中华书局,2010 年,第 1377 页。

② 王审知(862—925),闽国开国国君。在 897—925 年主政闽国期间,王审知选贤任能,减省刑法,减轻徭役,降低税收,让百姓得以休养生息,积极开展海上对外贸易,有力地促进了闽国的经济和文化发展。

③ （宋）欧阳修:《新五代史》卷六十八,《闽世家》,《二十五史》第六册,上海:上海古籍出版社、上海书店,1986 年,第 5161 页。

陶瓷、丝绸并重,并有药材、铁器、木器等商品对外销售。除此之外,中国商人还将经卷、佛像、佛画、铜和铜器等物品输入国外。当时,从泉州运往南洋、阿拉伯和东非等地的货物有陶瓷、铜铁器等手工业品,从海外运回的有象牙、犀角、玳瑁、明珠、沉香、樟脑等货物。

总而言之,五代时期,中国依托于海上商路输往世界的商品种类繁多,也甚为优质,这也是这一时期海上丝绸之路贸易活动十分频繁的根本原因。

3.移民海外的中国人增加

随着海外贸易量的增加,特别是不少海商乘船贸易海外,移民人数随之有所增加。其中移民南洋的中国人增加较多。陈里特在《中国海外移民史》一书中记录:

> 南洋群岛方面,据爪哇史籍之记载,后唐同光六年,即西历924年时,有中国大沙船一艘,在爪哇之三宝垄附近沉没,船客飘流至岸,其管船者献宝物于武葛王,得王之允许,招集余众,定其居,受优良待遇。[①]

根据李长傅先生的研究,爪哇三宝垄这艘沉船上有中国人上岸定居的记录,这是中国人在爪哇定居的开始。[②] 泉州华侨最早出现在历史文献的记载中也始于五代。据清代嘉庆年间福建晋江东石人蔡永蒹在《西山杂志》中所记,五代时,晋江安海梧山李家港海商李淳安,以经营海外贸易起家,常年驾舟载货远航真腊(今柬埔寨)、占城(今属越南)、暹罗(今泰国)等中南半岛国家贸易,"每次舟行,村里咸偕之去"。[③] 据此分析,当时随李淳安出海经商的晋江乡亲为数不少。按照闽南海商的传统,父子同行将会留一子在海外经商地,因此有不少闽南人留居中南半岛,李淳安次子李公蕴就滞留越南,最后还一手建立了越南李朝。

五代时期,部分中国人因政治原因举家迁居国外。王潮(王审知胞兄)占据福建、奠定闽国后,与部下王彦英(王审知族兄)发生矛盾,王彦英后来"挈家浮海奔新罗"。[④] 王彦英迁居新罗后,对闽国与朝鲜半岛海上贸易的

---

①　陈里特:《中国海外移民史》,太原:山西人民出版社,2014年,第6页。

②　李长傅:《中世南洋华侨发展史》,《南洋史地与华侨华人研究:李长傅先生论文选集》,广州:暨南大学出版社,2001年,第76页。

③　(清)蔡永蒹:《西山杂志》,转引自傅宗文:《沧桑刺桐》,厦门:厦门大学出版社,2011年,第355页。

④　(元)脱脱:《宋史》卷三〇四,《周谓等传》,《二十五史》第八册,上海:上海古籍出版社、上海书店,1986年,第6306页。

发展做了许多贡献。新罗后被高丽吞并,高丽国王王建力邀王彦英父子辅政,故当时闽国与高丽有着非一般的关系,经贸往来非常频繁。

三、海上丝绸之路的繁盛与海外移民的热潮

宋元时期是海上丝绸之路鼎盛期与中国海外移民长成期。宋朝是中国历史上又一次结束分裂之后建立的统一王朝,分为北宋(960—1127 年)和南宋(1127—1279 年)两个阶段。元朝(1206—1368 年)是中国历史上第一次由少数民族——蒙古族统治全国的朝代。

宋代是中国商品经济高度发达的时期。由于北方长期战乱,朝廷更加注重商业,鼓励海外贸易,加上造船技术和航海能力有了大幅度提高,海上活动由此进入了空前繁荣时期,海上丝绸之路的重要性也逐渐增加。元代是我国古代海上活动最为频繁、海外贸易最为发达的时期,海上丝绸之路的重要性超过了陆上丝绸之路,海外贸易和海上对外交流达到中国古代历史的高峰。随之,中国人移民海外的人数与移民地区也相应增多。

（一）宋代:海上丝绸之路勃兴促使常态化住番者增加

北宋(960—1127 年)是中国历史上继五代十国之后的朝代。960 年,后周禁军最高统帅赵匡胤通过陈桥兵变夺得帝位,定都开封府,建立宋朝,传九位皇帝,以东京开封(今河南开封)为都,历九帝。南宋(1127—1279 年)是宋朝第二个时期,以临安(今浙江杭州)为都城,历九帝。北宋与南宋合为宋朝,又称"两宋",因皇室姓赵,也称为"赵宋"。

两宋时期,北方民族的兴起和立国,阻断了汉人从中原通往中亚、西亚的陆上交通。北宋时期,北方有辽国,西北有西夏。南宋时期,北方与金国对峙,朝廷偏安江南。由于长期受辽、金、西夏、蒙古等北方民族政权的威胁,陆上丝绸之路彻底衰落,宋朝不得不格外重视和发展海上对外贸易。海上丝绸之路成为国家对外经济贸易和文化交往的主要通道,这使中国人出国开始成为相对比较常见的社会现象,住番海商呈常态化发展之势,这是中国海外移民的一个重要生长期。

1.海上丝绸之路勃兴的原因

宋代,海上丝绸之路得到空前发展,主要原因有以下十个方面:

第一,陆上丝绸之路被阻断。宋朝建国前后,契丹、党项、女真、蒙古等北方民族先后兴起并独立建国,阻断了中原内地通往中亚、西亚的陆上交通

道路。

第二，生产力得以恢复和发展。由于政府积极推行鼓励农业发展的政策，奖励开荒为田，兴修水利，仅 996 年至 1021 年，农田就增加了二百万顷以上，人口大量增加。

第三，商品经济得到较大发展。自北宋开始，政府一改以前历代封建王朝重农抑商的经济方针，进入中国古代商品经济的高度发达时期。

第四，经济重心南移推动海路贸易的发展。南方人口大幅增加，如两宋时期福建路户数增长了 2.4 倍左右。[①] 到北宋元丰年间（1078—1085 年），无论是粮食生产还是经济作物种植面积，无论是农业劳动生产率还是手工业和商业发展水平，江南经济区已全面超过中原经济区。《宋史》留下了这样的记录："国家根本，实仰给东南。"[②]经济重心的持续南移，使得中国传统社会的经济重心越来越靠近拥有优良港口的沿海地区，这为封闭型的农业自然经济向开放型的商品交换经济的逐步过渡，提供了难得的历史机遇。

第五，农商并重的经济结构为对外贸易提供物质支撑。两宋时期放弃了此前历代历朝政府重农抑商的政策，促使汉唐以来单一农业经济逐步转型为农业和工商业并重的经济结构，也促使手工业发展较快，在纺织、陶瓷、冶铸、造船等方面都有显著进步，并在这过程中催生了工商业文明渐次繁盛。产品的增多、营商之风的浓烈，既为发展海外贸易提供了大量商品，又为海上丝绸之路的发展提供了人才支撑。

第六，政府一系列对外贸易政策促进海上丝绸之路的发展。各级政府除出台政策吸引海外商人来华进行经贸活动外，还采取了优待海商和鼓励支持中国人出洋贸易等不少举措。中国海商出海贸易船只遇风险返回国内后，其损失由政府给予补助或免税；又如，对于招徕外国舶商有功的中国海商，政府还赐予官职。

第七，给予海上对外贸易组织和法律保障。宋朝在各地设置市舶司，负责对外贸易的管理、法令执行、税收等事务。宋朝政府还制定相关规定来规范管理海外贸易。1080 年，中国古代第一部外贸管理法规——《广州市舶条法》出台并实施。

---

① 吴松弟：《南宋人口的发展过程》，《中国史研究》2001 年第 4 期，第 107～124 页。

② （元）脱脱：《宋史》卷三三七，《范镇传》，《二十五史》第八册，上海：上海古籍出版社、上海书店，1986 年，第 6389 页。

第八，造船水平和造船能力跃升。宋代造船技术和能力均居于世界前列，据南宋钱塘人吴自牧所著《梦粱录》记载，当时的海船大小不等，大船载重已有五千料[①]，可以装载五六百人，"南人有万斛之舟"。[②] 由此可见，宋代海船的装载能力已成为海上丝绸之路快速拓宽与延长的重要保障。

第九，创造了世界上最先进的航海技术。两宋时期，宋人已懂得使用指南针、罗盘测定航行方向，宋船上也装备了当时世界上最先进的航海设备，如罗盘针、转轴、避水舱等。宋朝末期又诞生了针路术、牵星术等航海新技术。中国船正式取代了昔日的"大哥大"波斯船、阿拉伯船而居主导地位，这也使世界航海从此摆脱了"循岸梯航"的束缚，向着远洋航行的方向发展。

第十，海商群体与经营规模不断壮大。两宋时期，商品经济和海外贸易的不断发展，对封建社会的固有关系产生了巨大冲击，沿海地区人民观念发生了巨大转变，部分百姓从推崇读书做官转向泛舟营商谋利，海商为业者人数激增，连南宋宗室成员也投身海上贩运。

2.海上丝绸之路勃兴的表现

上述十大原因，推动了两宋时期海上丝绸之路的蓬勃发展。具体而言，海上丝绸之路的勃兴主要有以下八大表现：

第一，中国商人经常性通商国家大幅增加。宋代以前，航海贸易主要掌握在外国商人手中，张燮在《东西洋考》中论曰："市舶之设，始于唐、宋，大率夷人入市中国。"[③]入宋之后，伴随着海上丝绸之路的快速延伸，中国海商逐渐成长为东西方海上贸易的一支极其重要的新兴力量，与各国商人一起驾驶远洋大舶，穿梭于亚非各国之间，足迹遍及世界，东起日本、高丽，南至马来群岛，西达波斯湾及东非海岸，穿过地中海与欧洲多国相连。早在北宋初期，南方沿海人民就已竞相造船，雇请水手，满载着财货，成批走向海洋，从事跨国贩运活动，商务活动范围之广、经商人数之多、投入资本之雄厚、经营规模之庞大，都达到前所未有的水平。根据新旧《唐书》的记载，海外与中国有经常性通商关系的国家只有 10 个。但成书于南宋晚期的《诸蕃志》，所提

---

①　料，古代衡量船容积的单位。容积决定排水量，1 料＝0.33 立方米，水的密度是 1 吨/立方米，因此 1 料可以代表 0.33 吨的排水量。船舶排水量越大，载重吨位也就越大。

②　(宋)洪迈：《容斋四笔》卷九，《南舟北帐》，吴玉贵、华飞：《四库全书精品文存》第二十二卷，北京：团结出版社，1997 年，第 534 页。

③　(明)张燮：《东西洋考》卷七，《饷税考》，谢方校注，北京：中华书局，2000 年，第153～154页。

及的与中国有经常性通商关系的国家就有 53 个。

第二，与东亚海上贸易激增。宋代与朝鲜半岛海路便利发达。公元 10 世纪 30 年代，高丽太祖王建征服了新罗和后百济，重新统一了朝鲜半岛，开创了朝鲜历史上的高丽王朝时代。宋代与朝鲜半岛上高丽王朝的陆路交通先后为辽、金所阻断，双方的往来交通以海路为主，航路畅通，"若海道，则河北、京东、淮路、两浙、广南、福建，皆可往"。①

借助发达的海路交通，两宋时期输往高丽的主要商品有服饰、金银器皿、丝织品、瓷器、药材、书籍、茶叶、漆器、铁器、蜡烛、钱币、乐器、酒、糖。其中，尤为令人关注的是，书籍成了宋代输入高丽主要商品之一，如 1027 年，仅宋朝商人李文通一人一次运至高丽的图书就达 579 卷。高丽对来自中国的书籍极为青睐，如 1192 年一位宋商因献《太平御览》，高丽朝廷赐其 60 斤白银。

两宋时期，中日贸易十分活跃，但往来两国之间的商船都是中国商船，没有日本船舶。北宋时期，明州是最重要的中日贸易港，也是两国贸易的主要集散地，航线十分成熟。北宋向日本输出的商品主要以传统的丝绵、绫罗、香料、药品、瓷器、文具为主，其中部分为自北非及印度等国的转口贸易品，主要为宝石和香料等。到南宋时期，中日两国经济与文化交流比北宋更多，南宋中叶以后，往返于日本和中国的商船更加频繁。②

第三，与中南半岛海上交通与贸易往来发达。两宋时期，中国与中南半岛的海上交通与贸易十分发达。中南半岛上的主要国家交趾、占城、真腊、真里富、暹国、罗斛、缅甸、蒲端等，中国南方多个港口都有直达航线可通往这些国家。从中国运去的商品主要是丝绸、棉布、牙梳、纸扎、青铜、铁、漆器、瓷器、铅、锡、酒、糖、金银首饰等，而从这些中南半岛国家购买象牙、香料等特产，实现了两地的共赢。

在今越南境内的占城国，宋时成为中国与印度、阿拉伯的贸易中转地，它是南洋诸国进行海上贸易的重要国际市场。中国商人前往占城贸易者不绝于海路，从事两国之间海上贸易的大商和纲首多为福建人，因中国商人云集，占城政府还仿照宋朝市舶司，建立了一套管理制度。

---

① （宋）徐兢：《宣和奉使高丽图经》，转引自朴真奭：《中朝经济文化交流史研究》，沈阳：辽宁人民出版社，1984 年，第 56 页。

② 木宫泰彦：《日中文化交流》，胡锡年译，北京：商务印书馆，1980 年，第 305 页。

　　宋朝政府还常派使节到中南半岛招商。1115 年,宋廷特派进士刘著等人前去罗斛国招商,以扩大两国经贸往来。

　　第四,与马来半岛贸易往来频繁。两宋时期,中国与马来半岛上的许多国家有固定的航线和经常性的贸易往来,主要贸易往来的国家包括佛罗安、凌牙斯加、彭坑、丁家庐(均在今马来西亚)以及登流眉(在今泰国洛坤)、凌牙门(今新加坡)。中国海商乘着海舶载着纺织品、金银、瓷品、铁、漆器、酒、米、糖等商品到此贸易,在此采购沙金、花锡、象牙、犀角、香料等,运回国内销售。

　　中国海商还与马来半岛商家合作,将丁家庐建成东西方贸易商品集散地,将凌牙斯加国建成东西方海上贸易中心。凌牙门也因特殊的地理位置成为中国商舶的驻泊之地,福建运往三佛齐的商品往往先到凌牙门销售三分之一,再驶往三佛齐。

　　第五,与马来群岛海上贸易兴盛。两宋时期,中国与处于东西方海上交通要塞的马来群岛多国建立了海上航线,双方借此贸易往来频繁。与马来群岛进行海上贸易往来的国家主要有三佛齐、阇婆、苏吉丹(均在今印尼),渤泥(今文莱)等国。中国载往马来群岛贸易的主要是丝绸、瓷器、铁器、金银器、铜钱等及川芎、朱砂等各种中药,采购运回的多为当地的象牙、犀角、珍珠、香料等。

　　中国海商与当地商人一起,合力将三佛齐打造成南洋国际贸易中心,各国的商品由海路至此交易,"故国之舟辐凑焉"。[①] 中国海商前往三佛齐,一方面经商,一方面将其作为赴印度、阿拉伯国家经商的中转驻舶之地,还中转阿拉伯国家生产的商品,"(这些商品)皆大食诸蕃所产,萃于本国,蕃商兴贩"。[②] 除了三佛齐外,阇婆国也是当时重要的贸易中转基地,"诸番国之富盛多有宝货者,莫如大食国,其次阇婆国"。[③] 北宋时期,众多中国商人乘舟前往三佛齐、阇婆国贸易,这说明当时中国与这两地已有固定的航线。

　　第六,与菲律宾群岛海上商路繁忙。两宋时期,中国与菲律宾群岛上的

---

　　① (宋)赵汝适:《诸蕃志》卷上,《三佛齐国》,《诸蕃志(外十三种)》,上海:上海古籍出版社,1993 年,第 6 页。

　　② (宋)赵汝适:《诸蕃志》卷上,《三佛齐国》,《诸蕃志(外十三种)》,上海:上海古籍出版社,1993 年,第 6 页。

　　③ (宋)周去非:《岭外代答校注》卷二,《航海外夷》,杨武泉校注,北京:中华书局,1999年,第 126 页。

国家保持畅达的海上交通与贸易。麻逸国(在今菲律宾)自982年与中国建立朝贡贸易关系后,民间市舶贸易也渐次增多。三屿国为麻逸之属国,与宋代有固定的海上航线和贸易往来。这两个国家以吉贝、黄蜡、蕃布、椰心簟等物品交换中国绢、伞、瓷器和藤笼。

第七,与南亚诸国海上通商活跃。两宋时期,中国与南亚诸国有频繁的通商往来。与天竺国、南毗国、故临国、注辇国、胡茶辣国、古里国(均在今印度),细兰国(今斯里兰卡),鹏茄啰国(今孟加拉国)等建立了海上直达商路,中国输入的商品以金银、瓷器、丝绸为主,而南亚这些国家则用宝石、宝珠和土特产与中国进行商品交换。

北宋时,南亚这些国家与中国东南沿海多地商舶互驶,人员交流也颇为频繁,曾有天竺国人在泉州买地建佛寺宝林院。在公元11—12世纪,中国海商参与在南毗国共建东西方海上贸易基地,两国不但发展朝贡贸易、市舶贸易,还发展转口贸易。两宋时期,以故临国为中国与阿拉伯诸国海上交通的中途停靠站,宋商常沿海路到故临国进行经贸活动,还以此为中转基地,换乘船只,前往阿拉伯国家经商。其中以泉州商舶最多,赵汝适在《诸蕃志》中记载:"故临国自南毗舟行,顺风五日可到,泉舶四十余日到蓝里(今印尼苏门答腊岛亚齐河下游哥打拉夜一带)住冬,至次年再发,一月始达。"①

第八,与西亚、非洲建立良好的海上贸易关系。两宋时期,中国与西亚、非洲建立了良好的海上交通和商舶往来关系。宋朝把阿拉伯帝国阿拔斯王朝称为"大食",同时把西亚、非洲其他信奉伊斯兰教的国家和地区也归入"大食诸国"。南宋周去非在其所著的《岭外代答》中记载:"大食者,诸国之总名也。有国千余所,知名者特数国耳。"②西亚和非洲诸国盛产的乳香、象牙、犀角在中国颇有市场,中国的瓷器、丝绸在西亚和非洲亦广受青睐,因此两宋时期中国通向西亚、非洲的海上丝绸之路十分繁忙。大食国与宋朝贸易甚是发达,其中尤以泉州与大食国商贸往来最为频繁,拥有固定航线,"大食在泉之西北,去泉州最远,蕃舶艰于直达。自泉发船四十余日至蓝里,博

---

① (宋)赵汝适:《诸蕃志》卷上,《故临国》,《诸蕃志(外十三种)》,上海:上海古籍出版社,1993年,第11页。

② (宋)周去非:《岭外代答校注》卷三,《大食诸国》,杨武泉校注,北京:中华书局,1999年,第99页。

易住冬。次年,再发顺风六十余日,方至其国"。① 北宋初年乘海舶来泉州经商的阿拉伯人络绎不绝,并有一些人选择在泉州定居,甚至在泉州修建了一座礼拜寺——圣友寺,后来泉州陆续发现了两宋时期居于泉州的阿拉伯人坟墓,可见宋朝时期阿拉伯与中国海上交通非常频繁。

宋代,中国还与默伽腊国(今摩洛哥)、木兰皮国(在今摩洛国和西班牙南部)、毗喏耶国(今北非利比亚、突尼斯、阿尔及利亚沿海地区)、西非的茶弼沙国(今加纳)、东非的弼琶啰国和申理国(均在索马里)、东非的层拔国都有经贸往来。南宋《诸蕃志》对这些国家的地理位置、主要航线、风土人情、主要产品、与宋朝的贸易往来等都有详尽介绍,由此也可见海上贸易之频繁。

正是由于与世界上五十多个国家建立了海上贸易关系,市舶收入成为两宋时期国家的重要财政支柱之一。南宋初年,市舶收入"动以百万计",至南宋末年,市舶一年收入增至"二百万缗"。在有的年份,市舶收入占国家财政总收入的 20%。这是宋代格外重视海外贸易的一个重要原因,宋高宗曾直接说道:"市舶之利,颇助国用,宜循旧法,以招徕远人,阜通货贿。"②

3.海商住番常态化与移民增加

中国侨史研究专家陈里特认为,两宋时期是中国海外移民发展的一个关键时期。他在《中国海外移民史》中有这样的记述:

> 唐末,经五代之乱,以迄宋代,此为中国海外移民由萌芽至长成时期……海道方面非独交通上较隋唐时代更臻便利,则贸易上亦不弱于唐代……宋代中外交通与贸易之发达若此,故其时中国移民事业之盛,亦不亚于唐代。③

两宋时期,中国移民海外人数不断增加,主要有以下原因和表现:

第一,因经商移民海外者增多。由于海外交通的发达,两宋时期沿海商人出国经商渐成社会新风气。不少人因各种原因留居海外不归,其中部分是因错过返航时期不得不留在海外。当时,中国海商搭乘大帆船往返于海内外经商,大帆船必须利用季风航行,一些出海的海商往往因错过返航的季

---

① (宋)赵汝适:《诸蕃志》卷上,《大食国》,《诸蕃志(外十三种)》,上海:上海古籍出版社,1993 年,第 15 页。

② (清)徐松:《宋会要辑稿》,转引自晁中辰:《明代海外贸易研究》,北京:故宫出版社,2012 年,第 12 页。

③ 陈里特:《中国海外移民史》,太原:山西人民出版社,2014 年,第 7 页。

风时节而只得留在当地住下来,"北人过海外,是岁不返者,谓之住番"。①
也有一些中国海商为了方便贸易,长期留在交易地点居住,因而有"住番十
年不归"。②《诸蕃志》中就有关于早期华侨的记录:"泉舶四十余日到蓝里
住冬,至次年再发,一月始达。"③这些住番的泉州海商,就是早期的华侨。
据《宋史》记载,早在北宋时期,在日本、高丽和南洋等地就有中国海商侨居。
南宋初年,沿海商人也多有前往海外而不归者。

第二,因老乡关照移民者增多。宋朝移民者中有一部分是因移民的国
家有亲戚、乡亲,能得到格外关照,而选择前往国外并留居。福建晋江安海
大海商李淳安次子李公蕴,幼年时与安海同乡一起随父亲赴交趾,并滞留当
地。李公蕴从小喜欢读经史,有谋略。长大后在前黎朝当官,成为交趾郡王
黎至忠的亲信,官拜左亲卫殿前指挥使,掌握兵权,并娶了黎至忠的胞妹、前
黎朝开国皇帝黎桓之女黎氏佛银为妻,还被赐姓黎。1009 年,时为前黎朝
第二代皇帝的黎至忠病逝,引起内乱,李公蕴趁机自称留后,遣使贡奉宋廷,
被宋朝封为交趾郡王,攫得政权,改元顺天,定都升龙(今河内),建立李氏王
朝。李公蕴登基后,不少福建同乡辅佐其王位。史载:"交趾所任,乃多是闽
人。"④1068—1077 年间,岭南人徐伯详上书越南前黎朝第四代皇帝、李公蕴
曾孙李乾德,其中称:"大王先世本闽人,闻今交趾公卿贵人多闽人也。"⑤一
代又一代,在越南的福建移民越来越多,又因老乡关系,福建海商到越南都
受到礼遇。南宋诗人范成大曾记:"闽人附海舶往者,必厚遇之,因命之官,
咨以决事。"⑥也正因此当时福建,特别是泉州一带海商前往交趾和占城者
不但人数增多,且留居当地的人数也随之相应增加,他们在当地繁衍子孙,

---

① (宋)朱彧:《萍洲可谈》卷二,吴玉贵、华飞:《四库全书精品文存》第十八卷,北京:团
结出版社,1997 年,第 409 页。

② (宋)朱彧:《萍洲可谈》卷二,吴玉贵、华飞:《四库全书精品文存》第十八卷,北京:团
结出版社,1997 年,第 409 页。

③ (宋)赵汝适:《诸蕃志》卷上,《故临国》,《诸蕃志(外十三种)》,上海:上海古籍出版
社,1993 年,第 11 页。

④ (宋)李焘:《续资治通鉴长编》卷二四七,转引自傅宗文:《沧桑刺桐》,厦门:厦门大
学出版社,2011 年,第 355 页。

⑤ (宋)李焘:《续资治通鉴长编》卷二七三,转引自傅宗文:《沧桑刺桐》,厦门:厦门大
学出版社,2011 年,第 355 页。

⑥ (宋)范成大:《桂海虞衡志·志蛮》,转引自傅宗文:《沧桑刺桐》,厦门:厦门大学出
版社,2011 年,第 355~356 页。

华侨群体不断壮大。

第三,因外国政府礼遇和生意厚利而移民的人数增多。两宋时期,一些中国人被海外的礼遇和生意的厚利所吸引而长居海外,以南洋国家为例:

> 南洋群岛土人,对于中国移民已视为上宾,无不竭诚殷勤招待者。如阇婆,对华籍贾人,待以宾馆,食丰洁。渤泥则尤爱,唐人醉归,则扶之以归歇处。苏吉丹,即阇婆支国,厚遇唐人,商贾无宿泊饮食之费等等,其对中国移民之优待,从此可以概见。[①]

外国政府对前去贸易的中国商人给予各种优惠待遇,这也是两宋时期海商留居当地成为华侨的原因。每当中国商船抵达渤泥时,渤泥国王必亲临欢迎,"其王与眷属率大人到船问劳,船人用锦藉跳板迎肃欸,以酒醴用金银器皿褥席凉伞等分献"。[②] 过了一段时间,宋商"方请其王与大人论定物价。价定,然后鸣鼓以召远近之人,听其贸易"。[③] 宋船归国时,渤泥国王也设宴欢送,并赠以礼品。频繁的贸易往来和渤泥国人的厚爱,使不少中国海商长期居住于渤泥,有的还终老于此。

第四,因禄位所诱移民者增多。两宋时期,吸引中国人移民海外的除了被外国政府的物质利益吸引外,还有"名"、"仕"方面的强大引力。泉州商人欧阳征因经商前往高丽,后定居于此,高丽显宗任命其为"左右拾遗";泉州商人肖宗明定居高丽,被高丽国王任命为"权知阁门祗候"。《宋史》记载:当时高丽的王城(今朝鲜开城)"有华人数百,多闽人因贾舶至者,密试其所能,诱以禄仕,或强留之终身"。[④] 宋时有一名为胡宗旦的福州人,"尝为太学生,聪敏博学能文,游两浙,乃寄商船而来,(高丽)王宠顾优厚,骤登清要",被任命为"权知直翰林院"。[⑤] 由此可见高丽王朝对中国移民的重视。

第五,出现因国外发展空间大而主动移民者。最吸引中国人沿着海上丝绸之路移民海外的原因,主要是当地巨大的发展空间。如南洋地广人稀,

---

① 陈里特:《中国海外移民史》,太原:山西人民出版社,2014 年,第 7~8 页。

② (宋)赵汝适:《诸蕃志》卷上,《渤泥国》,《诸蕃志(外十三种)》,上海:上海古籍出版社,1993 年,第 23 页。

③ (宋)赵汝适:《诸蕃志》卷上,《渤泥国》,《诸蕃志(外十三种)》,上海:上海古籍出版社,1993 年,第 23 页。

④ (元)脱脱:《宋史》卷四八七,《外国传》,《二十五史》第八册,上海:上海古籍出版社、上海书店,1986 年,第 6763 页。

⑤ (清)陈梦雷:《古今图书集成·方舆汇编·边裔典》卷十九,转引自廖大珂:《福建海外交通史》,福州:福建人民出版社,2002 年,第 97 页。

土地肥沃,资源丰富,华侨易于谋生,这使得两宋时期南洋华侨越来越多。元代周达观在其所著的《真腊风土情》中,记录了他在真腊与一位同乡人的相遇,"余乡人薛氏,居番三十五年矣"。[①] 夏鼐先生对这句话有这样的注释:"按:周达观于公元1296—1297年留真腊一年余,其遇及之乡人薛氏,曾居番35年,则薛氏当于南宋景定年间(1260—1264年)到真腊。"[②]

两宋时期,中国人主动移民海外的并非只有商人,许多文人、武士和专业技术人才,也为实现人生价值远走他国。高丽国采取重金重任的激励政策,吸引中国文人主动移民该国。据史料记载,移居高丽国的北宋文人武士,一般都经过高丽朝廷的考试,择优得到重用。1101年,宋人邵珪、陆廷俊、刘仮赴高丽,经高丽国王肃宗御试,一同被授予八品官。对于有功名者移民高丽,高丽国更受重视。宋进士陈渭定居高丽,曾任高丽国校书郎;宋进士张廷移民高丽,在高丽王朝担任秘书校书郎;宋进士慎修曾任高丽国守司徒左仆射参知政事,去世时高丽国王派人吊祭,谥恭献。高丽国还十分重视引进宋朝专业技术人才。1074年,高丽国向北宋政府请求派医药、绘画人才前来传授技艺,宋神宗下令福建转运使罗拯招募志愿前行的专才,有医士、画工数人通过海路远赴朝鲜。

第六,出现有组织的商业移民。宋朝与日本经贸往来频繁,海路畅达。中国人移民日本更为频繁,而且当时中日航海船舶都为华人所有,这也更有利于中国人移民。吴越人蒋承勋、蒋衮、盛德言、俞仁秀、张文过等人,每次竟能携带一百多人一同前往日本。

第七,因被劫掠至国外者。两宋时期,部分中国人是被外国人劫掠而被动成为移民的。这主要有两种情况:

第一种是被人贩子有组织地诱骗贩卖到外国。以华侨最多的南洋国家为例,两宋时期南洋各国因处于较为落后的社会阶段,地多人少,劳动力十分缺乏,劫掠他国劳动力成为一种捷径。中国人因拥有农业生产经验和各种手工业生产技能,成为被劫掠的主要对象。当时,今属越南境内的一些国家,劫掠人口和买卖人口现象十分严重。根据《文献通考》的记载,宋代南方边民被骗诱贩卖到越南的人不少:

---

① (元)周达观:《真腊风土记校注》,夏鼐校注,北京:中华书局,1981年,第178~179页。

② (元)周达观:《真腊风土记校注》,夏鼐校注,北京:中华书局,1981年,第179页。

南州客旅诱人作奴仆、担夫,至州峒则缚而卖之。一人取黄金二两,州峒转卖入交趾,取黄金三两,岁不下数百千人。有艺能者,金倍之。知文书者又倍之……既出其国,各认买主,为奴终身。[①]

第二种是因战争被掳掠到国外的中国移民。以下例子可以佐证:1014年,越南李朝统治当局"寇钦州如洪寨,钞人畜甚众"。[②] 1028年,越南李朝统治当局派兵骚扰中国边境地区,"剽掠边民,累行跟寻,并不放还劫去人口"。[③] 1060年,越南李朝"兵入宋境……虏其指挥使杨保才及男女牛马不可胜数"。[④] 1075年,越南李朝派出十万大军分水陆两路进犯中国,在广西钦州、廉州、邕州三地烧杀劫掠,"俘三州人而还"。[⑤] 在两国议和后,李朝本应送回全部被掠的中国人,但过了很久"才送民二百二十一口"。[⑥] 那些被掠去而没被送回国内的广西三州人,被迫成为华侨。

在上述七大原因的影响下,两宋时期不少中国人移居海外,海外一些国家出现华侨聚居区,包括华侨居所、华侨商店、华侨祭祀场、华侨墓园等,这也孕育了华侨社会的萌芽。

1977 年,日本九州福冈市修建地铁,在博多祇园町一带发掘了不少中国宋人遗址,其中就有宋代钱币元丰通宝,还有中国人的坟墓,墓中随葬品有青瓷器、白瓷器、建盏等,这些都是 11—12 世纪到日本的宋代商人遗物,博多祇园町一带就是当时有名的中国海商聚集区。两宋时期,中国与日本频繁的贸易往来和博多中国海商聚居区的形成,孕育了华侨社会的萌芽,但当时移民流动性较大,且缺乏政治管理,并未形成真正意义上的华侨社会。

4.宋代华侨的作用与地位

两宋时期,海外中国移民为发展侨居地经济、促进侨居国与祖国的经贸

---

① (宋)马端临:《文献通考》卷三三〇,《四裔考》,转引自陈碧笙:《南洋华侨史》,南昌:江西人民出版社,1989 年,第 29 页。

② (明)李文凤:《越峤书》卷四,转引自陈碧笙:《南洋华侨史》,南昌:江西人民出版社,1989 年:第 29 页。

③ 黎崱:《安南志略》卷十二,武尚清点校,北京:中华书局,2000 年,第 296 页。

④ 吴士连:《大越史记本记全书》卷一,转引自陈碧笙:《南洋华侨史》,南昌:江西人民出版社,1989 年,第 29 页。

⑤ 潘清简:《钦定越史通鉴纲目正编》卷三,转引自陈碧笙:《南洋华侨史》,南昌:江西人民出版社,1989 年,第 30 页。

⑥ (元)脱脱:《宋史》卷四八八,《外国传》,《二十五史》第八册,上海:上海古籍出版社、上海书店,1986 年,第 6765 页。

往来、延伸和拓宽海上丝绸之路、传播中国先进生产技术和中华文化发挥了积极作用。

第一，中国海外移民成为侨居国与祖籍国建立友好关系的媒介。占城的许多华侨都是大商人，和当地政府官员非常熟悉，故其常能起到中介人的作用，促使占城国派出使节，与宋朝建立密切的政治和经济关系。当占城和宋朝形成"朝贡"与"赏赐"关系时，每回来华，华侨常担当向导。再如，华侨大海商毛旭和阇婆当局建立了良好关系，积极鼓励和引导阇婆派遣使者来华朝贡，发展宋朝与阇婆的官方关系，也因此《宋史》在"阇婆传"中为他留下了浓墨重彩一笔。

第二，中国海外移民与其他国家商人合力打造东西方海上贸易的转运站，促使海上丝绸之路惠及更多国家。比如，当时不少住在三佛齐的中国商人，和阿拉伯商人一起从事东西方商品的交易活动，使之成为东西方商品集散地和贸易中转基地，"三佛齐国，在南海之中，诸蕃水道之要冲也。东自阇婆诸国，西自大食、故临诸国，无不由其境而入中国者"。[①] 中国商品也通过三佛齐和印度、西亚和非洲进行交易。

第三，中国海外移民通过商贸活动造福侨居国更多百姓，因而深受当地官民欢迎。在三屿国，华侨商人跨海越洋来此经商，不但送来当地人急需且心仪的商品，而且也采购他们生产的吉贝、黄蜡和番布等。因此见华商远道而来，三屿国百姓"则俯拾，忻然跳呼而去"。[②] 华侨商人运去的丝绸、瓷器等大量商品，服务了海外诸国百姓，加上华侨商人的经济活动促进了当地商品经济发展，这也使得华侨深受当地百姓的欢迎。

第四，中国海外移民为侨居国当地文化、教育、卫生事业的发展做出积极贡献。以高丽为例，两宋时期中国输入高丽的主要货物之一是书籍，在高丽定居的不少华侨是文人、医生、术士、画工。这些专门人才多被委以官职，有的甚至进入高丽政府担任重要职务，这对于向高丽介绍、传播和推广先进的宋文化，起到相当大的作用。1058 年，医士江朝东与泉州商人肖宗明等前往高丽，由于高丽文宗的挽留，江、肖等人就定居于高丽，在救死扶伤的同时，也课徒传授中国医学。移居高丽的北宋进士慎修和其子慎安之精于医

---

① （宋）周去非：《岭外代答校注》卷二，《三佛齐国》，杨武泉校注，北京：中华书局，1999年，第 86 页。

② （宋）赵汝适：《诸蕃志》卷上，《三屿》，《诸蕃志（外十三种）》，上海：上海古籍出版社，1993 年，第 24 页。

术,他们在高丽悬壶济世,传播中医中药学。两宋时期,依托于移民日本的中国名儒,中华文化以更快的速度东传日本,在南宋时期形成东传的又一个高潮。1276年,儒士李用只身东渡日本,设馆授徒谋生,讲授中国诗书。后来日本人多受其教化,尊称他为"夫子"。李用不但是广东最早有史可稽的日本华侨,也是我国最早留名可证的海外华侨教育家。他的例子也从一个侧面证明,两宋时期移民日本的中国人为日本教育和文化的发展做出了贡献。

(二)元代:海上丝绸之路进入昌盛期与移民长成期

元朝(1206—1368年),在我国历史上是首个由少数民族建立的大一统王朝。1206年,蒙古孛儿只斤·铁木真建国。1271年,忽必烈定国号。1279年,灭南宋。1368年,明取元而代之。

元朝立国时间虽短,但在海外贸易和对外文化交流方面,却开创了比汉唐时期更为繁荣的极盛时代。尤其是在航运方面取得了旷古未有的成就,海上丝绸之路由此进入昌盛期。从与中国通商的国家数目来看,元代航海家汪大渊亲历的国家和地区就有99个,元代知院周致中的《异域志》中甚至著录了214个国家和民族与元代有交往。有元一代,中国与世界多国民间商业贸易十分繁荣。这些都说明,元代中国海商的活动地区不断扩大,与中国建立友好通商关系的国家不断增多,中国海外贸易空前繁荣。

1.海上丝绸之路进入昌盛期的原因

元代海上丝绸之路得到空前发展,其主要原因有以下八个方面:

第一,农业经济有了长足发展。元朝是中国历史上幅员广阔、政治统一的大帝国,国家相对稳定,这为经济的恢复和发展提供了条件。特别是元朝为恢复农耕社会秩序采取了一系列行之有效的举措,如授民众耕地、设立司农司和劝农司等保障农耕的组织系统、实行边疆屯田制等,这使元朝从原先的游牧体系转变为农耕体系。

第二,发达的手工业为对外贸易提供支撑。元代的手工业分为官营和私营两大系统。官营行业有瓷器、毛毯、丝织、兵器、矿冶、制盐等,私营行业有棉纺织、丝纺织、瓷器制造和矿冶等。元代制瓷技艺和水平有了大幅提高,色彩和款式都十分出色,成为最重要的出口商品。

第三,采取农商并重的经济政策。元朝政府鼓励农业商品化,利用土地进行商业性经营,大量粮、棉、麻、丝、茶投放到市场。同时元朝政府降低商业税,取消前代的部分专卖制度,给予商人一定的政治地位,取消对商人不能做官的规定,这使得商人的事业空间有所扩大。

第四,发行和流通纸币。元代废铜钱改为交子、徽子,发行元宝钞票,便于携带,人们在进行商业活动时,无须再背负大量银两奔走行商。元宝钞票不仅在国内流通,也在国外使用。

第五,造船业进入兴盛时期。不仅造船技术和工艺达到世界最先进水平,而且造船基地数量也位居世界前列。泉州造船基地的效率极高,"中书遣使者造海舟十五艘,期五十日成"。[①] 据《元史》记载:至元十九年九月,朝廷下令"扬州、隆兴、泉州共造大小船三千艘"。[②] 次年,朝廷又下令江西、江南、湖广三省造船二千艘。所造之船各有船房五六十所,用麻及树油掺合涂壁,使之密不透水。[③]

第六,航海技术进一步提高。针经、罗经针簿和针路航海图的诞生,牵星板的发明和牵星术的应用,特别是对信风的认识和应用,都使元代的航海能力达到史无前例的高度。

第七,出台一系列政策推动海上丝绸之路的发展。元朝政府设置贸易港和市舶司,颁行第一部管理海上对外贸易的规章——《市舶法则》,促进了市舶贸易的正常化、法制化,提高了港口管理水平,保护了外商利益,由此促进了海上丝绸之路的延伸与拓宽。同时,任用大量商人为官,对在海外贸易中做出贡献的市舶官员和商人给予奖励和晋升。此外,元朝政府还出台优惠政策激励海商,如不重复收税、政府各部门不得差遣占用海商、降低舶货税率、给予舶商海外贸易低息贷款,比一般贷款利息要低四分之三等。

第八,统治当局拥有强烈的海外拓展意愿。元代海上丝绸之路的发展之所以达到昌盛,这与统治当局强烈的海外拓展雄心密切相关。日本蒙古史研究专家杉山正明认为,蒙古在极短的时间内扩张迅速,不仅是军事目的,还有通商意愿:

> 忽必烈及其策士很早就抱有经济立国的思想,从一开始就考虑到创造世界性规模的流通、通商。而接收南宋及海外派兵,则是为了达成

---

① (明)宋濂:《宋濂全集》第二册,杭州:浙江古籍出版社,2014年,第434页。

② (明)宋濂、王祎:《元史》卷十二,《世祖纪》,《二十五史》第九册,上海:上海古籍出版社、上海书店,1986年,第7268页。

③ 马可·波罗:《马可波罗行记》卷三,冯承钧译,呼和浩特:内蒙古人民出版社,2006年,第225页。

其目标的巨大计划。至于利用既存的交通、运输网络,整备驱使水陆海的巨大流通机构之硬件设施,则属于其先行工作。[1]

2.海上丝绸之路进入昌盛期的表现

上述八大原因使元代海上丝绸之路持续发展,进入了海上丝绸之路的昌盛期。随着元代海上丝绸之路进入昌盛期,中国与南洋、西亚、东非乃至地中海地区连接起来。不仅如此,各地区之间通过海路相互交流的密度、强度和速度达到史无前例的高度,通过海上丝绸之路,各国实现了一定程度上的经济互补。元代海外贸易的繁荣,直接促进了中国的经济发展。商品出口数量的增加,刺激了当时农业和手工业的发展,农产品和手工业品的商品化程度大大提高,农民收入增加。同时,海外贸易的高额利润,也增加了元朝政府的收入,经济的发展为元代与各国进行文化交流提供了物质基础,反过来进一步促进了海上丝绸之路的发展。具体而言,主要有以下七大表现:

第一,港口建设再上新台阶。元代对外贸易港口建设发展较快,涌现出一批世界级大港。元朝的对外贸易港口主要分布在东南沿海,包括泉州、上海、温州、广州、杭州、庆元(今宁波)、台州、钦州等,其中泉州、广州、庆元三处较为重要,尤以泉州港贸易最盛。泉州港以"刺桐"的别名著称,与当时埃及的亚历山大港并称为世界上最大的两个商港。

意大利旅行家马可·波罗将泉州港视为世界上最大的良港之一,"若以亚历山大(指埃及亚历山大港)运赴西方诸国者衡之,则彼数实微乎其微,盖其不及此港百分之一也。此城为世界最大良港之一,商人商货聚积之多,几难信有其事"。[2] 宋代时,与泉州有海外贸易关系的国家和地区,不过五六十个,而元代最多时竟达到一百四十余个。元代泉州港海上贸易的范围,东到高丽、日本,西达波斯湾、红海和非洲东海岸。

综上所述,元代港口发展较快,其中南方港口发展速度更快,助力元代在航运事业方面取得旷古未有的成就,国内外交通舟车毕通。元末文人王礼在《义冢记》中言:"适千里者,如在户庭;之万里者,如出邻家。"[3]

第二,海上丝绸之路航线延伸提速。元代海上丝绸之路在前代基础上

---

[1] 杉山正明:《忽必烈的挑战》第三部,周俊宇译,北京:社会科学文献出版社,2017年,第197页。

[2] 马可·波罗:《马可波罗行记》卷二,冯承钧译,呼和浩特:内蒙古人民出版社,2006年,第222页。

[3] 马建春:《蒙元时期的波斯与中国》,《回族研究》2006年第1期,第103页。

又得到不断延伸,大体上分北行、东行、西行航线。

北行航线,通往高丽和日本。主要有两条:一是从元大都(今北京)经运河至黄河入海,东航可至今日的朝鲜开城附近;或由杭州等地沿海北上至登州,驶向东北抵达开城附近,而后再去日本。二是由庆元、上海等港东航日本。

东行航线通往琉球等地。

西行航线为元代海外贸易重点,具体包括以下五条主要航线:一是泉州到占城。二是泉州到三佛齐,途经占城、真腊、罗斛、凌牙门、罗婆斯(今印度尼科巴群岛)、东冲古剌(今泰国宋卡)、吉兰丹、加里曼丹等地到三佛齐。三是泉州到东洋,依《南海志》的记载,元代的东、西洋应以中国雷州半岛—加里曼丹岛西岸—巽他海峡为分界。加里曼丹岛和爪哇岛及其以东的海域、地区为东洋,其中爪哇岛、加里曼丹岛南部、苏拉威西岛、帝汶岛直至马鲁古群岛一带被称为大东洋,加里曼丹岛北部至菲律宾群岛被称为小东洋。四是泉州到波斯湾沿岸,先至占城,再经马六甲海峡,到故临国,进入波斯湾,到达阿拉伯半岛的大食、波斯、忽鲁谟斯(今伊朗阿巴丹)、白达(今伊拉克巴格达)、瓮蛮(在今阿曼苏丹国)、麻嘉(在今麦加)等国。波斯湾出口处的忽鲁谟斯是当时欧亚海上交通贸易的中转港口,商船借此海上丝绸之路驶往欧洲。五是泉州到非洲。从泉州出发,先抵达波斯湾沿岸港口,再由波斯湾向西行,到达非洲的弼琶啰(今索马里柏培拉)、勿斯里(今埃及)、昆仑层期(今桑给巴尔)等国。

依托于北向、东向、西向的诸条海上航线,元代中国与欧、亚、非关系更加密切,商贸、人员、文化交流日益频繁,在交流的广度与深度方面都远远超过宋代。

第三,与高丽、日本海上贸易增加。元代虽与高丽有畅达的陆路交通,但与高丽和日本的海上丝绸之路也发展良好,带动了海上贸易激增。除了传统的山东登州、莱州等海港外,还有益都路所辖诸海港。1295年,高丽政府遣人携麻布14000匹航海至益都路进行贸易,卖出后再在山东选购书籍、丝绸、瓷器等,贩回高丽,这些反映了益都路已有与高丽进行贸易的口岸。与高丽交通贸易的主要港口是庆元和泉州,其他如上海、温州等,亦不乏与高丽有贸易往来。

元代,中国销往高丽的货物主要是丝织品、棉布、陶瓷器、图书等;高丽向中国出口的商品主要有布匹、马匹、漆、青瓷、铜器、人参、茯苓、松子、榛子、药材等物,药材可考的名目有十余种之多。

元代,中国与日本的海上丝绸之路成为两国贸易的重要依托,即使在元日战争期间,日本商船赴元贸易也未停止。1281 年,元军征日惨败后,忽必烈仍未关闭对日贸易的大门。1338 年,中日贸易除民间贸易外,还增设天龙寺船贸易。天龙寺船是一种获得幕府保护的日本官方商船,纲司由寺院推荐、幕府任命,回国后向寺院缴纳一定数额的钱。日本赴元贸易商船所携带的商品,主要是黄金、刀、折扇、螺钿、硫磺、铜等,中国输入日本的商品主要为铜钱、香药、经卷、书籍、文房用品、禅寺用具、书画、茶、锦、丝、毛毡、瓷器、珍玩等。

第四,与南洋海上贸易活跃。包括中南半岛、马来半岛和马来群岛在内的南洋地区是中国传统经商之地,元代贸易较前代规模更大。

中南半岛诸国通过海上丝绸之路与中国保持着活跃的贸易关系。占城,因地处东西航线之要冲,成为元代对外交通颇为重要的中转港口,"中国商舟泛海往来外藩者,皆聚于此,以积新水,为南方第一码头"。[①] 中国海商载货到占城进行贸易者不绝于途。马来半岛小国林立,中国商船常载货至此贸易,交换当地生产的产品和从西方中转来此地的商品。也有中国海舶在此驻泊博易,之后继续西行,前往他地做生意。元代之前,福建与马来群岛的通商主要集中在爪哇以西的国家,元代扩大到整个群岛,与群岛上的各国都建立了良好的贸易关系,福建人、广东人移民于此也较多,并形成了中国人聚居地。

中国海商与南洋当地人民形成互惠共赢的商业关系,深受当地人民敬重,"尤敬爱唐人,醉也则扶之以归歇处"。[②] 中国商船运去的银、铁、水绫、丝布、瓷器、埕器等,深受当地人欢迎,当地人"每岁望唐舶贩其地。往往以五枚鸡雏出,必唐船一只来;二鸡雏出,必有二只,以此占之,如响斯应"。[③]由此可见,当地百姓对中国海商和中国商品有强烈渴望。

第五,与西亚海上交通更加繁荣。元代,中国与西亚海上交通在宋朝基

---

① 黎崱:《安南志略》卷一,《边境服役》,武尚清点校,北京:中华书局,2000 年,第 43 页。

② (元)汪大渊:《岛夷志略》,《诸蕃志(外十三种)》,上海:上海古籍出版社,1993 年,第 83 页。

③ (元)汪大渊:《岛夷志略》,《诸蕃志(外十三种)》,上海:上海古籍出版社,1993 年,第 87 页。

础上得到进一步发展，有了固定的航线。

畅通的海上航线，促使中国与西亚的贸易更加繁荣。中国商人结伴驾舟赴大食开展经贸活动，元朝官方文书曾记："泉州那里每海船里，蒙古男子、妇女人每做买卖的往回回回田地里。"①大食诸国人士也乘海舶到中国，其中有不少人选择定居中国多地。1256 年，作为蒙古四大汗国之一的伊利汗国建立，所辖领地包括今伊朗、伊拉克以及中亚部分地区，这进一步促进了民间海上贸易往来。从泉州扬帆出海的商舶源源不断地驶往伊利汗国，随船出发的商人在伊利汗国各地经商，有的因此定居于伊利汗国，成为当地华侨。

第六，与非洲有了海上直通航线。在元代，商船从中国泉州出发，先到达印度西海岸科泽科德等港口，之后越过印度洋，到阿拉伯半岛东南端的阿曼，再到半岛西南端的亚丁。相关历史资料显示，亚丁这个通向非洲的主要港口，正是在元代的文献《南海志》中才第一次载录下来，当时将其音译为"哑鞑"。从亚丁又有两条路通往广袤的非洲：一是经荷台达（在今也门）航行到红海西岸的埃扎卜，在这里登上非洲大陆；二是先沿阿拉伯半岛西部陆路到麦加，而后经吉达港越过红海到埃扎卜，如果要再往前行，就从埃扎卜下船，用骆驼载物，依靠骆驼穿越沙漠和岩山，到尼罗河的一些城镇，再顺尼罗河航行到开罗和亚历山大。亚历山大是地中海南岸大港，从这里海路可通向地中海沿岸各地，陆路又可沿海岸线通向的黎波里（今利比亚首都）、比塞大（在今突尼斯北部）、非斯和丹吉尔（均在今摩洛哥北部）。亚丁又是中国通向东非的中转站，海舶可以由此航行到摩加迪沙、桑给巴尔和基尔瓦等地，还可以到达马达加斯加岛。

伴随着直达航线的建立，中国与非洲的双边贸易进一步繁荣，北非的勿斯里、默伽腊（今摩洛哥），东非的马兰丹（今肯尼亚马林迪港）、那旺（今肯尼亚帕特岛）、马来忽（今马尔代夫）、三麻兰（今索马里）、马合答束（今索马里首都摩加迪沙）、阿思里（今埃塞俄比亚）、层摇罗（今坦桑尼亚桑给巴尔）、昆仑层期等国都与元朝都有直接的贸易往来。泉州的商船就直航层摇罗国，"每货贩于其地者，若有谷米与之交易，其利甚溥"。②

---

① （元）完颜纳丹：《通制条格》卷二十七，黄时鉴点校，杭州：浙江古籍出版社，1986年，第 285 页。

② （元）汪大渊：《岛夷志略》，《诸蕃志（外十三种）》，上海：上海古籍出版社，1993 年，第 100 页。

与非洲的海上商路是元政府与非洲各国一起合力拓建的。最初中国出口勿斯里国的货物有很大一部分要经印度洋运到亚丁湾,再转销至地中海沿岸的非洲港口。为进一步发展海上贸易,勿斯里着力争取与中国元朝建立直接的联系。1260年,忽必烈在开平府称"汗",建元"中统",上都成为新都城。1261年,勿斯里派出使者抵达上都。1282年,元政府派出使者阿耽出访勿斯里,就发展直接贸易进行了商谈。1288年,勿斯里向中国的海商颁发了航海执照,两国建立了直接的海上交通与贸易关系。

元时,中非之间的贸易具有一定的规模。中国从非洲输入象牙、犀角、香料、珍珠、血碣、刀剑、盔甲等。因此元诗《北庭宣元杰西番刀歌》中有这样的诗句:"唐人宝刀夸大食,于今利器称米息。"[1]中国输往非洲的商品是丝绸、瓷器、金属器皿以及铜钱等。埃及人称中国为秦尼(Sini),这个词作为普通名词有"瓷器"的意思,这是因为在元代瓷器无疑是中国向非洲出口的最主要商品之一。考古资料表明,在亚丁、爱扎卜、开罗、摩洛哥等非洲港城,都发现了大量中国元代瓷器的碎片。在开罗南郊的福斯塔特城遗址,发现了数百件元代青花瓷碎片,虽然不是完整的器物,但也十分宝贵。在北非和东非发现的青花瓷,具有独特的花样,这或许是中国制瓷业专门为这一带烧造的外销产品。

第七,与欧洲海上贸易进一步扩大。元代,中国人把西欧国家泛称为佛郎国,这一称呼来自阿拉伯人对西欧国家和人民的称呼Farang(源于法兰克译名)。东欧诸国则有斡罗思(俄罗斯)、孛烈兀(波兰)、马札儿(匈牙利)等译名。自元世祖登基后,西北诸王作乱,过去与欧洲的陆路交通受阻,海上交通得以兴起,形成了中国与欧洲的两条海上交通路线:第一条路线从中国出发,出红海到今埃及,再由埃及经地中海到欧洲;第二条路线自中国发船,先至波斯湾,取道今伊朗、叙利亚、巴勒斯坦,抵达欧洲。

中欧海上航线的开通,带动了中国与欧洲多国的经贸活动,形成了两个中转港口。一个中转港口是甘埋里,在今伊朗东南部,临霍尔木兹海峡,为当时欧亚海上交通贸易的重要中转港口,欧洲的商品在此装船东运,"所有木香、琥珀之类,地产自佛郎国来,商贩于西洋互易",中国商舶则运去"丁香、豆蔻、青缎、麝香、红色烧珠、苏杭色缎、苏木、青白花器、瓷瓶、铁条"等来

---

[1]　(清)张景星、姚培谦、王永祺:《元诗别裁集》,长春:吉林出版集团,2017年,第35页。

交换欧洲产品。此外,欧洲出产的良马"头小、尾轻、鹿身、吊肚,四蹄削铁,高七尺许,日夜可行千里",也从这里用船转运至中国,"每舶二三层,用板横栈……下以乳香压重,上载马数百匹"。① 元朝词人杨维桢曾作词《佛郎国进天马歌》,展现了当时从欧洲进口的骏马在中国深受欢迎的景象。另一个中欧贸易的中转港口是古里国,在今印度西南沿海的科泽科德一带,这里售卖的"珊瑚、真(珍)珠、乳香诸等货,皆由甘(埋)里、佛朗(郎)来也"。② 此外,元代时期,泉州港在中欧海上贸易中地位十分独特,欧洲商品多在这里卸货,然后销往中国各地。

元代频繁的中外交往和发达的海外贸易,大大加强了中国人民与世界各国人民的文化交流和友好往来,不仅让中国的物质文明和精神文明传向世界各地,为世界文明的进步做出自己的贡献,又使中国人在与世界各国人民的交往中,学习外国文明的长处。与贸易交往扩大、文化交流深入相伴相生的是中国人移民海外的又一个新高潮。

3.中国人移民海外进入长成期

元代,中国人移民海外较之前代规模扩大、人数增多,移民的国家也进一步增加。这既与元代的拓疆扩土有关,又与元代扩大海外贸易、海上丝绸之路进入发展昌盛期密切相关,也与忽必烈所发动的多场对外战争有关。中国人移民海外的人数激增,陈里特在《中国海外移民史》中曾称"元代移民之盛,实为有史以来所未有",在元代中国海外移民进入"长成时期"。③

具体而言,元代中国海外移民"长成时期"主要有以下原因和表现:

第一,移民中亚、西亚与欧洲者大幅增加。在元代,中国海外移民的分布区域不断扩大,这与元朝的西征有关:

> 元代版图,跨于欧亚,其在大陆方面,征骑所至,兵民留居西亚、东北欧以及中欧等地者,为数至众。其时西亚、东北欧及中欧既为元室所并,收为版图,人民往还,如足履国土。元亡以后,西亚、东北欧及中欧国家,相继脱离羁绊而独立,凡留居各该地之中国人民,自成为国外移民矣。至今在莫斯科尚留存有城墙上雉堞枪眼,及中国式之建筑。芬

---

① (元)汪大渊:《岛夷志略》,《诸蕃志(外十三种)》,上海:上海古籍出版社,1993年,第100页。

② (元)汪大渊:《岛夷志略》,《诸蕃志(外十三种)》,上海:上海古籍出版社,1993年,第97页。

③ 陈里特:《中国海外移民史》,太原:山西人民出版社,2014年,第12～13页。

兰人民,谓来自东方。匈牙利到今尚留有宗祠之形式,并以其民族则匈奴民族,虽未必由元代版图跨于欧亚移民有以致之,但以元代随武力发展而移民于各该地,不无影响。[①]

元朝的西征导致了欧亚民族的大规模迁徙和流动,在客观上为中国人大量移民奠定了基础。元朝西征队伍中包括大批蒙古人、突厥人、唐兀人、契丹人和汉人在内的中国人。这些西征的中国军人随着战争的不断推进,跟着部队到中亚、西亚和欧洲。特别是元朝建立了钦察汗国、察合台汗国、窝阔台汗国、伊利汗国,这四大汗国统治的疆域包括今天的伊朗、伊拉克、阿塞拜疆、格鲁吉亚、亚美尼亚、土库曼斯坦、阿富汗、约旦、哈萨克斯坦、乌兹别克斯坦、吉尔吉斯斯坦、塔吉克斯坦、俄罗斯、乌克兰、土耳其等国部分区域,以及我国新疆地区。

在元军西征中,部分军人因伤残等原因留在了当地。为了镇守、建设占领的地区,又有部分中国人留置、移民到中亚、西亚和欧洲。伊利汗国建立后,大批中国人移居到西亚地区,并在当地各领域建设中发挥了重要作用。有位中国将军曾担任报达(今伊拉克巴格达)第一任总督,来自中国的工程师也曾受雇来改善底格里斯河和幼发拉底河流域的灌溉工程。当时中国移民主要居住在大不里士城(今伊朗东阿塞拜疆),而此地也成了蒙古领土新首都的核心区。[②]

元代不少中国人移民至今天的伊朗辖区,并为当地的建设做出了贡献。随元军西征的傅岩卿,以他为首的一批中国天文学工作者,与阿拉伯、波斯和希伯来的天文历算学者一起,在大不里士城附近的马拉格城西山冈上创建了一座天文台。[③] 在整个 13 世纪下半叶,马拉格是西亚和地中海伊斯兰世界唯一设备周全、实力雄厚的科学研究基地,这里不但有天文观测站,还有藏书 40 万卷的图书馆,这是当时世界上最好的科学研究中心之一。傅岩卿曾任元朝侍郎、著作郎,后升任秘书少监。元亡后,许多原来生活、工作、戍守在中亚、西亚和欧洲的兵民,留在当地,成为当地华侨。

第二,移民南洋的人数激增。元代,中国移民南洋的人数大大增多,主

---

① 陈里特:《中国海外移民史》,太原:山西人民出版社,2014 年,第 12 页。

② 卡特:《中国印刷术的发明和它的西传》,吴泽炎译,北京:商务印书馆,1957 年,第 146 页。

③ 中华文化通志编委会:《中国与西亚非洲文化交流志》,上海:上海人民出版社,2010 年,第 127 页。

要以三类人最多：一是政治流亡移民；二是因军事征讨失败而远走他乡的移民；三是因经商而定居他国的移民。

宋末元初，中国因政治避难而移民他国者增多，形成了元代第一次移民高潮。陈里特在《中国海外移民史》中记载："南宋末叶，宋室遗臣，不忘故国，潜往海外避居，或图东山再起，恢复宋室山河，更为移民发达主因之一。"①南宋末年宰相陈宜中，浙江温州人，他随宋末行朝撤往广东，宋军在井澳（十字门）一带与元军大战中损失过半。战后，陈宜中去占城借兵，张世杰、陆秀夫则带领宋末行朝前往崖山，宋军在崖山海战覆灭。到了占城的陈宜中，希望可以向占城借兵抗元。后来元朝占领占城，陈宜中败走至暹罗并于当地终老，据说他是泰国最早的温州籍华侨。南宋民族英雄、末代左丞相陆秀夫崖山兵败，在南宋灭国之际背着少帝赵昺投海自尽。

移民海外的南宋末年名臣，除陈宜中外，还有吏部尚书陈仲微及其婿、参知政事曾渊子、陈仲微之子陈丁孙、黄炳等人。总之，元初流亡南洋的南宋高官并不在少数。正如南宋末年画家郑思肖所言："诸文武臣流寓海外，或仕占城，或婿交趾，或别流远国。"②而跟着这些重臣一起流亡各地的随从人员则更多。这些华侨移民整体素质较高，视野宽，组织活动能力强，这对南洋华侨社会的形成产生了一定的推动作用。

元初，还有一些南宋遗民出海离开中国，前往日本、朝鲜半岛和南洋。其中，影响最大的莫过于渡海至南洋的陆自立所率领的队伍。陆自立是陆秀夫的幼子，他和其他南宋遗民乘船外逃至南洋爪哇，陆自立被推举为首领，准备等待时机反攻元军。可惜的是，因实力有限，他们再也没有机会恢复大宋。陆自立和南宋遗民到爪哇岛时，正遇到爪哇岛内乱，他们趁机占领了爪哇北部沿海的顺塔，并在这里建立顺塔国，控制的土地多达方圆三百里，陆自立被推为顺塔王。随陆自立一起落户爪哇岛的南宋遗民，成为当地的华侨。这批华侨在爪哇岛上兴修水利、建立城镇，把中国先进的生产、生活技术带到爪哇岛，帮助当地人提高生产能力和生活水平，为当地发展做出巨大贡献。根据《明史》的记载，顺塔国不但不贫穷，反而通过发展对外贸易

① 陈里特：《中国海外移民史》，太原：山西人民出版社，2014年，第8页。
② （宋）郑思肖：《心史》，转引自陈碧笙：《南洋华侨史》，南昌：江西人民出版社，1989年，第38页。

非常富裕,"中华及诸番商舶,辐辏其地,宝货填溢"。① 顺塔国因此成为国际贸易的聚集地。朱元璋重建汉人王朝后,顺塔国的国王立刻表达了要和大明王朝修好的意愿,并且派遣使者带着贡品同郑和一同返回中国,朝见大明皇帝。

元代赴南洋的移民增加,还与元朝征讨爪哇、占城、安南等地有关,不少官兵和伤员在当地留置后成为华侨,由此形成了元代第二次移民高潮。1292 年春,元朝派一代名将、福建等处行中书省平章政事史弼与副帅亦黑迷失、高兴等一道,率领由福建、湖广、江西等兵员所组成的大军,征讨爪哇新柯沙里王朝。同年十二月,两万雄兵乘千艘战舰,自泉州出征。远征军沿着海岸线往西南方向航行,经七洲洋后往南,到万里石塘(今西沙群岛)后继续向南,经过今属越南的交趾、占城、东董山、西董山、混沌洋、橄榄屿,到牛崎屿(今马来西亚关丹市东南)、假里马答(今印尼西加里曼丹坤甸市西南卡里马塔岛),次年正月抵达交栏山(今印尼加里曼丹岛西南的格兰岛)。元军抵达"岭高而树林茂密"的交栏山时,突遇狂风巨浪,"(元军)病卒百余,留养不归,后益蕃衍,故其地多华人"。②

随后,这支部队又从交栏山散布到西加里曼丹和其他一些地区,1293年,在勿里(今印尼勿里洋)已有中国人居住的村落。③ 史弼率大军在交栏山修好战船后,继续向爪哇进发。当时爪哇与邻国葛郎国(在今印尼东爪哇省谏义里)关系紧张,葛郎国突袭爪哇国。元朝大军抵达时,爪哇国实际已经灭亡,只剩下国王的女婿土罕必阇耶,他带领残余人马躲在山林里苟延残喘。由于距离遥远,消息不通,元军抵达当地后,语言交流存在很大障碍,对这一切情况惘然无知。土罕必阇耶抢先拜见元朝远征军主帅史弼,声称愿与元军组盟,帮助元军剿灭敌人。双方一拍即合,元军向葛郎国发起猛攻,很快打垮葛郎国。见葛郎国已被元军打败,土罕必阇耶趁机向元军发起猛攻,元军猝不及防,伤亡多达三千余人,被迫连夜乘船狼狈撤退。在与葛郎国和土罕必阇耶作战中,又有一批元军远征将士因受伤、掉队等原因留在了

---

① (清)张廷玉:《明史》卷三二四,《外国传》,《二十五史》第十册,上海:上海古籍出版社、上海书店,1986 年,第 8697 页。

② (清)张廷玉:《明史》卷三二三,《外国传》,《二十五史》第十册,上海:上海古籍出版社、上海书店,1986 年,第 8694 页。

③ 甫榕·沙勒:《在荷兰东印度公司以前居住印度尼西亚的中国人》,廖崐殿译,《南洋问题资料译丛》1957 年第 2 期,第 85 页。

异国。印尼学者普拉姆迪亚·阿南达·杜尔(Pramoedya Ananta Toer)在经过长期研究后认为,元军中还有一些汉族官兵主动选择留在他乡,"由于中国那时受异族皇帝所统治,(汉族官兵)因而感觉深受压迫,很多想从他们的祖国逃跑出来。因此我推测在远征军里很多中国士兵不愿再回自己的乡土"。① 因远征爪哇而流散当地的元军官兵"与番人丛杂而居之"②,和当地妇女通婚而繁衍的后裔数量不少,成为当地重要的华侨群体之一。

元代,中国与中南半岛各国商贸往来十分频繁,许多中国商人、水手因商业关系在真腊定居下来,与当地妇女通婚,在当地从事商业活动。元代周达观曾在真腊居住了一年,他在《真腊风土记》中多次提到当地有"唐人"或"新唐人",他们娶当地妇女为妻,"国人贸易皆妇人能之,所以唐人到彼,必先纳一妇人者,兼亦利其能买卖故也"。③ 从周达观的《真腊风土记》中可以了解到,当时移民真腊的华侨数量并不少,除定居于此的商人外,还有商人与当地妇女通婚所生的后代。坐落于中南半岛西边的缅甸,有个名为"乌爹"的城市,它是中国与缅甸贸易的重要港口。该港口生意多,为便于经商,当时中国不少海商滞留缅甸不归,其中定居于乌爹的甚多。元代航海家汪大渊在《岛夷志略》中记载乌爹的中国商人,"故贩基地者,十去九不还也"。④ 越来越多中国人居于此,"设之兴行礼让,教以诗(书礼乐),则与中国之风无间然矣,孰谓蛮貊之邦而不可行者?"⑤

元代,中国与马来群岛的贸易往来也更加频繁,通商国家遍及整个群岛。因为海上交通便利,从元代开始,闽粤两地中的不少人移居苏门答腊,正是因此三佛齐的旧都巴邻旁在元末成了闽粤两地人聚居之地,后易名为"旧港"。⑥

---

① 普拉姆迪亚·阿南达·杜尔:《印度尼西亚的华人》,雅加达:明星出版社,1960年,第119~120页。

② (元)汪大渊:《岛夷志略》,《诸蕃志(外十三种)》,上海:上海古籍出版社,1993年,第90页。

③ (元)周达观:《真腊风土记》,《诸蕃志(外十三种)》,上海:上海古籍出版社,1993年,第64页。

④ (元)汪大渊:《岛夷志略》,《诸蕃志(外十三种)》,上海:上海古籍出版社,1993年,第101页。

⑤ (元)汪大渊:《岛夷志略》,《诸蕃志(外十三种)》,上海:上海古籍出版社,1993年,第101页。

⑥ (明)马欢:《瀛涯胜览校注》,冯承钧校注,北京:华文出版社,2019年,第15~16页。

第三,移民日本、高丽的人数增加。元代,中国移民东北亚的人数有所增加,其中因政治原因移民的人数相对较多,移民日本的中国人中不少为征日遗下的伤兵与被俘者。

元朝开国皇帝忽必烈对日本先礼后兵,曾遣使赴日,要求日本归顺元朝。日本执政的镰仓幕府强硬回绝了忽必烈的要求,忽必烈决定征日。1274 年,忽必烈在尚未完成统一全国大业的情况下,就命令在高丽的屯田军、女真军和水军一万五千余人,乘大小战船九百余艘,渡海征日。由于补给不足等原因,这支远征军最后撤军,但这是中国军队首次成建制地攻入日本本土。1281 年,元军又对日本发动更大规模的进攻。他们兵分两路:一路由忻都率领四万余人从高丽渡海,经对马岛进攻日本;另一路由阿塔海、范文虎、李庭率领新附军十万余人,乘船数千艘从宁波、定海出发,向日本发起进攻。由于遭遇台风等恶劣天气的影响,元军最终铩羽而归。两年后,倔强的忽必烈再次以阿塔海为征东行中书省丞相,发兵两万余人征日本,并责令江南行省大造海船,还在各地强征水手。不过由于此时元朝国内起义频发,在安南等地的作战又不顺利,第三次渡海征日被迫停止。

忽必烈第二次征日,在日本留下了不少元兵。当年七月间,元军抵达日本平壶岛(今佐世保西平户岛),战船驻泊在长崎。八月初,台风肆虐,海上巨浪滔天。连在一起的战船来不及拆开,互相撞击,一半以上被撞坏沉没,数以万计的官兵落海惨死。台风过后,元军将领分别带着自己的亲兵和随从,分乘几艘没撞坏的船只跑回中土。十几万大军被遗弃在海外,群龙无首,饥寒交迫。他们只得自己组织起来,推举张百户作总管,修整船只,伐木作舟,准备返回。正在此时,日军乘机杀来,将这支被遗弃的大军一举击溃,斩首无数,剩下的二三万人成为俘虏,被日军押至八角岛,元军被杀不少,未杀者称为唐人,今天日本部分部落民众的祖先就是当年元军的后人。

元代还出现了中国人移居高丽的高潮。据估计,13 至 14 世纪有数以万计、十万计的中国人民移居高丽。[①] 移居高丽的中国人主要有以下七类人:

一是从 13 世纪后半叶开始,元朝推行了将部分罪犯流放高丽的政策。《高丽史》对此曾做过统计,自 1275 年至 1340 年的 65 年间,元朝先后 11 次把各种罪犯流放到高丽各地,其中知道具体人数的有 7 次,共 300 多人。这

---

① 朴真奭:《中朝经济文化交流史研究》,沈阳:辽宁人民出版社,1984 年,第 72 页。

些罪犯中有一部分是元朝王室贵族和王公大臣,他们大多因谋反罪被流放到高丽。

二是元末社会战乱不断,一些民众为躲避战乱移居高丽。仅 1359 年 11 月,就有辽沈军民 2300 户移往高丽。1361 年,高丽恭愍王言及移至高丽的元民,"近因兵荒,民不聊生,又辽沈流民归化者众"。① 我们还可以从明初朱元璋多次派人赴高丽要求归还中国移民,看出元代中国人移民高丽之多:1386 年底,明王朝派遣使节到高丽,要求归还元末移居高丽的四万多户沈阳军民。②

三是元末明初大动乱时期,各地出现了封建割据势力,其中一部分人为此逃到高丽居住。1368 年,元朝在中原的统治被推翻后,元朝皇室退居漠北,建立大元王朝,亦称"北元",形成了与明朝对峙的游牧政权。据《高丽史》记载,1378 年,当时在辽沈地区割据的高家奴集团,以四万余兵来投江界(今朝鲜江界市),归化高丽。在东南沿海地区有些人与高丽结成密切联系,"畏罪逮逃……潜居(高丽)王国"者"凡百余人"。③ 另外,元末居于中国东北部的女真族中也有不少人迁入了高丽境内。

四是高丽当局趁元末势衰,劫掳中国民众,当时被掳到高丽的中国居民甚众。1356 年 8 月,仅平壤都巡问使就抢了中国男女二十余人,分置到杨广道。又如,1336 年 4 月,高丽东北面兵马使掳中国女性 20 人,分到各司当婢女。

五是移民高丽的还有中国的商人、文人、武士和技术专才。长年奔走于中国和高丽的元代商人李元,不但带去大量高丽急需的中国货,还将中国火药的制作方法传播到高丽。特别是元末战乱使得中国一些读书人移民高丽,这些儒士在此重拾学术理想,研习诗文学术,延揽生徒,传授学业。高丽王朝后期的诗人李穑曾有诗为证:

> 嚣嚣庄岳辟鳣堂,善诱青衿纳义方。策世只应深得体,铸人能使斐成章。敏公经学无余蕴,和靖诗名独擅场。知有君家潜德在,他年谁为发幽光?④

---

① 朴真奭:《中朝经济文化交流史研究》,沈阳:辽宁人民出版社,1984 年,第 71 页。
② 朴真奭:《中朝经济文化交流史研究》,沈阳:辽宁人民出版社,1984 年,第 71 页。
③ 朴真奭:《中朝经济文化交流史研究》,沈阳:辽宁人民出版社,1984 年,第 71 页。
④ 李穑:《牧隐诗稿》,转引自张建松:《元明之际高丽境内中国移民考察》,《中州学刊》2014 年第 6 期,第 140 页。

六是一些在元政府设于高丽机构里任职的官员选择定居高丽。元朝为了加强对高丽的控制,多次在高丽设置各种机构,派遣官员监视高丽政府。征讨日本时,元政府还在高丽设征东行省,派来更多官员。在高丽的这些中国官员,长期居住在高丽,有的甚至终生不归。

七是包括忽必烈之女在内的多名皇室之女先后嫁给高丽国王,每次出嫁都有一大批人陪同定居于高丽。自忽必烈时期齐国大长公主忽都鲁坚迷失下嫁高丽忠烈王王昛开始,为时近百年的元朝与高丽王室联姻拉开序幕,每次公主嫁于高丽,都有一批文武人才陪之到高丽,不少人从此定居于此。根据曲阜孔子博物院孔府文物档案馆收藏的《居住朝鲜孔氏族人世系草稿》记载,孔子五十四孙孔绍,在 1349 年以翰林学士的身份陪鲁国长公主宝塔失里下嫁于高丽恭愍王王祺(王颛)。

元代还有部分中国人因经商移往琉球国居住。根据明朝诗人钱仲益在《锦树集》中的记录,江西饶州鄱阳人程氏曾"跨海理商舶……遂作流求客"[①],这里的"流求"指的就是当时的琉球国。

4.元代华侨的作用与地位

元代中国海外移民,无论何种原因移民海外,都展示了华侨最本质的精神特质:对祖籍国忠诚,对侨居国尽责,他们为发端于中国的海上丝绸之路的建设和海丝文化的发展做出重要贡献。元代华侨的作用和地位可以归纳为以下五个方面:

第一,中国海外移民联手海内外客商,延伸并拓宽海上丝绸之路。元代,侨居世界多地的中国海商作为重要的"桥梁"之一,一端连着侨居国、海外其他国家及当地海商,一端连着中国及中国海商,联手延伸并拓宽海上丝绸之路。元代之前,中国与勿斯里只有间接贸易,双方政府曾多次就发展直接贸易进行商谈,侨居也门、印度、马来半岛的中国客商也与勿斯里的客商一起积极努力推动贸易。1288 年,勿斯里向侨居也门、印度、马来半岛的中国客商和直接来自中国的海商颁发航海执照,两国建立了海上交通与贸易关系。

第二,中国海外移民联手海内外客商,持续扩大中国海外通商版图。元代,中国海外移民与当地人一起牧海营商,不断拓展中国海外通商版图。在

---

① (明)钱仲益:《锦树集》,转引自张建松:《元明之际高丽境内中国移民考察》,《中州学刊》2014 年第 6 期,第 137 页。

侨居世界各地中国移民的同心协力下,伴随着海上丝绸之路的延伸,中国与世界通商区域进一步扩大,互惠互利,合作共赢。元代知院周致中在《异域志》中,记录了元代中国与世界二百多个国家和地区建立了商贸关系。

第三,中国海外移民作为侨居国经济建设的主要力量之一,促进了侨居国科技和经济的发展。这主要表现在以下两个方面:一是元朝中国先进的科学技术随着华侨传到侨居国,如不少随元军征讨爪哇的官兵留居当地,将中国火枪和火药制作技术、造船技术传到爪哇,后来印尼历史上的麻喏巴歇王朝(满者伯夷国)就是因此有了火枪、火药和先进的海船,完成了统一大业,建立起空前的大帝国。二是中国工程技术人员在侨居国研究新技术并取得成果。在今伊拉克首都巴格达,元时居于此地的中国水利建设技术人员,不断建设底格里斯河和幼发拉底河流域的灌溉工程,造福殊多。今伊朗大不里士城,元时是中国移民的聚居之地,他们与当地人一起奋斗,使大不里士发展成为繁华之都和科技之城。当时侨居此地的傅岩卿曾带着一批来自中国的天文学工作者,与来自阿拉伯、波斯和希伯来的天文历算学者一起,在大不里士附近的马拉格城西山冈上创办了天文台,并使之成为当时世界一流的科研中心。

第四,中国海外移民促进了侨居国文化和教育事业的发展。元代,中国移民作为文教事业的一支力量,为侨居国文化和教育事业的发展做出贡献。孔子第五十四代孙孔绍,本是翰林学士,移民高丽水原,建阙里庙,供奉孔子,讲授儒学,开高丽民间祀孔之风。又如,元末江南儒士林杰移居高丽,以设馆课徒为生,教育有方,留名高丽。

第五,中国移民加强了侨居国的军事实力,他们中的不少人为保卫侨居国发挥重要作用。元代,中国移民罗世、边安烈成为高丽一代名将。罗世曾任高丽全罗道上元帅兼都安抚使,边安烈任都指挥使兼助战元帅,两人领兵抗击倭寇,连连告捷,为保卫高丽屡次建功。如1380年,罗世在高丽镇浦率水军击沉五百艘倭寇船。中国移民偰长寿,有高丽"中兴九功臣"之一的盛名,他也曾向高丽政府献出抵御倭寇入侵之计,他的建议被历史证明都是正确的,只可惜当时高丽政府并没有采纳其建议。除领兵将军外,还有一批中国移民及移民后人,挥戈上阵,浴血保卫侨居国,为守卫侨居国贡献了自己的力量甚至宝贵的生命。

第二节　明清时期海上丝绸之路与海外华侨社会的形成

一、海上丝绸之路的持续与海外移民的高峰

明朝(1368—1644 年)是中国历史上又一个君主专制中央集权的大一统王朝。1368 年,明太祖朱元璋建立大明,初期建都南京,1421 年正式迁都北京,南京为陪都,明朝传十六帝,共计 276 年。1644 年明朝灭亡之后,明朝宗室在南方建立了多个政权,史称南明。

明代海上丝绸之路的发展经历过四个时期:一是海禁政策下的发展阻碍期;二是国家拓建海上丝绸之路期,即郑和七下西洋与朝贡贸易鼎盛期;三是冲破海禁樊篱期;四是隆庆开禁促成民间海上对外贸易快速成长期。随着海上丝绸之路的发展,大型海商集团出现,移民海外的不仅仅只有海商及其家人,还有大量农民、手工业者、文人、医生、僧人、官员、军人,并形成了海外华侨社区。华侨社区的发展,催生了华侨领袖,而华侨的团结、奋斗和中国新移民的加入,促使华侨社会初步形成并进一步扩大。

(一)海上丝绸之路在波折中持续发展

明代,海上丝绸之路呈现了螺旋式上升、曲折式发展的特性。之所以能得到持续发展,从外部原因看,这一时期,外国急切希望扩大与中国的贸易,这也使中国传统的手工业品获得了广阔的海外市场;从内部原因看,当时中国社会内部对发展海外贸易的要求越来越普遍、越来越强烈。同时,随着持续两个世纪的海禁政策宣告失败,大型海商集团对海禁政策的武力反抗,社会上更多有识之士意识到开放海禁、发展海上对外贸易于国于民皆有利,朝廷也认识到再严厉的海禁政策也难以阻挡住海上对外贸易,最终于 1567 年开放海禁,从而进一步促使海上丝绸之路持续发展。

1.海禁政策下的海上丝绸之路发展阻碍期

海禁政策指的是明政府禁止私人进行海上对外贸易活动的政策。朱元璋建立明朝后,采行严厉的海禁政策,"明祖定制,片板不许入海"[①],既不准

---

① 　(清)张廷玉:《明史》卷二〇五,《朱纨等传》,《二十五史》第十册,上海:上海古籍出版社、上海书店,1986 年,第 8348 页。

外国商人来中国经商,也不允许中国海商扬帆出海贸易,只允许一定数量朝贡贸易活动的存在,并将之作为不可更改的"祖训"、"祖制",要求后代也必须恪守海禁政策。明朝海禁政策严重阻碍了海上丝绸之路的发展。

自 1368 年起至 1402 年止,明初实行严厉的海禁政策。海禁政策的形成,从本质上说是极端封建专制主义在对外经济活动中的体现。明初海禁政策形成的具体原因是多方面的:

第一,从社会经济结构上看,商品经济水平低下。明初商税年收入约二十万两,只相当于北宋时的 1%。在封建自然经济基础上,海禁政策还有执行的空间。

第二,从国家安全上看,明朝建立后,当时有三股海上势力威胁国家安全。这其中既有被朱元璋击溃的张士诚、方国珍余部侵扰,又有日本倭寇作乱,还有元朝残余势力的威胁。朱元璋想以海禁之策来消除这三种来自海上的威胁,"朕以海道可通外邦,故尝禁其往来"。[①]

第三,从思想文化上看,明朝执政者重本抑末思想和小农意识浓厚。明代海禁政策出台的背景,与明代开国皇帝朱元璋根深蒂固的重本抑末思想和小农意识密不可分。在他看来,国家根本不需要民间出海贸易,只要保持一部分朝贡贸易,能彰显一下天朝上国和万邦来朝的国威即可。海禁政策正是朱元璋小农意识在经济领域的表现。

第四,从国家财政收入看,明初实行大规模的军屯制度,由于国家地盘广大,农业税颇丰,不需要海上对外贸易收入来弥补军费。

由于上述这四大原因,朱元璋从登基不久到即将谢幕,其不断重申海禁,并采取了一系列军事、法律和经济上的配套措施。

虽然朱元璋开明代严禁民间海上对外贸易的先河,但海上丝绸之路对中外经济发展和友好睦邻关系缔造的示范效益,使海上丝绸之路依旧艰难地发展,这主要表现在以下方面:

第一,朝贡贸易在一定程度上刺激了海上商路的发展。明代建国之初,明太祖朱元璋便着力建立和发展与近邻及传统海上对外贸易国家的关系。自 1368 年起,明廷每年都派使臣出使海外诸国,外国使节也不断来中国朝

---

① 《明实录·明太祖实录》卷七十,台北"中央研究院"历史语言研究所校勘,上海:上海书店,1983 年。

贡,据《明史》所载:"洪武初,诸蕃贡使不绝。"①

贡使来华,除带贡品进奉朝廷外,还附带了大量私物。对于贡品,皇帝赏赐数倍或数十倍的物品;对于私物,明廷或是给价收买,或是许其自行交易,由于民初海禁,这些贡使携来的私物卖价甚高,获利极丰。朝贡贸易使前来朝贡的国家和贡使都能获得厚利,于是各国便借朝贡之机,与明王朝进行大获益处的朝贡贸易。

朝贡贸易在洪武年间(1368—1398 年)的前半期得到较快发展。朱元璋曾在给暹罗的敕谕中言:"朕自即位以来,命使出疆,周于四维,足履其境者三十六,声闻于耳者三十一,风俗殊异。大国十有八,小国百四十九。"②在 1380 年后,伴随着朝贡国减少,朝贡贸易量也大为减少。洪武末年便出现使臣"商旅阻遏,诸国之意不通,唯安南、占城、真腊、暹罗、大琉球朝贡如故"。③朝贡贸易的萧条,也使中国与国外一些传统友好国家的关系倒退了许多。

从经济上看,朝贡贸易虽是亏本买卖,但在客观上让世界了解中国、了解中国商品的物美价廉,又因为当时朝贡贸易按照规定只能在京师会馆和沿海的市舶司举行,同时明政府规定的贡道也多是传统的海上对外贸易基地,这也让中国海商进一步了解了海外市场的需求和海外物产,为民间海上对外贸易进一步发展打下了基础。

从政治上看,朝贡贸易密切了中国与邻国、传统贸易国的关系,进一步提高了中国在世界的影响力。当周边各国相互间发生战争时,明廷多次派使调停,使之友好相处。再如,朱元璋还以"祖训"形式,将朝鲜国、日本国、琉球国、安南国、真腊国、暹罗国、占城国、苏门答剌国(今苏门答腊岛八昔)、西洋国(今科罗曼德尔海岸)、爪哇国、溢亨国(在今马来半岛)、白花国(今苏门答腊岛西北部)、三佛齐国(今苏门答腊岛巨港)、渤泥国等重要朝贡国列为"不征之国"。这种政策显然有利于中国和亚洲各国友好关系的发展,为民间海上贸易商道的开辟和维系打下了基础。

---

① (清)张廷玉:《明史》卷三二四,《外国传》,《二十五史》第十册,上海:上海古籍出版社、上海书店,1986 年,第 8698 页。

② (清)张廷玉:《明史》卷三二四,《外国传》,《二十五史》第十册,上海:上海古籍出版社、上海书店,1986 年,第 8696 页。

③ (清)张廷玉:《明史》卷三二四,《外国传》,《二十五史》第十册,上海:上海古籍出版社、上海书店,1986 年,第 8698 页。

第二,民间海上对外贸易在暗中进行。明政府虽强力实行海禁,但民间海上对外贸易仍在暗中进行,从未停止。拥有海商传统的闽南沿海地区,在洪武初年的海禁政策之下,闽南商民将宋元时期的大规模结伴耕海世界化为走私活动,甚至政府军政官员也参与走私番香番货。福建兴化卫指挥李兴、李春私自遣人出海经商,遭到惩处,1371 年,朱元璋曾以此训诫高级军政长官。之后,有关福建沿海居民"私载海船,交通外国"或"通番为寇"之类的记载屡见不鲜。《明实录》记载:1390 年,朝廷再诏户部申严交通外番之禁曰:"中国金银、铜钱、段匹、兵器,自前代以来,不许出番。今两广、浙江、福建愚民无知,往往交通外番,私易货物。"①同书又载:1394 年,"沿海之人,往往私下诸番,贸易香货"。②

1398 年,朱元璋病逝,因皇太子朱标早在 1392 年就已病逝,皇太孙朱允炆继位,年号"建文"。他登基后忠实地执行海禁政策,甚至有过之而无不及,对外贸易政策更加保守。而民间海上贸易始终禁而不绝,沿海地区仍有不少人冒险驾船载货博易海外多国。

2.国家力量拓建海上丝绸之路期

明朝永乐、洪熙、宣德年间,明政府通过各种重要举措和巨资的投入,艰难地推进海上丝绸之路建设,其中重要举措之一即是郑和七次奉国家之命,率领庞大的船队出使亚洲、非洲,密切了中国与世界上更多国家的友谊,促使中国与一百五十多个国家和地区建立了直接的商贸往来,海上丝绸之路由此进一步延伸与拓宽,成为海上丝绸之路建设的一个关键时期。

明成祖登基后采取了一系列强有力的举措,推动海上丝绸之路的建设,虽有个人原因,但更多的还是站在国家长治久安和进一步发展的高度,不惜倾以巨资推进海上丝路建设,其主要原因有以下五点:

第一,与外国关系倒退,"到洪武末年,多数海外国家已久不来贡,与明廷十分疏远了"。③

第二,社会经济有了较大发展。永乐年间,国家积聚了大量财富,"宇内

---

① 《明太祖实录》卷二〇五,转引自方豪:《中西交通史》,上海:上海人民出版社,2015 年,第 511 页。

② 《明太祖实录》卷二三一,转引自方豪:《中西交通史》,上海:上海人民出版社,2015 年,第 511～513 页。

③ 冯天瑜等:《中华开放史》,武汉:湖北人民出版社,1996 年,第 375 页。

富庶,赋入盈羡,米粟自输京师数百万石外,府县仓廪蓄积甚丰,至红腐不可食"①,国力大为增强,具备经营海外事业的实力。

第三,为了发展海上对外贸易的需要。明廷希望从中赚取利润,达到国用羡裕的目的,即"耀兵异域,示中国富强"。②

第四,明成祖的雄心壮志。一方面,他希望通过营造"太宗文皇帝,德泽洋溢乎天下,施及蛮夷,舟车所至,人力所通,莫不尊亲,执圭捧帛而来朝,梯山航海而进贡"③,树立自己代天行命的天子形象,以助拢聚民心;另一方面,明成祖希望通过又一次的"张骞凿空",再造强汉盛唐之景,实现"帝王居中,抚驭万国"的雄心。

第五,为了国家安全的需要。明成祖时期,蒙古势力的威胁仍在,帖木儿帝国(1370—1507 年)具有进犯华夏的野心与一定的军事实力。1404 年11 月,帖木儿帝国的创建者帖木儿率 20 万军队东征中国,次年 2 月帖木儿病逝在东征路上,一场东西方帝国之间的碰撞最终因此避免。明成祖始终警惕这个庞大帝国的侵犯,发展同世界上更多国家的关系,也是旨在牵制帖木儿帝国。以郑和七下西洋为例,郑和七下西洋的前三次,都是以印度南端为终点,这是因为帖木儿帝国一度攻占了印度北部,郑和到印度南部很可能就是为了牵制帖木儿帝国。而且郑和下西洋本是为了友好睦邻,但率领了近三万名军士航行世界,更进一步说明此举出于牵制帖木儿帝国的战略思考。

明成祖登基伊始,就着手动员和集中国家力量,推进海上丝路建设,其具体表现在以下八大方面:

第一,遣使海外,广招朝贡。明成祖的外交政策核心是"锐意通四夷,广招海外国家前来朝贡"。④ 明成祖即位后,立即放出诏谕,欢迎各国前来朝贡,诏示天下来者不拒。同时,派出大量使节赴亚非诸国沟通关系,广招他

①　(清)张廷玉:《明史》卷七十八,《食货志》,《二十五史》第十册,上海:上海古籍出版社、上海书店,1986 年,第 7982 页。

②　(清)张廷玉:《明史》卷三〇四,《宦官传》,《二十五史》第十册,上海:上海古籍出版社、上海书店,1986 年,第 8621 页。

③　(明)费信:《星槎胜览校注》,冯承钧校注,北京:华文出版社,2019 年,第 8 页。

④　李云泉:《朝贡制度史论:中国古代对外关系体制研究》,北京:新华出版社,2004年,第 64 页。

国使者进行朝贡贸易。①

郑和下西洋的随员巩珍在《西洋番国志》中对此有记载:"永乐之初,敕遣中外重臣,循西海诸国昭示恩威。扩往圣之鸿规。"②据《明史》记载:明永乐年间,随着明廷不断遣使通好,来华朝贡的国家多达一百五十多个,中国式"宗主国—附庸国"体系在地理范围上达到最大程度。朝贡贸易对于推动明朝民间海上贸易发展的贡献不可估量。

第二,复建市舶司,设立外国贡使驿馆。明初朝贡贸易时,贡使携带的私物在市舶司交易。1375年秋,朱元璋将设在宁波、泉州、广州的三个全国仅有的市舶司统统裁掉,中外商品交易的唯一官方渠道被彻底堵死,这成为朝贡贸易日渐稀落的原因之一。

明成祖即位后,立即在宁波、泉州、广州重设市舶司,外国贡使随之快速增加。1405年,明成祖下令在各个市舶司所在地设立驿馆,专门接待外国贡使及其随行人员。明成祖放宽了洪武年间对来华朝贡的国家在贡期、贡品、入贡使团人数等方面的限制。

也是在明成祖执政时期,明朝政府还设立了会同馆,用于接待外宾。会同馆下设有朝鲜、日本、安南、暹罗、鞑靼、满刺加、畏兀儿、琉球等八馆。明朝政府还要求馆内工作人员熟悉外语,以利于在外事接待时相互交谈。

明成祖重设市舶司、开建驿馆、放宽对朝贡国家的各种限制,皆是以国家力量推进海上丝绸之路建设、发展与海外交往的重要举措。

第三,创办翻译学校——四夷馆。1407年,明成祖下令在京师创办四夷馆,隶属翰林院。明代称翻译为通事,四夷馆的主要职能是为国家培养和储备通事人才,为海外国家培养汉语人才,这是明代创建的第一所翻译学校。

四夷馆的生源主要来自两个方面:一是国子监的太学生和官家子弟,入馆学习并经过考核合格后担任通事;二是朝贡国和国内诸省主要少数民族选派一些天资聪颖、有一定文化基础的青年人,送入馆内学习,考核合格后担任通事。四夷馆与会同馆都编撰了供学生学习的外语教材,这些教材统称为《华夷译语》。

四夷馆的建立,为中国培养了一批通晓外国语言文字的专门人才,为外

---

① 蔡美彪等:《中国通史》第八册,北京:人民出版社,2009年,第83页。
② (明)巩珍:《西洋番国志》,向达校注,北京:华文出版社,2017年,第5页。

国培养了通晓中国语言文字的特殊人才,对于推动中外海上贸易发挥了重要作用。这也是以国家力量推进海上丝绸之路建设的重要举措之一。

第四,倾力组织郑和七下西洋。明代,以国家力量强力推进海上丝绸之路建设的最突出表现,无疑是组织庞大船队七下西洋,开通航路,促进中国与世界更多国家在政治、经济和文化上的交流。

1405 年至 1433 年,深受明成祖信任和倚重的郑和七次奉命下西洋,船队规模之大,人员力量之强,技术水平之高,航行范围之广,在当时都是空前的。

从船队规模上看,郑和首次出使的船队就有"士卒二万七千八百余人"①,并驾有包括 62 艘大船在内的大小船只 240 多艘。之后六次下西洋,船队能载千人的大船都有数十艘,人数都在两万人之上。其中,第四次和第七次下西洋船队的人数分别是 27670 人和 27550 人。②

从航行范围上看,郑和船队经南洋诸岛、中南半岛、阿拉伯半岛等地区,到达了太平洋和印度洋周边的很多岛屿,遍及亚洲、非洲三四十个国家和地区③,最后到达红海海口和非洲东海岸。学者普遍认为,郑和下西洋主要有两条路线:一是向南航行至阿拉伯海再到非洲东海岸;二是从马累(今马尔代夫首都)或奎隆(今印度喀拉拉邦南部濒阿拉伯海的港口城市)或别罗里④到非洲东海岸。这是中国人越过赤道线进行的第一次大规模航海活动。也有学者认为,郑和的船队最远到达过好望角一带,还有专家认为郑和船队发现了美洲大陆。

从航海技术水平上看,郑和船队在航行期间除利用自然风力外,还使用罗盘针准确测定船队的方位和航行方向⑤,被认为是拥有当时全世界最先进的航行水平,并留下了世界上现存最早的航海图集——《自宝船厂开船从龙江关出水直抵外国诸番图》(亦称《郑和航海图》)。该航海图集内有 20 页

---

① 蔡美彪等:《中国通史》第八册,北京:人民出版社,2009 年,第 84 页。

② 彭德清:《中国航海史(古代航海史)》,北京:人民交通出版社,1988 年,第 261~262 页。

③ 万明:《中国融入世界的步履:明与清朝前期海外政策比较研究》,北京:社会科学文献出版社,2000 年,第 133 页。

④ 别罗里,一说在今斯里兰卡南岸加勒东南的别里加姆;另一说在今斯里兰卡科伦坡以南的贝鲁瓦拉,附近有灯塔,15 世纪时为海舶停泊所。

⑤ 马超群:《郑和船队首次环球航行的可能性》,《回族研究》2003 年第 1 期,第 60 页。

航海地图、109 条针路航线、2 页 4 幅的过洋牵星图。其中的航海地图,高 20.3 厘米,全长 560 厘米,标有 500 个地名。全图以南京为起点,最远至非洲东岸的慢八撒(今肯尼亚蒙巴萨),标注了航线所经亚非各国的方位,航道远近、深度,以及航行的方向牵星高度,对何处有礁石或浅滩,也都一一注明。全图记录了自太仓至忽鲁谟斯的针路共 56 条线,由忽鲁谟斯回太仓的针路共 53 条线。往返针路不相同,这表明船队在远航中已灵活地采用多种针路,具有高超的航海技术和较高的海洋科学水平。郑和下西洋,除汲取了中国古代航海经验外,还采用了天文导航、罗盘导航、陆标导航等先进的导航方式,并创造性地使用过洋牵星术和漏沙计程法。正是有了领先于世界的航海技术的保障,才促成了郑和七下西洋的成功,并为后人所借鉴。

从造船技术上看,以郑和第一次奉命下西洋为例,首次出去带领的船队规模达到 240 余艘,这些船只根据规模、作用和载重的不同分为五种类型,其中最大的船只被称为"宝船",长 151.18 米,宽 61.6 米,船有 4 层,能容纳千余人,需要动用 200 人才能够起航。这是当时世界上最大的帆船,1985年集美航海专科学校、大连海运学院、武汉水运工程学院合作,按照造船原理和中国式木帆船营造法式将宝船复原后,测算出郑和船队中最大的宝船满载排水量约 22848 吨,载重量约 9824 吨。[①] 大船在船队中就有 62 艘,占有近三成的比例,此外船队中还有马船、粮船、坐船、战船,分工明确,配备到位,每一种船只都在船队中承担着不同的作用。

从造船能力上看,由于明代前期统治者的重视,明代造船业空前繁荣,能造各种运输船、海船、战船等多功能船只。明朝政府专门设立了许多大型造船厂,官营造船业尤为发达。官营造船业看重质量而不计成本,所用的都是顶级造船材料。明朝造船厂不但分布广而且规模大,如 1412 年一次性就造漕船两千多只。

造出如此巨大、众多的海舶,既要归功于明代的造船技术与能力,更要归功于国家强大的经济实力和动员力量。有些造船命令都是由明成祖亲自下的,如 1404 年明成祖为组织船队下西洋,亲自命令建造 5 艘大海舶;1407年明成祖又命令改造海运船 249 艘。也正是因此郑和下西洋不仅是明代以国家力量推进海上丝绸之路建设的重要举措,而且是中华民族历史上的伟大创举,也是世界航海史上的伟大壮举。

----

① 彭德清:《中国航海史(古代航海史)》,北京:人民交通出版社,1988 年,第 229 页。

郑和七下西洋,总共访问了爪哇、苏门答腊、苏禄、彭亨、真腊、古里、暹罗、阿丹、天方、左法尔①、忽鲁谟斯、木骨都束等 30 多个国家。郑和每到一国,主要官方活动有:宣读中国皇帝对各国国王和当地的诏谕、邀约各国到中国朝贡、赏赐国王及王妃和大臣②、与各国进行货物交易、采购国内需要的一些物品。明成祖还交给郑和宣示中国大国地位的任务:带着敕谕在海外排解邻国纠纷,如排解暹罗与占城、满剌加、苏门答腊的争端。同时,郑和七下西洋期间,打击海盗,维护海上商路安全,为世界海上贸易发展做出了贡献。郑和下西洋之前,南洋地区的海上交通线路被海盗陈祖义控制。他拥有战船近百艘,万余人听从他的命令横行于日本、中国台湾、南海、印度洋等地,劫掠船只超过万只,攻陷城镇达五十多座。郑和舰队不时地铲除海盗,帮扶小国,使得"海道由是而清宁,番人赖之以安业"。③

郑和七下西洋,以国家力量强力延伸和拓宽海上丝绸之路,促进了中外政治、经济、文化的交流,推动了中国和世界多国经济发展和社会进步,丰富了海上丝路文化,再一次向世人展示了海上丝绸之路的精神内核,即互利与共赢。同时,郑和七下西洋"把亚非各地的航路进行了一次全面的纵横串联和衔接,构成了西太平洋与印度洋之间畅通无阻的亚非海上交通网"。④ 同时郑和七下西洋也"为世界地理大发现铺平东方航路……推动了人类社会的进步与发展,为以后的世界文明大交流、大发展,做出了不可磨灭的贡献"。⑤

第五,与海外更多国家建立友好关系。在明成祖的强力推动下,特别是随着郑和成功七下西洋,中国与亚洲、非洲更多国家建立起了友好关系。

永乐、洪熙、宣德年间,亚非国家赴华使节往来不断,其频繁程度为中国数千年封建社会所罕见。明成祖执政的永乐时期,在二十一年间,不计日本、朝鲜等与郑和下西洋历史事件无关的国家,海外国家来使 318 次,平均每年来使 15 次;明仁宗执政的洪熙时期,一年中海外国家约来使 10 次;明

---

① 阿丹,位于今也门亚丁一带。天方,又译天房、天堂、默伽等,一般认为在沙特阿拉麦加地区。左法尔,又译祖法儿,位于今阿曼国最西部的佐法尔省。

② 蔡美彪等:《中国通史》第八册,北京:人民出版社,2009 年,第 84 页。

③ (明)巩珍:《西洋番国志》附录二,向达校注,北京:华文出版社,2017 年,第 71 页。

④ 彭德清:《中国航海史(古代航海史)》,北京:人民交通出版社,1988 年,第 270 页。

⑤ 彭德清:《中国航海史(古代航海史)》,北京:人民交通出版社,1988 年,第 272～275 页。

宣宗执政的宣德年间,在九年间约来使 79 次,平均每年约来使 9 次。①

永乐、洪熙、宣德年间,不但海外国家来华访问次数多,而且每次来的使团规模甚大。如 1419 年郑和第五次下西洋回国时,就带回了 17 个国家和地区的贡使。1422 年郑和第六次下西洋回国,第二年来中国朝贡的就有 16 个国家,他们共遣使 1200 人。

永乐、洪熙、宣德年间,不但来访的海外国家多、次数多、人数多,而且规格高。1408 年渤泥国王麻那惹加那率一百五十余人来华;1411 年满剌加国王拜里迷苏剌率五百四十余人抵华,开展各种政治、经济、文化交流;1417 年苏禄国东王、西王、峒王率三百四十多人,浩浩荡荡地漂洋过海来中国,开展各种交流和合作。仅永乐一朝,文莱、满剌加、苏禄、古麻剌朗等国有 11 位国王,先后亲自率团前来明朝进行国事访问,并有 3 位国王死在中国,葬在中国,"当时之夷,设葬于中国者,如浡泥、苏禄、麻剌共三人焉。非我朝德威远被,乌能使海外遐酋,倾心殒身如此哉"。② 由此可见,永乐年间中外交往达到史上从未有过的高度,海外众多国家声势浩大来华访问,并开展各种交流、合作,创史上之最。众多国家遣使赴华,为构建联通世界更广大的海上贸易网络奠定了基础,为海上丝绸之路给中国和世界带来更多共赢机会创造了条件。

第六,海上对外贸易得到进一步发展。在明代永乐、洪熙、宣德年间,明廷以国家力量强力推动海上丝绸之路建设,这使得海上对外贸易有了进一步发展。这主要表现在两个方面:一是亚非诸国利用来华朝贡的机会开展朝贡贸易。特别是郑和七下西洋时,亚非多国通过郑和船队往返于中国与亚非诸国之间,开展大规模的国际贸易和民间互市活动。二是郑和七下西洋时期,发展"赐赉贸易"(朝贡贸易在海外的表现形式),同时携带大批商品开展民间贸易。

随着郑和率庞大船队携带着中国农业和工业优质商品,与所到之处的亚非国家进行贸易,世界上对中国商品有了更多了解,需求量也不断增加。据郑和使团人员记载,当时无论大小、远近的亚非国家,对中国的出口物资,如金、银、铜、铁、瓷器、烧珠、麝香、樟脑、丝绸、绫绢等都十分喜爱,希望能够

① 郑一钧:《论郑和下西洋》,北京:海洋出版社,1985 年,第 355~356 页。
② (明)严从简:《殊域周咨录》卷九,《麻剌》,余思黎点校,北京:中华书局,1993 年,第 316 页。

普遍得到供应。各国政府也鼓励中国商品抵国交换当地土特产,"中国宝船到彼,开读赏赐毕,其王差头目遍谕国人,皆将乳香、血竭、芦荟、没药、安息香、苏合油、木别子之类,来换纻丝、磁器等物"。[①]

值得关注的是,郑和七下西洋时进行的这种双向贸易,郑和一方代表的是明朝中央政府,另一方是当地商人和百姓,这已突破了官方贸易的范畴,具有鲜明的民间贸易性质,成为极具生命力和发展前景的商贸活动。

第七,开辟海外中国对外贸易基地。郑和船队携带大批商品、银钱和铜钱七下西洋期间,以马来半岛和阿拉伯半岛为主要贸易区,并以中国国家力量在此建立了重要的对外贸易基地,这在历史上还是首次,也从一个侧面印证了海上丝绸之路的拓宽与夯实。

郑和七下西洋时,分别在位于马来半岛西岸的满剌加(今马六甲)、西临阿拉伯海的古里(今印度科泽科德)、扼波斯湾出口处的忽鲁谟斯建立了三个对外贸易基地。作为东西洋水陆交通枢纽,满剌加是中国沿着海上丝绸之路与世界进行贸易往来的传统区域,中国力量的助力使得这里成为南洋各国的商业中心区域。意大利传教士艾儒略在所著的《职方外纪》中记载:"满剌加国,地不甚广,而为海商辐辏之地。"[②]基于其优越的地理位置,满剌加成为郑和往南洋以西远航的必经之地,也很自然成为郑和船队的一个商品中转站。根据马欢在《瀛涯胜览》中的记载,郑和船队一到,就在满剌加"立排栅,如城垣,设四门更鼓楼,夜则提铃巡警,内又立重栅,如小城。盖造库藏仓廒,一应钱粮顿在其内。去各国船只回到此处取齐,打整番货,装载船内,等候南风正顺,于五月中旬开洋回还"。[③]

满剌加是郑和倾力建设的海外对外贸易基地,此地也在中国的带动下成为世界级的商业重镇,英国学者霍尔指出:"人们曾经描述马六甲说,它不是普通意义上的城市,而是在贸易季节中中国和远东的产品与西亚和欧洲的产品进行交换的一个大集市。"[④]

位于波斯湾口的忽鲁谟斯国是郑和建立的另一个海外中国对外贸易基

---

① (明)马欢:《瀛涯胜览校注》,冯承钧校注,北京:华文出版社,2019年,第60页。

② 艾儒略:《职方外纪》卷一,《苏门答剌》,杨廷筠译,长沙:岳麓书社,2016年,第139页。

③ (明)马欢:《瀛涯胜览校注》,冯承钧校注,北京:华文出版社,2019年,第25～26页。

④ 丹·乔·艾·霍尔:《东南亚史》,中山大学东南亚历史研究所译,北京:商务印书馆,1989年,第267页。

地,侧重于经营阿拉伯一带贸易。忽鲁谟斯地处亚、欧、非三洲之中,其不仅是海上交通要道,也是从印度洋进入波斯湾以至巴格达诸大城的必经之地。郑和第四次下西洋时,曾访问了忽鲁谟斯,并与当地官方建立了友好关系。郑和在此设立了贸易据点,把西行贸易的重点放在忽鲁谟斯,在此与来自世界各国的海商开展贸易。这也促使忽鲁谟斯的经济进一步发展,造福了当地人民。马欢曾在《瀛涯胜览》中记录:"其国边海倚山,各处番船并旱番客商,都到此地赶集买卖,所以国民皆富。"①

位于印度半岛上的古里,处于满剌加和忽鲁谟斯之间,其是郑和七下西洋的第三个中转站和商品集散地,也是郑和倾力建设的第三个海外对外贸易基地。古里国与西洋各国南连北接,以此国为贸易据点,郑和船队既可以与南亚诸国频繁地进行贸易活动,又可以加强船队在东西方贸易中的中间站作用。

中国科学院海洋研究所研究员、马来西亚国际郑和文化研究中心主任郑一钧认为,满剌加、忽鲁谟斯、古里是中国在海上丝绸之路沿线建立的三个重要的航海贸易据点,而郑和还在占城等地设立贸易大本营。这些贸易据点和大本营的设立,可以充分发挥郑和船队从事海上对外贸易的实力,为推动中国与亚非国家间的经贸交流做出贡献。②

第八,促进更大范围内国际贸易网络的形成。郑和七下西洋,其所率船队最西到达赤道南面的坦桑尼亚,最南到达南洋的爪哇,还到过红海沿岸沙特阿拉伯的麦加,成为世界上第一个全程走完亚洲大陆到红海沿岸、东非航线的航海队伍。郑和七下西洋,把海上丝绸之路延伸到非洲东岸赤道以南地区,抵达现今的肯尼亚和索马里的布腊瓦,开辟了海上丝绸之路的又一新天地,促进更大范围内国际贸易网络的形成。

在郑和七下西洋之前,人们对赤道以南的非洲了解甚少,欧洲人只知非洲北岸一些国家,阿拉伯人只了解地中海、红海和阿拉伯海沿岸诸国,中国人也只知非洲有个密昔儿(今埃及),对非洲南部一无所知。

郑和七下西洋时,率领着满载商品的船队航行非洲,留下《自宝船厂开船从龙江关出水直抵外国诸番图》,即后人所称的《郑和航海图》。虽然《郑和航海图》的制图范围并未涵盖郑和船队七下西洋所到过的全部地区,但其

---

① (明)马欢:《瀛涯胜览校注》,冯承钧校注,北京:华文出版社,2019年,第71页。
② 郑一钧:《论郑和下西洋》,北京:海洋出版社,1985年,第386页。

已清楚记载了郑和船队航行非洲大陆东、南海岸的 15 个国家和地区。在这张航海图的非洲大陆东、南海岸标注了 15 个地名,自北至南分别为葛儿得风、哈甫泥、木儿立哈必儿、黑儿、剌思那呵、抹儿干别、木骨都束、木鲁旰、卜剌哇(不剌哇)、慢八撒、起若儿、者剌则(哈剌)、门肥赤、葛荅干、麻林地。

事实上,从已有史料可知,郑和下西洋时到过的非洲国家远不止上述这些。如《星槎胜览校注》一书中写道,与明朝有良好贸易往来的非洲国家,就有竹步国等国。郑和航海地图中未标注的竹步国,在今非洲索马里的朱巴河口一带,费信对该国有如下记录:"地产狮子、金钱豹、驼鸡有六七尺高者、龙涎香、乳香、金珀。货用土珠、色段、色绢、金银、磁器、胡椒、米谷之属。"[①]

郑和七下西洋开启了中国对非洲南部、东南部的破冰之旅,促使世界海上贸易更为活跃,东西海上丝绸之路的船只往来不绝于途。通过商贸活动,换取大量中国所需的东西,也将世界需要的中国商品输送到各地。中国商人成功地将包括中南半岛和马来群岛在内的南洋的许多通商口岸,当作了商船通往波斯湾和非洲东海岸诸国进行贸易的中转站,建立起自太平洋西岸至印度洋北部广阔的国际市场网络。依托于海上丝绸之路,中国和印度洋、阿拉伯世界、东非各国首次建立起直接联系,推动世界由一个个孤岛变成连通的共同体。

永乐、洪熙和宣德年间,明朝政府以国家力量推动海上丝绸之路的延伸和拓宽,推动亚非友好关系大发展,促进了中外海上贸易的繁盛,既对当时周边国家的社会进步、经济发展起到重要作用,也对中国经济的繁荣发展给予强有力的推动,同时为此后隆庆开放海禁奠定了基础。

3.民间海上对外贸易冲破海禁樊篱期

随着郑和下西洋的结束,一度有所宽松的海禁政策再次收紧,朝贡贸易快速萎缩,这期间海禁政策时紧时松,但民间海上对外贸易一直在暗中发展,部分海商顽强地成长并呈现出集团化的发展趋势,海商在与政府海禁斗争中不断壮大,直至冲破海禁樊篱。

民间海上对外贸易冲破海禁樊篱并不是一蹴而就的,而是经过一段漫长且艰难的反海禁斗争过程,这个时期自 1436 年至 1567 年,持续了131 年。

民间海上对外贸易冲破海禁樊篱有多方面的原因:

---

① （明)费信:《星槎胜览校注》,冯承钧校注,北京:华文出版社,2019 年,第 103 页。

第一,郑和七下西洋带动了民间海上对外贸易的发展,培养了大批对外海上贸易人才。在郑和七下西洋的队伍里,有不少人来自中国传统海上对外贸易区域,在跟随郑和七下西洋的过程中,积累了航海经验,了解了海外市场,发现了海上对外贸易的巨大商机和厚利空间。

第二,朝贡贸易的凋敝。"土木之变"后,明朝由盛转衰,既再无勇气组织郑和下西洋这样经营海外的大规模行动,也再无力量坚持"厚往薄来"的朝贡贸易,朝贡贸易的凋敝进入加速时期,再次呈现"门庭冷落车门稀"之势。

第三,民间海上对外贸易的强大生命力。明宣宗在郑和七下西洋的船队刚回到京师时,就迫不及待地申严海禁,严禁民间出海贸易,甚至明令将海商一半的家财给予告发者。接任明宣宗的明英宗采取更严厉的海禁政策:对民间出海贸易者处以极刑,家人戍边,知情且放纵者罪同。在福建沿海的传统海商之乡中,官府为海禁推出了牌甲法,但海上对外贸易能获数倍、数十倍甚至上百倍的高额利润,吸引着不少海商冒死出海开展对外贸易,难以禁绝。明代福建巡抚许孚远在《疏通海禁疏》中曾提到,漳州人中已有上千人移居吕宋:"漳人以彼为市,父兄久住,子弟往返,见留吕宋者不下数千人。"[①]郑和七下西洋带动了中国瓷器、丝绸、铁器等手工业生产的快速发展,对外贸易形成的新生产力,因官方出海贸易几乎暂停和朝贡贸易急剧减少而导致产品严重过剩,急需寻找海外市场。同时,海禁日益严厉,这使得民间海上对外贸易开展难度加大。两相作用之下,海商出海贸易利润高过于往日。

第四,海禁政策违背经济规律,于国于民皆不利,以实际行动反抗海禁政策的人激增。张维华先生在其所著的《明代海外贸易简论》中提出,海禁政策其实无法真正限制私人海外贸易:

> 事实上当时沿海地方官吏久已不遵成宪,而是故作痴呆的默允一部分私商的活动,积而久之,私人的海外贸易成了既成的事实。这样的一种转变,不能看作仅仅是统治集团内部的问题,而是反映了当时中国社会内部普遍的具有发展海上对外贸易的要求。所以旧日的海禁政策

---

① (明)许孚远:《疏通海禁疏》,转引自廖大珂:《福建海外交通史》,福州:福建人民出版社,2002年,第233页。

以及对于朝贡关系的海外贸易那些控制的办法,迟早是要变更的。[①]

第五,欧洲殖民者东来,中国直接贸易区域由南洋、阿拉伯、非洲拓展到欧洲,在一定程度上促使正德年间海禁政策的进一步废弛,民间海上对外贸易得到较快发展。

自 1436 年至 1566 年,民间海上对外贸易冲破海禁樊篱,海商队伍不断壮大,海商集团快速成长,海上丝绸之路上的贸易活动由此更加活跃,这时期民间海上对外贸易的发展主要表现在以下四个方面:

第一,出海贸易队伍不断扩大。在这一时期之前,出海贸易者主要为沿海的商人、农民、渔民,而在这个时期出海贸易者中增加了政府官员、军人等,形成了庞大的出海开展对外贸易的队伍。明嘉靖年间(1522—1566年),福建同安籍进士洪朝选曾言:

> 异时贩西洋,类恶少无赖,不事生业。今虽富家子及良民,靡不奔走。异时维漳缘海居民习奸阑出物,虽往,仅什二三得返,犹几幸少利。今虽山居谷汲,闻风争至,田亩之夫,缀耒不耕,贵贷子母钱往市者,握筹而算,可坐致富也。[②]

由此可见,海商群体十分庞大,如吕宋"其地去漳为近,故贾舶多往"[③],故出现"(海)澄民习夷,什家而七"[④]的盛况。仅在吕宋的福建籍海商就极多,《明史》记载:"闽人以其地近且饶富,商贩者至数万人。"[⑤]

第二,海商由分散出海到团队行动。在这个时期之初,民间海上对外贸易规模相对较小且较为分散。随着参与海上贸易的人越来越多,出现团队行动,结伴耕海营商。1444 年春,广东潮州沿海 55 位商民载货出海,赴爪哇贸易。再如 1472 年,福建龙溪县 29 人一起下海经商。成化年间,像此种几十人组成的贸易出海团伙在出海商民中占大多数。[⑥]

结伴出海营商的形式,既有同宗族亲人组织起来下海出国经商,又有同

---

① 张维华:《明代海外贸易简论》,上海:学习生活出版社,1955 年,第 40 页。

② (明)洪朝选:《洪芳洲先生文集》卷四,《瓶台谭侯平寇碑》,李玉昆点校,北京:商务印书馆,2018 年,第 70 页。

③ (明)张燮:《东西洋考》卷五,《吕宋》,谢方校注,北京:中华书局,2000 年,第 89 页。

④ (明)张燮:《东西洋考》卷十一,《折吕宋采金议》,谢方校注,北京:中华书局,2000 年,第 222 页。

⑤ (清)张廷玉:《明史》卷三二三,《外国传》,《二十五史》第十册,上海:上海古籍出版社、上海书店,1986 年,第 8693 页。

⑥ 晁中辰:《明代海外贸易研究》,北京:故宫出版社,2012 年,第 143 页。

县或同村乡亲集体赴海外贸易,还有就是小海商投靠大海商或大海商招集小海商同行。嘉靖年间,包括福建同安县的海商李王乞在内的一百五十余人驾船出海,北往朝鲜进行贸易。又如,嘉靖年间,福建漳州海商陈贵等 7人,连年率领 26 艘货船到琉球进行贸易。再如,成化年间(1465—1487年),广东番禺县的王凯父子作为当地大海商,经常出海开展对外贸易,在国内官府和海外商业社会中都有不少人脉资源。于是,当地一些个体海商就投靠他们,跟随王家父子一起出海营商,图的是出海营商一旦被官府发觉,可以利用王家父子的官场关系免于治罪。

结伴出海经商,除上文列举的几种形式外,还有一种类似现今股份制的合作形式。福建漳州海澄九都人张维,希望通过造船从事海上贸易,但当时造一艘大船约需 400 两白银,他个人无法支付造船费用,就与其他 23 个人一起集资造了一艘船,这样每人只出不到 20 两白银,船造好下水载运粮食和其余货物,接济番船,经营海上贸易,利润按约定的分配。

第三,实行抽分制,海禁进一步松弛。抽分制始于 1508 年,其指的是对朝贡贸易中贡使所夹带的私货实行实物税,即贡使须缴纳 20% 的实物税。实物税是指请牙人居间评估贡使夹带私物的价值,依价值缴税,此举改变了自明太祖以来贡使夹带私货来华贸易采行的给价制。给价制指的是贡使夹带私货来华贸易,根据货物多少,中国政府抽六分私货,但用钱还给外国贡使。这也就是说,对于贡使附带的私货,不仅明政府抽的六分货是给予高出其价值数倍的钱来购买,而且未给价的部分允许在市舶司或会同馆自行贸易,也不要向明政府缴税。给价制的实质是明政府稳赔不赚,贡使稳赚不赔且大赚,美其名曰"厚往薄来"。在 1508 年前,明代市舶司没有征收任何税收。1508 年始行的抽分制,标志着在明代海外贸易中,明政府有了真正的税收,也彰显朝贡贸易政策的根本性改变,这种变化带来了朝贡贸易的进一步衰退和民间海上对外贸易的进一步活跃。

抽分制的实行,给了地方政府对民间海上对外贸易查而不禁、禁而不究的"尚方宝剑",海外商人和侨商只要缴税即可随各国贡使来华贸易。晁中辰在其所著《明代海外贸易研究》一书中提出:1508 年后,"海禁政策虽未明令废除,但实际上已网开一面。在实行抽分制后的正德年间,广州市舶司对外商来华实际上已不禁止,中国海商混迹其间,私人海外贸易在半公开地进行。"①

第四，大型海商集团逐渐形成。大型海商集团的形成是一个渐进的过程，由于一些个体海商须傍大海商才能载货出海营商，一些大海商就自己出资造大船，吸引个体海商一起出海。张燮的《东西洋考》记载："成、弘之际，豪门巨室间有乘巨舰贸易海外者。"②这些财大气粗的大海商与政府建立了良好关系，一旦出海贸易被发现，就能及时活动，化险为夷。

至明嘉靖末期，海商集团越来越多，"大群数千人，小群数百人，比比蝟起，而舶主推王直为最雄，徐海次之，又有毛海峰、彭老不下十余帅"。③ 当时，赫赫有名的海商集团头目还有不少，如横阵东南沿海的许二、陈思盼、谢老、严山老、洪迪珍、张维、吴平、曾一本等一批海商。据陈懋恒《明代倭寇考略》所载，嘉靖年间较为知名的海商头目有 130 人，其中福建籍海商有 84 人之多，其余以广东潮州籍海商为多。

大型海商集团的形成与积极作为，带动了更多百姓开展海上对外贸易，促进了海上丝绸之路的进一步延伸与拓宽，又活跃了沿海经济，充盈了国库，提高了百姓的生活水平。同时，大型海商集团依靠海上对外贸易积累的巨额财富武装自己，抗击海禁，为隆庆开禁奠定了基础。

4.隆庆开禁与民间海上对外贸易繁盛期

隆庆元年（1567 年），明穆宗登基之初即宣布解除海禁，调整海外贸易政策，允许民间私人远贩东西二洋。隆庆开禁让民间海上对外贸易获得了合法的地位，由此进入海上对外贸易繁盛期，明朝出现了一个开放局面。从 1567 年到 1644 年，伴随着海上对外贸易的快速发展，海外流入中国的白银大约为三亿三千万两，相当于当时全世界生产的白银总量三分之一，这为大明帝国积累了巨大的财富。国内商品经济日趋活跃，从而有力地促进了资本主义萌芽的形成和发展，为明神宗时期张居正的全面改革奠定了经济基础，也为日后在内忧外患中挣扎的明朝提供了延长寿命的资本。

隆庆开禁是明朝进入民间海上对外贸易繁盛期的重要原因，但促成隆庆开禁的原因是多方面的，既有社会对开放海禁形成的共识，亦有政府急欲增加财政收入的迫切需求，还有国际形势的急剧变化，其主要有以下四个

---

① 晁中辰：《明代海外贸易研究》，北京：故宫出版社，2012 年，第 161 页。

② （明）张燮：《东西洋考》卷七，《饷税考》，谢方校注，北京：中华书局，2000 年，第 131 页。

③ （明）王世贞：《倭志》，北京：文物出版社，2022 年，第 7 页。

原因：

第一，海禁政策失败。以 1550 年肩负海禁使命的闽浙大员朱纨服毒自杀为标志，明朝延续了二百多年的海禁政策正式宣告了失败，"自纨死，罢巡视大臣不设，中外摇手不敢言海禁事"。[①] 海禁政策的失败，除了其违背世界性商业市场形成的规律外，更因为其在根本上损害了中国百姓的利益，严重违背了民意。沿海百姓"一旦戒严，不得下水，断其生活，若辈悉健有力，势不肯缚手困穷。于是所在连结为乱，溃裂以出"。[②] 因生存所迫而出海经商者越禁越多，愈演愈烈。

第二，明朝陷入财政危机。为了增加财政收入，嘉靖年间不断加重地方赋税，苛捐杂税名目繁多，百姓苦不堪言，这导致社会矛盾加剧，农民起义不断。明穆宗上台后，财政危机更为严重，史称"府库久墟"。为此，有识之士就提出开放海禁以收取关税之利。

第三，实学新潮的掀起。明中期以后，理学主流由"空谈心性"的心学，转而为"崇实黜虚"的实学，学界提倡经世致用，社会改革思潮初成，对不合时宜的"祖训"和"祖制"进行改革成为一些有识之士的共识，明中期以后的改革运动就是在此思想基础和社会风气之上形成的。特别是在嘉靖倭乱发生后，一些开明士大夫看到海禁与海寇之间的关系，极力主张开放海禁以根除海寇。福建巡抚涂泽民就曾通过上奏朝廷直接助力隆庆开禁。[③]

第四，国际形势急剧变化。从政治上看，明中期以后，欧洲殖民者东来，先后占领了南洋地区的一些中国的传统朝贡国，朝贡国对中国的态度发生了重要变化，中国在南洋地区的影响力呈下降之势。从经济上看，中国传统手工业品在欧洲需求量大、卖价高。特别是随着美洲大陆的发现和新航路的开辟，欧洲殖民者在美洲掠夺了大量白银，而中国又紧缺白银。这种双向需求为中国商品带来了一个广阔的、收益甚高的海外市场。加之此时国家财政负担日重，更多政府高官将目光投向了开放海禁，这样可以促进民间海上对外贸易，缓解国家财政的压力。

---

① （清）张廷玉：《明史》卷二〇五，《朱纨等传》，《二十五史》第十册，上海：上海古籍出版社、上海书店，1986 年，第 8349 页。

② （明）张燮：《东西洋考》卷七，《饷税考》，谢方校注，北京：中华书局，2000 年，第 131 页。

③ （明）张燮：《东西洋考》卷七，《饷税考》，谢方校注，北京：中华书局，2000 年，第 131～132 页。

　　隆庆开禁有很强的局限性,这不仅表现在只开放港口条件极为一般的漳州月港作为通商港口,而且海商通商的国家和地区也有限制,如不允许商人货通日本。此外,对海商贸易的货物也有限制,如不能经营铜、铁、硝璜等;对海商出海的数量也有限制,朝廷对海商出海颁发许可证"由引",但许可证有数量限制,有年发百引过,也有一年只发88引的记录。

　　不可否认的是,自隆庆开禁之后,民间海上对外贸易获得了合法的身份。大批中国商人走出国门,中国与欧洲、美洲新航线得以开辟,中国商品的海外市场进一步拓展,商品出口量直线上升,海上丝绸之路进一步拓展。东南沿海各地商品经济发展也进入一个新时期,明朝出现了一个比较开放的局面。在这之后,海禁政策虽曾收紧,但民间海上对外贸易依旧快速发展,大型海商集团与西方商人争雄于海上。这一时期民间海外贸易的快速发展,主要表现在以下七个方面:

　　第一,中国海商在世界贸易中扮演重要角色。隆庆开禁后,大量中国海商扬帆出海,营商世界,在全球贸易中扮演了重要角色,中国成为世界商品经济最发达的中心之一。

　　隆庆开禁后,"富商巨贾,捐亿万,驾艨艟,植参天之高桅,悬迷日之大篷,约千寻之修缆"[1],每年一艘又一艘远洋大船凭商引从月港出发,与东西洋四十多个国家、地区开展海上贸易。在 1589 年,仅漳州月港海防官颁发的东西洋88张商引中,中国商船中有 39 艘驰往菲律宾、30 艘驰往中南半岛和马南半岛、5 艘驰往婆罗洲和马鲁古群岛、5 艘驰往苏门答腊、9 艘驰往爪哇。这些商船是有官方商引的,即是官方批准出海的商船,而更多的商船则是领不到商引而私自驾船前往世界各地进行贸易,"射利之徒率多潜往"。[2] 闽中一带临海百姓以出海贸易为生者,已达到连村满海之地步,其中以福州府所辖的福清县海口镇至长乐县松下乡一带最多,其次是长乐县文石、闽县琅岐、省城河口、南台,商民内外相连,"线索相通,铳械、火药、米谷、绸缎,或托兵船,或托粪船,或托荡船,使人不疑,虽关津不得而稽"。[3]

---

　　① (清)吴宜燮:《乾隆龙溪县志》卷二十二,《艺文》,《中国地方志集成·福建府县志辑》,上海:上海书店,2000 年,第 323 页。

　　② (明)张燮:《东西洋考》卷六,《外纪考》,谢方校注,北京:中华书局,2000 年,第 127 页。

　　③ (明)董应举:《崇相集选录·闽海事宜》,《台湾文献史料丛刊》第八辑,台北:大通书局,1987 年,第 91 页。

即使是不准通商的日本,中国海商也以各种形式载货前往贸易,特别是福建漳州、泉州、福州各府所辖的沿海沿江商民更是趋之若鹜,"海贼乱闽十有三年矣,初皆漳、泉百姓惯通日本者聚众劫船,掳人取赎,得利既多,效尤者众,连村满海,尽为盗区而莫可御止"。① 根据 1621 年兵部的估计,"通倭之人,皆闽人也,合福、兴、泉、漳共数万计"。②

除了海商人数众多外,这一时期海上对外贸易的区域也进一步扩大。明崇祯年间,兵部尚书梁廷栋曾上奏:"(闽土)民之富者怀资贩洋,如吕宋、占城、大小西洋等处……春夏东南风作,民之入海求衣食者以十余万计。"③ 这里所提及的小西洋,实际上是明末士大夫特指的已成为葡萄牙贸易基地的印度果阿,而大西洋指的是欧洲本地。由此可见,隆庆开禁之后,中国海商不但前往南洋、阿拉伯、非洲、日本、朝鲜、琉球等中国传统的对外贸易区域,还前往欧洲,直接与欧洲人进行海上贸易。

中国出海开展对外贸易的海商实力在世界也是一流的。1615 年,中国就出现了拥资达 5000～7500 英镑的大海商,而要知道在 1602 年,荷兰东印度公司最大股东也才拥资 8100 英镑。④ 雄厚的经济实力使中国海商在世界贸易总量中所占的份额越来越多。

在中国海商走出国门开展世界贸易的同时,世界各地的海商也满载中国需要的商品或白银,沿着海上丝绸之路前来中国进行贸易,且贸易量颇大。江苏昆山人王临亨,万历年间任杭州知府,还曾被派往岭南查案。其撰写的《粤剑编》成为记述明万历时期广东社会状况的重要史料,其中就包括对外商来华贸易的记录⑤:

> 西洋古里,其国乃西洋诸番之会,三四月间入中国市杂物,转市日本诸国以觅利。满载皆阿堵物也。余驻省(广州)时,见有三舟至,舟各

---

① (明)董应举:《崇相集选录:闽海事宜》,《台湾文献史料丛刊》第八辑,台北:大通书局,1987 年,第 91 页。

② 《明实录·明神宗实录》卷四九八,台北"中央研究院"历史语言研究所校勘,上海:上海书店,1983 年。

③ 《明实录·崇祯长编》卷四十一,台北"中央研究院"历史语言研究所校勘,上海:上海书店,1983 年,第 2449～2450 页。

④ 田汝康:《15 至 18 世纪中国海外贸易发展缓慢的原因》,《新建设》1964 年第 8～9 期,第 84～89 页。

⑤ (明)王临亨:《粤剑编》卷三,《志外夷》,凌毅点校,北京:中华书局,1987 年,第 91 页。

赍白金三十万,投税司纳税,听其入城与百姓交易。

史学界目前没有关于隆庆开禁后每年对外贸易规模的原始史料,但据学者推算,明朝后期进出口贸易总额平均每年高达1647万两白银,每年贸易赢利达942万两[①],由此也可进一步看出隆庆开禁后海上对外贸易规模之大。

第二,开辟直航欧洲、美洲的海上新商路。随着欧洲殖民者东来,明廷允许葡萄牙人在澳门开展对华贸易,并准许中国海商前往世界各地展开海外贸易,这使得海上商路得以延长,通往欧洲、拉丁美洲的海上新航线由此形成。

从16世纪80年代起,澳门进入了长达八十年的经济繁荣期,成为沟通东西方商贸往来的重要国际商埠,以中国大陆为腹地、以澳门为中转港的四大海上新商路就此形成:

广州—澳门—果阿—里斯本航线:1533年,包括葡萄牙人在内的商人获准进入澳门开展贸易。1557年,葡萄牙人获得中国官员默许,在贸易季节后可以留居澳门,为此葡萄牙人在此营建房屋。1578年,葡萄牙人被批准可以每年春夏季到广州海珠岛参加定期贸易,还可以直接向中国商人采购丝绸和瓷器等商品,于是每年他们都到广州采购欧洲最需要的中国商品,并直接在广州装船启航,在澳门停泊调整之后,经南海西行到达印度西海岸的果阿。果阿位于印度西海岸,自古就是良港,1510年被葡萄牙占领,很快成为葡萄牙在东方殖民地的总部和贸易基地。葡萄牙人载满中国商品的远洋船驶抵果阿后,或沿官屿留(今马尔代夫)、木骨都束和莫桑比克海峡,绕过好望角,沿大西洋东部非洲海岸北航至摩洛哥,最后到达里斯本;或从亚丁湾渡海,到达非洲东部麻林地,再南下坦桑尼亚、莫桑比克海峡,绕过好望角,沿大西洋东部非洲海岸向北航行至摩洛哥,最后抵达里斯本。中国通往葡萄牙的海道在明中后期持续发展,迅速成为中国与西方贸易的重要航线之一。

广州—澳门—长崎航线:载满中国商品的商船自广州出发,先驶自澳门,沿中国东南沿海至日本长崎。

广州—澳门—果阿—望加锡—帝汶岛航线:载满中国商品的商船从广

---

① 林仁川:《明末清初私人海外贸易》,上海:华东师范大学出版社,1987年,第267、272页。

州出海,先至澳门,再到果阿销售部分商品之后腾出舱位,装上印度棉纺织品。商船之后驶往东南亚的望加锡、帝汶岛,售卖中国和印度商品后,再收购帝汶岛的檀香木、摩鹿加群岛(今马鲁古群岛)的丁香和婆罗洲的钻石,之后商船按原航线返回,将商品销往中国内地。

广州—澳门—马尼拉—阿卡普尔科—利马航线:随着西班牙殖民者于1571年占领菲律宾,1575年他们开通了从广州、澳门起航、经马尼拉中转直达拉丁美洲墨西哥的阿卡普尔科和秘鲁的利马等两条航线。清代大臣张荫桓在《三洲日记》中,描述了明万历年间中国与墨西哥的通商景象:

> 查墨国记载,明万历三年,即西历一千五百七十五年,曾通中国。岁有飘船数艘,贩运中国丝绸、磁、漆等物,至太平洋之亚冀巴路商埠(今阿卡普尔科),分运西班牙各岛。其时墨隶西班牙,中国概名之为大西洋。[①]

跨太平洋的大帆船贸易中最长的海上航线由此形成。此条航线把以丝绸为主的中国商品运输到拉丁美洲,然后从拉丁美洲换回大量的白银,因其经马尼拉中转,亦称马尼拉中国大帆船贸易。

随着这四条新航线的开辟,海上丝绸之路得到飞越性的发展,从原先经南海向西到印度洋、波斯湾、阿拉伯、东非等地,转而向东至日本,或经马尼拉越过太平洋到拉美各地,逐渐从区域性贸易发展为全球性贸易。

第三,大型海商集团控制东南海上贸易。隆庆开禁之后,海商成长很快,一些大海商利用海上贸易赚取的巨额财富招纳部众,武装队伍,发展成为人数众多的海商集团,其中势力最大的郑芝龙海商集团,几乎控制了东南海上私人贸易。

在郑芝龙成为东南海上最大海商集团首领之前,有福建海澄人颜思齐率领的海商集团、福建泉州人李旦率领的海商集团。当时与郑芝龙海商集团同时称雄的,还有福建同安人许心素率领的海商集团、香港人刘香率领的海商集团、福建惠安人李魁奇率领的海商集团,还有钟斌海商集团,杨六(杨禄)、杨七(杨策)海商集团等,这些海商集团控制着一些区域与海外的贸易。如李旦海商集团的贸易经营范围涉及台湾、吕宋、东京等地,与当时的葡萄牙人、荷兰人、英国人都有贸易往来。由于李旦与福建当地官员熟识,因而福建成为他们获取中国商品的重要渠道。

---

① (清)张荫桓:《三洲日记》第三册,北京:朝华出版社,2017年,第804页。

在这些海商集团的首领中,有的曾是郑芝龙的首领和姻亲、干亲,如李旦是郑芝龙的干爹,颜思齐是郑芝龙的岳父,对郑芝龙的武装海商集团的成长都做出过贡献。李旦还曾把几艘大船和大量财富交给郑芝龙监管,委托他经营中国和中南半岛之间的贸易,帮助郑芝龙获得厚利。1621年,郑芝龙随颜思齐进据台湾,组织武装海商集团,开发台湾,啸聚海上营商。李旦死后,郑芝龙继承李氏在日本的部分财产和部众。颜思齐故去,郑芝龙成为武装海商集团的首领。在与郑芝龙同时成为督率一方海商集团的首领中,有的人曾是郑芝龙合作伙伴,如李魁奇做过郑芝龙的助手,钟斌曾协助郑芝龙铲除李魁奇。

在剿除了李魁奇、钟斌和刘香等武装海商集团期间,郑芝龙还相继收编了一批海商集团。在经商的同时,1628年,郑芝龙接受明朝的招抚,获授海防游击,任五虎游击将军。此时,郑芝龙拥有部众三万余人,船只千余艘。1633年和1639年,郑芝龙率部两次击退了荷兰对中国沿海的攻击,被授予福建总兵。不久以后,郑芝龙垄断了泉州府的船引配额,从而成为当时对外贸易的实际控制者,"商舶出入诸国者,得芝龙符令乃行"。[①] 越来越多小海商投奔郑芝龙,他领导的海商集团便利用这种特权征收保护费,颁发特别的贸易许可证——郑氏令旗,"海舶不得郑氏令旗,不能往来,每一舶税三千金,岁入千万计。龙(指郑芝龙)以此居奇为大贾"。[②] 从中可以看出,每一艘商船须交税三千金,这与月港的船引税每船最多六两相比显然高出许多,但比船引易得,且能获得更多的服务。如持有郑芝龙令旗可以获得海上航行的安全保护,这与明政府武装力量在海上的缺位相比,郑芝龙武装海商集团对海商的保护给他们提供了征收高税收的理由。作为大型海商集团,郑芝龙海商集团在最强盛的时期,部众多达二十万余人,拥有大小船只三千多艘。

第四,民间海上对外贸易服务体系进一步形成。随着隆庆开禁,民间海上对外贸易激增,促进了一个集金融、中介、承销、代税、船务代理服务于一体的对外贸易体系的形成。

金融服务商,主要指的是有势力的富商将资本(或折算成资本的人船)

---

① (明)计六奇:《明季南略》,北京:中华书局,1984年,第313~314页。

② (清)林时对:《荷厢丛谈》卷四,转引自徐晓望:《福建通史》第四卷,福州:福建人民出版社,2006年,第182页。

借贷给要出海经商的小商人,小商人出海营商归来,将借的钱和按约定应支付的利息一并还给富商。这种借贷主要有两种形式:一是直接折算成白银支付;二是依出资比例按约定分得小商人运回来的货,再自行销售或转销他人,"将大船雇与下海之人,分取番货"。①

外船服务商,当时这项工作也称为牙人,指的是为进口外国货船的货物寻找买家的中间商,收取一定的中介费。外船服务商也是经销商,有时自己也购买外国货船的货物,再转卖给他人,从中赚取差价。其还是供应商,为外国商船供应食物、淡水,收取服务费,同时其还是税务代理商,代理官府向海商征税。

船务代理商,这类服务亦属于中介,主要是为大船主找散商,如海瑞嫡孙海述祖出资建造了一艘首尾长 28 丈的商船,他有时亲自赴海外贸易,独立经营,获资无数;有时经他人介绍,他也将船或部分舱位租给他人进行出海贸易,合伙经营,船务即是为他找散商的服务商。如 1642 年春,有滨海贾客 38 人租海述祖的货船舱位,"赁其舟,载货互市海外诸国,以述祖主之"。② 对外贸易服务系统的形成,既是海上丝绸之路延伸的结果,又促进了海上丝绸之路的进一步发展。

第五,出现了按外商要求生产外销商品的工厂。隆庆开禁后,民间海上对外贸易的发展,催生了中国按外商订制而生产外销商品的专门工厂。明代,这种按照外商要求生产外销商品的工厂主要有三种形式:

一是海商根据出海贸易时了解到的外国市场需求,开设工厂组织生产,产品销往特定国家。澳门是东西方贸易基地,郑芝龙在澳门开设大商行,经营进出口物资,他还从晋江各地招集百余名织锦工人,在澳门创办织锦作坊,专门生产在海外能卖出高价的锦缎,由自己的海商团队销往海外。

二是海商按照外商要求寻找工厂生产外销商品。海商拿出一些资金,为一些厂家提供工具和原料,让他们按外商的需求组织生产,产品由海商外销。明后期在福建泉州、漳州等临港城乡,出现了一种被称为"倭锦"、"倭缎"、"倭绒"的纺织新产品,以"倭缎"的产量最大。据《天工开物》记载:"凡倭缎制起东夷,漳、泉海滨效法为之。丝织来自川蜀,商人万里贩来,以易胡

---

① 《问刑条例》(1499 年),刘海年、杨一凡:《中国珍稀法律典籍集成》第三册,北京:科学出版社,1994 年,第 243 页。

② (清)钮琇:《觚剩续编》卷三,《海天行》,《笔记小说大观》第十七册,扬州:江苏广陵古籍刻印社,1983 年,第 71 页。

椒归里。其织法亦自夷国传来。"①

三是中国海商根据外商订单组织生产。如1635年,荷兰商人把欧洲市民喜欢使用的宽边午餐碟、水罐、芥末罐、洗脸盆等做成木制的模型带到广州,请中国的瓷器匠师模仿生产。1639年,中国海商将试制出的首批瓷器样品运往荷兰,深受当地人欢迎。隆庆开禁之后,中国出现按外商要求组织生产外销商品的工厂,这既是民间海上对外贸易快速发展的标志,也是资本主义近代生产方式产生和发展的重要标志。

第六,私人海上商业资本的发展与资本主义萌芽的出现。隆庆开禁之后,随着民间海上对外贸易的快速发展,私人海上商业资本也得到成长,资本主义开始萌芽,这主要表现在以下五个方面:

一是借款付息。相对于积累了巨额财富的大海商,隆庆开禁后扬帆营商世界者还是以中小海商居多,而载货出海需要巨大的资金。一些富商就按一定的利息,将钱借贷给中小海商。来自福建晋江的海商黄宗仁,"扬帆岛屿间,获奇羡,归而叹曰:此畏途也,危其身而博阿堵,非长策。于是征贵贱,权取与,任人而息之,赀遂大起。"②

二是出本经商。即为海商开展对外贸易提供本金,完成贸易后按约定的时间和利息比例还本付息,此法很快被海外华侨所采用。据《荷兰到东印度的首次航行记》所载,在当年华侨海商云集的爪哇岛万丹③,富裕的华商:

> 一般是呆在家中,每当有一些船只准备出海时,他们就把一笔须加倍偿还的钱交给那些随船的人(带货客商,船员经常也参加贸易),钱数的多少依航程的长短而定。他们立下一个契约,如果航程十分顺利,则按合同偿付;如果受钱者由于某些不幸而不能付钱,那么他必须把自己的老婆、孩子作抵押,直至偿还债务为止。如果这艘船罹难,那商人就失去这笔贷款。④

三是合伙经营。即指稍有财力的中小商人,合伙造船,或合伙租船、买船,或合伙置办出海的商品,出海进行贸易。张燮在《东西洋考》中记载:

---

①　(明)宋应星:《天工开物》卷上,《乃服》,胡志泉校注,北京:北京联合出版公司,2017年,第59页。

②　《乾隆泉州府志》卷六十,《明笃行》,转引自廖大珂:《福建海外交通史》,福州:福建人民出版社,2002年,第281页。

③　万丹,即万丹苏丹国,明张燮《东西洋考》称作下港、顺塔。

④　廖大珂:《中国传统海外贸易》,深圳:海天出版社,2019年,第190页。

"（海）澄之商舶，民间醵金发舻舳，与诸夷相贸易。"①

四是合资经营。即指有意出海贸易者，采用投资造船、买船或投资置办销于海外商品的方式，开展合资经营。如万历年间，居于浙江定海的福州籍海商严翠梧、方子定，联合有海上对外贸易意愿的浙江商人薛三阳和李茂亭合资造船、合资置办出海贸易商品、合资雇佣驾船等人员。②

五是以身入股。这里的"身"指的是远洋航行中技术含量较高岗位人员的劳动付出，他们用自己的专业技术和劳动入股，分得利润。这其中主要有两种以身入股的形式：第一种是不直接约定固定薪水，而是约定以此次出海贸易获得利润的分配比例作为劳动报酬，当时称之为"水脚银"；第二种是从船舱所载运货物的担位中，拨出一定舱位给船员，船员用获得的担位采购货物带往国外销售，所得作为劳动报酬。

这些带有资本主义萌芽性质的民间海上对外贸易形式，提升了海上对外贸易的质与量：首先，在为中国国内手工业产品开辟广阔海外市场的同时，促进了国内手工业的发展，如景德镇的民窑，在嘉靖初年仅二十多座，而到明末已发展到二三百座。其次，促进了农业经济作物的发展，如随着蔗糖大量出口，南方甘蔗种植面积激增，甚至出现了甘蔗种植专门经济区，同时带动了沿海一些临港都市的诞生与成长，如漳州月港在明初还是一个小渔村，明末成为拥有数万个常驻家庭的沿海城市。另外，海上对外贸易促使白银大量流入中国，为明政府于 1581 年全面推广"一条鞭法"奠定了基础。"一条鞭法"指的是各州县的田赋、徭役以及其他杂征总为一条，合并征收银两，按亩折算缴纳，这样大大简化了税制，方便征收税款，同时也使地方官员难于作弊，进而增加财政收入。"一条鞭法"既是明代社会矛盾激化的被动之举，也是商品经济发展到一定程度的主动选择。

第七，夺回南海主导权和东海贸易主导权。由于明政府长期严禁民间海上对外贸易，中国在南海的主导权和在东海贸易的主导权渐次旁落。在郑和船队退出南中国海二百多年后，郑芝龙率领着自己的武装海商集团和明朝福建水师，重新夺回了海上主导权，他自己也成为大航海时代东亚海域

---

① （明）张燮：《东西洋考》卷七，《饷税考》，谢方校注，北京：中华书局，2000 年，第 152 页。

② （明）王在晋：《越镌》卷二十一，《通番》，转引自傅衣凌：《明清时代商人及商业资本》，北京：人民出版社，1956 年，第 135 页。

举足轻重的人物。郑芝龙剪除群雄,并把海商力量纳入地方官府体制,取得制海权,合法掌控东西洋贸易制度的运作。郑芝龙以强大的武装力量和雄厚的资本,在国际市场上同荷兰、日本、南洋各国商贸公司竞争角逐。

17 世纪,荷兰是首屈一指的海上霸主、世界第一殖民强国,拥有世界一半的军舰和商船。鼎盛时期的荷兰,势力遍及全球。荷兰人为了垄断东亚、南洋的海上贸易,不断阻击中国海商,给中国海上对外贸易造成了极大的伤害。1627 年,郑芝龙率领自己的武装海商船队,与占据台湾的荷兰军队激战,荷军败北。

1633 年,荷兰人为了垄断对华贸易和阻断中国与南洋诸国的联系,再次卷土重来,派遣舰队突袭厦门港,袭击福建水师和海商船队,严重影响了中国海上对外贸易。郑芝龙奉命率领明朝水师和自己的武装船队围剿荷兰人,当年 10 月 22 日,双方在料罗湾展开大战,这是中国与西方第一次大规模的海战,最终荷兰舰队伤亡惨重,依附荷兰人的刘香集团损失惨重,荷兰残部逃往台湾,这是中国人在海上首次打败西方人。随后,荷兰被迫向明朝每年缴纳 12 万法郎的保护费,明朝政府保证荷兰商船在远东海域的安全。以郑芝龙为代表的明朝海上武装力量打败了荷兰人,正式确立了南海的霸主地位。从此,荷兰人再也不敢挑战以郑芝龙为代表的武装海商集团的权威,西方国家在两百多年内再也不敢大举进攻中国沿海地区。

1635 年,郑芝龙率部全歼刘香所部,统一中国海上力量,"故八闽以郑氏为长城"。[①] 从此内客外商通贩洋货皆用郑氏旗号,无警无虞,商贾从中获利数十倍。1639 年,日本闭关锁国,退出东亚海洋竞争。郑芝龙所统率的中国海上力量成为东方海洋世界的唯一强权。

(二)中国人移民海外高潮与华侨社会的初步形成

明代是中国人移民海外的高潮期,华侨人数激增,华侨移民的区域扩大,华侨构成更加丰富,华侨职业愈加多样,华侨社区增多,华侨领袖出现,华侨在当地影响力扩大,华侨社会也初步形成。

1.中国人移民海外高潮的形成

明代之所以会出现中国人移民海外的高潮,其原因是多方面的。从外

---

① (清)林时对:《荷牐丛谈》卷四,转引自徐晓望:《福建通史》第四卷,福州:福建人民出版社,2006 年,第 183 页。

部原因看,新航路开辟后,海外对中国商品产生空前的需求,千方百计地吸引中国人前去开展贸易,同时也对中国劳动力招徕力度较大;从内部原因看,隆庆元年(1567年)的部分开禁为华侨出国排除了障碍并提供了一些便利,同时也因明廷政治腐败,社会矛盾进一步激化,无以为生的农民和个体手工业者持续增加,特别是沿海地区本就地少人多,无业游民激增。因此为了谋生而移居海外的中国人越来越多,华侨的增多促使海外华侨社区数量增加,从而推动了华侨社会的初步形成。具体而言,中国人移民海外高潮的形成主要有以下七大原因:

第一,中国商民持续出海,不少由行商改为坐商。在隆庆元年(1567年)部分开放海禁之前,明代曾长期严禁民间海上对外贸易,沿海商民屡屡排除万难扬帆出海。即使在海禁最严的洪武年间,沿海商民依旧暗中出海营商,这一点我们可从《明实录》中"窥一斑而知全豹"。《明实录》中记载了不少洪武年间再三重颁的海禁诏令,也记载了沿海商民私下出海营商的案例,还记载了朝廷屡屡派员前往沿海地区严查海禁。明初,朝廷还制定了惩治出海营商者的严律,例如《大明律·兵律》中设有"私出外境及违禁下海"一节。朝廷禁令与严律并没有挡住沿海商民出海营商的执着,仍有很多人移民国外。[①] 至明朝成化、弘治时期,海外移民更为常见。到正德、嘉靖年间出现了一些在海外设有基地的大型海商集团,在日本平户岛设有基地的汪直海商集团居然有十余万人之多。

隆庆元年(1567年)部分开放海禁后,沿着海上丝绸之路而出国经商者激增。据《东西洋考》记载:"(海)澄,水国也,农贾杂半,走洋如适市。"[②]也就是说,当地人出海到他国就像老百姓赶集购物一样平常。福建赴海外者众多,除了有临海的地利外,还与其地少人多有关,"闽之土既不足养民……春夏东南风作,民之入海求衣食者以十余万计"。[③] 走出国门从事海外贸易者如此之多,这为华侨的增加奠定了基础。

随着出海营商者增多,华侨人数激增,当时的华侨群体主要由以下四类移民构成:一是部分出海营商者担心回国会受到朝廷惩处,索性定居海外,由"行商"变为"坐商",依托于自己积累的商脉,沟通东西方贸易,也吸引更

---

① 陈里特:《中国海外移民史》,太原:山西人民出版社,2014年,第17页。

② (明)张燮:《东西洋考》卷首,《小引》,谢方校注,北京:中华书局,2000年,第15页。

③ 《明实录·崇祯长编》卷四十一,台北"中央研究院"历史语言研究所校勘,上海:上海书店,1983年,第2449～2450页。

多中国人前来。二是海商集团在海外建有基地,聚集大量中国人。明朝初年,广东、福建沿海地区人民出外谋生,就在三佛齐定居,进行航海、经商活动。祖籍南海的梁道明就带领一家人到三佛齐,"闽粤军民泛海从之者数千家"。[①] 三是海外急需劳工,但中国却有大量谋生无着落的人民,隆庆开放为这些中国人到海外谋生提供了条件。四是由于隆庆开放还有许多限制,而且此后海禁政策也时松时紧,这就促使越来越多的商民下定决心在海外长期定居。

第二,郑和下西洋对中国人移民海外带来的积极影响。明代永乐、宣和年间的郑和下西洋,船队规模之宏大、船舶制造之精良、航海技术之娴熟,都堪称是世界航海史上的空前壮举。郑和下西洋不但使中国先进的造船技术、工业制造技术、精良的手工业品和中华优秀文化为世界更多国家和人民所熟悉和认同,扩大了中国在世界的影响力,促进了中国与亚非国家友好关系的发展,带动了中国与亚非各国进一步的经济文化交流,也冲击了海禁政策。沿海人民"往往私造海舟,假朝廷干办为名,擅自下番"。[②] 郑和七下西洋维护了马六甲航路的畅通,这在客观上有利于中国海商出洋贸易,并在各国从事经济活动,从而使中国人出国牧海营商者激增,这也带动了华侨人数的增加。

第三,明政府赐专业技术人员于异邦。明初,中国手工业的发展水平达到一个新阶段,中国商品通过海上丝绸之路为更多国家所青睐。一些国家对中国手工业人才,释放出求贤若渴的强烈信号。明政府向藩属国赐能工巧匠,这也形成了中国人移民海外的一种新现象。

以琉球为例,明朝时期琉球群岛存在着山南、中山、山北三个国家,1429年三国统一为琉球王国,明初即归附于明朝。1372 年,中山国率先向明廷贡献方物。次年,山北国、山南国也相继向明朝进贡。至此,琉球群岛上三国都成为明王朝的藩属国。明太祖为了便于琉球的朝贡和彼此的贸易往来,便赐给琉球许多艘大海船,同时"赐闽中舟工三十六户"。[③] 这些后来被

---

① (清)张廷玉:《明史》卷三二四,《外国传》,《二十五史》第十册,上海:上海古籍出版社、上海书店,1986 年,第 8698 页。

② 《明实录·明世宗实录》卷一〇三,台北"中央研究院"历史语言研究所校勘,上海:上海书店,1983 年,第 3997 页。

③ (清)张廷玉:《明史》卷三二三,《外国传》,《二十五史》第十册,上海:上海古籍出版社、上海书店,1986 年,第 8692 页。

称为"闽人三十六姓"的船工,主要来自距离琉球最近的福州闽江两岸的能工巧匠,他们中不但有长于操舶者,还有精通造船修船技术的能手,也有懂纺织、营造的专才。

1392年,这些来自福建的移民到达琉球后,在那霸港附近的浮岛上建立了那霸唐营,并定居于此。他们在琉球负责航海、造船、外交文书的编写、翻译、对华贸易等事务,在琉球社会中地位较高。闽人三十六姓及后人受到琉球国的重视和优待,得到上至王府下到民间的高度尊重,成为琉球国里一支享有特殊待遇的族群,大多被委以重任,参与国家重要政治经济文化活动,并世代享有高官厚禄,甚至官拜相国,成为琉球影响甚大的名门望族。

第四,海外以各种方式谋得中国技术人才。明代,随着海上丝绸之路将中国生产的各种商品运往世界各地,越来越多国家对中国能工巧匠企足而待。当时海外各国谋求中国技术人才,主要通过两种方式:一是外国政府向中国政府请求赐予技术人才。暹罗国王非常喜爱龙泉青花瓷并看好市场前景,就特派使团到中国邀请龙泉窑工前往进行技术指导。这些窑工在暹罗得到礼遇,许多人就此定居于暹罗。在他们的指导下,宋加洛瓷器在南洋市场渐渐闯出名声。二是受雇于外国的专业技术人才。1571年,少数中国造船工人受雇于占领吕宋的西班牙人,他们还被西班牙殖民者派到北美,在加利福尼亚北部造船。这些技术人员在海外多娶当地女子,或娶华侨之女,或与有中国血统的女子结为夫妻,在海外开枝散叶,壮大了华侨群体。

第五,外国政府出台政策招徕中国人。明代后期,西方列强相继占领了中国人传统的经商与移民之地——南洋,随后想方设法地招徕中国人。招徕中国人政策背后主要有经济和政治上的两大目的。

从经济目的上来看,在许多华侨常至的异邦,当地政府认为中国人的到来能给他们带来财富,促进当地经济发展,满足当地人民的生活需求,"小国见华人舟,跫然以喜,不敢凌厉相加,故市法最平"。[①]西方列强在殖民南洋多国时,认为掌握先进农耕技术的华侨农民和手工业者是不可或缺的国家建设力量。1596年第一次到达东印度的荷兰人,目睹万丹(下港)华侨在经营商业的同时还勤于经营酿酒业。他们还发现万丹华侨在爪哇岛各阶层人

---

① (明)张燮:《东西洋考》卷五,《猫里务》,谢方校注,北京:中华书局,2000年,第99页。

民中享有良好的声誉。[①] 1622 年,荷印东印度公司总督燕·彼得逊·昆(Jan Pietersz Coen)在拟订招徕人口、繁荣巴达维亚的计划时特别指出:"除了华侨以外,别无其他民族能贡献出更多的力量。"[②]为了使巴达维亚早日成为东印度最大的商业城市,荷兰殖民者必须鼓励从事于商业、工业、农业的中国人定居下来,为当地经济发展做出更大贡献。[③] 为此,初到巴达维亚的荷兰殖民者千方百计地招徕中国人。

从政治目的上来看,西方殖民者统治南洋殖民地的重要策略之一是"分而治之",华侨的增加更有利于"分而治之"治理方针的推行。为此,他们有了招徕中国移民的强大动力。国外招徕中国移民的方式多种多样,苏禄国"值岁多珠时,商人得一巨珠携归,可享利数十倍……夷人虑我舟之不往也,每返棹,辄留数人为质,以冀后日之重来"。[④] 年复一年,定居苏禄的华侨也越来越多。荷属东印度公司为了迫使万丹的华侨能尽快移民至巴达维亚,甚至在 1619 年以武力相威胁,命令万丹的中国船离开巴达维亚的同时,必须输送一批中国人到巴达维亚,否则中国船的水手就会被扣押。[⑤] 1619 年7 月 2 日,荷印东印度公司总督燕·彼德逊·昆命令前往占卑、北大年、平户等地的船队司令大量招徕中国人,特别是木匠、伐木匠和渔民,甚至要求中国渔民把渔网一起带来。1619 年 7 月至 1621 年 6 月,他先后五次致函设在日本平户的荷兰商馆,要求他们全力招徕中国人,而且人数越多越好。1619 年 7 月至 1620 年 7 月,他先后四次通知设在暹罗北大年的荷兰商馆,要求全力劝诱定居在那里的中国人(特别是木匠)前往巴达维亚。如果他们不愿来,可以用公司的名义雇佣他们,发给高工资,并且欢迎携带妻子儿女一同前往巴达维亚,他们的妻子也可以获得工作,以赚钱贴补家用。1641年,荷兰人在殖民马六甲之后,以豁免人头税的方法招徕中国人前往,让华侨在此垦荒、经商和发展经济。

第六,外国人劫掠中国人,开发本国及其殖民地。明代后期,西方列强

---

① 费慕伦:《红溪渗案本末》,李平译,雅加达:翡翠文化基金会,1967 年,第 11 页。

② 费慕伦:《红溪渗案本末》,李平译,雅加达:翡翠文化基金会,1961 年,第 5 页。

③ 维克多·布赛尔:《东南亚的中国人》,徐平译,《南洋问题资料译丛》1958 年第 2～3 期,第 173 页。

④ (明)张燮:《东西洋考》卷五,《苏禄》,谢方校注,北京:中华书局,2000 年,第 98 页。

⑤ 燕·彼德逊·昆:《东印度商务文件集》第三卷,转引自陈碧笙:《南洋华侨史》,南昌:江西人民出版社,1989 年,第 73 页。

随着新航路的开辟陆续东来,在南洋地区占领了大量地区作为殖民地。西方国家为了对殖民地进行经济掠夺,需要开发当地资源,华侨成为他们眼中最优秀的劳工,因此千方百计地劫掠华侨前往殖民地务农做工。

1622年冬,荷印东印度公司总督燕·彼得逊·昆在给驶往中国沿海的舰队司令的信件中写道:"建议阁下一有机会就大量俘虏中国男女和小孩……并在下次来船时送来吧城。"①根据史料记载,这支舰队在1622年冬至1633年春的几个月内,一次又一次闯入中国闽粤两省沿海地区,烧杀劫掠,抢走1150人。

荷兰海员威·伊·邦特库(W. Y. Bontekoe)在其所著的《东印度航海记》中提到:荷兰人经常驾船到中国沿海抢人,有时荷兰人的海船一次就在中国沿海掳掠"好几百个中国人",最多的一次抢走的中国人"达一千四百名之多"。②

第七,中国政府对海外华侨社区建设的重视与扶植。明朝政府虽然认为华侨是天朝弃民,自甘外化,但是统治者为了自身利益,从促进朝贡贸易和扬我国威出发,对华侨也显示出关怀的一面,特别是重视海外华侨社区的建设,扶植当地华侨领袖。

明朝时期,三佛齐的旧港已形成对当地颇有影响力的华侨社区,并产生了有威望的华侨领袖梁道明,"有梁道明者,广州南海人,久居其国。闽粤军民,泛海从之者数千家,推梁道明为首,雄视一方"。③明廷对梁道明颇为敬重,允许他"入朝贡方物",使之在当地威望更高。这也使更多国内商民闻声而来,居于此地,背靠大树好乘凉。

郑和率船队第一次下西洋的返国途中,支持施进卿为首的海商势力,扶持施进卿为旧港华侨社区领袖,还任命施进卿为旧港宣慰使。④郑和此举对旧港华侨社区的建设还是发挥了积极的作用,也促使更多华侨前来投靠。

在隆庆开禁之前,民间海上对外贸易一直规模不等地进行着,中国人移民海外从未断过。在隆庆开禁之后,中国人移民海外的人数激增,主要表现

---

① 燕·彼德逊·昆:《东印度商务文件集》第三卷,转引自李祖基:《台湾历史研究》,北京:台海出版社,2006年,第78页。
② 威·伊·邦特库:《东印度航海记》,姚楠译,北京:中华书局,1982年,第95~96页。
③ (清)张廷玉:《明史》卷三二五,《外国传》,《二十五史》第十册,上海:上海古籍出版社、上海书店,1986年,第8698页。
④ (明)张燮:《东西洋考》卷三,《旧港》,谢方校注,北京:中华书局,2000年,第62页。

在以下几个方面：

第一，隆庆开禁后，中国人到吕宋经商居住的人越来越多。以福建为例，晋江安平港（今安海镇）民人泛舟前往吕宋商贩者颇多，"浮大海趋利，十家而九"。[①] 这就是说，晋江安平人每十家中至少有九家从事与吕宋的贩海贸易，所以侨居于吕宋的就更多了。英国殖民官员、东南亚历史研究学者维克多·布赛尔（Victor Purcell）曾著《东南亚之中国人》（*The Chinese in Southeast Asia*）一书，书中记载了华侨在吕宋人数的增长。1570 年，有一位西班牙人在吕宋岛马尼拉目睹一个住有 40 名华侨的社区。此时，距离隆庆开禁仅仅三年，就已经有小型华侨社区的形成。之后马尼拉的华侨人数快速增加，但他们没有指定的居住区，而是散住在西班牙人居住区内。后来西班牙殖民者分派给华侨一块聚居住所，华侨在殖民者堡垒的大炮下[②]盖起房子来，这里成为马尼拉最早的"中国城"。这个地方形成唐人街丝绸市场，人们称为涧内（即八连）。根据维克多·布赛尔收集的史料，1588 年，由中国开来的航船有三十余艘，载来了大批到此定居的华侨，加上原住在此地的华侨，马尼拉有华侨一万多人。此外，我们还可以从马尼拉主教写给西班牙国王的信中对涧内华侨数量有所了解："1590 年……涧内平时有华侨三千至四千人"，但这不包括"和菲律宾妇女结婚"的中国人，"此外，在每年航运季节时来往的华商计二千多人。城里和城外（包括涧内在内的马尼拉城）的华侨人口总数六千至七千人"。华侨在涧内城内"开了许多商店，商业日见繁荣，因而有更多中国人到这里来"。[③] 漳州人张燮在《东西洋考》中也证实："华人既多诣吕宋，往往久住不归，名为压冬，聚居涧内为生活，渐至数万，间有削发长子孙者。"[④]英国学者维克多·布赛尔收集的史料，更能显示出涧内华侨人数的增长。1591 年，华侨在涧内开办了约二百家商店。1599 年，涧内已有华人建造的木屋和藤竹屋三百余所，住在其中的华侨商人在三千人之上。1600 年，有一万五千名华侨住在马尼拉城。1602 年，马尼拉城

---

① （明）李光缙：《景璧集》卷十四，《二烈传》，转引自傅宗文：《沧桑刺桐》，厦门：厦门大学出版社，2011 年，第 403 页。

② 1571 年，西班牙殖民者从马尼拉登陆，入侵并占领了菲律宾，在马尼拉市中心的巴石河南岸建立了城堡和炮台。

③ 维克多·布赛尔：《东南亚的中国人》，徐平译，《南洋问题资料译丛》1958 年第 2～3 期，第 172～175 页。

④ （明）张燮：《东西洋考》卷五，《吕宋》，谢方校注，北京：中华书局，2000 年，第 89 页。

华侨已达一万六千人,加上从中国来的船队上的人,华侨达两万余人至三万人。

第二,明朝时期,华侨是万丹开港的功臣,至万历年间(1573—1620年),这里的贸易进入全盛期。1609 年 3 月,到过万丹的德国人约翰·威尔铿记载:"他们(指在万丹的华人)每年两次乘着自备的中国帆船来航,带来中国出产的珍贵物品和高价商货。中国人在万丹也有几千人住居,其中大部分是富裕的。"①日本学者岩生成一在经过多年的调查、考证、研究指出:

> 来航中国船的搭客一部(分)逐渐在下港定居,其数目达到数千人,足以组织唐人街的程度。那么,就必须推定中国船自海禁开放以来,几乎每年不断地继续来航。固然,由于定居的中国人和当地妇女杂婚的结果所自然增加的人口应当从定居的中国人总数中扣除出去,但是大体上前述定居下港中国人有几千人的看法是不会有错误的。②

从岩生成一的研究中可以看出,隆庆元年(1567 年)开放海禁后,每年都有中国人乘着商舶定居万丹,即使不算上已与当地人通婚的华侨和所生子女,居住在唐人街的华侨都达数千人之多。如果再算上与当地人通婚的华侨和所生子女后,华侨人数应相当可观。荷兰远征队指挥哥尔勒尼斯·德·侯德孟,在 1596 年 11 月第一次到达万丹时,曾记载万丹华侨习惯在当地娶妻生子,"他们倘有必要在当地侨居数年,就按照自己的愿望,买妻一人或二人,过着夫妇家庭生活"。③ 从中可以看出,华侨在万丹娶妻生子已成为普遍的现象。按照中国人对血缘的共识和晚清中国根据血统主义制定的第一部国籍法,华侨与外国人所生的子女,都属于中国人,皆为华侨,算上这些人,在万丹的华侨人数远超数千人。

第三,隆庆元年(1567 年)虽部分开放海禁,却仍禁海商前往日本开展两国贸易,但禁止海商赴日营商反而使得海商贸易利润很高,这也吸引更多中国商民前往日本。清人王沄在其所著的《漫游纪略》中,记述福建沿海商民赴日贸易的情形:"先朝禁通日本,然东之利倍蓰于西。海舶出海时,先向

---

① 岩生成一:《下港(万丹)唐人街盛衰变迁考》,刘聘业译,《南洋问题资料译丛》1957年第 2 期,第 113 页。

② 岩生成一:《下港(万丹)唐人街盛衰变迁考》,刘聘业译,《南洋问题资料译丛》1957年第 2 期,第 113 页。

③ 岩生成一:《下港(万丹)唐人街盛衰变迁考》,刘聘业译,《南洋问题资料译丛》1957年第 2 期,第 111 页。

西洋行,行既远,乃复折而入东洋。嗜利走死,习以为常,以是富甲天下。"①
海商络绎不绝地赴日,在日本定居的华侨也快速增加。1625年,福建巡抚
南居益提到明代日本华侨人数不少:

> 闻闽越、三吴之人,住于倭岛者不知几千百家,与倭婚媾,长子孙,
> 名日唐市。此数千百家之宗族姻识,潜与之通者,实繁有徒,其往来之
> 船,名日唐船,大都载汉物以市于倭。②

关于日本各地华侨的具体人数,仅以日本长崎为例,明天启年间曾任户
部尚书的朱国桢在《涌幢小品》中记载:"自(万历)三十六年至长崎岛明商不
上三十人。今不及十年,且二三千人矣。合诸岛记之,约有二三万人。"③

虽然目前尚没有关于明代华侨人数的确切统计数字,有的都是大体估
算,但一般认为明中期以前海外华侨在十万人左右,明后期华侨人数激增,
到清前期已达一百万人。④

2.华侨社区的扩大

明代,沿着海上丝绸之路出国的中国人激增,形成了中国人移民海外的
第一个真正高潮。随着中国人移民海外的高潮到来,移民区域不断扩大,华
侨社区增多,华侨影响力提高,华侨领袖出现,初步形成华侨社会。

在明代以前,华侨除政治避难、战争遗留俘虏和伤兵外,更多人因商业
活动而滞留海外,而在明代,华侨构成更加丰富。在日本长崎,华侨以商人、
船工、仆役为主,还有不少文人、僧人、医生。在华侨传统聚居地——南洋,
明代移民至此的除商人外,还有掌握各种技能的工匠和精通农耕的农民。
这些掌握各种技能的工匠,能造船、建屋、修路和制作多种生活品。吕宋岛
华侨当时主要从事的工作就是工匠(包括木匠、成衣匠、补鞋匠和做手艺者
等),他们除了负责建筑教堂、修道院和堡垒外,还供给当地西班牙殖民者生
活所需的日用品。⑤ 在南洋,大规模种植相对高附加值的经济作物,如种植

---

① (清)王沄:《漫游纪略》卷一,《闽游》,《笔记小说大观》第十七册,扬州:江苏广陵古
籍刻印社,1983年,第4页。

② 《明熹宗实录》卷五十八,台北"中央研究院"历史语言研究所校勘,上海:上海书店,
1983年。

③ (明)朱国桢:《涌幢小品》,转引自晁中辰:《明代海外贸易研究》,北京:故宫出版社,
2012年,第292~293页。

④ 晁中辰:《明代海外贸易研究》,北京:故宫出版社,2012年,第294页。

⑤ 维克多·布赛尔:《东南亚的中国人》,徐平译,《南洋问题资料译丛》1958年第2~3
期,第172~173页。

胡椒、甘蔗等经济作物的是华侨,进行榨糖、榨油加工业生产的还是华侨。

除了华侨构成更加丰富外,华侨定居的区域也不断增多。今属印尼的安汶、班达、雅加达等地在明朝晚期也出现了华侨移民,至 1621 年定居于安汶的中国移民已有一百二十多人。

随着华侨人数的增多,在华侨聚居的南洋各国和高丽、琉球等地的一些区域,特别是中国通往印度、阿拉伯、非洲的海路商道沿线的城市,如占城、柬埔寨、马六甲、旧港、杜板、革儿昔、苏鲁马益、三宝垄、文莱、麻逸、苏禄、阿瑜陀耶城[①]等地,都形成了固定的华侨社区。华侨社区的形成主要有以下三大类:

第一类是集团性移民形成的华侨社区。按照移民动因又可以细分为三种:一是明朝达官贵人因政治避难携家人、部下移民海外,结伴相居,形成华侨社区。二是海商集团共同定居于异邦某地,形成华侨社区,如旧港陈祖义集团形成的旧港社区。三是明初朝廷将中国技术人才成批"赐给"外国,由此形成华侨社区。如明初洪武帝派遣福建舟工三十六户赴琉球定居,他们在那霸港附近的浮岛上建立了一个独立的村落共同居住,这个村落最早被称为"唐营"或"唐荣",后来改名为"久米村"。

第二类是因经商和谋生的需要而自然形成的华侨社区,如菲律宾涧内等。

第三类是以地域、方言和宗族聚集而形成的华侨社区,如菲律宾华侨社区多为福建人,直至今天,福建人占菲律宾华人总人口的 $85\% \sim 90\%$[②],其中很重要的原因是投亲和投靠同乡者越聚越多,进而形成华侨聚居区,又如长崎的福州籍华侨社区、泗水的福清籍华侨社区等。

明代形成的华侨社区呈快速增多且规模扩大之势。以爪哇岛为例,当荷兰殖民者登陆爪哇时,他们发现爪哇岛多地都有中国人居住,而且人数较多。明代爪哇岛已形成四个重要的华侨社区:

一是以爪哇岛东北岸苏鲁马益为中心的华侨社区,包括爪哇国的杜板、

---

① 杜板,又作打板、杜瓶,在今印尼爪哇岛锦石西北的图班。革儿昔,又作吉力石,在今印尼爪哇岛东北岸锦石。苏鲁马益,又名苏儿把牙,即今印尼爪哇岛泗水。阿瑜陀耶城,习称大城,坐落在今泰国首都曼谷以北的平原上。

② 潘翎:《海外华人百科全书》,崔贵强编译,香港:三联书店(香港)有限公司,1998年,第 187 页。

新村、苏鲁马益、满者伯夷①。随郑和下西洋的巩珍在《西洋番国志》中记载：

> 爪哇国，古名阇婆国也。其国有四处，一曰杜板，一曰新村，一曰苏鲁马益，一曰满者伯夷，俱无城郭。宝船到彼，皆于海中驻泊，官军人等惟驾三板船于各处来往。其他国有船来者，先至杜板，后至新村，次至苏鲁马益，次至满者伯夷。②

杜板、新村、苏鲁马益、满者伯夷等四地皆临海，自古就是中国海商贸易之地，能成就其港，华侨居功至伟，但成就四地在世界贸易史上的重要地位以及当地华侨社区的进一步形成，都与郑和七下西洋的壮举有关。

在郑和下西洋时，杜板已形成了一定规模的华侨社区，"此地约千余家，中国广东及漳州人多逃居于此，以二头目为主"。③ 华侨与当地人民同心协力，使杜板成为当时爪哇岛上的主要海港。在明代张燮所著的《东西洋考》中，杜板已成为颇具名气的海港："吉力石港，即爪哇之杜板村，史所谓通蒲奔大海者也。"④

杜板向东行半日多，又是一个华侨社区，因为由华侨所拓，得名"新村"，即今爪哇岛的锦石，当时是满者伯夷王朝的重要商港。新村"原系沙滩之地，盖因中国之人来此创居，遂名新村，至今村主广东人也。约有千余家，各处番人多到此处买卖"。在华侨的主导下，新村"民甚殷富"。⑤ 在新村居住的华侨，以广东、福建两省商民为主，他们披荆斩棘，艰苦奋斗，到 1523 年，该地已发展成为拥有 3 万人口的繁华临港城市。

新村向南行数日到达苏鲁马益，此地又名苏儿把牙，即今印尼泗水。因为临海有港，中国商民沿着海上丝路来此贸易，并在此聚集、定居，"亦有村主，管番人千余家门。亦有中国人"。⑥

满者伯夷也有华侨社区，华侨是构成当地居民的三部分族群之一，"一

---

① 满者伯夷，指公元 13 世纪末至 15 世纪末印尼爪哇岛东部的一个强大王国。1293 年至 1500 年，满者伯夷王国曾统治马来半岛南部、婆罗洲、苏门答腊和巴厘岛。

② （明）巩珍：《西洋番国志》，向达校注，北京：华文出版社，2017 年，第 9 页。

③ （明）巩珍：《西洋番国志》，向达校注，北京：华文出版社，2017 年，第 10 页。

④ （明）张燮：《东西洋考》卷九，《西洋针路》，谢方校注，北京：中华书局，2000 年，第 180 页。

⑤ （明）马欢：《瀛涯胜览校注》，冯承钧校注，北京：华文出版社，2019 年，第 9 页。

⑥ （明）巩珍：《西洋番国志》，向达校注，北京：华文出版社，2017 年，第 11 页。

等西番回回人,因作商贾流落于此。日用饮酒清洁。一等唐人,皆中国广东及福建漳、泉州下海者,逃居于此……一等土人"。[①]

根据马欢、巩珍等人的记载,他们亲身经过爪哇这四个华侨社区,发现爪哇岛东部港口华商非常活跃,这既与当时满者伯夷王国建都于此有关,也与中国海商与华侨的努力密不可分。

二是以三宝垄为中心的华侨社区。三宝垄临海有渡口,自古就有中国人到此经商,华侨社区在郑和下西洋之前就已经存在。1413 年,郑和率船队第四次下西洋时,船队曾在三宝垄停泊一个月进行休整。郑和与其他随员经常到三宝垄华侨聚集地去。由此可以断定在此之前,当地华侨社区已初步形成,但三宝垄的得名却在此之后。据印尼学者林天佑在《三宝垄历史:自三保时代至华人公馆的撤销(1416—1931)》一书中的记载:与郑和一起率船队下南洋的副使王景弘,在随郑和第五次下西洋时,行至爪哇北岸时患了重病,郑和令其在附近的山洞里疗养,并留下 10 名随从照料。王景弘病好后,便与随从在那里定居下来,王景弘指挥随从开发土地,种植庄稼,建筑房屋,使当地的经济繁荣起来。当地居民和华侨对郑和、王景弘怀有敬意,便把郑和作为保护神来奉祀,三宝垄因此得名。当年郑和登陆的港湾,也命名为"三宝港"。关于王景弘率随从在此拓荒之事,虽未见诸于中国史籍,但可以肯定的是,明代不少中国海商来此与南洋各地客商博易。[②]

华侨最初定居于塞蒙安河附近的三宝洞一带。17 世纪初,荷兰东印度公司命令华侨从三宝洞迁入今三宝垄市内指定的华侨社区,之后吸引更多中国人到此谋生和定居,形成的华侨社区也持续扩大。随着华侨人口的愈发活跃,三宝垄市区的经济活动也愈发活跃,市区的华侨与三宝垄周围乡村原居民之间的友好贸易关系也建立和发展起来。三宝垄就是在华侨与原居民的和睦相处、进行平等互利经济交往的过程中,逐渐从一个人烟稀少的荒野和沼泽地区变为一座繁荣热闹的海港商业城市。三宝垄市今为印尼西爪哇省首府,三宝垄港今为印尼第四大港。

三是以井里汶为中心的华侨社区。井里汶是在爪哇岛上的一个古国,今属印尼西爪哇省。因为拥有天然良港,很早就有中国人到此经商,定居于

①　(明)巩珍:《西洋番国志》,向达校注,北京:华文出版社,2017 年,第 12 页。

②　林天佑:《三宝垄历史:自三保时代至华人公馆的撤销(1416—1931)》,李学民、陈巽华译,广州:暨南大学华侨研究所,1984 年,第 7～28 页,第 314～316 页。

此的华侨也越来越多。据陈达生在《三宝垄及井里汶马来编年史》一书中的记载,早在1415年,井里汶第一个华侨社区就在柚木山形成。孔子后代孔武斌在柚木山上设立灯塔,并在附近的森梦、沙令地和达郎三个地方,先后建立起华侨村落。沙令村的华侨负责砍伐柚木,将其提供给郑和船队,作为维修木船之用;达朗村的华侨负责维修、管理船坞;森梦村的华侨则专门负责管理灯塔。三个村的华侨还承担着为郑和船队提供粮食、蔬菜、油、盐等军需食品的任务。当时,井里汶人烟稀少,但是因为当地有火山,土地非常肥沃,加上有渡口,越来越多中国人移居于此,渐成繁华临港之地。①

四是以万丹为中心的华侨社区。万丹国,在今印尼万丹省一带,面朝大海,其是中国人传统海上贸易之地。据荷兰最初远征队总指挥哥尔尼斯·德·侯德在日记中的记载,他在1596年6月到达万丹时,与居于此的华侨有交往,"中国人在万丹居住着自己特有的区域,它的周围环绕着牢固的土墙并有沼泽为护。他们在市内住有相当规模的房屋"。② 此外,在1602年2月访问过万丹并在此居住三年的英国人爱德蒙·斯克特(Edmund Scott),也曾在他的游记中介绍了万丹唐人街的发展:

> 这条唐人街大部分是砖瓦房屋,都是四角形,房顶是平的,中间夹有木板或小木料。也有覆着茅草,上面都放有防火的砖瓦或沙。另有砖瓦建筑的仓库,上面搭有阁楼,大半都用大茅蒿葺成的。我来此地二三年来,看到有钱的中国人都把住屋改建,屋顶都有防火设备。③

日本学者岩生成一仔细研读了爱德蒙·斯克特的游记,并做了实地考证,他认为:

> 中国人在下港经过六年间有他们自己的唐人街,每年修建更新。从此可以推定下港唐人街的起源,比这位英国人目击的还很(更)早些,无疑(地)随着下港的开港和中国船的来航,它已经由万历初年起就逐

---

①　陈达生:《郑和与海外华人》,《中国航海文化论坛》第一辑,北京:海洋出版社,2011年,第88～101页。

②　岩生成一:《下港(万丹)唐人街盛衰变迁考》,刘聘业译,《南洋问题资料译丛》1957年第2期,第113页。

③　岩生成一:《下港(万丹)唐人街盛衰变迁考》,刘聘业译,《南洋问题资料译丛》1957年第2期,第112页。

渐发展起来了。[①]

随着华侨越来越多,在南洋形成了多个华侨社区。如苏门答腊岛的旧港国,明代当地"国人多是广东、漳泉州人逃居此地。人甚富饶,地土甚肥"。[②] 因华侨众多,明成祖朱棣下旨在旧港设置宣慰司,以当地华侨施进卿为首任宣慰使,自此旧港成为明朝政府在南洋最重要的战略基地。郑和七下西洋的船队都以旧港作为补充给养基地和远洋航行途中的休息站。在一代又一代华侨的奋斗下,当年的旧港古国如今已更名为巨港,成为印尼南苏门答腊省首府、苏门答腊岛南部最大的港口与贸易中心。

伴随着华侨人数的增多,华侨社区不但数量增多且规模不断扩大。这既与华侨多喜结伴而居、投亲靠友的传统有关,也与当地政府多为华侨划定居住范围有关。此外,华侨往往将居处作为工作地,在此经商或开设作坊,华侨社区就自然成为当地繁华的商业区,吸引了更多中国人前来谋生,华侨社区就如滚雪球般做大做强。也正因此在海外,特别是在南洋地区,华侨聚居地一直沿着华侨社区—华侨社会—繁华市镇—城市的轨迹快速发展。

3.华侨社会的初步形成

华侨社会形成的前提是华侨聚居地人数的大量增加和华侨社区规模的不断扩大。如前所述,在海上丝绸之路沿线国家的许多华侨聚居地中,"千余家"或"数千家"华侨在此生活。推崇集体主义是中华文化的精髓,中国人强调团队力量、集体力量,主张"君子和而不同"、"天时不如地利,地利不如人和"。尊天敬祖也是中国古代的传统信仰,中国人拥有天神、祖先、社稷三大崇拜,并配合以祭天、祭祖的典制和活动。此外,中华民族一向重视子弟教育。拥有海商传统的福州人至今奉行"一厝二墓三子孙",这里的"厝",既指自己的宅邸,也指宗祠,还指自己奉祀的神灵庙宇;"墓"指的是造好祖宗之墓;"子孙"指的是培养好、教育好子女。这些传统已浸润于中国人的血脉之中,随着移民的步伐带到世界各地。

明代海外华侨社会的初步形成,这是因为出现了华侨社区的领导人、管理机构,华侨已能自己治理自己所在的区域。同时出现了华侨共同建设的庙宇和共同开展的祭祀活动,出现了华侨社团组织、公墓,并出现了少量的

[①] 岩生成一:《下港(万丹)唐人街盛衰变迁考》,刘聘业译,《南洋问题资料译丛》1957年第 2 期,第 112 页。

[②] (明)马欢:《瀛涯胜览校注》,冯承钧校注,北京:华文出版社,2019 年,第 15 页。

华侨学校和家庭塾馆。具体而言,以下五大标志代表着明代华侨社会的初步形成。

第一,明代已出现华侨社区的领导人。主要有以下四类:

一是在华侨社区中成长起来的领导人。1397年,东爪哇满者伯夷灭三佛齐旧王朝,三佛齐王子逃往马来半岛建立满刺加王朝。当时旅居巨港的一千多名华侨拥戴广东南海人梁道明为王,建新三佛齐王朝,新三佛齐国直至1470年被满者伯夷所灭。此外,活跃在南洋的海商集团首领施进卿等,都是因能力、威望、财富等原因成为华侨领袖。明代,在南洋还出现了一些大小不等的华侨社区,由成长起来的华侨领袖管理。《明史》记载:"婆罗,又名文莱……万历时,为王者闽人也。"①这里的"为王者",即指华侨社区中的领导人。再如,长崎是华侨在日本的聚集地之一,明代日本人称华侨为"唐人"。在1627年以前定居于长崎的华侨,都得到日本当局特准,准允他们在长崎买地建屋,取得永久居留权,日本当局称之为"住宅唐人"。以这批唐人为中心,形成了三江帮、漳泉帮、福州帮。每一帮华侨中,各有一个"头人"管理本帮华侨事务。欧阳华宇和张吉泉都是漳州籍海商,于明万历年间因出洋贸易而流寓长崎,成为当地华侨头领,负责处理居于长崎的漳州籍华侨事务。

二是由中国政府任命的华侨社区领导人。据《三宝垄华人编年史》中的记载,郑和第五次下西洋时,任命占婆的云南籍华侨彭德庆担任南洋各地蓬勃兴起的华侨社区总管。② 彭德庆曾被占婆政府任命为官员,受命担任海外华侨总管后,任命了许多来自云南的华侨为各个港口的华侨首领。再如,郑和在第六次下西洋回国途中,特意前往旧港,专门解决施进卿死后继承人的问题。郑和下西洋时的随员马欢,归国后著有《瀛涯胜览》一书,书中记载:"(施进卿病逝后),位不传子,是其女施二姐为王,一切赏罪黜陟皆从其制。"③明廷也立即确认施二姐袭任旧港宣慰使之职,这使得旧港华侨社会没有因施进卿的去世而发生动乱。

三是由侨居国政府任命的华侨社区领导人。巴达维亚首任华侨甲必丹

---

① (清)张廷玉:《明史》卷三二四,《外国传》,《二十五史》第十册,上海:上海古籍出版社、上海书店,1986年,第8694页。

② 万明:《明代中国与爪哇的历史记忆——基于全球史的视野》,《中国史研究》2020年第2期,第162页。

③ (明)马欢:《瀛涯胜览校注》,冯承钧校注,北京:华文出版社,2019年,第16页。

苏鸣岗。苏鸣岗(1580—1644),福建同安人,成年后赴南洋谋生。1612年,苏鸣岗前往西爪哇的万丹经商,他通晓马来语和葡萄牙语,后迁居巴达维亚。1619年夏,苏鸣岗从万丹带领一批华侨开发巴达维亚。同年10月,苏鸣岗被荷兰东印度公司总督任命为首任华侨甲必丹。苏鸣岗初到巴达维亚时,华侨居住条件很差。他向荷兰殖民政府购地,带领华侨修河堤、建房屋,改善华侨的居住环境。此后,荷兰殖民政府又聘苏鸣岗为评政院议员,负责处理华侨内部纠纷,协调华侨与殖民政府的关系。苏鸣岗之所以被选为华侨甲必丹,这与他在当地华侨中的威望及影响力有关:

> 中国人团体一致选举苏鸣岗为他们的甲必丹……他掌有赌博与铸造货币的专利,同时是过磅处的管理人,因此一切中国货物都要经过他的手。此外他又是一个商人,拥有船只,而且是公家的承包人。与万丹间的中间人也是由他担任。[①]

又如日本长崎,1635年随着日本当局下令全面实行禁海令,唐船被迫全部集中于长崎,九州周边的华侨也都被要求迁居于长崎。为了加强对日益增多华侨的管理,长崎于1635年设置了"唐年行司"这一职位,在有威望的"住宅唐人"中遴选任职官员。在中国的明代,长崎奉行[②]共任命了两批唐年行司,首批被任命为唐年行司的有:漳州籍的欧阳云台、福建籍的何三官、泉州籍的江七官、福州籍的陈奕山、四川籍的张三官。次年,长崎奉行又任命福清籍的林时亮担任唐年行司。

四是同时被中国政府和侨居国政府任命的华侨社区领导人。部分明初赴海外经商的华侨,经过数十年的努力,积累了大量财富,并展现出极强的协调力和领导力,成为华侨群体、祖籍国、侨居国政府共同认定的领导人。施进卿与祖籍国保持着良好的关系,郑和十分看重他,委任他为旧港宣慰使,扶植他为华侨领袖。他长袖善舞,与侨居国各级政府也都建立了良好关系,深得信任,爪哇的麻喏巴歇王朝(满者伯夷国)任命施进卿为旧港管理行政、宗教事务的大臣。再如,被明政府任命为旧港宣慰使的华侨领袖施二

---

① 维克多·布赛尔:《东南亚的中国人》,徐平译,《南洋问题资料译丛》1958年第2～3期,第112页。

② 奉行,日本平安时代至江户时代的一种官职。江户幕府成立后,奉行成为构成官僚体系的主要职位。长崎奉行即长崎的行政司法长官,另外还有三个特殊职责:防备外敌入侵和基督教传播的警备司令官,负责贸易事务的商务官,与前来长崎的外国人交涉的外交官。

姐,在移居东爪哇后,又被爪哇国国王任命为新村领袖。华侨社区领导人负责处理辖区内的华侨事务,负责与侨居国政府沟通、协调,有的还负责与祖籍国建立联系。

第二,明代出现华侨所建庙宇和共同的祭祀活动。随着华侨社区的规模不断扩大,中国盛行的佛教、道教和儒教,也被华侨带到了海外,在华侨社区建起了各种寺庙。

华侨所建的庙宇以佛教居多。1602 年,欧阳华宇和张吉泉鉴于流寓长崎的华侨不断增多,在征得当地政府同意后,决定将长崎稻佐乡佛教净土宗悟真寺改名为菩提寺,并将其作为当时移居长崎的华侨聚会场所。1620年,居于日本长崎的江西、江苏、浙江商人出资,由江西籍渡日僧人真元创建兴福寺,这是长崎唐三寺中最早建立的寺院。1628 年,在长崎漳州籍华侨的重金资助下,明僧觉海在长崎岩原乡建起了福济寺,俗名“漳州寺”。次年,侨居长崎的福州籍华侨,也在众人的支持下,由东渡长崎传法的福州僧人超然着手建立崇福寺,侨居当地的福州籍商人欧阳氏捐出自家别庄作为新寺址,崇福寺又称“福州寺”。除了日本之外,华侨在南洋多地也陆续建起了一些佛寺。在琉球国,仅在华侨聚居的久米村一带,明代就建有普门寺、东寿寺、清泰寺、松山轩、和光寺等。

除了在华侨社区内兴建佛寺外,华侨所建的寺庙还有祭祀海神妈祖的天后宫、祭祀商神关公的关帝庙。在日本长崎,华侨所建的悟真寺、兴福寺、福济寺、崇福寺,都是在妈祖堂的基础上建起的,或建佛寺之初就立有妈祖堂,并在作为佛寺后依旧设有祭祀妈祖的场所。兴福寺有妈祖堂,正中主祀天后,左右配祀关帝和三官大帝;福济寺有青莲堂,正中主祀天后,旁祀观音大士与关帝;崇福寺有妈祖堂,正中主祀天后,旁祀三官大帝,并在护法堂内祀关帝与观音。长崎的这三座佛寺在早期名义上是拜祭佛祖释迦牟尼的佛寺,实际上已被商人们按照自己的需要加以改造了。1392 年,被朱元璋赐给琉球的闽人三十六姓赴异邦定居,由于此时妈祖信仰在福建已经十分盛行,所以移民几乎都是妈祖信众,而且是带着从家乡分香的妈祖神像乘船跨海去琉球,他们认定海上涉波履次避险正是全靠妈祖护佑。因此在移民安家后,闽人就申请在琉球建妈祖庙,将保佑他们化险为夷的妈祖神像恭请入宫安座,一来方便随时祭拜,二来不忘他们的根在福建。1572 年,在今菲律宾吕宋岛南部描东岸省塔尔镇上,华侨建起了供奉妈祖的天上圣母庙。据说,当年有数艘福建商船,在今菲律宾民都洛岛附近遇大风导致船只出现故障,船人及商客在船上妈祖神像的保佑下获救,最终于塔尔镇登岸。于是,华侨商民就在塔尔镇上建庙祭祀妈祖。海外华侨还在侨居国建起了供奉智慧之神诸葛亮的庙宇,在缅甸奉祀诸葛亮的诸葛武侯庙香火鼎盛。在今泰国、马来西亚和印尼辖境内,明代还建立供奉郑和的庙宇。

华侨在海外通过开展各种各样的祭祀活动,构筑自己的精神家园,强化"根"的文化凝聚力,这使得华侨组织中的各位成员团结一心,并扩大组织成员的共同利益。与此同时,华侨在外国也须拥有一定的宗教性资源,占据道德制高点,这样才能在精神层面"摄服"外国人,建立自身的责任领地。

第三,出现了以地缘和神缘为内聚力而形成的华侨社会组织。关于明代中国基层社会治理,中国史学界形成的共识是,国家通过乡族自治来间接控制基层社会,而宗族、神庙、会馆、公所、民间慈善组织,甚至是公司、秘密会所等都是自治形式。明朝晚期发展起来的行业会馆、同乡会馆,许多都是在庙宇的基础上建立起来的,因此以神庙为中心形成的海外华侨自治组织是一种常见形态,华侨将这种基层社会治理形式也移植到侨居国。

在明代,海外华侨形成以地缘和神缘为内聚力的两种社团组织形式:以日本长崎为例,明代形成了建立在庙宇基础上的地缘社团组织。当时在日本长崎活跃着华侨四大商帮:泉漳帮、三山帮、三江帮、广东帮。泉漳帮,又叫"闽南帮",由福建漳州府、泉州府所辖各县华侨组成;三山帮,又称"福州帮",由福建福州府所辖各县华侨组成;三江帮由江西、浙江、江苏所辖各府县华侨组成,广东帮由广东各府县华侨组成。当时,广东帮与泉漳帮、三山帮、三江帮相比,人数相对较少,三山帮和三江帮组织较为庞大。长崎华侨最早建立的悟真寺是不分帮派的,很大原因是当时长崎华侨人数相对较少。随着华侨人数增多,出现以地缘为纽带的联谊场所,三山帮、泉漳帮、三江帮就各自筹资并聘请祖籍地的高僧,建起崇福寺、福济寺、兴福寺,这些寺庙都不是普通的佛寺,而是以方言群体为划分原则的华侨社会活动中心,具有祭祀、葬礼、联谊、救济、仲裁、调停的自治功能。长崎唐三寺都设有本帮议事办公场所,如兴福寺设有三江会所,崇福寺设有开山堂。兴福寺、福济寺、崇福寺,实际上就是以地缘为纽带的社团组织,兴福寺是江西籍、浙江籍、江苏籍华侨的社团组织,福济寺是闽南籍华侨的社团组织,崇福寺则是福州籍华侨社团组织。

在明代,还诞生一种特殊的华侨社团组织——以同一宗教而形成的华侨社区,"至 1430 年,三宝太监已经成功地在爪哇打下回教的基础,并且在杜板、井里汶、巨港和锦石等地就已经建立起华侨回教徒社区"。[1] 随郑和下西洋的马欢就曾说,在爪哇国华侨社区的广东、福建籍华侨"多有从回回教门受戒持斋者"。[2] 当郑和"1434 年去世后,哈芝(即哈只)颜英裕成为华人回教徒社区的推动力量之一。[3]

第四,出现华侨公共义冢。从已知史料来看,明代出现了华侨义冢。中国海船最早停泊在长崎西部港口稻佐一带,1598 年,华侨在此合力建成悟真寺,1602 年易名菩提寺,将其作为华侨祭祀、联谊、议事的场所。不久,闽商欧阳华宇、张吉泉向当地政府申请购买悟真寺附近部分土地,将其作为长崎华侨义冢,这也是长崎最早的华侨公共慈善墓地。拥有华侨义冢,说明长崎的华侨人数快速增加,也说明已有华侨组织从事常态化的慈善事业,也正因此长崎悟真寺华侨义冢会成为长崎华侨社会形成的标志之一。

第五,在华侨社区里出现华侨教育。中华民族一向重视子女教育,认为国家治隆,教化为先。华侨移居海外,把这深植于心的传统带到了异邦,即使本人目不识丁,但温饱初具,即倾力于子女教育。明代赴海外谋生者,既有拖儿带女合家移民者,也有少量回乡娶妻并携新妇往海外打拼生子他乡者,更多的是在海外与当地女子结婚生儿育女者,他们希望通过教育让子女传承中华传统文化。

明代,在一些深受中华文化影响的国家里,诞生了少量非正式的华侨教育形式。在日本长崎,华侨子女教育主要以家庭教育为途径,而一些有文化且有一定社会地位的华侨还通过收义子的形式,接收社区里的华侨子弟来家里读书。在琉球国,华侨在天妃宫内办学,请有文化的华侨移民教自家子弟读书学习。由于华侨重视子女教育,琉球国华侨代代皆涌现出不少政府高官。至于何时开始在天妃宫里办学并未查到相关史料,但能查到的史料是天妃宫的建成时间。终明一代,琉球国建有两座大型天妃宫:一座叫上天妃宫,位于久米村,建于 1561 年。据《琉球国志略》载,上天妃宫"建于嘉靖

---

① 李炯才:《印尼——神话与现实》,转引自陈碧笙:《南洋华侨史》,南昌:江西人民出版社,1989 年,第 55 页。

② (明)马欢:《瀛涯胜览校注》,冯承钧校注,北京:华文出版社,2019 年,第 11 页。

③ 李炯才:《印尼——神话与现实》,转引自陈碧笙:《南洋华侨史》,南昌:江西人民出版社,1989 年,第 55 页。

中,册使郭汝霖所建"。① 一座叫下天妃宫,位于那霸天使馆东侧,一说建于1456年。《球阳》一书则记载:"尚巴志王三年(1424年)创建下天妃庙。"② 下天妃庙是所知的迄今为止最早的一座由外国政府建造的妈祖庙,兼有琉球国国家档案馆的功能。上天妃宫,在供奉妈祖娘娘等中国神灵外,还兼作久米村华侨子弟的学校,"门南向,亦为石神二。甬道左右宽数亩,周围缭垣。正中为天妃神堂,右一楹祀关帝,左为久米幼童诵读地"。③ 除此之外,琉球国在明代还出现了中国传统私塾。万历年间,华侨蔡坚在家中设塾,并绘孔子圣像以祭祀,"万历间,紫金大夫蔡坚始绘圣像,率乡中缙绅祀于其家"。④

华侨家庭教育和小规模公共学堂的出现和增多,为华侨社会之后兴起华侨公共教育奠定了基础,相继出现了私塾、寺子屋、圣堂、明伦堂等公共华侨教育机构。

(三)明代华侨的作用与地位

作为中国海外移民的第一个高峰,明代移居海外的中国人超过前代。终明一代,华侨作为海上丝绸之路的重要建设者,拓宽和延伸了海上丝绸之路的宽度和长度,在为侨居国城市建设、农业、手工业和商业发展做出重要贡献的同时,还推动了祖国商品经济的发展,促进了带有资本主义萌芽性质的工商业在中国的滋生和成长,推进了海外更多国家华侨社会的形成。明代海外华侨的独特地位和作用主要表现在以下七个方面。

1.与国外客商合力建成两大世界性商贸中心,促成大帆船贸易

隆庆开禁后,华侨与中外客商合力推动了世界市场的建设。明代后期,随着地理大发现,世界各国的经贸合作进一步加强,侨居世界多国的华侨中有相当一部分人是海商出身,有些甚至出身于海商世家,他们利用自己多年积累的深厚人脉和商贸资源,推动中国加入世界市场并成为市场主要建设

---

① (清)周煌:《琉球国志略》卷七,《祠庙》,陈占彪点校,北京:商务印书馆,2020年,第163页。

② 球阳研究会:《球阳》,东京:角川书店,1974年,第169页。

③ (清)周煌:《琉球国志略》卷七,《祠庙》,陈占彪点校,北京:商务印书馆,2020年,第163页。

④ (清)周煌:《琉球国志略》卷十五,《琉球国新建至圣记》,陈占彪点校,北京:商务印书馆,2020年,第258页。

力量之一,他们还直接参与建设了吕宋和爪哇两大东西方商贸中心。

16世纪中期,西班牙殖民者在美洲发现了储量丰富的白银资源,仅秘鲁的波多西一地到16世纪末年产白银就已达二十余万公斤。中国自明初始一直白银紧缺,物美价廉的中国日用品又为欧洲及其殖民地所急需,双方的需要形成互补,这为双方贸易带来了广阔前景。当时,西班牙殖民者从墨西哥等国掠夺了大量白银,通过海路运到吕宋,从中国行商和坐商手中换取丝绸、瓷器等中国精美商品,再运往美洲和欧洲,形成了世界贸易史上的大帆船贸易。也是在这个过程中,居于吕宋和爪哇的华侨持续参与建设吕宋和爪哇两大东西方商贸中心,而包括居于吕宋和爪哇华侨在内的中国海商则成为大帆船贸易的功臣。

中国海商和吕宋华侨,不仅以丝绸、瓷器换取美洲银元,还创设并垄断新兴商业和服务行业,这大大满足了当地居民的生活需求[1],不少中国商品也由马尼拉销往欧洲和美洲。华侨在吕宋的作为,吸引了越来越多东西方海商来此贸易,这使得马尼拉不但成为中外海商进行交易的重要场所,也成为东西方客商的贸易中心。

在大帆船贸易时代,华侨在爪哇岛世界性商贸中心的建设中扮演重要角色。1596年荷兰船只首抵爪哇,荷兰东印度公司迅速在巴达维亚设立总部,荷兰人发现华侨是巴达维亚经济建设中不可或缺的力量。在华侨的努力下,巴达维亚发展为中国与今印尼辖境进行贸易的中心。华侨作为重要的贸易桥梁,通过双向沟通,不断将中外客商引进爪哇进行贸易。从爪哇通用的钱币中可以窥见当时中外贸易之盛:中国漳州铸造的铅钱不仅是万丹市场通用的钱币,而且在全爪哇也通用这种"中间有四角洞,用小绳索系在一起"的钱币。[2] 它虽然在中国并不通用,但在万丹的贸易市场上却具有巨大影响力。外国商人交易时支付银钱,中国商人及当地居民使用中国铅钱。荷兰人东来后,立即在巴达维亚、万丹、旧港等传统贸易港口,与中国海商和当地华侨坐商展开贸易,换回大量欧洲和美洲多国急需的中国商品。南洋、中亚、西亚一些国家的商人也满载自己国家的物产,来此与中国海商进行交易,这使得爪哇成为东西方贸易的重要场所之一。

---

① 潘翎:《海外华人百科全书》,崔贵强编译,香港:三联书店(香港)有限公司,1998年,第188页。

② 岩生成一:《下港(万丹)唐人街盛衰变迁考》,刘聘业译,《南洋问题资料译丛》1957年第2期,第115页。

2.促进中国与世界多国建立友好关系

经过多代努力，一部分华侨进入侨居国政府管理层，他们凭借与中国的关系以及精通汉语和侨居国语言的优势，成为优秀的外交使节，为密切中国与侨居国两国关系做出重要的贡献。

以爪哇为例，根据《明实录》的记载，爪哇派往中国朝贡的使者中，出现很多华侨的身影，这表明在郑和下西洋前后，明朝政府与爪哇的官方外交中，爪哇华侨扮演了重要角色。以下列出被爪哇国任命为外交使节的主要华侨（同名者只列一次）：1404年，爪哇国西王都马板遣使阿烈于都万等来华，进贡方物，谢赐印币。1405年，爪哇国西王都马板遣使阿烈安达加、李奇等来华，进贡方物。1425年，爪哇国王杨惟西沙遣头目亚烈黄扶信来华，进贡方物；同年，爪哇国旧港宣慰司遣正副使亚烈张佛、那马等奉表，进贡金银香、象牙等方物。1426年，爪哇国王杨惟西沙遣使臣亚烈郭信等来华，进贡方物。1428年，爪哇国王杨惟西沙遣通事亚烈张显文等来华，进贡方物。1429年，爪哇国王杨惟西沙遣使臣亚烈龚以善等来华，进贡马及方物；同年岁末，爪哇国王杨惟西沙遣使臣亚烈龚用才等来华，进贡方物。1436年，爪哇国王杨惟西沙遣使臣亚烈高乃生等来华，进贡马及方物。1437年，爪哇国遣使臣亚烈张文显等来华朝贡。1438年，爪哇国来华使臣马用良、通事良殷、南文旦上奏中国皇帝，说他们三人都是福建漳州府龙溪县人。1443年，爪哇国遣使臣李添福等人进贡方物。1452年，爪哇国王剌武遣陪臣亚烈参尚耿等抵华，进贡方物。1454年，爪哇国王剌武遣臣曾端养、亚烈龚麻等来华，进贡马和方物。1465年，爪哇国遣使臣亚烈梁文宣等抵华，进贡马和方物。

至于在琉球国，担任外交工作的专才多为洪武初年被朱元璋赐给琉球的闽人三十六姓的后人，明清两季仅祖籍在今福州市仓山梁厝村的梁家人就有近百人。

3.为侨居国城乡开发和建设做出贡献

与明之前的华侨身份有所不同，明代移民海外的中国人不仅是商人，还有破产的农民、建筑工匠、造船技师、手工业者、渔民、船夫等。华侨带去了中国先进的建筑、农耕、手工业技能，成为侨居国建设的一支重要的技术力量。在中国移民较早扎根的南洋地区，华侨把贫瘠的荒漠、苍凉的孤岛，建设成了美丽、繁荣的乡村和街市。槟榔屿原是一座荒岛，华侨历尽艰辛开发荒岛，促使槟榔屿日渐富庶，成为远东最早的商业中心之一。在菲律宾群岛的猫里务国"地小土脊,国中多山",但自华侨来后,"渐成沃土,俗亦近驯,故舶人为之语曰:'若要富,须往猫里务'"。① 再如吕宋岛,明朝初年尚是一块处女地,当地的农业是在华侨的长期开发下奠定的,从村到市镇,再到城市兴起,无不留下华侨辛勤开发的身影。明万历年间上任福建巡抚的徐学聚,闻知1603年西班牙殖民者对吕宋华侨大开杀戒后,在其上奏的《报取回吕宋囚商疏》中,描述了华侨为建设吕宋岛做出的贡献:

> 吕宋本一荒岛,魑魅龙蛇之区,徒以我海邦小民,行货转贩,外通各洋,市易诸夷,十数年来,致成大会。亦有我压冬之民,教其耕艺,治其城舍,遂成奥区,甲诸海国。②

值得注意的是,徐学聚的上奏并不仅是根据自己在福建了解到的情况而写,而是在认真听取驻吕宋的西班牙官员的解释后写出的奏章,其真实度较高,很好地诠释了华侨在南洋诸国发挥的重要作用。

关于华侨在南洋发挥的作用,在17世纪欧洲殖民者的史料中对此也有充分的记录。根据中外史料的记载,今天菲律宾首都马尼拉、印尼首都雅加达以及南洋其他一些城市,最初都是由华侨建设的。到过爪哇的一位欧洲神父曾说:"中国人勤劳聪明,他们对于巴达维亚有莫大的价值,没有他们的帮助,人们就很难过舒服的生活。"③《爪哇史》作者托马斯·莱佛士爵士(Sir Thomas Raffles)也曾说:"中国人是爪哇商业的生命和灵魂。"④这些史料记载都说明,华侨是当时南洋海上丝绸之路沿线国家开发和建设的一支极其重要的力量。

4.为侨居国的农业发展厥功至伟

中国有着悠久的农耕文明,明代移民海外者多是来自沿海地少人多地区的农民,他们长于精耕细作,不少都是非常优秀的农把式出身。在定居海外后,他们积累的农业技能和善于钻研农业技术的传统,为侨居国农业发展做出巨大的贡献。以胡椒种植业为例,胡椒原产于南洋等热带地区,但产量

---

① (明)张燮:《东西洋考》卷五,《猫里务》,谢方校注,北京:中华书局,2000年,第98页。

② (明)陈子龙:《明经世文编》卷四三三,北京:中华书局,1962年,第4728页。

③ 维克多·布赛尔:《东南亚的中国人》,徐平译,《南洋问题资料译丛》1958年第2~3期,第116页。

④ 维克多·布赛尔:《东南亚的中国人》,徐平译,《南洋问题资料译丛》1958年第2~3期,第121页。

供不应求,迫切需要大量人工种植。中国拥有十分成熟的人工种植胡椒的经验,自西汉张骞出使西域将胡椒带回中国后,中国人就开始尝试人工种植胡椒,到明朝中期,胡椒开始大范围引种。至隆庆开禁时期,在中国南方已探索出较为先进的人工大规模种植胡椒的生产和管理经验。福建、广东的破产农民移居南洋一带,为西方殖民者扩大在南洋胡椒种植面积送来了优秀的农工和技术。不久之后,华侨在南洋种起了胡椒且面积不断扩大,南洋早期的一些大胡椒园多由华侨经营。到16世纪后期,仅爪哇岛的万丹一处就有数千名华侨以种植胡椒为业。

善于农耕的华侨还不断创新胡椒种植技术,如创造了胡椒种植"木柱法"。在他们到来之前,当地的土著居民只是让胡椒藤缠绕在树上,胡椒子结在藤蔓上。华侨则采取先进的种植技术,他们在地上插一根短粗的杆子让藤蔓缠绕,这样的好处是能让藤蔓更好地保存所吸收的养料。他们还把藤蔓上的叶子摘掉,使胡椒子能够得到更多光照,由此胡椒园从原先的每公顷栽种1200株增加至2500株,产量增加了一倍以上。这一创举令当地的胡椒产量快速提高,成为世界胡椒产量最多的生产地。据了解,苏门答腊邦加岛、勿里洞岛的胡椒园大多由广东籍华侨经营,巨港的胡椒园全部由闽南籍华侨经营。也正因此苏门答腊的胡椒产量迅速增加,到明末时期,这里的胡椒产量占全球的三分之二。当时,荷兰人收购胡椒都要通过中国商贩,荷兰人总想压低收购价格,但因为胡椒园大都为华侨所垄断,荷兰人的计划难以得逞。

此外,在爪哇的万丹,华侨除种植胡椒外,还种植水稻;在巴达维亚,华侨种植水稻、水果、胡椒、甘蔗;在菲律宾,华侨开发了一片又一片处女地,在荒野中开田耕地,种植水稻、苎麻、蓝靛、椰子、烟草和其他谷类。曾长期在安汶岛从事传教并著有《安汶岛志》的弗朗科伊斯·华廉泰因(Francois Valentijn),在谈及安汶岛的华侨移民时提到:

> 安汶岛居民中,最善良的还有中国人,他们是聪明、勤俭、亲切,而又善于谋利的国民。早在1625年以前,就住在安汶岛最适宜的土地上从事耕种,经营园艺,雇佣契约约定给予住房。[①]

5.加快侨居国手工业的发展

明代,华侨将中国先进的手工业技艺传入侨居国,带动了当地手工业的

---

① 岩生成一:《论安汶岛初期的华人街》,李述文译,《南洋问题资料译丛》1963年第1期,第101页。

快速发展。16世纪西班牙殖民者侵入吕宋后，为减少对中国贸易的依赖和减少白银流向中国，便招徕中国工匠前往吕宋参与城乡开发和建设，于是中国各门行业的工匠跨海到吕宋岛。英国学者维克多·布赛尔在《东南亚的中国人》一书中对这些手工业者给予高度评价：

> 由中国还来了从事种种工作的人员，都很精巧熟练，迅速敏捷，他们是裁缝、鞋匠、金属工匠、银匠、雕刻匠、锁匠、画家、泥水匠、织工及做这个国家里的其他各种工作。他们做椅子、马勒和鞍镫，其质量是那么好，价钱又那么便宜。[①]

事实上，这些中国工匠生产的各种产品，不但满足了吕宋岛上殖民者和当地百姓生活的需要，还将这些产品运往了墨西哥，"商人都是在马尼拉采集这些货物，而由那里把它们运往墨西哥王国的亚加普尔科港口"。[②] 从中也可以看到，华侨是推动吕宋岛发展的一支不可或缺的力量。

在爪哇，由于移民多来自于福建、广东两省，闽粤又是种植甘蔗的传统大省，华侨不但把先进的种植经验带到爪哇，大面积种植甘蔗，还把国内先进的制糖技术带到异邦。在华侨带去先进制糖技术前，当地农民只能使用比较落后的方法制糖，出糖量低，糖供不应求。在巴达维亚建城不久后，懂得经营此业的华侨就开始在该地设立制糖厂，华侨通过使用牛拖或水力推动的石磨来压榨甘蔗，制糖量大大提高。[③] 由于获利丰厚，华侨开设的糖厂越来越多。糖浆是酿酒的主要原料之一，随着制糖业的发展，华侨还陆续开设了一些酿酒作坊，用酵母糖浆发酵来制酒的方法也由华侨带到爪哇，酿酒生意越来越好，酿酒业也逐渐成为华侨手工业的支柱产业之一。特别值得一提的是，华侨不独享其美，还将榨蔗制糖和酿酒的方法传授给侨居国人民。据菲律宾古籍记载，有一位名为辛榜（Sim Pang）的华侨教授菲律宾土著人制造"土巴酒"。这种酒直到今天还依旧是菲律宾人十分喜爱的名酒。此外，华侨还向当地人民传授开采金矿、铁矿、铜矿的技术和炼铁、冶金技能，并在当地介绍制造大炮、火药的知识，还教当地人建筑砖石房屋和使用

---

① 维克多·布赛尔：《东南亚的中国人》，徐平译，《南洋问题资料译丛》1958年第2～3期，第175页。

② 维克多·布赛尔：《东南亚的中国人》，徐平译，《南洋问题资料译丛》1958年第2～3期，第183页。

③ 维克多·布赛尔：《东南亚的中国人》，徐平译，《南洋问题资料译丛》1958年第2～3期，第113页。

罗盘。

明代,暹罗的宋加洛成为全国的造瓷中心,这也是华侨的功劳,华侨将中国制瓷技术传播到暹罗。早在14世纪暹罗素可泰王朝时期,暹罗已仿造中国河北磁州窑制瓷。华侨窑工在仔细研究了素可泰的瓷土后,又进一步在暹罗进行瓷土分析,认为素可泰的瓷土难以烧成上好的瓷器,建议将瓷窑北移到50英里远的宋加洛,因为那里有丰富的优质瓷土资源。宋加洛从此成为全暹罗的造瓷中心。14世纪中叶,龙泉青花瓷深受暹罗人的喜爱。于是,暹罗特派使臣到中国邀请龙泉瓷窑的制瓷工匠前往。通过学习,制瓷工匠所制的青花瓷器也进入南洋各地市场,为暹罗聚得大量财富。

在今天的越南辖地,明代也有不少华侨在此从事手工业生产,以满足越南社会的需求。如坐落于河内郊区的八场乡自15世纪起,一直都是越南北部地区最为重要的陶器生产基地。

6.促进侨居国商业的发展

在华侨较为集中的南洋地区,靠着华侨经商的示范作用,南洋多国商品经济发展较快。以吕宋为例,前往该地经商的华侨越来越多,同时也吸引了更多外商来此经商,"民初贩吕宋,得利数倍。其后四方贾客丛集,不得厚利,然往者不绝也"。① 当地商业因而飞速发展,出现了一批新的大型市场,并以市场为中心,逐步扩大成商业区或商业城。虽然西班牙殖民者规定华侨只能住在涧内,但华侨在涧内做生意、开商铺,繁荣的商业景象和巨大的商机吸引更多中国人来此②,涧内也就逐步成为南洋赫赫有名的丝绸市场。

华侨不断推动海上贸易的发展,使一条又一条商业航线形成并不断兴旺,在商业航线上一个又一个商港应运而生。在马六甲和香料群岛(今印尼马鲁古群岛)的商业航线上,形成了旧港、杜板、革儿昔、苏鲁马益等一批重要港口。陈碧笙教授在深入研究华商在侨居地的经济贡献后认为,"完全依靠华商在这条商业航线上所从事的经济活动,这些商港才得以繁荣发达起来。"③

7.提高侨居国的文明发展速度

明代,华侨除带给侨居国先进的农耕和手工业技术外,还带去了先进的

---

① (明)何乔远:《闽书》(第一册)卷三十九,福州:福建人民出版社,1994年,第977页。

② 维克多·布赛尔:《东南亚的中国人》,徐平译,《南洋问题资料译丛》1958年第2~3期,第175页。

③ 陈碧笙:《南洋华侨史》,南昌:江西人民出版社,1989年,第49~50页。

中华文化,促进了侨居国文明的快速发展。

华侨的不少日常用语被侨居国当地语言所吸收。根据《菲律宾共和国历史、政府与文明》一书中的介绍,菲律宾语中有 1500 个词汇来自中国闽南语。[①] 今马来西亚、印尼等国,也因华侨日常用语在当地的使用,从而吸收了不少闽南语作为当地语的词汇。印尼西爪哇民间人与人相互称呼的用语,即为闽南话的"gua"(我)和"lu"(你)的音译。

中国的饮食文化和服饰文化,也通过华侨传播到更多侨居国。不仅中国的烹饪方式和食品随着华侨的推动渐为侨居国所接受,就连烹饪的器具和餐具也慢慢被侨居国百姓接受。自幼生长在对外贸易港旁的漳州学者张燮,在其所著的《东西洋考》中记载:马辰人民"初盛食,以蕉叶为盘,及通中国,乃渐用磁器"。[②]《远东史·15 世纪时中国与马来西亚之交通》一书曾记载:马来人"衣服装饰亦曾受中国之影响。摩罗妇女所服之有袖短衫,与宽大之裤、玻璃珠、各式礼帽、雨衣、履底等类亦皆由中国传入"。[③]

中国的房屋营造文化和家居用品,也通过华侨传播到海上丝绸之路沿线的很多国家。明代,南洋各地大到城市、社区,小到个人居所,不少地方采用中国式的建筑范式。今属马来西亚的三宝城,建在距马六甲一英里远的山峰上,"城楼雉堞皆具,纯为中国式之建筑,故老相传,谓系明成祖二年(应为三年)太监郑和巡视南洋至马六甲时所建"。[④] 像今菲律宾、马来西亚、印尼等地的房屋,多按中国样式和规制建造,连砖和瓦都按中国传统方式烧制,营造也由华侨工匠主持完成,甚至当地的清真寺、教堂等也多由华侨所造。南洋各地建筑中为人津津乐道的巨石楼梯、瓦片装饰、伞形圆屋顶、塔形钟楼、铁花格围墙、牌楼等,都由华侨工匠设计与建造。至于当地家庭内的家具,如桌子、椅子、橱柜、箱子等,最初多由华侨工匠按照中国祖籍地样式制造,后来他们又将制作中式家具的技术传给侨居地更多人,当地人也认为中式家具好看、实用,使用的人就越来越多。

---

① 格雷戈里奥·F·赛义德:《菲律宾共和国历史、政府与文明》,吴世昌、温锡增译,北京:商务印书馆,1979 年,第 34 页。

② (明)张燮:《东西洋考》卷四,《文郎马神》,谢方校注,北京:中华书局,2000 年,第 85～86 页。

③ 奥尔恩:《远东史·15 世纪时中国与马来西亚之交通》,转引自陈碧笙:《南洋华侨史》,南昌:江西人民出版社,1989 年,第 63 页。

④ 宋蕴璞:《南洋英属海峡殖民地志略》(下),北京:文物出版社,2022 年,第 178 页。

中国先进的度衡制度,也在明代传入南洋各国,并通过华侨的率先垂范,在侨居国社会广泛使用。明代,南洋各国的度量衡制度并不十分完善,和中国的贸易往来使用的是中国标准的度量衡计算制度。1404 年,暹罗国王请求能赐给整套中国度量衡,以使暹罗国人永遵法式。于是,明朝政府向暹罗国赠予中国的度量器具及其制度,而中国的秤也通过华侨在南洋众多地方广泛使用。

二、海上丝绸之路的高峰与海外移民的鼎盛

清朝(1644—1911)是中国历史上最后一个君主专制中央集权的大一统封建王朝。1616 年,建州女真部首领努尔哈赤建立后金。1636 年,皇太极改国号为清。1644 年清军入关,逐步统一全国。1911 年 10 月,辛亥革命爆发,清朝统治瓦解。

无论就海上贸易往来的国家和地区,还是商品贸易的种类和规模而言,清代是封建社会海上丝绸之路的发展的高峰期。清代海上丝绸之路发展可以分成两个时期:第一个时期是清初至 1840 年鸦片战争爆发之前,清政府完全掌握着海上丝绸之路发展的主动权,通过政策调整等举措推进海上丝绸之路的发展;第二个时期是 1840 年鸦片战争爆发之后至清朝覆灭,西方列强以坚船利炮打开了中国的国门,清政府被迫签订了一系列丧权辱国的不平等条约,失去了对海上丝绸之路发展的把控权,被动地卷入世界海上贸易之中,而在客观上海上丝绸之路的长度和宽度得到延伸。伴随着海上丝绸之路进入发展高峰期,更多中国人出海经商;而随着鸦片战争后中国进入了半封建半殖民地社会,百姓生活愈加病困,难以生存,只好选择出国谋生;海外一些国家又有发展需要,大量招聘中国劳工。这三种因素合力,致使移民海外者激增,海外华侨社会更为成熟,规模和数量大量增加。

(一)海上丝绸之路发展高峰期形成的原因与表现

清代海上丝绸之路的发展有两个时期:一是鸦片战争以前海上丝绸之路主动发展时期;二是鸦片战争之后随着中国进入半封建半殖民地社会,海上丝绸之路由此进入了被动发展时期。海上丝绸之路以之强大生命力依然高速发展,进入了封建社会海上丝绸之路发展的高峰期。

1.鸦片战争以前海上丝路主动发展期

鸦片战争以前,虽有清初政府迁界禁海的严令,后又有西方列强加紧在

远东的殖民侵略,导致清政府对外政策摇摆多变,由开放日益转为保守,对海外交通贸易的限制有逐步加强之势,但总体来说,清政府拥有海外贸易政策制定、调整和实施的绝对控制权。海外交通和民间海上对外贸易不断发展,虽时快时慢,但主动权始终掌握在清政府手中。

(1)禁海迁界时期:海上对外贸易仍呈点状发展态势

1644年,清朝入主中原,由于福建和广东等沿海大省当时仍在进行激烈的抗清斗争,清政府依旧执行明末的海禁政策。1646年出台的《大清律例》,以法律形式规定不许人民私出外境及违禁下海,但在清军平定沿海抗清斗争后,海禁政策曾一度较为宽松。如1647年清政府颁诏:"通番于禁者,概从教育,听其归里安业。"①此时,市面上能见到外国货,左都御使慕天颜曾在奏折中写道:"犹记顺治六、七年间,彼时禁令未设,见市井贸易咸有外国货物,民间行使多以外国银钱,因而各省流行,所在皆有。"②随着郑成功反清力量的增强,清政府海禁也不断严厉,从1655年到1672年,清政府先后五次颁布对私人出海的禁令。为断绝沿海人民对坚持在东南抗清事业的郑成功父子的支持,清政府三次下令在沿海地区实行迁界禁海政策,将沿海人民迁入内地,禁止出海捕鱼、运输、贸易,这一政策的严厉程度远胜于明代"片板不许下海"的程度。即便如此,民间海上对外贸易仍以点状形式开展,在某几个区域继续进行。

在清代迁界禁海期间,郑成功、郑经、郑克塽祖孙三代先后控制厦门、台湾、澎湖、金门等地,海上对外贸易仍在开展,广东的平南王和福建的靖南王也在进行海上对外贸易。这一时期,海上对外贸易主要表现在以下四个方面。

第一,明郑集团的海上对外贸易。明郑集团,指的是明末清初时期南明大臣郑芝龙和儿子郑成功在福建东南沿海创建的中国最大的武装海商集团以及拥明抗清的政治势力。该集团历经郑芝龙、郑成功、郑经、郑克塽四世,持续时间近半个世纪。因为姓郑,且始终奉明为正统,故史称"明郑"或"明郑集团"。

清初福建的对外海上贸易多与明郑集团有关。在郑芝龙执掌明郑集团

---

①　《清实录·清圣祖实录》卷三十,北京:中华书局,1985年,第251页。

②　(清)慕天颜:《请开海禁疏》,(清)贺长龄、魏源:《皇朝经世文编》,清道光七年(1827年)刻本,第40页,福建省图书馆藏。

时期,荷兰人曾说:"中国人本年自中国输出丝织品及其他价值黄金 45 吨以上的货品,已出现于卡罗乌拉市场,其中三分之二以上为一官(郑芝龙小名)及其盟党所有。"①郑成功继承郑芝龙之后,十分注意发展海上对外贸易,"下贩吕宋、暹罗、交趾等国,源源不绝"。② 除了南洋等国,明政集团对日贸易也发展很快,曾在不到一年时间里,明郑集团开往日本长崎的贸易船就有 57 艘,最多时一年有 70 艘。郑成功还建立了与大陆贸易的系统,设立了山海两路十大商行。郑成功抗清事业的经费主要来自于海外贸易。郑成功进入台湾后,继续通商大陆和开展海上对外贸易,"装白糖、鹿皮等物,上通日本,制造铜烦、倭刀、盔甲,并铸永历钱,下贩暹罗、交趾、东京各处,以富国。从此台湾日盛,田畴市肆,不让内地。"③明郑在郑经时代,着力发展对日本、西班牙、英国和南洋的贸易,"上通日本,下达吕宋、广南(今越南南郊一带)等处,火药军器之需,布帛服用之物,贸易具备"。④ 此外,还允许英国在台湾设立商馆以方便贸易,明郑部队所使用的英国新式步枪都是通过与英国的贸易输入而得到的;另一方面,明郑着力将清政府放弃的厦门、金门诸岛建设成与大陆贸易的重要基地,台湾商人带着贸易来的南洋各种香料,在这里交换大陆的各种手工业品和海外市场需要的丝绸、瓷器、生丝、白糖等。

在郑经和郑克塽时代,明郑对外贸易量颇大,有几个数字可佐证:在郑经时期,1670 年有 18 艘船去日本贸易。在郑克塽时期,一次就向日本输出 99 万斤糖,平均每年有 14 至 15 艘大船满载货物赴日贸易,满载所需的日货回台。即使在郑氏统治的最后一年(1683 年),到日本的中国商船也有 27 艘,其中中国台湾商船有 11 艘⑤,从中可以看出当时中国台湾地区在东南海上国际贸易中占有最重要位置。

第二,平南王、靖南王在广东组织对外海上贸易。无论是清初海禁尚未严厉时期,还是迁界禁海时期,控制全粤的平南王、靖南王,利用权势鼓励和

---

① 《巴达维亚日记》,转引自戚嘉林:《台湾史》上册,台北:自立晚报社,1986 年,第 60 页。

② (清)江日昇:《台湾外志》,吴德铎点校,上海:上海古籍出版社、上海书店,1986 年,第 120 页。

③ (清)江日昇:《台湾外志》,吴德铎点校,上海:上海古籍出版社、上海书店,1986 年,第 228 页。

④ (清)施琅:《靖海纪事》卷上,《边患宜靖疏》,福州:福建人民出版社,1983 年,第 48 页。

⑤ 廖大珂:《福建海外交通史》,福州:福建人民出版社,2002 年,第 317~318 页。

组织对外海上贸易。

平南王尚可喜为清朝的建立和巩固立下了汗马功劳,被封为智顺王。康熙年间,晋封为平南亲王。清军一入广州,尚可喜就收编了当地十分活跃的海上走私力量,对一些海商委以官职。许龙,明末清初潮州豪强,拥有武装海商团队。尚可喜奏准任命其为潮州水师总兵,利用他的商贸网络从事海上贸易。即使是康熙帝实施严厉的迁界禁海政策后,尚可喜和其子指令手下的商人仍利用香山县所属的澳门,进行大规模的海上走私贸易,甚至组织私造大船出洋为市。尚可喜令手下"打造海船,私通外洋,一次可得利银四五万两,一年之中,千船往回,可得利银四五十万两,其获利甚大也"。[①]甚至外地的商人也在平南王的保护下,商船挂上尚藩的旗号出海贸易。

当时,与平南王共在广东的还有靖南王。当过靖南王的有耿仲明、耿继茂和耿继忠祖孙三人。耿仲明,清朝战将,曾封为怀顺王、靖南王,在进军广东途中自缢。第二任靖南王是其长子耿继茂,1651 年袭父靖南王爵。耿继茂与尚可喜攻下广州,营造靖南、平南两藩府,靖南王、平南王控制全广东。耿继茂借助藩府实力,在广东联络外商,组织海上对外贸易,与平南王一样,各自派部下和家人造海船,出洋营商。

第三,靖南王在福建组织海上对外贸易。1660 年,靖南王耿继茂受命移镇福州,带着与荷兰商人有深厚商脉关系的一批广州商人来闽,在闽组织走私贸易,仅这帮商人最多一年贸易额就达 48.6 万荷兰盾。1671 年,耿精忠袭靖南王爵,继续开展走私贸易,还派亲信联系多国商人来闽贸易。"三藩"反清后,他曾公开托福州海商到各国经商,并转告当地华侨商人来闽经商。日本长崎是福州海商长期经商之地,也是福建籍华侨商人聚居之地。1674 年,福州 22 号商船船主曾抵达长崎开展贸易,他向当地华侨商人转达靖南王的吩咐,告知当地唐人可以到福州购买生丝、杂货等商品。[②] 靖南王还曾邀请荷兰和英国商人到福州贸易,1676 年就有三艘荷兰商船满载货物直抵福州港。由此可见,靖南王曾采取多种措施,鼓励闽商出国开展海上贸易,又鼓励侨居外国的华商载货入闽贸易。

第四,传统海商之地双向海上走私贸易仍时有发生。无论是在单纯的

---

① (清)李士桢:《抚事政略》卷七,《议覆事东豁税饷疏》,沈云龙:《近代中国史料丛刊三编》第 384 册,台北:文海出版社,1994 年,第 813~814 页。

② 孙文:《唐船风说:文献与历史——〈华夷变态〉初探》,北京:商务印书馆,2011 年,第 123 页。

禁海期,还是在禁海迁界期,在福建、广东等海外贸易传统之地,双向贸易仍在悄悄进行。所谓"双向",指的是既有外国商人冒险到中国东南沿海开展贸易,又有中国海商违禁到国外开展海上贸易。

在单纯禁海期,双向海上对外贸易常表现在沿海设立传统的墟市,海外和国内商人来此买卖,当地官员只管抽税,不管是否违禁。这也使得在这一时期中国与南洋、日本的贸易还相对稳定。1659 年,中国仍有 73 艘商船赴日贸易,全年贸易额达 146 万两白银;到南洋的商船也有 13 艘,贸易额有130 万两白银。

在迁界禁海期,双向走私贸易仍在暗中进行,甚至一些官员也加入走私,以闽、粤最多。这种现象一是因为闽粤两地为传统海商之地,当地不少人世代以开展海外贸易为生,在海外有商脉和人脉;二是因为平南王和靖南王组织部下和家人走私;三是闽粤两地官员也组织部下、家人和商人走私,如已实行迁界禁海的 1667 年,两广总督卢兴祖就派香山知县姚启圣带领总督家人和一些商人,到澳门开展贸易。还有一些官员为走私犯当保护伞,像一些福州到日本的商船船主,就在贿赂海防官后,将商船伪装成兵船,直航日本贸易。所以康熙帝曾说:"向虽严海禁,其走私贸易,何尝断绝。"①据统计,1662 年至 1684 年间,赴日商船平均每年有 30 艘。

(2)康熙开海之后海上对外贸易进入快速发展时期

1683 年 9 月 5 日,郑克塽降清。10 月 8 日,剃发易服,台湾明郑集团灭亡。清政府统一台湾后,康熙帝随即宣布:"海禁处分之例,尽行停止。"②此后,清政府在 1717 年至 1727 年对南洋一度禁海,在通商口岸方面也曾有过停闭和限制,如 1757 年下令关闭广州以外关口,直至鸦片战争爆发前;在出口商品种类方面也有禁止和限制,如严禁火炮、军器、粮食和制造火炮、军器的原料出口,还曾一度限制牛羊黄出口。总体上说,清政府对民间海上对外贸易持支持与开放态度,贸易量也不断增大。

康熙开海之后,海上对外贸易快速发展的原因是多方面的。一方面是因为长期被压抑的海上对外贸易生产力得到释放,另一方面又因为政府政策的激励作用所致,而政府的激励政策,与当时因为清军南下作战和迁界禁海造成的经济重创和恢复的迫切性有关。

---

① 《清实录·清圣祖实录》卷一一六,北京:中华书局,1985 年,第 205 页。
② 《清实录·清圣祖实录》卷一一七,北京:中华书局,1985 年,第 224 页。

清初,战事连绵,生灵涂炭,人丁锐减,田地荒芜。禁海迁界,海洋贸易中断,这对社会经济发展产生负面的影响:"上自辽东,下至广东,皆迁徙,筑垣墙,立界石,发兵戍守,出界者死。百姓皆失业流离,死亡者以亿万计。"[①]闽粤二省自古向海求生图富,富贾大户多缘其成,迁界禁海,使富者变穷,穷者难存,"往时闽中巨室皆擅海舶之利,西至区罗巴,东至日本之吕宋、长岐,每一舶至则钱货充牣……是以富贾天下。自海禁严而闽贫矣"。[②]民穷、田荒直接影响了政府的财税收入,1673年,福建总督范承谟言:"自迁界以来,民田废弃二万余顷,专减正供约计有二十余万之多,以致赋税日缺,国用不足。"[③]也正是因此康熙皇帝在统一台湾后下令废禁海迁界,展复旧界,还派大臣督办此事,"此等事不可稽迟……勿误来春耕种之期"。[④]福建沿海四府荒田很快复耕至82.7%,回原籍男丁也超过4万人,紧接着政府又减免赋税,后又宣布"圣世滋丁,永不加赋"。[⑤]这些政策促进了农业生产的恢复和发展,也带来农业生产结构的调整,如甘蔗、茶叶、花生、烟草等经济作物种植种类不断扩大,在为手工业和商业的发展提供物质基础的同时,还挤压了农田的种植规模。随着人口增加,在本就地少人多的沿海地区,粮食更加短缺,这促使人民离开土地,扬帆出海,经商世界。

康熙皇帝解除迁界禁海令后,海上对外贸易发展呈现快速恢复与发展态势。海上丝绸之路由此进入权操在我的加速推进期,这主要表现在以下六个方面:

第一,四大海关的设立,标志着中国海上对外贸易进入近代化管理时期。清政府开海之后,从1684年至1686年,相继在海上对外贸易四大省份——福建、广东、江苏、浙江设置海关,管理对外贸易,中国近代海关制度由此正式诞生。

闽海关于1684年在福州开办,次年又在福、厦两地分设衙署,负责检查进出口商船和商品,征收船税,防止走私漏税。随着贸易额提高,海关所征税款也不断增加。1723年收到税银7.3万余两,1735年税银增长至20万

---

①　(清)阮旻锡:《海上见闻录(定本)》卷上,北京:文物出版社,2022年,第101页。

②　(清)蓝鼎元:《鹿洲全集》,蒋炳钊、王钿点校,厦门:厦门大学出版社,1995年,第55页。引文中"日本之吕宋"显误。长歧,即长崎。

③　(清)贺长龄、魏源:《清经世文编》卷八十四,北京:中华书局,1992年,第2094页。

④　《清实录·清圣祖实录》卷一一二,北京:中华书局,1985年,第156、164页。

⑤　蔡美彪等:《中国通史》第九册,北京:人民出版社,1994年,第295页。

两,1779 年税银达到 40 万两。

1685 年粤海关设置,位于广州,管辖整个广东沿海港口。粤海关除向海外诸国来华船只征税外,还负责引水挂号、监督修船和协助稽查。粤海关所收税银也不断增多,1726 年收到税银 4 万余两,1751 年征收到的关税就达 50 万两,随着 1757 年清政府只开放广州一口通商,所有来华外国轮船只能在广东靠岸,粤海关的税收直线上升,1788 年已达到 100 万两。

1685 年江海关设立,初设在松江府华亭县漴阙(今上海奉贤),后移驻上海县城,主要向国内商船收税。1690 年征到税银 2.3 万两,六十年后也只增加至 7.8 万余两。

浙海关于 1686 年设于宁波,后又在定海县设立关署,就近检验来往船只并征收税金。1723 年收到税银 3.2 万两,1736 年征收到的税银增至 9.1 万两。

四大海关的设置是清政府重新启动并着力推进海上丝绸之路建设的重要举措,促进了沿海地区商品经济的发展,缔造了中国海上交通和对外贸易的兴盛。

第二,官方对外贸易专业机构的诞生。康熙开海之后,海上对外贸易日益活跃,清政府着手建立和实行"以官制商,以商制夷"的行商经营和管理制度。1685 年,广东出台《分别住行货税》,决定设立洋货行和金丝行,前者主要负责督促本地的商人和摊贩到税课司缴纳税款,后者则负责行税的征收,征收对象主要包括外来的洋人摊贩带来的货物以及出海贸易所得的货物。洋货行也可以被视为广州十三行的雏形。

1686 年,中国最早的官方外贸组织——广州十三行应运而生,"举凡对外贸发易之事,俱以官商任之。官商所设之行名曰牙行,亦曰官行,亦曰官牙"。[①] 它是清政府设立在广州口岸的特许经营进出口贸易的洋货行,也是具有半官半商性质的外贸垄断组织。当时朝廷和外国商人之间的交流沟通都是以十三行为桥梁,用官府制约商行,用商行制约外国商人。十三行外贸管理的主要任务是统销货物、评定价格、保纳税金、监督外商、办理涉外事宜和为出洋贸易的中国商人担保,十三行行商自身兼具官商、私商、外交官、税官等多重身份和职能。依照清政府规定,洋货行的行商必须由"身家殷实,赀财素裕"的行商担任,行商领取政府颁发的行帖开业经商,同时参与海关

---

① 梁嘉彬:《广东十三行考》,广州:广东人民出版社,1999 年,第 67 页。

管理。除了充当中外交流的媒介之外,十三行更是中外贸易往来的保护屏障,通过朝廷下放的贸易权来获取利润。

1757年,乾隆皇帝宣布撤销原设的沿海各关,仅留粤海关一口对外通商,十三行也在这一时期发展到高峰。作为粤海关管理下的中外交易场所,广州十三行成为唯一合法的外贸特区,中国与世界的贸易全部聚集于此,直至鸦片战争为止,广州十三行独揽中国外贸长达85年。

第三,海上对外贸易快速发展。康熙开海之后,海上对外贸易快速发展。中国海商驾船载货远销海外。以福建为例,"商舶交于四省,偏于占城、暹罗、真腊、满剌加、渤泥、荷兰、吕宋、日本、苏禄、琉球诸国",海外商船也抵福州各港口,"可谓极一时之盛矣"。[①] 有一组数字可以佐证当时海外贸易发展之快:到长崎的中国商船,1684年为24艘,1685年增为85艘,1688年增至192艘,四年间增长7倍;而每年赴南洋的商船,大约为30艘到40艘左右,也大大超过以往。[②]

随着康熙开放海禁,与欧洲国家的海上贸易也得到快速发展,为方便越来越频繁的双边贸易,英国、荷兰、法国、丹麦、比利时、奥地利、西班牙、普鲁士、美国等国都在广州设立商馆。英法等国还在舟山的定海道头建了居留地,人称"红毛馆"。

第四,从南到北新增大型对外贸易港口。伴随着海上对外贸易的日益繁盛,除传统的对外贸易大港,如澳门港、广州港、福州港、泉州港、漳州月港、宁波港等外,中国从南到北诞生了一批新的对外贸易大港。其中著名的有上海港、乍浦港、厦门港、潮州港、海南港等。

上海港,自康熙开海后,特别是江海关从松江华亭县移驻上海后,中外商船涌入,海外百货聚集于此,到嘉庆时已成为国际航运港。乍浦港,位于杭州湾口,被清政府指定为赴日采购铜料的进口港,由此而兴盛。厦门港,自康熙开海后,中外商贾云集。虽然1717年因清政府禁中国商船赴南洋贸易而有些许清冷,但自1727年重新开禁后,厦门港迅速成为全省最大、全国仅次于广州的对外贸易大港。潮州港,明代时就有以南澳岛为中心的多个对外海上贸易码头,康熙开海后成为远洋商路的重要港口,为此粤海关在潮

<hr />

① (清)陈寿祺:《重纂福建通志》卷八十七,转引自廖大珂:《福建海外交通史》,福州:福建人民出版社,2002年,第322~323页。

② 蔡美彪等:《中国通史》第九册,北京:人民出版社,1994年,第300~301页。

州设立 9 处正税口、10 处挂号口,由此可见潮州海上对外贸易之兴旺。海南港,到 18 世纪时已成为中国与暹罗海上贸易的中转站,到 19 世纪 20 年代,常年有帆船从海南港开往东京、安南、柬埔寨、新加坡等地开展贸易。[①]

第五,开辟海上新航线。自康熙开海至鸦片战争爆发前,随着海上对外贸易发展,从中国出发的海上新商路不断开辟,海上丝绸之路持续延伸。

在非广州一口通商时期,随着清朝完成统一大业,东洋航线新增了一条海路:从厦门横渡台湾海峡,经基隆直航长崎。南洋航线也新增了商业海路:从厦门横渡台湾海峡,再至菲律宾。

在广州一口通商时期,新增了三条远洋航线:一是于 1784 年开辟的广州—北美航线;二是于 1803 年开辟的广州—俄罗斯航线;三是于 1819 年开辟的广州—大洋洲航线,这条航线是因要从广州运茶到澳大利亚新南威尔士杰克逊港而开辟。

第六,在海外设立大型造船基地。康熙开海之后,随着海上丝绸之路发展快速,对远洋海船的需求量也急速上长,以致当时国内造船材料紧缺,造船费用急升,海商创造了在海外造船装货运回国内的新方法,出现了前所未有的海外造船活动,南洋多地也成为中国海外造船基地。

中国人选择在南洋造船有多层原因,一是急需大量远洋海船;二是南洋地区木材资源丰富、材质优异且价格低廉;三是造船成本低,福建闽北也是良木产地,但在福建造船,每吨位造价为 30 多元,而在越南为 16 元,在暹罗才 15 元;四是清政府的支持,1747 年,清政府允许商民在海外造船载米回国;五是南洋国家也希望利用中国海商在当地造船的机会,传授造船和航海技术,发展本国的航运业和造船业。

中国海商大规模海外造船活动始于乾隆初年。如 1744 年,福建漳州商人林捷亨、谢冬发等陆续自海外造船载米到厦门港,取得很高的利润,这吸引了更多人赴暹罗造船,"买米造船运回者,源源接济,较该国商人自来者尤便"[②],仅中国海商在曼谷一地平均每年就能造好 68 艘大船。中国人赴海外造船的国家越来越多,北起日本,南至马来群岛,主要有暹罗、安南、婆罗洲、苏禄、苏门答腊、爪哇、马来半岛等中国传统对外贸易之地和华侨聚

---

① 姚贤镐:《中国近代对外贸易史资料(1840—1895)》第一册,北京:中华书局,1962年,第 59 页。

② 《清实录·清高宗实录》卷二八五,北京:中华书局,1985 年,第 714 页。

集地。

中国人海外造船方兴未艾,从一个侧面反映了康熙开海之后海上对外贸易的兴旺,也从一个侧面表现了在鸦片战争之前中国政府始终掌握着海上丝路发展的主动权。

2.海上丝绸之路被动且高代价持续发展时期

随着1840年鸦片战争以中国的失败告终,1842年8月29日,中国近代历史上第一个不平等条约——中英《南京条约》签订,开启了中国百余年屈辱的半殖民地半封建社会历史。列强势力长驱直入,逐步把中国变为他们的原料产地和商品销售市场。海上丝绸之路由此进入被动且高代价持续发展时期。

海上丝绸之路进入被动且高代价发展的原因很简单,这就是西方列强用坚船利炮打开了中国的大门,中国进入半封建半殖民地社会。一方面,中国经济和对外贸易逐渐卷入世界资本主义经济体系;另一方面,外国势力侵入中国,控制着中国对外交通的发展进程。具体而言,海上丝绸之路被动且高代价发展的原因主要表现在:

第一,中国被迫开放通商口岸。从《南京条约》到《马关条约》,一系列不平等条约的签订使中国被迫开放40多个通商口岸,逐渐沦为资本主义国家倾销商品和掠夺原料的基地。

第二,关税自治权丧失。英国通过不平等条约,迫使清政府征收关税时须先与英国协商,还强行制定《海关税则》,这使得清政府完全丧失了修订税则的权力,只有承担相应条约的义务,中国的关税自主权开始丧失,最后瓦解了国家经济和综合国力。

第三,海关管理权被列强篡夺。1853年,西方列强强占江海关,次年又正式攫取江海关行政管理权,这之后中国海关一直由外国总税务司把持,为西方列强的利益服务。

第四,西方列强享有片面最惠国待遇。在经济上,西方列强完全制约了中国与各国单独"协定"关税的权利和活动,这给中国的外贸和经济造成了巨大损害;在政治上,列强在攫取中国权益上保持了高度一致,八国联军攻陷北京、十一国携手逼迫清政府签订全面攫夺中国权益的《辛丑各国和约》。

第五,列强在中国沿海及内河航运枢纽城市中设立了27个"国中之国"的租界,严重侵犯了中国领土、司法、行政、贸易、关税等主权,成为资本主义国家对中国进行经济掠夺、商品输出的前沿阵地,加深了中国的半殖民地化。

上述五点原因,导致中国丧失海上丝绸之路掌控权,被动且高代价地卷入世界贸易。从中国出发的海上丝绸之路,仍在艰难地向前发展。海上丝绸之路被动且高代价发展的具体表现在以下六个方面:

第一,中外海上贸易量激增。鸦片战争之后,中国与世界的海上贸易快速发展。三个统计数字可以佐证:一是这一时期承载贸易物品的船只吨位激增。1860 年进出中国口岸船只的吨位为 6635485 吨,到 1905 年达 73755547 吨,增加了 10 倍之多。二是中国现代帆船与轮船从事国际贸易的吨位在国际贸易中的占比激增。1864 年为 64588 吨,占各国往返船只总吨位的 1%;1905 年为 16407352 吨,占各国往返船只总吨位的 25%。三是五口通商后,中国的进出口贸易总值为 12067.7 万海关两①,到 1911 年增加了近 7 倍。

第二,服务中外贸易的金融业有了较大发展。随着中国对外贸易的扩张,中国商人需要将购置外货的款项由内地汇到港口城市,同时也需要将内地的货运到港口城市贸易后,将口岸所得的款项汇回内地,这都需要使用包括钱庄、票号在内的汇兑网,也需要向这些金融机构贷款,这促使中国传统金融业快速向现代银行业转化。

这一时期,海上对外贸易发展在金融业的另一个突出表现是外国银行纷纷在中国设立分行。由于对外贸易发展之后,外商需要买卖外汇,也需要贸易资金,外国银行必须在中国设立分行。1857 年,英国麦加利银行在中国设立银行;1867 年,汇丰银行来华设分行,之后法国的东方汇理银行、英国的有利银行、德国的德华银行、俄国的华俄道胜银行、美国的花旗银行、比利时的华比银行、荷兰的荷兰银行、日本的正金银行等也纷纷来华设立分行。

第三,主动开放更多对外贸易港口。与根据条约被迫开放口岸不同,随着中国民族资本主义的发展,清政府中越来越多有识之士对开辟通商口岸有了新的认识。他们认为开放通商口岸既可以为中国国内产品提供主动参与贸易的平台,又能增加税收,对发展民族经济有益,对与西方列强竞争也

---

① 海关两,又称关银、关平两,这是五口通商后中国海关征税时使用的计算银两。清政府为建立全国统一标准的纳税通货,按中国一两等于 583.3 英厘折算,规定以纯银 583.3 英厘为一海关两。

有好处。晚清名臣李鸿章认为这种竞争可促使中国商品在生产技术上的提高：

> 自各国通商以来，港口洋务日增月盛……出口中土货年减一年，往往不能相敌。推原其故，由于各国制造均用机器，较中国土货成于人工者省费倍蓰，售价即廉，行销愈广。自非逐渐设法仿照，自为运销，不足以分其利权。盖土货多销一分，即洋货少销一分。[①]

就连光绪皇帝也认为广开通商口岸可以促进中国商品流通："欧洲通例，凡通商口岸，各国均不得侵占。现当海禁洞开，强邻环伺，欲图商务流通，隐杜觊觎，惟有广开口岸之法。"[②]1898年，光绪帝下旨同意湖南岳州、福建三都澳、直隶秦皇岛作为第一批中国主动开放的口岸，还要求各省督抚根据实际情况开放更多口岸，推进商务发展：

> 着沿江沿边各将军督抚迅速就各省地方悉心筹度，如有形势扼要、商贾辐辏之区，可以推广口岸，展拓商埠者，即行咨商总理衙门办理，惟须详定节目，不准划作租界，以均利益而保事权。[③]

晚清时期，清政府在沿海、沿江、沿边地区自主开放了36个通商口岸。虽然自开的通商口岸因为自然条件和投入基础设施资金等原因，与根据条约被迫开放的通商口岸相比，基础设施和对外商的吸引力相对较弱，但其毕竟是沿海与内地市场的桥梁，成为国货与进口货的集散地，为民族工业的发展奠定了基础。

第四，海上航线数量激增。随着中国海上贸易量的增加及开放的通商口岸越来越多，加之在英国强占中国香港之初即宣布香港为自由港，各国商船自由进出，西方列强在港设立航运公司，参与开辟中国与世界的海上航线，诸种因素促使中国海上交通呈现出前所未有的繁荣景象，海上航线数量激增。

晚清时期，海上丝绸之路呈现出"深"与"广"两大特点："深"表现在海上丝绸之路向中国内地沿伸的航线激增，从东南沿海借助内河水运，深入中国

---

① （清）李鸿章：《李文忠公全集》卷四十三，沈云龙：《近代中国史料丛刊续编》第7693册，台北：文海出版社，1980年，第1349页。

② （清）朱寿朋：《光绪朝东华录》卷一四六，沈云龙：《近代中国史料丛刊三编》第977册，台北：文海出版社，2006年，第4140页。

③ （清）朱寿朋：《光绪朝东华录》卷一四六，沈云龙：《近代中国史料丛刊三编》第977册，台北：文海出版社，2006年，第4140页。

北方和内陆广大地区,如厦门—烟台航线、宁波—温州—三都澳航线、上海—三都澳航线、厦门—天津—牛庄航线、台湾—宁波—上海—烟台—天津—牛庄航线、汕头—烟台—天津—牛庄航线、广州—宁波—上海—烟台—天津—牛庄航线、香港—宁波—上海—烟台—天津—牛庄航线等。"广"表现在海上丝绸之路向外国沿伸的航线激增,中国与世界的远洋航线已被纳入全球海上交通体系之中。如上海—印度航线、上海—日本航线、上海—英国航线、上海—中东航线、上海—法国马赛—比利时安特卫普—意大利热那亚—德国不来梅航线、上海—澳大利亚航线、上海—黑海港口航线、上海—埃及苏伊士—美国纽约航线、上海—日本—美国旧金山—加拿大温哥华航线等。

借助国内外的多条航线,中国的茶叶、生丝、糖类等农副产品源源不断地输往海外,亚洲、欧洲、澳洲、非洲越来越多国家的商品进入中国市场,中国与世界的贸易进一步发展,中国成为世界第一大贸易国。

第五,涌现出一批国际大港。在帆船贸易时代,泉州港曾经是世界第一大港,福州、宁波、漳州等港也曾是国际港口。在广州一口通商时期,广州港也曾成为世界第一大港。晚清时期,虽仍有帆船用于短途国际贸易,但中国的海上对外贸易总体上进入了轮船时代,同时又诞生了一批国际大港。

上海港一跃成为东方大港,如前文所述,其航线通往亚洲、欧洲、美洲和欧洲。香港也成为中国内河、沿海航运中心和远洋航运中心,航线可达世界四大洲,如香港—上海—日本—加拿大温哥华—美国旧金山航线。

福州港在轮船时代又一次成为国际大港,与世界五大洲均有直达的轮渡航班。通往欧洲有直达英国伦敦、朴茨茅斯、多佛尔、南安普敦、布莱顿、多佛、法国勒阿弗尔、乌克兰敖德萨的航班;通往大洋洲有直达澳大利亚、新西兰的航班;通往美洲有直达美国的航班,通往亚洲其他地方有直达爪哇、菲律宾、新加坡、马来亚、暹罗、日本的航班;通往非洲有直达南非的航班。1897年,还开通了福州到海参崴的直达航班。

除了上海和福州两大海港外,南方的一批沿海小码头也成长为国际性港口。北海港成为对外贸易的重要通道,除开辟了通往中外贸易重要基地——广州、香港、澳门的直达航线外,还辟有直达越南海防和新加坡的航线。到19世纪70年代,汕头已辟有直达菲律宾、马来亚、缅甸、爪哇、苏门答腊等地的航线。基隆港也开辟了远洋航线,1902年开辟基隆—埃及苏伊士—美国东海岸的定期航线,1904年开辟基隆—美国西海岸的定期航线,

1908 年开辟基隆—爪哇的定期航线。

在北方,晚清时期青岛港也成长为国际性海港。1901 年 3 月 25 日,青岛港开辟了第一条远洋航线,即青岛往返欧洲航线。之后,又开辟了青岛—荷兰鹿特丹—德国汉堡—比利时安特卫普的航线、青岛—法国马赛的航线等。到 1913 年,青岛港的关税收入在华北五港①中位居第二位,贸易额居第三位,已成为东亚重要港口和贸易中心之一。

每一条航线的开辟,都与对外贸易有关。作为茶叶生产大省的福建,之所以会开通福州到海参崴的直达航线,主要是因为俄罗斯需要大量砖茶,福州本就盛产茶叶,且与闽北茶区通过闽江航运有畅通的运输水路,俄罗斯还在福州闽江码头旁建了砖茶厂,海参崴航线实际上是一条海上茶路。再如上海港发展迅猛,辟有多条通往欧洲的航线,这与周边盛产丝、茶且欧洲对此需求量较大有关。法国是世界生丝市场的头号买主,鉴于上海港与生丝产地距离最近,连法国轮船公司也来沪经营欧洲航线。

第六,民族工商业在沿海港口城市兴起并快速成长。近代民族工商业的兴起是洋务运动的直接产物,但海上丝绸之路的发展也起到一定的反哺作用,这也是晚清时期民族工商业在沿海港口城市率先产生并最为发达的原因之一。

官办造船业是最早崛起的民族工业,其诞生于沿海港口城市。这些官办造船业包括:1865 年诞生在上海的江南制造总局、1866 年诞生在福州的福建船政局、1880 年创办于天津的海军大沽船坞、1884 年创办于威海的刘公岛机器厂、1885 年创办于广州的黄埔船局、1890 年建成的旅顺船坞等。这些造船企业是中国近代轮船制造业发展的基石。除此之外,冶铁业、煤矿业、交通运输业和以电报为主的现代通信业等民族工商业也在这一时期开始发展。

中国的民族工商业者在港口城市投资兴办近代化工厂。1872 年诞生于南海的继昌隆缫丝厂采用蒸汽动力缫丝,产品质优价廉,成为广州工商业的榜样。1895 年至 1913 年,500 人以上缫丝厂,南海县有 35 家、广州有 180家,顺德县也有大小规模不等的缫丝厂 200 家以上。②

---

① 华北五港,包括天津、烟台、牛庄、大连、青岛等五个港口。

② 彭泽益:《中国近代手工业史资料(1840—1949)》第二卷,北京:生活·读书·新知三联书店,1957 年,第 365～366 页。

以机器生产的纺织、造纸等民族工业的发展,进一步促进了中国农产品的商业化。在新式机器缫丝厂林立的珠江三角洲地区,植桑养蚕业非常发达,"三水本是主要农业区,但已逐渐变成产丝区了,最近几年(1892—1901年),农民相当广泛地种植桑树,妇女也都学着如何养蚕。"①

随着工商业在沿海港口城市的发展,这些沿海港城基本成为区域商业中心,带动了周边区域市场网络的形成和发展。天津成为北方最重要的商业城市和东北、西北的物流中心,上海也成为区域性商品贸易中心,香港更成为华南商业中心。

值得关注的是,新式学校、医院和近代以报纸、电台为代表的新闻传播业,也大都率先在沿海港口城市出现。中国第一所高等军事科技学堂、第一所中等职业学校分别于 1866 年和 1868 年在福州诞生。

由此可见,在海上丝绸之路发展的反哺之下,沿海港口城市成为晚清中国社会全方位近代化的重要推手。

(二)进入移民鼎盛期的原因与表现

清代是封建社会中国人移民海外最鼎盛的时期,不但表现在移民海外人数增多、移民区域扩大,还表现于华侨在侨居国逐渐确立社会经济基础、华侨社会逐渐形成、发展并走向成熟。

1.中国人移民海外进入鼎盛期的原因

清代,大量中国人移民海外的原因是多方面的,主要原因有以下九点:

第一,港口增加使得中国人出国愈加便利,为移民海外创造了客观条件。1882 年汕头开辟直达曼谷的定期航线后,汕头到曼谷的移民每年约 1 万人之多。②

第二,海外国家对中国人吸引力增加。清代,中国人传统移民的南洋地区渐次沦为西方殖民地或贸易中继地,中国封建地主经济与西方殖民国家商业资本主义经济之间的差距呈扩大之势,这促使不少中国人移民海外,"由于商业资本主义是新的生产方式,具有更强大的力量和更广阔的前途,故在吸引中国人出国成为华侨上所起作用比固有封建领土经济要大得

---

① 孙毓棠:《中国近代工业史资料》第一辑,台北:文海出版社,1979 年,第 969 页。
② 郑可茵、赵学萍:《汕头开埠及开埠前后社情资料》,汕头:潮汕历史文化研究中心、汕头市文化局、汕头市图书馆,2003 年,第 237 页。

多"。① 以新加坡为例,1881—1915 年②,进入新加坡的中国移民有 4088141 人,其中有 781562 人又移往其他国家或回乡,成为新加坡华侨的有 3306579 人。③

第三,中国失业人口激增,海外就业机会增多。随着中国进入半封建半殖民地社会,西方列强商品大量涌入,农产品和手工业产品的市场被占领,大量农业、手工业、帆船运输业破产,城镇失业人口激增,加上自然灾害连绵不断,民不聊生达到前所未有的程度。无论是在中国人传统移民之地的南洋,还是在新兴移民之地的欧美,世界资本主义发展到帝国主义阶段,对以南洋、南美、非洲殖民地的资源掠夺和投资扩大也以惊人的速度发生。以南洋为例,原为封建领主制经济的南洋多国,借助商业资本主义的发展,进一步拉大了与中国的差距。西方列强在南洋投资的矿业、橡胶业,美国、澳大利亚金矿的发现,美国中央太平洋铁路的修建等,都需要大量的中国劳动力。1824 年,雪兰莪的首都人口只有 400 人,由于发现了锡矿,中国人大量移民当地,到 1871 年就有了 1.2 万名华侨,每月产锡 3000 担。④

第四,列强罪恶的贩运人口交易将中国人骗往海外。西方列强和南洋地区的殖民者因为迫切需要华侨工人就用坑、蒙、拐、骗等各种手段,进行肮脏的贩运人口交易,还推出了契约华工、赊单苦力等罪恶的人口交易,大批中国人被骗往异邦做奴役性体力劳动。1850—1875 年,仅通过澳门贩运到秘鲁、古巴、旧金山等地的中国移民就达 50 万华人之多。⑤

第五,参加反清起义的百姓在起义失败后避往海外。1843 年至 1850 年间,中国爆发了一百多次地方性反清起义。1851 年爆发的太平天国运动持续至 1864 年,席卷了大半个中国,南方沿海众多农民成为太平军的一员。起义失败后不少人逃往海外。印尼富商黄志信年轻时参加小刀会反清起义,失败后逃往南洋谋生,后经商有成。

第六,人口快速增长,爆发粮食危机。晚清时期,中国人口增长速度很快,这使得本就人多地少的南方沿海地区陷入粮食危机。薛福成曾在《许巴西墨西哥立约招工说》中说:"以昔供一人之衣食,而今供二十人焉。以昔居

---

① 陈碧笙:《南洋华侨史》,南昌:江西人民出版社,1989 年,第 17 页。
② 缺 1902 年、1906 年的统计数字。
③ 陈翰笙:《华工出国史料汇编》第四辑,北京:中华书局,1981 年,第 33~34 页。
④ 陈翰笙:《华工出国史料汇编》第五辑,北京:中华书局,1984 年,第 110 页。
⑤ 邓开颂:《澳门历史(1840—1949)》,珠海:珠海出版社,1999 年,第 177~178 页。

一人之庐舍,而今居二十人焉……则凡山之坡,水之浒,暨海中沙田、江中洲沚,均已垦辟无余。"①

第七,自然灾害频发促使中国人被迫移民海外。晚清时期,中国自然灾害频发,加剧了民不聊生。广东台山县仅在 1851 年至 1908 年间,就遭受了14 次大洪灾、7 次大风灾、4 次地震、2 次旱灾、4 次瘟疫,形成了 5 次大饥荒。特别是晚清自然灾害频繁光顾沿海省份,自 1898 年以后山东省几乎每年黄河都发生泛滥,数十万人因此丧生,这也是中国人这一时期移民海外的一大原因。

第八,清政府华侨政策的调整,使得中国移民逐渐合法化。1717 年,康熙皇帝诏谕居住在海外的人民回国,并同意赦免所有在其登基之初出国的人民。雍正时期,允许沿海各省居民领取执照进行出国贸易,给予执照的条件是居民必须回国。乾隆皇帝登基后,考虑到清政府能从贸易中获取税收之利以及沿海民众的谋生问题,清政府取消了"三年不归者不许再回原籍"的规定,决定"南洋一带诸蕃仍准照旧通商"。自此,海外侨民的身份问题逐渐解决,这为中国人无限期侨居国外赋予了合法性,并且侨民可自由回国。所以,又有大批沿海居民选择长期或短期地移居于异国。此外,晚清时期,中国开始派出外交使节,其任务之一即是保护海外华侨权益。1877 年,中国第一个公使馆在伦敦建立,同年又任命新加坡华侨胡璇泽(1816—1880)担任中国驻新加坡首任领事。1893 年,清政府解除海禁。1909 年,清政府为进一步加强对海外华侨的保护,我国第一部国籍法——《大清国籍条例》颁行。上述这些华侨政策都为中国人移民海外提供了便利。

第九,海外移民致富起到示范效应。虽然无论是下南洋经商还是到美洲淘金的华侨,其中能发大财的只是极少一部分,但在这些华侨祖籍地,传播最广、最有影响力的就是这部分发财者的传奇故事。19 世纪 40 年代末50 年代初,美国、澳大利亚、加拿大陆续发现金矿,部分中国人移民北美和澳洲。这批人中的一部分在发家致富后带着财富还乡,其本身的财富示范效应和在传播中被夸大的传奇故事,促使更多的中国人选择出国谋生。

2.中国人移民海外进入移民鼎盛期的表现

清代,中国人移民海外进入鼎盛期,其主要表现除了在移民数量和移民

---

① (清)薛福成:《许巴西墨西哥立约招工说》,《庸庵随笔》,邓亦兵点校,北京:中共中央党校出版社,1998 年,第 165 页。

国家数量方面创下封建社会之最外,还通过《大清国籍条例》等法律条文对"华侨"的身份和国籍给予认定。此外,移民鼎盛期还表现在海外华侨社会的形成并不断发展。具体而言,这一时期中国人移民海外进入鼎盛期主要表现在以下五个方面:

第一,中国人移民海外的数量增多。清代是中国人移民海外的高峰,但史书上并没有记载具体移民数字,有的也只是相对零散的数字。清初海禁甚严,但从清初到清中期,中国人移民海外的步伐并没有停过。1619 年巴达维亚的华侨只有 400 人,到 1690 年已增至 5000 人[①],到 1740 年"红溪惨案"之前已达 15000 多人。[②]

清初还出现了中国人集体移民异国的现象。以杨彦迪、陈上川集团为例,原为明郑战将的杨彦迪,在与清军作战失利后,于 1679 年春同副将黄进以及高、廉、雷三州总兵陈上川和副将陈安平等人率部三千余人、战舰五十余艘避往安南的沱㶞港(今越南岘港市),请求广南郡主阮福濒给予庇护。阮福濒将他们安置在位于湄公河三角洲的原属水真腊国[③]的东浦之地(今越南胡志明市地区)。杨彦迪、黄进率部驻扎在美荻一带,陈上川、陈安平部驻扎在嘉定、盘辚等地,他们在这些当时十分落后的地方建立村庄和城市,使当地成为繁荣之地。

大规模的中国人移民海外出现在鸦片战争之后,移民高潮是在 1850 年至 1911 年之间。当时移民海外主要有两种人:一是自备旅费的自由劳动者,他们出国后或经商或务工务农,有亲戚朋友或同乡可接应,工作不成问题;二是契约华工,即移民立约赊欠旅费,到埠后以自己的部分劳动支付人口贩子垫付的船资。由于他们出国时乘坐拥挤不堪的底层统舱,同运猪一样,所以又被称作"猪仔"。

晚清时期,中国出现了多个运送契约华工到世界多国的苦力贸易港。从 1860 年到 1870 年,厦门、汕头、广州、澳门和香港成为贩卖"猪仔"苦力贸易中心。以汕头港为例,仅 1876—1898 年的二十二年间,从汕头港输出到南洋各地的契约华工达 151.2 万人,而在 1888 年—1908 年,仅被贩卖到苏

---

① 《吧城布告集》卷二,转引自吴凤斌:《东南亚华侨通史》,福州:福建人民出版社,1994 年,第 57 页。

② 巫乐华:《南洋华侨史话》,天津:天津教育出版社,1991 年,第 39 页。

③ 水真腊国,是指八世纪存在于柬埔寨、越南南部、泰国东部一带的国家。

门答腊日里种植园的契约华工就达 13.2 万人。[①]

关于 1850—1911 年中国人移民海外的自由移民者,我们从下列南洋国家关于中国移民的记录中,可以看出中国自由劳动者移民海外的情况:

新加坡:1907 年,移民新加坡的中国人有 179756 人,其中自由劳动者 159550 人;1910 年,移民新加坡的中国人有 173423 人,其中自由劳动者 150433 人;1911 年,移民新加坡的中国人有 215036 人,其中自由劳动者 191514 人。从 1881 年至 1915 年,平均每年作为自由劳动者移民新加坡的有 11 万余人。[②]

槟城:1907 年,移民槟城的中国人有 44495 人,其中自由劳动者 42416 人;1910 年,移民槟城的中国人有 37955 人,其中自由劳动者 37815 人;1911 年移民槟城的中国人有 49875 人,其中自由劳动者 49475 人。1881 年至 1915 年平均每年作为自由劳动者移民槟城的有近 4 万人。[③]

从上面罗列的数字来看,鸦片战争后新增华侨人数激增,总人数很可能会超越千万人,这从一个侧面说明晚清时期是中国海外移民的鼎盛期。

第二,中国人移民海外的区域扩大。中国传统的移民之地多集中在南洋,而清朝,特别是晚清时期,中国人移民海外的国家大幅度增加,华侨遍及世界五大洲。

中国人移民海外区域扩大、国家增多,其中有三个主要原因:一是 1847 年、1851 年美国的加利福尼亚和澳大利亚相继发现金矿,南洋的锡矿也进入开发期;二是中、南美洲及南洋种植园等地出现劳动力危机;三是 1862 年北美洲的美国、加拿大修建铁路和巴拿马运河需要招收大量劳工。

也正因此中国人除移民南洋外,主要移民的国家还有美洲的美国、加拿大、古巴、秘鲁、巴西、墨西哥、巴拿马、圭亚那,非洲的毛里求斯、留尼旺、马达加斯加、南非、刚果、塞舌尔、莫桑比克、科摩罗,大洋洲的澳大利亚、新西兰、檀香山、巴布亚新几内亚,欧洲的德国、法国、英国、俄罗斯等。

值得注意的是,中国人移民到这些国家的并不是个别人或小群体,而是人数较多的群体。到 1910 年,旅居墨西哥的华人已达 13200 多人,最高峰

---

① 严中平:《中国近代经济史(1840—1894)》下册,《附录》,北京:人民出版社,1989 年,第 1602 页。

② 陈翰笙:《华工出国史料汇编》第四辑,北京:中华书局,1981 年,第 33~34 页。

③ 陈翰笙:《华工出国史料汇编》第四辑,北京:中华书局,1981 年,第 33~34 页。

时达 27800 多人。而且移民这些国家的中国人男女皆有。早在 1731 年就
有中国女子移民莫桑比克,并在异邦繁衍子孙。[①] 1901 年,在马达加斯加塔
马塔夫港登岸的中国移民有 182 人,其中有 5 名妇女、6 名小孩。[②]

第三,华侨大资本家和华侨财团的出现。中国人最早移民的南洋地区
率先出现了华侨大资本家和华侨财团,华侨经济在侨居国的占比不断提高。
南洋华侨工业的不断发展,涌现出了一些华侨财团和华侨大资本家。华侨
大资本家的涌现,对华侨在侨居国地位的提高和侨居国华侨社会的形成起
到重要作用。

福建同安籍华侨黄志信、黄仲涵父子,打造了 20 世纪初南洋最具影响
力的华侨商业帝国之一。1863 年,黄志信在三宝垄创办建源栈商行(后易
名为"建源公司"),起初经营各种土特产。1870 年,黄志信创办大型甘蔗种
植园和糖厂,资产达 700 万美元。1890 年,黄仲涵子承父业,将经营的范围
扩大到橡胶、咖啡、茶叶、胡椒、玉米、花生、植物油等业,将原来的甘蔗种植
园扩大至 17500 英亩,并办起了 5 家大型机械化制糖厂,年产糖近 10.2 万
吨。之后,糖厂增至 9 家,占据印尼一半以上的市场和世界部分市场。黄仲
涵拓进航运、金融等诸多领域。他涉猎木薯业,拥有占地 5250 英亩的木薯
种植园和机械化木薯粉厂,工人达 3700 多人,年产 37 万担木薯粉,成为当
时全印尼最大的薯粉厂。1906 年,黄仲涵又在三宝垄创办银行,注册资本
为 400 万盾,还在泗水设了分行。建源公司除了在印尼的雅加达、泗水、井
里汶、梭罗、日惹、棉兰、锡江等 20 多个城市设有分支机构,还先后在伦敦、
新加坡等印尼之外的地方设立分公司。黄仲涵私人资产在千亿荷盾以上,
成为 20 世纪初影响最大的华商之一。

第四,华侨在侨居国许多产业中占有重要地位。华侨中多数人从做苦
力开始,他们省吃俭用,把钱攒下后做小生意,小生意做大后,有的专注于商
业贸易,有的则投资于工业,逐步成长到在侨居国支柱产业中占有重要
一席。

在南洋许多国家的商业贸易领域中,华侨的作用显而易见。清朝时期,
南洋地区的多个国家皆为经济作物输出大国,华侨在经济作物的种植业发
挥举足轻重的作用。华侨以公司形式租借侨居国荒山野林,种植经济作物。

---

① 方积根:《非洲华侨史资料选辑》,北京:新华出版社,1986 年,第 23 页。

② 方积根:《非洲华侨史资料选辑》,北京:新华出版社,1986 年,第 357 页。

黄仲涵家族的建源公司,在爪哇地区就开辟有占地 17500 英亩的甘蔗种植园和占地 5250 多英亩的木薯种植园。还有一些华侨以个人或亲友组合的形式租借侨居国土地,从事经济作物生产。西婆罗洲华侨在个人或亲友租借荒山荒地后,有的人以互助方式砍木、施肥,平整出可耕种山地;有的人结伴将沼泽地开垦成种植园;还有的人合作改造盐碱地,使之成为耕地,还修建了排水和灌溉工程。

南洋地区林业资源丰富,华侨在与木材相关领域中占有重要一席。1898 年在印尼孟加利岛上有木材企业 131 家,属于华侨的就有 130 家,其中槟榔屿华侨 1 家、印尼华侨 1 家、新加坡华侨 128 家。柚木业是泰国的四大产业之一,泰国的锯木业长期掌控在华侨手中,1883 年华侨还创办了全泰首家蒸汽机锯木厂。菲律宾规定美、菲籍业主在林业经营中享有优先权,因此伐木场生意由美、菲籍资本家垄断,但被称为"二盘商"的锯木厂生意半数为华侨经营,被称为"三盘商"的木材行生意中华侨占七成。在菲律宾全国锯木厂和木材行投资额中,华侨占了 93.36%[1],而在南洋与木材有关的造船业、家具业,华侨也占有重要地位,清时华侨占泰国造船业的半壁江山。

华侨以自己的远见卓识勇做"第一个吃螃蟹的人"。1894 年,林文庆组织联华橡胶种植有限公司,在新加坡购置 4000 英亩土地开始种植橡胶,这是新加坡第一个橡胶园。1896 年,在林文庆的鼓励下,华侨商人陈济轩在马六甲试种橡胶获得成功。之后,他又联合一批华侨商人,投资 20 万元,购地 5000 多英亩,种植了 50 万株橡胶,建成了马来亚第一个商业性橡胶种植园。林文庆、陈济轩等种植橡胶的成功,给南洋华侨树立了榜样,投资橡胶园的华侨如雨后春笋般激增,一时大、小胶园遍及新马各地。1906 年,陈嘉庚用 1800 元从陈济轩、林文庆那里买了 18 万颗种子,在新加坡福山园栽种,从此开启他打造"橡胶王国"的大幕。经过二十年的发展,到 1925 年,陈嘉庚除有 15000 英亩的橡胶园外,还建立了谦益橡胶制造厂,将种植、制造和销售连成一体,规模甚大。

南洋许多地方的第一个橡胶园是由华侨开辟的、第一个橡胶加工厂是由华侨创办的,不少华侨是当地橡胶业的执牛耳者。泰国是世界上最大的橡胶生产国,第一个种橡胶的也是漳洲籍华侨许心美,他为此被誉为"泰国的橡胶之父"。林文庆被誉为南洋"橡胶种植之父",陈济轩被誉为南洋"橡

---

① 《南洋年鉴》,新加坡:南洋报社,1951 年,第 248 页。

胶艺祖"。

南洋多国是产米大国,不少华侨经营米业有成。缅甸米业,无论是收购、碾磨、出口还是运输,多为华侨所掌。华侨商人在越南米业中也占有重要一席。清代外交家薛福成在 1890 年出使欧洲途中经过越南时,发现华商在越南米业具有垄断优势:"售米经华人之手者十之八九,故南圻米市之利,华商独擅之。法人论南圻事者,有舍粟米无生产,舍华人无生意。"[①]泰国米业也与越南相似,1855 年以前,泰国大米出口的货源全部来自华侨的碾米厂。此外,在南洋各国,华侨机械化碾米厂都拥有自己的海外大米进出口贸易网。1909 年,有一家华侨碾米公司以伦敦为集散地,把大米直接售于欧洲市场,闯入了原由英德两国垄断的市场。

第五,华侨社会的形成、发展与成熟。在华侨人数最多的南洋地区,华侨社会开始形成并快速发展,晚清已进入成熟时期。华侨社会的成熟有四大特征:华侨社团的创立且种类日趋完整、华侨学校的创办、华侨报纸的创立、华侨区域统一领导机构的成立和号召力与日俱增。

一是华侨社团的创立且种类日趋完整。华侨社团主要以地缘、血缘、业缘为形式。

早期的地缘社团多以县为单位,1823 年由梅县籍华侨富商刘润德联合新加坡客家人创立的应和会馆,就是嘉应州五属(梅县、兴宁、五华、蕉岭、平远)籍华侨社团。随后,以县或以州为单位的华侨会馆,扩大到以省或邻近数省联合创办的会馆,如侨居新加坡的福建籍华侨于 1860 年联合创办了福建会馆,侨居新加坡的江西、浙江、江苏籍华侨于 1908 年创办了三江会馆。地缘华侨社团组织的主要功能是为华侨同乡提供联谊和互相帮助。应和会馆捐资创办应新学校,解决嘉应州华侨子弟在新加坡的教育问题;又购地百亩建义冢,作为嘉应州华侨辞世后的安葬之地;同时建义祠,供华侨后裔祭祀先辈。

华侨血缘社团即宗亲会馆、姓氏会馆,其创办目的是宗亲间的互相帮助和共同祭祖。创立较早且较有影响力的宗亲会馆,以槟城为例,有 1844 年创立的杨姓霞阳植德堂、1851 年创立的邱氏龙山堂、1858 年创立的石塘谢氏宗祠、1863 年创立的林氏九龙堂、1878 年创立的陈氏颍川堂等。

---

①　(清)薛福成:《出使四国日记》,宝海点校,北京:社会科学文献出版社,2007 年,第59 页。

华侨业缘社团是同一行业的华侨共同组织创办的社会团体,其主要是为了联络同行、交换信息、切磋技艺、互相提携。以新加坡为例,1869 年,广东省籍华侨建筑公会创立北城行;1880 年,新加坡华侨洋服业公会创立轩辕行;1891 年,新加坡广东籍华侨金工业公会创办文化行;1893 年,新加坡驳船业工人组织创办驳船居。

二是出现跨地缘、血缘、业缘的华侨统一领导机构。跨越地缘、血缘、业缘的华侨统一领导机构的诞生是华侨社会团结的标志,也是海外华侨中华民族意识进一步强化的标志,更是华侨社会走向成熟的标志。这种跨越地缘、血缘、业缘的华侨统一领导机构,诞生于 20 世纪初,如 1904 年在马尼拉成立的小吕宋中华商务局(1906 年易名为"小吕宋中华商务总会")等。小吕宋中华商务局在办会宗旨中言明该华侨组织不分华侨的祖籍地、家族和职业:

> 我闽粤人士,旅足者以千万计焉。年来商务颓败,渐形沮力,命脉之所关,非谋所以维系之,亦生计之可虞者也。爰是邀请同志,特设商会一所……凡华人,不论行商坐贾,殷实之家,在岷与在各州府,均许入此会。[①]

从新加坡中华总商会领导班子的构成,可以看出各省华侨的聚合之力:福帮总理 1 名、协理 4 名、议员 16 名;潮帮总理 1 名、协理 3 名、议员 12 名;广帮、嘉应帮及琼帮,每帮各协理 1 名、议员 4 名(1907 年潮帮拨 1 个议员名额给大埔帮)。[②]

这些跨越地缘、血缘、业缘的综合性华侨领导机构,与中国政府联系密切,小吕宋中华商务局在创立之初就开宗明义:"创设商务局,尽属中国商民,当与中国商部、各省商务局合联一气,以通声息,而资保卫。"[③]在中国政府和侨居国政府眼里,这些跨越血缘、地缘、业缘的综合性华侨社团是当地华侨的领导机关和代言人。当然,海外华侨社团还有许多,如慈善社团、结义社团、宗教社团等,这些社团成为海外华侨社会形成与发展的标志。

三是华侨学校的出现与发展。鸦片战争之后,移民海外的中国人激增,

---

① 黄晓沧:《菲律宾岷里拉中华商会 30 周年纪念刊》,马尼拉:菲律宾岷里拉中华商会,1936 年,第 6~8 页。

② 陈碧笙:《南洋华侨史》,南昌:江西人民出版社,1989 年,第 396 页。

③ 黄晓沧:《菲律宾岷里拉中华商会 30 周年纪念刊》,马尼拉:菲律宾岷里拉中华商会,1936 年,第 8 页。

与之前青壮男子只身下南洋不同,晚清时期赴南洋的华侨中不少人带有家眷。以马来亚槟城为例,1888 年中国抵槟的移民 62812 人,其中有 2176 名女性;1907 年中国抵槟的移民 44495 人,其中有 5682 名女性;1909 年中国抵槟的移民 27529 人,其中有 3901 名女性。[①] 他们或已婚携子,或在槟城嫁人生子,加上在南洋出生的包括混血在内的华侨子弟,还包括从中国来与父母团聚的华侨子弟,侨童数量持续快速增加。侨童教育成为南洋华侨必须面对的一个重要问题。

华侨富商的大量出现、华侨社团的建立,都为华侨创办学校储备了条件。已知南洋最早的华侨学校,是 1690 年由巴达维亚华侨甲必丹郭郡观创办的明诚书院,聘请中国教师教授无人管教和来自贫困家庭的华侨子弟读书。在这之后,海丝沿线国家不但出现了大量教授华侨子弟汉语的学校,还出现了以侨居国通用语言为教学语言的华侨学校、以中外双语作为教学语言的华侨学校。1885 年,厦门籍新加坡华侨颜永成独资创办培兰书室,该校是新加坡最早的华侨英文学校。1888 年,颜永成又将培兰书室改造为华英义学,以汉英双语教学,该校是最早的华侨双语学校,可容纳 300 名学生。[②] 在这之后,还出现华侨女子学校、华侨商业学校、华侨补习学校、华侨夜校等。

四是华文报纸的诞生和华侨报业的发展。第一份华文报纸的诞生、第一份侨办报纸的创办皆在清朝时期,第一个华侨报业发展的高峰则出现在晚清时期。1856 年 12 月,美国华侨司徒源通过集资创刊《沙架免度新录》,这是全球第一份侨办华文报纸。据不完全统计,从 1856 年 12 月到 1912 年 1 月,海外华侨共创办了 114 份报纸。其中既有中文报纸,也有马来文报纸,还有中文、马来文,中文、泰文双语报纸,既有日报,也有周报、周二刊、周三刊,周报如《苏门答腊之光报》等,周二刊如《泗水之星》等,周三刊如早期的《槟城新报》等。[③]

华侨办报是华侨社会形成的重要标志,而华侨办报数量增多也是华侨社会成长并进入成熟期的标志。我们可以从以下两串数字中得出这一结论。

---

① 陈翰笙:《华工出国史料汇编》第四辑,北京:中华书局,1981 年,第 33~34 页。
② 《观直落亚逸中西义塾喜而有说》,《叻报》1893 年 4 月 15 日。
③ 刘琳:《辛亥革命时期福建华侨报人史》,福州:海峡文艺出版社,2013 年,第 6~11 页。

从华侨在海外创办第一份报纸的 1856 年到 1891 年,华侨在海外共创办 18 份报纸,平均每年办报 0.5 份;而在 1892 年至 1916 年,华侨在海外创办报纸 103 份,平均每年办报 4.29 份,后者约是前者的 8.58 倍。[①] 与之相对应的是中国人移民海外的增加速度,这说明华侨激增是华侨社会形成和成长的重要因素,报纸数量的增多正是华侨社会形成和成长的标志。

从 1892 年到 1916 年,华侨共在海外创办报纸 103 份,其中在南洋创办 74 份,在美国创办 17 份,在澳大利亚创办 5 份,在加拿大创办 5 份,在古巴创办 1 份,在秘鲁创办 1 份。[②] 这个数字说明了两点:一是华侨社会一定是在华侨人数较多的地方才有可能形成,清朝时期海外诞生侨办报纸的地方就是中国人移民海外最多的地方;二是侨办报纸越多的地方就是华侨社会形成较早且成长较快的地方,南洋华侨最多,侨办报纸也最多。

(三)清代华侨的作用与地位

清代是封建社会华侨移民最多的时期,也是华侨参与侨居国重大经济建设项目最多的时期,还是华侨成为南洋多国政治新兴力量的成长时期,也是华侨经济成为南洋多国重要经济力量的成长时期。清代华侨在侨居国发挥的作用和地位主要体现在以下五个方面。

1.垦荒主力:变荒漠为繁华都市

华侨一直是侨居国的垦荒主力,也是创造众多荒漠为富庶乡镇和繁华都市的传奇缔造者。

在南洋许多深山、野林、荒漠、沼泽地,华侨都是开路先锋,承担着各种苦活、累活和危险活。印尼峇眼亚比本是海盗出没的荒凉沼泽之地。清同治年间,福建同安县新店乡人洪思返与其他 10 位洪姓渔民一起出海捕鱼,遇台风飘到峇眼亚比,见这里渔业资源十分丰厚,就决定定居于此。[③] 听闻洪思返的消息后,不少闽南人和潮州人也随之前往,其中以同安人最多,他们齐心合力,将峇眼亚比建成全印尼最重要的渔业中心之一。同安籍的华侨一路打拼,将荒漠变成了都市,这里也因此被称为"小同安",提起此处人们爱用"满街唐人字,一城同安腔"相喻。

---

① 刘琳:《辛亥革命时期福建华侨报人史》,福州:海峡文艺出版社,2013 年,第 6 页。

② 刘琳:《辛亥革命时期福建华侨报人史》,福州:海峡文艺出版社,2013 年,第 6 页。

③ 嘉庆《同安县志》卷三十六,转引自林江珠:《东南亚闽侨民俗文化交流史》,福州:海峡文艺出版社,2021 年,第 38 页。

事实上,在海上丝绸之路沿线国家中,许多今日繁华都市也为华侨领导或参与领导所创建。今马来西亚的威士利、沙捞越、柔佛等城市,皆由华侨领导率先开垦。威士利与潮州人的开发有关。潮州人率先把那片深山野林开垦成甘蔗园,并发展制糖业。19 世纪至 20 世纪头十年,这里是马来亚最重要的制糖基地,也是一个繁荣的都市。沙捞越的发展则与福州人的开发有关。福州籍举人黄乃裳在戊戌变法失败后,率领福州失业农民远赴南洋,垦殖南洋的沙捞越(今属马来西亚),在这个野兽出没、人迹罕至的地方建立新福州垦殖场,之后闽粤华侨越聚越多,不断拓展开垦范围,古晋、诗巫等一个个繁华新城就这样在沙捞越诞生。

2.城建领袖:组织当地人开发与建设城市

华侨把侨居国当作自己的又一个家,倾心倾力地建设。被称为"吉隆坡王"的广东惠阳籍华侨叶亚来就是其中一位,他甚至为马来西亚历史留下了"没有叶亚来就没有吉隆坡"的说法。

叶亚来,1837 年出生于广东惠州,1854 年作为契约华工到马来亚锡矿做工,1859 年自行经营生猪和锡米小生意。1861 年,叶亚来成为马来亚芙蓉甲必丹,他对当地支柱产业——锡矿的发展贡献突出,为矿洞配上蒸汽抽水机,解决水淹矿洞的困难,锡矿产量大大提高,这让他声名远播。1862 年,吉隆坡第二任华侨甲必丹刘壬光邀请他到吉隆坡协助自己工作。吉隆坡当时还是个村落,叶亚来先是替刘壬光总管锡矿,也开始兼营开矿,还开了一间药材店。1868 年,刘壬光在病危时举荐叶亚来代他任华侨甲必丹。1869 年 6 月,叶亚来正式出任吉隆坡甲必丹。在其任上,他团结当地马来人和华侨,数次与进犯之敌血战,保卫吉隆坡。1880 年,叶亚来被马来王室任命为吉隆坡首任行政长官,享有行政、司法、军事和税收全权。叶亚来办事公道,深孚众望,民心归一,当地马来人和华侨都团结在他的旗下,埋头苦干,建设家园,把不足千人的小村子吉隆坡建成马来亚首屈一指的大商埠,生意越聚越多,城市越建越好,百姓生活水平不断提高,人们称他为"开辟吉隆坡的巨人",吉隆坡至今保留着"叶亚来街"及他的塑像。在今天东南亚国家的许多都市、港城的发展历史上,都可以找到类似叶亚来在吉隆坡的传奇故事。

3.工业巨子:侨居国支柱产业缔造者

清朝时期,在华侨人数最多的南洋地区诞生了一批华侨工业巨子,他们以自己敢冒风险的勇气和善于经营的能力,成为侨居国支柱产业的重要缔造者。

锡矿业、橡胶业是南洋多国的支柱产业,华侨为这些支柱产业的形成与壮大做出了重要贡献。锡矿业以姚德胜、胡子春等华侨为代表,橡胶业以许心美、林文庆、陈济轩等华侨为代表,还有横跨锡矿业、橡胶业的工业巨子——余东旋。

余东旋,祖籍广东佛山,生于马来亚槟榔屿。父亲余广曾在怡保经营锡矿和药铺。1891年父亲病逝后,因余东旋尚未到承继父亲产业的年龄,由他的两位叔父代为经营父亲产业。到他1898年正式子承父业时,父亲药店的现金和存货已被盗用殆尽,父亲先前包税的锡矿亦早已无锡可采。他开始白手起家,和舅父每天清晨五点坐着大象出发,到森林、荒野、沼泽地带寻找锡矿,历经三年终于找到新锡矿,之后七年内他至少找到11个锡矿。为了加快锡矿的开发速度,余东旋投入巨资,率先从澳洲引进先进的采矿机械设备,采用最新的技术开采埋于地底更深层的矿藏,大大增加了产量。至1908年,余东旋在霹雳州及其他州共拥有十多个锡矿,雇用约1.2万名矿工,成为"锡矿大王"。余东旋看到新兴的橡胶业发展前景,于19世纪90年代后期开始经营两个橡胶园。1910年,马来亚橡胶大量出口,迅速占领世界橡胶市场的大部分份额。余东旋几乎控制了当地主要的橡胶生产,又成为橡胶业巨子。

4.建设中坚:影响世界发展大项目的建设者

华侨作为许多国家的重要建设力量,不但完成了众多对侨居国发展起到重要推动作用的大型项目,还完成了不少影响世界的丰碑型重大建设项目。

华工是美国联合太平洋—中央太平洋铁路的建设主力。美国东部到西部加利福尼亚之间有连绵的崇山峻岭、浩瀚的沙漠和莽莽草原,从陆路由东至西需行走2800英里,历时八九个月;走水路从东向西要行13600英里,至少需要四个月以上,台风季节难以成行。水陆兼行更是危险重重,先从美国东海岸乘船南行5450英里,到巴拿马上岸,再从陆路穿过巴拿马地峡。这条路有大片原始森林,猛兽出没,鳄鱼穿行,瘴疬肆虐,步步惊心,行到太平洋边,再乘船到美国西部。为了开采西部地区的金矿,加快开发西部地区,1862年,美国国会批准修建贯穿美国大陆中部、连接东部与西部的第一条铁路干线(即联合太平洋—中央太平洋铁路)的计划。铁路东段为联合太平洋铁路,全长689英里,地势平坦,修建较易,由联合太平洋铁路公司承包;

西段为中央太平洋铁路,全长 1800 英里,多为海拔二三千米的崇山峻岭,不少路段还需穿过悬崖峭壁,夏天酷热难忍,冬季暴雪连绵。西段由中央太平洋铁路公司承包。由于白人不愿干此种苦活,美国政府只好远道招拐华工前来修筑,工地上的华工常年保持在万人之上,而白人雇工最多时仅 800人。凭借着华工的吃苦耐劳和聪明能干,原本需要十四年才能建成的西段工程,仅用七年就于 1869 年 5 月 10 日建成,这条被称为世界铁路史上一大奇迹的铁路建成,对美国经济发展至关重要。

1880 年,横贯加拿大东西的太平洋铁路开始修筑,这条铁路东起大西洋沿岸的港口城市哈利法克斯,西至太平洋沿岸的港口城市温哥华,全长3800 余公里,先后有 25000 多名华工参加修筑这条铁路。由于工作和生活环境极其恶劣,加上劳动强度过大,大批华工病死在筑路工地上。仅承包太平洋铁路英属哥伦比亚群山段的美国人安德当克就曾雇用过 8000 名华工。在五年的铁路修筑期,平均每一华里铁路就有一个华工为之献出生命。[①]1885 年这条铁路建成,为加拿大国土安全和持续发展发挥了越来越重要作用。

除此之外,清朝时期,华工还在美国修筑了旧金山—新墨西哥州—得克萨斯州的南太平洋铁路、加利福尼亚州—蒙大拿州的北太平洋铁路;在秘鲁修筑了利马—奥罗亚铁路;在巴拿马修筑了巴拿马铁路等,每一条铁路都为所在国和世界经济的发展与合作做出了贡献。

巴拿马运河的成功开凿,华侨的作用功不可没。在北美洲和南美洲之间,北起危地马拉,南至巴拿马,有一条从西北向东南延伸的狭长地带,地理上称之为"中美地峡"。在中美地峡的南端,从中美洲的哥斯达黎加到南美洲的哥伦比亚,北濒大西洋,南临太平洋,有一个狭长地带,地理上称为巴拿马地峡。西班牙、英国和法国等西方殖民者,为了节省航行成本以掠夺拉丁美洲的物产,一直想从这里开挖一条运河,沟通大西洋和太平洋的航程。1880 年到 1896 年,先后有近万名华工被西方殖民者诱拐到美洲,开凿巴拿马运河。华工们历尽艰辛,有相当一部分华工为之命丧异邦。1888 年,张荫桓在上奏清廷时提到华工在开采巴拿马运河时的牺牲:"中阿墨利亚(亚美利加),南阿墨利加两洲交界之处,曰巴拿马岛……其时广东客民赴役者

---

① 陆国俊:《美洲华侨史话》,天津:天津教育出版社,1991 年,第 45 页。

二千人,不逾年而瘴殁几尽。"①巴拿马运河被称为"死亡的河岸",平均修筑一米运河就会夺去一个人的生命,由此可见,华工对巴拿马运河的开通做出巨大牺牲。

1914年,巴拿马运河建成。1915年,巴拿马运河正式通航。运河长达68公里,加上连接大西洋和太平洋的深水段,全长81.3公里。巴拿马运河是一条重要的世界性航道,便利了世界各大洲之间的海洋运输,特别是北美、拉丁美洲和亚洲、太平洋之间的运输,促进了世界经济的交流、合作与发展。

5.融合榜样:与侨居国深度合作

清朝时期,海外华侨不但活跃在侨居国的经济舞台,还活跃在当地政治、文化、教育、司法等多个领域,成为海丝精神的诠释者和发展者。

萧佛成,祖籍福建南靖,生于泰国曼谷,先世于明末抗清失败后逃居台湾,后南渡马六甲,19世纪初又移居暹罗,以经商为生。萧佛成自小进入当地华侨开办的私塾接受中国传统教育。在接受完私塾教育后,萧佛成进入当地学校学习。萧佛成之后获得律师资格,成为曼谷的一位知名律师。萧佛成的中文、泰文俱佳,曾将《三国演义》翻译成泰文,风靡一时,人们争相阅读。后来他还创办了《华暹日报》,分成华文版、泰文版,《华暹日报》成为当地颇有名气的报纸,促进了泰国人对中国和中华文化的了解。

晚清时期,华侨不但在侨居国办学办报,扶危济困,开设义学、义冢,开展义诊,还创办基金会,服务侨居国全体公民。林文庆就创立爱德华七世国王纪念基金,为社会服务。华侨还在新加坡华侨志愿部队中创建华侨连队,共同保卫侨居地。

在华侨人数最多的南洋,华侨不但与侨居国当地人合办企业,还与欧美企业家合办大型企业。第一家大型合资公司是1890年在新加坡注册成立的海峡轮船公司,创始人是曼斯菲尔德公司的总监和华商陈若锦、陈拱沙、李清渊。这些家族早就从事航运,并与欧洲公司保持长期联系。海峡轮船公司主导了马来亚沿海贸易,还帮助新加坡成为世界蒸汽船运输的中心、世界贸易第二门户。1937年,新加坡海峡轮船公司与英国利物浦的海洋轮船公司、皇家航空公司联合倡议,要求海峡殖民地政府解决槟榔屿和新加坡之间的航空服务问题。同年10月12日,马来亚航空有限公司(MAL)诞生。可以说,华侨为新加坡成为世界航运中心发挥了奠基作用。

------

① 李春辉:《拉丁美洲史稿》上册,北京:商务印书馆,1983年,第345页。

第三章

明清时期海外华侨
双语教育的发展历程

本章将从明清时期海外华侨教育发展的大视角出发,重点分析这一时期海外华侨双语教育的产生和发展进程,将海外华侨双语教育的发展历程分为萌芽期、起步期和快速发展期三个阶段,重点剖析明清时期海外华侨双语教育产生的原因、海外华侨双语教育的类型以及海外华侨双语教育在教学内容、教材选择、教学语言选择等方面的特点。

第一节　海外华侨双语教育的萌芽期

华侨不远万里移民到海外,在侨居国生存下来后,如何能够更好地在当地发展对于每一位华侨来说都是必须面对的现实问题。华侨教育不仅是一代代华侨子女传承中华文化的重要方式,也是提高华侨在侨居国竞争力的关键途径。从明至清中前期,海外华侨教育整体上呈现出由华侨自发创办、不受明清政府干涉的特点,在教育形式、教育内容和教育方法上与中国国内同时期的旧式教育基本相同。

从明到清中前期,华侨移民的同时也将中国旧式教育模式带到世界上的各个侨居地。这一时期的海外华侨教育主要包括以下四种形式:(一)以父兄和师徒口述教学为形式;(二)由富裕华侨聘请塾师到家中为自己的孩子授课而形成的"教馆"、"坐馆";(三)由塾师自己在家中设帐,主动为华侨子弟授课而开设的"家塾"、"私塾";(四)由华侨帮派、会馆、组织或华侨个人出资为当地贫困华侨子弟开办的"义学"(也称为"义塾")、"书院"。①

在教学内容、教学方法上,明及清中前期的海外华侨教育基本移植了中国旧式教育模式。具体而言,在教学内容上,这一时期的华侨教育主要以《三字经》《千字文》和《百家姓》等儒家典籍为主,也教授华侨子弟珠算、信札、书写等谋生技能,但并未出现外语、西学等近代教育内容,在教育实践中也未有双语教育模式的应用。在教学方法上,海外旧式华侨教育机构基本照搬同时期中国国内私塾中以学生诵读为主的教学方法,学生对于所学内容不甚理解。而且由于这些旧式华侨教育机构主要由以血缘、地缘为单位的华侨帮派成立,地域色彩明显,教师多由闽、粤两地因科举落第而远走海外的儒生担任,且教学语言主要是各地方言,这使得来自不同祖籍地的华侨子弟无法在一起上课,一个地区的华侨教育无法形成统一的整体,这也是海外旧式华侨教育的一大局限性。

直到晚清时期,与中国国内教育近代化的进程基本一致,海外华侨教育中也出现了外语和西学教育内容,双语教育也正是在这一时期的华侨教育实践中开始出现。从鸦片战争爆发到中日甲午战争结束是海外华侨双语教育发展的第一个时期,即海外华侨双语教育的萌芽期。

一、双语教育在海外华侨教育中产生的原因

晚清时期,双语教育之所以在海外华侨教育中出现,主要有主观和客观两大原因:

在主观上,海外华侨学校的双语教育满足了一代代华侨传承中华文化与适应侨居国生活的双重需要。随着华侨移民人数增多,接受教育成为摆在华侨面前一个共同的现实问题。一部分华侨在侨居国生活稳定后将他们国内的家眷带来,另一部分华侨则是选择在侨居国娶妻生子。无论是何种情况,在侨居国取得一番事业后"落叶归根",回到祖籍地继续发展成为这时期相当一部分华侨的想法。② 很多华侨后代在侨居国出生、成长,浸染于侨居地的语言和文化中,加上不少华侨与侨居国当地女性通婚,这就使得华侨

① 张正藩:《近六十年来南洋华侨教育史》,台北:"中央"文物供应社,1956 年,第 8 页;陈育崧:《椰阴馆文存》第二卷,新加坡:南洋学会,1983 年,第 227 页。

② 高伟浓:《早年美国的华社善堂与华侨的落叶归根》,《华侨华人历史研究》2006 年第 3 期,第 50～54 页。

后代之母多为不会说汉语的土著人，"此辈沾染母风，多不谙中国语言"。[①]
因此无论是在家庭生活上还是社会交流中，土生华侨后代很少使用汉语，这
也导致土生华侨中很少有人会说汉语。根据《字林西报》(*The North-China
Daily News*，1864-1951)在 1902 年 12 月 24 日刊登的《新加坡一所中国官
音学校》(a school for the Mandarin dialect in Singapore)一文，当时在英属
马来亚出生的土生华侨中很少有人会说标准的汉语，甚至也不会说他们祖
籍地的方言，只会说英语或者马来语(Scarcely one Straits-born Chinese out
of a thousand can speak any other language but English or Malay, even
their own ancestral dialect being a sealed book to them)。[②] 在大多数英属
马来亚土生华侨中，他们对汉语的接触远远少于英语和巫语，"文字则首英
而次巫，而中文则等诸蝌篆"。[③] 汉语教育的缺失也会使华侨后代逐渐在侨
居国文化和习俗的沾染下丢失中华民族身份，丧失中华民族特性。晚清时
期曾多次出使国外的大臣张德彝，曾在《随使日记》中记录了当时英属马来
亚华侨存在着民族身份丧失的问题：

> (华侨)愚顽性成，多未归化，有离华二三十年未归者；有生于外邦
> 而未到中国者；有归英属而不改装者。此辈若来中土，无事则为华人；
> 遇事则曰"英属"，诚一隐患也。[④]

事实上，不仅是在英属马来亚，在南洋地区其他国家，土生华侨子弟也
多因长期浸染于侨居地文化之中而不会说汉语，这也让华侨对其后代的未
来产生了深深的担忧："侨童身心幼弱，一经灌输外人之教育，辄忘其本，而
耻为中国人。"[⑤]在荷属东印度，吧城华侨子弟"番其举止，番其起居，番其饮
食，番其礼法，华语且不识，遑知有孔孟，其弊随地有之"。[⑥] 在缅甸，《缅甸

---

①　颜文初：《本校三十年来之回顾》，《小吕宋华侨中西学校三十周年纪念刊(1829—
1929)》，马尼拉：小吕宋华侨中西学校，1929 年，第 1 页。

②　A school for the Mandarin dialect in Singapore, *The North-China daily news*
(1864—1951), 1902-12-24(5).

③　陈翰笙：《华工出国史料汇编》第一辑，北京：中华书局，1985 年，第 476 页。

④　(清)张德彝：《随使日记》，《晚清海外笔记选》，福州：福建师范大学历史系，1981
年，第 16 页。

⑤　凌翔：《三十年来英属华侨教育概况》，颜文初：《小吕宋华侨中西学校三十周年纪念
刊(1829—1929)》，马尼拉：小吕宋华侨中西学校，1929 年，第 3 页。

⑥　《1900 年 7 月致吧城华人公告》，《八华学校 115 周年诞辰纪念刊 1901—2016》，雅
加达：印尼八华学校，2016 年，第 170 页。

旧都中西学堂序文》一文中也提到,缅甸土生华侨子弟对中国语言和中华文化茫然不知,在饮食习惯、语言、文化习俗等方面完全"缅甸化",这引起当地华侨的深深担忧,这也是当地华侨创办缅甸中西学堂的主要原因:

> (华侨)所生子弟不无多染风气,食则以手,语则以缅,我华之制度、文教茫然不解,父母生存多半如是,数传之后尚堪言乎? 是中西学堂一事,洵为我旅缅诸华人当务之急,造福之端也。[①]

除了学习中国语言和传承中华文化外,就土生华侨而言,掌握英语(或侨居国的通用语言)和基础的西学知识,对于提高他们自身的竞争力、更好地在侨居国生存和发展非常重要。为了适应侨居地的生活,与侨居国当地人沟通交流,华侨必须先学习英语或侨居国语言。同时为了将来贸易的需要,华侨也须掌握簿记、计算等商业知识和技能。因此学习外语和一定的西学知识、实用技能是土生华侨未来发展的迫切需求。越来越多华侨逐渐意识到:旧式华侨教育具有明显的缺陷,其剥离了外语、西学等实用之学,并与华侨在侨居国的实际生活需要明显脱钩,而实用之学对华侨来说更有现实裨益,"伊古以来谈实学者多矣,而有益于世用者,则莫如格致,而格致之学,莫精于今日之西人"。[②] 海外华侨学校的教育内容应跟上时代发展的步伐,"贤良鸿博诸科似亦非今日之所急,宜乎今日者,曰天文、曰地理、曰算术、曰格致、曰制造"。[③] 因此海外华侨学校在注重传授华侨子弟中华语言和文化的基础上,也须"扩充其谋生之普通知识技能,备置各科学"。[④]

在客观上,一些侨居国政府(如荷印殖民政府)出于对华侨的种族偏见或者抑制华侨群体壮大和发展的想法,对华侨实行严厉的教育歧视政策,不仅禁止华侨进入政府所办的公立学校读书,而且还开办具有殖民色彩的学校(如荷华学校),目的是在思想上"控制"华侨,让他们逐渐丢失中华民族性,进而忘记中国人的身份印记。[⑤]

为了给华侨提供一个接受教育的机会,能够学习中国语言和中华文化,同时学习侨居地所需的语言、知识与技能,华侨只能在侨居国政府的重重监

---

① 李竹痴:《缅甸旧都中西学堂序文》,《鹭江报》1903 年第 38 期,第 22 页。

② 《论学艺须求实际》,《䞍报》1887 年 10 月 17 日。

③ 《多设异途以励人材说》,《䞍报》1887 年 12 月 16 日。

④ 《南洋新加坡福建道南两等小学堂》,《华商联合报》1909 年第 5 期,第 25 页。

⑤ 张正藩:《近六十年来南洋华侨教育史》,台北:中央文物供应社,1956 年,第 16~17 页。

视、管理下自己开办学校。在海外华侨学校中实行双语教育,不仅可以为无法进入公立学校读书的华侨子弟提供一个宝贵的接受新式教育的机会,而且华侨学校的双语教育实质上也是与侨居国政府所办的公立学校进行竞争,争抢优秀华侨生源,争取华侨子弟传承中华文化、永做中华子孙。因此从某种程度上说,海外华侨学校双语教育的应运而生是在与侨居地非侨办学校教育竞争下水涨船高的产物。

海外华侨学校的创办者秉承着平衡发展学生汉语与外语、儒学与西学的教育理念和教育宗旨,开设新式华侨学校,并通过双语教育模式传授华侨所需的语言、知识和技能,而双语教育模式也符合华侨的实际需要。一方面,与祖国、祖地难以分割的血脉联系,让华侨鼓励子弟重视中国语言和中华文化的学习,在侨居国生活时能够牢记自己的中华民族身份和文化属性,同时加强与祖国、祖地的联系也是为了未来回到中国后能够更好地发展;另一方面,学习侨居国语言和近代西方科学文化知识,则是为了华侨能够提高文化水平,增强其整体竞争力,在融入侨居地生活的基础上更好地生存和发展,这有助于提高华侨在侨居国的社会经济地位。因此晚清时期,海外华侨学校推行的双语教育实际上是出于两种截然不同却又相互平衡的目的,保持自身的民族身份和与中华文化的联系是出于中华文化传承的考虑,而提高自身竞争力则是出于在侨居国实际生活的考虑。

二、双语教育萌芽期的代表学校

(一)美国旧金山中西学堂(大清书院)

美国旧金山中西学堂是海外华侨双语教育萌芽期的代表性学校之一。这所学校的创办以及双语教育的开展,与上述提及的双语教育出现的主客观原因密切相关。

1820—1848 年,美国移民局备案登记的华侨仅有四十多人,主要是华侨商人、留学生和中国上层社会人员、过境旅客等。[①] 19 世纪下半叶,伴随着赴美淘金热以及因美国西部开拓所需劳动力等诱因的叠加,大批中国人

---

① 　Tung W. *The Chinese in America*（1820—1873）,*A Chronology & Fact Book*. Dobbs Ferry,New York:Oceania Publications Inc.,1974:7;刘伯骥:《美国华侨教育》,台北:海外出版社,1957 年,第 2 页。

选择前往美国谋生。

旧金山(旧称三藩市)是美国加利福尼亚州太平洋沿岸的重要港口城市,也是 19 世纪美国淘金热的中心地区。1848 年 1 月 24 日,一位名叫詹姆斯·马歇尔(James Marshall)的木匠在加利福尼亚州的纽希化提亚(New Helvetia)发现黄金,这迅速吸引了世界各国淘金者前来采金,其中也包括不少中国人,1848 年当年就有 525 名中国人移民美国①,从 1848 年到 1860 年,华侨人数已占加州矿工总人数的近 30%。关于 19 世纪下半叶华侨移民美国的人数,根据美籍华人学者刘伯骥在《美国华侨教育》一书中的统计,1849 年在美国的华侨人数为 791 人,而在三年后的 1852 年,这一数字就达到 25000 人,增加了近 30 倍;而从 1853 年至 1873 年,二十年间来美的华人更高达 135399 人。② 加利福尼亚州的旧金山是美国华侨最早居住的地方,初期来美的华侨乘帆船远渡太平洋,历时两至三个月到达美国旧金山。随着华侨移民美国人数的增多,逐渐在华侨生活的区域内形成了社区。在二战之前,旧金山唐人街一直是美国最重要、规模最大的华侨社区。③

早期赴美华侨中一部分人从事农业生产和工业生产,开采贵金属、修筑铁路、开挖运河或者担任木厂、纸厂、火柴厂、制鞋厂工人,还有一部分人则在城市里从事洗衣业、餐馆业、家庭佣工业等服务行业等。1876 年,单单在旧金山市内华侨开设的洗衣店就有三百多家,而在旅馆洗衣部以及白种人开设的洗衣店打工的华侨约有一千五百人,也有一小部分华侨经营小商店,出售中国生产的日用品。④ 华侨移民人数增多,而他们经过在美国扎根、繁衍后代后,土生华童的人数也自然在增加。19 世纪 60 年代末,单单旧金山一座城市的土生华童人数就已增加到五百多人⑤,而到 1900 年,华童人数就达四千余人。⑥

早期赴美华侨主要从事农业、工业、服务业等体力劳动,通过双手劳动

---

① 陆国俊:《美洲华侨史话》,北京:商务印书馆,1997 年,第 91 页。

② 刘伯骥:《美国华侨教育》,台北:海外出版社,1957 年,第 2~3 页。

③ 李永:《排拒与接纳:旧金山华人教育的历史考察(1848—1943)》,武汉:华中科技大学出版社,2015 年,第 4 页。

④ 刘伯骥:《美国华侨教育》,台北:海外出版社,1957 年,第 5 页。

⑤ 李春辉、杨生茂:《美洲华侨华人史》,北京:东方出版社,1990 年,第 238 页。

⑥ Coolidge M. R. *Chinese Immigration*. New York:Henry Holt and Company,1909:436.

改变自己的命运。为了让自己的后代能够在美国更好地生存和发展,提高自身社会地位,华侨渴望通过教育来改变后代在美国的命运。

由于这一时期美国加州政府推行教育种族歧视政策,剥夺了华侨在当地公立学校平等的受教育机会,旧金山华侨只能开办私塾或者文史专科式的专馆,教授其后代八股文、唐诗、汉语等课程。1860 年,广东三邑(南海、番禺、顺德)籍华侨就曾在位于旧金山和洛杉矶之间的汉福德(Hanford)会所内附设一所华侨私塾。根据美籍华裔学者麦礼谦的研究,在 1880 年旧金山人口普查中,出现了十多名汉语教师的名单,这说明至少在 19 世纪 70 年代旧金山已经有华侨学校的出现。[①] 事实上,这一时期仅旧金山一地就有十多所华侨私塾专馆,其中包括由塾师黄兰阶、黄秀鉴、李佩儒、蒋月庭、胡绎琴、曾献之、陈馨甫、关六湖、赵春波、李炳鉴、林德煜等人开设的专馆,专馆以塾师自己的姓氏命名,例如黄馆、李馆、曾馆等。[②] 这些私塾、专馆在授课上基本照搬中国国内旧式教育模式,教授《三字经》《百家姓》《千字文》和《幼学琼林》等儒家典籍,教学方法也主要沿袭旧式教育以诵读为主、死背硬记的方法。[③]

这些私塾和专馆学费昂贵,每月学费在 4～5 美元,这对于当时很多贫困的华侨来说难以承受。而且每间私塾和专馆仅招收二三十名学生,而 19 世纪 80 年代后旧金山的华童人数持续增加,致使旧金山无法上学的华童人数也在增加。为了让更多失学华童能够接受教育,由华侨组织和团体创办华侨学校非常重要。1878 年,晚清政府任命曾当过上海广方言馆总办、留美学生总督、古巴专使的陈兰彬以宗人府丞衔担任驻美国、西班牙、秘鲁三国公使。陈兰彬了解到美国当地华侨学童上学难的问题,他一边与美国政府进行交涉,希望旧金山华侨学童能够和白种人的孩子一起进入当地公立学校读书;一边又与旧金山中华会馆的领导进行密切地沟通,建议他们可以为当地华侨开办一所学校,同时教授华侨子弟汉语和英语。由于当时华侨在美国所处的社会环境愈加艰难,许多华侨面临着被歧视、被排挤甚至被驱逐出境的局面,开设华侨学校的计划一直被搁置。

---

① 麦礼谦:《传承中华传统:在美国大陆和夏威夷的中文学校》,肖炜蘅译,《华侨华人历史研究》1999 年第 4 期,第 55 页。

② 刘伯骥:《美国华侨教育》,台北:海外出版社,1957 年,第 29 页。

③ 丹尼尔·哈里森·葛学溥:《华南的乡村生活:广东凤凰村的家族主义社会学研究》,周大鸣译,北京:知识产权出版社,2012 年,第 123 页。

1886 年 10 月 14 日,中国驻旧金山总领事欧阳明向中国公使张荫桓报告称,旧金山华商"筹设中西学堂,欲假西人书馆,令华师率华童就学"①,而这所筹建中的中西学堂给了当地华侨学童一个宝贵的受教育机会。资金不足的问题一度耽误了学校成立的进程。中国公使张荫桓在其日记中就曾提到旧金山中西学堂创办前所面临的经费不足问题:

> 金山学岁专款,得千二百金,约可敷用,惟教习脩脯尚缺其半,须续商也。金山华商最盛之地,而窘涩乃尔,华人争讼斗杀,酿金助虐,顷刻可数万。此等培植人才之事,乃如蚁穿九曲,良可慨叹。②

1888 年 3 月 31 日,在各方的努力下,当地华商在旧金山市沙加缅度街777 号阁楼上成立华侨学校。这所学校最初被命名为"金山中西学堂",计划向华侨子女传授中西之学,由总领事梁廷赞委派清政府赴美随员、浙江候补盐大使程赞清担任学堂监督。或许是因为金山中西学堂是在清政府驻外大使的推动下建立的一所华侨学校,需要在学校命名上保留大清的色彩,并且也让华侨学生不忘祖国,"金山中西学堂"后取当时中国国号"大清"为名,将学校的名称更改为"大清书院"。学校最初约有六十名学生,分为两班,设有正、副教习两名。其中,正教习负责讲授主科,而副教习主要负责给学生的学习作辅导工作。该校教习享有与美国各华侨会馆主席同等的地位,正教习主要由来自中国的举人或者秀才担任,也有些教习由各中华会馆轮派或者由各会馆主席兼任。1902 年,宁阳会馆主席刘庆云就曾担任大清书院正教习,而阳和会馆主席温文炳担任学校副教习。

大清书院的学生每月须缴纳学费 50 美分③,这大大低于之前华侨私塾、专馆 4～5 美元的学费。按照学校授课时间安排,学校在每周星期一至

---

① (清)张荫桓:《张荫桓日记》,任青、马忠文整理,上海:上海书店出版社,2004 年,第68 页;福建师范大学历史系华侨史资料选辑组:《晚清海外笔记选》,北京:海洋出版社,1983年,第 136 页。

② (清)张荫桓:《张荫桓日记》,任青、马忠文整理,上海:上海书店出版社,2004 年,第68 页;福建师范大学历史系华侨史资料选辑组:《晚清海外笔记选》,北京:海洋出版社,1983年,第 145 页。

③ Hoy W. *The Chinese Six Companies: A Short General Historical Resume of Its Origin, Function, and Importance in the Life of California Chinese*. San Francisco: Chinese Consolidated Benevolent Association, 1942: 20-29.

星期五下午四点半到晚上九点[①]、星期六上午九点到晚上九点授课。其中，每晚八点到九点时，学生须一起集中听正教习教授"四书"，并完成正教习所布置的对联题目写作[②]，而其余时间学生分班自学《左传》和《幼学琼林》等儒家典籍，由正副教习监督管理，学校的教学水平与同时期中国国内较高水准的私塾书院比较接近。

从课程设置上可以看出，大清书院在建校早期还是采用中国私塾专馆的教学内容，虽然其最初取名为"金山中西学堂"，学校的创办初衷也是希望教授学生汉语和英语，并兼授儒学和西学知识，但在实际教学内容上还是以儒学与汉语教育为主。这种教学内容上的选择主要基于以下三方面的考虑：

第一，大清书院作为美国最早的一所民办官助的华侨学校，在师资队伍、办学经费等基本条件上还较为落后。教习多由各华侨会馆成员轮流担任，并无固定的儒学和汉语教师，更别说聘请西学和外语教师；在办学经费上也主要仰仗当地华侨商人的捐款，经费来源并不稳定。因此缩小学校的规模、减少因教学内容扩大而带来的开支，在课程设置上以儒学和汉语为主，这样的安排比较符合学校创办之初的实际情况。

第二，教学内容的选择也与当时不少华侨抱着未来将其后代送回中国读书的想法有关。19 世纪下半叶，迫于谋生的压力，许多中国人漂洋过海到美国求生存，而身在异乡的华侨把在侨居国打拼视为一种生存之道，但在他们的文化归属上仍认同于中国。他们认为自己的后代是中国人，理应学习中国语言和文化。华侨子弟若能回中国读书，参加科举考试并取得功名，他们的父辈和祖辈会感到无尚的自豪和光荣，因此他们将自己的后代参加科举取试视之为正途。[③] 正如同时期开设的美国砵仑（波特兰）华文学校总理梅伯显在开学典礼发言时所言，"（华侨学童）他年功成归国，效力祖国，不特上足以副朝廷兴学之盛心，下亦足慰各绅商诸父兄之厚望者也。"[④]

第三，当时不少旧金山华侨学童的英语教育可以依靠旧金山校董会于1885 年为华童所开设的"中国初等学校"（远东公立学校）。对于华侨学童

---

① 部分华侨学生在周一至周五上午到中国初等学校（1906 年改名为"远东公立学校"（Oriental Public School））学习英文，只有下午和晚上有时间学习中文。

② 刘伯骥：《美国华侨史》，台北：黎明文化事业公司，1976 年，第 320 页。

③ 刘伯骥：《美国华侨史》，台北：黎明文化事业公司，1976 年，第 357 页。

④ 《砵仑华侨立华文学校》，《神州日报》1909 年 3 月 24 日第 3 版。

来说,大清书院的汉语教育其实是对于远东公立学校英语教育的一种补充,而两所学校所构成的双语教育正符合当时华童的需要。

事实上,正如之前所述,当时不少旧金山华侨抱有"落叶归根"的想法,希望将孩子送回中国读书参加科举取试。因此当时华童普遍对于英语学习并不用功,更专注于儒学和汉语学习,这就使得大清书院中的一些比较优秀的毕业生由于接受过扎实的儒学教育,回中国后可以和中国教育体系无缝衔接。祖籍广东番禺的美国土生华侨张兆祥(蔼蕴)在九岁时(1892年)进入大清书院学习,十四岁时(1897年)回到番禺继续学业,十九岁时(1902年)进入两广西学堂(后更名为广东高等学堂)。1904年,张兆祥得到邑庠生(秀才)头衔。① 张兆祥的例子也从一个侧面说明,当时美国华侨学校的华文学习在很大程度上是以国内科举制度为依归的。

19世纪90年代,以新式学堂为代表的教育近代化改革浪潮,从中国逐渐吹到海外华侨聚居地。传统书院日渐式微,取而代之的是新式华侨学校,外语和西学逐渐进入海外新式华侨学校中,双语教育模式也正是在这一时期的华侨学校中开始出现。大清书院在原有汉语和儒学为主导的课程体系中增加了外语和近代科学知识,并在教学内容上逐步与中国的教育近代化改革接轨。1906年,旧金山大地震后,大清书院搬迁至由清政府汇款建设的中华会馆大楼内。1908年,清政府委派内阁侍读梁庆桂赴美兴学,梁庆桂同旧金山中华会馆的成员讨论对大清书院进行改组,成立新式华侨学校。在中华会馆的主持以及清政府的资助下②,大清书院得以进行改组,扩充校舍并拓展课程体系,增加外语与西学课程的比重,将学校定名为"大清侨民公立小学"(Chinese Primary Public School of Subjects of the Great Qing Empire)③,并于1909年重新开学。④ 根据《华商联合报》1909年第2期⑤、《神州日报》1909年3月18日⑥以及《教育杂志》1909年第3期⑦上刊登的关

---

① 刘伯骥:《美国华侨教育》,台北:海外出版社,1957年,第30~31页。
② 清政府每年拨出500美元,作为学堂的办学资金。
③ 也有一种说法是此学校为旧金山第一所新式华侨学校,将其称为"金山侨民学堂"。
④ 《美洲通信》,《申报》1908年8月9日第26版;《金山正埠大清侨民公立小学堂征信录》,转引自刘伯骥:《美国华侨史》,台北:黎明文化事业公司,1976年,第359页。
⑤ 《旧金山华侨组织学校》,《华商联合报》1909年第2期,第112~113页。
⑥ 《旧金山华侨组织学校》,《神州日报》1909年3月18日第3版。
⑦ 《旧金山华侨组织学校》,《教育杂志》1909年第1卷第3期,第19页。

于大清侨民公立小学(前身是"大清书院")课程内容的报道,学校课程包括修身、经学、汉语、外语、历史、地理、习字、体操、唱歌。在汉语和儒学课程中,学校聘请了五位来自中国的教师,其中三人毕业于京师大学堂。此外,学校也聘请了少数外籍教师教授外语课程,这说明大清侨民公立小学在原有儒学和汉语课程的基础上加入了外语和西学课程,这就形成了美国华侨学校中的汉英双语教育模式。

除了中国关于这所华侨学校的报道外,美国旧金山当地的英文报纸 *The San Francisco Call*(《旧金山呼声报》)也对这所学校的办学背景和办学经过进行深入的报道:

> 下周,由中国政府(清政府)资助的建立在美国的第一所华人学校即将开业。这所学校由中国政府资助,面向加州的华人孩子。新的学校将会坐落在杜邦街的843号。梁庆桂(Leong Qing Kwai)作为清政府任命的教育专员到美国,负责调查美国华人子女中文和中国历史的教学问题。昨天梁庆桂的发言指出,华人学校的老师也要指导和鼓励华人子女学习英文以及美国的风俗习惯。[①]

严格意义上说,大清书院在改组之前并不是真正意义上的双语学校,但其孕育出了美国华侨汉英双语教育的萌芽。该校虽然原名为"金山中西学堂",原本也计划教授学生汉英两种语言以及儒学与西学知识,但从大清书院的授课内容上看,其仍是旧式私塾教育的延续,汉语和儒学教育是其教学的重点。在大清书院改组后,其在课程设置上加入了外语和西学等课程的内容,这既说明随着时代的发展,外语和西学教育成为当时华侨学童的需求之一,也说明当时美国的新式华侨教育开始起步。特别是在清政府派梁庆桂赴美筹办华侨学校后,美国各地掀起了一股兴办新式华侨学校的热潮,纽约、萨克拉门托、波士顿、芝加哥等地纷纷成立了多所华侨学校。这些海外华侨学校在教学模式、教学内容、教学方法上逐渐与同时期中国新式学堂接轨,从教学内容和教学层次上看,这些新式华侨学校远远超越大清书院初办时的水平。尽管如此,大清书院的创办仍是19世纪后半叶美国华侨教育发展的重要里程碑,它是美国华侨学校汉英双语教育的发轫。

---

① Chinese school is established: imperial government to send teachers and provide means for educating children, *The San Francisco Call*, 1909-01-01;李永:《排拒与接纳:旧金山华人教育的历史考察(1848—1943)》,武汉:华中科技大学出版社,2015年,第209页。

从明朝到 19 世纪后半叶,尽管少部分海外华侨学校中出现了双语教育的萌芽,但绝大多数海外华侨学校仍是以私塾教育为主,教育内容除了汉语外,主要是尊孔、修身、八股文等传统儒学内容,外语和西学课程比例较小。在这一时期海外华侨教育的发展进程中,除了大清书院外,其他一些海外华侨学校也开始摸索着实行双语教育,日本译家学校(唐通事学校)和新加坡华英义学等旧式华侨学校中都出现了双语教育的雏形。

(二)日本译家学校

日本译家学校是海外华侨双语教育萌芽期的又一所代表性学校,它的前身是唐通事学校。

"唐通事"是在江户幕府时期随着中日贸易发展应运而生的一种职业,主要从事中日贸易之间的翻译、阅译交易文书、管理中日贸易等工作。"江户时代"的日本实施"闭关锁国"政策,仅仅开放长崎一个港口,允许荷兰船与中国船进入长崎港进行贸易活动。语言成为日本人与荷兰商人、中国商人交流的障碍,为了便于沟通,日本在长崎专门设置了兰通词①和唐通事,隶属于长崎奉行的管理,其中唐通事专门解决中日贸易之间的语言沟通问题。此外,唐通事还负责商品价格的决定、客商活动的监督、劳工雇佣的斡旋、华侨自治裁判的执行以及华侨与日本官方的交涉等。由于负责当地华侨社会的管理,唐通事基本从华侨较有名望的人士中选择,通事一职均为世袭。② 根据《长崎实录大成》的记载,最早担任唐通事的是一位名叫"冯六"的华侨:"庆长九年(1604 年),唐人中名为冯六者,因通晓日本词语,故被任命为通事。"③后来唐通事更加普遍,而大多数唐通事都是到长崎侨居的中国人。

伴随着时代的发展,以汉日双语为特长的唐通事愈发认识到,必须通过学习英语来寻求新的生存空间,而这种认识的形成也与日本打开门户融入近代化大潮紧密相关。19 世纪中叶,英国、法国、俄国、美国等世界强国在经历了工业革命、产业革命和交通革命后,积累了一定的原始资本,为了进

---

① 兰通词,指荷兰语翻译。

② 臧广恩、蒋永敬:《日本华侨教育》,台北:华侨教育丛书编辑委员会,1957 年,第 20 页。

③ 田边茂启、小原克绍:《长崎实录大成》,丹羽汉吉、森永种夫点校,长崎:长崎文献社,1974 年,第 243 页。

一步获取产业革命所需的原料和市场,他们将目标盯向了远东地区,日本正是他们的选择之一。1853 年,美国以炮舰威逼日本打开国门,美国海军准将马休·佩里(Matthew Perry)、祖·阿博特(Joel Abbot)等人率舰队驶入江户湾浦贺海面,在美国的炮舰威胁下,1854 年日本被迫与美国在横滨签订《日美亲善条约》(又称《神奈川条约》),这次事件也被称为"黑船事件"。在"黑船事件"后,日本被迫开放下田、箱馆两个港口,并允许美国在上述两个港口派驻领事。随后,英国、俄国、荷兰等国也相继与日本政府签订类似的条约。

在日本与欧美列强沟通交流日益频繁的背景下,培养英语翻译人才成为日本的当务之急,而唐通事也开始对英语学习产生强烈的需求。1858年,长崎奉行设立英语传习所,由兰通词酋林荣左卫门、西吉十郎二人担任头取(总管),并聘请荷兰海军将校维切尔(Wichers)、荷兰人德沃吉(Devoge)、英国人菲特切尔(Fietcher)等人为教师,所教授的对象主要是唐通事、兰通词及其他地方官员。[1] 此后,英语传习所先后于 1862 年和 1863年改名为英语稽古所和洋学所,吸引了更多唐通事前来学习英语。1864 年语学所成立,主要教授唐通事英语、法语、俄语三门外语。一年之后,语学所改名为济美馆,除了外语之外,也教授算术、物理、化学、天文等西学知识。语学所的教师以荷兰人维尔贝克(Verbeck)为首,包括何礼之助(后改名为"何礼之")、平井十三郎、柴田大助、横山又之丞、柳屋谦太郎等人,其中何礼之助、平井十三郎、柳屋谦太郎等三人都是唐通事,这也从一个侧面说明,当时在日本的唐通事群体中不仅掀起了学习英语的热潮,而且已有一些唐通事具备教授英语和基础西学知识的能力。[2]

无论是英语传习所还是语学所、济美馆,这些教育机构都是由长崎政府开办的英语学校,并非由日本华侨(唐通事)创办的双语学校,而由唐通事自身成立一所双语学校,以满足唐通事学习英语和汉语的需要,这是当时唐通事的共同愿望。事实上,1849 年,唐通事郑干辅(1811—1860)与游龙彦十郎(刘聿之)发起共建崇福寺三门,并在三门右侧积善院内为唐通事子弟设帐授业,以攻习译业为乐,将其作为唐通事学习汉语的场所,这也是最早的

---

① 古贺十二郎:《德川时代长崎的英语研究》,转引自六角恒广:《日本中国语教育史研究》,王顺洪译,北京:北京语言学院出版社,1992 年,第 289 页。
② 古贺十二郎:《德川时代长崎的英语研究》,转引自六角恒广:《日本中国语教育史研究》,王顺洪译,北京:北京语言学院出版社,1992 年,第 289 页。

唐通事学校。1858 年,为了进一步适应日本与欧美列强沟通交往的需要,时任唐大通事的郑干辅向长崎奉行冈部骏河守提出建议,要求担任中日交往翻译的唐通事都必须在学习汉语的基础上兼修英语,这样可以培养更多掌握汉语、日语和英语的人才。长崎奉行接受了郑干辅的建议,并实行两项举措。一是在 1858 年,在原有唐通事学校的基础上聘请美国基督教浸礼会传教士玛高温(Daniel Jerome Macgowan)为教师,"倡率僚中子弟就学英语"①,而这所教授唐通事汉语和英语的学校被视为日本华侨双语教育的滥觞,也是日本最早实行汉英双语教育的华侨学校;二是在 1859 年初,长崎奉行准许郑干辅、游龙彦三郎等七名唐通事②登上停泊在长崎的美国船,跟美国人进行为期两周的英语学习。③

1860 年郑干辅去世,后人遵照郑干辅的遗愿,于 1862 年 12 月在其当年设帐授业的崇福寺里创办一所名为"译家学校"的华侨学校,教授唐通事子弟汉英两种语言和基础西学知识。其中汉语课程教师有吴泰藏(唐小通事)、郑右十郎(唐小通事过人)、颖川保三郎(唐小通事助)三人;英语和西学课程教师包括彭城大次郎(唐小通事助)、何礼之助(唐小通事助过人)、平井义十郎(唐小通事助过人)三人。这所译家学校是由唐通事通过互相援助积攒起来的资金而创办的,其教育对象是唐通事的子弟,唐通事希望通过译家学校的创办和发展让一代又一代日本华侨学习汉语和英语,在传承中国语言和中华文化的基础上,也能适应时代变化对唐通事们英语水平的要求,未来能在日本长久地生存与更好地发展。

事实证明,译家学校的汉英双语教育对于唐通事子弟日后的发展带来重大裨益。1868 年初,幕府对长崎统治宣告结束,长崎会所消失,唐通事一职也退出历史舞台。④ 唐通事子弟凭借着在译家学校打下的汉语和英语基础,能够获得在中国语学校汉语学所、东京外国语学校等语言学校任职的机

---

① 黄昆章:《华侨华人百科全书·教育科技卷》,北京:中国华侨出版社,1999 年,第291 页。

② 除了郑干辅、游龙彦三郎外,参加英语学习的还包括彭城大次郎、太田源三郎、何礼之助、平井义十郎以及另一位未知姓名的唐通事。

③ 古贺十二郎:《德川时代长崎的英语研究》,转引自六角恒广:《日本中国语教育史研究》,王顺洪译,北京:北京语言学院出版社,1992 年,第 290 页。

④ 六角恒广:《日本中国语教育史研究》,王顺洪译,北京:北京语言学院出版社,1992 年,第 290 页。

会。1871 年 2 月,日本外务省为了培养翻译,设立中国语学校——汉语学所。汉语学所的教师均由旧唐通事出身的华侨担任,包括川重宽、蔡裕良、周道隆、清河武雅、彭城中平、石崎肃之等人,这些教师大多都曾在译家学校学习,而所教的学生大多数也是之前唐通事的子弟。教学中基本沿用唐通事时代的汉语教学法,只是顺应中国官话的改变,汉语教学逐渐从南京官话转变为北京官话。[①] 旧唐通事和其子弟对于 19 世纪汉语教育在日本华侨群体中的推广以及中华文化在日本的传播发挥了重要作用,而唐通事学校(后为译家学校)的存在和发展更是为日本华侨提供了重要的语言学习平台,成为日本华侨教育史上的一个里程碑。

(三)新加坡华英义学

1885 年由新加坡侨商颜永成创办的华英义学,也是世界范围内这一时期较早实施汉英双语教育的华侨学校。

19 世纪中叶以来,在英国殖民政府推动自由贸易、鼓励移民等政策的"吸引"下,新加坡华侨人数激增。根据相关统计数字,从 1877 年到 1882 年,新加坡华侨人数从 9776 人增长到 55887 人,五年间华侨人口增长了近五倍[②],而华侨所占新加坡总人口的比重也从 1824 年的 31％增长到 1860 年的 61％,华侨也就成为新加坡人口占比最大的族群;到 1911 年,华侨人口占比更是高达 72.4％。[③]

新加坡华侨人数在短时间内激增,而且移民主要以劳工为主,知识文化水平普遍较低[④],这使得华侨及其后代接受教育成为一个既现实又棘手的问题。事实上,在英国取得对新加坡的殖民统治权后,由英国殖民政府和基督教会开设的学校也有一些。从 1815 年开始,新加坡所处的马来半岛上曾先后出现了由传教士罗伯特·马礼逊牧师(Robert Morrison)和威廉·米怜(William Milne)夫妇捐资创办的英华书院(Anglo-Chinese College)、由

---

① 六角恒广:《日本中国语教育史研究》,王顺洪译,北京:北京语言学院出版社,1992年,第 290 页。

② Jackson R. N. *Immigrant Labour and the Development of Malaya* (1786-1920). Kuala Lumper:Government Press,1961:75.

③ 许苏吾:《新加坡华侨教育全貌》,新加坡:南洋书局,1949 年,第 6 页;苏瑞福:《新加坡人口研究》,薛学了、王艳译,厦门:厦门大学出版社,2009 年,第 35 页。

④ Government Census,23,Jan.,1850. *Logan's Journal*,1855(9):116-117.

基督教会设立的圣约瑟翰学校（St. Josenlis School）、由东印度公司建立的槟榔屿义务学校（Penang Free School）、由新加坡首任总督莱佛士爵士（Sir Thomas Stamford Bingley Raffles）创办的莱佛士书院（Raffles Institution）（前身为"新加坡书院"）等学校。这些学校并非专为华侨开设，其教育内容偏重商业知识。虽然这其中的部分学校也开设汉语、英语课程，但并未开设儒学以及中华文化课程，无法达到华侨希望自己的后代通过接受教育来传承中华文化的目的。

关于专门面向华侨的私塾，根据德国传教士牧师汤臣氏（Rev. G. H. Thomson）的传述，当时新加坡仅有三所华侨私塾：一为粤侨设于甘光格南（Kampong Glam）的私塾，学生 12 人；一为粤侨在北京街（Pekien Street）开设的私塾，学生 8 人；一为闽侨在北京街开设的私塾，学生 22 人。[①] 这些华侨私塾普遍规模较小，学生数在十至二十多人之间，无法满足大多数新加坡华侨接受教育的需要。

鉴于已有华侨教育机构在教育性质、目的和规模上的局限性，从 19 世纪下半叶开始，新加坡华侨自发创办多所华侨私塾、书院、义学[②]，由陈金声等华侨绅商所办的崇文阁、萃英书院，由陈金钟、陈明水为陈氏族亲子弟专设的毓兰书院，由广肇惠侨商开办的进修义学（也称为广肇义学），由小坡华侨开办的小坡华侨公立乐英书室，由章苑生独资创办的养正书室等。[③] 这些私塾、书院、义学多由地方族群、帮派组织所办，在教学对象、教学内容、教学方法上具有一定的局限性。教学对象也多为同血缘、地域、帮派的华侨，多以家塾设帐授课为形式，无法面向更广大的新加坡华侨学童。在教学内容上，其"所教学科，皆四书五经之类"[④]，有些学校（例如萃英书院、养正书室）的教学内容虽涉及外语，但整体教学层次较低，只是具备汉英双语教育的雏形。教学方法也沿袭着中国私塾的教学方法，以死背硬记的"填鸭式"教学为主，缺乏对学生思维能力和理解能力的培养，学生上课时诵读的声音甚至会影响邻居的生活："儿童温课，竞相挺喉朗读，噪聒之声，直使邻右街

① 许苏吾：《新加坡华侨教育全貌》，新加坡：南洋书局，1949 年，第 7 页。

② 《书塾多至不可胜言》，《叻报》1890 年 3 月 13 日。

③ 陈国华：《先驱者的脚印：海外华人教育三百年（1690—1990）》，多伦多：皇家金斯威公司，1992 年，第 47 页。

④ 许苏吾：《新加坡华侨教育全貌》，新加坡：南洋书局，1949 年，第 16 页。

左,为之震耳欲聋。"①这一时期,真正实行汉英双语教育的华侨学校是由侨领颜永成在 1885 年开办的华英义学,这也是新加坡第一所具有新式学校特征的华侨学校。

华英义学的创办人颜永成祖籍厦门海沧,1844 年生于马六甲,十七岁时迁居新加坡。颜永成小时因家境贫寒无法接受正规教育,他的人生理想之一就是有朝一日能够创办一所学校来帮助那些和他当年一样无法上学的穷人。经过不懈的努力,颜永成从新加坡豆蔻农场的一位工人成长为拥有 15 家商号的华侨巨商,而在颜永成一路打拼的过程中,他深深地感到华侨掌握英语非常重要,因为英语是新加坡当地商业文件往来的媒介语。除了英语之外,由于新加坡有庞大的华侨社会,能够说汉语、用汉语书写是华侨内部交流、团结华侨的重要基础。② 鉴于上述两方面的考虑,颜永成认识到华侨对于学习汉语和英语有着强烈的内在需求。从某种程度上说,当时新加坡华侨接受汉英双语教育的实用需求超过对两种语言和文化的精神需求。1889 年 1 月 19 日《叻报》头版刊登的一篇题为《义塾章程宜善为整顿说》的评论提到,当时新加坡华侨非常重视对其后代进行汉英双语教育:

　　本坡之人,每喜子弟诵习英文,而于华文一端,转从其略。今日之英文,固为时尚,有志者实不可以不学。然身为华人,则当为之兼习中西文字,固不宜徒习西文也。③

又如 1893 年 4 月 15 日《叻报》的评论,再次提到汉英双语教育对于新加坡华侨的重要性,认为汉语和英语两种语言中任何一种语言教育的缺失,都会造成华侨教育的缺陷:

　　窃尝览叻中名塾,其教华文者,必不能兼攻西字,教西学者亦不能兼授华书。各执一篇,终不能归全美。④

在认识到汉英双语教育对于当时新加坡华侨的实际价值后,颜永成决定建立一所汉英双语学校,将直落亚逸街(源顺街)的土产店屋作为华英义

①　王秀南:《星马教育泛论》,香港:东南亚研究所,1970 年,第 150 页。

②　陈国华:《先驱者的脚印:海外华人教育三百年(1690—1990)》,多伦多:皇家金斯威公司,1992 年。

③　《义塾章程宜善为整顿说》,《叻报》1889 年 1 月 19 日第 1 版。

④　《义学说》,《叻报》1893 年 4 月 15 日。

学校舍的基础,并对所有华侨学生免收学杂费。① 根据《新加坡华人百年史》的记述,这所学校成立于 1885 年,最初命名为"华英义学"(Anglo-Chinese Free School)。驻新加坡的英国殖民政府决定在直落亚逸街拨予一块土地作为建校之用。② 1889 年,校舍建成,颜永成支付了建造校舍的全部费用,华英义学因此更名为"颜永成学校"。英国驻新加坡总督塞西尔·史密斯(Cecil Smith)主持学校的落成典礼,在典礼演讲时将颜永成学校称为当时新加坡唯一的一所由华侨自己创办的学校,称赞其为推行汉英双语教育的先驱,这也从客观上说明当时驻新加坡的英国殖民政府至少在表面上并不反对华侨双语教育。《叻报》也对颜永成学校的双语教育模式大加赞赏:

> 颜君永成,在直落亚逸所创之中西义塾(颜永成学校)竟能兼教中英文字。善乎颜君此举,可谓独知其大,其识见能勿加人一等也……施制府(塞西尔·史密斯)暨中西诸仕商往观厥成。当时制府曾对众而言曰,叻地各书塾,若非专教英文,即系专读华书,罕有中英两国之文并为教育者,则颜君此举最为难得。盖华文一道最为可贵,本部堂亦尝攻习中国语言文字,惟奈所得无多,若夫中国之人,则更宜通夫华文,庶不至失其本来面目。③

颜永成学校成立后,吸引了越来越多华侨子弟前来就读。1891 年学生人数为 68 人,四年后增加到 123 人。1898 年,颜永成学校因学生人数不断增多又增添了新的校舍。1899 年颜永成逝世后,学校曾一度由于种种原因发展为一所纯粹的英文学校,但在 1913 年以后又恢复汉语教学,继续推行汉英双语教育。1938 年,因办学经费困难,该校被驻新加坡的英国殖民政府收归,成为一所政府公立学校。

通过对比分析旧金山中西学堂(大清书院)、日本译家学校、新加坡华英义学等三所海外华侨学校的教育实践,我们可以看出,这三所海外华侨学校均是创办于鸦片战争后至中日甲午战争前这一时期。这一时间段与中国国

---

① 颜丽惠、颜丽娟:《我的先祖颜永成》,《厦门海沧文史资料》第六辑,厦门:中国人民政治协商会议厦门市海沧区委员会文史资料委员会,2012 年,第 133 页。

② 宋旺相:《新加坡华人百年史》,叶书德译,新加坡:新加坡中华总商会,1993 年,第 228 页。

③ 陈育崧:《马华教育近百年史绪论》,《椰阴馆文存》第二卷,新加坡:南洋学会,1983 年,第 228 页。

内掀起的教育近代化几乎同步,外语和西学知识逐渐开始进入海外华侨学校的课程体系中,与原有华侨私塾、义学、专馆的汉语和儒学课程进行初步融合,形成了华侨双语教育的萌芽期。这一时期海外华侨学校数量相对较少,其教学模式也仍未摆脱私塾、义学等旧式华侨教育机构的模式,仅仅在美国旧金山、日本长崎、新加坡等华侨集中地方开设的华侨学校中,根据华侨实际生活需要,实施汉英双语教育,开设英语、自然科学等实用课程。虽然这一时期海外开展双语教育的华侨学校数量很少,双语教育模式也较为单一,基本上为"汉语+英语"的两种纯语言教育的叠加,较少以两门语言为教学媒介来传授中西之学,但这仍为之后海外华侨双语教育的进一步发展开辟了一条新的道路。

第二节 海外华侨双语教育的起步期

随着华侨教育的快速发展,从中日甲午战争到 19 世纪与 20 世纪交替间,在短短的五六年间,海外华侨教育逐渐进入从私塾教育向新式华侨学校教育的过渡期,而双语教育也渐渐在初办的新式华侨学校中铺开,进入其发展的起步期。中国在中日甲午战争中的失利不仅震动了国民,也对海外华侨的思想带来了很大的冲击。他们逐渐意识到:一个强大的国家是海外侨民的最大后盾,也是提高华侨在侨居国社会地位的重要原因,而启迪民智则是国家富强的基础,同时也是华侨在侨居国能够立足的关键。因此在中日甲午战争后,一批新式华侨学校迅速创办起来,而双语教育成为这些海外新式华侨学校的主要教学模式,这些变化正是缘于"启迪民智"、"富强国家"的思想。在 1903 年《鹭江报》刊登的《劝立中西学堂序》一文中,作者就以日本富强之路为例,详细阐述了在缅甸仰光设立新式华侨学校、实施汉英双语教育与启迪民智、富强国家之间的关系:

> 然国何以能强?民智则国强。民何以能智?是学堂之事实为有国有家者兴败之大关键也……日本与我华同处于亚洲,日本之土地人民不及我华十份之一,而日本之学堂报馆转多十倍于中华……仰光为缅甸咽喉,我华人之旅居于此者数以几万计。华人之子弟数以几千计,环顾各国各种各教,无不学堂林立,以植其根本而育人才,独我孔教华英

之学堂阙焉。[①]

在海外华侨双语教育的起步期，海外华侨双语教育实践在教育形式、教育主体、教学语言选择、课程设置等方面具有以下鲜明的特点。

一、教育形式

这一时期义学、蒙馆、私塾等海外旧式华侨教育机构逐渐被新式华侨学校替代，有的旧式华侨教育机构停办，有的则转为新式学校。海外新式华侨学校注重吸收和借鉴当时中国的近代教育模式，努力与中国教育近代化进程保持一致，海外华侨教育逐步发展成为中国教育体系中的一部分，实质上也是中国教育体系在海外的延伸。以明清时期英属马来亚地区华侨教育的历史演变为例，20世纪以前的华侨教育是私塾、蒙馆和义学教育，例如槟城五福书院（1819年创办）、南华义学（1888年创办）等，教学内容以四书五经等儒家典籍为主。进入20世纪以后，马来亚地区华侨教育进入近代教育阶段。近代华侨教育最典型的特征之一，就是在马来亚地区新式华侨学校中通过开设中西合璧的课程来实施双语教育，课程中既包括汉语、修身、读经讲经等旧式华侨教育机构的课程，也包括英语和化学、物理等近代西学课程，在教育形式上基本与中国国内新式学堂保持一致。

二、教育主体

这一时期海外华侨双语教育的推动者逐渐从华侨个人、地方帮派转变为统一的华侨组织。以荷属东印度的华侨教育发展进程为例，20世纪以前，华侨学校主要由当地华商或者华侨领袖创办。荷属东印度最早的华侨学校明诚书院就是由巴达维亚华侨甲必丹郭郡观创办，附设于由吧城华侨领袖黄绵公、杨款、吴缵绪等人集体创办的养济院内：

> 考荷属华侨教育之起点，肇创于巴达维亚之明诚书院者，养济院内附设之书馆也。养济院者，则吧城华侨甲必丹黄绵公，雷珍兰杨款、吴缵绪等，所创办之善堂也。书院附设于善堂之内，历设掌教一人，月课八股文，以教授侨童。[②]

---

① 李竹痴：《劝立中西学堂序》，《鹭江报》1903年第39期，第20页。

② 黄斐然：《三十年来荷属华侨教育（其二）》，《小吕宋华侨中西学校三十周年纪念刊（1899—1929）》，马尼拉：小吕宋华侨中西学校，1929年，第1页。

明诚书院曾一度停办,1775 年在华侨庙宇——金德院内重办私塾,将学校改称为"明德书院",1787 年又复称吧城"明诚书院"。

20 世纪以后,从吧城中华学校成立开始,荷属东印度的华侨教育进入近代教育阶段。这一时期,新式华侨学校开始推行双语教育,而华侨学校的创办者也从华侨个人逐渐转变为统一的华侨组织,比较常见的统一华侨组织是各个侨居地设立的中华会馆。作为侨居地的统一华侨组织,中华会馆具有教育功能,其"纯为教育华侨子弟而设,并非招待旅客(之用)"。① 因此各地中华会馆中一般都附设学校,并设有总理一人、董事多人不等,而为中华会馆捐款的侨商一般在三年后就有资格参与总理或者董事的投票选举。吧城中华学校的创办主体就是吧城中华会馆。吧城中华会馆是由当地侨领潘景赫、洪水昌、李金福、邱亚樊、许金安、李兴廉、陈金山等二十人共同成立的近代印尼的第一个华侨团体。在吧城中华学校的带动下,20 世纪初期,南洋各埠的中华会馆还创办多所新式学校,这些由中华会馆创办的学校一般以"中华学校"命名,称为"某市中华会馆学校"或"某市中华学校",例如爪哇苏格拉加中华学校、爪哇茂物中华学校、北加浪岸中华学校等等。②

三、教学语言选择

这一时期,海外华侨学校在教学语言选择上,主要可从汉语与儒学课程、外语与西学课程两方面进行归纳和分析。

在汉语和儒学课程中,虽然仍有不少学校使用地方方言教学,但已有一部分华侨学校开始使用统一的中国国语(也称为"官话")代替地方方言进行授课。统一国语教育成为海外新式华侨学校教育中的一个重要部分。由于旧式华侨学校多由华侨个人或者地方华侨帮派成立,学校主要面向来自同一祖籍地的华侨子弟而开设,因此在汉语和儒学课程上采用地方方言作为教学语言,而新式华侨学校在汉语和儒学课程上则多选择中国国语来代替地方方言进行授课。1901 年成立的吧城中华学校以"正音"(中国国语)取代以往印尼华侨学校多使用的福建或广东方言。使用中国国语作为教学语言,这在一定程度上降低了因教学语言不统一而给不同籍贯学生带来的沟通障碍,从另一个层面也说明新式华侨学校逐渐打破了旧式华侨教育机构

① 钱愚:《南洋华侨学校状况》,《松江教育杂志》1911 年第 15 期,第 1 页。

② 张正藩:《近六十年来南洋华侨教育史》,台北:"中央"文物供应社,1956 年,第 9 页。

以地域为界限的教学组织形式,将来自不同祖籍地、操不同方言的华侨学生聚集在一起上课。除了沟通方便外,海外新式华侨学校使用统一国语作为教学语言,这满足了海外华侨希望借统一国语来团结各帮华侨的需要,也响应了 19 世纪末 20 世纪初海外华侨学习国语的风潮:

> 同为一国之人,甚或同省之人,而因言语不通之故,彼此情感隔阂往往发生恶剧,各帮之械斗即其一端也。近来教育发达,国语又为重要学科之一,娴习者日多。言语不通则改用国语代之,有识者知国语之便利,且以不能操国语为可耻,竞起而提倡之。各资本家及商店执事皆以国语为荣,视为一种要务。于是风气为之一变。昔日以国语为捍格不入者,今则视为便利而易解矣。故近数年来华侨间多以国语为普通之语言,如能竭力提倡,进行不懈。[①]

由于不少土生华侨自幼就生长在侨居国语言浸染的环境中,汉语水平较低,听懂汉语和儒学课程有较大困难,在上课时就容易出现畏惧情绪。[②]因此面对汉语基础薄弱的幼稚园及小学一二年级学生,一些新式华侨学校专门聘请翻译员在课堂上以华童熟悉的语言进行翻译[③],降低学生的听课难度,而"至(小学)三年级,始用国语直接教授"。[④]

海外新式华侨学校推行的双语教育模式,除了教授华侨汉语和儒学外,还须传授华侨外语和西学知识,而在外语和西学课程中,新式华侨学校一般使用外语作为教学语言。以小吕宋华侨中西学校为代表的菲律宾新式华侨学校实行中文部和英文部双轨制的教育模式,学校决定中文部以汉语为教学媒介语,英文部则以英语为教学媒介语。[⑤]直接使用英语授课也引发了不小的社会争论。一方面,小学阶段学生的英语基础并不扎实,听懂教师全英文授课有一定难度;另一方面,实践发现过早地进行全英语授课对于华侨学生的国语学习也带来不利影响:

> 教授英文必罗雀掘鼠,用一百五十盾或二百盾一月之束脩聘请英

---

① 宋蕴璞:《南洋英属海峡殖民地志略》(上),北京:文物出版社,2022 年,第 132 页。
② 钱愚:《南洋华侨学校状况》,《松江教育杂志》1911 年第 15 期,第 4 页。
③ 钱愚:《南洋华侨学校状况》,《松江教育杂志》1911 年第 15 期,第 4 页。
④ 黄斐然:《爪哇华侨学校之状况及其今后改革问题》,《教育杂志》1927 年第 19 卷第 8 期,第 4 页。
⑤ 《小吕宋华侨公立中西学校章程(附表)》,《菲律宾华侨教育丛刊》1917 年第 1 期,第 327～399 页。

美国之教会人来教授,而英美国人大半不通马来语,又不用英文翻译,直接以"爱"、"比"、"西"、"提"教授之,故学生有学英文一年而未知所读之书系何解释……南洋学生素不能讲本国语言,即一星期全课以中文国语,四五年内尚恐不及内地学生二三年之效力。今则倒行逆施,若是将来中文永无畅行之一日,且教育权三五年后窃恐将尽操于外人之手矣。[①]

这些围绕教学语言的争论并非无稽之谈,符合当时新式华侨学校双语教育的现状。在汉英双语教育开始于海外华侨学校推开之时,如何平衡华侨子弟的母语、汉语和外语三者的关系,更好地提高教育质量,就已经成为摆在海外新式华侨学校面前的一道难题,也成为之后海外华侨双语教育发展的重要问题。

四、课程设置

与双语教育萌芽时期海外华侨学校的课程体系相比,在双语教育起步期,新式华侨学校的课程体系更加全面、科学、合理,其课程体系中不仅包括汉语、儒学、外语、西学等四大课程模块,而且能够按照学生的层级循序渐进地开设课程。这一阶段华侨学校的课程一般会根据学生的学习程度和所属年级进行设置,例如:

> 学生功课,高等班极重英文,初等班兼重国文,预备班则除唱歌、习字等简易课程外,均系国文,另有翻译员教授。[②]

具体而言,以英语课程为例,由于英语在华侨社会的商业往来中发挥重要的作用,而且也是世界范围内商业沟通的主要媒介语,英语课程在海外新式华侨学校中一直占据显要地位。在这一时期,英语课程一般从海外华侨小学二、三年级开设[③],而小学高年级英语课时量增多,每日课程中,学生至少要花两三个小时上英语课,甚至整个下午都上英语课:"(爪哇中华学堂)惟特重英文,有下午全授英文者(如泗水、望加锡、庞越等处是),或每日授两小时、三小时不等。"[④]特别是在原本计划开办的华侨高等商业学校课程表中,英语课程在高等商业学校两年的预科课程中,每周授课时数占总课时数

---

① 《爪哇学务近情(再续)》,《时事新报(上海)》1911年10月5日第7版。
② 钱愚:《南洋华侨学校状况》,《松江教育杂志》1911年第15期,第4页。
③ 《爪哇学务近情(再续)》,《时事新报(上海)》1911年10月5日第7版。
④ 孔庆龄、吴雨霖:《爪哇学务谭(谈)》,《中华教育界》1914年第23期,第5页。

的三分之一左右①,这足以见得英语对于高等商业学校学生的重要性。当然,在荷属南洋各埠,华侨学校的外语语种选择问题曾激起一番争论。当地一些华侨认为,华侨小学的外语课应以荷兰语代替英语,其原因一是选择荷兰语符合荷印殖民政府的相关法令规定,二是荷兰语比英语相对容易掌握,不仅为华侨学生未来的实际生活所需,也为他们今后进入由荷兰人开办的学校学习奠定基础:

> 主张须授荷文者,谓该岛系荷人属地,为明了居留政府法律政令起见,则外国语一科当习荷文为宜,不必再授英文。并谓现在华侨子弟,多半往荷华学校读书。如华校添授荷文,则不致多数投入荷校云。②

> 吧城中华女学校,其高等班中亦有缝纫、家政等科。惟英文则代以荷文,另有荷兰人来教授。此亦因地制宜之计。且荷文较英文为易,宜于女子也。③

除了建议以荷兰语替代英语之外,也有一部分荷属东印度的土生华侨提出建议,认为华侨小学的外语课程中应增加巫语课程:"近年以来,有主张华校添授荷、巫文者……郑君坚成、叶君鸿俊提议改革华校。"④巫语从公元7世纪开始在马来群岛流行使用,其是当时马来群岛土著居民使用的商业共通语。虽然很多土生华侨生长在巫语环境中,已具有一定的巫语基础,但若从华侨祖籍国语言的传承角度出发,巫语对于当地一些华侨学生来说,仍是一门外语。对于志在与当地土著居民进行商贸往来的华侨来说,掌握巫语对其日后在马来群岛的生活和发展、与当地土著居民的交流也有重要价值:

> 主张须授巫文者,谓该地商场往来信件,多用巫文,对土人交际,巫文亦不可少。学校原为学得适应生活的工具起见,因此巫文一科,实不宜以其浅陋见摒。⑤

---

① 李文权:《代拟南洋华侨高等商业学堂章程》,《南洋群岛商业研究会杂志》1910年第2期,第120页。

② 黄斐然:《爪哇华侨学校之状况及其今后改革问题》,《教育杂志》1927年第19卷第8期,第6页。

③ 钱愚:《南洋华侨学校状况》,《松江教育杂志》1911年第15期,第7页。

④ 黄斐然:《三十年来荷属华侨教育(其二)》,《小吕宋华侨中西学校三十周年纪念刊(1899—1929)》,马尼拉:小吕宋华侨中西学校,1929年,第3页。

⑤ 黄斐然:《爪哇华侨学校之状况及其今后改革问题》,《教育杂志》1927年第19卷第8期,第6页。

关于海外新式华侨学校外语语种选择的这些提议,在海外华侨双语教育的起步期时并未完全落实在华侨学校实际的课程设置中,但这些提议却体现了当时海外华侨学校办学者设置课程的基本思路,从华侨在侨居地的实际生活和工作需求出发,外语课程的语种选择与华侨的实际生活需要、未来发展的需求密切相关。

汉语课程也是海外华侨小学校的重点课程。对于土生华侨子弟来说,由于其从小并无汉语学习的环境,因此"国文一科,非特为学生脑中毫无影迹之物,即乃祖乃父亦都未知"。[①] 事实上,当时海外华侨学生学习汉语就如同中国学生学习外语一样难度较大[②],因此海外华侨小学低年级课程"重国文、国语"[③],在打好汉语基础后再进行外语和西学课程的学习,即汉语课程的开设先于外语课程。

这一时期,海外华侨学校双语教育体系中开设的西学课程中除算术、地理等基础课程外,还增加了不少实践技能类的课程,向华侨子弟传授在侨居国谋生所需的实用技能。实践课程的开设,体现了海外新式华侨学校课程设置的一大基本原则,即在强调保存中华民族精神的基础上,发展适应于侨居地商业竞争的教育,将通识教育与职业教育相结合。吧城中华学校在创办初期除开设修身、国语、中国历史、中国地理、自然科学等课程外,还根据华侨的实际需要开设簿记、英语、商业、工艺、信札、商业尺牍、打字等课程,培养学生适应侨居地商业社会的能力。[④] 由于侨居地各国社会环境、教育环境皆不同,各地华侨学校所开设的实践课程也因而有所区别。日本华侨小学模仿日本本地公立学校,重视兵式体操、手工等课程,而南洋华侨小学对于体操、手工等课程并不重视[⑤],而更重视珠算、函电、簿记等与商业知识和技能相关的实践课程[⑥],为海外华侨子弟未来进入当地商业社会做准备:

　　主张课程须实行商业化者,此说理由,与主张授亚文者略同。谓海

---

① 钱愚:《南洋华侨学校状况》,《松江教育杂志》1911年第15期,第4页。

② 钱愚:《南洋华侨学校状况》,《松江教育杂志》1911年第15期,第4页。

③ 孔庆龄、吴雨霖:《爪哇学务谭(谈)》,《中华教育界》1914年第23期,第5页。

④ 《魏介眉游吧城中华会馆学堂记(录天南新报)》,《济南报》1904年第30期,第6～7页。

⑤ 钱愚:《南洋华侨学校状况》,《松江教育杂志》1911年第15期,第7页。

⑥ 黄斐然:《爪哇华侨学校之状况及其今后改革问题》,《教育杂志》1927年第19卷第8期,第7页。

外华侨,多从事于商业;华侨小学毕业生,毕业后多出而就商;再事进学者,实居少数。因此主张将华校课程实行商业化,俾毕业后从事商业,不致有枘凿不入之苦云……如珠算、信件,在前期三年级,即须注意。及至后期时,尤须注意商业、簿记等学。学校商店之实习,亦须注意及之。

南洋华侨学校注重商业课程,这与南洋各岛的实际情况和社会需求密不可分。当时华侨很难真正在南洋各埠的工业和农业上立足,不仅大型工厂在南洋开设不多,所用之物也多为从外国进口的物品,而农业耕田则为当地土著人的特权。① 因此商业是华侨在南洋立足、发展的主要领域,培养商业人才也就成为南洋新式华侨学校的创办初衷之一。② 根据侨居地当地的社会环境和华侨实际需要开设双语实践课程,这也是这一时期海外华侨双语教育在课程设置上的一大特点。

第三节　海外华侨双语教育的快速发展期

20世纪伊始,新式华侨学校逐渐取代华侨私塾成为海外华侨教育的主体,吧城中华学校等海外新式华侨学校的出现,掀起了华侨创办新式学校的浪潮③,一大批实行双语教育的新式华侨学校如雨后春笋般涌现,海外华侨双语教育也进入了一个快速发展期。

这一时期的海外华侨双语教育具有新式华侨学校数量增多、学校类型更丰富、课程更完备、教材更适宜、教育体系更完善等五大特点。

一、新式华侨学校数量增多

在这一时期,海外华侨所办的新式学校数量显著增多,分布也较之以前更广。以爪哇为例,这一时期仅爪哇一地的华侨学校就有104所,大多以"中华学校"命名,这也从一个侧面说明20世纪初各侨居地渐渐成立了统一的华侨组织——中华会馆:

　　　　爪哇中华学校之统计,本一百零四所,去年闭歇二所,现有一百零

---

① 钱愚:《南洋华侨学校状况》,《松江教育杂志》1911年第15期,第6页。
② 李文权:《代拟南洋华侨高等商业学堂章程》,《南洋群岛商业研究会杂志》1910年第2期,第113页。
③ 《侨民兴学纪要》,《东方杂志》1908年第5卷第6期,第150页。

二所。尚有一二不由会馆设立者,则另有名称,不名中华学校,惟其数甚寥寥也。[①]

当1901年吧城中华学校成立后,南洋各地中华会馆纷纷以吧城中华学校为仿效的样本,在中华会馆中附设新式学校,以双语教育模式教授华侨学生汉语、英语、儒学和西学。一些华侨学校中甚至开设汉语、英语、侨居国官方(或通用)语言等三门语言课程,实行三语教育。海外新式华侨学校不仅数量较多,而且学校的办学规模较大,打破了旧式华侨教育机构(包括华侨义学、私塾、专馆等)仅面向同一血缘、地缘华侨学生的限制,这吸引了更多华侨学生前来就读。表3-1中列出了1911年前南洋英属、荷属各埠主要新式华侨学校的校名、所在埠名、开办年份、学生人数、教员人数、办学经费等相关情况。[②]

表3-1　1911年前南洋英属、荷属各埠主要新式华侨学校情况一览表

埠名	校名	开办年份	学生人数	教员人数	创办员数	现年值理员数	常年经费总数(盾)	年入学费总数(盾)	每年津贴总数(盾)
吧城	中华小学校	1901	370	17	20	24	18650	11237	7413
新巴刹	中华小学校	1906	48	2	未详	10	2460	720	1740
丹那望	中华日新小学校	1903	42	2	8	20	2000	1500	500
文登	中华小学校	1905	192	8	10	26	7530	6564	966
岩望	中华小学校	1904	192	8	10	26	7530	6564	966
茂物	中华小学校	未详	82	4	未详	13	5000	4000	未详
展玉	中华小学校	未详	21	未详	未详	未详	未详	未详	未详
蓟玉	中华粤兴小学校	1904	30	2	19	11	1468	344	1124
绒望	中华小学校	1904	58	1	3	16	1468	2520	3048
万隆	中华小学校	未详	96	4	未详	28	5568	2520	3048
南安山	中华小学校	1905	68	3	5	20	3500	3200	400

---

①　钱愚:《南洋华侨学校状况》,《松江教育杂志》1911年第15期,第1页。

②　《南洋英属荷属岛各埠华侨学堂一览表》,《东方杂志》1908年第5卷第1期,第45～46页;(清)岑春煊:《粤督岑咨送南洋英属荷属岛各埠华侨学堂表》,《学部官报》1907年第11期,第69～70页。

续表

埠名	校名	开办年份	学生人数	教员人数	创办员数	现年值理员数	常年经费总数（盾）	年入学费总数（盾）	每年津贴总数（盾）
井里汶	中华小学校	1905	151	5	3	8	5000	2500	5200
玛珑	中华小学校	1903	226	8	5	24	8460	9040	未详
梭老	中华小学校	1905	150	5	38	38	8430	6549	1881
八玛垄	中华小学校	1904	101	4	2	23	5100	3110	1919
普布利我	中华小学校	1906	45	2	14	14	2000	未详	未详
谏义里	中华小学校	1905	163	6	未详	25	7200	4140	3060
锦石	中华小学校	1903	105	4	未详	10	2500	2226	294
泗水埠	中华小学校	1894	378	17	未详	47	15840	9384	6456
抱罗布连俄	中华小学校	未详	157	5	未详	27	未详	未详	未详
欧怡	中华小学校	未详	50	2	未详	17	未详	未详	未详
北加浪	中华小学校	1905	107	3	未详	24	5523	4368	1155
西都文罗	中华小学堂	未详	57	2	未详	9	未详	未详	未详
新加坡	中华应新小学校	未详	52	未详	未详	19	未详	未详	未详
大吡叻	中华女子小学校	未详	40	3	3	3	未详	未详	未详
苏门答腊巴东(把东)	中华学校	未详	未详	未详		2	未详	未详	未详
吧城	中华保良会半夜学校	未详	未详	3		40	未详	未详	未详

从表 3-1 可见,规模较大的新式华侨学校多建于吧城、泗水等华侨聚集的地方,学生人数最多时可达 300 人以上,而在规模较小的华侨学校,学生人数在 30 人以内。此外,一些新式华侨学校中还附设女子学校,为海外华侨女童提供接受教育的机会。1911 年刊登在《松江教育杂志》中的《南洋华侨学校状况》一文,佐证了上表中关于南洋华侨学校整体情况的记载:

> 吧城、泗水为爪哇最大之埠,学校较多,故在吧城者有七校。一为中华学校,学生六百余人。一为义城学校,学生百余人。一为中华女学校,学生七十余人。其余四校人数未悉。在泗水者有三校。一为甲巴

山学校,学生一百六十余人;一为美密司学校,学生一百三十余人;一为振文学校,学生八十余人。但甲巴山与美密司二校,均由中华会馆设立。初为一校,后以学生渐多,校舍不敷,分为二校。在甲巴山地方者,于初高二级,均男学生;在美密司地方者,惟初等女学及预备班。[①]

除了在吧城、泗水等华侨集中地区开设新式华侨学校外,即便在华侨移民时间较晚、移民人数较少的亚齐,当地华侨领袖、华侨绅商也为华侨子弟开设图强夜学校,传授商业知识和技能,满足华侨子弟的实际需要:

> 南洋亚齐埠地处偏隅,华侨风气开通尚晚。近闻该埠甲必丹及华商等推举谢君碧田倡办图强夜学堂一所。请许君仙洲为教员,以便工商得以入所肄习,并附设女子小学,均于四月十四日开办矣。[②]

新加坡的第一份华文报纸《叻报》以新加坡新式华侨学校为例,报道了20世纪初期南洋新式华侨学校纷纷创立的盛景:

> 近年南洋各埠教育颇为发达……学务益觉大兴,即以本坡而论,各籍侨商均已设立学堂,教育其乡人子弟,如闽省则有道南、崇正两学堂,粤之广惠肇则有养正学堂,潮郡则有端蒙学堂,大埔则有启发学堂,嘉应则有应新学堂,琼州则有育英学堂,是皆公立,规模尚为宏敞。[③]

二、华侨学校类型更加丰富

这一时期,海外新式华侨学校在数量增多、分布范围扩大的同时,学校的类型也不断丰富。从学校创办主体和学校性质上分析,这一时期的海外新式华侨学校主要有以下五种类型:

第一,由侨居地中华商会、中华会馆、地方帮派或会馆等海外华侨组织和团体创办的华侨双语(或多语)学校。主要包括新加坡养正学校(原名广肇学堂)、新加坡应新学校、新加坡启发学校、新加坡端蒙学校、新加坡道南两等小学校、马来亚槟榔屿福建学校、新加坡育英学校等。早期海外华侨组织主要是依靠血缘、宗族、地缘关系而自发组成的团体,包括以籍贯和方言为纽带的同乡会和以血缘为中心的宗亲会。从清朝末年开始,海外华侨团体逐渐打破以"帮"、"乡"等地域性华侨组织的局限,开始向统一性的华侨组

---

① 钱愚:《南洋华侨学校状况》,《松江教育杂志》1911年第15期,第2~3页。
② 《华侨热心兴学》,《教育杂志》1909年第1卷第8期,第59页。
③ 《振兴教育》,《叻报》1912年8月15日第14版。

织转变。通过创办华侨双语学校,海外华侨组织和团体一方面希望在华侨群体内传播中华文化,教授华侨汉语,以儒家思想为指导,提高华侨社会的文明程度,以汉语、儒学和中华文化作为凝聚华侨力量的助推器;另一方面也希望通过教授外语和西学知识来提高华侨的知识水平,提高他们在侨居国的就业竞争力。

第二,由以康有为和梁启超为首的资产阶级维新派、以孙中山为首的资产阶级革命派,联合海外华侨共同创办的华侨双语学校。20世纪初,海外华侨是维新派和革命派两派共同争取的力量,海外华侨双语学校成为维新派和革命派宣传各自思想主张的重要阵地,而兴学育才正是维新派和革命派在海外侨居地扩大各自阵营、补充力量的主要方式。

戊戌变法失败后,维新派领袖康有为在华侨领袖林文庆、邱菽园等人的帮助下,流亡荷属东印度的爪哇、英属马来亚的新加坡等地①,康有为在当地多次发表公开演说,劝导华侨创办学校,鼓励当地华侨子女学好汉语和中华文化:"为中国人,就必须恢复中国人之优良习俗,讲中国之语言,识中国之文字,读中国之圣贤遗训。"②并鼓励爪哇华侨摈弃落后的旧习,启迪新知:"为欲令全岛四十万华侨,拂拭真智,湔涤旧染,兴化厉俗,宏我圣道。"③此外,为了更好地在侨居地生存和发展,康有为等维新人士也倡导海外华侨学好英语和西方先进的科学文化知识,掌握更多实用技能。④ 康有为的演说推动了其所到之地华侨双语教育的发展,在康有为等维新人士的鼓动下,南洋多地建立起了三十多所华侨双语学校,成为维新派在海外的宣传阵地。⑤

---

① 李元瑾:《林文庆的思想:中西文化的汇流与矛盾》,新加坡:新加坡亚洲研究学会,1990年,第30页。

② 廖嗣兰:《辛亥革命前后荷属东印度华侨情况的回忆》,中国人民政治协商会议广东委员会文史资料研究委员会:《广东辛亥革命史料》,广州:广东人民出版社,1981年,第193页。

③ 何新华:《中文古籍中广东华侨史料汇编》,广州:广东人民出版社,2016年,第131页。

④ Wang G. W. *Chinese Reformists and Revolutionaries in the Straits Settlements*, 1900—1911. Singapore: University of Malays, unpublished B.A. honors academic exercises thesis, 1953:3.

⑤ 陈育崧:《马华教育近百年史绪论》,《椰阴馆文存》第二卷,新加坡:南洋学会,1983年,第229页。

与此同时,孙中山、张继、田桐、苏曼殊、章太炎、许崇智、柏文蔚等革命党人也曾在东亚、南洋、北美等华侨聚集地宣传革命思想,从 1905 年至 1911 年,革命派领袖孙中山几乎每年都会到访华侨集中的新加坡,宣传革命思想。[①] 在这些革命党人中,有的直接参与创办新式华侨学校[②],有的则创办书报社和印刷出版机构,并在这些机构中附设华侨学校或华侨学习班。新加坡的中华女校、南华女校、南洋女校等三所新式华侨女子学校的创办,都与当地革命党人成立的同德书报社有密切关系[③],而森美兰的中华学校、柔佛的培智学校实际上也是书报社的附设学校。[④] 根据相关统计,在辛亥革命前,仅在英属马来亚地区,革命派就至少设立了 58 所宣传革命思想的书报社。[⑤] 之所以选择在书报社中附设学校,主要是因为当时维新派已经基本把持华侨上层社会主办的会馆,而革命派控制书报社可以吸收更多来自社会中下阶层的华侨。

这一时期由维新派与革命派创办、或受维新与革命思想影响而创办的海外华侨学校主要包括:仰光中华学校、东京华侨军事学校、仰光益商夜学、新加坡崇正学校(原名为养正学堂)、泰国华益学堂、泰国华文学堂、曼谷中华学校、泰国国文学堂(又称为"泰国初步学堂")、泰国新民学堂、美国火奴鲁鲁中山中学等。

第三,由清政府派驻海外的领事发动创办的华侨双语学校。清朝末期,清政府意识到华侨可以成为巩固封建专制统治的一支重要的经济力量,可通过吸引华侨资本弥补国库空虚。于是清政府逐步改变了之前对海外华侨教育漠不关心的态度,多次派遣官员到海外华侨聚居地劝导当地华侨兴办教育。除了在侨居国设立劝学所外,清政府也下诏责成驻海外的外交使节

---

①　Wang G. W. *Chinese Reformists and Revolutionaries in the Straits Settlements*, 1900—1911. Singapore: University of Malays, unpublished B.A. honors academic exercises thesis, 1953.

②　陈国华:《先驱者的脚印:海外华人教育三百年(1690—1990)》,多伦多:皇家金斯威公司,1992 年,第 65 页。

③　郑良树:《马来西亚华文教育发展史》第一分册,吉隆坡:马来西亚华校教师总会,1998 年,第 134～140 页。

④　张唐生:《辛亥革命时期进步侨校特点及其贡献》,《华侨教育》第二辑,广州:暨南大学华侨研究所,1984 年,第 53 页。

⑤　郑良树:《马来西亚华文教育发展史》第一分册,吉隆坡:马来西亚华校教师总会,1998 年,第 135 页。

管理海外华侨教育事务。在清政府驻外领事的推动下,一大批海外华侨双语学校建立起来,由清政府驻槟城副领事张弼士(张振勋)于1904年创办的槟榔屿中华学校,就是其中的代表学校之一。

槟榔屿中华学校的创办离不开张弼士的个人努力。张弼士16岁时从家乡广东大埔渡海到荷属东印度的巴达维亚谋生,他曾当过帮工,开过商行,采过锡矿,后通过酿造葡萄酒发家致富,成为当时南洋华侨中首屈一指的富商,在当地华侨群体中拥有很高的威望。在成为富商后,张弼士希望通过走上仕途扩大他在祖国的影响力,为其之后回国投资奠定基础。凭借着强大的经商头脑和宽厚的为人处世之道,张弼士深得清政府的信任。1893年,清廷为其加官进爵,任命张弼士为中国驻槟榔屿副领事[①],一年后他又升任驻新加坡代理总领事[②],而这个官衔为张弼士在祖国投资设厂创造了有利的条件。[③] 担任领事期间,张弼士非常关注英属马来亚地区华侨教育的发展,他捐资五万元创办新式华侨双语学校——槟榔屿中华学校,并捐助1200元作为学校运行的经费。由于筹办时间较短,槟榔屿中华学校暂借平章会馆(今为槟榔屿华人大会堂)为校址[④],学校于1904年5月开学,共有学生240名,分为8个班级授课。在课程设置方面,槟榔屿中华学校参考清政府颁布的《奏定中学堂章程》中的"学科要求",并根据槟榔屿的教学环境和当地华侨学生的学习需求对学校章程进行不断的改良和修订,开设修身、读经讲经、汉语、外国语(英语、俄语、德语、法语等)、历史、地理、算学、物理学、体操、图画等课程。[⑤] 在师资条件方面,槟榔屿中华学校共有1名总教习、12名从中国聘请的专职教师以及由14人组成的校务管理层(包括正副监督各1人、总理6人、协理6人)。除了创办槟榔屿中华学校外,张弼士还利用其总领事的身份和在当地华侨群体中的影响力,团结当地华侨领袖,创办

---

① 《张振勋出任驻槟榔屿副领事》,中国第一历史档案馆:《清代中国与东南亚各国关系档案史料汇编》第一册,北京:国际文化出版公司,1998年,第115页。

② 《张振勋升任驻新加坡代理总领事》,中国第一历史档案馆:《清代中国与东南亚各国关系档案史料汇编》第一册,北京:国际文化出版公司,1998年,第110页。

③ 王琛发:《张弼士:在槟榔屿神道设教的晚清官员》,《粤海风》2012年第1期,第46~52页。

④ 《咨槟榔屿绅商创设中华学校请查核立案并声明刊发钤记文》,《学部官报》1906年第9期,第46~47页。

⑤ 《中华学校改良简章十六条》,陈育崧:《椰阴馆文存》第二卷,新加坡:南洋学会,1983年,第264~266页。

了应新学校等8所华侨学校。[①] 因其办学有功，张弼士被清廷授予太仆寺正卿兼槟榔屿管学大臣，以奖励其为马来亚华侨教育发展做出的巨大贡献。

第四，由华侨个人或团体开办的华工夜校。由于当时大多数海外华侨工人白天须外出工作，无法接受正常的学校教育。为了给这些白天上班的华侨工人提供一个受教育的机会，20世纪初，海外华侨组织、革命团体决定在夜晚为华工授课，华侨夜校的教育形式因此出现。[②]

1907年，中国同盟会马来亚支部在吉隆坡创办华工夜校，由马来亚同盟会骨干会员沈太闲担任教员。吉隆坡华工夜校的学制是每半年开设一期，每期开设两班，并开设汉语、习字、算术、英语等课程，分别在每星期一、三、五和每星期二、四、六晚上各授课两小时。由于吉隆坡华工夜校是由革命党人创办的学校，夜校主要是通过文化课向华侨工人传输民主革命的思想。吉隆坡华工夜校共开设五期课程班，先后毕业五百多名学生。

与吉隆坡华工夜校性质相似的海外华侨双语学校，还有这一时期创办的仰光益商夜学、星洲宁阳夜学校等侨校。仰光益商夜学创办于1906年，由缅甸华侨陈甘泉、徐赞周、庄银安等人共同创办，这些华侨都具有"保种（族）复国"、"启迪民智"、"抵御外侮"等强烈的民族主义和民主革命思想。益商夜学的校址设在仰光22条街，由创办人之一的徐赞周担任校长。在1908年4月，同盟会仰光（缅甸）分会成立初期，就将总部设在学校内。在益商夜学的办学历程中，秦力山、吴应培等近代民主革命志士曾参与指导益商夜学的校务工作，起草校训，将办学方针和办学宗旨制定为"贯彻中国同盟会宗旨，坚持以民族主义思想教育为主，商业知识和技术工艺技能为辅"。[③] 在此办学宗旨的影响下，仰光益商夜学除了开设一般基础知识课程外，还教授华侨工艺、印刷等实用的谋生技能。仰光益商夜学也成为革命党人向缅甸华侨传播民族主义和民主革命思想的重要阵地，为孙中山领导的辛亥革命培养了一批革命骨干人才。

星洲宁阳夜学校是由黄莆田、梅百福、黄吉宸、陈月卿等9名新加坡华

---

① 宋蕴璞：《南洋英属海峡殖民地志略》（下），北京：文物出版社，2022年，第47页；陈国华：《先驱者的脚印：海外华人教育三百年（1690—1990）》，多伦多：皇家金斯威公司，1992年，第66～67页。

② 这一类华侨夜校多是由革命派创办，只是与全日制华侨学校相比，这一类学校只开设夜班。

③ 黄昆章：《华侨华人百科全书·教育科技卷》，北京：华侨出版社，1999年，第363页。

侨共同捐资创办的一所海外华侨补习学校。该校于 1906 年 8 月 27 日创办，借用广东台山籍华侨创办的宁阳会馆为校址。星洲宁阳夜学校主要招收白天工作的华侨青年、年纪已过适学年龄的华侨学童以及因贫寒失学的华侨子弟。学校最初只招收台山籍华侨子弟，后来招生范围逐渐扩大到"邻封来学者"。[①] 根据学校章程中的规定，星洲宁阳夜学校每晚授课两小时，主要开设汉语、英语、历史、地理、算术、商业知识、应用文等课程。1911 年，星洲宁阳夜学校由宁阳会馆接办，由于学生人数增多，学校从原有 1 个班逐步扩充到 8 个班，而汉语课程也由粤语改为国语讲授。这些为华工专门创立的夜校或者夜学班，也从一个侧面证明晚清时期华侨双语教育的对象实际上并不局限于华侨儿童，也包括已经参加工作但仍有学习愿望的华侨成年人。

除了专门开办的华侨夜校外，也有一些夜校附设在新式华侨学校之内。创办于 1899 年的菲律宾小吕宋华侨中西学校，就在 1911 年增办义务夜校，招收学生一百多人，补习汉英双语，而义务夜校也是小吕宋华侨中西学校在全日制双语教育之外的补习教育，这也成为海外华侨双语教育在这一时期出现的一种新形式。[②] 又如玛琅中华学校，学生在白日上课后晚上前往集益书报社学习，由教师分班授课，其中外国教师教授英语，玛琅中华学校教师林笠樵教授汉语。[③] 再如槟榔屿中华学校，也曾在学校内附设夜校速成班，不对学生收费，这吸引了众多华侨报名。根据《（槟榔屿）中华学校改良简章十六条》第五章"夜学简易科"的规定，夜班学生以 50 名为限额，开设读经、汉语、修身、历史、算学等课程，由白天在槟榔屿中华学校授课的教师分科教授夜班学生。[④] 清政府驻槟榔屿领事梁廷芳在考察此夜校时，看到多名华侨学生挤在狭小的课堂上课的窘境，为了解决教学场所拥挤的问题，他特别购买一地捐给槟城中华学校，并设立学务处会议室，将家里的藏书放在会议室里供师生们翻阅。梁廷芳还与张弼士、谢梦池、张耀轩、胡子春等人

---

① 许苏吾：《新加坡华侨教育全貌》，新加坡：南洋书局，1949 年，第 103～104 页。
② 陈国华：《先驱者的脚印：海外华人教育三百年(1690—1990)》，多伦多：皇家金斯威公司，1992 年，第 89 页。
③ 《爪哇通函》，《申报》1907 年 6 月 21 日第 12 版；《侨民兴学汇志》，《东方杂志》1907年第 4 卷第 7 期，第 180～181 页。
④ 《中华学校改良简章十六条》，陈育崧：《椰阴馆文存》第二卷，新加坡：南洋学会，1983 年，第 264～266 页。

每年捐资 5000 银元,维持学校的正常运转。夜校速成班的开设,主要是针对那些因年长无法入学或者失学的华侨,在商业知识与技能、常识修养、汉语与外语等方面为他们提供教育,提高这一群体的知识水平和生活技能。

第五,由华侨个人或团体创办的华侨专科学校。新加坡医科学校(后成为新加坡国立大学医学院)、仰光中西学校、越南堤岸中法学校、维多利亚华侨尚志学校等。

由华侨创办的新加坡医科学校是新加坡最早的医学院。19 世纪末 20 世纪初,一些在新加坡生活的贫苦华侨无法进入当地英国殖民政府开设的医院就医。为了让贫苦华侨大众能够学会基本的医学知识,1904 年 9 月,新加坡市政委员、立法议员、曾任新加坡华人咨议局华人首席代表的陈若锦(Tan Jiak Kim)代表华侨和其他亚洲籍人士,向当时的英国总督约翰·安德森(John Anderson)提呈请愿书,请求在当地创办一所医科学校,让本地和马来联邦的居民能够就近接受医学培训。安德森总督起初并不愿意为这所计划开办的医科学校拨款,但他告诉陈若锦如果其能从当地华侨中筹集到 7.1 万元的办校资金,就可以向殖民地立法委员会和马来联邦提出创办医科学校的具体方案。陈若锦自己捐款 1.2 万元,并四处奔走号召华侨捐款,在林文庆等当地华侨领袖的积极支持下共筹得款项 8.7 万元,最终解决了建校的资金难题,新加坡医科学校也得以成立。英国殖民政府最终决定将位于学院路上的一所女精神病院拨作校舍。1905 年 7 月 3 日,新加坡医科学校正式成立,这所由华侨创办的医科学校定名为海峡殖民地及马来联邦官立医学院,这也是新加坡医学教育的肇始。学校创立之初只有 2 名固定的教学人员,课程由英国医学会负责设置。海峡殖民地和马来联邦挑选各州优秀学生来学校深造,学校首届毕业生共有 6 名。[1] 该校在 1912 年改名为"英王爱德华七世医学校",1921 年又更名为"英王爱德华七世医学院",其也是今新加坡国立大学医学院的前身。[2]

仰光中西学校,原为一所缅甸华侨英文专科学校。其创办者是缅甸华侨巨商林振宗。林振宗是土生土长的缅甸第二代华侨,在缅甸从一名锯木商逐渐发展为营造商并兼营航运业。他曾担任英国 BOC 煤油公司的总代

<hr>

① 黄昆章:《华侨华人百科全书·教育科技卷》,北京:中国华侨出版社,1998 年,第323~324 页。

② 严春宝:《一生真伪有谁知:大学校长林文庆》,福州:福建教育出版社,2010 年,第35~36 页。

理商,后在总代理权被取消后,自己联络当地华侨开采原油,与英商展开竞争,在缅甸华侨社团中享有很高的声誉。林振宗在青年时期曾赴英国圣保罗教会学校学习,精通英语并对欧洲历史文化非常了解。学成回到缅甸后,林振宗热心于当地华侨教育事业,1905年出资参与创办中华义校(又称为"缅甸中华学堂"),并担任学校的西文学监。之后因学校董事之间的分歧和矛盾,林振宗辞去学监职务,一人创办仰光中西学校,聘请英国人琼斯(R.C. Johns)担任学校校长、英国人波德维尔(H.A.Boudville)担任教务长兼任课教师。学校也为华侨开设儒学和汉语课程,这也使得这所学校成为一所中西合璧的新式学校,为缅甸华侨界培养了不少汉英双语人才。

越南堤岸中法学校是越南西贡、堤岸中法股商合办的一所供华侨学习汉语和法语的学校。该学校于1908年2月筹建,最初由闽籍华商谢妈延捐地并募捐10万元作为学校校舍的建设费。堤岸中法学校每年的经费除了收取学生的学费外,还由越南当地华侨商人补助。在课程设置方面,该校开设汉语、法语两门语言类课程以及数学、物理、化学等西学课程。堤岸中法学校是越南第一所新式华侨双语学校,该校的毕业生有的回到中国新式学堂继续深造,有的在越南当地经商,还有的在当地政府担任公务员。

位于加拿大维多利亚的尚志学校是由加拿大华商司徒英石等人于1907年共同创办的一所专门面向成年华侨开设的新式学校。鉴于当地华侨子弟主要前往西方人开设的学校,从小学、中学到大学循序渐进地学习,而成年华侨由于程度不一、年龄较大等原因,很难进入当地学校学习。因此维多利亚华商认为有必要开设尚志学校,聘请名师为那些成年华侨讲授外语和西学知识,以让他们能够具备西方大学程度的知识,在加拿大维多利亚更好地生存与发展。根据1907年《东方杂志》中《侨民兴学》一文的记录,维多利亚尚志学校开设的课程包括汉语、英语、法语、拉丁文、代数、平面几何、立体几何、圆体几何、平面三角等数(学)、格致、化学、植物、动物、地理、历史、图画、文法等。课程列表中不仅包括汉语、英语、法语、拉丁语等多门语言课程,也包括以这些语言为教学媒介的近代科学课程。尚志学校采取逐日授课的方式,学生在学校至少须学满两年后方能毕业。[1]

除了上述五种类型的学校外,这一时期的海外华侨双语学校中还有华侨女子学校,由邱菽园、林文庆、陈合成等华侨一起创办的新加坡华人女子

---

[1] 《侨民兴学》,《东方杂志》1907年第4卷第3期,第65页。

学校（Singapore Chinese Girls' School），由粤侨闺秀黄典娴在新加坡创办的华侨女校，由吴雪华、钟卓京创办的马来亚吉隆坡坤成女校，由缅甸仰光华侨陈植汗创办的仰光福建女校，由星洲书报社负责人郑席珍（聘庭）、潘兆鹏等人创办的中华女子学校（后名为"中华女子中学校"）。

此外，海外华侨双语学校还包括由华侨与侨居地教会共同创办的教会学校，由华侨黄乃裳参与创办的沙捞越垦区学校。

海外华侨双语学校类型的丰富，也使得海外华侨双语教育在 20 世纪初进入一个快速发展时期，双语教育的辐射面比之前扩大许多，教育形式也更加多样，越来越多的华侨在新式华侨学校中接受以汉语、儒学、外语、西学为主要内容的双语教育。

三、双语教育的课程增加

与海外华侨双语教育的起步期相比，20 世纪初，海外华侨学校双语教育在课程体系上比之前的华侨学校更加完善。特别是在 1904 年清政府颁布癸卯学制（又称《奏定学堂章程》，包括《奏定初等小学堂章程》和《奏定高等小学堂章程》）后，海外华侨学校在课程设置上有了具体的参照。

以南洋爪哇华侨学校为例，根据 1906 年冬制定的《南洋爪哇各埠华侨学堂章程》第二章"学科程度及编制"中的规定，南洋爪哇各埠的华侨学校在课程设置上参照《奏定初等小学堂章程》和《奏定高等小学堂章程》，分为初、高两级，初级小学开设修身、读经、国文、国语、历史、地理、算术、理科、图画、体操、唱歌等 11 门课程，而高级小学则须开设修身、读经、国文、国语、历史、地理、算术、理科、图画、体操、唱歌、外国文等 12 门课程，而华侨女校则在上述课程的基础上又增设了家政、女红等适合女学生的课程。[①] 当然，《南洋爪哇各埠华侨学堂章程》仅是对爪哇各所华侨学校课程设置的基本要求，各所学校也可以根据自身实际教学情况增设其他课程。由于这一时期华侨学校深受清末民初中国资产阶级革命形势发展变化、维新派与革命派在侨居地发表政治主张的影响，不少华侨学校带有深深的政治色彩，在课程上也相应地增加了很多与政治思想相关的内容。

以美国夏威夷火奴鲁鲁明伦学校为例，该校是由火奴鲁鲁青年务学俱

---

① （清）汪凤翔：《南洋爪哇各埠华侨学堂章程》，新加坡：南洋总汇报馆，1906 年，第 3 页。

乐部主办的一所面向当地华侨青年的学校。这所学校的创办和发展与维新派在美国的宣传不无关系。1901 年,伍平、谭宗锐、唐玉、黄宪等华侨一同成立青年务学会,提倡孔子儒家学说,并开会讨论世界局势变化。1903 年,维新志士陈继俨到夏威夷主持《新中国报》,并倡议组织青年俱乐部实施新式教育,为中国储备人才,这一倡议得到黄俊、李启辉、何望、黄棉凤等华侨的响应。1904 年 1 月 6 日,夏威夷火奴鲁鲁明伦学校成立,每逢周一、周三、周五晚上,以《新中国报》报馆为校址,由陈继俨教授汉语。与其他华侨学校相比,火奴鲁鲁明伦学校在课程上增加了很多涉及维新变法思想的内容,也更加重视中国国语的教学。虽然夏威夷火奴鲁鲁明伦学校曾因当地华侨社团中革命党人的阻挠一度延迟开学,但最终还是在 1911 年 2 月 4 日开学,命名为"明伦两等小学校"。[①]

与维新派在海外华侨学校宣传保皇救国思想不同,革命派利用海外华侨学校宣传保种富国、革命救国的思想主张,一大批具有鲜明革命思想的海外华侨学校相继成立。缅甸中华义学、缅甸益商夜学、泰国华益学堂等。这些海外华侨学校有的是由同盟会个人或组织创办(如泰国华益学堂),有的则是由具有革命思想的当地华侨创办(如缅甸中华义学、缅甸益商夜学等)。无论海外华侨学校的创办者是谁,这些具有革命色彩的新式华侨学校,都开设了不少与民族主义思想教育相关的思政课程,同时也开设了一些介绍资产阶级民主革命史的课程,课程数量比之前的海外华侨学校更多,课程内容也更有针对性,旨在让海外华侨学校成为辛亥革命的宣传阵地,为孙中山领导的辛亥革命培养和输送了一批革命骨干。

四、双语教育的教材适宜度增高

在海外华侨双语教育的发展历程中,海外华侨学校使用的教材经历了一个从无到有、从简单照搬中国新式学堂教材到开始自编教材的过程。在双语教育萌芽期和起步期时,海外华侨小学在汉语教育方面并无合适可用的教材。当 1899 年菲律宾小吕宋华侨中西学校成立时,由于当时中国近代教育学制还未建立,中国也没有与小学程度相当的固定教材,菲律宾小吕宋

---

① 黄昆章:《华侨华人百科全书·教育科技卷》,北京:中国华侨出版社,1999 年。

华侨中西学校只能选择四书五经等儒家典籍作为汉语和儒学课程的教材。[①]

　　1904 年,清政府颁布《奏定初等小学堂章程》和《奏定高等小学堂章程》后,海外华侨小学使用的教材有章可依。大多数海外华侨学校与中国新式小学堂一样,选择商务印书馆和中华书局出版的教科书,"教科书与中国相同,不外商务、中华二书局之发行品"。[②] 经过一段时间的双语教育实践后,中国新式小学堂使用的教科书在海外华侨学校"水土不服"的问题暴露无遗。以南洋各埠华侨学校为例,《南洋爪哇各埠华侨学堂章程》中提到:"内地现出历史地理各教科书,文义稍深,施之于南洋学生,多有难于领悟之处。"[③]南洋国家与中国的"气候不同,物产各异,此天然物产不同之点一也。习惯各别,制度有差,此对于社会环境不合之点二也"。[④] 对于中国小学教科书中所提到的不少动植物、霜雪,南洋土生华侨学生从未见过,学生自然就难以理解课本内容。[⑤]

　　这一时期南洋实施双语教育的华侨学校中,使用教材的具体情况如表 3-2 所示。[⑥] 从中可以看出,中国新式小学堂教材与南洋实际教学环境存在着一定的脱节,巨港中华学校、廖岛端本学校、槟榔屿时中学校、葡萄野里中华中学等一部分海外华侨学校已经开始自编教材,而学校自编的教材多数是具有侨居地方特色的地理教材。也有一些海外华侨学校根据自身教学情况,在汉语课程、商业课程中选择适合学生的自编教材。1901 年,横滨大同学校就自编并出版《幼稚新读本》,一年后又出版《小学新读本》,两本教材编排合理,循序渐进,由浅入深,课本内容与学生的日常生活密切相关,这更容易激发起学生的兴趣。菲律宾小吕宋华侨中西学校编写了具有地方特色

---

　　① 颜文初:《三十年来菲律宾华侨教育》,《小吕宋华侨中西学校三十周年纪念刊(1899—1929)》,马尼拉:小吕宋华侨中西学校,1929 年,第 3 页。

　　② 钱愚:《南洋华侨学校状况》,《松江教育杂志》1911 年第 15 期,第 4 页。

　　③ (清)汪凤翔:《南洋爪哇各埠华侨学堂章程》,新加坡:南洋总汇报馆,1906 年,第 2 页。

　　④ 黄斐然:《爪哇华侨学校之状况及其今后改革问题》,《教育杂志》1927 年第 19 卷第 8 期,第 7 页。

　　⑤ 钱愚:《南洋华侨学校状况》,《松江教育杂志》1911 年第 15 期,第 1～7 页;孔庆龄、吴雨霖:《爪哇学务谭(谈)》,《中华教育界》1914 年第 23 期,第 1～7 页。

　　⑥ 钱鹤:《南洋华侨学校之调查与统计》,上海:国立暨南大学南洋文化事业部,1930 年。

的《侨学童子尺牍》、《学生尺牍》、《侨商尺牍》和《商业新教科》等教材,在实际教学中收到良好的效果,符合当地华侨生活的实际情况,而且便于学生的理解:"(这些教材)皆带有地方色彩,教授时尚较便利。"[①]

表 3-2　1901—1911 年南洋部分华侨双语学校的教材使用情况

学校名称	使用教材
巨港中华学校	基本用商务印书馆教科书,少数课程用自编教材
爪哇新巴刹中华学校	均用商务印书馆教科书
怡保育才中小学校	均用商务印书馆教科书
彭亨育华学校	商务印书馆、中华书局教科书兼有
日里火水山中华学校	均用商务印书馆教科书
廖岛端本学校	基本用商务印书馆教科书,只有英语课程用英文原著,补习班用自编教科书
新加坡美之律崇正学校	商务印书馆、中华书局教科书兼有
雪兰莪沙叻大同学校	均用商务印书馆教科书
槟榔屿商务学校	均用商务印书馆教科书
越南海防华侨时习初级中学附属高级、初级小学	均用商务印书馆教科书
槟榔屿邱氏新江学校	均用商务印书馆教科书
棉兰敦本学校	均用商务印书馆教科书
邦加流石中华学校	除实践技能课程外,其他课程均用商务印书馆教科书
邦加烈港中华学校	均用中华书局教科书
望加锡中华学校	均用商务印书馆教科书

[①] 颜文初:《本校三十年来之回顾》,《小吕宋华侨中西学校三十周年纪念刊(1899—1929)》,马尼拉:小吕宋华侨中西学校,1929 年,第 8 页。

续表

学校名称	使用教材
亚齐司吉利图南学校	均用商务印书馆教科书
爪哇茉莉芬中华学校	均用商务印书馆教科书
槟榔屿时中学校	商务印书馆、中华书局教科书兼有,并采用一些符合南洋社会风土人情的自编教科书
马吉郎中华学校	均用商务印书馆教科书
堤岸福建学校	70％教科书是商务印书馆出版,30％教科书是中华书局出版
葡萄野里中华中学	除了荷属东印度地理教材由本岛出版外,其余教材皆用商务印书馆出版的教科书
马辰中华学校	均用商务印书馆教科书
吧城老巴刹中华学校	均用商务印书馆教科书
吧城中华学校	均用商务印书馆教科书
槟港中华学校	均用商务印书馆教科书
先达中华学校	均用中华书局教科书
任抹中华学校	均用商务印书馆教科书
苏格拉加中华学校	均用商务印书馆教科书
勿里洋中华学校	均用商务印书馆教科书
庞越中华学校	均用商务印书馆教科书

五、双语教育的教师选聘制度逐渐成熟

在海外华侨双语教育的萌芽期与起步期,海外华侨学校所选的教师大多是从中国远赴重洋来侨居国谋生之人,并无统一机构对教师进行甄别,这就导致各所华侨学校的教师水平参差不齐:"南洋教员,虽志在金钱、滥竽充

数者甚多,而确有学识经验者亦属不少。"[1]

20 世纪初,随着来海外华侨学校求职的人数越来越多,一些华侨社团组织在侨居国开始成立学务总会,管理当地华侨学务,其中就包括为华侨学校选聘教师。1907 年爪哇中华学务总会成立后,由学务总会统一招聘、甄别后,向各所华侨学校选派教师:

> 该会有鉴于内地南渡之谋充教习者日见其多,于是立一限制,凡来会谋教员之人,须将文凭呈验,经会中认可,方允推荐……自开办至今,陆续荐出之教员约十余人,而现在已报名而待聘者尚有三十三人之多……其中以湖北、福建、广东三省为多,余则湖南、浙江。[2]

事实上,通过中华学务总会选聘教师只是各所海外华侨学校招聘教师的途径之一,学校也可以从中国自行招聘教师。[3] 由于当时各所海外华侨学校急缺教师,很多学校给予教师较高的待遇:"校长及教员,多由中国礼聘南来,往返均有旅费津贴。"[4]

除了设置统一的华侨学务机构负责招聘、甄别以及向华侨学校选派教师外,在海外华侨双语教育的发展期,在华侨学校教师所授课程的安排上也较之前更加科学、合理。在外语和西学课程方面,海外华侨学校多选择外国教师、传教士或者略通英语的中国教师。以下关于这一时期海外华侨学校的史料可以佐证当时华侨学校的外语和西学课程上常见的教师安排,即以外国人担任课程教师为主,也聘请少部分拥有一定英语水平和外国留学背景的中国教师:

> 各校学生,虽极浅之英文程度,如初读字码,亦倩外国人教授(此间教士甚多,都通马来语,以学校为传教之地),故中国教员略解英语,方邀彼等尊敬也。[5]

> 其教员则以在外国留学商业者为限。如无其人,则聘外国人以英

---

① 钱愚:《南洋华侨学校状况》,《松江教育杂志》1911 年第 15 期,第 5 页。

② 《爪哇学务近情》,《时事新报(上海)》1911 年 10 月 3 日第 3 版。

③ 孔庆龄、吴雨霖:《爪哇学务谭(谈)》,《中华教育界》1914 年第 23 期,第 3 页。

④ 杨伟群:《校史》,黄今英:《端蒙中学七十周年纪念刊(1906—1976)》,新加坡:端蒙中学,1976 年,第 74 页。

⑤ 钱愚:《南洋华侨学校状况》,《松江教育杂志》1911 年第 15 期,第 6 页。

文主讲学科。①

女学生每逢星期一、星期四加请荷兰女教习课读西文及习女工。②

鉴于初等小学的学生外语基础薄弱，外国教师直接用外语授课会对学生听课带来一定的难度，一些海外华侨学校（南洋华侨学校居多）在面向初等一年级学生授课时，专门聘请懂得学生母语的教师作为课堂助教（多由高等小学毕业生③或暨南学堂毕业生组成），用学生听得懂的语言翻译外国教师的授课内容，尽可能地解决学生在课堂上的语言障碍。④ 这也使得海外华侨学校在外语和西学课堂上呈现出"外国教师＋中国助教"的授课模式：

初等一年或初等预科多用暨南学校学生或本岛高小毕业生为助教。教英文者大半请新加坡土生之英人或传教之美国人，亦有汉文教员兼任者。教员中富有学识经验而热心任事者固不乏人。⑤

翻译员将教员所授各科学用正马来由语详细翻译，达于学生，以学生能明白晓谕为主。译语有不当，皆翻译员之责。⑥

在汉语和儒学课程方面，海外华侨学校的教育对象主要为当地土生华侨子女⑦，所聘教师除了须能讲汉语外，最好也能讲侨居地语言，这样当土生华侨子女在课堂上无法听懂时，教师可以用当地语言与学生沟通。当时南洋英属各埠华侨学校对于汉语和儒学课程招聘的教师基本条件，即能讲汉语、略通外国语、能驾驭顽皮学生者，同时能通侨居地主要方言者优先聘用：

汉文各科，凡为中国高等小学教员，无人不可担任。惟第一须能国语，第二须略通外国语（不论何国，日语亦佳。因此间日人势力甚大，荷

① 李文权：《代拟南洋华侨高等商业学堂章程》，《南洋群岛商业研究会杂志》1910年第2期，第120页。

② 《爪哇通函》，《申报》1907年6月21日第12版。

③ 清末时期，海外华侨小学毕业生的年龄情况与中国小学毕业生不同，南洋华侨小学毕业生普遍年龄较大，初等小学毕业生年龄在14岁至17岁之间，高等小学毕业生大半已成年。

④ 《教育部批爪哇日惹埠中华学校请立案呈》，《临时政府公报》1912年第54期，第13页。

⑤ 孔庆龄、吴雨霖：《爪哇学务谭（谈）》，《中华教育界》1914年第23期，第4页。

⑥ （清）汪凤翔：《南洋爪哇各埠华侨学堂章程》，新加坡：南洋总汇报馆，1906年，第11页。

⑦ 《爪哇学务近情（五续）》，《时事新报（上海）》1911年10月8日第7版。

兰人与侨商均畏之),第三须能驾驭学生(学生之顽皮为中国所未见,不能驾驭者往往不能安于其位)。有此三者,复能略通马来语最佳。以此间初等二三年生,国语程度尚浅,遇有学生不能领悟之处,可用马来语教授。其他如与董事交涉及出外购物等亦较便利。[①]

与外语、西学课程的教师安排相似,面对汉语基础薄弱的小学低年级学生,海外华侨学校也多采用"主讲教师＋翻译员"的教师组合,力图解决师生之间可能出现的语言障碍,而翻译员除了在课堂上担任助教外,也负责学校与校外往来的一切文件翻译。以下史料可以佐证当时不少海外华侨学校在汉语和儒学课程上聘请翻译员作为助教:

> 如由祖国初来之教员,以之授低年班,则须加用翻译一人。[②]

> 高等班极重英文,初等班兼重国文,预备班则除唱歌、习字等简易课程外,均系国文,另有翻译员教授。南洋通用马来文,故每校必请翻译员一二人,以备翻译一切往来文件与教授年幼学生之用。[③]

六、双语教育的学制逐步完善

20 世纪以前,无论是海外华侨双语教育萌芽期成立的私塾、蒙馆和义学,还是海外华侨双语教育起步期开办的新式华侨学校,海外华侨学校并没有固定的学制,各层级学校之间的联系并不紧密,也未形成一个完整的教育体系。即便是在一个地区内的华侨学校,也基本上是各自为政,比较零散。20 世纪初,随着海外各级各类新式华侨学校的创办,统一华侨组织和华侨教育团体相继成立,加之清政府癸卯学制颁布对海外华侨教育带来的辐射影响,海外华侨学校逐渐形成有层次的系统学制,双语教育学制也逐步完善。

从教育层次上分析,这一时期海外新式华侨学校主要是小学教育层次,具体分为初等和高等[④]两级。以新式华侨学校较为集中的荷属东印度爪哇

---

① 钱愚:《南洋华侨学校状况》,《松江教育杂志》1911 年第 15 期,第 6 页。

② 黄斐然:《爪哇华侨学校之状况及其今后改革问题》,《教育杂志》1927 年第 19 卷第 8 期,第 4 页。

③ 钱愚:《南洋华侨学校状况》,《松江教育杂志》1911 年第 15 期,第 4 页。

④ 晚清时期,海外华侨学校的学制大多仿照清政府所颁布的癸卯学制中的要求,分为寻常科和高等科两级,即初等、高等两个层级。

为例,1906 年 11 月 4 日,两广总督岑春煊①委派汪凤翔②担任荷属东印度华侨劝学所总董兼视学员,在巴达维亚视学时,汪凤翔根据清末新政时期学部颁布的《奏定小学堂章程》拟定了《南洋爪哇华侨学堂章程》(又称为《华侨学堂规则》),并将其作为爪哇各所华侨学校的办学标准。③ 根据《南洋爪哇华侨学堂章程》,这一时期爪哇华侨学校的学制与同时期中国新式小学堂基本一致,大多数华侨学校采取新学制,只有山间的偏僻学校因办学条件的局限暂时参照旧学制。④

事实上,不仅在爪哇地区,在其他华侨聚集地,大多数华侨学校也参照癸卯学制的要求对其学校的学制进行一定程度的修改,普遍将华侨小学设为初等和高等两级。1887 年成立的美国旧金山大清书院,1908 年依照癸卯学制的要求改名为"大清侨民小学",并按照《奏定初等小学堂章程》和《奏定高等小学堂章程》中对课程设置的要求,开设汉语、经济、历史、地理等课程。又如 1905 年在日本大浦町成立的长崎时中两等小学,也根据癸卯学制的要求分为初等和高等两级,而这一时期日本华侨小学一般都是初等、高等两级并行的新式学校。就学习年限而言,大多数海外华侨学校仿效同时期中国新式学校,采取初等小学五年、高等小学四年的学制⑤,当然也有一部分海外华侨学校根据自身实际情况,采取初等小学四年、高等小学三年的学制。⑥ 在小学层级之下,鉴于部分土生华侨幼童年龄较小,入学后无法直接听懂汉语和儒学课程,一些华侨学校还特设预备班,教授土生华侨幼童汉语,便于他们之后在华侨初等小学的学习。⑦

20 世纪初的海外华侨教育主要是小学层次,也有少数华侨中学,例如马来亚吉隆坡尊孔独立中学、越南堤岸福建中学等。在清朝末年,海外侨居

---

① 岑春煊(1861—1933),字云阶,号炯堂老人,曾用名云霭、春泽,广西西林人。历任广东布政使、甘肃布政使、陕西巡抚、山西巡抚、署四川总督、署两广总督、邮传部尚书等。

② 汪凤翔,字千仞,广西桂林人。先后担任广东高等学堂、时敏学堂、两广师范馆教员。

③ 林之光、朱化雨:《南洋华侨教育调查研究》,广州:国立中山大学出版部,1936 年。

④ 黄斐然:《爪哇华侨学校之状况及其今后改革问题》,《教育杂志》1927 年第 19 卷第 8 期,第 4 页。

⑤ 杨伟群:《校史》,黄今英:《端蒙中学七十周年纪念刊(1906—1976)》,新加坡:端蒙中学,1976 年,第 73~74 页。

⑥ 钱愚:《南洋华侨学校状况》,《松江教育杂志》1911 年第 15 期,第 3 页。

⑦ 钱愚:《南洋华侨学校状况》,《松江教育杂志》1911 年第 15 期,第 3 页。

地的华侨组织希望能推动海外华侨双语教育体系的建立,让更多海外华侨小学的毕业生可以进入由华侨自己开办的中学学习,解决海外华侨小学毕业生无出路的问题,因此海外华侨组织就在清政府的资助和支持下筹办华侨中学。1910 年,爪哇学务总会就曾向清政府申请资助筹办当地第一所华侨中学。清廷也奏准由江海、粤海、闽海各关每年各向爪哇华侨中学拨给2000 两银元:"江督以爪哇华侨拟开中学,经前督端奏准,由江海、闽海、粤海三关每岁各筹银二千两,以资补助。"①爪哇的这所华侨中学后在 1914 年由泗水华侨陈显源等人创办。

除了华侨小学和华侨中学两个层次的华侨教育外,清末海外华侨也曾有开办华侨高等学校的计划。为了满足 20 世纪初期南洋华侨从事商业活动的需要,爪哇华侨曾设想筹办高等商业学校,计划在吧城、泗水、三宝垄等华侨人数较多的商埠中选择一地设立学校,并仿照日本高等学校的模式进行双语教育。高等商业学校计划设置预科、本科两级,其中预科学制为两年,本科学制为三年。② 由于种种原因,直至清王朝覆灭之时,这所华侨高等商业学校仅仅是在设想与计划之中,并未成为现实。

清末时期的海外华侨双语教育体系并未完全建立,已建成的新式华侨中学寥寥无几,华侨小学的毕业生也多升入侨居地政府所办的中学,或者进入教会学校学习。与 20 世纪以前海外华侨双语教育实践相比,这一时期的华侨学校以清政府癸卯学制为范本,已经逐渐形成了相对稳定和完善的学制,这为之后中华民国时期海外华侨双语教育学制的不断完善奠定了坚实的基础。

七、双语教育的考试体系日趋严格

20 世纪初,海外华侨双语教育进入快速发展期,华侨学校数量增多、类型更加丰富、侨校学生人数增多、课程体系也日趋完备,而考试体系是监督、检验海外华侨学校双语教育质量的关键。这一时期海外华侨学校双语教育的考试体系,主要由海外华侨学校自行考试、当地中华会馆统考、晚清政府外派视学员检查等三大部分组成。

---

① 《江督补助华侨学费》,《教育杂志》1910 年第 2 卷第 7 期,第 57 页;(清)端方:《奏请酌拨爪哇全岛华侨中学堂常年经费片》,《安徽学务杂志》1908 年第 5 期,第 22～23 页。

② 李文权:《代拟南洋华侨高等商业学堂章程》,《南洋群岛商业研究会杂志》1910 年第 2 期,第 11～19 页。

海外华侨学校自行举办的考试,主要包括月考、学期考、学年考和毕业考等四大类,也有少数海外华侨学校(如吧城中华学校)每三个月对学生进行一次季考。为充分调动学生的学习积极性,海外华侨学校还会根据考试成绩对学生进行奖惩。《南洋华侨高等商业学堂章程》中就规定:

> 考试每年二次,即在暑假年假以前。暑假前考试及格者升班,其本科三年生暑假前为毕业大考。考试时确有事故不得与考,须禀明堂长。若堂长准其将来补考,始可补考……凡五年中学生成绩不出前三名者,本学堂奖以金牌;不出前五名者,本学堂奖以银牌……考试两次以上不及格者革除。[①]

又如《南洋爪哇各埠华侨学堂章程》中第八章"赏罚"中提到,华侨学校对学期考试、学年考试中成绩名列前茅的学生给予奖状和赏品,并在集会中向优秀学生宣读颁奖词。此外,对于从入校起至毕业前从无触犯校规的学生,海外华侨学校将向其颁发"品行证书",而触犯校规的学生则会根据具体行为的严重程度,遭到戒饬、直立(罚站)、拘留、停学、退学等处罚。[②]

在各地中华学务总会成立后,当地华侨学校将毕业考试的结果和毕业生名单上交给中华学务总会审核,并召集一个区域的各所中华学校毕业生进行统一会考。1910年,三宝垄学务总会就曾召集附近各埠中华学校的高等毕业生进行统一会考,并根据考试结果给毕业生文凭。[③]

海外华侨学校的自行考试和中华学务总会的统一会考主要是面向在校学生进行,而海外华侨学校自身的教育质量也将接受中国驻外领事、特派视学员的检查。20世纪初,为了加强对海外华侨教育的监督和管理,清政府多次派驻外领事、视学员前往海外侨居地视察华侨学校学务。他们以清政府颁布的《奏定学堂章程》为依据,对各地华侨学校的双语教育质量进行评定。[④]

---

① 李文权:《代拟南洋华侨高等商业学堂章程》,《南洋群岛商业研究会杂志》1910年第2期,第117~119页。

② (清)汪凤翔:《南洋爪哇各埠华侨学堂章程》,新加坡:南洋总汇报馆,1906年,第8~9页。

③ 《直华历届毕业生》,《印尼直葛中华学校创办一百周年(1906—2006)纪念特刊》,直葛:印尼直葛中华学校,2006年,第68页。

④ (清)汪凤翔:《视学员汪凤翔评定南洋和(荷)属各岛中华学堂优劣表》,《华商联合报》1909年第8期,第90~91页。

表 3-3　南洋荷属各埠中华学校优劣表

等级	学校名称
最优等学校	玛珑中华学校、岩望中华学校、万隆中华学校、梭罗中华学校、马吉郎中华学校、多隆亚公中华学校、谏义里中华学校、马辰分局中华学校
优等学校	吧城中华学校、新巴刹中华学校、日惹中华学校、巴东中华学校、莫祖格尔多中华学校、笛格中华学校、抱罗布连俄中华学校、牙鲁中华学校、苏格腊雅中华学校、西都文罗中华学校
中等学校	泗水卑比司中华学校、古都士中华学校、南安由中华学校、锦石中华学校、马辰中华学校、欧怡中华学校、门都窝梭中华学校、麻里浑这中华学校、普布利我中华学校、徐图利祖中华学校
下等学校	文地兰中华学校、加田中华学校、绒望中华学校、展玉中华学校、峨渚中华学校、巴拿路安中华学校、墨里达中华学校、庞引中华学校、泗水富直兰中华学校、西朗中华学校、八马垄中华学校、芝拉札中华学校、泗水加巴山中华学校、马当中华学校、茂物中华学校、北加浪岸中华学校、八打威义成中华学校、巴六安中华学校、文登中华学校、都曼中华学校、井里汶中华学校、墨鲁腊中华学校、丹墨中华学校、三宝垄中华学校、卑雅光务中华学校、葛打山中华学校、苏格谋眉中华学校、丹那望中华学校、双木丹中华学校、加拉山中华学校、绒望小学、淡满光中华学校、西峨舍里夜学、八达威广仁夜学

　　1906 年,汪凤翔受两广总督岑春煊的指派,前往南洋荷属各埠考察当地中华学校的双语教育实践情况。经过一番仔细的调研和考察后,根据学校双语教育的质量,汪凤翔将所考察的 62 所中华学校分为 4 种档次。其中最优等学校 8 所、优等学校 10 所、中等学校 10 所、下等学校 34 所,南洋荷

属各埠中华学校教育质量的定档可见表 3-3。①

汪凤翔对荷属东印度各埠中华学校双语教育质量的评定,基本符合当时南洋华侨教育的实际情况。该评定表中,名列最优等学校首位的玛珑中华学校被公认为是当时"爪哇全属办理最善之学堂",该学校"经济丰足,众情协洽,教员多热心教育之人"。② 由于玛珑中华学校的双语教育质量高,吸引了众多学生前来报名入学。玛珑市华侨人数仅有数千人,但玛珑中华学校的学生数就达两百多人,甚至有很多其他商埠的华侨子弟也前来报考玛珑中华学校。③

日趋严格的双语教育考试体系,对于提高海外华侨双语教育的整体质量大有裨益。与海外华侨双语教育萌芽期、起步期时各所华侨学校各自为政、无序发展的状态相比,在海外华侨双语教育的快速发展期,海外华侨学校通过采取内部考试系统与外部监测系统相结合的考查方式检验教育质量。这一时期,侨居地统一的华侨教育组织——中华学务总会、清政府所派领事、视学员们对于海外华侨学校双语教育实践的方方面面进行严格的监督和管理,这在客观上促使了海外华侨双语教育向着更加有序、系统的方向发展。从教育成果上看,海外新式华侨学校的学生虽"于国文、历史、地理等科以格于语言,故略难与内地学生并衡",但在"算术、图画等科,其进步之捷有远出内地学生"。④ 更重要的是,在一些侨居国政府针对华侨颁布种种教育歧视政策的恶劣环境下,海外华侨学校的双语教育为华侨提供了宝贵的接受教育机会,在向华侨学生传授在侨居地谋生所需的知识与技能的同时,也让他们的"国家观念不至完全酷亡,脑中尚有中国二字"。⑤

---

① （清）汪凤翔:《视学员汪凤翔评定南洋和（荷）属各岛中华学堂优劣表》,《华商联合报》1909 年第 8 期,第 90～91 页。

② 《爪哇通函》,《申报》1907 年 6 月 21 日第 12 版。

③ 《爪哇通函》,《申报》1907 年 6 月 21 日第 12 版。

④ （清）汪凤翔:《爪哇华侨劝学所总董汪凤翔呈各埠学堂报告文并批》,《政治官报》1908 年第 326 期,第 12～13 页。

⑤ 钱愚:《南洋华侨学校状况》,《松江教育杂志》1911 年第 15 期,第 7 页。

第四章

明清时期海外华侨
双语教育案例分析

前一章详细叙述明清时期海外华侨双语教育从萌芽期到起步期再到快速发展期的整体历程,重点分析明清时期海外华侨双语教育产生的背景、华侨教育从私塾、义学等旧式教育机构到新式华侨学校的转变过程,并归纳了近代海外华侨双语教育在学校数量、教学形式、课程设置、教师聘用、教材选择、测试手段等方面的特点。本章将着重分析这一时期较有代表性的两所海外华侨学校——吧城中华学校、横滨大同学校的双语教育实践,全面、深入地展示双语教育如何在这两所海外华侨学校展开,以及这两所海外华侨学校在课程设置、师资招聘、招生录取等方面的特点。

第一节　吧城中华学校

一、吧城中华学校的创办

吧城中华学校的创办要归功于巴达维亚中华会馆的成立。1900 年 3 月 17 日,为了打破之前海外华侨社团以血缘、地缘、业缘为界限而相互割裂、甚至相互对立的局面,并旨在破除封建会党宗派的陈规旧习,荷属东印度地区的华侨领袖潘景赫、陈金山、李金福、邱燮亭、梁惠文、许金安、李兴濂、梁映堂、邱绍荣、邱香平、许南章、蔡有得、黄玉昆、黄昆兴、陈公达、潘立斋、陈天成、胡朝瑞、胡先清、温亚松等 20 人,联合发起成立近代印尼华侨社会的第一个统一的华侨组织。因受革命派领袖孙中山先生民族主义思想的影响,该华侨团体取"中华"二字,命名为"吧城中华会馆"。① 1900 年 6 月 3 日,吧城中华会馆得到荷印殖民政府的批准。根据《南洋荷属巴达维亚中华会馆章程》第二章对会馆宗旨的描述,"本会馆以尊重孔教,进引我中华礼节并语言文字为目的,暨欲我华侨谨守礼法,无或违犯(丑)"②,而在中华会馆内开设一所华侨学校正是实现这一目标的主要途径。

1900 年 6 月 11 日,20 位中华会馆的创办人在为会馆总理潘景赫 43 岁生日祝寿时,决定在中华会馆内创办一所新式学校。一个月后,吧城中华会馆的全体创办人向当地华侨发出《吧城中华会馆兴办学堂公启》,详细阐述了吧城中华学校的办学目标和具体的办学章程。

经过一段时间的筹备,1901 年 3 月 17 日③,吧城中华会馆内成立了印尼华侨社会的第一所新式学校——中华学堂,随后改称为"中华会馆学校"或"中华学校"。由于这所学校坐落于荷属东印度巴达维亚华侨聚居区的八帝贯街(Petekoan),这所学校也因此被外界称为"八帝贯中华学校",简称为"八华学校"。吧城中华学校的创办和发展,主要与以下四大历史背景和原因有关:

第一,弥补之前海外旧式华侨教育的缺陷。荷属东印度地区的旧式华侨学校主要分为两大类。

第一类是由吧城华人公馆的官员(包括玛腰、甲必丹、雷珍兰)倡办的义学、蒙馆等教育机构,1690 年由华侨甲必丹郭郡观创办的明诚书院,1729 年由华侨甲必丹黄绵公、雷珍兰杨款、吴缵绪等人在养济院内附设的义学④,1775 年由吧城雷珍兰高根观倡办的南江书院,1787 年由吧城雷珍兰高根观开办的明德书院等。

第二类是由明末清初到荷属东印度谋生的中国旧文人创办的私塾和专馆,吧城的林金城、万隆的李莲根等人创办的私塾,还有原清廷县衙官吏冯某先后在吧城多个寺庙内开设十余所私塾。⑤ 学生在这些私塾中"均要自

---

① 李卓辉:《庆祝八华学校成立 111 周年特辑》,雅加达:八华学校,2012 年,第 2 页。

② 《南洋荷属巴达维亚中华会馆章程》,《华商联合报》1909 年第 2 期,第 4 页。

③ 另有一说,吧城中华学校成立于 1900 年。

④ 黄斐然:《三十年来荷属华侨教育(其二)》,《小吕宋华侨中西学校三十周年纪念刊(1899—1929)》,马尼拉:小吕宋华侨中西学校,1929 年,第 1 页。

⑤ 荷属华侨学务总会:《荷印华侨教育鉴》,雅加达:荷属华侨学务总会,1928 年,第 341 页。

备读书的桌子和凳子","学习议论策对之文字"。① 根据相关统计,从 1629 年到 1900 年,荷属东印度地区共有 439 间私塾、义学等旧式华侨学校。②

这些海外旧式华侨学校显然不适合时代的发展。一方面,旧式华侨学校主要沿袭着中国私塾的教学内容,教授华侨学童八股文等内容,教学内容比较过时,无法适应时代的需要,也与华侨在荷属东印度的实际工作和生活的需求有所脱节。另一方面,这些海外旧式华侨学校的师资水平普遍不高,最初聘请闽南落第秀才担任教师,后因难以聘请到塾师,甚至曾一度改由僧侣任教。在教学内容和教师招聘等方面的缺陷,让明诚书院等海外旧式华侨学校无法满足荷属东印度地区华侨的需要,这样就亟需一所新式华侨学校的出现。

第二,通过创办海外新式华侨学校,以提高当地华侨后代的汉语水平和对中华文化的了解和认识。当时荷属东印度华侨社会长期处在知识贫瘠的情境中,不仅文盲人数众多,而且赌风盛行,还有很多陈旧陋习,特别是缺乏汉语和中华文化教育使得不少华侨子女的中华民族意识非常薄弱,在语言、穿着、举止、生活习惯、思想观念等方面都与侨居国一致,甚至这些华侨子女不会说汉语,也不读儒家典籍。《吧城中华会馆兴办学堂公启》中就明确指出了旧式华侨学校的弊端,并提出兴办华侨学校的主要初衷是在不抵触当地荷兰殖民政府法令的原则下,通过教授汉语和中华文化,激发华侨子女的民族意识,并以新式教育来提高华侨的文化知识水平:

> 以四千年神明之胄,远处海外,番其语言,番其举止,番其起居,番其饮食,番其衣服,番其礼法,华语且不识,遑知有中学。诗书且不读,遑知有孔孟,其弊随地有之,而吧城尤甚。盖吧城立埠数百年,华众数十万或生长斯土,或服贾是邦,闽人也、客人也、广人也,恒格格不相入。除货物交易外,老死不相往还,秦越肥瘠,绝不关心,可叹者一。金德之院,安恤之庙,男女膜拜,泥首祷祀,络绎不绝。独于二千余年之教主,则耳不闻其名,口不诵其经,心不仪其形。其有终身不履中土者,更不知有大成之殿与至圣之称,悖道而驰,可叹者二。义学之设,二百余年,

---

① 包乐史、吴凤斌:《18 世纪末吧达维亚唐人社会:吧城公馆档案研究》,厦门:厦门大学出版社,2002 年,第 85 页;华侨志编纂委员会:《华侨志·印尼》,台北:华侨志编纂委员会,1961 年,第 101 页。

② Williams L., *Overseas Chinese Nationalism-The Genesis of the Pan-Chinese Movement in Indonesia*,1900—1916,Glencoe,Illinois:The Free Press,1960:66.

训蒙之师,所在多有,求造就一二聪颖子弟,诵习经文,发明定义,讲求掌故,属缀词单目,已不可得,灭聪塞明,可叹者三。有此三弊,坐视不顾,论种类则自生自灭,论圣训则或存或亡,岂不哀哉!……今荷蒙政府允许给字开办,集众会议;于会馆中先设立小学校一区,变通中国办法,参以东西各国语言文字之入门、天算地舆之初级,分班按序,日新月异。①

第三,受康有为、梁启超等维新变法思想的影响。戊戌变法失败后,康有为流亡前往荷属东印度的吧城、梭罗、泗水、锦石、岩望、井里汶、三宝垄、谏义里、马吉冷、日惹等地发表演说,传播维新变法思想,鼓吹兴学,并宣扬孔子教育思想。在了解 20 世纪之交中国国势凋零、任人宰割后,海外华侨的爱国热情得到激发,他们深感强大的祖国是他们在侨居国立足、发展背后的支柱,"(华侨)虽身居异地,亦莫不欲抬高宗国,盛称故乡,以为天下交游之光宠,有时非特不能,抑不敢者,以实迹在,人非可以言掩之也"。② 因此华侨对康梁通过维新变法来救国的思想产生了强烈的共鸣:

康氏遍游爪哇,所至之处,鼓吹兴学,华侨多欣然响应,所办华校,均取法吧城,并统辖于吧城中华会馆之下,各地称中华会馆分局(分校之意),不及一年全爪及外岛多有分局之设……康有为南来对于保皇、尊孔、变法大事(肆)鼓吹,华侨受其影响甚大。③

第四,与荷印殖民政府推行的教育歧视政策相关。荷兰殖民者对有色人种一般采取歧视和高压政策,甚至把华侨看作比印尼土著人地位更低的族群。④ 在教育方面,除了极少数华侨官员的孩子外,绝大多数华侨子弟都被荷印殖民政府禁止到荷兰人开设的公立学校学习。1867 年,荷印殖民政府设置教育部后,几位华侨领袖曾联名上书殖民政府,要求让华侨子弟进入印尼人就读的学校学习,但荷印殖民政府以华侨教育不以其管辖为由拒绝了华侨的请求,而其所施的教育福利则专为印尼人而设,华侨并不在享受福

---

① 《吧城中华会馆兴办学堂公启》,《华侨导报月刊》1955 年第 33 期,第 16 页。

② 胡滨:《中国近代改良主义思想》,北京:中华书局,1964 年,第 46 页。

③ 管渝:《印尼华侨教育史片段谈》,《新华学校四十一周年纪念刊》,雅加达:吧城新巴刹中华学校,1947 年,第 49 页。

④ 朱杰勤:《东南亚华侨史(外一种)》,北京:中华书局,2008 年。

利的范畴内。[①] 因此当时只有少数华侨子弟在华侨所办的私塾学习四书五经等儒家典籍,而多数华侨子弟没有读书的机会。荷印殖民政府也曾面向当地土著富贵阶层开办贵族学校,学费每月须缴纳 25 盾,这些贵族学校并不限制华侨入学,但华侨子弟须等待学校的余额方能有入学的机会,在入学考试时还须具备直接用荷兰语听讲的能力,因此能够进入贵族学校读书的华侨子弟少之又少。况且这些贵族学校的毕业生主要充当政府机关职员及拉沙[②],学校的办学宗旨与华侨办学宗旨有明显出入,其目的并不是对华侨子弟传授汉语和中华文化。除了这些贵族学校外,一些富户豪门的华侨子弟为了接受教育,只能选择当地旧式私塾读书,学习八股文、试帖等,但这些科目与华侨在侨居地的实际需求相距甚远,近代课程的缺失无法为华侨子弟提供能够在侨居地生存与发展所需的知识与技能教育。吧城中华学校的设立正是在这样的背景下应运而生的,为那些无法进入公立学校读书的华侨子弟提供一个宝贵的受教育机会。

二、吧城中华学校的教育实践

(一)学制沿革

在吧城中华学校成立前三年,世界范围内的第一所新式华侨学校——横滨大同学校在日本创办,这为吧城中华学校的教育模式提供了参考的蓝本。尽管吧城中华学校的成立时间略晚于横滨大同学校,但我们选择首先分析吧城中华学校的双语教育实践。

在学制方面,从 1901 年到 1911 年的十年间,吧城中华学校的学制随着 1904 年清政府颁布《奏定小学堂章程》而发生变化。在癸卯学制(又称《奏定学堂章程》)颁布前,吧城中华学校采取六年制的学制。魏介眉对吧城中华学校参观访问的记录,可对这一学制年限进行佐证:"(吧城中华学校)以六年卒业为期。"[③]随着《奏定学堂章程》的颁布,南洋华侨小学的学制普遍参照清政府的规定,即华侨小学分为初等科、高等科两个层级,其中初等科

---

① 管渝:《印尼华侨教育史片段谈》,《新华学校四十一周年纪念刊》,雅加达:吧城新巴刹中华学校,1947 年,第 48 页。

② 拉沙,类同检察官,涉及诉讼的华人案件由拉沙先预审。

③ 《魏介眉游吧城中华会馆学堂记(录天南新报)》,《济南报》1904 年第 30 期,第 6 页。

小学学制四年,高等科小学学制三年,而吧城中华学校则根据学生汉语程度较弱的情况,延长初等科小学学制一年,即初等科小学五年,高等科小学学制则继续保持三年。[①] 此外,根据当地华侨的商业需要,吧城中华学校还在高等科小学学制的基础上增设一年制的商业知识与技能培训班[②],这使得吧城中华学校的学制实际上达到九年。

除了学校学制年限的变化外,在20世纪的头十年间,吧城中华学校的组成部分也在发生变化。在学校创办初期,吧城中华学校主要分为华文学校董事部和英文学校董事部两个部门,实行汉英双语教育,其中英文学校的前身与闽籍华侨李登辉[③]创办的耶鲁学院(Yale Institute)有关。1901年9月,李登辉创办耶鲁学院。耶鲁学院在最初创办时实际上是一所初级英语学校,该校聘请了3名外国教师,租用多间民房,并招入90名学生。耶鲁学院由李兴濂、赵德风、陈金山、陈长隆和李登辉等5人组成校务委员会(其中李登辉任校长),主管一切校务及经费事宜,并负责偿还李登辉创办学校时所借的2100盾债务。1903年5月1日,李登辉因为感到难以在耶鲁学院实现自己的理想,遂而辞职,学校委员会决定聘请英国人托马斯·戴维森(Thomas Davidson)担任校长。1904年5月,吧城中华会馆董事部决定接办耶鲁学院,并在会馆内拨出4间教室,作为耶鲁学院上课使用。吧城中华学校原计划自身开设英语课程,后通过与耶鲁学院校务委员会的多次协商之后,1905年1月8日,吧城中华会馆董事部决定将耶鲁学院和中华学校合并,将其定名为中华会馆耶鲁学院(Yale Institute Tiong Hwa Hui Koan)。耶鲁学院在行政和经费上与吧城中华会馆独立分开,教学上也拥有较大的自主权,只是吧城中华会馆要求耶鲁学院在课程设置中必须开设"礼学"课程,以使得学生在接受英语教育时仍能学习传统儒家政治理论和儒家文化。[④]

与当时荷属东印度的其他华侨学校一样,吧城中华学校在创立之初只

---

① 钱愚:《南洋华侨学校状况》,《松江教育杂志》1911年第15期,第3页。

② 钱愚:《南洋华侨学校状况》,《松江教育杂志》1911年第15期,第2页。

③ 李登辉(1873—1947),祖籍福建同安,出生于荷属东印度爪哇。1905年从南洋返回中国后,积极筹组寰球中国学生会,并出任复旦公学(今复旦大学)的教务长,兼授英语、法语、德语等学科。

④ 华侨问题研究会:《亚非地区华侨情况介绍》,北京:华侨问题研究会,1955年,第40页。

招收男生。1902 年 4 月 27 日,学校内附设女子班,这开启了印尼华侨女子学校的先河。学校专门聘请女教师任教,女学生除了须上汉语、巫语等语言类课程和历史、地理、修身等一般文化知识类课程外,还须专门修读缝纫、刺绣、妇女家政等有关女子生活技能类课程。女子班的设立使得吧城中华学校成为荷属东印度第一所集英文部、中文部和女子班为一体的综合性华侨学校。从整体上看,吧城中华学校与旧式华侨教育机构明显不同,在学制上模仿日本的小学教育制度,与同时期中国新式学堂的学制也有很多相似之处。1913 年,吧城中华学校在原有小学教育的基础上创办中学,学校规模进一步扩大。

(二)师生情况

关于吧城中华学校的学生数字,现有史料显示,该学校创办之初,学生人数仅有 35 人,且均为男生。[①] 这说明在学校创办之初,由于该校是荷属东印度的第一所新式华侨学校,教育成果还未体现,很多华侨仍在观望之中,并未将自己的孩子送入吧城中华学校就读。随后十年内,吧城中华学校的规模一步步扩大,学生人数也逐渐增加。1902 年 4 月 27 日,吧城中华学校创办第一个女子班;1904 年 1 月 24 日,学校增设幼稚园。1905 年,英文学校耶鲁学院与吧城中华学校合并。[②] 女子班和幼稚园的开设以及耶鲁学院的并入,使得吧城中华学校的学生人数大大增加,再加之学校的教学效果逐渐被当地华侨认可,学生人数在 20 世纪初的前十年里就达两三百人。根据《魏介眉游吧城中华会馆学堂记》一文中的描述:"男徒入塾者二百余人,女徒三四十人,其未来者,均弗之计。"[③] 由清末青年知识分子团体竞业学会创办的《竞业旬报》,也曾对吧城中华学校的学生情况有具体的描述,该描述基本佐证了魏介眉在游记中对该校学生人数的统计,学生总数在三百多人:"爪哇巴达维亚的中华会馆,本有中央集权之势,故规模亦较他处宏大,有学

---

① 梁友兰:《吧城中华会馆四十周年纪念刊》,雅加达:吧城中华会馆,1940 年,第 23 页。

② 巴达维亚中华学校:《雅加达八帝贯中华会馆学会一百周年纪念刊》(Bbuku Peringatan 100 Tahun Sekolah Thhk/Pahoa Centennial of Thhk School),雅加达:雅加达第一印书局,2001 年,第 117~118 页;黄昆章:《华侨华人百科全书·教育科技卷》,北京:中国华侨出版社,1999 年,第 6~8 页。

③ 《魏介眉游吧城中华会馆学堂记(录天南新报)》,《济南报》1904 年第 30 期,第 6 页。

生三百余人。"①吧城中华学校学生数量的增多，除了有学校规模扩大以及逐渐被当地华侨认可的原因外，根据《庆祝八华学校成立 110 周年特辑》中《八华重建为推广三语国民学校树立光辉榜样》一文的介绍，吧城中华学校从 1901 年起就为超过半数的学生提供助学金，并一直秉承着"平民教育"的理念②，许多出身于贫困华侨家庭的学童报名进入吧城中华学校学习，这就大大增加了学校的学生数量。

从以上史料中可以推测出，在 1901—1911 年间，吧城中华学校中的学生人数基本保持在两三百人，男女学生皆有，学校采用分班授课的方式选派教员教授。

在 1901 年 3 月成立之初，吧城中华学校仅有 2 名教师，面临师资不足的窘境。正在此时，学校得到新加坡华侨林文庆的帮助。林文庆自 1893 年从英国回到新加坡后，积极投身南洋华侨的文化教育事业，在新加坡和印尼爪哇多地开设华侨学校、华侨女校，还在自己寓所开办华语训练班。考虑到吧城中华学校建校不久，寻找教师比较困难，林文庆向吧城中华学校的校董推荐了其华语训练班的汉语教师卢桂舫，吧城中华学校的校董们经过讨论，决定由卢桂舫担任学校第一任校长，并兼任学校的汉语教师。

卢桂舫，祖籍福建，清朝秀才，19 世纪末曾赴日本第一所新式华侨学校——横滨大同学校担任汉语教师。1898 年，林文庆在自己家中为新加坡华侨开设华语训练班时急需教师，当得知卢桂舫的汉语和儒学功底深厚，并且拥有丰富的华侨教育经验，他就礼聘卢桂舫前来新加坡担任教师。由于林文庆与吧城中华学校的创办人陈金山是同乡，当陈金山到新加坡向林文庆请求推荐一名校长主持学校校务工作的时候，林文庆就向陈金山推荐了卢桂舫。在卢桂舫执教吧城中华学校之初，学校仅有 35 名学生，为了授课方便，卢桂舫将所有学生集中在一间教室，沿用其在横滨大同学校的授课方法和教学材料，用粉笔在黑板讲授汉字的含义。卢桂舫在吧城中华学校一直工作到 1903 年，后应玛琅华侨领袖陈吉传的邀请，前往玛琅筹办中华学校。一年后，卢桂舫又应八马垄中华学校的邀请，主持该校教学工作。1912年，卢桂舫第二次出任吧城中华学校校长，直到 1922 年退休，他为吧城中华

---

① 《爪哇学务情形》，《竞业旬报》1907 年第 9 期，第 42 页。
② 李卓辉：《庆祝八华学校成立 111 周年特辑》，雅加达：八华学校，2012 年，第 46 页。

学校和荷属东印度地区其他华侨学校的发展做出巨大贡献。[①]

在度过了办学之初师资不足的危机后,吧城中华学校进入了相对稳定发展的阶段,学生人数的增多,使得学校的教师人数也相应增加。根据魏介眉对吧城中华学校参观访问报告中的记录,实际上课的教师人数有9人,而事实上学校所招聘的教师人数更多,"若夫教师现有九人,聘而未至者弗计"[②];在《爪哇学务情形》报告中则提到吧城中华学校的教员有15人:"学生三百余人,教员十五人。"[③]上述统计中的教师不限于中国教师,也包括日本、荷兰、英国等其他国家的教习,各国教师教授的课程也各不相同:"(学生)若学机器者,有日本师;学刺绣者,有荷兰女师;学英荷文言者,有英荷教习。"[④]即由日本教师教授机器学,由荷兰女教师教授刺绣,由英国和荷兰教师分别教授英语和荷兰语。从师资队伍的组成上也可以看出,吧城中华学校并不局限于语言教育,也包括以英语、荷兰语等多种语言作为教学媒介的非语言学科的教育。吧城中华学校附设女子班,学校除了引进荷兰女教师外,也从中国聘请三名女教师:"一为陈士宏,吴县人,北洋女子师范毕业;一为沙澄粹,江阴人,上海务本女学毕业;一为章君度,江阴人,北洋女子师范毕业。"[⑤]

除了课任教师队伍外,吧城中华学校还成立了一个校务管理督导委员会,主要负责每月检查、监督教学和办学经费的使用情况,以确保教学工作可以顺利进行。[⑥] 校务管理督导委员会共由7人组成,包括主任1名、委员6名,委员会成员一年改选一次,允许连任制。

(三)课程设置

吧城中华学校是荷属东印度的第一所新式华侨学校,其在课程设置上实行儒学与西学、汉语与英语合璧的双语教育课程体系。与私塾、蒙馆、义学、书院等海外旧式华侨教育机构只教授学生四书五经等儒家典籍不同,吧

---

① 李卓辉:《庆祝八华学校成立111周年特辑》,雅加达:八华学校,2012年,第10页。
② 《魏介眉游吧城中华会馆学堂记(录天南新报)》,《济南报》1904年第30期,第6页。
③ 《爪哇学务情形》,《竞业旬报》1907年第9期,第42页。
④ 《魏介眉游吧城中华会馆学堂记(录天南新报)》,《济南报》1904年第30期,第6页。
⑤ 钱愚:《南洋华侨学校状况》,《松江教育杂志》1911年第15期,第2页。
⑥ 温广益、蔡仁龙、刘爱华:《印度尼西亚华侨史》,北京:海洋出版社,1985年,第443页。

城中华学校除了保留汉语和儒学课程外,还开设算术、历史、地理、英语、唱歌、图画、体育等课程,课程门类明显比海外旧式华侨教育机构更加丰富,所传授的知识也更符合近代华侨社会发展的需要。

在汉语课程方面,吧城中华学校是南洋第一所以中国国语(官话)取代地方方言的华侨学校,这也是海外新式华侨学校区别于私塾、义学等海外旧式华侨教育机构的显著特征,从当时华侨社会的情况来看实属不易。在吧城中华学校成立之前,旧式华侨教育机构绝大部分以中国地方方言来教授儒家典籍,而且吧城中华会馆的 20 位创办人均为闽粤华侨,能够使用中国国语为汉语课程的教学语言,这显示了吧城中华学校校董们打破当地华侨社会地域、帮派界限的决心。对于长期使用侨居地语言——巫语以及祖籍地方言的吧城华侨学生来说,学习中国国语有很大难度,但教授华侨学生国语不仅可以消除不同地域、帮派华侨之间的隔阂,增进彼此间的联系和交流,树立统一的中华民族意识,也可为华侨学生未来学习更深入的儒学课程打下语言基础:

> 华侨子弟生长海外,习用他族方言,耳未闻国语为何音,一旦令其学习,较之内地儿童困难,自不待言。若不特别注意培植其基础,一误再误,辗转讹误,矫正愈难,隔阂愈甚。国文国语既不能融会贯通,其他一切学识亦必无进步之可言。[1]

吧城中华学校在汉语课程中教授统一国语的做法,还与 20 世纪初海外华侨群体中民族主义的兴起以及维新志士和革命党人对统一国语的宣传有很大关系。1903 年 9 月,康有为曾应吧城中华会馆的要求,在巴达维亚华侨聚居区发表演讲,演讲中他多次强调海外华侨学习统一国语与保持中华民族特性之间的密切关系。康有为还鼓励华侨无论其祖籍地来自何方,在日常生活中应多使用中国国语,这样经过八至十年的努力,学生们在中国国语方面将会取得显著的进步:

> 为中国人,就必须恢复中国人之优良风俗,讲中国之语言,识中国之文字,读中国之圣贤遗训,然后可成为一个真正之中国子民。练习语言文字,自非一朝一夕可以成功,然亦不过三两年,十年八年,必然成效大著……操中国语言、识中国文字,中国人方得谓之中国人,现在各会

---

① 《南洋中华学校之概况》,《江苏省立第一女子师范学校校友会杂志》,1917 年第 2期,第 6 页。

馆间有兴办学堂,但其数不多,尤须陆续增加。文字之声音应用国音,日常言谈应用国语。现在此地之学堂教学,用土音翻译成国内各地方之方言,实在枉费工夫,究不如将土话翻译成国语之为当了。无论原籍是福建、是潮州、是广府、是肇府、是嘉应州,都一律学讲国语。[①]

在康有为等维新派与荷属东印度大力宣传维新变法思想时,孙中山领导的革命派也经常到荷属东印度开展革命活动,宣传中华文化,提倡在华侨学校中重视汉语教育,甚至将海外华侨学校作为其传播资产阶级民主革命思想和进行革命活动的阵地。维新志士与革命党人在荷属东印度华侨中的宣传,对吧城中华学校的教学内容产生了一定的影响。一方面,汉语课程的地位显著提高,成为学校最重视的课程之一;另一方面,汉语课程的教学内容也发生了一些改变:吧城中华学校在汉语教学中教授现代汉语,并不强行要求学生必须背诵儒家典籍。尽管如此,吧城中华学校仍未完全停止向学生灌输孔孟儒家思想,学校规定每年的孔子诞辰日全校放假一天,师生重温先贤智慧,传承中华文化。此外,早期吧城中华学校还在校门口悬挂孔子画像,学校要求学生每天上学和放学时须面向孔子像鞠躬行礼,表示对孔子的尊敬。[②]

在外语课程方面,吧城中华学校在成立之初就十分重视英语课程,“英文在巴达维亚的中华会馆学校里很受重视,以致于成立了一个英文部门”[③],后又合并了有英文学校性质的耶鲁学院。虽然荷属东印度的官方语言是荷兰语,而且巴达维亚政府机构也以荷文为重,但教授荷兰语的教师较难寻觅,大规模开设荷兰语课程难以很快实施。而且英语在荷属东印度民间商业交流中发挥重要的作用[④],“英语之在今日商业上,殆成为世界之普通语”[⑤],这也是为何英语能在吧城中华学校的课程体系中占据重要地位的原因。

① 廖嗣兰:《辛亥革命前后荷属东印度华侨情况的回忆》,中国人民政治协商会议广东委员会:《广东辛亥革命史料》,广州:广东人民出版社,1981年,第193页。

② 李卓辉:《庆祝八华学校成立111周年特辑》,雅加达:八华学校,2012年,第10页。

③ 廖建裕:《现阶段的印尼华族研究》,新加坡:教育出版社,1978年,第50~51页。

④ 管渝:《印尼华侨教育史片段谈》,《新华学校四十一周年纪念刊》,雅加达:吧城新巴刹中华学校,1947年,第49页。

⑤ 《暨南学校师范科之教育方针》,《新教育》1919年第1卷第4期,第445页。

（四）教学语言

作为荷属东印度地区的第一所新式华侨学校,吧城中华学校不仅在教学内容和课程设置上有着明显的近代教育特征,而且在教学语言的选择上也体现出了海外新式华侨学校教学的灵活性和先进性。吧城中华学校规定:教学语言的选择可以根据不同课程内容的需要而发生改变,主要使用汉语和英语进行双语教学,少数课程也使用荷兰语教学。在汉语和儒学课程中,学校决定使用"官音"(中国国语)进行教学,以形成海外华侨学生的中华民族意识。事实上,当时围绕荷属东印度华侨学校的教学语言选择问题曾引发了一场激烈的争论。以郭恒节(Kwee Hing Tjiat)、郑坚成(The Kian Sing)为代表的土生华侨领袖曾主张把吧城中华学校的授课语言改为白天以荷兰语授课,这样学生就可以从华侨学校毕业后前往荷兰人或者荷印殖民政府开办的荷华学校(Holandsch-Chinesche School)深造;汉语和中华文化课程可以在夜班里派特定老师用汉语教授。[①] 这一想法突出了荷兰语在华侨学校的地位,而汉语则弱化至晚间(非教学黄金时间)来教授,这显然符合那些希望永久定居于荷属东印度地区的土生华侨利益,他们希望能够掌握荷兰语,以便更好地在侨居国生存和发展。

对于吧城中华会馆、中华学校的董事来说,成立华侨学校最主要目的是为了让当地华侨子女学习汉语和中华文化,保持与中国的联系。因此汉语课程在吧城中华学校的课程体系中非常重要,况且当地华侨也不仅仅都是土生华侨,其中相当一部分华侨是新客华侨,他们在生活方式和思想上与祖国保持的一致性要高于土生华侨。还有一部分是抱着"落叶归根"心理的土生华侨,他们希望自己的后代与祖国保持着密切的联系,并计划在侨居国生活一段时间后回到故乡。对于抱定日后回国的华侨来说,汉语教育对于他们非常重要,而以中国国语作为教学语言符合他们的利益,也符合吧城中华学校的办学初衷。

就外语和西学课程而言,除了荷兰语和刺绣等以荷兰教师授课的课程外,吧城中华学校在多数的外语和西学课程中都选择英语(而非荷兰语)作为主要的教学语言。之所以选择英语为教学语言,既与招聘荷兰教师花费较高、所招聘到的荷兰教师人数较少有关,也与英语在南洋地区使用范围广

---

① 廖建裕:《现阶段的印尼华族研究》,新加坡:教育出版社,1978年,第54页。

有关。英语是东南亚知识分子的常用语言,而荷兰语只在荷兰殖民地区使用。[①] 英语的实用价值比荷兰语更大,这也是吧城中华学校选择英语作为主要教学语言的原因。使用英语作为教学语言在实际教学中也引发了一定的争议,不但花费高,而且对于初等小学生而言,聘请英美籍教师直接用英语授课容易造成学生理解上的困难。《爪哇学务近情》的报告中甚至将吧城中华学校聘请英美人教授英语作为南洋地区华侨学校英语教学的始作俑者,报告指出具有一定英语能力的华侨完全可以担任海外华侨初等小学校的英语教师,海外华侨学校不需要花重金聘请英美籍教师:

> 按用西人教授英文,系前年吧城会馆之始作俑者。今该学堂有英美人四名,华人之能通英文、中文者,此间亦有各学堂皆斥以口音不准,故重金聘请外人。其实,初等小学之英文,岂有华人不能教授之理?[②]

(五)教学方法

分级分班教学法是吧城中华学校实行的主要教学方法,班级授课也是近代教育中常见的教学组织形式。以汉语课程为例,吧城中华学校按照学生的汉语水平分为初等(也称为"寻常班")、高等各六个班,循序渐进地教授学生汉语:

> 读华文教以官音,学写字先用涂牌,全科分十二班。高等六班,寻常六班,每班皆有定课。自一二三为句读起,以至经书、子史、算学、地学、作文、体操、修身、道德等级,秩然有序,俱在此十二班中其详备载学堂章程,内此第言其大略耳。[③]

除了分级分班教学法外,吧城中华学校的教学方法还具有以下两大特点:

第一,汉语课程主要采取"字—句—篇"循序渐进的教学方法。根据《魏介眉游吧城中华会馆学堂记》中的介绍,吧城中华学校根据学生的汉语学习程度制定不同层级的教学内容,教学内容不求广而求精:

> 姑举浅班以例,其余凡学童甫入学堂,每日只读一二句,随读随解,随解随写,初则学凑字成句,继则学积句成文。初学之时其教法便已如

---

① 廖建裕:《现阶段的印尼华族研究》,新加坡:教育出版社,1978年,第55页。
② 《爪哇学务近情(再续)》,《时事新报(上海)》1911年10月5日第7版。
③ 《魏介眉游吧城中华会馆学堂记(录天南新报)》,《济南报》1904年第30期,第6页。

此,以故八九岁之学童上学数阅月。余信手写出其曾读过之字于涂牌,
试之。所谓在精不在多,其信然矣,若彼读过。三四班者试拈一字便能
凑合数行,编成一段文字;至五六班者,文义通知其概,可以与之笔
谈矣。①

从上述的描述中可以看出,与海外旧式华侨学校将复杂繁难、晦涩难懂
的内容强行注入学生的头脑不同,作为海外新式华侨学校的代表,吧城中华
学校的汉语教学中,每日的教学内容虽不多但特别重视学生对教学内容的
理解,在授课中加强学生的实践练习。

第二,以地图、图画等方式辅助教学。为了提高学生的理解能力,吧城
中华学校在教学上常用图画来诠释教学内容,"各书皆有图画。浅班者,一
字一图;深班者,一典一图"。② 以舆地(地理)课程为例,教室的墙壁上悬挂
多幅地图,教师按照地图讲解相关知识点:

> 有地图全卷可考,地图韵言可读,皆系新著作……舆地一门,观其
> 壁上悬挂舆图数幅,教习日日指授,学者皆有心得。③

从实际教学情况来看,这一教学方法收到很好的教学效果,学生们对各
个地理位置都了如指掌:

> 凡余所问中国之某省、某府、某州、某县居停所,问欧美各处某城、
> 某地、某山、某水,俱能举手指点,应声而出,不待思索而对答如流。非
> 其纯熟胸中曷能有此? 吾知不十年间,后生小子莫不有学,贤豪硕彦接
> 踵而起。④

即使是在汉语课程的教学中,当学生对所学汉字的字义不理解的时候,
学校教师也会用"图画或作种种形式以比喻之"。⑤ 特别是对于那些初学汉
语的一、二年级土生华侨学生来说,其学习汉语"无异学习他国语言文字。
记忆既较难,忘却亦较易"。⑥ 由于拼读、理解汉字的难度较大,这些一、二

---

① 《魏介眉游吧城中华会馆学堂记(录天南新报)》,《济南报》1904 年第 30 期,第 7 页。

② 《魏介眉游吧城中华会馆学堂记(录天南新报)》,《济南报》1904 年第 30 期,第 7 页。

③ 《魏介眉游吧城中华会馆学堂记(录天南新报)》,《济南报》1904 年第 30 期,第 7 页。

④ 《魏介眉游吧城中华会馆学堂记(录天南新报)》,《济南报》1904 年第 30 期,第 7 页。

⑤ 《调查南洋中华学校之概况》,《江苏省立第一女子师范学校校友会杂志》1917 年第
2 期,第 6 页。

⑥ 《调查南洋中华学校之概况》,《江苏省立第一女子师范学校校友会杂志》1917 年第
2 期,第 6 页。

年级的海外华侨学生在学习汉字时"多有用马来文字注记其义,或用马来字母拼其音以为参考者"[①],而学校教师鉴于实际教学情况并不禁止学生用这种方法记忆汉字。在学生朗读、使用汉字时,教师会及时纠正他们发音的问题,并帮助学生更好地理解、记忆、使用汉字:

> 国文国语教授时反覆(复)指示,一再矫正,务使无丝毫之含糊谬误,而后再时时温习之,或诵读,或默写,或问答,从形式、实质各方面分类比较,联络复习,以增其记忆力。务使儿童确有心得,能达活用之目的,行之数月,尚觉有效。[②]

三、吧城中华学校遭到的阻挠

在吧城中华学校创办初期,学校与巴达维亚当地的华侨私塾、义学并存。也就是说,吧城当地的旧式华侨教育机构并没有因为吧城中华学校的出现而立即被取代,两类学校间其实存在着很强的竞争。当地一些坚持旧式私塾教育的旧学派,一直反对吧城中华学校仿照日本华侨学校的学制实行新式教育,也反对以日本华侨小学浅显易懂的教材启蒙学生,而是坚持认为华侨子女仍应从背诵四书五经等儒家典籍开始学起。

旧学派的阻挠使得吧城中华学校从创办之初就面临着不少挑战。吧城一部分华侨由于没有完全认识到新式教育的好处,并未将自己的孩子送到吧城中华学校学习,仍处于观望与等待状态,这也是吧城中华学校在创办初期学生人数较少的一个原因。

面对旧学派的阻挠,吧城中华学校的校董和教师们积极与旧学派进行抗争。一方面,主张新式教育而且在旧学方面又有很深根柢的教师们,通过在当地华侨社会中的公开演说以及撰写文章等方式,一一解答了旧学派对新式华侨学校提出的各种质疑;另一方面,1902年,吧城中华学校举办了一次大规模的会考,通过考试直接比较巴城中华学校和旧式义学学生的成绩。会考结果表明,巴城中华学校的学生在对汉语字义的理解和实际知识的掌握上比旧式义学的学生更胜一筹。旧式义学的学生除了死背硬记一些儒家

---

① 《调查南洋中华学校之概况》,《江苏省立第一女子师范学校校友会杂志》1917年第2期,第6页。

② 《调查南洋中华学校之概况》,《江苏省立第一女子师范学校校友会杂志》1917年第2期,第6页。

典籍外,对典籍的内容一知半解,而且也不会说中国国语。[①] 这一考试结果不仅有力地回击了旧学派对吧城中华学校的质疑,而且在当地华侨社会中大大提高了吧城中华学校的影响力和声誉,吧城中华学校学生和教师人数不断增加,学校规模也不断扩大。在会考结束后,吧城中华学校的学生人数就从 35 人增加到 59 人,教师人数也从 2 人增加到 5 人。[②]

　　除了旧学派的阻挠外,荷印殖民政府推行的教育政策也对吧城中华学校的发展制造了不少障碍。在 1902 年吧城中华学校与旧式义学学生会考前,荷印殖民政府并未提供给吧城中华学校任何经费上的资助,反倒是扶持吧城中华学校的竞争对手——旧式义学,每个月拨给旧式义学 300 荷兰盾经费,间接支持它与吧城中华学校进行对抗。[③] 当看到吧城中华学校的新式教育取得良好效果,并在当地华侨社会中取得一定影响力后,吧城华人公馆不得不决定将旧式义学合并于巴城中华学校中,并从原先拨给旧式义学的 300 盾办学经费中拨出 75 盾作为华侨庙宇金德院的正常开支,而其余经费则转拨给吧城中华学校使用。[④]

　　此外,荷印殖民政府开办的荷华学校,也对吧城中华学校的发展带来了很大的挑战。为了分化吧城华侨社会、破坏华侨教育事业的发展,并通过教育笼络华侨子女效忠殖民政府,荷印殖民政府决定创办荷华学校,并于 1908 年在巴达维亚成立第一所荷华学校。荷华学校的主要教学对象为华侨富家子女,学校规定只有平均月收入在 900 荷兰盾以上的华侨,其子女才有资格进入荷华学校读书。荷华学校用荷兰语授课,使用荷兰文教材进行教学,不教授汉语和儒学。从荷华小学毕业的华侨学生可以升入荷华中学,之后还可以到荷兰的大学读书,也有相当一部分荷华学校的毕业生之后成为为荷印殖民政府服务的公务员。得益于其相对优质的教学条件和相对较好的学生毕业发展前景,荷华学校抢走了吧城中华学校的很多生源,这给吧

---

　　① 梁友兰:《吧城中华会馆四十周年纪念刊》,雅加达:吧城中华会馆,1940 年,第 21 页。

　　② 温广益、蔡仁龙、刘爱华:《印度尼西亚华侨史》,北京:海洋出版社,1985 年,第 444～445页。

　　③ 温广益、蔡仁龙、刘爱华:《印度尼西亚华侨史》,北京:海洋出版社,1985 年,第 444 页。

　　④ 温广益、蔡仁龙、刘爱华:《印度尼西亚华侨史》,北京:海洋出版社,1985 年,第 444～445页。

城中华学校带来了很大的冲击，"送子弟入中华学堂敷衍者境地绝少宽裕之人，若有力者无不将男女子弟送入荷校肄业"[①]，这也给吧城中华学校的发展提出了严峻的挑战。

除了在生源上受到荷华学校的挑战外，吧城中华学校的发展还受到经费不足的桎梏。从吧城中华学校创办开始，学校办学基本依靠南洋华侨商人的捐款维系，这也让学校的经费来源并不稳定。虽然也有荷兰人愿意为吧城中华学校捐款，但中华学校校董们担心如果接受荷兰人的经费帮助，"南洋学务之权又将入荷兰之手"[②]，因此学校并没有选择接受荷兰人的捐助，而是将保持吧城中华学校发展的自主性和独立性放在办校的首位。

四、吧城中华学校的教育成果和影响

关于吧城中华学校的教育成果，最直接反映其教育质量的史料是 1902 年由吧城中华会馆举办的统一会考，会考比较了吧城中华学校和旧式义学学生的成绩。正如前述，会考结果表明，吧城中华学校的学生在汉语学习上的效果比旧式义学学生更胜一筹。

此外，关于吧城中华学校教育实践的评价，主要来自校外访问者对其的评价。1904 年春，魏介眉曾与吧城汉务司伊硕望一起参观访问吧城中华学校。魏介眉通过对学校设施的参观、对学校章程的翻阅、课堂教学的观摩以及对学生的现场提问，他认为吧城中华学校的教育效果良好，章程完备，教学有方，学生进步很大，值得其他华侨学校学习、效仿：

> 历试其学徒数班而皆有实获之效，视彼徒博影响之名者，诚不可同日语也，因不觉喟然叹曰……余所身亲见之者，章程之美备，教法之精详，成效之昭著，固未有若吧城中八茶礁之会馆学堂者，呜呼盛矣！……溯自开堂以迄于今才三载有奇耳，而学徒进德之功，诚有非寻常意计中所及料者。观其为学之速成，良由善教之得诀……余与居停，历试男女徒数人，多有文采可观者，而尤可惊可喜……今阅兹堂之体制法度，阴与愚说若合符节。余既嘉其成效之卓著，而复自喜管见之不谬。[③]

---

① 《爪哇学务近情（三续）》,《时事新报（上海）》1911 年 10 月 6 日第 7 版。

② 《爪哇学务情形》,《竞业旬报》1907 年第 9 期，第 42 页。

③ 《魏介眉游吧城中华会馆学堂记（录天南新报）》,《济南报》1904 年第 30 期，第 6～7 页。

除此之外,1907年《竞业旬报》刊登的《爪哇学务情形》报告,也大为赞扬吧城中华学校高等科学生的汉语水平,"高等学生,大都已能作短论,国语亦可以对答"。[1]

吧城中华学校教学成果优异的另一大表现是其毕业生在日后活跃于荷属东印度及南洋地区的多个领域并有所作为。出生于万丹的华侨精英赖灿辉就在吧城中华学校读到初中,毕业之后曾前往上海暨南学校、美国密歇根大学深造,后在20世纪30年代初回到母校吧城中华学校担任教师,教授会计和经济学课程,1953—1954年出任吧城中华学校校长,在历史上为母校的发展做出过巨大的贡献。[2]

得益于吧城中华学校较高的教学水平,其带动了荷属东印度地区其他华侨学校的创办和发展,"各埠分设的学堂,亦渐次增多,开办有二十余所。海外学务的发达,当以此间为最"。[3] 吧城中华学校的教育模式也为岩望、玛珑等其他荷属东印度地区的新式华侨学校所借鉴,从而掀起了荷属东印度华侨兴学的浪潮:

> 岩望、玛珑两埠继之,各设中华会馆,内办中华学堂,其章程一与吧城中华会馆相若。其后各埠闻风兴起,皆设中华学堂,以教育侨童……当时统计荷属之中华学堂,为数约有百数十校。[4]

吧城、茂物、泗水、文登、丹拿望、井里汶、八马垄、三宝垄、岩望、玛珑、普波舞哥(庞越)、展玉、北加浪望、万隆、梭罗、日惹、亚齐等埠,在短短十年间先后出现了110所新式华侨学校,这也使得荷属东印度成为近代海外华侨教育的兴盛之地。

① 《爪哇学务情形》,《竞业旬报》1907年第9期,第42页。
② 李卓辉:《庆祝八华学校成立111周年特辑》,雅加达:八华学校,2012年,第16页。
③ 《爪哇学务情形》,《竞业旬报》1907年第9期,第42页。
④ 黄斐然:《三十年来荷属华侨教育(其二)》,《小吕宋华侨中西学校三十周年纪念刊(1899—1929)》,马尼拉:小吕宋华侨中西学校,1929年,第2页。

第二节　横滨大同学校

一、横滨大同学校的创办

(一)创办缘由

日本的华侨教育有着悠久的历史,横滨华侨私塾、唐通事学校(译家学校)等校都是日本有代表性的旧式华侨教育机构。19 世纪末,日本华侨教育进入近代教育阶段,所创办的新式华侨学校主要分为以下两大类:第一类学校是以孙中山为首的革命派或以康有为为首的维新派联合日本侨商创办的华侨学校;第二类学校是由清政府驻日本使节倡导开办的华侨学校。其中横滨大同学校就属于第一类华侨学校。

横滨大同学校的创办主要有以下四个原因:

第一,横滨大同学校的创办,顺应了中日甲午战争后中国亟需通过近代教育培养专业人才的需求。中日甲午战争的失利,真正敲醒了沉睡中的中国人,让他们看清了国家在综合实力上与日本的差距。开设新式学堂传播新知识,设立报馆传播新思想、新主张,在这一时期的中国大地上掀起了一股学习新学的热潮:

> 中原志士,咸发愤而言变政,报馆学会,缤纷并起,北肇强于京师,南开圣学于桂海,湖湘陕右,角出条奏,云雾既拨,风气大开,疆吏以开中西学为急务,总署亦拟遣人出洋学习为要图。[①]

这股学习新学的热潮也从中国国内逐渐蔓延到海外华侨聚居地。戊戌变法领袖之一的梁启超在《日本横滨中国大同学校缘起》一文中,就曾以近邻日本通过发展近代教育而崛起为例,阐述了在海外侨居地创办新式华侨学校对于在华侨子女中普及近代教育的重要意义:

> 方今万国交通,新学大启,欧米条法,日益详明……夫日本三岛之地,千里之国耳。近以步武泰西,维新政治,国势之强,与欧西等,推原其由,皆在遍译西书,广厉学官之故。泰西各学,若生物、心、哲、化、光、

---

① (清)梁启超:《日本横滨中国大同学校缘起》,《知新报选编》1903 年第 5 期,第 145 页。

电、重农、工商、矿,莫不兼备,且能出新。其文与中土本同,其地隔渤海一带,吾中人商旅其地,人凡数千,童子之秀,亦复数百,而学堂未设,教化无闻,材艺不开,人灵坐锢,不其惜乎。泰西通商之地,皆有拜堂以崇其教主,有书院以训其童蒙,而中人数百万,未有一院,此亦可为大愧恧者也。①

从梁启超的《日本横滨中国大同学校缘起》一文中可以看出,日本明治维新时期以学习西学为导向的教育变革,对于当时日本华侨教育的发展产生了极大的影响。1870 年初,日本明治政府制定了《大中小学校规则》,对各级学校的教育实践进行了细致的规定,这也成为明治维新时期日本教育改革的开始。1885 年,森有礼出任日本内阁首任文部大臣,他主持并颁布了《小学校令》,将接受近代教育与纳税、服兵役合称为"日本国民三大义务"。1894 年,日本全国适龄儿童的就学率达 61.7%,这使得日本在国民教育普及方面进入世界最先进的行列,而这也被认为是日本在十九世纪下半叶综合国力迅速提高的根本原因。② 作为与中国地理位置接近、文化根源相近的日本,其新式教育自然就成为中国国内及海外侨居地在 19 世纪末 20 世纪初教育改革的主要参照。

第二,作为日本第一所新式华侨学校,横滨大同学校的创办满足了旅日华侨日益高涨的受教育需求。从 1859 年横滨开港以后,作为日本重要的港口城市,横滨吸引了大量华侨前来。最初,这些到横滨的华侨主要从事欧美商人的买办、佣人和厨师等工作。随着 1871 年《中日修好条规》(日本称之为《日清修好条规》)的签订、1875 年三菱商会开辟横滨至上海的航线、1878 年中国驻横滨领事馆开设等因素的叠加,到日本的华侨人数激增,并在横滨中华街附近形成了相当规模的华侨聚居区。③ 根据相关统计,1877 年—1886 年间,横滨华侨人数④从 1142 人增加到 2573 人,移民人数增长了 1.3

---

① （清)梁启超:《日本横滨中国大同学校缘起》,《知新报选编》1903 年第 5 期,第 145 页。

② 横滨山手中华学校百年校志编辑委员会:《横滨山手中华学校百年校志(1898—2004)》,横滨:横滨山手中华学园,2005 年,第 43 页。

③ 中村聪:《日本横滨大同学校之创立》,马燕译,《东方论坛》2008 年第 5 期,第 93～97 页。

④ 该华侨统计人数中包括成人和儿童。

倍①;而到 1898 年,横滨华侨人数达到 3252 人,占当时旅日华侨人口的一半以上②,超过当时长崎和神户两座城市华侨人口的总和③,横滨成为当时华侨移民日本的主要城市,华侨也在当地形成了自己的聚居区——横滨中华街。

除了聚居区的形成外,为了加强华侨彼此的联系和关照,横滨华侨也自发成立了统一的华侨组织。1867 年 11 月,横滨侨商张熙堂、陈玉池、源恬波等人在居留地 59 番成立了中华会议所。1871 年,中华会议所更名为中华会馆,其主要职能是处理华侨社会的内部事务,这是日本近代最早成立的华侨组织。④ 在华侨生活逐渐稳定、华侨社会初步形成后,如何让华侨子女接受教育成为日本华侨面临的紧迫问题,横滨大同学校的创立就满足了日本华侨的急切需求。

第三,横滨华侨学校的创办也与 19 世纪末革命派和维新派在日本对近代教育的宣传与推动密切相关。中日甲午战争后,中华民族危机的加深让一批爱国志士开始觉醒,他们希望通过组织起义、发动武装斗争、进行宣传教育等手段推翻昏庸腐朽的清政府,挽救民族危机,以孙中山为首的中国资产阶级革命派开始进入历史舞台。1894 年 11 月 24 日,孙中山在檀香山华侨的支持下,建立了中国第一个资产阶级民主革命团体——兴中会,并在当地吸纳会员一百三十多人。次年,孙中山从檀香山返回香港途中时曾取道横滨,在停靠横滨的轮船上结识了华侨商贩陈清以及经营一家西装店的横滨侨商谭发。在与陈、谭二人分别之时,孙中山将已拟定好的《兴中会章程》交予陈清,并委托其在横滨建立兴中会分会,在当地华侨中开展革命宣传工作。1895 年,孙中山领导的第一次反清武装起义——广州起义失败后,在谭发的帮助下,孙中山带领着陈少白等兴中会幸存的骨干成员流亡到横滨,选择下榻在由冯镜如经营的文经印刷店。这些逃亡的兴中会骨干成员与横滨当地的华侨爱国人士一起成立了兴中会横滨分会,推选冯镜如为兴中会

---

① 横滨山手中华学校百年校志编辑委员会:《横滨山手中华学校百年校志(1898—2004)》,横滨:横滨山手中华学园,2005 年,第 554 页。

② 《旅横滨清国人数》,《清议报》1898 年第 1 期,第 44 页。

③ 韩清安:《横滨中华街:1894—1972:一个华人社区的兴起》,尹敏志译,北京:社会科学文献出版社,2021 年,第 8 页。

④ 横滨山手中华学校百年校志编辑委员会:《横滨山手中华学校百年校志(1898—2004)》,横滨:横滨山手中华学园,2005 年,第 42～43 页。

横滨分会会长,冯镜如的弟弟冯紫珊为分会干事,并将文经印刷店的所在地横滨山下町 53 号作为兴中会横滨分会的大本营。①

流亡日本的革命志士在横滨的主要任务是宣传革命思想,唤起当地华侨民众对于祖国的热爱,并激发他们推翻清朝封建专制统治而挽救国家命运的决心,而通过建立新式华侨学校来教育海外华侨子女成为革命宣传的主要方式之一。革命派领袖孙中山就曾在公开演讲中,多次以日本、西方的强盛之路为例,阐述了创办新式学校、普及近代教育对于挽救中华民族危机的重要意义。以下为孙中山在公开演讲中涉及发展近代教育的相关选段:

欲我国转弱为强,反弱(衰)为盛,必俟学校振兴,家弦户诵,无民非士,无士非民,而后可与泰西诸国并驾齐驱,驰骋于地球之上。②

日本从前比中国贫弱,其地比中国不过两省,而今日能成为世界上第一等强国者何也?是在教育。诸君立一点志,能提倡兴国学说而已。有此学说,其国则富强,无则贫弱。③

必也多设学校,使天下无不学之人,无不学之地。则智者不致失学而嬉;而愚者亦赖学以知理,不致流于颓悍;妇孺亦皆晓诗书。如是则人才安得不盛,风俗安得不良,国家安得不强哉!④

时之今日,非学术无以救国,非参考外籍,资为牖钥,厥学术不能跻于高深……庶几乎无不可读之书,而足以遂其极深研幾之志,然后用其学术以改造社会,发展实业,则是书之有裨于国人者,讵有量哉。⑤

除了革命党人在侨居国的宣传外,以康有为、梁启超、徐勤为代表的维新人士,也将横滨这一日本华侨聚集地作为宣传自身主张的阵地。在 1898 年 9 月戊戌变法失败后,康有为、梁启超等维新志士流亡日本,在日本华侨聚居区创办刊物,发表演讲,传播维新思想。1898 年 12 月,梁启超以"维护

---

①　陈少白:《孙先生之抵日本及漫游欧美》,《兴中会革命史要》,南京:建国月刊社,1935 年,第 43~44 页。

②　孙中山:《拟创立农学会书》,《孙中山全集》第二卷,北京:人民出版社,2015 年,第 18 页。

③　孙中山:《在广东省学界欢迎会上的演说》,《孙中山全集》第四卷,北京:中华书局,2011 年,第 122 页。

④　孙中山:《兴利除害以为天下倡——致香山县籍退休官员郑藻如书》,《孙中山全集》第二卷,北京:人民出版社,2015 年,第 4 页。

⑤　孙中山:《张鹏云编〈英汉习语文学大辞典〉序》,《孙中山全集》第二卷,北京:人民出版社,2015 年,第 303 页。

中国之清议,激发民众之正气,增长国人之学识"为宗旨①,在横滨创办了《清议报》(英文译名为 *The China Discussion*),这是戊戌变法后维新人士在海外创办的第一份机关报,每期约发行 4000 份。《清议报》大量介绍西方资产阶级政治学说和文化科学知识,不仅成为传播中国、日本信息的平台,也是在日本华侨中传播维新思想的窗口,对很多横滨华侨的思想产生重要影响。创办刊物所针对的目标读者主要是成人华侨,而对于华侨学童来说,创办一所新式学校更能从根本上渗透、传播维新思想,开设一所华侨学校也就成为横滨维新志士共同的愿望。无论是借助华侨学校启迪民智、为中国培养专业人才,还是通过海外华侨学校传播政治思想与主张,革命党人与维新人士在横滨创办华侨学校一事,虽各有所图,却殊途同归,这成为两派最初联手创办横滨大同学校的重要背景。

第四,作为面向海外华侨子女的一所学校,防止海外侨童沾染外国习气进而失去中华文化之根,这是创办横滨大同学校的另一个重要原因。横滨大同学校首任校长徐勤在《日本横滨中国大同学校学记》一文中,就表示开办华侨学校、教授华侨子女中国语言和中华文化的一大作用,就是避免华侨子女在长期受外国文化的浸染下与中华文化"断根",让这些华侨子女在长大成人后能够为中国效力:

> 生长异地,自童而壮,海外习气,涵濡已深,汉家之仪,忘之久矣。求其志趣远大,规模宏深,内可为国家之用,外不异类所轻者,盖亦寡焉。②

特别是对于那些自幼出国、汉语程度不高的横滨华侨来说,能够到华侨学校学习汉语和儒学也满足了他们的迫切需要。陈少白在《兴中会革命史要》中曾提及,当时兴中会成员之一、时任法国邮船买办的黎焕墀和其朋友郭雅生,曾在陈少白家里做客时提出,希望能学好汉语,并邀请陈少白利用晚上休息时间教授他们汉语:

> 在孙先生没有回横滨之前,到我家里来谈天的人很多,有一个黎焕墀,他是做法国邮船公司的买办,同一个朋友郭雅生,两个人常常对我说起,要我在晚上抽出些时间,教教他们中国文字。因为他们自幼出

---

① 梅伟强、张国雄:《五邑华侨华人史》,广州:广东高等教育出版社,2001 年,第 211 页。

② (清)徐勤:《日本横滨中国大同学校学记》,《湘报文编》1902 年,第 32～34 页。

国,中文的学问不多,现在很想藉个机会自修自修。①

陈少白以其性情不适合教学、无法长期居住在横滨等理由,拒绝了黎、郭二人的邀请,但他认为在横滨开办一所华侨学校很有意义,既可以"使横滨的中国青年孩子,一齐得受相当的教育",又可以"宣传我们(革命派)的主张"。② 黎焕墀也觉得此建议很有道理,在和兴中会的几位会友商量后,他提议:横滨中华会馆应就开办华侨学校一事召开一次全体会议。最终,经过会议的讨论,横滨中华会馆决定以会馆为校址,开设华侨学校。学校的创办经费一部分从横滨中华会馆的产业拨出,另一部分则由当地华侨募捐筹集③,这就是横滨大同学校创办前的重要背景。

(二)横滨旧式华侨教育的弊端

横滨华侨对于接受教育有迫切的需求,但在横滨大同学校成立前,当地并没有新式华侨学校,华侨子女只能去华侨个人或者同乡帮派开办的私塾、义学、蒙馆等机构学习。具体而言,在横滨大同学校创办之前,日本横滨华侨接受教育主要是通过由刘廉南(也有一说是刘廉甫)④、黄镇佳⑤等塾师开设的塾馆等旧式华侨教育机构。此外,也有历史资料显示,在横滨大同学校成立前十年左右(大约在 1886 年),在横滨大同学校的校址上(即横滨 140 番地)还曾设有一所横滨中华公学。该校由横滨中华会馆董事陈瑞章命名,其是专门为横滨华侨子女所开设的一所私塾,由于与横滨大同学校校址相同,该校也被一些学者视为横滨大同学校的前身。⑥ 在晚清外交官傅云龙、张荫桓等人的日记中,他们也多次提及横滨中华公学的情况。1887 年,兵

---

① 陈少白:《兴中会革命史要》,南京:建国月刊社,1935 年,第 60 页。

② 陈少白:《兴中会革命史要》,南京:建国月刊社,1935 年,第 61 页。

③ 陈少白:《兴中会革命史要》,南京:建国月刊社,1935 年,第 61 页。

④ 王良:《横滨华侨志》,横滨:财团法人中华会馆,1995 年,第 775 页;横滨山手中华学校百年校志编辑委员会:《横滨山手中华学校百年校志(1898—2004)》,横滨:横滨山手中华学园,2005 年,第 43 页。

⑤ 根据 1890 年横滨出版的 *The Japan Directory*(《日本名录》)中"149 Chinese School"(149 番地中国学校)一文和 1893 年 11 月出版的《横滨贸易捷径》一书中的相关记录,大约在 1890 年,横滨曾有一所为华侨子弟开设的私塾专馆——"黄镇佳馆",校址在横滨 149 番。

⑥ 横滨山手中华学校百年校志编辑委员会:《横滨山手中华学校百年校志(1898—2004)》,横滨:横滨山手中华学园,2005 年,第 557~574 页。

部候补郎中傅云龙在总理衙门举办的一场选拔出洋游历官的考试中名列榜首,获得游历、考察日本、美国、加拿大、古巴等十一国的机会。同年 12 月 10 日,傅云龙游历日本横滨时,其在日记中写道:"云龙又游中华公学,海外之祀孔子始于此见之。师三,生七十余。"[①]该日记不仅记录了横滨中华公学举办的一场祭祀孔子的活动,而且提及当时这所学校拥有 3 名教师、70 多名学生。在傅云龙同年 12 月 29 日的日记中,他提道:"横滨商董陈瑞章等来,初无理事(领事),商民交涉事皆理自陈。"两天后,他还写道:"游横滨学校,去来铁道,皆趁快车。是夜为西纪除夕。"[②]从这些日记选段中可以推断出,横滨商董陈瑞章有可能主持中华公学的事务,并为学校命名[③],而这里"横滨学校"指的就是横滨中华公学。张荫桓出使日本在横滨考察时,"晚宿中学馆,(与)馆师梁生谈学中肄业课程,颇不寂寞"[④],其中的"中学馆"经查考即指横滨中华公学,而"馆师梁生"则是指"横滨中学馆教习南海人梁明照"。[⑤]

虽然已有史料证明在横滨大同学校成立前,横滨当地已有少数的一些华侨学校供华侨子女就读,但这些旧式华侨学校在教学内容、教学方法、教学质量上并不令人满意。兴中会骨干陈少白在《兴中会革命史要》中回忆道:"那时候(横滨大同学校成立前)横滨华侨有一间公立小学校,规模很小,教法又很腐旧的。"[⑥]由于当时横滨华侨所开设的公立学校(跨越血缘、地缘、业缘社团的华侨统一领导机构所办的学校)仅有由横滨中华会馆所开的中华公学一所,可以推测出陈少白这里所指的"公立小学校"很可能就是横滨中华公学。根据陈少白的描述,横滨中华公学在教学规模和教学方法上并不令人满意。在横滨旧式华侨学校中,受困于教师、教材匮乏等原因,不

---

① 罗森:《早期日本游记五种》,王晓秋、史鹏点校,长沙:湖南人民出版社,1983 年,第 133 页。

② 罗森:《早期日本游记五种》,王晓秋、史鹏点校,长沙:湖南人民出版社,1983 年,第 138 页。

③ 横滨山手中华学校百年校志编辑委员会:《横滨山手中华学校百年校志(1898—2004)》,横滨:横滨山手中华学园,2005 年,第 538 页。

④ (清)张荫桓:《张荫桓日记》,任青、马忠文整理,上海:上海书店出版社,2004 年,第 7 页。

⑤ (清)张荫桓:《张荫桓日记》,任青、马忠文整理,上海:上海书店出版社,2004 年,第 98 页。

⑥ 陈少白:《兴中会革命史要》,南京:建国月刊社,1935 年,第 61 页。

仅公立学校的教学效果不佳,私塾、蒙馆的教学质量同样难以令人满意,所教授的内容主要是《三字经》、《百家姓》和四书五经等儒家典籍,少数私塾、蒙馆也教授八股文、尺牍等。[①] 缺少外语和西学知识的传授,这也让这些旧式华侨教育学校难以跟上近代教育发展的潮流。[②] 在1909年的《大同同学录》中,关于横滨华侨私塾的教学内容和教学方法有着更加细致的描述:

> 光绪丁酉(1897年)之岁,邝君汝磐、冯君镜如等憩于长安之小楼。傍(旁)有一蒙馆,其教师老学究也,教室甚狭,而容数十童,课以四书五经,只令记诵,不求训诂。每日自晨及酉,兀坐于室,无有休息,学童背诵,有不识者,则鞭挞而答捶之,呻吟之声,不绝于耳。邝汝磐等闻而叹曰:噫岂教育之道乎哉,西儒苏格拉底有云,教人如产婆之助孕妇生产婴儿。然专顺人类自然之天性,助长其智识,岂可强其所难而苦之哉?且学堂非狱囚也,教育非刑罚也,今学童何辜,而受此余毒耶。[③]

从上述描述可见,当时横滨的旧式华侨学校不仅在教学内容上守旧、过时,而且其类似"刑罚"的注入式教学方法显然违背了儿童的天性,无法传授华侨学童所应学习的知识,也无法启发他们的思考能力。在这样的背景下,创办一所新式华侨学校、改变华侨教育的面貌、传授真正的有用之学,这是横滨华侨共同的愿望。

(三)创办经过

为了满足横滨华侨学习中国语言、中华文化的迫切需要,1897年10月13日,冯镜如、邝汝磐、冯紫珊等兴中会的先进分子在横滨中华会馆(横滨居留地百四十番地)共同商议创办华侨学校的具体事宜。陈少白将成立华侨学校的草案提交给中华会馆董事会讨论,会馆董事会几十名董事经过研究后,做出以下三个决定:

第一,将华侨学校的校舍设在中华会馆内部,借会馆的两间小屋为教室。

第二,通过中华会馆发起的公益事业,会馆将一部分收入用来支付华侨学校的开支,其余部分则依靠当地华商募捐解决。

① 陈德仁:《神户中华同文学校建校80周年纪念刊》,神户:神户中华同文学校,1984年,第52页。

② 王良:《横滨华侨志》,横滨:财团法人中华会馆,1995年,第775页。

③ 冯锦龙:《大同学校略史》,《大同同学录》,横滨:大桥印刷所,1909年。

第三,从中国招聘教师来横滨大同学校工作。①

1909 年的《大同同学录》中具体记载了横滨大同学校的创办过程:

> (兴中会成员)集合埠梓里,在中华会馆会议办一学堂,教以中英日文三科……众皆赞成。会馆董事某等允将百四十番房屋二间租出,订明每月租银六十二元。事既议定,即在会馆开捐及公举值理。②

在学校的校址选择、资金筹措、办学宗旨确立等问题解决后,学校的命名成为下一个问题,这所华侨学校的命名过程可谓一波三折。1897 年 8 月 16 日,孙中山从英国途经加拿大抵达日本横滨,他详细听取了陈少白关于成立华侨学校的报告,将这所计划中建设的华侨学校定名为"中西学校"。由于学校缺乏教师,陈少白就委派学校董事到上海向梁启超请求代聘教习。③ 在冯自由撰写的《戊戌前孙康二派之关系》一文中,其提到孙中山曾推荐梁启超担任学校教师,"总理(孙中山)以兴中会缺乏文士,乃荐梁启超充任"。④ 事实上,孙中山直到 1897 年还未与梁启超见面,两人并不熟悉。⑤ 因此由孙中山推荐梁启超担任学校教习的说法并不可信,而由于陈少白与梁启超之前有过相识,由陈少白委派学校董事赴上海向梁启超代聘教习的说法更符合当时的历史事实。

在学校董事赴上海请求梁启超代派教员期间,康有为也正好在为《时务报》的相关事宜与梁启超会面。梁启超是康有为最亲近的弟子,横滨华侨学校董事请求梁启超委派教员,实际上也可以理解为通过梁启超委托康有为派教员赴横滨的这所华侨学校任教,革命派在创办华侨学校一事时希望能够得到维新派领袖的支持。⑥ 康有为欣然答应为学校代派教习,但就学校取名一事,他认为"中西二字不雅"。⑦ 既然这所华侨学校将教授汉语、英

---

① 陈少白:《兴中会革命史要》,南京:建国月刊社,1935 年,第 61 页。

② 冯锦龙:《大同学校略史》,《大同同学录》,横滨:大桥印刷所,1909 年。

③ 陈少白:《兴中会革命史要》,南京:建国月刊社,1935 年,第 61 页。

④ 冯自由:《革命逸史》,上海:商务印书馆,1939 年,第 72 页。

⑤ 彭英明:《关于孙中山为大同学校作函事》,《学步文集:民族理论与民族历史若干问题探研》,北京:民族出版社,2003 年,第 462～463 页。

⑥ 中村聪:《日本横滨大同学校之创立》,马燕译,《东方论坛》2008 年第 5 期,第 93～97 页。

⑦ 冯自由:《戊戌前孙康两派之关系》,《革命逸史》,上海:商务印书馆,1939 年,第 72 页。

语、日语三科,那么"名曰中西,则缺东字。名曰中东,则缺西字,究非妥善"。① 因此康有为建议将这所学校的校名改为"大同学校",还赠予学校自己亲书的"大同学校"匾额楹联。将这所华侨学校命名为"大同学校",其原因一是"大同"两字取"礼运之义"②,指天下之事如果依礼而行,则可实现大同世界,天下太平;二是"大同"两字也指"包括一切(东西学问)"。③ 1897年,在横滨中华会馆庆祝孔子诞日仪式中,孔子像旁的楹联写道,"同种同文,复能同教同联,未经西欧逞虎视。大清大日,从此大成并和,遥看东亚庆麟游"。④ 显然,"大同"两字也含有"东亚大同"、"清日同种同文"之意。当时孙中山希望和维新派一起通过兴办海外教育,培养与清朝专制统治政权斗争的人才。为了争取维新派的合作办学力量,孙中山对于更改校名一事并无意见:"这个学校(横滨大同学校),既然交托他们(维新派代聘的教员)去办,况且与彼等向无芥蒂。"⑤

在革命派和维新派的共同推动以及横滨华侨商人的集资帮助下,1898年⑥,横滨大同学校开学,以中华会馆为校址,以旅居横滨的华侨子女以及从中国到日本游学的志士为教育对象⑦,横滨大同学校也成为日本乃至世界的第一所新式华侨学校。清政府驻横滨总领事批准横滨大同学校建校,并赠匾额:

> 批前据该生等(监生邝华康、光禄寺署正郑观光等)禀呈,创立大同学校告成,请为查明原委,立案给匾,以安人心等情前来。正拟据情详请钦宪察核,适奉宪谕饬为查明具复等因,奉此。当即转谕中华会馆董事查复之后,随据该董事等复称,该生等创设学校,原为教导旅滨商民

---

① 冯锦龙:《大同学校略史》,《大同同学录》,横滨:大桥印刷所,1909 年。
② 《大同学校开校记》,《清议报》1899 年第 10 期,第 583 页。
③ 冯锦龙:《大同学校略史》,《大同同学录》,横滨:大桥印刷所,1909 年。
④ 冯自由:《横滨大同学校》,《革命逸史》,上海:商务印书馆,1939 年,第 77 页。
⑤ 李联海:《孙中山轶事》,广州:广东人民出版社,1985 年,第 86 页。
⑥ 关于横滨大同学校建校时间目前主要观点有"1898 年说"和"1899 年说"两种。前者来源一是《知新报》1898 年第 47 期"京外近事"栏目中登载的《横滨大同学校近闻》一文,该文记录学校的创办时间是 1898 年 2 月;二是《知新报》1898 年第 51 期刊出的《大同学校开馆启》一文,也写明"本学校已于二月初旬启馆"。后者来源于 1899 年 3 月 18 日发行的《横滨贸易新闻》和 1899 年 3 月 19 日发行的《每日新闻》,两份报纸均以"大同学校建校仪式"为标题,报道了 1899 年 3 月 18 日大同学校的开学典礼。
⑦ 《旅横滨大同学校创办章程》,《知新报》1898 年第 52 期,第 8 页。

子弟起见,本属善举,尚无别情。本总领事复查无异,足见该生等好义急公,殊堪嘉尚,惟事属初创,一切尚未大定。除据再查明禀复存案外,应俟办有成效之时再请。钦宪赏给匾额,以示鼓励。旋奉批示,如禀办理等因,奉此。合行钞录原批,仰即一并遵照可也。①

1899 年 3 月 18 日,横滨大同学校举办盛大隆重的开学式。仪式当天,邀请了众多日本政要,日本前内阁总理大臣大隈重信、外务次官鸠山和夫、神奈川县知事浅田德则、横滨地方议会议长大谷嘉兵卫等。② 除此之外,出席横滨大同学校开学式的还有:日本文部大臣尾崎行雄、日本国会众议院议员犬养毅、大隈内阁文部省专门学务局长、东京专门学校总长柏原文太郎、东京专门学校教授高田早苗、横滨商业学校校长美泽进、法律学名家望月小太郎和东亚同文会干事中西正树、平山周、宫崎寅藏等十余位政治界、教育界、法律界知名人士,③以及全横滨数百位知名绅商,共同出席横滨大同学校的开学仪式,这也从一个侧面说明横滨大同学校当时得到日本官方的支持。

根据梁启超在《日本横滨中国大同学校缘起》一文中的介绍,横滨大同学校的创办宗旨是以儒学为基础,教授学生英语和日语,以日本中小学的办学章程为教学参照,为未来培养专门人才以挽救中华民族危机打下基础:

> 近采泰西、日本教育之法,立学横滨,号以大同,庶几孔子选贤与能讲信修睦之治,萌芽于兹。以孔子之学为本原,以西文、日文为通学,以中学小学章程为课则,延中土通才,及日本大学教授为教习,并于文部省立案。凡由此学满业之生,准入其高等学校,及大学校,或海陆军学校,以通其专门之学……以保我种族,保我国家。其关系岂小补哉?所望远识之士,同志之人,各竭其才,共宏斯义。虞仲翔之舍宅,鲁子敬之指囷,庶几杜陵广厦,忽突兀于东瀛,徐福童男,还栋梁于汉室,回沧海之横流,救生民于涂炭,凡我神明之胄,其无意乎?④

《日本横滨大同学校缘起》一文,不仅阐述了横滨大同学校的办学初衷,

---

① 《驻横滨总领事准大同学校立案给匾批词》,《知新报》1898 年第 62 期,第 12 页。
② 《日本横滨中国大同学校告白》,《时务报》1898 年 4 月 2 日;《大同学校建校仪式》,《横滨贸易新闻》1899 年 3 月 18 日;《大同学校建校仪式》,《每日新闻》1899 年 3 月 19 日;《大同学校开校式》,《知新报》1899 年第 83 期,第 9 页。
③ 《大同学校开校记》,《清议报》1899 年第 10 期,第 583 页。
④ (清)梁启超:《日本横滨大同学校缘起》,《知新报》1897 年第 40 期,第 2 页。

也简要地提及该校教师的聘用方式以及学生毕业去向,本节随后将分别详述横滨大同学校双语教育实践中的"招生录取"与"教师招聘"情况。

二、横滨大同学校的教育实践

(一)招生录取

1898 年,横滨大同学校成立,开始对外招生。《大同学校开馆启》一文中描述了横滨大同学校的招生报名方式:

> 本学校已于二月初旬启馆……海内志士欲来游者,可径函日本横滨居留地百四十番本学堂报名,或函告上海大马路泥城桥大同译书局、澳门大井头知新报馆,转达本学校,以便编订斋舍。[1]

横滨当地的华侨学生可以直接向横滨大同学校报名,而其他地方欲来学校的学生可以通过大同译书局、知新报馆向学校转交入学申请。为了吸引更多华侨学生报名,横滨大同学校还将自身定性为东京专门学校(早稻田大学的前身)的预备学校:"欲来入东京专门学校肄业者,本学校可为东道主入且作先容。"[2]除了招收华侨学生外,横滨大同学校也招收中国赴日留学生。对于那些有出国留学意愿的中国学生,从路途、花费、毕业去向等方面进行择校考虑,横滨大同学校都是不错的选择:

> 他日学堂所学有成,欲习专门之学者,咸愿代荐入东京各学校肄业。每年经费不过百金左右。中国从来志士,欲游学外洋者,苦无津涯,今有大同学校为之东道,并可作日本学校之先容,其途至捷。其费至简,终南之径,莫过此矣。[3]
>
> 凡由此学满业生,准入其(日本)高等学校,及大学校,或海陆军学校,以通其专门之学。[4]

经过明治维新时期的教育改革,日本高等教育水平突飞猛进,已与西方强国接近,而能够进入东京专门学校学习,这对于当地华侨子女未来的发展来说将有很大裨益。因此作为东京专门学校的预备校之一,横滨大同学校在当地华侨群体中拥有很大的影响力,学生人数也逐年增加。根据 1898 年

---

[1] 《大同学校开馆启》,《知新报》1898 年第 51 期,第 9~10 页。

[2] 《日本横滨中国大同学校告白》,《湘报》1898 年第 52 期,第 208 页。

[3] 《横滨大同学校近闻》,《知新报》1898 年第 47 期,第 12 页。

[4] (清)梁启超:《日本横滨大同学校缘起》,《知新报》1897 年第 40 期,第 2 页。

《时务报》中《横滨华人学堂》一文中的统计数字,在横滨大同学校开学前,学生总报名数为 118 人,包括 110 名男生和 8 名女生:"横滨开设中华学堂,将近竣工,于本月九号,先行开学。据闻有男童百十名,女童八名,入学请业。"[①]根据同年《知新报》和《神户周报》(*The Kobe Weekly Chronicle*)的报道,当年学生人数在 140～150 人之间:

> 1898 年前后,(横滨)大同学校学生从 6 岁到 13 岁,共计 140 人,其中女生有 30 人。[②]

> 横滨中国大同学校,自二月开馆,来学生徒共有百五十人。[③]

在报名入学的学生中,除了少数祖籍上海的华侨子女外,大多数学生的祖籍地都是广东。[④] 随着学校的发展、课程的完备,越来越多华侨子女报名进入横滨大同学校学习,特别是在开设女子学校和幼稚园后,学校的学生数明显增加。1902 年,学校学生数为 170 人,其中"高等级生徒六十人,寻常级生徒八十人,并设附属女学校生徒三十人"。[⑤] 根据《神奈川县统计书·学事卷》各年版的统计,到 1905 年,学生数达到 180 人。1907 年,横滨大同学校的学生人数更是迅速增加到 450 人,第二年减少到 260 人,之后学生数一直保持在 250 人。到 1909 年,横滨大同学校的在校生为 280 人。[⑥] 学生人数的增多,使得学校校舍的面积须不断增大,以容纳更多学生,学校占地面积也从 140 番扩大到 166 番。

由于横滨大同学校是由横滨中华会馆和当地华侨共同捐资办学的,并无政府的资金投入,学校创办初期的办学经费捉襟见肘。为了缓解经费不足的问题,学校决定每年根据华侨学生所修科目的不同收取学费和食宿费,具体标准如下:

> 每年专习中文者脩金十五员(元),专习东文或专习西文者、中西文

---

① (清)曾广铨:《横滨华人学堂》,《时务报》1898 年第 55 期,第 15 页。

② The Chinese school in Yokohama,*The Kobe Weekly Chronicle*,1898-10-15;横滨山手中华学校百年校志编辑委员会:《横滨山手中华学校百年校志(1898—2004)》,横滨:横滨山手中华学园,2005 年,第 52 页。

③ 《横滨中国大同学校颂圣诗》,《知新报》1898 年第 63 期,第 9 页。

④ 伊藤泉美:《横滨新风土记稿 22——横滨大同学校》,《横滨开港资料馆馆报》1993 年,第 42 页。

⑤ 《横滨大同学校兵式体操图》,《新民丛报》1902 年第 9 期,第 18 页。

⑥ 横滨山手中华学校百年校志编辑委员会:《横滨山手中华学校百年校志(1898—2004)》,横滨:横滨山手中华学园,2005 年,第 52 页。

兼习或东西文兼习者均廿五元。将来集款既厚，然后逐渐递减，如照额多送者听。束脩每年拟分四时上期缴收，交管银人收贮。如逾期不交，当将该生童止学，以儆效尤。生童顽梗致犯馆规者，任由教习摈逐，已交脩金，不得过问。①

除此之外，学生还须承担教材费、笔墨费等费用，"所有板凳、书籍、笔墨，均由学校购置，各生童取用书籍、笔墨，当照原价购回"。②

以上规定是针对日本华侨子女进入横滨大同学校所需缴纳的费用标准，而对于从中国到日本留学的学生来说，他们须"每月例捐房租费用银七圆，年捐脩金二十五圆"。③

（二）教师聘用

横滨大同学校的教师团队由名誉校长、校长（总教习）、分科教习三部分组成。犬养毅在担任日本内阁文部大臣时曾出任横滨大同学校的名誉校长。之所以推选犬养毅为学校的名誉校长，除了其在当时日本社会的声望和影响力外，也与横滨大同学校开办初期维新派与革命派之间明争暗斗的历史背景有关。

本节第一部分在陈述横滨大同学校的创办背景和经过时，曾言及本是由革命派领导的兴中会横滨分会推动创办的学校，但由于革命派缺乏有教学经验的教师，就向维新派领袖康有为、梁启超请求代聘教师④，解决学校师资不足的问题，可以说，横滨大同学校实质上是革命派和维新派在海外侨居地联手办学的成果。

好景不长，学校的根基在办校不久后就开始动摇。戊戌变法刚开始时，由于光绪皇帝的支持，以康有为为首的维新志士在国内和海外侨居地的影响力大大提高。不少维新志士担心自己与一心反封建专制主义的革命党人相牵连，妨碍未来的仕途，就与孙中山等革命党人日渐疏远。冯自由在《革命逸史》中就有这样的记录：

　　　　迨戊戌（1898 年）夏秋间，清帝光绪锐行新政，康有为骤获显要，以帝师自居，徐勤等皆弹冠相庆，虑为革命党株连，有碍仕版，遂渐与总理

① 《旅横滨大同学校创办章程》，《知新报》1898 年第 52 期，第 9 页。
② 《日本横滨中国大同学校章程（二十四条）》，《湘报类纂》1911 年丁上，第 25 页。
③ 《大同学校开馆启》，《知新报》1898 年第 51 期，第 9 页。
④ （清）徐勤：《日本横滨中国大同学校书后》，《知新报选编》1903 年第 5 期，第 146 页。

少白疏远,而两党门户之见,从此日深。①

此时,横滨大同学校的教师、校董事以及横滨侨商(学校的主要捐资者)都听闻康有为有望当宰相②,再加上梁启超因其所著《变法通议》、创办《时务报》与《清议报》等一系列维新活动,在日本华侨界的影响力很大③,许多华侨纷纷导向维新派一边,很多兴中会的成员也加入维新派,甚至连兴中会横滨分会会长冯镜如和他的弟弟冯紫珊都与维新派关系密切。④ 这也让横滨大同学校逐渐为维新派的保皇势力控制⑤,一些维新派人士甚至在横滨大同学校贴出"不得招待孙逸仙"⑥的字条。这种做法让横滨大同学校里的一些倾向革命派的董事大为不悦,纷纷提出辞职。在学校发展的危难之际,犬养毅出面斡旋,并担任大同学校的名誉校长⑦,那些原本准备离职的学校董事们这才愿意继续留在学校,学校也得以继续维持运转,"犬养(毅)以学校解散为可惜,特亲莅横滨,邀请各位校董维持现状,且愿任名誉校长,以资提挈"。⑧

除了名誉校长外,横滨大同学校的管理层主要由值理组成,值理具体可分为总理、协理、理财、核数、监院、提调等不同职务,主要负责学校的经营管理、筹措经费、聘请教习、出席学校活动等事务。⑨ 按照值理的不同职务,横滨大同学校在创办之初(即 1899 年)共有 34 名值理,值理的具体名单和职务可见表 4-1。⑩

---

① 冯自由:《戊戌前孙康二派之关系》,《革命逸史》,上海:商务印书馆,1936 年,第 72 页。

② 陈少白:《兴中会革命史要》,南京:建国月刊社,1935 年,第 76 页。

③ 《横滨中国大同学校颂圣诗》,《知新报》1898 年第 63 期,第 8~9 页。

④ 尚海、孔凡军、何虎生:《民国史大词典》,北京:中国广播电视出版社,1991 年,第 42 页;陈少白:《兴中会革命史要》,南京:建国月刊社,1935 年,第 76 页。

⑤ 中国历史大辞典清史卷编纂委员会:《中国历史大辞典·清史》(下),上海:上海辞书出版社,1992 年,第 22 页。

⑥ 陈少白:《兴中会革命史要》,南京:建国月刊社,1935 年,第 75 页。

⑦ 张磊:《孙中山辞典》,广州:广东人民出版社,1994 年,第 770 页。

⑧ 冯自由:《革命逸史》(初集),北京:中华书局,1981 年,第 50 页。

⑨ 《旅横滨大同学校创办章程》,《知新报》1898 年第 52 期,第 8~9 页;冯锦龙:《大同学校略史》,《大同同学录》,横滨:大桥印刷所,1909 年。

⑩ 横滨山手中华学校百年校志编辑委员会:《横滨山手中华学校百年校志(1898—2004)》,横滨:横滨山手中华学园,2005 年,第 56 页。

表 4-1　1899 年横滨大同学校的值理名单

职　务	姓　　　名
总理	李瑞芝、郑席儒、邝汝磐、林北泉、冯镜如、钟基庚
协理	卓琼波、张惠霖、郑恕行、黄望廉、林紫垣、阮翘生、吴植垣、卢兰襄、谢焕时、梁鸿初
理财	鲍芳昭、陈景常、刘杏村、吴泰生
核数	郑雅亭、邝馀初、卢颖衢、冯紫珊
监院	郑培初、卢桂园、郑茗阶、陈植荣、卢芳谷、梁兆南
提调	黄锡忠、梁观三、李渭泉、杨殿庞

关于学校的总教习和分科教习,陈少白最初希望维新派代表人物之一、其广东同乡梁启超东渡日本担任总教习,并负责聘请各科教习。陈少白之所以邀请梁启超来聘请教师,这与他和梁启超的私人相识有关。1895 年正月,孙中山委派陈少白到上海召集革命志士准备发动广州起义,陈少白正好与赴京参加会试的康有为和梁启超同下榻在洋泾浜全安栈,他想利用这个机会去拜访康有为,共商国是。在这次会面中,陈少白向康有为"痛言清朝政治日坏,非推翻改造,决不足以挽救危局"。康有为"首肯者再,且介绍梁启超相见,(三人)谈论颇欢"[①],通过这个机会陈少白结识了梁启超。在横滨大同学校开办之前,学校正面临着难以聘请到教师的挑战,陈少白想到梁启超,认为他能够胜任这份工作:

> 那时在横滨,觉得学校既然没有教员,就想起梁启超来。他那时正在同几个同志在上海办《时务报》,我就写了一封信,交给横滨学校的董事,请他们派人拿着这封信到上海去找梁启超。托他代为聘请教员,交代完妥之后,我就离日到台湾去了。[②]

当时梁启超正好在上海主持《时务报》评论,无法前往日本,康有为推荐其弟子徐勤、陈默庵、林奎、陈荫农、汤觉顿等人代替梁启超去日本的这所华侨学校任教,由徐勤担任学校的首位校长。

徐勤(1873—1945),字君勉,号雪庵,广东省三水县(今广东省佛山市三

---

① 冯自由:《戊戌前孙康二派之关系》,《革命逸史》,上海:商务印书馆,1936 年,第 72 页。

② 陈少白:《兴中会革命史要》,南京:建国月刊社,1935 年,第 64 页。

水区)人,为康有为所办万木草堂学生,曾协助康有为编撰宣传维新变法的著作《新学伪经考》和《孔子改制考》。1895 年康有为在北京组织强学会,于上海设分会,派徐勤主理会务,兼任《强学报》主笔。戊戌变法失败,徐勤追随康有为在海外流亡多年,曾在旧金山与梁启超创办《文兴日报》、在香港创办《商报》等报刊鼓吹保皇。1910 年回广州创办《国事报》并任总理。

陈默庵,生卒不详,字汝成,广东省顺德县(今广东省佛山市顺德区)人,康有为得意门生。1897 年他与赖弼彤设立戒缠足会于顺德县龙山,当时会员达数百人。1904 年,奉康有为之命,与梁铁君等进京刺杀慈禧太后。

林奎,生卒不详,广东省新会县(今广东省江门市新会区)人,康有为得意门生。1891 年进入万木草堂读书,曾协助康有为编撰宣传维新变法的著作《新学伪经考》和《孔子改制考》,还曾与陈国镛(侣笙)合著《任公大事记》。

陈荫农,生卒不详,名和泽,以字行,广东省南海县(今广东省佛山市南海区)人,早年就读于万木草堂,康有为得意门生。自日本回国后,曾任广州南强公学校长。

汤觉顿(1878—1916),原名叡,又名为刚,字觉顿。祖籍浙江省诸暨县(今浙江省诸暨市),1878 年生于广东省番禺县(今广东省广州市番禺区)。1894 年经梁启超推荐,进入万木草堂学习,成为康有为得意门生。1898—1905 年在横滨大同学校任教,1906—1907 年在神户华侨同文学校任校长。

在冯自由所著的《中华民国开国前革命史》一书中,对开学前的这段教师聘任过程有如下详细的描述:

> 邝汝磐、冯镜如等有组织学校,以教育华侨子弟之议。欲由祖国延聘新学之士为教员,以此就商于中山(孙文),中山乃荐梁启超充任[①],并代定名曰中西学校。盖兴中会员从事于教育界者绝少,而康有为则讲学二十年,徒倡宏众,中山既与康同任国事,则办学延师自不能不假助于康也……康以梁启超方任《时务报》记者,荐徐勤为代,并助以陈默庵、陈荫农、汤觉顿。[②]

冯自由的上述叙述,可以佐证革命派曾求助于康有为等维新派为横滨大同学校代聘教师的史实。虽然梁启超因故无法担任教习,但康有为仍将

---

① 事实上,当时孙中山并未与梁启超相识,只是与他的朋友相识。戊戌变法后,通过日本人宫崎滔天、平山周的介绍,孙中山与梁启超才结识。

② 冯自由:《中华民国开国前革命史》上编,上海:上海书店出版社,1989 年,第 41 页。

他的四名弟子推荐到大同学校任教,这也为日后维新派逐渐控制横滨大同学校埋下了伏笔。

　　纵观横滨大同学校的发展史,康有为向学校推荐了自己的多位弟子作为学校教师,其中他的弟子徐勤、林奎、钟卓京在日后都曾担任过横滨大同学校的校长。经康有为的推荐,徐勤从 1897 年 12 月起担任横滨大同学校的校长和总教习,同时也兼任学校的汉语教师。[①] 1900 年,徐勤回到中国,在两广召集勤王之士,后赴美洲、澳洲、南洋等侨居地成立保皇会,并创办华侨学校,成为康有为在海外华侨聚居地宣传维新思想的得力助手。徐勤回国后,康有为的另一位弟子林奎接任横滨大同学校校长一职。林奎于1900—1904 年担任横滨大同学校校长,一直推行兴学校、开民智的救国理念。1904—1907 年,他赴南洋继续开展华侨教育,协助当地侨商共同创办了 28 所华侨学校,并于 1908 年回到横滨再次担任大同学校校长。林奎是一位对横滨大同学校的教育实践产生重要影响的教育家,其为横滨大同学校编著的《幼稚新读本》和《小学新读本》等教材,成为当时世界上新式华侨学校中最早的自编教材,对海外华侨教育的发展做出重要的贡献。[②]

　　在林奎离开横滨大同学校后,康有为的另一位弟子钟卓京接任学校校长一职。钟卓京,广东省南海县(今广东省佛山市南海区)人。他有着丰富的华侨教育经验,戊戌变法失败后,曾随维新派逃亡日本横滨,在横滨大同学校担任汉语教师。在 1902—1903 年间,钟卓京曾出任神户华侨同文学校校长,1904 年回到横滨大同学校担任校长。1908 年,钟卓京赴英属马来亚创办吉隆坡坤成女中,不仅担任首任校长,还与夫人渡边美子一起开设艺术课程,这使得吉隆坡坤成女中成为东南亚侨校中最早开设艺术类课程的一所学校。[③] 钟卓京卸任横滨大同学校校长后,林奎再度担任校长。

　　横滨大同学校的分科教习队伍也逐年扩大。在 1898 年学校开学之初,由于学生人数不多且教习难聘,学校的教习数量并不多。《大同学校开馆启》一文中提到:"本学校已于二月初旬启馆,所聘汉文教习四人,英文教习二人,东文教习二人,皆海内外知名人士。"[④]这说明在学校开办初期,全校

　　①　《大同学校开校记》,《清议报》1899 年第 10 期,第 583～586 页。

　　②　蒋贵麟:《康南海先生弟子考略》,李名方:《蒋贵麟文存》,香港:香港文化教育出版社,2001 年,第 110～169 页。

　　③　周南京:《世界华侨华人词典》,北京:北京大学出版社,1993 年,第 232～233 页。

　　④　《大同学校开馆启》,《知新报》1898 年第 51 期,第 9 页。

只有 8 名课任教师,其中包括 4 名汉语教师、2 名英语教师和 2 名日语教习。《旅横滨大同学校创办章程》中提到:大同学校"聘中土通达时务中文教习四人、西文教习一人、东京大学校高等大学士东西文教习一人"①,即 4 名汉语教师、2 名英语教师和 1 名日语教师。虽然相关史料中关于横滨大同学校创办初期的教习数量略有差异,但从所聘教师的学科分布来看,教师招聘符合学校开设汉语、英语、日语三门语言课程的设置。

1898—1909 年横滨大同学校的教习名单可见表 4-2。②

表 4-2　1898—1909 年横滨大同学校的教习名单

徐君勉(徐勤)	陈默庵	陈荫农(陈和泽)	周鉴湖
苏汝湘	山田央	梁君力	钟卓京
卢湘父	劳伯燮	康羽子	桥本海关
林慧儒	韩述尧	陈秀峰	长田信藏
饭塚藏之助	新井贞继	潘雪箴	河原操子
栗原胜太郎	汤觉顿	鲍炽	罗昌
宫崎民藏	池田市三郎	汤铭三	陈恩德
大和田广寿	梁文卿	陈日明	林驹光
林玉井子	监田	竹林寅藏	天野金太郎
柴村庄次郎	矢上	濑崎伊织	细井未藏
关寿贺	渡边美子	中村金子	加藤芳子
千屋时子	坂本贞子	神田政雄	刘柱石
刘廉甫	卢保清	中村牧次郎	富田照世
佐野国子	白井房子	龟田花子	山口善太郎
张奉庚	罗文安	远藤熊次郎	甲斐文子
八田房子	罗孝高	罗伯雅	李绶卿

1898 年《知新报》刊登的《横滨大同学校近闻》一文中列出了每学科具体的教师名单:"所聘中文教习三水徐勤君勉、南海陈和泽荫农、顺德陈汝成

---

① 《旅横滨大同学校创办章程》,《知新报》1898 年第 52 期,第 9 页。
② 冯锦龙:《大同同学录》,横滨:大桥印刷所,1909 年;卢湘父:《万木草堂忆旧》,夏晓洪:《追忆康有为》,北京:中国广播电视出版社,1997 年,第 225 页。

默庵、番禺汤为刚觉顿；西文教习顺德周镜澄鉴湖、东文教习井上太郎。"①
这份名单中的徐勤、陈荫农、陈默庵、汤觉顿等4位汉语教习都是康有为的
高足，也是康有为推荐到横滨大同学校任教的首批教习。②

随着横滨大同学校的规模逐步扩大，学校的教师队伍中也增加了不少
新人，其中包括梁启田、卢湘父、劳伯燮、鲍炽、罗昌等教师，这些教师大多曾
就读于康有为开办的万木草堂。他们大多是广东人，原来也是康有为的弟
子，在横滨大同学校主要担任学校的汉语教师。根据冯自由、鲍启康两位横
滨大同学校毕业生的回忆，其他教师所授的课程安排大致如下：

> 1907 年时，高等科教习为张奉庚教高等国语、历史、地理，刘廉甫
> 教国语，刘柱石教古文，尤以《孟子》见长。吴灿轩教算术，罗安教英文，
> 英文助教为鲍阔昭和温瑞祺。寻常科教习为张世昌、陈治安、郑尹等，
> 还有日本人教师中村金子教唱歌和图画，山口善太郎教日语和体操，黄
> 浩川为学校书记官，日本女教师白井房子在幼稚园任教。张玉涛也曾
> 在大同学校担当地理教习，周鉴湖担当英文教习。③

上述聘任教师的简历介绍如下：

梁启田，字君力，生卒不详，广东省新会县（今广东省江门市新会区）人。
梁启超堂弟，康有为弟子，曾任美国保皇会会长。

卢湘父（1868—1970），广东新会人。早年中举人，与亲戚陈子褒同为康
有为弟子。戊戌维新变法后，远渡扶桑。1899 年，应梁启超邀请，出任日本
横滨大同学校教席。

劳伯燮，生卒不详，名焜，字伯燮，以字行，康门弟子。

鲍炽，生卒不详，广东省香山县山场乡（今属广东省珠海市香洲区山场
社区）人，澳洲华侨，康门弟子。

罗昌（1883—1956），字文仲，祖籍广东省宝安县（今广东省深圳市宝安
区）。生于檀香山，康有为女儿康同璧丈夫。

刘廉甫，生卒不详，广东人，后曾任横滨大同学校校长。

温瑞祺，生卒不详，广东省台山县（今广东省台山市）人，为孙中山密友

①　《横滨大同学校近闻》，《知新报》1898 年第 47 期，第 12 页。

②　陈少白：《兴中会革命史要》，南京：建国月刊社，1935 年，第 64 页。

③　张枢：《横滨中华学院前期校史稿》，《横滨中华学院百周年院庆纪念特刊》，横滨：横
滨中华学院，2000 年，第 45～46 页。

温炳臣之子。

张玉涛(1868—1945),名寿波,字玉涛,以字行,广东省香山县(今广东省中山市)人。接受康有为的维新变法思想,东渡日本,曾执教横滨大同学校。

从横滨大同学校的分科教师情况可以看出,从1898年创校开始,横滨大同学校的教师团队适应当时学校三语教育实践的需要,建立起了一支庞大的教师队伍。起初,学校教师人数较少,多由康有为在万木草堂的弟子担任,而且主要担任汉语和儒学课程的教师。随后,学校聘请了一批日籍教师,主要担任日语、西学、体操、音乐、美术等课程的教师。在课程教学中,针对学生英语水平较低的问题,横滨大同学校形成了"课程主教习＋助教"的复合型教师团队。在课堂教学中,主教习教授课程内容,而助教则在学生难以理解主教习授课时进行教学内容的翻译。在横滨大同学校毕业生冯自由与鲍启康的回忆录中,他们就曾提到在学校的英语课程中采用"主教习＋助教"的教师组合,"罗安教英文,英文助教为鲍阔昭和温瑞祺"。[①]

关于教师的聘用年限,《日本横滨中国大同学校章程》中规定"中土日本各教习先聘一年,倘学生众多,然后加聘教习"[②],这也说明在学校创办初期,由于学生人数未定,教师人数在不断变化之中,教师队伍也存在较强的流动性,这是绝大多数海外新式华侨学校创办初期的实际情况。

横滨大同学校教学队伍的扩大,与其不断完善的课程体系密不可分。本节下一部分将重点分析横滨大同学校的课程体系。

(三)课程设置

在横滨大同学校建校之初,其课程设置主要仿照同时期日本小学的课程体系,在整体课程体系中突出汉语、英语、日语三门语言类课程的地位。横滨大同学校的首任校长徐勤在《日本横滨中国大同学校书后》一文中提到,学校的课程设置是"以演孔学为本,而通英日之学为辅"[③];在《清议报》上刊登的《大同学校开校记》一文也提到,横滨大同学校课程体系中"中学、

---

① 王良:《横滨中华学院百周年院庆纪念特刊》,横滨:横滨中华学院,2000年,第45～46页。

② 《日本横滨中国大同学校章程(二十四条)》,《湘报类纂》1911年丁上,第25页。

③ (清)徐勤:《日本横滨中国大同学校书后》,《知新报选编》1903年第5期,第146页。

西学、东文三者并进"。① 上述两处史料也直接证明了汉语、儒学、英语、西学和日语在横滨大同学校课程体系中的重要位置。

1.学制与课程体系

横滨大同学校课程体系的变化与其学制的变化密切相关。根据《神奈川县统计书·学事卷》中的记录,横滨大同学校从 1898 年创立至 1905 年,这一时期学校实行七年制的学制,每学年为一级。课程体系中包括修身、汉语、英语、日语、算术、历史、地理、文法、习字等 9 门课程。1905 年后,学制增加到八年,分为初等科和高等科,初等科四年,高等科四年,每学年为一级,课程安排也较之以前有所变化。② 根据冯自由、鲍启康两名校友的回忆,在初等科四年学习中教授汉语、算术、唱歌、图画、徒手体操等 5 门课程,而高等科四年里教授的课程包括汉语、英语、日语、算术、历史、地理、唱歌、图画、兵式体操等 9 门课程。③ 此外,根据《课程十三条》中的记载,横滨大同学校将学生分为两等。一等学生"学习中、西、日文,并兼习算术",二等学生"专习中文、兼习天文、地理"。④ 这里的"一等学生"指的就是"高等科学生",而"二等学生"指的是"初等科学生"。《课程十三条》中关于横滨大同学校课程设置的记载,与冯自由和鲍启康两位校友的回忆有些许差异,但在语言学习的次序上基本一致,即先学汉语,再学日语和英语。

从初等和高等科的课程设置来看,横滨大同学校的语言教育模式是按照"汉语—英语/日语"的次序进行。初等科的小学生汉语基础比较薄弱,学生以学习汉语为主,并不开设英语和日语等外语课程。等到小学生进入高等科时才开始学习外语,而其汉语学习并未间断。这一语言教育次序的安排,符合横滨大同学校以"中文和儒学教育为基础、辅以西文、日文和西学教育"的办学宗旨与课程安排原则。

2.课程教学组织形态与教学语言选择

关于横滨大同学校具体的课程教学组织形态,根据《横滨大同学校夏季

---

① 《大同学校开校记》,《清议报》1899 年第 10 期,第 583 页。

② 横滨山手中华学校百年校志编辑委员会:《横滨山手中华学校百年校志(1898—2004)》,横滨:横滨山手中华学园,2005 年,第 48 页。

③ 张枢:《横滨中华学院前期校史稿》,《横滨中华学院百周年院庆纪念特刊》,横滨:横滨中华学院,2000 年,第 45～46 页。

④ 《课程十三条》,《创校百十周年纪念特刊》,横滨:横滨中华学院,2007 年,第 35 页。

大考前列诸生名次录》中的记载①，横滨大同学校在汉语和英语课程教学中普遍采取分班教学的方法，不仅男女生分班授课，而且在英语课程上，根据学生语言水平分成一班和二班进行授课，汉语课程则分成左斋、前斋和右斋进行授课。与海外旧式华侨学校单一班级授课的方式相比，分班后的小班化教学显然更有利于教学中师生的沟通，这也符合现代语言教学中强调小班化教学、倡导师生互动教学的规律。

关于教学语言的选择，在横滨大同学校创立时，由于横滨当地华侨中的大部分人来自广东，学生也自然多是广东华侨子女，且学校教师也不少是在万木草堂学习的广东人，横滨大同学校在汉语和儒学课程中使用粤语进行授课。② 使用粤语授课让学校中的一部分三江籍（江苏、浙江、江西籍贯）学生难以听懂课程，教学语言上的不统一也让三江籍学生非常不满。加之学校强逼学生向孔子像跪拜，一些信奉基督教的学生（如赵子彬）因拒绝跪拜而被勒令退学，这引发了学校部分校董和多数学生的不满。③ 华俄道胜银行买办郭外峰、基督教徒赵峰琴（赵明乐）、横滨中和堂会员廖翼朋等人，集资另办中华学堂，面向三江籍华侨子弟，以宁波话教学，以此与横滨大同学校展开对抗。④ 由此可见，海外华侨学校汉语课程教学语言的不统一，对于实际教学和学校管理都带来一定的困难，这也从一定程度上容易造成学校的分崩离析，削弱学校的整体实力。直到1947年，横滨大同学校更名为"横滨中华学校"后，汉语课程才使用统一的中国国语进行教学。⑤

3.课程教学时间表

从横滨大同学校各门课程的授课时间来看，学生在上午八点至十二点钟学习汉语，兼习听写、书法、图画等内容，而下午一点至四点则学习英语、日语、算术、体操等课程。⑥ 上午一般是语言学习的黄金时间，而将其留给汉语课程，这也从一个侧面再次证明了横滨大同学校对于汉语课程的重视。

---

① 横滨山手中华学校百年校志编辑委员会：《横滨山手中华学校百年校志（1898—2004）》，横滨：横滨山手中华学园，2005年，第65页。

② 横滨山手中华学校百年校志编辑委员会：《横滨山手中华学校百年校志（1898—2004）》，横滨：横滨山手中华学园，2005年，第52页。

③ 冯自由：《华侨革命开国史》，上海：商务印书馆，1947年，第43页。

④ 臧广恩、蒋永敬：《日本华侨教育》，台北：华侨教育丛书编辑委员会，1957年，第46页。

⑤ 横滨中华学院：《创校百十周年纪念特刊》，横滨：横滨中华学院，2007年，第149页。

⑥ 《日本横滨中国大同学校章程（二十四条）》，《湘报类纂》1911年丁上，第24页。

1898 年 10 月 15 日的《神户周报》(*The Kobe Weekly Chronicle*),刊登了《横滨华侨学校》一文,描述横滨大同学校汉语课程的教学活动情况,印证了横滨大同学校汉语课程在上午授课,并采用分班教学的形态:

> 上午八点—十二点:4 名教师向 140 名六至十三岁的儿童教授汉语。每班 70 名学生,虽然看起来班级人数有些多,但其实并不拥挤。教师们都清楚地知道自己身上的职责……学生们看起来学得非常愉快、开心,上课时他们一边用手指指着教师教给他们的汉字,一边跟着教师重复。①

除了白天的授课安排外,横滨大同学校还安排了夜课。根据《日本横滨中国大同学校章程(二十四条)》的规定:"(学生)如另读夜学者,夜间七点钟进学,九点钟放学。如过期迟到者,议薄罚示惩。"②这条规定说明,在横滨大同学校的实际教学中也开设了夜学班,授课时间是晚上七点至九点。此夜学班是以白天工作的成人华侨为教学对象,教学内容主要是英语、算术、地理、文法。③

根据《课程十三条》中的相关规定,横滨大同学校不仅对于每日的课程安排有严格的规定,而且对于每周部分课程的授课时间也有具体规定,例如:

> 星期四:选讲经、史、子、集中重要者。
> 星期五:上午复习中国、日本、西洋书籍。下午经史子和理学、西学课程。年少者不能理解文字者,练习造句。④

从上述关于横滨大同学校每周部分课程的安排来看,学校在教学上重在学生对于汉语和儒家典籍的理解和应用。一方面,在课程教学中,选择儒家典籍中的重要部分来讲授;另一方面,在一周的课程安排中,专门为学生复习之前所学课程内容而留出固定的时间(星期五上午),并且对于汉语基础薄弱的华侨学生,学校更看重其对汉语的实际运用能力,而非对儒家典籍的记忆能力。

这种循序渐进、以实践为导向的课程安排也与横滨大同学校所采用的教学方法密切相关,本节下一部分将重点剖析横滨大同学校双语教育实践

---

① The Chinese school in Yokohama,*The Kobe Weekly Chronicle*,1898-10-15.
② 《日本横滨中国大同学校章程(二十四条)》,《湘报类纂》1911 年丁上,第 24 页。
③ The Chinese school in Yokohama,*The Kobe Weekly Chronicle*,1898-10-15.
④ 《课程十三条》,《创校百十周年纪念特刊》,横滨:横滨中华学院,2007 年,第 35 页。

中教学方法的选择。

(四)教学方法

以往海外旧式华侨学校的汉语和儒学课程主要采用注入式的教学方法,学生被强行要求背诵文章选段,而对文章内容不甚理解,这一教学方法较为死板,教学氛围和教学效果也不理想。

作为日本第一所新式华侨学校,横滨大同学校在教学方法上借鉴了日本及西方国家新式学校的一些教学方法,启发式、师生互动式的教学方法常常运用于平时的教学实践中。1898 年 10 月 15 日《神户周报》刊登的《横滨华侨学校》一文,在描述汉语课程实际教学情况的同时,也具体描述了学生跟读教师所教汉字的教学活动情况,"上课时他们(指学生)一边用手指指着教师教给他们的汉字,一边跟着教师重复"。① 这种教学方法是现代语言教学中较为常见的"教师领读—学生跟读复述"的方法,遵循模仿的原则,通过构建学生语音体系,提高学生对于汉字的记忆,而同时这种方法的使用也能让课堂氛围更加活跃,"学生们看起来学得非常愉悦、开心"②便是佐证。

除了语言课程教学时使用的跟读复述法外,在其他课程的教学中,教师也多采用互动式、启发式的教学方法。《清议报》所刊载的《大同学校课卷》中,详细地记录了横滨大同学校地理课、历史课、文化常识课等课程的教学情况。在一节关于物种进化的课程中,教师以身边的事物向学生发问,一步步引出"优胜劣汰"的自然法则:

> 天既生人为万物之最慧,何不假之翼而使善飞? 假之捷胫而使善走乎? 又蛇虫皆可能脱壳,而人反不能,岂其保身之哲逊之欤? 批:善飞善走之属物,其种非初生而皆善飞善走也。因万物互争生存于天地之间,优者胜而劣者败。故其劣者之种渐绝,而优者之种独存……此非由天所命,实由各物习惯所成者。汝他日读进化学之书,当知此理。③

又如,在关于介绍中国古代郡县制的中国历史课中,授课教师与学生冯自由展开了如下互动讨论:

> 汉初诸藩,其暴虐之状见于史传者不可胜数,此又封建之大弊也。

---

① The Chinese school in Yokohama, *The Kobe Weekly Chronicle*, 1898-10-15.

② The Chinese school in Yokohama, *The Kobe Weekly Chronicle*, 1898-10-15.

③ 《曾广勤问:三条》,《清议报》1899 年第 22 期,第 1~2 页。

法国意大利等，数十年前犹存此制。中国则分人为数等之弊，早已消除……问秦以后虽行郡县而封建之余习尚未改，至于何代始纯为郡县之制乎？

　　冯懋龙（冯自由）对：自秦废封建之后，而其所制郡县之法者非也。汉初犹沿春秋战国之旧，高帝欲多建侯以藩王室。故初欲封亡国之后，留侯止之。后又欲广立同姓子弟以自辅，此吴楚七国背叛之所由来也。自吴楚之役，而废封建之局始大定。其后晋有八王构兵之祸，唐有宿卫藩镇之患，然亦不过一时之久矣。是以郡县之制至汉而后始定。①

从上述《大同学校课卷》节选中可以看出，横滨大同学校在授课中注重启发学生的思考，以学生身边常见的事例解释抽象的道理，同时课堂上通过师生问答的方式来活跃课堂气氛，提高学生在课堂上的参与度。即便是对于较为深奥的儒家典籍，教师在讲授时既对授课内容进行精简，"于经史子集中之切要者择讲"，又重视学生对于儒家典籍的理解，"俱照诸生现在所读之书讲起，以便解悟"。②

（五）考试体系

为了检查学生的学习情况，反馈教学效果，横滨大同学校对学生主要进行以下三类测试：课堂测验、季考、学期考试。根据学校的办学章程，学生每上课六天，教师都将对其六日来所学内容进行考查，各科目的课堂考查安排如下：

　　来复六日，上午总覆所读中东西各书，下午课经史子、理学、西学各题，或有年少未解文字者，则课以炼句作对等艺。③

除了每周的课堂测验外，横滨大同学校每三月还进行一次考试（即季考），并根据学生的季考成绩进行奖罚，"每年于三月、六月、九月、十二月四时大考一次，厚加奖赏，以别优劣"。④ 学期考试和毕业大考是决定学生能否顺利升学、毕业的关键考试。每年夏季，学校都将在毕业典礼上表彰在升学考试中成绩优秀的学生。根据 1899 年《清议报》刊登的《大同学校夏季进级记》一文中的记载，1899 年 7 月 23 日，横滨大同学校举行进级之典，名誉

---

① 《大同学校课卷（续）》，《清议报》1899 年第 23 期，第 3～4 页。
② 《日本横滨中国大同学校章程（二十四条）》，《湘报类纂》1911 年丁上，第 24 页。
③ 《日本横滨中国大同学校章程（二十四条）》，《湘报类纂》1911 年丁上，第 24～25 页。
④ 《日本横滨中国大同学校章程（二十四条）》，《湘报类纂》1911 年丁上，第 24～25 页。

校长犬养毅出席典礼,并鼓励学生毕业后继续努力学习:

> 横滨大同学校……学生精进者不少……考试既毕,举行进阶之典……校长、教习、总理、值理等率众学生齐集……(名誉)校长犬养木堂(犬养毅号木堂)君登坛演说,勉励学生使日求进境,不可以一得自足,务须进而求通欧人各种学问,他日更入高等学校、大学校以卒业,然后为成才云云。[①]

(六)教材选择

横滨大同学校是一所兼具幼儿教育和小学教育的学校,在教材选择上主要采取自编教材与使用日本公立学校教材相结合的方式,其中儒学与汉语课程的教材多使用自编教材,主要包括幼稚园读本和小学读本,而外语和西学教材则多使用日本同时期公立学校的教材。

1901 年 7 月 3 日,横滨大同学校发行了幼稚园国语(汉语)读本——《幼稚新读本》,该读本就是学校自编的教材之一。[②] 该教材由徐勤校长的继任者林奎编写,由协理林紫垣发行,并由东海石版所印刷。该教科书总共六卷,每卷有 45～60 篇长度不等的课文。[③]

从教材编写上看,《幼稚新读本》比中国同类型的教科书(如《三字经》和《百家姓》)更加精美,每篇课文都配有插图,前三卷都是左侧课文右侧插图,而后三卷则是上图下文的排版。插图的使用不仅有助于幼稚园的孩子更好地理解文字内容,进而认识自然界和社会生活,而且形象的图画也能调动起幼稚园孩子的学习兴趣。从教材内容上看,《幼稚新读本》前三卷的每篇课文介绍四种事物或者物品,每种事物或物品以简短的字数介绍,即第一卷以一字介绍(例如梅、兰、竹、菊),第二卷以两字介绍(例如含笑、茉莉、水仙、蔷薇),第三卷以三字介绍(例如福州榄、天津梨、穿山甲、飞狐狸);第四、五、六卷的课文字数比前三卷更多,课文内容难度也更高,例如"树多则鸟多"和"我生在中国"等话题内容。

---

① 《大同学校夏季进级记》,《清议报》1899 年第 23 期,第 7 页。

② 1901 年,横滨大同学校发行了《幼稚园新读本》,但根据《横滨山手中华学校百年校志(1898—2004)》以及 1907 年 3 月 27 日《横滨贸易新报》中的记载,横滨大同学校自 1904 年开始正式成立增设幼稚园,园长为钟卓京。

③ 石鸥、崔珂琰:《大同学校及其教科书》,《湖南师范大学教育科学学报》2014 年第 13 卷第 4 期,第 12～17 页。

1902 年 8 月 10 日,横滨大同学校编写并发行小学国语(汉语)教科书——《小学新读本》。该教科书也由林奎编著,由冯紫珊发行,并由位于横滨的致生号印刷厂印刷。该教科书一共有六卷,每卷有 50 篇课文,总共有 300 篇课文。林奎在《小学新读本序》中阐释了《小学新读本》的编写原则,即以小学生较为熟识的事物为主要内容,在提高小学生学习兴趣的同时帮助学生加深对教材的理解:

> 从来教育之法莫急于小学,亦莫难于小学。童子脑力不长,耳目未周,骤语以罕见寡闻之事物,精奇深奥之义理了无趣味,格格不入。虽终日诵读,焉能索解哉! 中国民智不闻,其弊皆由于此……其义例则由简至繁,举凡人生日用之事事物物,绘图以表之,浅说以解之,寓意以励之,令其易于解悟,或于小学之道,少有所补云尔。[①]

从实际的教材编写上看,《小学新读本》从小学生的理解能力出发,按照林奎所提出的"文字由简至繁"的原则进行编写,其中第一课至第三十课每课有三十余字,而第三十课至第六十课每课四十余字,此后逐渐增加到二百字。该课本多以小学生平日常见的事物举例,以引起学童的兴趣为编写原则,每隔几课还会以诗歌助兴。与《幼稚新读本》相同,《小学新读本》一书印制精美,图文并茂,整体内容安排由浅入深。当时在横滨大同学校学习的苏曼殊由于擅长绘图,也被邀请来设计《小学新读本》的插图:

> 大同学校创办人梁任公(梁启超)先生及各教员编辑各执教书,以为维新之工具,先叔(苏曼殊)即担任绘教科书之图画。其时初等小学课本山水日月之插画,盖大半出自先叔手笔也。[②]

《小学新读本》的内容不仅涉及尊孔、敬师、勤学、立志、忠孝等传统儒家思想,而且还介绍了留声机、火车等近代事物以及四季、天气等自然科学知识。整体上说,《小学新读本》的字数比《幼稚新读本》更多,课文难度也更大一些。

横滨大同学校所使用的教材并不是一成不变的,学校会根据每届学生的具体情况,对原有教材进行修改。1903—1904 年之间出版的《改良小学新读本(寻常科用)》,就是以《幼稚新读本》为基础而改编的,而《改良小学新读本(高等科用)》则是以《小学新读本》为基础而改编的。

---

① 横滨大同学校:《小学新读本》卷一,横滨:横滨大同学校,1902 年。
② 柳亚子:《苏曼殊研究》,《柳亚子文集》,上海:上海人民出版社,1987 年,第 219 页。

除了自编教材外,横滨大同学校还会使用市面上已出版的教材,作为汉语和儒学等课程的教材。在学校早期的汉语课上,教师曾选择中国现存最早的一部诗文总集——南朝梁代《昭明文选》中的诗文和书启作为教学内容,而随着维新派逐渐控制横滨大同学校,学校也曾采用《戊戌政变记》、康梁诗集等宣传维新思想的教材。[①] 至于外语和西学课程,横滨大同学校主要采用同时期日本小学使用的教材。日本政府官员非常关心横滨大同学校的发展,多次将日本公立学校的教科书赠送给横滨大同学校:"日本当道,如近卫公大隈伯、副岛重臣谷干城,各大臣等亦极留心此事,并赠学校教科书十数种。"[②]

从整体上看,横滨大同学校的教材主要有以下三大特点:

第一,借鉴同时期日本新式学校教材编写的特色,以适合教育对象的接受习惯为教材编写的重要原则,通过图文并茂的方式向年龄较小的华侨学生传播汉语和儒学,同时注重教学循序渐进,教材由浅入深,符合华侨学生的认知特点。除了使用课文插图与文字结合的形式外,教材中还经常通过寓言、故事等形式传播儒家文化,通过多样化的形式调动学生的学习兴趣。

第二,在儒学和汉语教材内容的编写上,全面介绍中国的物产、资源、风俗习惯等相关知识以及忠君、尊孔、爱国等传统儒家思想,以此培养华侨子女的中华民族意识,加强其对于中华文化的了解。

第三,在传播中华传统文化的同时,在自编教材中还引入西方科学知识,教材内容涉及电车、深水轮船、电话等近代自然科学产物,开拓学生的知识面,这也与横滨大同学校中西合璧的课程设置原则相一致。

三、横滨大同学校的教育成果和影响

横滨大同学校是在孙中山救国救民思想的感召下,由兴中会横滨分会推动、横滨华侨自己建立的日本第一所新式华侨学校,也是全世界范围内最早创立的新式华侨学校。横滨大同学校实行儒学与西学相融合、汉英日三种语言教育并行的课程体系,成为同时期其他新式华侨学校的标杆。根据不同学科、课程的需要,在语言教学上,横滨大同学校实行汉语、日语和英语的三语教育模式,这种教育模式在当时海外华侨学校中非常先进,这也是横

---

① 冯自由:《革命逸史》,上海:商务印书馆,1939 年。
② 《横滨大同学校近闻》,《知新报》1898 年第 47 期,第 12 页。

滨大同学校的教育模式能被同时期其他新式华侨学校效仿的原因。在1909年开启中学教育后，横滨大同学校已经初步建立了集幼稚园、小学、中学、成人补习教育于一体的近代华侨教育体系，不仅成为横滨地区重要的华侨教育基地，而且也吸引了相当一部分从中国而来的青少年留学生到横滨大同学校求学，这为他们未来接受高等教育打下了坚实的基础。

（一）横滨大同学校的教育成果

就横滨大同学校的教育成效而言，外界大多给予其正面的评价。作为资产阶级维新派在海外创办的第一份宣传刊物，由梁启超在横滨创办的《清议报》非常关注横滨大同学校的发展，从1898年12月底创刊到1901年12月因火灾停刊，《清议报》曾有多篇文章报道了横滨大同学校的教育实践情况。《清议报》1899年第10期的《大同学校开校记》一文中，评价横滨大同学校"中学、西文、东文三者并进，规模颇立，成效略著"①；同年第18期的《神户倡建大同学校公启》一文中，也评价横滨大同学校"规模整严，教科详密，学童受业其间者，颇有成效"。② 1904年，维新派在上海创办《时报》，这是维新派在中国内地创办的一份综合性大型日报，也曾对横滨大同学校进行过报道，其对横滨大同学校教学成果的评价与《清议报》有相似之处。《横滨大同学校念（廿）五年纪念》一文，就高度评价学校的办学成果，指出横滨大同学校创办以来培养出不少人才，教学成果非凡："（横滨大同学校）创办以来，蒸蒸日上。其毕业者，多赴东京，或美国留学，造就人才不少。"③

除了外界的评价外，毕业生质量也是评价一所华侨学校教学成果的重要维度。作为一所主要以小学教育为主的学校，我们或许无法完全以学生毕业后的发展情况作为衡量一所小学办学质量的标准，因为一名学生从小学毕业到日后成才，还将经历中学教育、高等教育等多个阶段，其发展情况与学生的个人努力、时代发展等多种因素息息相关。我们可以通过现有史料了解横滨大同学校毕业生的情况，进而给予横滨大同学校的教育实践一个相对合理的评价。

在1909年出版的《大同同学录》序言中，曾两度担任横滨大同学校校长

---

① 《大同学校开校记》，《清议报》1899年第10期，第583页。
② 《神户倡建大同学校公启》，《清议报》1899年第18期，第8页。
③ 《横滨大同学校念（廿）五年纪念》，《时报》1922年2月27日第4版。

的林奎对学校毕业生的整体质量做出如下评价：

> 我大同学校之开，迄今已十有二年矣，在籍生徒统计有千余人，其
> 已卒业或游学东西洋，业政治、师范、农、工、商、医专门诸学者有人，出
> 而执教鞭，兴实业者有人。①

从林奎对于学校毕业生的评价中可以看出，作为一所新式华侨学校，横滨大同学校中的相当一部分学生在毕业后前往日本或者西方国家的大学学习，有的学生在各级各类学校中担任教习，也有的学生从事各种实业。1906年12月25日《时报》刊登《大同学校将拟改筑易名》一文，详述大同学校毕业生的去向：

> 所成就之人材（才）有游学于美洲者，有入东京大学者，有返祖国执
> 教务者，有就海内外经商者，成效昭然，班班可见。②

相关统计表明，截至1911年3月，横滨大同学校历年的毕业生考入大学以及各类专门学校的有103人，其中在欧洲、美国、日本大学毕业后回中国参加清政府学部考试并考取官职者有10人，未进入大学读书而选择回中国投身于各项实业者有49人。③《大同同学录》中也列出了横滨大同学校毕业生的具体去向，其中大部分学生在毕业后留在日本，就读于早稻田大学、东京高等商业学校、第一中学校、第一高等学校、东洋大学、同仁医学校、东京高等工业学校、成城学校、东洋音乐学校、明治大学、东京蚕业讲习所、东京商船学校、东京晓星学校、庆应义塾大学、青山学院、同文书院、仙台医学专门学校、京都帝国大学、京都美术工艺学校、日本女子大学、日本女子美术学校、横滨药学校、横滨红兰女学校、横滨布惠利女学校等高等学校；也有一部分毕业生选择赴欧美学校留学，宾夕法尼亚大学（University of Pennsylvania）、威斯康辛大学（University of Wiscousin）、俄亥俄卫斯理大学（Ohio Wesleyan University）、哥伦比亚大学（Columbia University）、美国史岱文森中学（Stuyvesant High School）、德国中央幼年陆军学校等；还有一小部分学生在横滨大同学校毕业后回到中国读书，就读于香港皇仁书院、虎门陆军中学堂、陆军军医学堂、黄埔水师学堂、香山东山学堂、烟桥小学堂等学校。学生们毕业后所攻读的专业涵盖面也很广，涉及商业、农业、医学、制

---

① 林奎：《大同学校同学录·序》，冯锦龙：《大同同学录》，横滨：大桥印刷所，1909年。
② 《大同学校将拟改筑易名》，《时报》1906年12月25日第5版。
③ 庄国土：《中国封建政府的华侨政策》，厦门：厦门大学出版社，1989年。

丝、染织、音乐、机械、航海、理财、政治经济、药学等专业。[①]

以上是关于横滨大同学校毕业生的整体介绍,从毕业生个体来看,民国时期活跃在中国政治、经济、文化、教育、艺术领域中的一批人才都曾有在横滨大同学校学习的经历。梁启超的大儿子梁思成,1901年出生于日本东京,1906年就读于横滨大同学校幼稚园。[②]梁思成回忆在横滨大同学校附属幼稚园时期的生活时写道:

> 我出生在东京,后来在横滨和神户附近的须磨度过了我的童年……这里面有幼稚园和小学里教导我的师长……还有许多当年在一起嬉戏的日本小朋友。[③]

> 我自横滨时期开始晓事。父亲当时在编一份知识分子刊物《新民丛报》,印刷厂的二楼就是我们的家。我每天到华侨办的大同学校附属幼稚园去,教师全是日本女人,他们都很慈祥,像妈妈和姐姐一样。[④]

在横滨大同学校幼稚园以及在神户华侨同文学校的学习经历,培养了梁思成浓厚的爱国主义思想和强烈的中华民族意识,这为他日后研究和保护中国古代建筑,成为中国建筑学家、建筑教育家奠定了思想基础。

除了梁思成外,曾在横滨大同学校就读的还有资产阶级革命家冯自由。冯自由原名冯懋龙,其父冯镜如正是横滨大同学校的创办人之一,也是兴中会横滨分会会长。冯自由1882年出生于日本横滨,1895年受孙中山革命思想的影响加入兴中会横滨分会。1898年进入横滨大同学校,并成为该校的第一届毕业生,1899年,冯自由进入梁启超创办的东京高等大同学校学习。[⑤]1900年,冯自由进入东京专门学校(早稻田大学前身)政治科学习,学习之余他积极参加留日学生的爱国活动。1903年,冯自由担任香港《中国日报》驻日本记者,1905年参加中国同盟会,1906年任同盟会香港分会会长、《中国日报》社长兼总编辑,以报纸为思想武器传播孙中山革命思想,抨击清政府的专制统治,同香港保皇派报纸《商报》进行论战,在海内外有很大

---

① 冯锦龙:《大同同学录》,横滨:大桥印刷所,1909年。

② 梁思成在横滨大同学校幼稚园学习后,进入神户同文学校读初级小学学习。

③ 梁思成:《唐招提寺金堂和中国唐代的建筑》,《梁思成全集》,北京:中国建筑工业出版社,2001年,第431页。

④ 横滨山手中华学校百年校志编辑委员会:《横滨山手中华学校百年校志(1898—2004)》,横滨:横滨山手中华学园,2005年,第452页。

⑤ 冯自由:《革命逸史》,上海:商务印书馆,1939年,第50、52页。

的社会影响力。他还曾协助孙中山参与策动潮州黄冈、惠州七女湖等地的起义，为旧民主主义革命做出很大贡献。

此外，有"诗僧"之称的作家苏曼殊，孙中山的侄子孙昌，曾任广东检察庭庭长、驻横滨总领事的鲍文，中国昆虫学家张巨伯，资产阶级民主革命家郑贯一，"中国棒球之父"梁扶初等人也都曾在横滨大同学校就读。除了华侨子女外，从横滨大同学校毕业的学生还包括很多清末赴日本的中国留学生，如北京美术学校校长郑锦、相学专家卢毅安等人，他们都曾于清末时期在横滨大同学校学习。

（二）横滨大同学校的影响

作为日本第一所新式华侨学校，横滨大同学校的创办和发展也带动了日本其他地区华侨的兴学浪潮。特别是在欧美列强欲瓜分中国的时代背景下，海外华侨的中华民族意识被进一步激发，而创办华侨学校可以让散居在世界各地的华侨凝心聚力、共同反抗帝国主义侵略。[①]

在横滨大同学校创办之后，日本先后出现了东京大同高等学校、神户同文学校、长崎时中两等小学校、横滨中华学校、横滨华侨学校、志成中学校、中华圣公会华侨夜间学校等多所新式华侨学校。[②] 1906 年，日本著名的三所侨校——横滨大同学校、神户华侨同文学校、长崎时中两等小学校，在神户召开联合运动会[③]，这也从一个侧面说明当时日本各所华侨学校间保持着密切的交流和沟通。

横滨大同学校中西合璧的教育模式以及其集幼稚园、小学、中学、成人教育于一体的华侨教育体系，成为日本其他各所新式华侨学校借鉴的模板。一部分华侨学校将横滨大同学校的教育模式和课程体系移植到本校中，另一部分华侨学校则在横滨大同学校的教学模式上根据自身实际情况进行调整。

长崎时中两等小学校因其性质、教育层次与横滨大同学校相似，在创办

---

① 《神户清人将开大同学校（译西六月三号每日新报）》，《清议报》1899 年第 19 期，第11 页。

② 1923 年关东大地震，横滨各所华侨学校的校舍全部被毁。1924 年，新校舍落成后，横滨大同学校、横滨华侨学校和横滨中华学校等三所学校合并，更名为"横滨中华公立小学堂"，后改名为"横滨华侨中学"，再改称为今天的"横滨中华学院"。

③ 冯锦龙：《大同同学录》，横滨：大桥印刷所，1909 年。

过程中就大量借鉴了横滨大同学校的办学经验。1904 年秋,清政府驻长崎领事官卞綍昌倡导设立华侨学校,在广东、福建、三江籍华侨的资助下,以大浦町 32 号孔子庙为校址,创立长崎时中两等小学校,由缪玉庭担任总理兼校长。① 所谓“两等”小学校,指的是在一所学校内分别设立初等小学和高等小学两部分。与横滨大同学校的学制稍有区别,长崎时中两等小学校的初等小学学制由四年增加到五年,而高等小学堂则保持学制四年。② 长崎时中两等小学校的初等小学开设的课程也与横滨大同学校基本相同,开设修身、读经讲经、汉语、日语、英语、算术、历史、地理、格致、体操、图画、手工等课程。学生根据籍贯分为广东、福建、三江三组,采取单级编班、单级教授的教学方法。③ 经过一段时间的准备后,长崎时中两等小学校于 1905 年 3 月 25 日举办开学典礼,成为日本北九州地区唯一的新式华侨学校。1905 年 5 月,这所学校在长崎县政府登记注册,校名改为“私立时中两等学校”。④ 其他移植横滨大同学校教育模式的日本华侨学校,还有神户同文学校⑤、横滨中华学校、横滨华侨学校等等。

也有一部分华侨学校在借鉴横滨大同学校教育模式的基础上,对横滨大同学校教育实践中的缺陷进行弥补,创办新的华侨学校。1899 年,由梁启超创办的东京大同高等学校,就在横滨大同学校教育模式的基础上“循进扩充”⑥,弥补了横滨大同学校因“地方有限,教师有限,未能多分班数”⑦的缺陷。学校突破了横滨大同学校仅局限于初等、中等教育的局面,特别设置高等教育部,并借用“大同学校”的名字,将其命名为“东京大同高等学校”,

---

① 《侨民兴学》,《东方杂志》1905 年第 2 卷第 4 期,第 94 页。

② 横滨山手中华学校百年校志编辑委员会:《横滨山手中华学校百年校志(1898—2004)》,横滨:横滨山手中华学园,2005 年,第 691 页。

③ 横滨山手中华学校百年校志编辑委员会:《横滨山手中华学校百年校志(1898—2004)》,横滨:横滨山手中华学园,2005 年,第 691 页。

④ 《长崎创设学堂》,《之罘报》1905 年第 4 期,第 17～18 页。

⑤ 1899 年夏,在神户华商麦少彭、吴锦堂的资助下,梁启超创办神户同文学校,以四年制小学教育为主,1907 年增设中学部,同时还设有幼稚园和女子师范科。具体可参见以下三处史料:1)《神户清人将开大同学校》,《清议报》1899 年第 19 期第 11 页;2)《侨民兴学》,《东方杂志》1907 年第 4 卷第 3 期第 64～65 页;3)《神户同文学校举行恭迎御书匾额盛典记》,《时报》1906 年 7 月 25 日第 2 版。

⑥ 《东京大同高等学校章程》,《清议报》1899 年第 25 期,第 1 页。

⑦ 《东京高等大同学校公启》,《清议报》1899 年第 23 期,第 7 页。

由柏原文太郎担任学校校长。① 梁启超在写给前日本首相、东京专门学校创办者大隈重信的信中也曾提到,东京大同高等学校是在横滨大同学校的基础上创办的一所华侨学校,旨在弥补横滨大同学校在办学规模、经费、生源、教育层次等方面的局限,并将其作为直接培养高等华侨人才的摇篮:

> 大同学校,其规模不过一小学,其来学者,局于横滨商人子弟之一部分,固不足以得非常之才,而经费有限,又校区于市廛之间,不能施完备之教育,此启超所深以为遗憾,而不能于心者也。是以近者与滨中同志计划,思设一高等学校于东京,今得寄附金八千,大略规模,可望有成。②

事实上,横滨大同学校并非仅仅是日本的第一所新式华侨学校,其也是世界范围内的第一所新式华侨学校,横滨大同学校的创办和发展,带动了其他侨居地华侨兴学的热情。特别是对于华侨人数众多的南洋地区来说,19世纪末 20 世纪初,一批新式华侨学校的出现,与横滨大同学校的创办不无关系,"横滨创设大同学校于兹一年……各埠志士同声呼应……如新加坡接续并起,风气之开不可遏抑"。③ 横滨大同学校的首任校长徐勤就曾通过比较日本和南洋国家的华侨人口,认为南洋地区亟须像横滨大同学校一样创办新式华侨学校,以满足华侨子弟的教育需求:

> 旅日仅二千数百人耳,其众至寡,其力至微,而遂有兴学合群自智之盛举。则我南洋诸岛,合聚吾种族十数万或数万人者,可以兴矣!④

除了激发华侨办学热情外,横滨大同学校的教育模式也被当时其他国家或地区的新式华侨学校所借鉴。荷属东印度地区第一所新式华侨学校——吧城中华学校,实际上也是采用了日本横滨大同学校的教育模式,在课程设置上采取中西合璧的课程体系,开设汉语、英语、算术、常识、音乐、体育、尺牍等课程,而教学语言的选择也与课程内容和要求紧密相关,儒学课程使用汉语教学,而西学课程则使用外语教学。虽然在具体的课程安排、教材选择、师资聘用等方面,海外各所华侨学校根据其所在侨居国的教育政策和实际教育条件的不同,会进行相应调整,但整体上新式华侨学校在教育内

---

① 冯自由:《中华民国开国前革命史》上编,上海:上海书店出版社,1989 年,第 305 页。
② (清)梁启超:《梁启超书翰》,《大隈文书》,B351 号,东京:日本早稻田大学图书馆。
③ 《神户倡建大同学校公启》,《清议报》1899 年第 18 页,第 7~8 页。
④ (清)徐勤:《日本横滨中国大同学校书后》,《知新报选编》1903 年第 5 期,第 146 页。

容上与旧式华侨教育逐渐脱离,从以儒学、汉语为主的旧式教育模式逐渐过渡到汉语与外语并行[①]、儒学与西学并举的双语教育(甚至是三语教育)模式。从横滨大同学校开始,海外多地新式华侨学校相继创立,更快且更高质量地在海外华侨群体中传播汉语和中华文化,在更多海外华侨子女的心中播下中华民族意识和中华文化的种子,提高了广大华侨对中华民族生死存亡的关切,让海外华侨将自己的命运与祖国的命运紧紧地联系在一起。

---

① 有些国家的侨校甚至出现汉语、英语和侨居国当地官方语言(或通用语言)三语并行的情况,实施三语教育模式。

第五章

明清时期海外华侨
双语教育实践探索

前文概述了明清时期海外华侨双语教育从萌芽期到起步期再到快速发展期的历程,并重点分析这一时期两所具有代表性的新式华侨学校(吧城中华学校、横滨大同学校)的双语教育实践。本章则从海外华侨学校的办学方式和教学实践阐述明清时期海外华侨双语教育在教育目标、教育形式、办学主体、教育对象、教师聘用、教学模式与方法、教学内容、教学语言等方面的主要特色。

第一节　海外华侨学校的办学方式

一、海外华侨双语教育的主要目标

明清时期,海外华侨双语教育既包括教授汉语和外语等语言教育,又包括以两种语言为教学媒介的儒学和西学教育。海外华侨双语教育的产生,一方面满足了海外华侨及其后代学习汉语、继承中华文明和民族精神的需求,另一方面也满足了海外华侨及其后代掌握侨居国语言和实用知识以在侨居国生存与发展的需要,同时海外华侨双语教育的出现也应运了时代发展的潮流,它是海外华侨自身需求与时代发展变化融合下的产物。归纳起来,明清时期海外华侨双语教育主要有以下四大目的:

第一,满足海外华侨的双重需求。明清时期,远渡重洋到异国他乡打拼的中国移民有两大迫切的需要。

第一大需求是让自己的子女保持中华民族特性,传承中华文化。[1] 无论是携家眷移民海外的华侨,还是在侨居国娶妻生子的华侨,通过学校教育让其子孙后代能在侨居地的文化浸染下仍保持中华民族特性,这对于海外华侨来说非常重要:

> 华侨远离祖国,生命寄托于他邦治权之下,耳目渐染于他邦环境之中;倘任自然,国性必将消亡也,故动于爱国之大义,相率兴学校以图祖国文化之保存。[2]

> 华侨教育,我们认为第一要保住吾华的民族性,对祖国有彻底的认识与爱护。[3]

要让一代代华侨能够在异域文化的包裹下保持中华民族特性、传承中华文化,这就需要接受系统的中国语言教育和儒学教育。特别是对于一些当时希望子女未来能够回中国学习并参加科举考试的华侨而言,子女在小时能够通晓中国语言和典章之美对于其日后的学习和考试非常重要。

第二大需求是华侨希望自己和其子女能够适应侨居地的环境,在侨居国更好地生存与发展。为了能够在侨居国扎根,华侨及其子女除了须掌握侨居地通用的语言以与当地人沟通交流外,还须掌握一定的西方近代科学知识以及与商业实践相关的知识、技能以用来在侨居地生存:"贸易契约、账目写算等常识,既需要熟悉文字以资记载,亦需学习方式与技巧。"[4]因此外语教育和西学教育是海外华侨在侨居地谋生发展的急切需求。19 世纪后期,华侨在日本创办的译家学校,正是为了满足明治维新时期日本社会对于英语翻译的强大需求,在时代发展变化下,原来充当中日贸易翻译的唐通事开始自办学校进行汉英双语教育,培养更多熟练掌握汉语和英语的人才。

第二,弥补海外旧式华侨教育的不足。明清时期,海外华侨教育机构的早期形式包括私塾、蒙馆、专馆、书院、义学等,大多是模仿中国国内旧式教育机构而建。在教育规模方面,由于海外旧式华侨教育机构普遍规模较小,往往仅面向一个家族、地域、帮派的华侨子女进行教育,教学组织和管理相

---

① Chang I. *The Chinese in America*, New York: Penguin Books, 2003:182.

② 赵厚生:《南洋华侨教育之根本问题》,《华侨教育》第一辑,广州:暨南大学华侨研究所,1983 年,第 34 页。

③ 邬翰芳:《怎样是适应于民族竞存的南洋华侨教育》,钱鹤、刘士木、李则纲:《华侨教育论文集》,上海:国立暨南大学南洋文化事业部,1929 年,第 198 页。

④ 华侨志编纂委员会:《华侨志·总志》,台北:海外出版社,1956 年,第 476 页。

对松散,不能称之为正式、系统的学校教育。在教育内容和教学方法方面,海外旧式华侨教育主要以四书五经等儒家典籍为教学内容,这不仅无法满足海外华侨及其子女对于外语和近代科学知识与技术的需要,而且旧式华侨教育以注入式为代表的教学方法也较为陈腐过时,教学效果不甚理想,无法跟上近代教育的发展潮流。海外华侨双语教育的出现,可以有效地弥补海外旧式华侨教育在教育内容和教学方法上的不足。

第三,应对侨居国政府的华侨教育歧视政策。受种族歧视意识的影响,也为了抑制华侨群体在侨居国的发展,限制华侨势力的壮大,19世纪以后,不少侨居国政府对华侨实施明显的教育歧视政策,禁止或限制华侨进入当地政府开办的公立学校接受教育,剥夺华侨子女本应受到尊重和保护的平等受教育权。以美国加州为例,从19世纪50年代开始,加州教育局禁止华侨子女进入当地公立学校读书,并开办种族隔离学校,不让华侨子女与白种学童同校读书。在教育歧视政策的影响下,很多华侨子女自出生后就一直没有得到接受正规学校教育的机会,再加上华侨生活被限制在一定的区域里,生活闭塞,孤陋寡闻,这导致华侨子女的文化水平普遍不高。如此情况若持续发展下去,华侨后代不仅将与中华民族传统文化脱轨,而且也因自身知识文化程度不高而无法在侨居国与他族人竞争。为了给华侨子女提供一个宝贵的受教育机会,提高华侨子女的文化水平,华侨希望通过系统、规范的学校教育让子女成长为在侨居国具备强大社会竞争力的人才:

> 欧风美雨,澎湃东来,为适应废科举设学校之潮流,与夫对付资本主义之剧烈商战,非由教育以培植人材,则无以固吾侨之地位。①

因此华侨双语教育的产生既是在侨居国教育歧视政策影响下,华侨为了让其后代接受教育、未来在侨居地的竞争中立足而做出的一种现实选择,也带有华侨通过创办新式学校来与侨居国政府开办的公立学校展开教育竞争的目的。

第四,维新派与革命派在华侨中培植力量。19世纪末20世纪初,维新派和革命派通过在海外参与创办新式学校的方式在华侨群体中传播各自的政治主张。

戊戌变法失败后,以康有为、梁启超为代表的维新派逃亡海外,他们主

---

① 彭乃扬:《自序》,《小吕宋华侨中西学校五十周年纪念特刊(1899—1949)》,马尼拉:小吕宋华侨中西学校,1949年,第1页。

张通过自上而下的改良运动挽救民族危亡,寻求国家新出路,实行君主立宪制,而创办学校、传播新学与新思想就是推动维新变法运动的重要途径。为了争取海外华侨支持,进一步壮大维新派的力量,维新派多次在海外侨居地发表演讲,号召华侨爱国兴学,这在一定程度上激发了华侨的爱国热情,也激发了华侨办学的积极性。1903 年,资产阶级维新派领袖康有为就因躲避清廷追捕辗转抵达荷属东印度的巴达维亚,他多次在公开场合倡导维新变法,鼓励海外华侨发展近代华侨教育。同年 9 月 20 日,康有为还访问了荷属东印度地区的第一所新式华侨学校——吧城中华学校,并在校门上题写楹联"冠冕南极,砥柱中流"。[①]

以孙中山为首的资产阶级革命派,也将海外华侨视为可以争取的一支革命力量,他们在海外华侨聚居地宣传革命思想,主张通过革命手段推翻清朝封建专制统治。为此,革命派先后在侨居地设置多个兴中会分会(如设立兴中会横滨分会)、同盟会支部(如在新加坡设立的中国同盟会南洋支部[②])。革命派鼓励海外华侨通过创办阅书报社、开办新式学校等方式传播革命主张。根据相关统计,1906—1909 年间,仅在马来亚,由革命派控制的华侨学校有三十多所、华侨阅书报社有三十多个[③],而双语教育也成为在华侨学校中传播革命思想以培植新生力量的主要方式之一。

在以上四大目的作用下,华侨双语教育为华侨及其后代在侨居国生存并持续发展提供了动力。随着越来越多华侨在侨居地的繁衍生息、华侨社会的壮大和华侨经济实力的增强,华侨群体通过自身力量创办华侨学校、发展华侨双语教育也成为可能。新加坡学者陈育崧认为,透过华侨教育的历史发展轨迹可以发现,经济和教育是海外华侨社会发展的两条轨道。由于明清时期海外华侨学校多由华侨个人或组织捐资筹办,华侨教育的兴起和发展在很大程度上须依赖华侨经济实力的提高:

> 他们(指华侨)把获得的经济力,适当地用来设立学校,以教育其子

---

① 李卓辉:《庆祝八华学校成立 111 周年特辑》,雅加达:八华学校,2012 年,第 5～6 页。

② 邓泽如:《孙中山先生廿年来手札》,广州:述志公司,1927 年。

③ 沈太闲:《我所知道的马来亚同盟会》,中国人民政治协商会议全国委员会文史资料研究委员会:《文史资料选辑》第七十六辑,北京:文史资料出版社,1981 年,第 46 页。

女,华文教育发展到今日的地步,充分表现华人的学习爱好和创造能力。[①]

二、海外华侨双语教育的主要形式

明清时期,海外华侨双语教育的产生,孕育于海外华侨教育形式的整体变化过程之中。因此在不同发展时期,海外华侨教育呈现出特点鲜明的教育形式。总体说来,在海外旧式华侨教育时期,华侨教育包括教育功能与社会功能叠加式、单一口授式、外语教育与学科教育分离式等三种形式。在海外新式华侨教育时期,华侨教育以学校正式教育为主要形式,呈现出教学地点独立性、教学方法近代化、内容与语言深度融合的特点。

(一)海外旧式华侨教育时期双语教育主要形式

海外旧式华侨教育时期,主要指的是从明朝到清朝中前期。在这一时期有着尊师重教传统的华侨在侨居地扎根后,把中国传统的书院、私塾、专馆、义学、蒙馆等旧式华侨教育机构和教育模式整体移植到海外侨居地,以儒家典籍教育华侨子女,让他们在侨居地文化的影响下仍不脱离中华文化的学习。1690 年,由巴达维亚华人甲必丹郭郡观创办的吧城明诚书院被视为最早的华侨学校。这一时期,海外旧式华侨学校主要包括新加坡崇文阁、新加坡萃英书院、新加坡毓兰书室、吧城明诚书院、吧城明德书院、日本译家学校(唐通事学校)、槟城五福书院、新加坡华英义学、旧金山大清书院(又称金山中西学堂)等等。这一时期海外华侨教育呈现下列三种主要形式:

1.教育功能与社会功能叠加的教育形式

由于海外旧式华侨教育机构具有普及知识、文化育人、社会福利等综合功能,这一时期的海外华侨教育,呈现出教育功能与社会功能叠加的教育形式。因为早期华侨教育条件有限,加上很多海外华侨学校由素有敬神传统的闽粤帮派开办,不少海外旧式华侨学校借助当地华侨修筑的庙宇、祠堂作为学校的教学场所,而开发出神庙的教育功能也成为这一时期海外旧式华

---

① 陈育崧:《马华教育近百年史绪论》,《椰阴馆文存》第二卷,新加坡:南洋学会,1983年,第 221 页。

侨教育的一大特色。① 新加坡最早的华侨学校崇文阁,实际上就是供奉文神的一座神庙。根据《兴建崇文阁碑记》的记载,崇文阁始建于1849年,落成于1852年,由福建帮领袖、闽籍富商陈金声所建。崇文阁是一座神庙、学校两用的建筑物,其内供奉文神——梓潼帝君,还附设学校,学生在此"读孔孟之书,究洛闽之奥,优柔德性培养天真,化固陋为文章,变鄙俗为风雅"。② 海外旧式华侨学校还兼具社会福利功能,其中不少教育机构实际上是官办民助或者民办官助的社会福利机构。1729年,闽侨在巴达维亚成立的养济院,实际上就是荷属东印度华侨创办的一所医疗慈善福利医院兼养老院,后来荷兰东印度公司增拨一间房屋,吧城华侨就将这间房屋作为开办的义学所用,其经费由吧城华人公馆承担。义学的开设使得养济院具备一定的教育功能,归入早期海外华侨教育机构的范畴。③

2.单一口授式的教育形式

海外华侨教育,在旧式华侨教育时期还包括单一口授式的教育形式。这一时期,海外华侨教育多没有正规教材,以教授侨居国当地日常用语为主,以满足与当地民众基本日常交流和在侨居地工作谋生为首要目的,多数采用教者口授、学者跟读的强行灌输式教学形式。口授教学实际上是一种非正式的华侨教育形式,主要面向初到的新侨和家中还未到学龄的华侨孩童。华侨移民海外后,一方面,为了尽快适应侨居地的生活,必须先学习当地的语言,而由于当时并没有专门为华侨开设的语言学校,华侨多通过模仿教者说话习得的方式学习侨居国语言:"此种学习,仅就视听所及,模仿之,强记之而已。"④另一方面,华侨生活与工作中所需的书信、簿记等知识和技能多借助先到侨居地的华侨进行传授,在华侨工作之余,或者在华侨子女家中,由华侨工人所在的店东、伙计或者华侨子女的家长进行口头教学,并没

①　王立芳:《崇文阁:神与教育的联结——试论近代新加坡神庙羽翼下的华侨学堂》,《闽台文化交流》2007年第1期,第148~152页。

②　陈荆和、陈育崧:《新加坡华文碑铭集录》,香港:香港中文大学出版部,1972年,第283页。

③　陈国华:《先驱者的脚印:海外华人教育三百年(1690—1990)》,多伦多:皇家金斯威公司,1992年,第33页。

④　杨伟群:《校史》,黄今英:《端蒙中学七十周年纪念刊(1906—1976)》,新加坡:端蒙中学,1976年,第73页。

有固定的书本。①

3.外语教育与学科内容分离的教育形式

海外旧式华侨教育机构模仿中国私塾,教授学生汉语、八股文、唐诗、四书五经等教学内容,但已有少数一些海外旧式华侨教育机构,根据华侨在侨居地的实际工作和生活需要开始教授外语。日本译家学校、新加坡华英义学、旧金山大清书院等海外旧式华侨学校已经开始教授学生英语。虽然这些学校仍以教授学生汉语和儒家典籍为主,但学校已开设英语课程,只不过这并非真正意义上的双语教育,这是因为学校中并没有出现使用汉语之外的语言教授其他学科内容,只是"汉语+外语"的纯语言教育。海外旧式华侨教育教授外语,这说明华侨已渐渐感受到自身在侨居国的发展对外语教育的需要,在教学内容上已经有所变化,为随后新式华侨学校的创办奠定了基础,一些旧式华侨教育机构之后也改组为新式华侨学校,如旧金山大清书院就改组为具有新式学校性质的"大清侨民公立小学"。②

(二)海外新式华侨教育时期双语教育主要形式

海外新式华侨教育时期,指的是清朝中后期的海外华侨教育。伴随着晚清时期中国国内的近代教育变革,海外华侨教育也掀起了一股从旧式教育向新式教育转变的热潮,这一教育变革在 20 世纪初更是达到高潮,一大批新式华侨学校拔地而起。从 1901 年到 1911 年的十年间,英属马来亚建成的新式华侨学校就有十余所,而荷属东印度创设的新式华侨学校更达 56 所之多。③ 此外,在美国的旧金山、萨克拉门托、纽约、芝加哥、波特兰、西雅图,加拿大的温哥华、维多利亚和菲律宾、日本、朝鲜、安南、暹罗、缅甸等国,也先后成立了多所新式华侨学校。在这一时期,除了会贤社、英文雄辩会等少数由华侨组织在海外华侨社区中推动的非正式教育形式之外,海外华侨教育主要以新式华侨学校为主要教育形式。区分新式华侨教育形式与旧式华侨教育形式,主要有教学地点独立性、教学方法近代化、语言教育与学科内容教育深度融合等三个方面。

---

① 杨伟群:《校史》,黄今英:《端蒙中学七十周年纪念刊(1906—1976)》,新加坡:端蒙中学,1976 年,第 73 页。

② 张正藩:《近六十年来南洋华侨教育史》,台北:"中央"文物供应社,1956 年,第 37 页。

③ 《南洋华侨学务观(附表)》,《教育杂志》1913 年第 4 卷第 12 期,第 90 页。

1.教学地点独立性

海外新式华侨教育时期,双语教育主要在正规化程度较高的学校举行,这些学校都拥有相对固定的场所,不再像海外旧式华侨教育时期教学地点多借办于庙宇、祠堂和慈善机构内。这些固定场所,有的是由办学团体或个人捐出或租赁的场所,有的是华侨富商捐资后办学者购地建设的场所,还有的既是华侨富商又是办学人出资购地或申请侨居地政府拨地建设的校舍。当时新加坡华侨富商颜永成向新加坡政府申请拨地兴建新学校,获得直落亚逸160号地段,自己出资建设,建成可容纳300名学生的新校舍,办起华英义塾(华英义学),作为自己实施双语教育理念的教学场所。

2.教学方法近代化

教学方法近代化,主要表现在有清晰的教学目标、完备的学校管理团队、相对固定的教师团队、递进的学制层级、不断优化的课程体系和适合教学实际情况的教材等。海外新式华侨教育时期,正是因为教学方法的日趋近代化,保证了原比单语教育更复杂、实施难度更大的双语教育得以推进。如前一章所述的日本横滨大同学校,教学管理团队中就包括总理、协理、理财、核数、监院、提调等,教师团队有从中国来的汉语教习、能用外语教授其他学科的中外教习等,教材有国内编的汉语和儒学读本、日本同时期小学编的课本、横滨大同学校自编的教材等。横滨大同学校设置了幼儿园、初小(初等科)、高小(高等科)等三级,课程围绕"中学、西学、东文齐头并进"和"德智体全面发展"的两大教育理念设置,并将教育理念贯穿于幼儿园至高小的全过程,以体育科为例,初小设有徒手体操,高小设有兵式体操。

3.语言教育与学科内容教育深度融合

海外旧式华侨双语教育时期,外语只是作为一门语言课程存在;海外新式华侨双语教育与海外旧式华侨双语教育最本质的不同,就在于用外语教授其他学科,辅以汉语讲解,实现语言教育与学科内容教育的深度融合。如横滨大同学校用日语教授学生天文课、地理课,新加坡的颜永成学校用英语教授学生算术课、物理课。海外新式华侨双语教育培养出来的华侨学生,既能熟读四书五经等儒家典籍,能操一口熟练的汉语,懂得中华礼仪和风俗人情,又因为会外语和懂得国外商业规则,回到祖国谋生与发展也有不错的前景,还能更好地在海外侨居地就业、深造,获得更大的发展空间。特别是当时清政府创办了暨南学堂,让在海外接受过双语教育的华侨子女有了回国升学之道。对于那些在海外(特别是欧美国家)获得学士、硕士、博士学位并回到国内发展的华侨,清政府还通过专门的考试授予他们举人、进士等头衔,有的回国后还能获得高官厚禄,这对本就有落叶归根想法的海外华侨来说非常具有吸引力。正是因为双语教育的强大生命力,一些创立于晚清时期的海外华侨双语学校至今仍存在并发展着。颜永成学校随着生源增多,校舍不断拓建,1938年成为新加坡政府的公立学校,后分成了颜永成小学、颜永成中学,学校为扩大招生已八次搬迁扩建,至今仍是新加坡的一所名校。

三、海外华侨双语教育的办学主体

明清时期,海外华侨教育形式的多样性也决定着海外华侨学校办学主体的多样性。如上所述,海外旧式华侨学校一部分是由华侨血缘组织创办的学校(如新加坡陈姓华侨创办的毓兰书室),一部分是由华侨地缘组织创办的学校(如马来亚槟榔屿闽粤籍华侨创办的南华义学),还有一部分是由华侨富商、华侨领袖等个人独资创办的学校(如新加坡华侨领袖陈金声创办的萃英书院、颜永成创办的培兰书院、罗芳伯在其所办的兰芳企业下附设的蒙馆)。

海外旧式华侨学校的办学主体有着个人、家族、地域的局限性,在海外新式华侨学校中,大多数学校由统一的华侨组织和机构创办,包括由侨居地中华会馆、中华商会创办的新式华侨学校(如吧城中华学校)、由维新派或革命派联合海外华侨创办的新式华侨学校(如横滨大同学校、横滨华侨学校、火奴鲁鲁明伦两等小学校、泰国华益学堂)等等。海外华侨教育办学主体的改变,从一个侧面也说明海外华侨教育从相对零散、各自为阵的教育形式逐渐转变为较为系统、拥有统一组织与管理的教育形式,而双语教育也随着办学主体和教育形式的发展逐渐完善、成熟,从发展的萌芽期到起步期再到快速发展期。

四、海外华侨双语教育的教育对象

明清时期,海外华侨双语教育的一大特点是其教育对象的多元化,这也决定了华侨学校办学定位的多元化。除了面向华侨适龄学生设立各级各类学校开展双语教育外,明清时期还有专门面向白天工作的华工开设的夜校,如星洲宁阳夜学校、吉隆坡华工夜校、仰光益商夜学等,以及面向已经过了学习黄金年龄的成年华侨而开设的专门学校。加拿大维多利亚华侨就开设尚志学校,聘请教师专门教授当地成年华侨英语、法语、拉丁语以及一些基本自然科学知识,让成年华侨能更好地在侨居国立足和发展:

> 英属坎拿大(加拿大)维多利亚华商司徒君英石等以华人经商该地者不下万计,青年子弟大率留学西人学校,可以循序渐进。惟中年之人,程度不合,苦无求学之地,殊非教育普及之道。因纠合同志设一尚志学校,聘请名师教授普通课程,以合入大学程度为主。其教科分英文、法文、拉丁文、代数、平面几何、立体几何、圆体几何、平面三角等数(学)、格致、化学、植物、动物、地理、历史、图画、文法等门,逐日教授,约二年毕业。[①]

此外,面向那些因贫困而无法上学的华侨子女,在一些新式华侨学校中还附设速成班。槟榔屿中华学校就专为贫困华侨子女开设夜校速成班,让这些海外华侨学生能够接受科学文化知识以及学习汉英两种语言,不会因家庭贫困而失学。

教育对象的丰富性和多元化,也使得这一时期海外华侨学校的教育层次和学校性质较为丰富。晚清时期,在海外华侨聚居地中,除了较为普遍的初等或高等华侨小学和少数华侨中学外,还开设由华侨个人或组织创办的、具有补习教育性质的夜校或速成班(如缅甸益商夜学)、讲习所、专科学校(如新加坡医科学校、仰光中西学校)、师范学校、女子学校等不同类型和层次的华侨学校。这一时期甚至出现一所海外华侨学校中兼有多种教育层次的情况。菲律宾小吕宋华侨中西学校于1911年增办义务夜校,让白天工作的华侨工人能利用晚上的业余时间接受华侨教育,这就让学校出现了全日制华侨教育与华侨夜校并存的情况。横滨大同学校也开设类似成人补习教育性质的夜学班,这使得其成为幼稚园、小学、中学、成人教育等四种教育层次融于一体的综合性华侨学校,也形成了较为全面、完整的教育体系。

五、海外华侨双语教育的教师聘用

师资条件是海外华侨双语教育得以持续发展的重要因素。明清时期,海外旧式华侨教育机构中的教师,多为在中国因科举考试屡试不中者和星象卜命先生、僧侣、医生等,甚至也有一种说法称,当时海外侨居国"十分之

---

① 《侨民兴学》,《东方杂志》1907年第4卷第3期,第65页。

三四的私塾教师都是骗人的"。① 这一说法并未得到更多史料的印证,但从教师来源来看,海外旧式华侨教育机构的整体师资水平不高,许多教师并没有教育从业经历,也没有经过严格的筛选而直接进入海外旧式华侨教育机构任教。

随着旧式华侨学校向新式华侨学校转变,海外华侨学校规模扩大,学生人数增多,加之实施双语教育后,教学内容和课程门数增加,海外新式华侨学校对教师的需求量大大提高。新式华侨学校的教师主要有以下四大来源:

第一,海外华侨聚居地的中华学务总会为新式华侨学校代聘教师。20世纪初,在南洋荷属、英属群岛各埠相继成立了学务总会等统一的华侨教育组织,其主要职能之一就是从中国新式学堂中介绍优秀毕业生前往海外华侨学校担任教师,并统一甄别、选拔那些报名赴海外华侨学校任教的教师,将符合条件的教师派往当地各所华侨学校任教。此时正值科举制度废除之时,中国传统士人的晋升通道受到阻碍②,一部分士人不得不选择前往海外谋生,这也为海外华侨学校的教师队伍补充了力量。在教师待遇方面,海外华侨学校不仅承担这些引进教师往返于中国和海外侨居地的川资,而且为其提供了丰厚的待遇。根据《派遣巴东中华学堂教员》中的教师招考通知,1909年,苏门答腊巴东中华学校就曾请两江总督介绍中国教师到巴东中华学校任教,并支付他们从中国至苏门答腊的全部船费:

　　　奉送往返二等舱位川资,此次川资,先寄来上海荷兰小公银行支票一纸,荷银300盾,倘有不足,到日再补。动身之日,请先知照。③

第二,中国维新志士和革命党人在海外华侨学校任教。清末时期,为了宣传各自的思想主张,扩大其在海外侨居地的影响力,吸收更多来自海外华侨的力量加入,维新派和革命派在海外侨居国纷纷设立学校,而许多维新志士和革命党人也因此前往海外华侨学校任教。最典型的例子就是横滨大同学校,学校创办之后主要由维新派控制,学校的校长、总教习、分科教习也多由维新派担任,大多都是维新派领袖康有为的高足,这也使得横滨大同学校

---

① 颜清湟:《新马华人社会史》,北京:中国华侨出版社,1991年,第279页。
② 张昭军:《科举制度改废与清末十年士人阶层的分流》,《史学月刊》2008年第1期,第61~69页。
③ 《派遣巴东中华学堂教员》,《教育杂志》1909年第1卷第3期,第20页。

带有鲜明的"维新"色彩。与海外旧式华侨学校主要依靠落榜儒生和风水先生等担任教师相比，拥有较高知识水平的维新志士和革命党人，明显提高了海外华侨学校的整体师资水平。

第三，登报招聘外籍教师。由于海外新式华侨学校多实行双语教育，不仅教授海外华侨子女汉语和儒学，还开设外语和西学课程，而从中国引入的师资无法完全填补海外华侨学校在外语和西学课程上师资的缺口，这就要求海外华侨学校通过报刊广告等形式从当地或邻近地区招聘非中国籍的教师。以吧城中华学校为例，学校根据各门课程的需要，招聘日籍、荷兰籍、英籍教师，由日本教师教授机器学，荷兰女教师教授刺绣，而由英国和荷兰教师分别教授英语和荷兰语。①

第四，海外新式华侨学校的校董通过私人关系介绍教师。晚清时期，一部分新式华侨学校是通过校董的私人关系来招聘教师的。前清秀才卢桂舫曾是林文庆所办华语训练班的私人教师，后经林文庆的推荐，卢桂舫从新加坡到巴达维亚，担任吧城中华学校的第一任校长，同时兼任学校的汉语教师。

除了招聘总教习和分科教习外，鉴于大多数土生华侨子女仅会说当地土著语言，英语和汉语的基础较为薄弱，教习在课堂上直接以汉语或者英语授课，容易造成学生理解上的困难。为了解决学生课堂上的语言障碍，海外新式华侨学校在课堂上专门设置"翻译员"，类似同时期中国新式学堂的"助教"一职。当学生在课堂上与授课教习产生沟通障碍时，翻译员就以学生熟悉的土著语言进行翻译，以方便学生对教学内容的理解。《爪哇华侨学堂章程》第十四章"翻译员权责"中规定："翻译员将教员所授各科学用正马来语详细翻译，达于学生，以学生能明白晓谕为主。"②因此海外新式华侨学校在实际课堂教学中形成了"主教习＋翻译员"或者"主教习＋助教"的教师团队。

从整体上看，海外新式华侨学校的教师队伍并不稳定。由于海外华侨学校的创办并不是由政府出资，而主要是由华侨个人或者团体筹资兴办，其发展情况受到华侨个人与组织财政情况的影响。随着海外华侨学校规模的

---

① 《魏介眉游吧城中华会馆学堂记（录天南新报）》，《济南报》1904年第30期，第6页。
② （清）汪凤翔：《南洋爪哇各埠华侨学堂章程》，新加坡：南洋总汇报馆，1906年，第11页。

增大,华侨学校所承担的各项经费开支也相应增加,这也间接地造成华侨学校无法提供给教师稳定的收入,教师的流动性较强。而且由于教师严重不足,这一时期海外新式华侨学校的教师兼课现象也较为普遍。一些海外华侨中学的教师会由小学校长或者教师兼任,而一些海外华侨小学则直接留用其毕业生担任助教,或者请当地中华会馆的领导人兼任教师,整体教师水平良莠不齐,也缺乏系统的教师培训,这在很大程度上影响了一些海外华侨学校的教学质量。[①] 对于新式教育开展不久、教学经费不足的海外华侨学校来说,出现师资薄弱问题也在情理之中。

第二节　海外华侨学校的教学实践

一、海外华侨双语教育的教学模式与方法

明清时期,海外华侨双语教育得以实施和持续发展,与海外华侨教育的办学主体不断调整、推出适宜的教学模式、教学方法密切相关。这些教学模式、教学方法,是海外华侨教育的办学主体在充分吸纳中国传统教学模式、方法的基础上,借鉴了侨居国已被证明行之有效的教学模式和教育方法,也引进中国近代化教育新推出的模式与方法,有效地保证了海外华侨双语教育的推进。

(一)教学模式

教学模式主要包括教学组织模式和教学实施模式,两者都是对明清时期海外华侨双语教育有效推进的保障。

1.教学组织模式

教学组织模式是指为完成特定的教学任务,教师和学生按一定要求组合起来进行教与学活动的结构方式,也可以说是师生共同教学活动在人员、程序、时空关系上的组合。

明清时期,海外华侨学校双语教育在教学模式上的改变,与旧式华侨教育向新式华侨教育的过渡基本同步。

关于海外旧式华侨教育,在教学组织模式上,由于教学条件简陋、教学

---

① 别必亮:《承传与创新:近代华侨教育研究》,石家庄:河北教育出版社,2001 年。

资源有限,海外旧式华侨学校一般不将学生进行分级和分班,而是采取所有学生在同一个教学场所上课的教学模式。而且海外旧式华侨学校也没有制定严格的学制、考试制度和毕业要求,这与中国同时期的私塾和书院并无太大区别。

反观海外新式华侨学校,在教学组织模式上,受侨居国当地教育实践(如日本明治维新时期的学校教育)以及中国教育近代化的影响,从19世纪下半叶开始,海外新式华侨学校中出现了单式教学、复式教学、分级分班教学等三种主要的教学组织模式。

单式教学是指教师在一间教室内使用同样的教材对同一年级的学生进行教学。这一教学组织模式主要运用于学生人数相对较少的新式华侨学校。例如,北婆罗洲(今马来西亚沙巴州)华侨学校,由于学生数较少,教师无须分班授课,同一年级的学生合在一起授课。

复式教学最早诞生于德国,清末时期从日本传入中国,华侨也将这种教学组织模式移植到海外华侨学校。

复式教学是指教师在同一教室、同一课时内使用不同的教材,分别对两个年级以上的学生进行教学。复式教学特别适用于那些师资短缺的海外华侨学校,其可在教师人数较少的前提下尽可能地满足不同年级、不同学习层次学生的学习需求。在英属马来亚、荷属东印度、缅甸、朝鲜等地,在学生人数少于150人的华侨学校,学校普遍采用复式教学的教学组织模式。具体而言,这一时期海外华侨双语教育中主要运用以下四种复式教学组织模式:

第一,在海外新式华侨学校初创时,由于学生和教师人数较少,有的学校全校仅设有一个复式班,将所有学生都集中在这一个班里。这种教学组织模式看似与单式教学模式相同,实则不然,其与单式教学的区别在于这种教学组织形式不区分年级,而单式教学区分学生年级,只是每个年级的学生不再分班级,而是在一个班级里授课。

第二,海外新式华侨学校同时设有几个复式的班级,每个班级由两至三个年级的学生组成。把一、三年级的学生编成第一班,把二、四年级的学生编成第二班,每个班级选用不同程度的教材内容进行授课。

第三,复式教学班与单式教学班混合,即在一所海外华侨学校中同时存在单式教学班与复式教学班两种教学组织模式。

第四,按照学科进行复式编班。在海外一些新式华侨学校的高年级阶段,根据华侨学生各学科的掌握程度,将学生编入各学科各组别,各学科各组别的所有学生在一个班级上课。

除了单式教学和复式教学两种模式外,分级分班教学是海外新式华侨学校中出现的第三种教学组织模式。与单式教学和复式教学模式相比,分级分班教学更加科学合理,根据学生的学习程度进行分级、分班,并针对每一级、每一班的学生采取不同的教材和教学方法进行授课,以利于达到更好的教学效果。在海外新式华侨学校中,有的学校以侨居国当地公立学校的章程为参照(横滨大同学校以日本小学校为分级参照),有的学校则以1904年清政府颁布的《奏定小学堂章程》为依据,普遍将海外华侨小学分为初等科和高等科两个层级,每个层级的学习年限不一定相同[①],课程门数、内容和难度也不同。[②] 在学校分为初等科、高等科的基础上,考虑到海外华侨学校的人数、某些课程(如语言类课程)的需要以及学生学习基础的差异,海外华侨学校会在一个年级中进行分班。由于有的海外华侨学校学生人数较多(吧城中华学校、泗水中华学校、横滨大同学校等学校在校生都在200人以上),为了提高语言类课程的教学效果,学校采取小班化教学的方式。横滨大同学校的英语课就将男女学生分开授课,而汉语课则将学生分为前斋、右斋、左斋三个班级授课;旧金山中西学堂的汉语课中也将学生分为两班,每班60人;印尼直葛中华学校的汉语课程采取分班教学的原因是学生的汉语基础不同,有的新生从私塾转来,汉语程度已有一定基础,而有的学生为初学汉语者,因为学生的汉语基础参差不齐,而分班教学、因材施教对于不同学习程度的学生来说较为合适。[③]

事实上,明清时期海外华侨双语教育的教学组织模式也并非一成不变,而是根据海外华侨学校教师与学生的人数进行动态调整。一些荷属东印度地区的华侨学校在小学一、二年级时,由于学生人数较多,只能选择单式教学模式;而到初级小学三、四年级,有些华侨学生因各种原因辍学,这使得不少华侨学校又转变为复式教学。

---

① 关于华侨学校的学制年限,有的侨校初等四年、高等三年,有的侨校初等五年、高等四年(例如爪哇华侨学校),各所侨校根据自身教学实际情况对学制年限进行调整。

② 黄斐然:《爪哇华侨学校之状况及其今后改革问题》,《教育杂志》1927年第19卷第8期,第4页;《日本横滨中国大同学校章程(二十四条)》,《湘报类纂》1911年丁上,第24～25页。

③ 李厚实:《直华校史》,《印尼直葛中华学校创办一百周年(1906—2006)纪念特刊》,直葛:印尼直葛中华学校,2006年,第15页。

2.教学实施模式

关于明清时期海外华侨双语教育的教学实施模式,从海外华侨双语教育的教育目标和语言教育次序的视角分析,这一时期海外华侨学校主要是实行分离主义少数民族双语教育和保留式双语教育两种模式。

大多数海外旧式华侨学校实行的是分离主义少数民族双语教育模式。这种教育模式在实质上属于弱势双语教育的范畴,其虽称为"双语教育",但其实质是在侨居国官方语言影响的背景下为保护少数民族语言而实行的一种教学模式。作为侨居国的少数民族群体,海外华侨期望能够保护自身的语言和文化,特别是让自己的后代不被侨居国语言、文化所同化,而其开办的私塾、专馆等海外旧式华侨学校正是缘于让其子孙后代能够学习汉语、传承中华文化、保持中华民族特性的目标。因此海外旧式华侨学校语言教育的实际目的是:在侨居国官方语言的环境中,促进华侨学生民族语言能力(即汉语)的发展。

与海外旧式华侨学校不同,这一时期海外新式华侨学校实行的双语教育是保留式双语教育模式,其属于强式双语教育范畴,有着保持学生母语能力、培养双语双元文化人才的双重目的。保留式双语教育模式中的"保留"指的是保持并发展海外华侨学生的本族语言(即汉语)能力,而这种教育模式也同时发展海外华侨学生的外语(英语或侨居国官方语言)能力。无论是吧城中华学校还是横滨大同学校,其实施的语言教育模式不只是发展学生一种语言能力,而是平衡地发展学生本族语言和侨居国官方语言能力,具有保留式双语教育模式(甚至是三语教育模式)的特征,根据课程内容的不同,学校选择不同的教学语言进行教学。

当然,这一时期由于海外华侨学校的类型较为复杂,也出现多种双语教育模式并存的现象,需要根据每所华侨学校具体的双语教育实践进行细致的剖析和归纳。

(二)教学方法

与海外旧式华侨学校普遍采用的注入式教学方法不同,海外新式华侨学校将注入式、启发式、跟读复述、自学辅导等多种教学方法相结合。特别是在汉语、外语等语言类课程的教学中,海外新式华侨学校并不强逼学生死背硬记,而是通过构建学生的语音体系,遵循语音模仿的原则,以"教师领读—学生跟读复述"的方法展开教学。而且在课程教学中,海外新式华侨学校的授课教师更注重师生互动,采用师生问答的方式来检查学生对所授内容的理解。以槟榔屿中华学校为例,根据《中华学校改良简章十六条》第三章"学科"中对教学方法的描述,"教员所授各科,次日宜设为问题,使诸生对答。其有不合之处,教员即随时删改"。[①] 这种随堂师生互动、问答式的教学方法不仅可以检查学生对于前一日所授课程的理解,也可以通过学生的回答情况检验教学效果,教师还可以根据问答情况对随后的教学内容进行调整。

当然,教学方法的变化也有赖于教学内容的改变,这一点在汉语和儒学课程上体现得最为明显。海外旧式华侨教育采用注入式教学方法,教师往往不顾学生的理解情况,"强迫"学生诵读深奥难懂的儒家典籍,这一教学方法显然不仅违背了学童的天性,而且很难收到理想的教学效果。海外新式华侨学校则借鉴了侨居国新式学校以及同时期中国新式学堂的经验,以"循序渐进"、"不求广而求精"、"重理解和应用"为教学上的三大原则。以横滨大同学校为例,学校在汉语和儒学课程中,选择经、史、子、集中的重要内容进行讲授,并且每周留出固定时间让学生复习之前所学内容,特别重视学生对所学汉字的理解和使用,对于汉语基础薄弱的学生,学校不求其掌握汉字的数量,而看重其使用汉字进行造句的能力。

二、海外华侨双语教育的教学内容

(一)课程设置

明清时期,海外旧式华侨教育机构主要是教授学生传统儒家典籍,如《三字经》、《圣谕广训》、《阴骘文》和四书五经等。海外新式华侨学校在教学内容上则仿照同时期中国新式学堂,在教授华侨学生汉语和儒学外,还根据华侨在侨居国当地生存和发展的需要,教授外语、西方科学知识和实用的谋生技能。具体而言,这一时期海外新式华侨学校在课程设置上主要有以下四大特点:

第一,开设儒学与西学合璧的课程,增加英语课程的比重。这一时期海外新式华侨学校普遍开设汉语、经济、历史、地理、修身、体操、英语等课程。

---

① 《中华学校改良简章十六条》,陈育崧:《椰阴馆文存》第二卷,新加坡:南洋学会,1983年,第266页。

鉴于英语在侨居地商业往来中的重要作用,20世纪以来,海外新式华侨学校增加了英语课程的比重。以吧城中华学校的课程设置为例,20世纪初,在吧城中华学校高等科小学二年级和初中一年级的课表中,英语课程的比重明显增加,而由于吧城中华学校是荷属东印度的第一所新式华侨学校,该校课程的改变也对该地区其他华侨学校的课程设置带来了很大影响。又如英属马来亚地区,根据《中华学校改良简章十六条》中关于课程设置的规定:"本校(指槟榔屿中华学校)侨居英属,自宜以英语为切用,每星期内教授英文六点钟。"①英语课程每周的授课时间与汉语课程相同,这充分说明英语课程在这一时期海外新式华侨学校中的重要地位。

在吧城中华学校成立后,荷属东印度地区其他新式华侨学校陆续成立。虽然少数一些华侨小学从初等科二、三年级就开设英语课程,在学生汉语根柢并不牢固的情况下要求其学习外语,但多数华侨小学是在高等科时开设英语课程,而初等科则以学生的汉语教育为主。②根据1906年《爪哇华侨学堂章程》第二章的规定,为了满足华侨学生未来在爪哇实际生活的需要,爪哇各埠华侨小学在高等科第三、第四年中教授英语,每周英语课的授课时数为6小时,占总课时数36小时的1/6,授课时数仅次于汉语课程,泗水、望加锡、庞越等地的中华学校甚至在整个下午均安排上英语课。③由于这一时期的海外新式华侨学校多属于小学教育层次,小学阶段也是学生语言习得的黄金时期,而语言学习又是其他课程学习的基础。因此语言教育也就自然成为这一时期海外新式华侨学校教学的重点内容。

第二,海外新式华侨学校通过开设中国历史、中国地理、中国国语等课程,培养华侨学生的中华民族家国观以及其对中华文化的认同感,加强华侨后代与中国的联系。土生华侨子女由于出生、成长于异邦,对于"中国"的概念非常模糊,而通过开设中国历史、地理、儒家文化等课程,在向土生华侨子女普及中国史地知识的同时,也潜移默化地向学生传递了中国观念和中华民族意识。在吧城中华学校的一节中国地理课上,教师要求学生能够根据

---

① 《中华学校改良简章十六条》,陈育崧:《椰阴馆文存》第二卷,新加坡:南洋学会,1983年,第265页。

② 《爪哇学务近情(再续)》,《时事新报》1911年10月5日第7版;钱愚:《南洋华侨学校状况》,《松江教育杂志》1911年第15期,第1~7页。

③ (清)汪凤翔:《南洋爪哇各埠华侨学堂章程》,新加坡:南洋总汇报馆,1906年,第3页;孔庆龄、吴雨霖:《爪哇学务谭(谈)》,《中华教育界》1914年第23期,第5页。

教室墙壁上悬挂着的中国地图,按照教师指示,一一说出中国某省、某府、某州、某县的名称[①],通过此教学活动加深海外华侨学生对于中国地理的了解。在横滨大同学校开设的中国历史课上,教师则通过师生问答、互动讨论等方式介绍中国历代朝代更替、各朝地方管理制度等内容,使得华侨学生对于中国历史的发展脉络产生基本的认识,了解中国五千年历史文明的发展轨迹。

除了开设中国历史、中国地理等课程外,20世纪初,海外华侨学校也增加了中国国语课程的比重,在汉语课程中逐渐以统一的中国国语取代地方方言。在吧城中华学校初等科的课程表中,中国国语课程占总课时的40%左右;而在吧城中华学校高等科的课程表中,中国国语课程占总课时的30%左右,这体现了国语课程在海外华侨学校中的重要地位。在泗水中华学校,由于该地华侨学生"年幼既已失学而口操闽语又未娴习官音"[②],学校特意在课程设置中增加国语一科。在汉语课程中教授华侨学生中国国语,其目的显然是通过国语教学进一步在华侨学生的头脑中形成中国国家意识,让语言教学成为塑造华侨学生中华民族共同体意识的重要媒介。

第三,海外新式华侨学校还开设一些实践技能型课程,培养学生在侨居国生存、发展所需的知识和技能。以吧城中华学校为例,除了开设修身、汉语、中国历史、中国地理、自然科学等课程外,学校还根据吧城华侨的实际职业(主要是商业)的需要开设簿记、英语、商业、工艺、形艺、信札、尺牍、打字、珠算、矿物学、手工、园艺等课程,培养学生适应侨居地商业社会的实践能力。这些课程的开设,充分体现了海外新式华侨学校在课程设置上以实践为导向,将汉语、英语、数学、儒学等普通基础教育课程与商业、尺牍等职业教育课程相结合的特点,通过完善课程设置提高学生的全面素质,掌握在侨居地谋生的技能,为提高华侨学生的职业竞争力打下基础。

第四,海外新式华侨学校在课程设置中妥善处理汉语、英语和华侨侨居地通用语言之间的关系问题。19世纪末20世纪初,海外新式华侨学校在课程设置方面较为平衡地兼顾汉语、英语和侨居地语言课程,不仅开设汉语和英语课程,还开设侨居地当地通用语言课程(如暹语、巫语、日语)或者殖

---

① 《魏介眉游吧城中华会馆学堂记(录天南新报)》,《济南报》1904年第30期,第6~7页。

② 《爪哇泗水中华学堂总理陈显源副理韩锡宽等派员护送学生归国肄业禀(并批)》,《南洋官报》1908年第118期,第41页。

民政府的官方语言(如荷兰语)课程,以使华侨子女能更好地适应侨居地的生活。① 在横滨中华学校的语言类课程中,除开设汉语、英语课程外,还专门开设日语课程;而在法国殖民越南时期,越南堤岸闽籍华侨谢妈延与法籍殷商合作,为当地华侨子女创办中法学校,开设汉语和法语课程,以更适应法国属地华侨商业发展对法语的需要;南洋各埠的中华学校,也在外语课程中添加当地土著语言。海外新式华侨学校教授当地通用语言,这对于华侨更好地融入侨居地的生活有很大帮助:

> 侨民之南洋者,若不通其语言,于翻译上困难殊甚。故一方宜习国语,一方宜习马来文,庶几二者兼具,得为应用便。②

> 惟马来语为(英属马来亚)最普通(之语言),因马来人既居多数,又系土著,凡各种通用名词概属马来语,无论何人皆不能不用之也。③

(二)教材使用

在海外新式华侨学校成立前,蒙馆、义学、书院、私塾、专馆等海外旧式华侨教育机构主要使用的教材包括《三字经》、《百家姓》和《幼学琼林》等蒙养用书以及四书五经和《左传》等举业用书。

在海外新式华侨学校成立后,其与同时期中国新式学堂关系紧密,所使用的教材也多为中国新式学堂所用,教材主要取自中华书局、商务印书馆等中国出版社。④ 特别是 1897 年在上海成立的商务印书馆是清末时期中国教科书出版界的主力军,中国近代教育家、出版家、中华书局创办人陆费逵认为,"在光复以前,最占势力者,为商务(印书馆)之最新教科书"。⑤ 1904—1906 年,由商务印书馆编辑出版的十册《最新国文教科书》,就是民国以前中国新式小学校一至五年级推行国语教育时使用的核心教材。

选择与同时期中国新式学堂相同的教材,这在很大程度上可以弥补海外新式华侨学校在初办之时教材上的严重不足。特别是在国语、国史教材

① 黄斐然:《爪哇华侨学校之状况及其今后改革问题》,《教育杂志》1927 年第 19 卷第 8 期,第 6~7 页。
② 《爪哇华侨教育谈》,《教育杂志》1914 年第 6 卷第 3 期,第 3~4 页。
③ 宋蕴璞:《南洋英属海峡殖民地志略》(上),北京:文物出版社,2022 年,第 132 页。
④ 叶钟铃、黄佟藻:《新马印华校教科书发展回顾》,新加坡:华裔馆,2005 年,第 93 页。
⑤ 陆费逵:《论中国教科书史书》,陈学恂:《中国近代教育史教学参考资料》上册,北京:人民教育出版社,1986 年,第 653 页。

上,中国国内新式学堂的教材有着浓厚的救国思想,有助于激发海外华侨子女的爱国热情。以1906年商务印书馆出版的《最新国文教科书》为例,在适合小学高等科二年级学生使用的第二册书中,前两篇课文"爱国一"和"爱国二"均以当时中国所处的时代环境为背景,激励学生"爱身爱家之心以爱其国",每一个中国人应"为国捍患……使国家利权不为外人所攘夺"①,引导学生将个人命运与中国命运紧密地联系在一起。

由于侨居地与中国在历史地理、文化风俗、社会环境上有较大差异,完全照搬中国教材容易造成华侨学校教学上的"水土不服",导致华侨学生对于教材中所提到的动植物、风土人情并不了解,"内地现出历史地理各教科书,文义稍深,施之于南洋学生,多有难于领悟之处"②。为了解决中国教科书与侨居地实际生活"脱节"的问题,一些有条件的华侨学校就对中国出版的教科书进行删改或者自行编纂教材。横滨大同学校第二任校长林奎就自编教材《幼稚新读本》和《小学新读本》,将两本教材作为学校的国语教科书;菲律宾小吕宋华侨中西学校也根据自身需要,编写了具有地方特色的《童子尺牍》、《学生尺牍》、《侨商尺牍》和《商业新教科》等四本教材。随着海外新式华侨学校规模的扩大,清末到民国时期,自编课本在海外华侨学校教材中的比例更高。英属北婆罗洲各侨校的自编教材约占8%,美国北加州汪古鲁中华学校自编教材约占40%③,自编教材所应用的课程范围主要包括地理课程、汉语课程、商业课程等与侨居地生活密切相关的课程。

三、海外华侨双语教育的教学语言

19世纪末20世纪初,海外新式华侨学校中普遍开始实施双语教育,大多数华侨学校开设汉语、儒学、外语、西学课程,教学语言的选择也随着不同课程授课的需要而做出改变。在汉语课程和儒学课程中,这一时期不少海外新式华侨学校开始使用中国国语进行授课,"国语国文为各科之导线,故本堂课程,首先注重。而国语尤以清正官话为主,不得杂各处土音,以期将

---

① （清）高凤谦、张元济、蒋维乔:《最新国文教科书(高等小学第二册)》,上海:商务印书馆,1906年,第2～3页。

② （清）汪凤翔:《南洋爪哇各埠华侨学堂章程》,新加坡:南洋总汇报馆,1906年,第3页。

③ 国民政府教育部中国教育年鉴编审委员会:《第一次中国教育年鉴》丙编,上海:开明书店,1934年。

来华侨语言划一"。^① 也有一些学校会根据学生所处的年级和语言基础做出不同的选择,面对低年级学生,鉴于学生还未掌握中国国语,教师使用学生祖籍地的地方方言或者侨居地土著语言为教学语言,而面对高年级学生,教师则使用中国国语为教学语言,或者在实际教学中以国语教授,在学生存在理解困难的时候以学生熟悉的方言加以解释。以南洋地区为例,这一时期部分新式华侨小学在汉语和儒学课程上的教学语言情况可见表 5-1。^②

表 5-1　19 世纪末 20 世纪初南洋地区部分新式华侨小学汉语与儒学课程的教学语言情况

学校名称	教学语言
巨港中华学校	初等科用闽南语、高等科用国语
爪哇新巴刹中华学校	一年级用巫语,二年级以上用国语
怡保育才中小学校	用国语
彭亨育华学校	用国语兼客家方言
新加坡美芝律崇正学校	初等科用福建方言,高等科用国语
新加坡端蒙学校	用广东方言(潮州语)
雪兰莪沙叻大同学校	用国语
槟城商务学校	国语和广东方言混用
越南华侨时习初级中学附属高级、初级小学	用广东方言
槟城邱氏新江学校	教授读法时用国语,解释时则用闽南方言
邦加烈港中华学校	教授一、二年级用客家方言,教授三、四、五年级用国语
望加锡中华学校	用国语
亚齐司吉利图南学校	基本用国语,仅低年级有时用方言授课
爪哇茉莉芬中华学校	用国语,仅幼稚班参用方言
槟榔屿时中学校	用国语,仅低年级兼用地方方言解释
马吉郎中华学校	用国语
麻里八板中华学校	用国语

---

① (清)汪凤翔:《南洋爪哇各埠华侨学堂章程》,新加坡:南洋总汇报馆,1906 年,第 3 页。

② 钱鹤:《南洋华侨学校之调查与统计》,上海:国立暨南大学南洋文化事业部,1930 年。

续表

学校名称	教学语言
马辰中华学校	用国语
吧城中华学校	用国语
槟港中华学校	用国语
先达中华学校	一、二年级用闽南方言,三至六年级用国语
苏格拉加中华学校	用国语
勿里洋中华学校	二年级以上均用国语教授, 二年级以下用国语音读、客家方言解释
庞越中华学校	用国语

海外新式华侨学校在汉语和儒学课程上选择中国国语作为教学语言,这主要有以下三大原因:

第一,使用统一的中国国语教学,可以避免因语言不通而在不同籍贯的学生之间、师生之间形成的沟通障碍。① 这也从一个侧面表明:海外新式华侨学校逐渐打破旧式华侨教育机构以地域、家族为标志的界限,学校大门向来自不同祖籍地、不同家族的学生敞开。在槟城中华学校的开学式上,时任中国驻新加坡领事梁璧如的演讲,最能诠释在海外新式华侨学校中使用中国国语进行教学的裨益,即推进不同祖籍地华侨间的相互沟通,增进彼此的团结和友谊:

> 此间华人数十万,举其多数,动日闽粤。其实籍隶闽省者有福州、漳州、泉州、汀州土音之不同。籍隶粤省者有广州、潮州、惠州、琼州、嘉应州土音之不同。或江西、广西等省人之居其少数者无论矣。本省人与本省人不通语,本府与本府人不通语,虽比邻莫问姓名。遇事故,多赖传译,是以其情揆,其谊疏,精神隔膜,意气不投,议论难融,交臂相失。虽欲合群,何从而合之。有此学堂,以教官话,则此后无含意求伸之苦,无对面不识之人。相亲相爱,相应相求,龃龉之事可免,畛域之见无分矣。②

---

① 宋蕴璞:《南洋英属海峡殖民地志略》(上),北京:文物出版社,2022年,第132页。

② 《领事梁璧如讲义》,《槟城新报》1904年5月16日;黄贤强:《梁碧(璧)如:二十世纪初期槟城华人社会的领袖》,《马来西亚华人研究学刊》1998年第2期,第16~17页。

第二，选择中国国语作为汉语和儒学课程的教学语言，也与 19 世纪末 20 世纪初海外华侨中的中华民族意识增强有关，这与同时期中国士大夫阶层掀起的统一国语浪潮基本同步。这一时期，清政府驻外领事、维新派、革命派在华侨聚居国各地广泛宣传学习"统一国语"，迎合了 19 世纪末至 20 世纪初中国大地上"国语运动"的浪潮。特别是在中日甲午战争后，中国一批开明士大夫、学者意识到简化汉字、统一国语不仅可以在民众中形成和强化国家观念，而且也方便不同地域的民众沟通，还可以通过国语启迪民智，提高民众的整体文化水平。1904 年，清政府颁布并实施了《奏定学堂章程》，首次提出新式学堂"习官话"（即学习国语）的教学要求。虽然清政府、维新派和革命派在海外华侨聚居地劝学的用意有所区别，但各派对海外华侨学习中国国语的呼吁却是相同的，这也是这一时期海外华侨学校掀起学习中国国语热潮的重要原因。

第三，使用统一的中国国语教学，也与这一时期海外华侨学校办学主体的改变有关。海外旧式华侨教育机构多由来自同一地域、操同一种方言的地方帮派开设，而海外新式华侨学校则主要由统一的华侨组织设立（如各埠的中华会馆），华侨学校较多的地方还设置华侨学务总会（如爪哇学务总会），管理海外华侨学校的教学工作。以中国国语授课不仅有助于在海外华侨群体中形成中华民族意识，而且客观上也可以避免在课堂上通过翻译传授教学内容带来信息不准确的问题。正如黄炎培在《对于菲律宾华侨教育意见书》中所提，"吾国方言各别，号为同胞，非传译不能达意，岂非笑柄？"[①]当然，由于海外各所华侨学校的创办主体、师资条件不同，并非所有的海外新式华侨学校都以中国国语授课，也有一些学校仍以地方方言作为授课的教学语言。比如，1906 年成立的新加坡端蒙学校，除了英语和西学课程使用英语教学外，其他课程都以潮州语教学；横滨大同学校由于教师大多来自广东，而且学校的学生也多是广东人，在汉语和儒学课程上使用粤语为教学语言，这也让学校中的一部分三江籍学生非常不满，他们难以听懂粤语授课，随后离开学校。教学语言的不统一容易造成海外华侨学校不同籍贯学生之间的隔阂与分裂，这也是这一时期由各地中华会馆开办的华侨学校选择中国国语作为教学语言的一大实际原因。

---

① 黄炎培：《对于菲律宾华侨教育意见书》，《东南亚之新教育》后编，上海：商务印书馆，1918 年，第 108 页。

此外,海外新式华侨学校也根据学生国语水平的高低和学习程度选择教学语言。巨港中华学校、新加坡美芝律崇正学校等华侨学校在面对初等科学生时使用学生熟悉的方言授课,而对于高等科学生则使用国语授课。也有一些海外华侨学校(如吧城中华学校),面对汉语基础薄弱的(小学)一二年级学生,学校聘请翻译员在课堂上以华童熟悉的当地语言(如巫语)进行翻译,而对于(小学)三年级的学生,由于他们已具备一定的汉语基础,教师可以直接使用汉语进行教学。①

外语与西学课程主要以外语为教学语言。以小吕宋华侨中西学校为代表的菲律宾新式华侨学校一般都设有中文部和英文部两个部门,中文部以汉语为教学语言,教授语文、社会科学、劳动等课程,而英文部则以英语为教学语言,教授英语、数学、自然科学等课程。② 荷属东印度地区的吧城中华学校、马辰中华学校、马吉郎中华学校等新式华侨学校,也普遍使用英语作为英语和西学课程的教学语言。③

除了根据不同的课程要求使用汉语和英语作为教学语言外,对于一些海外华侨小学的一、二年级学生来说,由于他们的英语水平比较有限,"且教习于学生言语不通,授受之际动多隔膜",④在外语和西学课堂上,学生们还须通过翻译员以学生听得懂的语言(即学生母语或学生熟悉的侨居国当地语言)进行学习。南洋英属各埠华侨小学一、二年级的课堂上普遍设有马来语翻译⑤,以方便学生能够更好地理解课程内容。

由于各所华侨学校所处的社会语言环境不同,教学语言的选择也有一定的地区差异。横滨大同学校、东京高等大同学校等日本华侨学校就开设日语课程,并聘请日本教师以日语教授日本地理、格致等相关课程⑥,而小吕宋华侨中西学校等菲律宾华侨学校则开设大加鹿文(Tagalog,菲律宾国

① 黄斐然:《爪哇华侨学校之状况及其今后改革问题》,《教育杂志》1927 年第 19 卷第 8 期,第 4 页。

② 陈烈甫:《菲律宾华侨教育》,台北:海外出版社,1958 年,第 118~121 页。

③ 钱鹤:《南洋华侨学校之调查与统计》,上海:国立暨南大学南洋文化事业部,1930年。

④ 《爪哇泗水中华学堂总理陈显源副理韩锡宽等派员护送学生归国肄业禀(并批)》,《南洋官报》1908 年第 118 期,第 41 页。

⑤ 钱愚:《南洋华侨学校状况》,《松江教育杂志》1911 年第 15 期,第 6 页。

⑥ 《大同学校开校记》,《清议报》1899 年第 10 期,第 583 页;《东京大同高等学校章程》,《清议报》1899 年第 25 期,第 1~3 页。

语)课程,并以大加鹿文作为教学媒介,教授与菲律宾历史、地理等国情相关的课程,甚至学校还招收少数菲律宾籍学生(这些学生大多是菲律宾籍教师的子女或者亲戚)。[1] 事实上,对于当时一些海外新式华侨学校(如吧城中华学校、横滨大同学校)而言,学生在学校所接受的是汉语、英语和侨居国通用语言教育,以及以三种语言为教学媒介的学科教育,这是当时海外新式华侨学校中出现的一种极具特色的多语教育模式。

海外新式华侨学校在教学语言选择上除了有地区差异外,即便是在一所华侨学校内,根据该校不同时期实际教学条件(如师资情况、生源情况)的变化,在教学语言的选择上也有所改变。吧城中华学校在儒学课程的教学上曾先后使用过巫语、福建方言和中国国语进行教学。考虑到学校创办初期一些低年级学生的汉语基础较为薄弱,教师直接用汉语授课难以产生较好的教学效果,学校就通过校董聘请精通巫语的华侨教师,用学生能够看得懂的巫语编写教材讲义,阐述儒家伦理道德,其中使用比较多的儒学教材包括以《孝》、《过则无惮改》和《天下为公》为主题的小册子。[2] 除此之外,吧城中华学校每周还会开办一次孔子教义宣讲会,专门聘请那些对四书五经等儒家典籍有深入研究、懂得福建方言和巫语的教师进行宣讲,并且在巴达维亚华侨社区中分发以巫语编写的儒学讲义,这也方便儒家思想在当地更广大华侨群体中得以传播。[3] 随着学校的发展,顺应中国学习国语的趋势,吧城中华学校在儒学课程中逐渐以中国国语代替福建方言,而这一做法在20世纪初期也被其他很多新式华侨学校效仿。

综合上述内容,明清时期海外华侨学校实施的双语教育,是在满足海外华侨自身需求和侨居国教育政策影响下应运而生的。一方面,漂洋过海、远隔重洋而于异邦定居的华侨,既需要让其子孙后代学习中国语言,传承中华文化,在侨居国文化的浸染下不丢弃中华民族特性,始终保持与中国的思想、文化和情感上的联系,同时又需要让子孙后代掌握侨居地的通用语言以及在当地生存和发展所需的知识与技能;另一方面,19世纪末20世纪初,

---

① 陈烈甫:《菲律宾华侨教育》,台北:海外出版社,1958年,第118~121页。

② 梁德坤:《雅加达中华会馆的沿革及其所办的社会事业》,中国人民政治协商会议广东省委员会文史资料研究委员会:《广东文史资料》第二十三辑,广州:广东人民出版社,1979年,第158页。

③ 梁德坤:《吧城中华会馆和暨南学堂》,《暨南学报(哲学社会科学版)》1980年第1期,第11~20页。

美国、荷属东印度等侨居国对华侨实施的教育歧视政策，剥夺了华侨子女本应享有的平等受教育权，而维新派、革命派多次深入海外侨居地发表演说，宣传兴学救国思想，促使海外华侨逐渐认识到发展教育可以培养人才，挽救国家危局，而强大的国家实力是自己在侨居地生活的坚强支柱和后盾，海外华侨兴学的热情在多种内外因素的共同聚力下被彻底激发。海外新式华侨学校的双语教育不仅可以满足海外华侨的双重需求和救国保种的道德理想，也为华侨子女提供了宝贵的受教育机会，让他们能够在侨居国更好地发展，并拥有更多与当地其他族群竞争的机会。

就双语教育的形式而言，明清时期在个别海外旧式华侨教育机构中（如旧金山中西学堂、日本译家学校、新加坡华英义学）曾出现了汉英双语教育的先例，孕育出早期海外华侨双语教育雏形。随着越来越多海外新式华侨学校的成立，双语教育成为学校的主流教育模式。除了新式华侨小学、中学外，面向不同年龄和教育需求的华侨及其后代，这一时期海外华侨双语教育还出现在由华侨个人或者组织创办的夜校、成人学校、讲习所、师范学校、女子学校等不同类型和形式的华侨学校，一些综合性的华侨学校（如横滨大同学校）也在其全日制教育外，附设夜学班、补习速成班，逐渐形成了一个较为全面的海外华侨双语教育体系。

在教师招聘和使用方面，这一时期海外华侨双语教育由于课程内容的扩大，所需教师逐渐增多。海外旧式华侨教育机构主要由求职者自行报名，教师多为科举考试落第而被迫赴海外谋生的士人，教师水平参差不齐。海外新式华侨学校则多由侨居地中华学务总会为学校甄别、挑选、选派教师，并通过登报、华侨领袖私人推荐等方式招聘一定数量的教师，教师整体质量有明显提高。

在教学模式方面，这一时期的海外华侨双语教育在教学组织形式上出现了单式教学、复式教学和分级分班教学三种教学组织形式并存的局面。各所新式华侨学校根据学生人数、教师人数、课程特点，选择适合本校的教学组织形式。在具体的双语教育实施模式上，海外旧式华侨教育机构主要以分离主义少数民族语言教育模式为主，以保持、发展华侨学生的本族语水平为主要教育目标；海外新式华侨学校则呈现了保留式双语教育模式的特征，旨在平衡地发展华侨学生的汉语和外语能力，培养双语双元文化的人才。

在教学方法方面，与海外旧式华侨教育机构过分强调注入式教学方法不同,海外新式华侨双语教育在保留中国传统教育优点的基础上,融入启发式、学生自学辅导式、实践导向式的教学方法。特别是在语言课程的教学中,海外新式华侨学校重在构建学生的语音体系,遵循语音模仿的原则,以"教师领读—学生跟读复述"的方法展开语言教学,重在学生对于所学内容的理解,教学方法显然比海外旧式华侨教育机构更加合理、先进,也更符合华侨学生的接受习惯。

在教学内容方面,海外新式华侨学校的课程体系中既包括汉语、英语、侨居国语言等语言类课程,也包括数学、簿记、商业札记等培养学生实践知识与技能类的课程。由于这一时期华侨学校多为小学教育层次,以打好学生的多语基础、培养学生的中华民族意识为教育侧重点。因此从大多数海外新式华侨学校的课程设置中可以看出,汉语、英语等语言类课程占据学校课程时数的较大比例,而且以吧城中华学校为代表的一些海外新式华侨学校,在汉语课程中已逐渐开始以中国国语代替华侨祖籍地的方言,这既有利于形成学生的中华民族意识,又可以避免因学生所操的语言不一致而造成彼此间的隔阂和分裂。

在教学材料方面,这一时期海外新式华侨学校的教材主要以引进中国教材为主,自编教材为辅。大多数海外华侨学校的汉语和儒学课程,使用从中华书局、商务印书馆引进的教材,教材内容与同时期中国新式学堂相一致,这也说明20世纪初清政府在"新政"时期实施近代教育改革后,海外华侨学校与中国教育近代化基本保持步伐一致,中国新式学堂的教材成为海外新式华侨学校的第一选择。当然,在实际教学中,中国新式学堂的教材并不能完全适用于海外华侨教育的实际情况,特别是汉语、地理等课程的教材,与海外侨居地的社会文化和教育文化有一定的脱节。因此一些具备自编教材条件的海外新式华侨学校就根据自身实际的教学情况编纂教材,这也是海外华侨学校自编教材的开始。

在教学语言方面,这一时期海外新式华侨学校实施的双语教育,主要以汉语(包括中国国语和地方方言)作为儒学和汉语课程的教学语言,而以外语作为西学和外语课程的教学语言。在实际教学中,海外华侨小学低年级学生的汉语和英语基础普遍较为薄弱,直接以汉语、英语授课,会让他们难以听懂教师授课内容。为此,海外新式华侨学校专门选派掌握侨居国通用语言(或学生母语)的教师作为课堂上的"翻译员",翻译教师上课的内容,帮助学生跨越语言障碍,理解教学内容。因此我们可以推测出,在当时海外新

式华侨学校课堂上很有可能出现了从汉语/英语到学生母语的语码转换
(code-switching)现象。

此外,海外新式华侨学校虽以汉语和英语教育为重,但鉴于土生华侨学
生的母语(或侨居国通用语言)在华侨子女平日生活和未来工作中起到重要
作用,海外华侨学校并未降低学生母语课程(或侨居国通用语言课程)的地
位,在相关语言类课程中也常常以学生母语(或侨居国通用语言①)为教学
语言。因此这一时期一些海外华侨学校中,呈现出汉语、英语、侨居国通用
语言并行的三语教育模式,成为当时海外华侨教育实践上的一大特色。

---

① 日本华侨学校开设日语课程,英属马来亚的华侨学校开设马来语课程,荷属东印度
的华侨学校开设荷兰语课程,并在相关课程中以侨居国通用语言作为教学语言。

第六章

明清时期海外华侨学校办学者 与华侨双语教育的发展

　　纵观明清时期海外华侨双语教育的发展史,其发展历程呈现出从稚嫩萌芽期到快速成熟期的过程。在海外华侨双语教育飞速发展的背后,华侨学校办学者的教育理念和办学行为、明清政府和侨居国政府颁布的华侨教育政策,都在很大程度上影响着这一时期海外华侨双语教育的发展。以下将分别从明清时期海外华侨学校办学者、明清政府颁布的华侨教育政策、侨居国政府颁布的华侨教育政策等三个方面,具体剖析明清时期海外华侨双语教育发展背后的内外因素。

　　本章将从明清时期海外华侨学校办学者的家庭背景、受教育经历和教育理念等三个角度,全面、深入地分析这一时期华侨学校办学者对于海外华侨双语教育发展的推动作用。

第一节　华侨学校办学者家庭背景对其办学行为的影响

　　纵观明清时期海外华侨学校的发展历史,办学者的家庭背景对其日后的办学行为产生了巨大影响。根据办学者的家庭背景情况,我们可以将其分为家境优渥的办学者、家境贫寒的办学者两大类,而不同家庭出身和成长背景赋予了他们在日后不同的办学目的,也从某种程度上决定了他们的办学行为。

一、家境优渥的华侨学校办学者

（一）新加坡华侨教育奠基人——陈金声

陈金声（1805—1864），号巨川，祖籍福建省永春县昭善里丰山（今永春县桃城镇丰山村），新加坡华侨教育先驱。1805 年，出生于马来亚马六甲的一个富裕之家。1757 年，陈金声的祖父陈臣留远渡马六甲谋生。初到马六甲时，陈臣留在当地苏丹国一位首领家干杂活。当时首领夫人患乳痛，当地医生无法治疗。陈臣留用中国传统的青草药为她治病，首领夫人竟神奇地痊愈了。这位首领为了感谢他，划出大片荒山供陈臣留垦殖。经过辛勤开发，陈臣留逐渐在马六甲成家立业。在取得一番成就后，他回到家乡，招募乡亲一起到马六甲垦荒种植。陈金声的父亲陈瑞布除了继承父业经营农垦外，还开设来兴号店铺兼营商业，随后发家致富。①

祖父、父亲积累的财富和家业，使陈金声拥有较为优越的家庭条件，从小就接受了良好的教育。陈金声曾进入马六甲华侨私塾接受传统儒学教育，随后又进入由英国殖民政府②在马六甲开办的一所英文学校接受英文教育，再加上其成长在马六甲地区所处的巫语环境下，陈金声能够熟练掌握汉语、英语、巫语三种语言。③

1819 年，十四岁的陈金声跟随父亲陈瑞布从马六甲到新加坡，起初陈金声开设丰兴商号。由于陈金声熟练掌握汉语、英语、巫语三种语言，不少欧洲资本家将其作为公司在新加坡的代理商和中间人。随后，陈金声购置轮船开展海外贸易。随着贸易的扩大，陈金声积累了一定的资本，进而开创了金声公司，总部设在新加坡。几年后，陈金声又分别在马六甲和上海开设分公司，成为第一位在上海开设商行的新加坡商人。金声公司海外贸易的范围"除了马六甲、石叻及庇能三州府之外，还包括巴达维亚、苏门答腊、上

---

① 林源瑞：《陈金声及其子孙的丰功伟绩》，《马六甲永春会馆二百周年纪念特刊（1800—2000）》，马六甲：马六甲永春会馆，2000 年，第 336 页。

② 荷兰人殖民时期，荷兰由于在欧洲的本土被拿破仑的法国所占领，1795 年将马六甲托交英国统治。1818 年，英国将马六甲归还荷兰。1824 年，英国通过英荷协定，用其在苏门答腊的一块殖民地与荷兰人换取马六甲。

③ 刘利利：《一门三杰：从萃英书院牌匾看陈金声家族对新加坡华文教育的贡献》，《文物天地》2022 年第 8 期，第 100～103 页。

海、广州、香港及国内其他主要商埠"。① 迅速累积的财富让陈金声在新加坡声名鹊起，他不仅是新加坡颇有名望的商业巨头②，更成为新加坡华侨领袖，在当地华侨群体中享有很高的声望。1850 年，鉴于其出色的领导才能和工作成绩，陈金声被英国殖民政府赐为太平局绅。1864 年，他被委任为陪审员，在任期间一直致力于维护当地华侨的权益，关心华侨公益事业。他提议英国殖民政府兴建自来水厂，解决华侨和当地其他居民的用水问题。③

　　陈金声对华侨教育事业非常关心。他的成长经历让他意识到，接受良好的汉英双语教育对于提高华侨自身素质和就业竞争力作用甚大。1849 年，陈金声在新加坡天福宫右畔兴建集神庙、学校于一体的崇文阁，供奉梓潼帝君，还附设学校，作为当地华侨免费学习汉语的场所，这开创了新加坡汉语教育的先声。关于崇文阁的创办经费，陈金声个人首捐 880 元叻币。在他的号召下，新加坡当地其他闽商纷纷响应，再加上潮州帮领袖余有进捐助 200 元叻币，总共筹得 7504 元叻币。在充足经费的保障下，崇文阁历时三年时间于 1852 年建成。创办崇文阁的目的不仅是教授当地华侨汉语，而且旨在通过教授华侨学生"孔孟之书"，使他们"优柔德性，培养天真，化固陋为文章，变鄙俗为风雅"。④ 为了达到创办之初的双重目的，崇文阁的教师们使用四书五经等儒家典籍为教学材料。由于崇文阁是由新加坡华侨福建帮创办的私塾，主要面向当地福建籍华侨，以闽南方言为教学语言。崇文阁的创办，满足了当时新加坡福建籍华侨接受汉语和儒学教育的需要，其重要意义在于"（使新加坡华侨社会）他日斯文蔚起，人人知周孔之道，使荒陬遐城，化为礼义之邦"。⑤ 崇文阁从 1849 年创办，到 1915 年改为崇福女子学校，六十六年来一直是新加坡华侨教育的重要机构。

　　1854 年，鉴于崇文阁建在庙宇旁边而导致其在发展上存在一定的局限性，陈金声捐出 1710 元叻币的巨资，与曾举荐、杨佛生、林生财、许行云、陈

---

① 郑良树：《青云与石叻》，士古来：南方学院，2000 年，第 127 页。

② 宋旺相：《新加坡华人百年史》，新加坡：新加坡中华总商会，1993 年，第 39～40 页。

③ 林源瑞：《陈金声局绅》，《马六甲永春会馆二百周年纪念特刊（1800—2000）》，马六甲：马六甲永春会馆，2000 年，第 337 页；林金枝：《南洋文库闽侨古今名贤事略选辑》，桂林：广西师范大学出版社，2018 年，第 26 页。

④ 陈荆和、陈育崧：《兴建崇文阁碑记》，《新加坡华文碑铭集录》，香港：香港中文大学出版部，1972 年，第 283 页。

⑤ 陈育崧：《马华教育近百年史绪论》，《椰阴馆文存》第二卷，新加坡：南洋学会，1983 年，第 221 页。

俊睦、梁添发、薛荣樾、曾得璋、洪锦雀、陈明水、薛茂元等闽籍侨商共同创办萃英书院,并担任学校董事。① 12 位闽商共捐得 6345 元叻币,并将其作为萃英书院校舍的建筑费用。在陈金声的呼吁下,当地闽商又筹集 3848 元叻币作为学校的办学经费。在较为充足的经费保证下,萃英书院在新加坡厦门街(Amoy Street)落成,当地华侨子弟(以福建籍华侨子弟为主)可以免费入学。萃英书院纪念碑的碑文记载了萃英书院的创办缘由和经过,而将学院定名为"萃英书院"正含有"英才荟萃"之意:

> 我国家治隆于古,以教化为先,设为庠序,其由来久矣。然地有宽严之异,才有上下之殊,立教虽属无方,而讲学尤宜得所,信乎士林之攸归,在乎黉宇之轮奂也。新加坡自开创以来,土俗民风,虽英茜之管辖,而贸迁之有无,实唐人之寄旅,迄于今越四十有年矣。山川钟灵,文物华美,我闽省之人,生于斯,聚于此,亦实繁有徒矣。苟不教之以学,则圣域贤关之正途,何由知所向往乎。于是陈君巨川,存兴贤劝学之盛心,捐金买地,愿充为党序之基,欲以造就诸俊秀,无论贫富家子弟,咸使之入学。故复举十二同人,共勷重建,且又继派诸君,以乐成其美。择日兴工,就地卜筑,中建一祠为书院,崇祀文昌帝君、紫阳夫子神位,东西前屋建为院中公业。经于咸丰甲寅年(1854 年)工成告竣,因颜其院曰萃英。盖萃者聚也,英者英才也,谓乐得英才而教育之,每岁延师设绛帐于左右中堂讲授,植桃李于门墙。②

与崇文阁相比,萃英书院的学校规模更大,入学人数也更多。根据英国殖民官员沃恩(J. D. Vaughan)的记载,每天来萃英书院上课的华侨学生有近百人。③ 根据 1889 年 1 月 17 日《叻报》对萃英书院一次儒学课程考试的报道,我们可以得知萃英书院的华侨学生有 70 人左右,学校以诗联、书札、章句等形式测试学生,并根据学生的成绩排名给予奖励。④

---

① 关于萃英书院的创办经费,陈金声个人捐献 1710 元叻币,陈振生、曾举荐、杨佛生等 12 位闽籍富商共捐 6345 元叻币。此外,闽商还另筹得 3848 元叻币,作为书院的开办经费和日常维持经费。

② 《萃英书院碑文》,梁元生:《宣尼浮海到南洲——儒家思想与早期新加坡华人社会史资料汇编》,香港:香港中文大学出版社,1995 年,第 26～27 页。

③ Vaughan J. D. *The Manner and Customs of the Chinese of the Straits Settlements*, Singapore:The Mission Press,1879:85-86.

④ 《萃英集试》,《叻报》1889 年 1 月 17 日。

除了具备较为完善的教学设施等硬件条件外,萃英书院在师资聘用、课程设置、教学考试制度等软件条件上,较之同时期新加坡的其他华侨私塾、书院也更为优异。在师资聘用方面,萃英书院成立后,陈金声与其他校董共同制定了《义学规条略》,其中对教师的道德品质、学问能力、生活习惯等方面都做了细致的规定,只有达到相应要求的教师,才能被萃英书院聘用。① 在课程设置方面,萃英书院已具有汉英双语教育的雏形。虽然萃英书院主要教授华侨子弟汉语以及《三字经》、《千字文》和《幼学琼林》等儒家典籍,但其也开设少量的英语课程②,而外语、西学课程的门数随着时代的发展逐渐增多。在教学考试制度方面,萃英书院有着严格的考试体系和督学体系。学校每年冬季进行一次大考,还曾邀请清政府驻新加坡总领事黄遵宪作为考试的成绩鉴定官。考试结果刊登在当地华文报刊上,成绩优秀的学生还会得到物质上的激励。此外,每年新加坡闽帮华侨还委派人员检查萃英书院的教学情况,包括检查上交的学生作业、考试试卷和教师教案等。严格的考试体系和督学体系在很大程度上保障了萃英书院的教学质量。③

萃英书院创办于1854年,直到1954年才并入福建会馆主办的学校中。作为一所具有汉英双语教育雏形的华侨学校,在一百年的发展历程中,萃英书院在新加坡传播了中华文化,推动新加坡华侨社会的发展,也培养了不少华侨人才④,而它的创办和发展在很大程度上须归功于陈金声及其后人对新加坡华侨教育的推动。

在陈金声弥留之际,他嘱托其后代将其资产的一部分继续投入新加坡华侨教育事业中。陈金声的长子陈明水创办金声义学,扩建由其父创办的崇文阁和萃英书院,并于1878年,与新加坡另一位侨领陈笃生之子陈金钟共同创建保赤宫陈氏宗祠,将宗祠的一部分房屋供给华侨学校使用。⑤ 陈金声的孙子陈若锦在1889年担任新加坡立法会议员,他传承了祖父、父亲

---

① 杨布生、彭定国:《中国书院与传统文化》,长沙:湖南教育出版社,1992年,第243页。

② 郑良树:《马来西亚华文教育发展史》第一册,吉隆坡:马来西亚华校教师总会,1998年,第23页。

③ 吴莹:《异域与本土:近代英属马来亚华侨教育百年发展研究——兼论其对闽省侨乡教育的辐射(1840—1941)》,上海:华东师范大学博士学位论文,2013年。

④ 柯木林:《从龙牙门到新加坡:东西海洋文化交汇点》,北京:社会科学文献出版社,2016年,第172页。

⑤ 吴华:《新加坡华族会馆志》第二册,新加坡:南洋学会,1975年,第23页。

重视华侨教育的家风,曾在立法会上多次就英国殖民政府对新加坡华侨教育投入经费太少提出不满意见,并请求政府设立专款支持当地华侨学校的建设和发展:"作为华人的代表且唯一的华人代表,恳求您尊贵的总督大人倾听华人对于这一非同寻常重要问题所发出的内心声音。"[1]为了帮助家境贫寒的华侨子女接受教育,陈若锦多次请求英国殖民政府为来自贫寒家庭的华侨学生减免学费[2],并为当地华侨开办英华学校。在陈若锦的倡议下,英国殖民政府为成绩优秀的华侨男生设立奖学金,鼓励他们继续学习深造。此外,陈若锦还曾担任过莱佛士书院董事长,并成为首位提出在新加坡创办高等院校的华侨。

(二)新加坡复兴儒学的推动者——邱菽园

邱菽园(1874—1941),乳名德馨,初名征兰,字萱娱,号菽园,新加坡华侨教育家,写诗近 1400 首,享有"南洋才子"、"南国诗宗"的美誉。1874 年 11 月 10 日,邱菽园出生于福建省海澄县三都新垵乡(今属厦门市海沧区新阳街道)。邱菽园的父亲邱笃信(1820—1896)于 1846 年到新加坡谋生[3],1850 年在码头开设恒春号,经营米粮生意。从白手起家到经商致富,经过一段时间的打拼后,邱笃信成为新加坡当地的著名米商[4],家财数百万,并成长为新加坡华侨社会的领袖之一。邱笃信拥有浓厚的乡土情怀,与祖国一直保持着密切的联系。他曾倡建新加坡慈善医院——同济医社并任总理,响应清政府的捐官号召,他买下花翎盐运使和荣禄大夫的官衔,为祖宗三代捐得一品封典。[5] 1888 年,邱笃信返回家乡准备终老,并在家乡兴办宗祠,创办义塾。

在浓厚的家国故土情怀的影响下,邱笃信非常重视对儿子邱菽园的汉语和儒学教育。在父亲的安排下,邱菽园六岁时就在澳门的一家私塾读

---

① *The Singapore Free Press*,1904-10-29.

② *The Straits Times*,1895-05-17.

③ 邱新民:《邱菽园生平》,新加坡:胜友书局,1993 年,第 23 页。

④ Song O. S. *One Hundred Years' History of the Chinese in Singapore*,Singapore:University of Malaya Press,1967:84.

⑤ 李元瑾:《东西文化的撞击与新华知识分子的三种回应:邱菽园、林文庆、宋旺相的比较研究》,新加坡:新加坡国立大学中文系、八方文化企业公司,2001 年,第 28 页。

书①,七岁时又到广州一所私塾读古文,学习中国官话。邱菽园八岁(1881年)那年到新加坡后,邱笃信还专门聘请家庭教师为邱菽园讲授儒家典籍,并送邱菽园到新加坡一所名为"息力塾中"的私塾读书。② 1888 年,邱笃信将邱菽园送回福建海澄老家,他花费巨资兴建宗祠,并开设义塾,专门聘请名儒教授邱菽园古文。在教师曾廉亭和曾幼沧的指导下,勤奋好学的邱菽园在十年间把四书五经、《昭明文选》及一部分正史和诸子百家之书读到烂熟,这为他打下了坚实的古文功底,对他日后在新加坡推动儒学复兴、创办新加坡华人女校时所秉持的教育理念起到重要的影响。邱菽园曾回顾自己幼时学习古文和儒学时的经历:

　　七岁在粤已毕四书及改正闽音,至十二岁而左绣正传已背诵无遗,十三岁执笔八比之文。③

　　先师(曾廉亭)讲学,首重读书,以植根柢,分经、史两大类,因来学所性之近者而教之。余少日尝手点史纬全部,即于是时卒业也。④

十五岁时,邱菽园参加童子试,考取秀才。二十一岁时,参加乡试,考中举人。一年后,邱菽园赴京城参加会试,铩羽而归。会试落第后绝意不走仕途,回新加坡为父亲守业。父亲去世后,邱菽园从父亲的百多万财产中分得七十多万⑤,这让他在二十四岁时就成为当时新加坡第一位拥有举人头衔的华侨富商。

　　作为一名从小就受过良好教育的华侨富商,邱菽园非常重视华侨教育。1897 年,邱菽园在新加坡开设乐群堂⑥,这不仅是一个教育机构,教授当地华侨儒学、西学等内容⑦,而且也是当地华侨进行维新思想交流的平台,成为当时海峡殖民地知识精英、文人墨客聚集的文化团体。⑧ 1898 年 8 月,邱菽园倡议华侨捐款兴办华侨大学堂,并亲自为募捐册作序。在募捐册上,邱

---

① 邱菽园:《五百石洞天挥麈》卷二,清光绪二十五年(1899 年)刻本,第 4 页。
② 李元瑾:《东西文化的撞击与新华知识分子的三种回应:邱菽园、林文庆、宋旺相的比较研究》,新加坡:新加坡国立大学中文系、八方文化企业公司,2001 年,第 35 页。
③ 邱菽园:《塾师指迷说》,《天南新报》1898 年 6 月 18 日。
④ 邱炜蔈:《挥麈拾遗》卷三,厦门:厦门大学出版社,2017 年,第 100～101 页。
⑤ Song O. S. *One Hundred Years' History of the Chinese in Singapore*, Singapore: University of Malaya Press, 1967:101.
⑥ 乐群堂,华人好学会的前身。
⑦ 邱菽园:《乐群堂杂记》,《天南新报》1898 年 10 月 8 日第 1 版。
⑧ 桑兵:《庚子勤王与晚清政局》,北京:北京大学出版社,2004 年,第 238～244 页。

菽园阐明了兴办华侨学校的意义，即"上为宗邦大其政教，下为子弟谋其身家"。在北京、上海、广州、澳门、香港等多地受教育以及游历的经历，加之在英国殖民地新加坡长期接触西学和西方文化，这让邱菽园对于西学和儒学的关系有着极深的理解，并开始自学西学：

> 吾本不谙西法，甲午领解后游于京师，闻当世道人谈时务者谓当求诸实学。而实学必以中学为柢，更辅之以西学，乃退而求焉。乡居无友，靡所请益，仅从沪上购得近人译本数十种，昼夜钻研，三年弗辍。①

关于海外华侨教育中儒学与西学二者的关系，邱菽园认为儒学和西学其实并不冲突，二者各有所长，完全可以兼容，排斥西学或者儒学的方式并不妥当。邱菽园驳斥了创设时务学堂时维新派提出的"尊王攘夷"的口号，也批判了新加坡某些华侨空谈的"厚今薄古"思想。他认为儒学与西学不能厚此薄彼，应正确处理二者关系。以下关于邱菽园教育思想的史料，详细阐述了其对于儒学与西学二者关系的认识：

> 吾今与星坡②人士而言学堂，其犹昔者湖南人士初立学堂之意哉。湖南为中国名邦，独拒绝外人之见为最悍。星坡去中国万里，亦沾染外洋之习则尤深。湖南人士空言守旧，而不知以旧而通其新，将必有不能终守其旧之虑。星坡人士，似近维新，而患在以新而薄其旧，将必有不能自善其新之讥。③

> 特《周礼》开其端，历再传而已替，西人致其极。溯千古以同源，中国有圣人，西方有美人，此心同，此理同也。乃守中学者薄西学而不为，竞西学者诋中学为无用，几何其不大相凿枘也哉。④

关于儒学的范畴和价值，邱菽园由于从小就深受中华文化的熏陶，一直是 19 世纪后半叶至 20 世纪初南洋复兴儒学运动的积极倡导者，在报刊上发表大量阐述儒学价值、宣传儒学思想的文章。拥护儒学的邱菽园并不赞同华侨学生需学习儒学的全部，特别是他极力反对华侨学生学习形式死板的八股文。其在撰写的《蒙学流弊实尸父兄说》⑤一文中，直接指出幼童长

---

① 乐群堂：《答人问西法》，《天南新报》1898 年 9 月 20 日第 1 版。

② 星坡，即新加坡。凡星加坡、星架坡、新嘉坡等异名通改作"新加坡"。

③ 邱菽园、林文庆：《创设新加坡华人大学堂募捐册序（学堂大概章程附）》，《知新报》1898 年第 72 页，第 5 页。

④ 邱菽园：《周礼精意为西学导其先路说》，《天南新报》1898 年 6 月 10 日第 1 版。

⑤ 邱菽园：《蒙学流弊实尸父兄说》，《天南新报》1898 年 7 月 7 日第 1 版。

期学习八股文是导致清政府积贫积弱的一大原因,而在《三害质言》①一文中,他又将"八股"视为禁锢中国儒士思想的一害。邱菽园认为,儒学教育内容应更加注重实用之学,以经济科为重点,包括内政、外交、理财、格物、经武、考工等内容,应以实学取代八股。② 除了教学内容落后外,传统儒学教育强迫学生死记硬背的教学方法也遭到邱菽园的抨击。邱菽园在《训蒙浅说》③一文中认为,强迫学童一入学就背诵不甚理解的《三字经》和《千字文》,这显然违背了正常的教育规律和幼童的接受能力,儒学教育应讲究循序渐进,以提高华侨学生对于教学内容的理解力和悟性为重。他还出版了《浅字文》和《新出千字文》等书,作为海外新式华侨学校的教材。④

关于西学的范畴和价值,邱菽园将西学分为西语、西艺、西政、西俗四大类。其中,"西语"是指西方语言文字之学,也是了解西方近代科学的基础;"西艺"是指西方科学与技术,包括算学、光学、热学、重学、力学、化学、矿学、医学、声学、电学等;"西政"是指西方制度理论与学说,包括"公法、律例、税则、会计、官常、兵制、掌故、交涉、通商、惠工、务农、勤士诸大端"⑤;"西俗"包括西方社会文化风俗等内容。

正是认识到儒学和西学各自的价值,邱菽园认为,海外新式华侨学校在课程设置上应做到中西合璧,实行双语教育,教授中西语言,传授中西文化。在儒学和西学的学习次序上,邱菽园坚持认为海外华侨教育应以儒学教育为主为先,学生们在懂得重伦纪、知孝悌、识种族、念本源等儒家传统思想和文化后,再学习西学知识,这样不至于荒废儒学。⑥ 具体而言,海外华侨学校教授学生西学知识,必须在不影响保持中华传统文化的前提下进行,华侨学生不能因学习西学而放弃学习儒学,这是华侨及其后代传承中华文化、保持中华民族特性的重要基础。学生不应越过儒学而学习西学,教师也不应诱导学生盲目学习西学或者皈依西方宗教。邱菽园在撰写的《余之华侨观》

---

① 邱菽园:《三害质言》,《天南新报》1898 年 8 月 10 日第 1 版。

② 邱菽园:《经济科私议》,《天南新报》1898 年 6 月 11 日第 1 版。

③ 邱菽园:《训蒙浅说》,《天南新报》1898 年 6 月 14 日第 1 版。

④ 姚梦桐:《邱菽园编〈新出千字文〉——现存新加坡最早的启蒙读本》,《亚洲文化》1986 年第 8 期,第 56～59 页。

⑤ 乐群堂:《答人问西法》,《天南新报》1898 年 9 月 20 日第 1 版。

⑥ 邱菽园、林文庆:《创设新加坡华人大学堂募捐册序(学堂大概章程附)》,《知新报》1898 年第 72 期,第 6 页。

一文中,曾批评当时不少南洋土生华侨子女在耳濡目染中被当地土著语言和文化风俗同化,忘却了本族语言和文化,"土生男妇,多属闽裔,巫言巫服,遍于侨闺"。① 特别是中国人"数百年之妆饰语言习尚仪节"②在很多南洋土生华侨子女身上已经消失,而这是华侨学校所必须教授的内容。在打好汉语和儒学基础后,学习侨居地土著语言和官方语言,对于海外华侨克服语言障碍进而融入侨居地生活大有裨益。因此邱菽园认为,在学习汉语和儒学的基础上,学习英语和西学也是华侨在侨居地赖以生存的基础,而海外新式华侨学校开展双语教育,就为海外华侨子女融汇中西之学提供了一种可行的路径。

邱菽园为了践行自己的教育理念,实现自己的教育理想,大力捐助创办新式华侨学校,并担任多所海外新式华侨学校的董事。1898 年 8 月,邱菽园与林文庆为新加坡当地一所即将开设的华侨学校③拟定章程。该章程对学校的办学宗旨、课程设置、教习聘用、教材选择、学生入学等方面进行细致的规划,而章程中对这所华侨学校办学宗旨和教学内容方面的描述,最能体现邱菽园以"儒学汉语为主、西学外语为辅"的教育理念。在办学宗旨上,章程中规定学校"以中学为主,首在重伦纪,知孝弟,识种族,念本原,将来旁涉西学,方不至尽弃其学而学之"。在教学内容上,章程中规定学校"以识字识解为第一要义……是以来学之徒,如其未通中文者,须先教以中文三年,使之识理明伦,略解书算,然后荐入西教习处收受"。④

1899 年 4 月,邱菽园与林文庆、宋旺相等人共同创办了新加坡第一所华侨女校——新加坡华人女校,邱菽园还曾捐款 3000 元叻币作为学校的建校基金,支持华侨女校的建立。他亲自编写《浅字文》两册,作为该校学生学习汉语的入门教材:"邱菽园先生著幼学入门书一种。此书上中下,编订两册,最便南洋华人子弟幼学之用。家塾课诵,得此善本,不患不认字识解矣!"⑤此外,在邱菽园担任新加坡华人女校副主席期间,他"以中西文义拯

---

① 邱菽园:《余之华侨观》,《振南报》1914 年 5 月 20 日。
② 李元瑾:《东西文化的撞击与新华知识分子的三种回应:邱菽园、林文庆、宋旺相的比较研究》,新加坡:新加坡国立大学中文系、八方文化企业公司,2001 年,第 188 页。
③ 这所华侨学校的名称曾拟定为"实叻学堂"、"星洲书院"、"南洋华众学堂"等。
④ 邱菽园、林文庆:《创设新加坡华人大学堂募捐册序(学堂大概章程附)》,《知新报》1898 年第 72 期,第 6 页。
⑤ 《天南新报》1900 年 11 月 21 日。

救晦盲"[1]，积极从上海女校中引进教师到新加坡任教：

> 目下沪上有创设女学，效西国教法，浅而易入，教中国文字，切尔可
> 行。……即在沪上延聘数人来岛，使之聚学一堂，其渐移默化，必有可
> 观。星洲诸君如有意乎？余敢左袒以示。[2]

除了倡办面向华侨学童的学校外，为了提高南洋华侨的整体文化水平，邱菽园还创办了以教育华侨、培育人才为宗旨的华侨社会教育机构。在1896 年和 1897 年，他先后成立丽泽社和乐群文社，侧重实用之学，教授华侨经史正课。[3] 他还曾担任萃英书院、道南学校、华侨中学等学校董事，公立怀德学校副总理，南洋英属华侨教育总会议员[4]，并在华侨学校中积极推动汉英双语教育，为晚清乃至中华民国时期南洋地区汉英双语教育的普及和发展做出巨大贡献。

二、家境贫寒的华侨学校办学者

(一)缅甸近代华侨教育的重要推手——庄银安

庄银安(1856—1938)[5]，字吉甫，号希复，缅甸报人、华侨教育家，也是同盟会的早期会员，为辛亥革命做出巨大贡献。1935 年，国民政府行政院为表彰他对辛亥革命的贡献，授予他"民国元勋"的称号。清咸丰六年(1856 年)九月二十七日，庄银安出生于福建同安县祥露村(今属厦门市海沧区)的一个贫寒人家。十八岁时，庄银安前往缅甸打工谋生，最初他在仰光华侨商人苏天佑经营的泰昌号商行当佣工。庄银安勤劳肯干，做事细心谨慎，颇受苏天佑赏识。几年后，庄银安成为商号里的顶梁柱，还迎娶了苏天佑的女儿为妻。成家以后，庄银安在事业上蒸蒸日上，出生于贫寒家庭的他在骨子里就有一股肯吃苦的拼劲，他一边创办源记栈号，另一边则在缅甸当地进行农业垦殖，很快发家致富。

除了在事业上蒸蒸日上外，庄银安对海外华侨公益事业非常热心。早

---

① 邱菽园：《挥麈拾遗》卷四，厦门：厦门大学出版社，2017 年，第 159 页。
② 邱菽园：《五百石洞天挥麈》卷十一，清光绪二十五年(1899 年)刻本，第 16 页。
③ 邱菽园：《五百石洞天挥麈》卷二，清光绪二十五年(1899 年)刻本，第 28~29 页。
④ 邱新民：《邱菽园生平》，新加坡：胜友书局，1993 年。
⑤ 庄银安的出生时间，经厦门市海沧区政协廖艺聪先生查考墓表记载，庄银安，生于清咸丰六年丙辰(1856 年)九月二十七日，所见人物辞书和纪传推测作"1855 年"当误。

年在缅甸一路打工的经历,让庄银安特别了解当地华侨的疾苦,深知华侨对于知识的渴望以及教育对于缅甸华侨在当地立足的重要性。从十八岁南渡缅甸以来,庄银安的所见所闻,特别是目睹华侨同胞因中国衰落而受到外人欺侮的场面,让他萌发了通过创办华侨学校在海外传播爱国思想的想法。他意识到只有国家的强大才能使海外华侨提高自己的地位,不受他人欺侮:

> 年十八渡缅甸,耳目所及,始悟外人之所以欺我侮我者,皆我国势不振有以致之。余因是革命思想油然而生,盖非革命不足以强国,非革命不足以唤醒侨民。①

1893 年,庄银安担任仰光建德总社第三任总办,在华侨社会中形成了很高的声望,他也借助声望积极推动缅甸华侨教育的发展。20 世纪之前,缅甸华侨教育比较落后,没有一所新式华侨学校。当地华侨一方面担心自己的子女因汉语和中华文化教育缺失而被侨居地的文化同化;另一方面,他们也担心子女若长期无法接受教育,恐在未来被淘汰,无法在当地立足。为了解决缅甸华侨子女接受教育的问题,1903 年,庄银安与陈甘泉、徐赞周等缅甸侨领一道创办仰光中华义学,开创缅甸新式华侨教育的先河。正式开学时,在校学生六十余人。1907 年,仰光中华义学更名为"仰光中华学校"。在教育内容方面,仰光中华学校除了开设汉语和儒学课程外,还开设西文和基础西学课程,由陈顺在、林振宗担任西文监学。外语和西学课程的开设,使得仰光中华义学成为缅甸第一所实施双语教育的新式华侨学校,这也吸引了很多学生报名入学,仰光中华义学成为颇受当地华侨欢迎的一所新式华侨学校。②

除了仰光中华义学外,为了让白天工作的华侨工人、学徒和店员也能接受教育,提高华侨整体的知识水平,1905 年,庄银安与徐赞周等缅甸侨领共同创办益商夜学。在教学内容上,益商夜学"实行民族主义,以普通商业工艺为辅行"③,以形成华侨学生中华民族意识、传播革命思想为办学宗旨和目标。益商夜学的开设不仅满足了华侨工人接受教育的需求,也丰富了仰光华侨学校的类型。与仰光中华义学后期逐渐被保皇派控制不同,益商夜

---

① 庄银安:《寿言集自序》,《庄银安先生七十晋三寿言》,1929 年,第 1 页;林金枝:《华侨华人与中国革命和建设》,福州:福建人民出版社,1993 年,第 79 页。

② 徐赞周:《缅甸中国同盟会开国革命史》(下),仰光:思明日新书局,1932 年,第 1~2 页。

③ 徐赞周:《缅甸中国同盟会开国革命史》(下),仰光:思明日新书局,1932 年,第 8 页。

学一直是传播革命思想的重要阵地,甚至同盟会缅甸分会的秘密机关最初就设在益商夜学内。[①]　随着革命思想在缅甸华侨中传播,益商夜学[②]的学生人数逐渐增加,从学校开办最初的 20 人增加到 500 人[③],成为在缅甸华侨中培养革命人才的摇篮。

在庄银安创办仰光中华义学、益商夜学的带动下,缅甸华侨掀起了一股创办新式华侨学校的浪潮,从 20 世纪初到 1915 年,全缅甸先后出现了近百所新式华侨学校。[④]　这时期多数缅甸华侨学校受革命思想影响较大,教学内容中增加了不少与民族主义、革命思想教育相关的内容。虽然缅甸华侨学校的办学时间不长,但它为辛亥革命输送了大批骨干人才,不少受革命教育的教师和学生纷纷加入同盟会缅甸分会,投身于推翻清朝封建专制统治的革命洪流之中。到 1911 年年底,同盟会缅甸分会的会员已从创办之初的37 人增加到 2343 人[⑤],成为同盟会海外分会中成员人数最多的同盟会之一。

(二)坚定的华侨革命教育家——徐赞周

徐赞周(1873—1933),原名根藤,别号益黄、市隐,缅甸报人、华侨教育家。1873 年,徐赞周出生于福建省同安县嘉禾里二十四都徐厝村(今属厦门市湖里区湖里街道)的一个贫寒农家,小时他曾进入家乡当地的一所私塾读书,后因家庭贫困辍学务农。1891 年,十八岁的徐赞周南渡缅甸仰光讨生计。他先在仰光华商所开的一家土产店做职员,由店铺老板为其提供食宿,并每月发给他工资 6000 盾。[⑥]　几年之后,东家派他前往新加坡担任分行司理。不久之后,徐赞周返回仰光,已拥有一定积蓄的徐赞周与朋友合伙

①　同盟会缅甸分会的对外机关随后迁至"觉民书报社"中。

②　为满足更多华侨青年的需要,益商夜学在一年之后改为日校,辛亥革命后更名为"共和学校"。

③　徐赞周:《缅甸中国同盟会开国革命史》(下),仰光:思明日新书局,1932 年,第 1～10 页。

④　庄恭武:《民国元勋庄银安》,《集美文史资料:纪念辛亥革命 90 周年专辑》,厦门:中国人民政治协商会议厦门市集美区委员会文史资料委员会,2001 年,第 28～37 页。

⑤　庄恭武:《民国元勋庄银安》,《集美文史资料:纪念辛亥革命 90 周年专辑》,厦门:中国人民政治协商会议厦门市集美区委员会文史资料委员会,2001 年,第 32 页。

⑥　丁秋来:《徐赞周与辛亥革命》,《厦门文史资料》第十五辑,厦门:中国人民政治协商会议福建省厦门市委员会文史资料研究委员会,1989 年,第 73～77 页。

开设了一家名为"瑞隆号"的土产店①,通过经营土产贸易打下了经济基础。

深受孙中山革命思想以及当时中国"教育救国"思潮的影响,徐赞周认为,启迪民智对于在缅甸华侨中形成爱国思潮非常重要。20世纪初,缅甸华侨教育较为落后,仅有几所以血缘、地缘为基础而创办的华侨私塾,没有一所新式华侨学校。为了提高缅甸华侨的知识水平,普及近代教育,同时也为了传播资产阶级民主革命思想,培养革命人才,徐赞周在经商期间就与缅甸其他华侨一起兴办教育,将开办的海外华侨学校视为传播爱国思想的重要阵地。1903年,徐赞周与侨商庄银安等人合资创办缅甸第一所新式华侨学校——缅甸中华义学,先后担任缅甸中华义学的副监学和监学。1905年,秦力山受孙中山的委托前往缅甸,向当地华侨宣传革命思想。在徐赞周的邀请下,秦力山为缅甸中华义学重新制定章程,将民族主义教育和反清反帝爱国教育作为缅甸中华义学的办学宗旨,并在教学中增设英语和基础西学课程。

1905年,徐赞周还参与创办益商夜学,并担任益商夜学的义务教师。在清政府保皇派的"诱导"下,一部分缅甸侨领因受到"笼络"而倒向保皇派一边,仰光中华义学改名为中华学校,教学内容也逐渐与民主革命思想脱钩。徐赞周则坚持执行孙中山的革命主张,他脱离中华学校,将全部精力放在益商夜学的发展上,担任学校董事长兼教师,并将夜学改为日学。② 1907年,为了争取华侨对清廷的支持,清政府曾派萨君陆到缅甸视学,试图通过承诺给华侨学校拨款、奖励优秀毕业生、创造毕业生回国深造机会等方式,"收买"华侨学校办学人③,让华侨学校完全成为清政府控制并宣传"保皇思想"的学校。徐赞周不为所动,他坚守革命立场,坚持将华侨学校作为传播资产阶级民主革命思想的重要阵地。他一方面从中国聘请陈允洛等学者主持校务,在教学中宣传民族主义与爱国主义思想,另一方面也开设英语、商业、工艺等西方语言与近代科学课程,在华侨学生中普及实用知识和职业技能。徐赞周创办的益商夜学培养了雷太声、张耀琪、陈汉生、陈福瑞等一批从事革命运动的积极分子,而益商夜学的师生们也承担了革命运动宣传册

---

① 萧永坚:《徐赞周与辛亥革命》,《华侨华人历史研究》1988年第2期,第40~46页。

② 冯自由:《中华民国开国前革命史》上编,上海:上海书店出版社,1990年,第199~201页。

③ 《本司详委省视学员萨君陆兼赴缅甸仰光等埠视察学务文》,《福建教育官报》1909年第16期,第47~49页。

的印刷和发行工作,这使得益商夜学成为当时缅甸华侨革命教育的中心和革命活动的重要阵地。[①]

(三)新加坡华侨双语教育的首倡者——颜永成

颜永成(1844—1899),字锡坤,新加坡华侨教育家。1844 年,出生于马来亚马六甲的一个贫寒人家,祖籍福建省海澄县三都青礁(今属厦门市海沧区海沧街道),他是青礁颜氏始祖颜慥的第二十七世孙。[②] 十七岁时,颜永成移居到新加坡谋生。起初,颜永成在当地豆蔻农场做工,后在牙直利公司(Guthrie & Co.Ltd)担任货仓实习生,因颇得公司经理斯科特先生的赏识和器重,颜永成升任该公司的买办主任。[③] 伴随着新加坡海运业的发展,颜永成获得担任丹戎百葛船坞公司(Tanjong Pagar Dock Company)劳务承包商的资质。颜永成在牙直利公司担任买办 25 年,经过不懈的努力,逐渐在新加坡立足扎根,拥有了 15 家商号,在新加坡华侨社会极具影响力。他曾被新加坡的英国殖民政府选为"华人咨询委员"[④],成为英国殖民政府和新加坡华侨群体之间沟通的桥梁,为当地华侨争取了不少利益。

青礁颜氏有着"整密家风,重视教育"的家训[⑤],家族里一向重视教育。颜永成虽从小因家境贫寒并没有太多在学校里读书的机会,但重教的家训家风让他对华侨教育非常关注。在颜永成于异乡奋勇打拼的过程中,他深深地体会到教育对于华侨成长的重要性,特别是他认识到掌握英语是华侨在侨居地得以立足和发展的基础,而掌握汉语则是新加坡华侨保持中华民族特性、传承中华文化的基础。让华侨接受汉英双语教育的思想,也成为日后颜永成创办华侨双语学校的基础。

贫寒家庭出身的颜永成,非常同情那些和他当年一样因为贫穷而无法上学的华侨子女。因此在他拥有一定的经济基础后,就积极投身于新加坡

---

① 丁秋来:《徐赞周与辛亥革命》,《厦门文史资料》第十五辑,厦门:中国人民政治协商会议福建省厦门市委员会文史资料研究委员会,1989 年,第 74 页。

② 颜丽惠、颜丽娟:《我的先祖颜永成》,《厦门海沧文史资料》第六辑,厦门:中国人民政治协商会议厦门市海沧区委员会文史资料委员会,2012 年,第 131～140 页。

③ 康斯坦丝·玛丽·藤布尔:《崛起之路:新加坡史》,欧阳敏译,上海:东方出版中心,2020 年,第 149 页。

④ 颜丽惠、颜丽娟:《我的先祖颜永成》,《厦门海沧文史资料》第六辑,厦门:中国人民政治协商会议厦门市海沧区委员会文史资料委员会,2012 年,第 136 页。

⑤ 颜之推:《颜氏家训》,昆明:云南大学出版社,2003 年。

当地的华侨教育事业中。他先在新加坡创办华文义塾、英文义塾，后又开办华英义学（Anglo-Chinese Free School）（又称为"华英义塾"、"培兰书室"）。其中，华英义学由颜永成个人承担所有的办学经费开支，学校旨在让新加坡当地穷困的华侨学生免费接受教育①，它是新加坡第一所由华侨自己创办、面向华侨招生、聘请中西名师教学、实施汉英双语教育模式的义学。

颜永成创办的华英义学，为新加坡新式华侨学校的建立和发展提供了一个可借鉴的模板，在新加坡华侨社会掀起了一股创办汉英双语学校的热潮，一批由华商捐资筹办的汉英双语学校拔地而起。这其中比较有代表性的双语学校，包括 1885 年由闽籍侨商章芳琳创办的章苑生学校（又称养正书室）、1899 年由闽籍侨领林文庆等人创办的新加坡华人女校、1905 年由闽籍侨商吴寿珍和陈楚楠创办的崇正学堂、1911 年由闽籍侨商郑聘庭和潘兆鹏等人创立的中华女子学堂等等。由于华英义学是新加坡最早实行汉英双语教育的学校，开辟了新加坡汉英双语教育的先河，颜永成也因此被称为新加坡"双语教育的先驱"。②

1899 年颜永成去世，其子孙后代仍然维持着华英义学的运行，其儿子颜长笃、颜长春、颜长贵以及颜长贵之子颜福海均担任过华英义学的教学和管理工作。林文庆曾在该校的托管委员会工作。第二次世界大战结束之后，华英义学的校址迁到新加坡哇打鲁街（Waterloo Street）前日文学校的校址，并更名为"颜永成学校"，一直延续至今。

除了创办新加坡华英义学等双语学校外，颜永成对于新加坡华侨教育的贡献还体现在他曾经资助多位华侨青年出国深造。出生于新加坡、在莱佛士书院读书的华侨青年阮添筹（Wee Theam Tew）就曾在颜永成的资助下，留学英国，攻读法律专业。从英国学成归来后，阮添筹成为新加坡当地颇具声望的一名律师。20 世纪初，阮添筹多次参与新加坡华侨社会的改良运动（这场华侨社会改良运动也被称为"黎明运动"③），他与林文庆、宋旺相两位新加坡华侨领袖一道被合称为"新加坡维新三杰"。20 世纪初，阮添筹还曾到北京担任肃亲王的随从（秘书），在颜永成去世后，阮添筹也参与颜永

---

① 《作育勤殷》，《叻报》1892 年 10 月 28 日。

② 颜丽惠、颜丽娟：《我的先祖颜永成》，《厦门海沧文史资料》第六辑，厦门：中国人民政治协商会议厦门市海沧区委员会文史资料委员会，2012 年，第 135 页。

③ 陈育崧：《同济医院创办史》，《同济医院一百二十周年历史专集》，新加坡：同济医院，1989 年，第 335 页。

成学校的托管工作,为新加坡华侨教育的发展做出贡献。

在新加坡取得事业上的成功并拥有一定的经济资本后,颜永成全力支持家乡的教育事业。贫寒人家出生的颜永成深知知识和教育对家乡寒门子弟的重要性,曾于1888年斥资在自家老宅(今厦门海沧洪厝26号)兴办义学,创建洪厝学堂,为当地儿童传授必要知识和技能。颜永成的子孙后代也秉承先父的家训,经常往返于新加坡和家乡之间,在洪厝学堂和海沧慈济东宫的龙湫庵,教授乡亲们英语和近代科学知识,提高家乡人民的知识水平。

(四)反哺家乡的华侨学校办学人——曾广庇

曾广庇(1846—1920),原名曾妈庇,缅甸华侨商人、教育家。出生于福建省同安县安仁里十四都曾营保(今属厦门市集美区杏林街道)。曾广庇的父亲曾依新在一次外出打工中惨遭他人杀害,幼年丧父让曾广庇家境十分贫困。为了谋生,他在十三岁时前往马来半岛,十五岁时又到缅甸仰光谋生。曾广庇一开始在仰光做泥水匠,随后以给大户人家划船为生。

家境贫寒并在异国艰难谋生的曾广庇并没有放弃对美好生活的向往,他在缅甸的致富道路颇具传奇色彩。传说有一次曾广庇在划船时,一股狂风将他和船一起刮到缅甸礼低镇管辖下的一个农村,船正好在该村村长临江房屋旁的码头处搁浅。村长好心收留了处于危难之中的曾广庇,甚至还招其为女婿。曾广庇继承岳父的大片田地,经过一番勤劳经营,最终致富。在岳父去世后,曾广庇将家中事务交由妻子杜埃妙打理,自己回到仰光经营丝绸布匹生意。出色的经商头脑让曾广庇积累了不少财富,十年之后又开设德隆米行,并经营日用品百货,还代理英国石油公司在缅甸的相关事务。财富的持续积累让曾广庇成为缅甸大富商,拥有资金两千万盾、楼房99间[①]、田地3000余亩。[②]

在取得大量的财富和较高的社会地位后,曾广庇积极推动缅甸华侨社会的公益事业。从穷困少年奋斗成商贾巨富的人生经历,让曾广庇深知现代知识和技能对华侨及其后代在侨居国生存与发展的重要性,而华侨获取现代知识与技能最主要的方式就是通过教育。曾广庇曾在自己家中开设课

---

① 按照当时缅甸的法律规定,外国侨民购置房产不得超过99间。

② 弘侨:《大慈善家曾广庇》,《同安文史资料》第十四辑,厦门:中国人民政治协商会议福建省同安县委员会文史资料委员会,1994年,第69~72页。

堂向华侨子弟传授近代科学知识,随后为了让更多华侨接受教育,他投身于创办、资助海外新式华侨学校之中。① 他捐资创办的华侨学校,一部分在海外侨居地,另一部分则在国内侨乡,吸引华侨后代回国读书。1875 年,为了解决家乡女子接受教育的问题,曾广庇在家乡同安捐资 2 万元创办"曾营龙山女子两等学堂"②,曾营村和邻村的女子以及回国读书的华侨女子均可以免费入学,这是同安历史上最早的一所女子学校。1911 年,在曾广庇的捐资下,龙山学堂在曾广庇的家乡曾营成立,龙山学堂也是今天曾营小学的前身。③

此外,曾广庇还多次为仰光华侨学校的创办和发展捐款。1919 年 11 月 14 日,曾广庇倡议仰光龙山堂以二十年为时限,每年赞助仰光华侨中学办学经费的一半,这一提议得到仰光龙山堂族长会议的一致通过。同年 12 月 15 日,曾广庇还捐助仰光中华学校 1 万盾(相当于该校一两年的经费),并于次年担任该校总理。为了满足学校扩大校舍亟需用地的需要,1920 年,曾广庇将当时价值 50 万盾的五块地皮无偿捐给仰光华侨中学,并于次年与邱瑞轩、张永福、杨子贞等人一同在仰光九文台 591 号创办该校。④ 为了表彰曾广庇对创建仰光华侨中学的贡献,仰光华侨中学将学校中心位置的高楼命名为"广庇楼"。⑤ 曾广庇对于缅甸华侨教育事业的投入和善举,在当地华侨社会中引起了很大反响,大批缅甸华侨富商受此触动也参与到兴学热潮中来,共同推动缅甸华侨教育的持续发展。

曾广庇在银行存储专款,每月提取一笔款项购置药品,放置在其住宅廊下,讨药者人限一罐。这一善举一直延续至其第三代。同时他购置义冢,收殓贫侨。19 世纪末,曾广庇捐巨款助建仰光公共大医院,又在仰光亚弄区独资创办义务产科医院,供仰光各族妇女免费住院分娩。英殖民当局为表彰其功绩,特将医院所在大街,命名为"妈庇路"。光绪年间,曾广庇因捐献

---

① 应洁、杨继祥、刘君:《缅甸华侨曾广庇百年前建立曾营小学》,《厦门日报》2011 年 9 月 19 日第 6 版。

② 曾营龙山女子两等学堂是一所初等与高等兼备的女子小学。

③ 吴吉堂:《杏林史话》,厦门:鹭江出版社,2011 年,第 57 页。

④ 钱鹤:《南洋华侨学校之调查与统计》,上海:国立暨南大学南洋文化事业部,1930 年。

⑤ 曾冠英:《缅甸华侨曾广庇父子事迹》,《厦门文史资料》第十三辑,厦门:中国人民政治协商会议福建省厦门市委员会文史资料研究委员会,1988 年,第 53~58 页。

巨资赈济河南水灾,得清政府颁赐"救饥济弱"匾额。早年他还捐资创建同安医院,同时创立同安灌口安仁里公会,并为之购置房产收租,作为该公会及慈善事业经费。1912 年夏天,他被选为缅甸华侨国民捐总局局长,向全缅华侨劝募,仅用 10 个月就筹集捐款达缅币 28 万盾,全部用来赞助祖国建设。民国初年,他个人还多次为福建省建设自捐数万元。

第二节 华侨学校办学者受教育经历对其办学行为的影响

除了家庭背景外,明清时期,海外华侨学校办学者的受教育经历(主要指学校教育)也对其日后形成的教育理念和具体的兴学行为产生了深远影响。这一时期,海外不少华侨学校办学者,在其成长阶段多接受过双语教育,这是其日后创办海外新式华侨学校时实行双语教育模式的重要原因。以下将重点梳理、叙述三位海外华侨学校办学者的受教育经历,分析其受教育经历与其日后办学行为之间的关系。

一、学贯中西的华侨教育家——林文庆

林文庆(1869—1957),字梦琴,医学博士,新加坡华侨教育家。祖籍福建省海澄县三都鳌冠村(今属厦门市海沧区嵩屿街道),1869 年 10 月 18 日出生于新加坡。林文庆的祖父林玛彭在福建出生,1839 年移居马来亚槟榔屿,结婚生子后定居新加坡,在华侨富商章芳琳手下的酒庄任司理,后管理酒税承包行。林文庆的父亲林天尧是林玛彭的第二个儿子,长大后也同样受雇于章芳琳,在其手下的鸦片局任副理。[①] 林文庆的祖母与母亲均是"娘惹"(即华人与马来人所生的女性后裔),因此林文庆实际上是生长于新加坡土生华侨家庭的第二代华侨。在林文庆孩童时期,他父母双亡[②],由祖父母抚养长大。

林文庆家中有着优良的教育传统和浓厚的教育氛围。其祖父林玛彭曾在中国旧式书院接受过完整的儒学教育,他非常重视子女的教育,让自己的

---

① 宋旺相:《新加坡华人百年史》,叶书德译,新加坡:新加坡中华总商会,1967 年,第234 页。

② 林文庆八岁丧母,十二岁丧父(另一说是林文庆十岁丧母,十二岁丧父),家境直落千丈。

孩子(林文庆的父亲林天尧)到新加坡私立男校莱佛士书院接受教育。[①] 因此在林文庆的父母意外双亡后,尚处在幼年的林文庆虽一度遭遇失学危机[②],但在其祖父母的抚养下,他并未失去受教育的机会,家庭的变故反倒是激发他发奋学习。

在家庭的资助下,林文庆从小到大一直接受着一流的教育,并取得了突出的成绩。童年时,林文庆在新加坡福建会馆附设的书院接受启蒙教育,学习四书五经等儒家典籍。[③] 不久后,他进入位于新加坡吉宁街(Cross Street)的一所公立英文学校就读,1879 年前往莱佛士书院学习。[④] 毕业后,在莱佛士书院校长胡列特(R. W. Hullett)的推荐下[⑤],林文庆在 1887 年荣获英国维多利亚女皇奖学金,进入英国爱丁堡大学(Edinburgh University)医学院学习,他也成为首位获得维多利亚女皇奖学金(Queen's Scholarship)的华侨青年。[⑥] 1892 年 8 月,林文庆在获得爱丁堡大学医学内科学士和外科硕士学位后,由于成绩每年均排名专业第一,荣获"阿瑟尔公爵金质奖章"(Atholl Medal)。之后,应英国剑桥大学病理学系主任罗伊教授(Prof. Roy)的邀请,林文庆前往英国剑桥大学从事研究工作,担任病理学讲师。[⑦] 在剑桥大学工作的半年时间内,林文庆在皇家学会主办的《哲学会报》(*Philosophic Transactions*)上发表了两篇重量级的学术论文,即《论犬类心脏的神经》(On the cardiac nerves of the dog)和《蚯蚓的体腔液及其保护机制》(The coelomic fluid of lumbricus terrestris in reference to a pro-

<hr>

① 严春宝:《一生真伪有谁知:大学校长林文庆》,福州:福建教育出版社,2010 年,第 18 页。

② Song O. S. *One Hundred Years' History of the Chinese in Singapore*,Singapore:National Library Board,2020:235.

③ 严春宝:《林文庆传》,厦门:厦门大学出版社,2021 年,第 20 页。

④ Khor E. H. *The public life of Dr. Lim Boon Keng*,University of Malaya,1958:28.

⑤ The *Straits Times*,1956-10-17.

⑥ 为培养优秀的海峡华侨精英,1866 年,塞西尔·史密斯总督创设女皇奖学金,送优秀的华侨(华裔)学生出国深造。除了林文庆外,另两位早期获得女皇奖学金的华裔学生是伍连德和宋旺相;张亚群:《自强不息 止于至善——厦门大学校长林文庆》,济南:山东教育出版社,2012 年,第 10 页。

⑦ 李元瑾:《林文庆的思想:中西文化的汇流与矛盾》,新加坡:新加坡亚洲研究学会,1990 年,第 23 页。

tective mechanism）[①]，这让他在世界病理学研究领域产生了很大的影响力。这些学术成果彰显出林文庆不凡的研究能力，这也是他多年专业学习结出的硕果。在英国学习和工作期间，林文庆还利用业余时间广泛阅读穆勒、达尔文、斯宾塞、狄更斯、麦考利等人的著作，其思想深受当时英国功利主义哲学、社会达尔文主义、妇女平权等学说的影响，这为他日后形成的改良主义思想和华侨教育理念奠定了思想基础。

从上述关于林文庆的教育经历看，他从小就接受了良好的英语和西学教育，无论是在吉宁街的公立英文学校、莱佛士书院还是爱丁堡大学，这些教育经历让他打下了扎实的英语和西学基础。他的汉语基础较为薄弱，而他在爱丁堡大学学习期间发生的两件事情改变了他对于汉语学习的认识。一是当时的林文庆并不太懂汉语，小时候在福建会馆附设书院的汉语学习由于间隔太久大多已淡忘，语言上的障碍让他无法与爱丁堡大学的其他华侨学生用汉语进行深入的交流。二是有一次爱丁堡大学的一位教师请求林文庆翻译一份手卷上的汉字，林文庆无法翻译，这让本就内心好强、敏感的林文庆深感惭愧[②]，这次尴尬的经历让他意识到汉语学习的重要性，也让他开始思考自己的族群身份和族群认同问题。[③] 原本林文庆有机会留在英国继续他的研究工作，但几经考虑后，他还是选择回到汉语学习环境更好、自己更加适应的新加坡，以自己的学识和能力在新加坡华侨社会里传播新知，推广新思想。

在 1893 年 5 月返回新加坡之后[④]，林文庆很快成为当地一位名医。在工作之余，他努力学习普通话和广府方言，阅读了大量中国文学作品。除了英语和汉语两门语言外，林文庆还掌握了巫语、泰米尔语、日语等多门外语。同时期的爱国华侨领袖、厦门大学创办人陈嘉庚曾这样评价林文庆的才学："南洋数百万华侨中，而能通西洋物质之科学，兼具中国文化之精神者，当首推林文庆博士。"[⑤]

① Khor E. H.《林文庆传》，陈育崧、李业霖译，林文庆博士诞生百年纪念刊委员会，1969 年。

② Khor E. H. *The public life of Dr. Lim Boon Keng*，University of Malaya，1958：4.

③ 李叔飞：《海峡华人知识精英的民族主义观念——伍连德与林文庆的比较研究》，《华侨华人历史研究》2009 年第 4 期，第 48 页。

④ 《学医有成》，《叻报》1893 年 3 月 20 日。

⑤ 陈嘉庚：《辟诬》，《南洋商报》1924 年 6 月 16 日。

　　林文庆的教育经历以及其成长过程中形成的多元文化意识（包括对中华文化、西方文化和马来文化的认识）①，对其日后形成"融汇中西之学"的教育理念产生了重要影响，也奠定了他在南洋华侨社会推行教育改革的思想基础。在林文庆从英国返回新加坡从医两年后（即1895年），英国殖民政府鉴于他在当地华侨中的声望以及语言上的优势，认为其可以在英国殖民政府和华侨之间起到沟通交流的作用②，就推选他为海峡殖民地③立法议会的一名议员。④ 一年后，林文庆进入新加坡华人参事局（Chinese Advisory Board）⑤工作，并在1897年得到太平局绅头衔。⑥ 在成为海峡殖民地立法议会议员后，林文庆重点关注华侨权益的保护和华侨社会的发展，而华侨教育正是他的关注点之一。林文庆多次在立法议会上发表讲话，建议英国殖民政府应重视华侨教育，让华侨后代通过接受汉英双语教育掌握汉语和英语两种语言。⑦ 林文庆认为，当时的新加坡华侨普遍存在知识贫乏、精神空洞、道德滑坡、享乐主义泛滥等问题。⑧ 华侨应发展适合自身需要的教育，而接受教育是改良当地华侨社会状况的基础。若不发展华侨教育，新加坡华侨很有可能会在与当地人的社会竞争中被淘汰。林文庆多次撰文阐述振兴华侨教育的重要意义：

　　　　健全的教育，是一切改革实业的根本，它将产生永久的利益……我们有数十万华人居住在海峡和英属马来亚，我们的出类拔萃之士岂能不为促进人民的发展做点事？……作为英籍子民和作为一古老教化民族的后裔，我们应该认清自己的地位，并即刻采取必要步骤使每个海峡

---

① 李元瑾：《东西文化的撞击与新华知识分子的三种回应：邱菽园、林文庆、宋旺相的比较研究》，新加坡：新加坡国立大学中文系、八方文化企业公司，2001年，第250～264页。

② 宋蕴璞：《南洋英属海峡殖民地志略》（上），北京：文物出版社，2022年，第241页。

③ 海峡殖民地（Straits Settlements），18世纪后期至20世纪中期英国在马六甲海峡一带的殖民地，包括槟榔屿、新加坡、马六甲和拉布安等地。

④ 立法议会由驻新加坡的英国殖民政府行政议会的成员、最高司法官和四位由英国总督推荐的非官方议员组成，林文庆就是由总督推荐的非官方议员中的一位。立法议会通过公开辩论的方式讨论英国在新加坡的殖民管理问题，当地报纸也对辩论进行报道。

⑤ 在英国总督塞西尔·史密斯的指导下，华人参事局于1889年在新加坡成立，华人参事局中不同方言群的华人代表照顾其各自的利益。

⑥ 沈渭泽：《新加坡华侨名人传》，新加坡：南国出版社，1950年，第1页。

⑦ 李卓辉：《庆祝八华学校成立111周年特辑》，雅加达：八华学校，2012年，第8页。

⑧ Lim B.K. Straits Chinese hedonism，*Straits Chinese Magazine*，1900，4(15)：108-111.

华人接受良好的教育。①

具体而言,林文庆认为,在土生华侨中推广汉语教育对于他们传承中华文化、守护中华民族的文化根脉至为关键。林文庆发现,当时海峡殖民地的华侨群体中出现汉语水平低、民族离心化的现象,有严重的英化甚至马来化的倾向②,以下是林文庆在演讲和文章中谈及海峡华侨汉语水平低、民族离心化的选段:

> 盖自游学西国初归之时,见华侨之在南洋景况,而惧其子孙不识本国语言文字,自失其无数子孙矣。故虽自知无学不才,辄以孔子之道告人,勉人以学普通语,于学堂传孔子之道德学。③

> 不行孔教,则此广众之民人,心何以齐。久信孔教之外,欲立民志,我国定大危机。如失汉文之学,而盛谈外国语言文字新名词,此无异自灭。④

> 让我们不要忘记,我们是一个伟大民族的后代。如果我们忘记了,那么我们就一定没有希望。我们的祖先,在基督之前两千年,已是一个文明教化的民族……要是可能的话,让我们除却不知父语(father tongue)的污名,让汉族的每一个儿子学习宝贵的语言。⑤

除了鼓励华侨接受汉语教育外,林文庆在《海峡华人的伦理教育》一文中也提到儒家道德伦理教育对于海外华侨子孙后代的重要作用,鼓励海外华侨子女应从小学习儒家典籍:

> 你们(海峡华侨)的责任是将精致的道学知识灌输给孩子。在这个世界上,没有一部书比我们祖先神圣的经典更纯净。你们肩负重任,身为华裔,我们理当应用博大精深的道德伦理引导家人,那才是汉族子孙光荣的财产。⑥

利用自身精通医学的优势,林文庆可以通过为华侨治病的方式深入华侨社区,并不遗余力地宣讲学习汉语和儒学的重要性,鼓励华侨后代学习中

---

① Lim B. K. Straits Chinese educational needs,*Straits Chinese Magazine*,1904,8(1):9-11.

② 严春宝:《林文庆的儒学思想研究》,《哲学动态》2012 年第 11 期,第 33 页。

③ 林文庆:《孔教大纲》,上海:中华书局,1914 年,第 40 页。

④ 林文庆:《孔教大纲》,上海:中华书局,1914 年,第 3 页。

⑤ Lim B. K. We are a peculiar people,*Straits Chinese Magazine*,1898,6(24):167.

⑥ 何文斌:《林文庆:止于至善》,《同舟共济》2022 年第 3 期,第 36 页。

国语言和中华文化,而这也被后人称为土生华侨的"再华化运动"①,对 19 世纪末 20 世纪初英属马来亚地区儒学的复兴起到直接的作用,鼓舞了相当一部分华侨知识精英学习中华文化,后到中国,为推动中国近代化做出贡献。② 林文庆认为,如果海外华侨缺少中国语言和中华文化教育,就会成为一个被切断民族历史和传统的族群,这就好比是一棵被砍断根的树,终究将枯萎、衰落。③ 由于林文庆在南洋华侨界具有相当大的影响力,其"足迹遍南洋各埠,所至之处,侨民莫不欢迎恐后……每一演说,听者常数百千人"④,这为他日后在南洋华侨中推动汉语和儒学教育奠定了群众基础。

林文庆重视儒学和汉语的教育理念具体体现在他的演讲、文章以及办学行为中。在 19 世纪末 20 世纪初,林文庆多次通过演讲、办学、办刊物等方式推进新加坡华侨社会的汉语教育和儒学教育。1895 年,林文庆进行了一次题为"华人的教育"的演讲,这是他第一次以公开演讲的方式呼吁在新加坡发展华侨教育。1896 年 3 月,林文庆与宋旺相在新加坡创办华人好学会(Chinese Philomathic Society),林文庆任主席。华人好学会为更多华侨学习汉语提供条件,短期内会员人数就已经增至数百名。⑤ 1897 年 4 月,林文庆与宋旺相创办《海峡华人杂志》,其中林文庆一人就刊登了十余篇有关儒家思想文化的文章。他从《左传》中挑选出《宫之奇谏假道》和《介之推不言禄》等文章⑥,先用厦门方言拼写,再翻译成英文,将其刊登在《海峡华人杂志》中。他还用英语撰写《儒教的孝行准则》一文,该文于 1905 年 3 月刊登在杂志上,这也是林文庆第一次在《海峡华人杂志》中发表英文文章。⑦ 林文庆用英语撰写儒学文章,通过西洋语言工具在新加坡推广儒学,并借用

---

① 严春宝:《林文庆的儒学思想研究》,《哲学动态》2012 年第 11 期,第 33 页。
② 出生于马来亚槟榔屿、后成为中国检疫与防疫事业先驱的伍连德博士,以及出生于印尼后成为复旦大学校长的李登辉博士等。
③ Lim B. K. Our enemies, *Straits Chinese Magazine*, 1897, 1(2):55.
④ 宋蕴璞:《南洋英属海峡殖民地志略》(上),北京:文物出版社,2022 年,第 241 页。
⑤ 天寥子:《拟新洲好学会序》,《日新报》1899 年 11 月 25 日。
⑥ Lim B. K. Anthology of the Chinese literature, *Straits Chinese Magazine*, 1901, 5(18):66-79.
⑦ 李元瑾:《林文庆的思想:中西文化的汇流与矛盾》,新加坡:新加坡亚洲研究学会,1990 年。

近代科学的分类法赋予儒学"六艺"更加通俗易懂的解释①,这些举措大大方便了新加坡当地汉语水平不高的土生华侨们学习儒学。

此外,为了让南洋华侨子女能够系统地接受汉语和儒学教育,受当时清政府驻新加坡代总领事刘毓霖的委托,林文庆负责在南洋筹办华侨学校。②从1898年起,林文庆在新加坡、荷属东印度爪哇等地开设华侨女子学校、华文学校和华语班。1899年,林文庆参与创办新加坡华人女校,提高当地华侨女子的汉语水平③,给予她们接受近代教育的机会。④同年,林文庆还在自己家中为当地华侨开设华语传习班,每周日授课一次,教授汉语和儒学。后来因报名进入华语传习班的人数急速增多,林文庆就借用位于安祥山(Ann Siang Hill)的威基利俱乐部(Chinese Weekly Entertainment Club)作为学习场所,之后华语传习班又搬到直落亚逸街的英华义学中。

为了让更多华侨子女学习汉语,1902年1月,作为海峡殖民地立法议会的一名议员,林文庆请求英国殖民政府为当地华侨开设华语班。时任新加坡总督的弗兰克·瑞天咸(Sir Frank Swettenham)并不同意,他认为英国殖民政府与其开办华语班,还不如开办俄语班或德语班。⑤尽管如此,林文庆仍未放弃为当地华侨子女开设华语班的想法。1903年10月,在清政府驻新加坡领事馆多位秘书的鼎力协助下,林文庆组织了华语夜班,他将华侨学生分为两个小组,一组在设于海峡华人体育协会的华语班上课,另一组在设于中国领事馆内的华语夜班上课。华语夜班对所有报名参加学习的华侨子女免费,中国领事馆还会举行鉴定考试,为学生颁发学业优秀奖和合格证书。⑥华语夜班的形式非常适合当时新加坡的华侨子女,他们可以白天在本地英语学校学习,晚上进入华语夜班学习,这种华语学习的模式之后也被槟榔屿等地的华侨学校效仿,夜班逐渐在南洋各侨埠增多起来。

筹办华侨学校、华语传习班、华语夜班仅是林文庆在新加坡推行汉语教

---

① 景云:《林文庆教育哲学思想初探》,《宁夏大学学报(人文社会科学版)》2018年第40卷第6期,第154～159页。

② The awakening of China,*Singapore Free Press*,1898-09-01.

③ 林文庆:《募创新加坡女学堂缘起》,《知新报》1899年第87期,第2～4页。

④ Lim B. K. Our enemies,*Straits Chinese Magazine*,1897,1(2):55.

⑤ The *Straits Times*,1902-02-21.

⑥ 李元瑾:《林文庆的思想:中西文化的汇流与矛盾》,新加坡:新加坡亚洲研究学会,1990年,第65页。

育计划的一部分，他深知新加坡汉语教育的兴起不能只靠华侨领袖个人的力量，而必须倚仗华侨集体的力量。为了让更多人投身于新加坡华侨汉语教育中，1906 年，林文庆说服新加坡当地一些华侨领袖，在已有设在庙宇中的学校里增设汉语课程，将每一年用于迎神庙会等活动的钱留下来作为学校的汉语教育经费。① 同年，他还到爪哇游说华侨使用中国国语作为共同的交际语，这样可以方便不同籍贯华侨之间的沟通。② 几所设在庙宇中的学校接受了他的建议，在学校中教授中国国语。在林文庆、邱菽园等华侨领袖的共同努力下，在包括新加坡在内的南洋地区，中国国语的传习效果显著，不少土生华侨开始学习汉语，新式华侨学校也多开设中国国语课程③，南洋华侨社会掀起了学习中国国语的浪潮。

除了汉语教育外，林文庆也非常看重华侨汉英双语教育，他认为汉语是传承中华传统文化精髓的重要基础，而英语则是学习西方实用主义科学的主要媒介，两种语言同等重要，各有其功能。④ 林文庆在撰写的《华侨的教育》一文中，分析了新加坡乃至整个英属马来亚地区华侨所处的社会语言环境：华侨杂处在他族之间，当地土著人以巫语为母语，而统治者（英国殖民者）则以英语为教育工具。新加坡华侨如果既要更好地在侨居国生存和发展，同时又始终保持中华民族特性，就须至少掌握汉语和英语两种语言，汉英双语教育非常重要⑤：

> 海峡华人身为世界上最有文学修养的民族之一的后裔，决不应坐视让祖先这绝妙的语言在他们中间消失。每一位不谙华语的海峡华人都应觉得自行惭愧。英语是有用的语言，是政府的语言，因此每一位海峡子孙都应对它十分熟悉。虽然华语没有英语所拥有的利益，但有它自己的优美，况且它涵盖了我们祖先最优秀的传统。华语的修习必须受到特别的鼓励，否则，在这竞争激烈和目光短视、功利化生活观盛行

---

① Kiong C. E. The teaching of kuan hua in Singapore, *Straits Chinese Magazine*, 1907, 3(11):105-106.

② Lim B. K. Straits Chinese reform 3: The education for children, *Straits Chinese Magazine*, 1899, 3(11):104-105.

③ Kiong C. E. The teaching of kuan hua in Singapore, *Straits Chinese Magazine*, 1907, 3(11):105-106.

④ Lim B. K. Our enemies, *Straits Chinese Magazine*, 1897, 1(2):55.

⑤ Lim B. K. Education for the Chinese, The *Straits Times*, 1895-08-31.

的时日,它将很容易就被牺牲掉。每一位受教育的欧洲人在学校都读拉丁语,完全没有理由让华族子弟在学习英语的同时却不能教授他们学习华语。[①]

把一个民族的一切传统凭空割除,而仍然希望它能够兴旺,这是不可能的……要我们的孩子接受两种语言(指汉语与英语)的训练,却是为着一个极等重要的问题,因为它关系到我们民族的生存。[②]

林文庆汉英双语教育的理念在他具体的兴学办校行为上得以体现。1899 年 4 月,林文庆与邱菽园、宋旺相一起着手创办了新加坡第一所华侨汉英双语女校——新加坡华人女校,开创了新加坡华侨女校双语教育的先河。在清政府驻新加坡领事馆的大力帮助下,新加坡华人女校于当年 6 月开学,学生人数在五六十人。[③] 新加坡华人女校开设汉语、英语、缝纫、刺绣、烹饪、西学、儒学、音乐、体育、家政等课程[④],它的开办有助于提高新加坡华侨女子的整体知识水平,而且由于华侨女子在未来主要承担教育子女的重任,女子知识文化水平的高低对于推动新加坡华侨社会风气的改良起到十分重要的作用:

况乎人种强弱之原,童孩智愚之故,家门戾顺之道,风俗贞淫之端,胥于彼妇之一身判之……女学堂之设,凡以为女孩计,即以为本坡之人士计,并以为本坡人士之继继绳绳永无穷期者计也。[⑤]

事实上,林文庆对汉英双语教育的重视,也在其担任厦门大学校长时的办学思路上有所体现。在担任厦门大学校长期间(1921—1937 年),林文庆一方面在学校极力推行国语教育,规定“本大学以发扬国光为职志,无地方畛域之见,一切教授悉用国语”;另一方面,林文庆将厦门大学的教育宗旨确定为“博集东西各国之学术及精神,以研究一切现象之底蕴与功用”[⑥],而

---

①　李卓辉:《庆祝八华学校成立 111 周年特辑》,雅加达:八华学校,2012 年,第 8 页。

②　Lim B. K. Editorial notes,*Straits Chinese Magazine*,1897,1(1):1.

③　李元瑾:《新加坡海峡华人知识分子的女权与女学思想》,转引自杨松年、王慷鼎:《东南亚华人文学与文化》,新加坡:新加坡亚洲研究学会,1995 年,第 291～292 页。

④　范若兰:《战前新马华侨女子教育的发展》,《东南亚研究》2004 年第 2 期,第 72～77 页。

⑤　林文庆:《募创新加坡女学堂缘起》,《知新报》1899 年第 87 期,第 4 页。

⑥　厦门大学:《厦门大学一览(中华民国二十二年至二十三年)》,厦门:厦门大学,1934 年,第 1 页;厦门大学校史编委会:《厦大校史资料》第一辑,厦门:厦门大学出版社,1987 年,第 48 页。

"博集东西各国之学术及精神"的重要基础就是具备外语能力,"国文之外,尤注重英文,使有志深造之士,得研究世界各国学术之途径"。学校在开设英语课外,还开设法语、日语、德语课程,并计划"增设荷兰文、西班牙文、马来文等科,以便英荷法美等属之华侨子弟,得随意选习"。① 除了"博集东西各国之学术及精神"的作用外,扎实的外语基础也是学生未来出国深造的前提:"我国学生欲留学外国者,最好先毕业于本国之大学,以其学问根底较深,外国言语较精,则其留学成绩自必事半功倍也。"②

就双语教育中汉语和英语两种语言学习的次序、不同教育阶段教学语言的选择等问题,林文庆认为汉语是华侨的母语,华侨子女应先学习汉语:"如果你(华侨)希望你的孩子充分掌握两种语言,恐怕必须让他先学习华文。"③新加坡的一部分华侨家长认为,在新加坡懂得一知半解的英语就等同于获得金钱价值,他们迫不及待地将自己的子女送入英文学校,而在林文庆看来,华侨过早地让孩子学习英语,容易造成华侨子女被英国文化同化,进而丧失中华民族特性。④ 当地也有一部分华侨认为,要让从小生长在马来语环境中的土生华侨再掌握汉语和英语并不现实,同时掌握两种语言会超出一个人的能力,只有那些天赋异禀的才子才可以拥有这种能力。⑤ 尽管在现实中遇到重重阻碍,但林文庆依然没有动摇推行华侨汉英双语教育的想法,并在其开办的海外华侨学校中积极推行汉英双语教育。

语言教育是双语教育的基础,而汉语与英语两种语言所承载的儒学与西学、东方文化与西方文化更是双语教育的重要内容。关于儒学与西学、东方文化与西方文化的关系,林文庆与 19 世纪末中国一批改良主义思想家的观点基本一致,他也认为"西学源自中学",包括自然科学、生产技术甚至是政治学说在内的西学都是由中国传入,因此中国近代教育应以"中学为体、西学为用"。林文庆通过研究发现,达尔文的进化论学说实际上在中国的

---

① 林文庆:《厦门大学民国十年度报告书·校长报告》,厦门:厦门大学,1922 年,第 5 页;严春宝:《一生真伪有谁知:大学校长林文庆》,福州:福建教育出版社,2010 年,第 115 页。

② 林文庆:《厦门大学民国十年度报告书·校长报告》,厦门:厦门大学,1922 年,第 7 页;厦门大学校史编委会:《厦大校史资料》第一辑,厦门:厦门大学出版社,1987 年,第 227 页。

③ 陈维龙:《东南亚华裔闻人传略》,新加坡:南洋学会,1977 年,第 72 页。

④ Lim B. K. Our enemies, *Straits Chinese Magazine*, 1897, 1(2):62.

⑤ Editorial notes, *The Straits Times*, 1898-01-26.

《易经》中就已经出现,而所谓的西方式民主政治其实早在孟子的《民贵说》中就曾提出。[①] 林文庆认为,在海外华侨教育中,应将儒学与西学相融合,这样既能保持儒学中的传统精髓,又能吸取西方科学中有用的部分[②],在华侨教育中摒弃中华文化或者排斥西方文化等做法都是不可取的。[③]

林文庆自身的成长背景、丰富的教育经历、融汇中西之学的知识体系和教育理念,成为他在南洋华侨社会中传播儒学、推行汉英双语教育的基础,而且他在汉、英两种语言的价值与学习次序、儒学与西学的关系等问题上,拥有相当成熟的思考,这对他在 19 世纪末 20 世纪初南洋地区的兴学行为产生重要的影响。

二、新加坡华侨双语教育推动者——左秉隆

左秉隆(1850—1924),字子兴,广东广州人,清外交官、教育家。曾任北京同文馆英文兼数学副教习、清政府驻英使署三等翻译官、清政府驻新加坡领事、广东洋务处总办、外务部头等翻译官。

作为清政府派驻新加坡的一名领事,左秉隆是当时推动新加坡华侨双语教育发展的重要人物。在左秉隆的带动下,从 19 世纪 70 年代后,新加坡涌现了一批新式华侨学校,这大大推动了新加坡华侨双语教育的发展,使得新加坡成为南洋华侨双语教育的中心。

幼年聪颖的左秉隆从小就接受了良好的汉英双语教育。他在小时候首先接受传统儒学教育,打下了扎实的汉语和儒学基础。十四岁时,左秉隆进入广州同文馆学习外语,后进入京师同文馆学习英语、地理和数学。[④] 在京师同文馆学习期间,左秉隆与汪凤池(药阶)、汪凤藻(芝房)兄弟一同在教习丁韪良[⑤]的指导下学习英语。优异的成绩让左秉隆在十八岁时就得到参加总理各国事务衙门考试的机会,他通过考试成为翻译生员,并充当翻译官。

① 李元瑾:《东西文化的撞击与新华知识分子的三种回应:邱菽园、林文庆、宋旺相的比较研究》,新加坡:新加坡国立大学中文系、八方文化企业公司,2001 年,第 111 页。

② Lim B. K. The renovation of China,*Straits Chinese Magazine*,1898:90-92.

③ Lim B. K. Our enemies,*Straits Chinese Magazine*,1897,1(2):52-53,55.

④ (清)左秉隆:《勤勉堂诗钞》,新加坡:南洋历史研究会,1959 年,第 1 页。

⑤ 丁韪良(William Alexander Parsons Martin),晚清时期来华的基督教新教教会长老派传教士,被誉为清末在华外国人中首屈一指的"中国通"。1865 年担任京师同文馆教习,1869—1894 年担任京师同文馆总教习,1898—1900 年担任京师大学堂总教习。

1878 年,左秉隆跟随当时清政府驻英大使曾纪泽访问英、法等国,担任英文三等翻译官。[①] 曾纪泽对于左秉隆非常赏识,正值此时新加坡领事一职空缺,曾纪泽就上疏清廷,推荐左秉隆担任新加坡领事:

> 该员年力正富,学识俱优,通达和平,有为有守,熟悉英国情形,通晓西洋律例,以之充补新加坡领事官,实属人地相宜。[②]

在曾纪泽的大力推荐下,1881 年,左秉隆被委任为清政府驻新加坡领事。左秉隆自身的教育经历,使他非常重视发展华侨教育,而新加坡华侨教育的情况也让他深感改革新加坡华侨教育的急迫性。当时新加坡虽已出现了一些由当地华侨绅商创办的义学、书院,但华侨教育在整体上依旧比较落后,华侨子女对于汉语和中华文化依旧较为陌生。1881 年,清末外交家吴广霈在游历新加坡时,发现当地华侨有被异族同化的现象:"新加坡侨寓华民,闻约十余万,生于斯,老于斯,诡异侏儒,半成异族。"[③]

在 1881 年至 1891 年担任新加坡领事的十年间,左秉隆一直致力于振兴华侨文化教育事业。鉴于新加坡华侨教育相对落后的情形,左秉隆于 1882 年倡议成立会贤社[④],开设类似有奖征文的"月课",要求加入会贤社的华侨每月围绕一个主题撰写文章。"月课"每月的主题不同,但总体上题目多涉及儒家传统道德规范和忠君爱国思想,如"人之行莫大于孝论"、"臣事君以忠"等。[⑤] 从教育形式上分析,会贤社属于辅导教育、社会教育的范畴,它是当时新加坡华侨教育中与全日制新式华侨学校并行的一种教育形式,推动了中华文化在新加坡华侨社会中的传播。参加会贤社的华侨根据主题完成作文后上交,左秉隆亲自评改这些文章,甚至将自己的部分薪水捐作奖励会贤社优秀会员的奖学金[⑥],并择佳作刊登在《叻报》上。[⑦] 左秉隆还曾以

---

① 朱杰勤:《中外关系史论文集》,郑州:河南人民出版社,1984 年,第 574 页。

② (清)曾纪泽:《拣员补领事疏》,《曾纪泽遗集》,喻岳衡点校,长沙:岳麓书社,2005 年。

③ (清)吴广霈:《南行日记》,余定邦、黄重言:《中国古籍中有关新加坡马来西亚资料汇编》,北京:中华书局,2002 年,第 300 页。

④ 会贤社,又称"会员社"。在 1891 年左秉隆离任新加坡领事后,会贤社被下任领事黄遵宪更名为"图南社"。

⑤ 陈育崧:《椰阴馆文存》第二卷,新加坡:南洋学会,1983 年,第 294 页。

⑥ 朱杰勤:《左秉隆与曾纪泽》,《南洋杂志》1947 年第 1 卷第 4 期,第 75～86 页。

⑦ 颜清湟:《新马华人社会史》,粟明鲜译,北京:中国华侨出版公司,1991 年,第 269 页。

下面的一首诗歌描述了当时会贤社的场面：

> 欲授诸生换骨丹，夜深常对一灯寒。
>
> 笑余九较新洲住，不似他官似教官。①

　　根据 1887 年 8 月会贤社《课榜名录》中的记载，每月上交文章的华侨约有三十人，其中获奖的人数约在一半左右（十五人），分为甲（五人）、乙（十人）两个等级②，而实际加入会贤社的华侨甚至达上千人之多。③ 由此可见，会贤社在当时新加坡华侨群体中已经产生了很大的影响力，掀起了当地华侨学习儒学的热潮，这使得"坡中士子，无不以道志学问相砥砺，一时文风大振"。④

　　除了开设"月课"外，在会贤社成立的同一年，左秉隆还创办了英文雄辩会（Celestial Reasoning Society）⑤，参加者主要是在新加坡土生土长、不懂汉语的华侨子女。英文雄辩会每两周在清政府驻新加坡领事馆内组织一次辩论，华侨子女用英语对中国社会、经济、政治、历史和文化等方面的话题畅言议论。⑥ 除了担任英文雄辩会主席外，左秉隆也经常在雄辩会中发表英文演讲，对中国时事发表自己的见解。英文雄辩会的开设，一方面旨在提高新加坡华侨子女的英语能力，以提高他们获得更多就业机会的可能性；另一方面，在土生华侨聚居的地区，用英语作为交流媒介，实际上也可以与使用汉语作为交流媒介一样，起到团结华侨、引导华侨及其后代关心中国时事、传播中华文化的作用。特别是与直接开设华语学校、华语传习班相比，英文雄辩会在侨居国通过英语传播中华文化，这种方式更具隐蔽性，不易引起英国殖民当局的阻挠，也让其在新加坡更容易得到英国殖民政府的认可。会贤社和英文雄辩会的设立，丰富了新加坡华侨双语教育的形式，使得双语教育不再局限于在全日制华侨学校内开设双语课程，而是以文会、社会团体、辅导班等多种形式展开双语教育，发挥补习教育和全日制教育相结合的双

---

　　① 陈育崧：《椰阴馆文存》第二卷，新加坡：南洋学会，1983 年，第 294 页。

　　② 梁元生：《新加坡华人社会史论》，新加坡：新加坡国立大学中文系，2005 年，第 10 页。

　　③ 梁元生：《宣尼浮海到南洲：儒家思想与早期新加坡华人社会史料汇编》，香港：香港中文大学出版社，1995 年，第 55～56 页。

　　④ 陈育崧：《椰阴馆文存》第二卷，新加坡：南洋学会，1983 年，第 294 页。

　　⑤ 英文雄辩会，也译称"天理协会"。英文雄辩会在 1890 年停办，之后并没有复办。

　　⑥ 陈育崧：《左子兴领事对新加坡华侨的贡献》，《椰阴馆文存》第一卷，新加坡：南洋学会，1983 年，第 121～127 页。

轨功能。① 而且这种教育形式还可以拓宽华侨教育的辐射面,让一些因各种原因无法进入学校学习的华侨,也能学习儒家文化,了解中国时事,这也成为晚清时期新加坡华侨教育的一种特殊形式。

此外,左秉隆对于新加坡华侨双语教育发展的特殊贡献,还体现在其对于华侨学校课程设置的思考上。1907 年,时任清政府驻新加坡总领事的左秉隆实地考察华侨学校,他建议华侨学校应在原有汉语和儒学课程的基础上,增加英语和商业课程,采用汉英双语教育模式。这主要是因为英属马来亚华侨多以经商为主要的谋生手段,使用英语进行商业交流很有必要,英语能力和商务技能对于华侨未来在当地的发展非常重要。此外,采用汉英双语教育的模式会使得华侨学校的课程更加实用,贴近华侨实际生活需要,也就能吸引更多华侨子女前来就读。从这一建议中可以看出,左秉隆虽是清政府驻新加坡的领事,拥有视察、监督新加坡华侨学校的职责,他理应从清政府的立场出发,将华侨学校改造成培养为清朝效忠的人才输送基地。从实际情况上看,左秉隆在新加坡华侨学校实地视学期间,他考虑到华侨教育的特殊性,能从华侨的切身利益和实际需求出发,将海外华侨学校定位于满足当地华侨子女实际需求的学校,这在客观上对于新加坡华侨学校双语教育的持续发展发挥了重要作用。

左秉隆曾先后两次担任清政府驻新加坡领事,在这一位置上总共工作了近十三年。根据《总理衙门奏定出使章程》的规定,"出使各国使臣,拟自到某国之日起,约以三年为期……年满奏奖,如有堪留用者,应由接办大臣酌留"。② 特别是从 1881 年至 1891 年,左秉隆连任三届新加坡领事,这充分证明了左秉隆所取得的工作成就。1891 年,左秉隆调任香港领事③,后担任广东洋务处总办、外务部头等翻译官等职,并于 1905 年随五大臣考察东西洋政治。1907 年 10 月,他再度到新加坡担任总领事,直到 1910 年 10 月任期满后离任。④ 虽离任,左秉隆仍在新加坡寓居至 1916 年。

在左秉隆担任清政府驻新加坡总领事期间,作为清政府在海外华侨聚居地的官方代表,左秉隆对于新加坡当地华侨学校双语教育的发展起到重

---

① 陈育崧:《椰阴馆文存》第二卷,新加坡:南洋学会,1983 年,第 294 页。

② 总理衙门:《奏定出使章程》,《万国公报》1876 年第 417 期,第 232～233 页。

③ 《军机处录副奏折》,中国第一历史档案馆:《清代中国与东南亚各国关系档案史料汇编》第二册,北京:国际文化出版公司,1998 年,第 67～68 页。

④ 朱杰勤:《左秉隆与曾纪泽》,《南洋杂志》1947 年第 1 卷第 4 期,第 75～86 页。

要的推动作用,促使新加坡出现了一大批华侨双语学校。在当地侨商的共同努力下,养正书院、华英义学等一批华侨双语学校纷纷成立,华侨还重修、扩建新加坡早期的华侨教育机构——崇文阁和萃英书院,这使得新加坡华侨教育呈现出一派蓬勃发展的新局面。1890 年 3 月 13 日《叻报》对新加坡火热的华侨教育景象进行报道,"叻中书塾,除自请儒师以及自设讲帐者外,其余义塾,多至不可胜言"。①

　　除了主动参与新加坡新式华侨学校的创办、推动华侨双语教育的发展外,为了进一步提高新加坡华侨教育的质量,响应清政府在清末时期吸引华侨子女回国读书的政策,1908 年,接清政府学部函告,左秉隆每年从新加坡、吉隆坡、槟榔屿等埠的华侨学校中选送 45 名学生回到中国,就读于在南京的暨南学堂。② 不少英属马来亚华侨子女通过该渠道回中国读书,提高汉语水平,夯实儒学根柢。在左秉隆任清政府驻新加坡领事期间,他致力于推动华侨双语教育,促使当地华侨子女尽可能地保留华族文化,增强华侨对中华文化的认同和中国人的国家意识,被视为"新华文化的奠基者"。③

三、印尼华侨双语教育之父——李金福

　　李金福(1853—1912),印尼华侨教育家、语言学家。祖籍福建福清,1853 年 11 月 1 日出生于荷属东印度西爪哇(今印尼茂物)。其祖辈早年从福建远赴印尼谋生,父亲李贤昭即出生在茂物。由于家庭贫困,李贤昭从小并未接受过正规学校教育的机会,只能从父辈的家庭教育中接受中华文化的熏陶。④ 李贤昭有两任妻子,第一任妻子陈安娘病逝后,他于 1848 年又娶黄爵娘为继任妻子,后从茂物举家迁往展玉,并育有七个子女,李金福是黄爵娘生育的第一个儿子。

　　李金福成长教育的过程,深受荷印殖民政府愚民政策和华侨教育歧视政策的影响。1800 年,荷印殖民政府接替荷兰东印度公司统治荷属东印

---

　　① 《叻报》1890 年 3 月 13 日,转引自陈育崧:《左秉隆先生驻新政绩》,《南洋学报》1959 年第 15 卷第 1 期,第 19 页。

　　② 中国教育报刊社组:《暨南大学》,重庆:重庆大学出版社,2008 年,第 200 页。

　　③ 柯木林:《新加坡领事官左秉隆:事迹与历史评价》,转引自刘泽彭:《互动与创新:多维视野下的华侨华人研究》,桂林:广西师范大学出版社,2011 年,第 19 页。

　　④ 蔡仁龙:《印尼华人马来语之父李金福》,《华侨华人历史研究》1992 年第 3 期,第 56～61页。

度。在统治之初，为了巩固自身统治，荷印殖民政府推行愚民政策，不开设公立学校。直到 1816 年，荷印殖民政府才正式开办第一所荷印小学，但其规定荷印小学仅招收荷印殖民政府官员的子女和欧洲白人子女入学。19世纪下半叶，荷印学校数量显著提高。1868 年，荷属东印度地区成立荷印学校 68 所，而到 1898 年增至 164 所。[①] 除了荷印学校外，为了进一步加强对荷属东印度的殖民统治，培植为殖民统治服务的土著居民，荷印殖民政府还创办马来文[②]学校。到 1893 年，荷属东印度地区共有 504 所马来文学校。在大量开办荷印学校、马来文学校的同时，荷印殖民政府却不为华侨开设华文学校，并且除了少数在荷印殖民政府就职的华侨职员和富商子女外，荷印殖民政府禁止其他华侨子女到荷印学校和马来文学校学习，这显然是针对华侨实行的一项赤裸裸的教育歧视政策。在荷印殖民政府教育歧视政策的影响下，出身贫寒之家的李金福从小就失去了受学校教育的机会。

李金福虽自幼失学，但他的家庭教育对于他的成长起到至关重要的作用，特别是他小时候所接受的多语教育，为日后成长奠定了基础。李金福小时成长于荷属东印度西爪哇的展玉地区，该地区是巽他族人的聚居地，当地人都讲巽他语。李金福父母也都能讲一口流利的巽他语，语言的优势让他们能够和当地居民自如地交流，因而结交了不少好友。李金福从小就在父亲的严格管教下学习巽他文和马来文。在父母的影响下，李金福在这两门语言的学习上进步显著。此时正逢荷兰基督教布道会传教士阿尔伯斯到展玉传教，并接办了当地由格燊客特用马来文教学的第一所教会学校，将这所学校的教学语言从马来文改为巽他文。这所教会学校对当地华侨子女开放，课程除了圣经宣讲外，还包括巽他文、算术、地理、音乐、体育等实用课程，这些实用课程对于推动华侨适应侨居国社会、提高华侨在侨居国的竞争力很有帮助。因此这所在展玉的教会学校颇受当地华侨的欢迎，后参与吧城中华学校创办的华侨领袖潘景赫当年也曾在该校学习。

李金福的父母从小并未接受过系统的学校教育，他们希望自己的孩子能够有朝一日到学校接受系统的教育，于是就决定送李金福进入教会学校读书。因此，李金福成为西爪哇地区第一位进入展玉教会学校学习的华侨。

---

① 蔡仁龙：《印尼华人马来语之父李金福》，《华侨华人历史研究》1992 年第 3 期，第 56~61 页。

② 马来文，荷属东印度群岛人通用的语言。后来的印尼语实际上是源于苏门答腊岛东北部的马来语。

由于父母工作地的变动,1866 年,李金福跟随父母返回茂物,不得不中断在展玉教会学校的学习,但在展玉教会学校两年的学习时间为李金福日后的学习打下了坚实的基础,他在西学和外语方面的求知欲和探索欲被彻底激发。李金福返回茂物后,他的父亲又送他到当地由新客华侨知识分子开办的一所私塾学习儒学,先后师从于陈禄义、潘竹林、邱文洪等三位教师,三年的学习推动了李金福汉语水平和儒学知识的提高。此后,李金福还先后在茂物教会学校①、茂物夜校②学习巽他文和荷兰文。

丰富的求学经历让李金福较好地掌握了巽他语、马来语、荷兰语和汉语等四种语言,并拥有一定的现代科学知识,而这段漫长且坎坷的受教育经历让李金福认识到华侨子女在荷属东印度地区求学颇为不易,这是促使他投身华侨教育的重要原因。19 世纪 70 年代,李金福一边在教会学校学习,一边在印刷厂工作,他深感有很多华侨子女因为家庭贫困而无法得到受教育的机会,就在自己家中开设补习班,专收贫困的华侨子女学习,用马来语教授。他的日常时间表安排非常紧凑,每天上午七点到十一点在教会学校上课,中午十一点到下午一点在自己家中的补习班给学生授课,下午一点后再到印刷厂工作,晚上在家中备课、编写教材。③

由于当时市面上缺少马来语教材,李金福为了让学生们能更好地掌握马来文,先后编写了马来文初级教材《拼写入门课本》、马来文儿童读物《儿童之友》、马来语语法专著《巴达维马来语》、马来语文学著作《西蒂·阿克巴莉》等。特别是编写于 1883 年的《巴达维马来语》一书是一部语言通俗、内容丰富的初级语法教材,结合了荷属东印度华侨社会语言环境的实际情况,细致地讲解了马来语字母发音、拼写规则、句式结构等语法知识,被荷属东印度地区很多华侨学校作为重要的语言教材之一,也被当地很多华侨文学家用作自学进修的必备教材。除了出版专著外,李金福还一直致力于翻译中国古代武侠小说,他曾用马来语翻译、出版了《七粒星》、《梁添来》和《绿牡丹》等多部中国小说,还出版了第一部以马来文介绍孔子的《孔夫子传》,为在当地华侨和印尼人群体中传播中华文化做出突出贡献,李金福也因此被

①　茂物教会学校,1869 年 5 月 31 日由传教士库尔斯玛创办,教学内容与之前李金福所就读的展玉教会学校相似,也使用巽他语教学。

②　茂物夜校,1872 年由传教士库尔斯玛创办,每周有三个晚上授课。

③　蔡仁龙:《世界华人精英传略·印度尼西亚卷》,南昌:百花洲文艺出版社,1995 年,第 46 页。

称为"印尼华人马来语之父"。①

除了为华侨编写语言学习的教材外,李金福还积极投身于海外新式华侨学校的创建和发展中。19 世纪末,荷属东印度还未有一所新式华侨学校。由于荷印殖民政府推行教育歧视政策,禁止华侨子女进入公立学校读书,大多数华侨子女无法接受近代教育,知识文化水平较为落后。此时的李金福受中国资产阶级改良思想影响,认识到在海外华侨社会中创办新式学校、推广华侨教育对于提高华侨知识水平、纠正华侨群体的陈规陋习、传播中华传统文化等方面将起到很大帮助。1900 年 3 月 17 日,李金福与潘景赫、翁秀章、陈金山、李兴廉、许金安等 20 位华侨领袖一同创办了印尼第一个统一的华侨社团,即"吧城中华会馆"。李金福担任吧城中华会馆理事,其主要工作就包括参与创办荷印第一所新式华侨学校——吧城中华学校,并担任学校第一届理事。

在创办中华会馆和中华学校期间,李金福还在海外华侨社会中积极宣传中华文化和儒教学说。在其撰写的《华人宗教》一文中,李金福将儒学比作华侨的宗教,并称儒学是中华文化的精髓:"孔子是从天那儿获得天命,以便向华人传播《圣经》的一位先知。"②这种将儒教与基督教、孔子与耶稣进行类比的方式,虽和儒家文化的本质有差异,但更符合长期沐浴在侨居地文化中的土生华侨的接受习惯,使得他们更容易接受儒学和中华文化教育,教育效果更好。除了担任吧城中华会馆和中华学校理事外,李金福还曾参加茂物中华学校的创办工作,并凭借自己的语言优势翻译完成了清政府颁布的《大清律例》马来文译本③,他为荷属东印度华侨教育的发展以及中华文化在当地的传播做出巨大的贡献。

从明清时期海外华侨学校办学者的个人家庭背景、教育背景和其办学经历中可以看出,由于这一时期海外华侨学校多由当地华侨领袖捐资、由清政府驻外领事推动创办,这些海外华侨学校办学者的个人成长背景及其受教育的经历,在很大程度上影响了华侨领袖的办学行为,也推动了当地华侨教育的发展。通过分析陈金声、邱菽园、庄银安、徐赞周、颜永成、曾广庇、林

---

① 李卓辉:《庆祝八华学校成立 111 周年特辑》,雅加达:八华学校,2012 年,第 7 页。

② 杨国桢:《海天寥廓:明清中国沿海社会与海外移民》,南昌:江西高校出版社,2019 年,第 170 页。

③ 蔡仁龙:《世界华人精英传略·印度尼西亚卷》,南昌:百花洲文艺出版社,1995 年,第 56～57 页。

文庆、左秉隆、李金福等九位华侨学校办学人的家庭背景和受教育经历,我们可以发现:无论这些华侨领袖是出生在富裕人家还是贫寒人家,无论其从何时、在何地接受教育,他们对于海外华侨社会的洞察、华侨教育的理解以及其自身在各个受教育阶段对于儒学、西学、汉语、外语的认识,都会在潜移默化中形成独特的教育理念。当他们在海外华侨社会取得较高的社会地位和影响力后,他们成长过程中形成的教育理念在很大程度上影响着他们的办学行为。海外华侨学校办学者的成长背景(包括家庭背景和受教育经历)与他们的教育理念和办学行为形成三元互动的关系,下一节将重点剖析明清时期海外华侨学校办学者的教育理念与其办学行为之间的关系。

第三节　华侨学校办学者教育理念对其办学行为的影响

一、以汉语和中华文化为华侨教育的主要内容

明清时期,海外华侨学校开办的主要目的之一就是提高华侨子女的汉语水平,传承中华文化,而汉语和儒学课程也因此成为海外华侨学校的主要课程。林文庆先生认为,尽管英语在世界上的应用范围很广,在侨居地商业生活中也频繁使用,但鉴于海外华侨学校的教育对象是当地华侨子女,只使用英语作为教学语言显然是不合理的。[①] 林文庆大力提倡无论是土生华侨还是新客华侨,都应该在海外华侨学校学习汉语,特别是统一的中国国语,汉语课程应在学校中占据重要地位:

> 以华语为我们课程基础的好处是,华语乃活的语言,为华族三亿多人的日常用语,而且是所有接受良好教育的人士都能了解的……当我们想起海峡有五、六种华人方言,我们马上认识到教授所有孩子们一种重要方言的用处,这使他们懂得我们的语言,并给予他们机会应用母语交谈。现在,基于明显的理由,海峡华人之间很少利用他们自己的语言进行交流。[②]

林文庆对于汉语和英语两种语言的价值有着清晰的认识,华侨要想更

---

① Lim B. K. Straits Chinese reform 3：The education for children, *Straits Chinese Magazine*，1899,3(11):102-103.

② 李元瑾:《历史重演？新加坡两场跨世纪的华语运动》,转引自陈照明:《二十一世纪的挑战——新加坡语文的现状与未来》,新加坡:新加坡联邦出版社,2000年,第98~125页。

好地在侨居国谋生,掌握英语非常重要。英语是当地政府的官方语言,也是一门有实际使用价值的语言,每一位华侨子女都应非常熟悉。从语言学习的规律上分析,掌握汉语对于传承中华文化、保持中华民族特性起到重要作用,因此汉语教育在华侨子女早期学习中应占据重要地位。在汉语教育中,林文庆提倡教授华侨子女统一国语,这可以使来自不同祖籍地的海外华侨在沟通交流上更加顺畅。1901 年,林文庆与邱菽园等一批华侨知识分子精英共同草拟了《中西学堂章程》,其中就提出应以中国国语取代以往新加坡华侨教育中所传授的闽粤方言:"本学堂华文,专学官音,以便联络一气。"①这里所提到的"官音",即中国国语,而非当时新加坡华侨社会中较为流行的闽粤方言。

除了汉语教育外,儒家思想教育和中华文化教育对于华侨来说也非常重要。林文庆将儒家思想视为 19 世纪新马华侨社会改革运动的基础,他建议海外华侨学校应重视儒家道德文化教育,在课程设置中增加儒学课程②,甚至可以专为华侨幼童开设孔教学校,在他们年幼的时候就教授儒学。③对于中华文化,林文庆则认为传承中华文化是海外华侨保持中华民族特性的关键:

> 文化是一个民族在过去生活上所遗传下来的种种精神上的特质,借以维持其生存的。中华民族生存了四千多年,完全是靠旧有文化的力量。④

林文庆对汉语、英语两种语言的认识以及双语教育对当地华侨的作用与价值的认识,对于他日后的办学行为产生了很大影响。他在新加坡、荷属东印度地区的爪哇等处开办华侨女子学校、华语传习班、华语夜校,通过创办多种形式的华侨学校传播中华文化,呼吁华侨使用统一国语作为共同语。1899 年,林文庆创办新加坡第一所华侨女子学校——新加坡华人女校,并为筹建校舍捐献土地。林文庆的夫人黄端琼是马来亚华侨黄乃裳的女儿,

---

① 《天南新报》1901 年 3 月 10 日,转引自汤云航、吴丽君:《新加坡/中国推广普通话比较研究》,沈阳:辽宁民族出版社,2006 年,第 26 页。

② Lim B. K. Straits Chinese reform 3:The education for children,*Straits Chinese Magazine*,1899,3(11):102-103.

③ Lim B. K. The principles of education from the Confucian standpoint,*Proceedings of the Straits Philosophical Society*,1913:49.

④ 林文庆:《中国如何救亡图存》,《厦大周刊》1934 年第 13 卷第 15 期,第 1～3 页。

拥有在美国、英国等西方国家游学的经历,接受过良好的汉英双语教育。在与林文庆结为伉俪后,为了支持丈夫的事业,黄端琼到新加坡华人女校任教,帮助丈夫在华侨中传播汉语和中华文化。除了开办新式华侨女子学校外,为了让更大范围内的华侨接受双语教育,让更多华侨子女能够学习统一标准的汉语,林文庆还在自己家中开办华语传习班。由于教学效果良好,该华语传习班慢慢吸引了越来越多华侨子女来家学习。为了能让华语传习班容纳这些华侨子女,林文庆借用 1899 年海峡华侨精英成立的威基利俱乐部作为上课场所。之后,林文庆访问荷属东印度的第一所新式华侨学校——吧城中华学校,进一步鼓励华侨子女学习国语,并将华语传习班的教师卢桂舫推荐给吧城中华学校,缓解了吧城中华学校汉语教师紧缺的困难。[①] 吧城中华会馆为了表彰林文庆对南洋华侨教育的贡献,还特别授予他金牌奖。[②]

二、突出华侨教育的实用价值

鼓励华侨子女学习汉语和儒学的目的是让华侨子女传承中华文化,在侨居国生活中不忘自身的民族身份和文化身份,保持中华民族特性。要想在侨居国真正立足、发展,华侨必须掌握在侨居国主要的谋生工具——英语和近代科学知识与技能。正因为如此,明清时期,海外华侨学校办学者秉承汉语与英语并行、儒学与西学并重的教育理念,在海外华侨学校中实施汉英双语教育,让华侨子女接受中华传统儒学知识和西方近代科学知识,提高华侨群体的知识水平和在侨居地的实际谋生技能。

新加坡华侨颜永成认为,华侨要在新加坡社会立足,就必须学好汉语和英语。在此教育理念的影响下,颜永成创办华英义学,免费招收那些因家境贫寒而无法上学的华侨子女。华英义学是新加坡第一所由华侨创办、以汉英双语为教学语言的学校,主要面向当地华侨农民、渔民的孩子开设。华英义学开设的课程中除了之前华侨学校普遍开设的儒学、历史、地理等课程外,还大量开设英语、数学、化学等西方语言与近代科学课程,并增设商务、应用文等实用课程,向海外华侨教授实用的商业知识与技能,让他们能更好

---

① 李卓辉:《庆祝八华学校成立 111 周年特辑》,雅加达:八华学校,2012 年,第 10 页。
② 张亚群:《自强不息　止于至善——厦门大学校长林文庆》,济南:山东教育出版社,2012 年,第 57 页。

地在新加坡立足。在颜永成开办华英义学的带动下,新加坡当地华侨商人纷纷效仿华英义学的办校模式和课程设置,先后创设了一批新式华侨学校,如由潮州籍华侨陈云秋、廖正兴等人倡议创办的新加坡端蒙学校,由新加坡宁阳籍华侨捐资创办的星洲宁阳夜校,由闽籍华侨商人李清渊、吴寿珍、张善庆、林文庆等人创办的新加坡道南学校,等等。[①] 这些海外新式华侨学校的普遍特点就是增加英语和西学课程的比例,突出英语教育的实用价值,将汉语与英语、儒学与西学融合在近代华侨学校的课程体系中。

颜永成汉英并重、中西学平衡发展的教育理念,与新加坡另一位华侨学校办学者邱菽园的教育理念有着相似之处。在讨论儒学与西学的关系时,邱菽园认为,儒学与西学并无本质上的冲突,二者甚至可以相通。华侨学生在掌握汉语和儒学后,既可以回国参加科举考试,也可以留在侨居国学习英语,也就是说,汉语学习应在英语学习之前。显然,邱菽园虽然也认可外语和西学课程的实用价值,但他坚持认为,学习以汉语和儒学为核心的中华传统文化是学习西学的前提。因此他并不赞同华侨学生放弃学习儒学而专门学习西学,在其参与创办的海外华侨学校中,为了防止外国教习在课堂上向华侨学生渗透西方宗教思想,他甚至要求英语课程应聘用中国人担任教习。关于儒学教育的具体内容,邱菽园主张海外华侨学校不应强迫学生背诵深奥难解的儒家典籍,应注重教授识字、书法、文法等更加实用的知识和技能,而在学习次序上应以识字解字为第一要义,并在三年内达到用笔写字、用算盘计算的水平,之后再学习各种文法。

三、注入革命思想的教育内容

辛亥革命前,为了获得更多海外华侨对资产阶级民主革命的支持,以孙中山为首的革命党人多次赴海外侨居地宣传革命,并将海外华侨学校作为他们传播革命思想、培植革命人才的重要阵地。当时越来越多海外华侨在目睹各地华侨同胞在侨居国因祖国落后受他人侮辱虐待后,有感于只有建设一个强大的祖国,方能真正提高海外华侨在侨居国的地位,而推翻腐朽昏庸、封建专制的清王朝是实现这一目标的重要途径。因此这些海外华侨在思想上逐渐向革命派靠拢,不少海外华侨甚至不顾处境艰难,毅然选择加入同盟会,向海外侨胞宣传革命思想,海外华侨学校是他们用以传播革命思想

---

① 黄昆章:《华侨华人百科全书·教育科技卷》,北京:中国华侨出版社,1999 年。

的主要平台。

华校办学者向华侨学生注入民族民主革命思想的教育理念，主要从华侨学校办学宗旨定位和教育内容选择两个方面落实。关于海外华侨学校的办学宗旨，曾创办缅甸中华义学、仰光益商夜学的缅甸闽侨陈甘泉、徐赞周、庄银安等人认为，保种（中华民族）富（中）国、启迪民智、抵御外侮应是这一时期海外华侨学校的主要办学目的，海外华侨学校应坚持以中华民族主义思想教育为主，以商业知识和技术工艺技能为辅。显然，这一办学宗旨的确立也与辛亥革命思想有相似之处，在海外华侨群体内部形成强烈的国家、民族和文化认同，在侨居国以各种形式积极参与孙中山领导的民族民主革命，这是20世纪初一批海外华侨学校创办的主要初衷和办学宗旨。在这些与孙中山的民族民主革命思想密切相连的海外华侨学校中，教学内容中除了一般海外华侨学校所开设的汉语、英语、历史、地理、修身等基础课程和一些西学、谋生技能课程外，还涉及资产阶级民主自由等方面的内容，这也让海外华侨学校成为革命派传播思想主张和培植革命力量的重要平台。

综上所述，明清时期，海外华侨学校办学者主要有以下三方面的教育理念：

一是海外华侨学校必须以汉语和中华文化为主要教育内容。无论是海外旧式华侨学校以华侨祖籍地的方言为教育内容和教学语言，还是海外新式华侨学校以统一的中国国语为教育内容和教学语言，在华侨学校办学者的理念中，汉语教育和儒学教育对于在海外华侨群体内传承中华文化、形成中华民族和中华文化认同、加强华侨内部沟通与团结等方面都发挥重要作用。19世纪末20世纪初，海外新式华侨学校的语言教育内容从华侨祖籍地方言逐渐转变为统一的中国国语，这一变化主要缘于海外华侨学校办学者中华民族意识和中国国家意识的增强。一方面，明清时期，华侨学校办学者中的很多人（或者其祖辈、父辈）都是按照"华侨移民—华侨领袖—华侨学校办学者"的人生轨迹成长。从祖籍地漂洋过海到异域辛苦谋生，再到发家致富后投身华侨教育。跌宕起伏的人生过程，让这些华侨领袖们目睹了外族人对于华侨的歧视、虐待与凌辱，所见所闻和深刻反思让其心底里的中华民族意识和中国国家意识越来越强，自我民族身份定位也更加清晰，建立了学习统一的中国国语以形成和强化华侨子女中国国家意识的共识，这也是海外华侨学校的教学语言从早期以华侨祖籍地方言到后来转变为统一的中国国语的主要原因之一。另一方面，晚清以来，中国教育界掀起的切音字改革、统一国语运动和清末教育改革,对于海外华侨学校办学者的教育理念和教学行为也产生了重要影响,再加之这一时期维新派和革命派多次深入侨居地华侨社区进行政治宣传,学习统一中国国语成为增强海外华侨中华民族意识和中国国家意识的基础。

二是突出华侨教育的实用价值,提高华侨在侨居国的谋生和发展能力。明清时期,大多数华侨迫于生计、战争动乱等原因,远隔重洋到异域谋生,掌握一门可以谋生的实用技能是很多华侨选择接受教育的重要原因。当时荷属东印度、美国等不少国家推行教育歧视政策,限制或禁止华侨进入当地人就读的公立学校,这就剥夺了华侨及其后代本应享有的受教育权,影响华侨群体的知识水平,挤压他们在侨居国的生存空间。正是出于提高华侨群体谋生技能、摆脱侨居国教育歧视政策的考虑,海外华侨学校办学者选择在华侨学校中开设英语、数学、印刷、商务等更贴近华侨实际生活需求的实用性课程,提高华侨及其子女的职业竞争力。作为华侨与侨居国当地人沟通的主要媒介,英语(或侨居国通用语言)自然成为海外新式华侨学校的主要课程,在华侨学校的课程体系中占有重要地位;以英语(或侨居国通用语言)为教学语言的西学课程也成为海外新式华侨学校课程体系的一部分。再加上海外华侨学校原有的汉语和儒学课程,海外新式华侨学校就形成了汉语与英语并行、儒学与西学并重的双语教育体系。

三是通过革命思想教育来提高华侨学生的中华民族意识。19世纪末20世纪初,伴随着世界上民族主义思潮的兴起,以及孙中山民族民主革命思想在海外华侨聚居地的传播,一部分海外华侨学校办学者将民族民主革命思想注入新式华侨学校的教育内容中。通过开设一批与资产阶级民主革命思想相关的课程,海外华侨学校办学者希望培养更多有理想、有学识、有抱负的革命人才,为推翻清朝封建专制统治、建设富强中国作贡献,而通过革命思想教育自然也会增强海外华侨群体的中华民族意识,在这一方面与其他类型的华侨学校(非由革命党人创办的华侨学校)设置汉语和儒学课程的初衷有相似之处。

明清时期,海外华侨学校办学者所秉持的教育理念与他们的教育行为紧密相连。根据不同的教育理念,华侨学校办学者开办各种类型、层次的华侨学校,利用各种渠道和社会关系筹集办学资金、聘请中外教师、开设儒学与西学并行的课程、选择适合学生使用的教学材料。这些具体的办学行为,实际上都是明清时期华侨学校办学者教育理念在办学实践中的具体映射,推动了海外华侨教育从萌芽期到起步期再到快速发展期的历史进程,促进了海外华侨教育从旧式华侨教育到新式华侨教育的转变。海外华侨学校办学者所持有的教育理念,成为明清时期海外华侨双语教育发展背后的一股重要力量。

第七章

明清时期华侨教育政策
与海外华侨双语教育的发展

第一节　明清政府华侨教育政策的演变

明清政府对于海外华侨教育的政策在整体上经历了从放任自流到逐步重视的转变过程。[①] 事实上，明清政府的华侨教育政策蕴含于整体的华侨政策和对海外华侨的态度之中。因此研究明清政府具体的华侨教育政策，就必须从其对海外华侨的整体态度和颁布的华侨政策入手。

一、明朝华侨政策

明朝前期，政府颁布了一系列禁阻民间出洋从事海外贸易的政策，即海禁政策，包括禁止中国人赴海外经商、限制外国商人到中国进行贸易（朝贡除外）等。具体而言，1370 年，明朝开国皇帝朱元璋实行海禁，规定"片板不许入海"[②]，这样就完全禁止私人进行出海贸易，即便是例行的朝贡贸易也被限制在最小的范围之内进行。明朝中期（15 世纪末到 16 世纪中期），明政府实施的海禁政策时紧时松，以紧为多。严厉时不仅下令毁掉民间的海泊商船，而且对从事私人出海贸易者采取连坐法，就连那些知道有船出海经商但不报告的人也会被视为同罪。明政府对于民间出海贸易的禁令在很大程度上阻止了中国人的出洋热潮，对移民的限制也自然使得明朝中前期移

---

① 别必亮：《承传与创新：近代华侨教育研究》，石家庄：河北教育出版社，2001 年。

② （清）张廷玉：《明史》卷二〇五，《朱纨等传》，《二十五史》第十册，上海：上海古籍出版社、上海书店，1986 年，第 8348 页。

民海外的人数较少,海外华侨教育也极少,更没有华侨教育政策的出台。

在实施海禁政策的同时,针对那些通过偷渡方式出洋的华侨,明朝初期,政府主要采取招诱回国、安抚和镇压相结合的方法。具体而言,1403年,明成祖朱棣发布诏书,申明朝廷对已出洋的华侨将"网开一面",并为已经移民东南亚的华侨指明了一条回国之路:

> (南洋华侨)本国家良民,或困于衣食,或苦于吏虐,不得已逃聚海岛,劫掠苟活。朕念好生恶死,人之同情。(而今)帝王替天行道,视民如子,当洗涤前过,咸俾自新。故已获罪者悉宥其罪。就俾斋敕往谕尔等:朕已大赦天下,可即还复本业,安土乐业,共享太平。[①]

1406年,明成祖朱棣又一次颁布诏令,劝说海外华侨回国:"凡前所犯,悉经赦宥,譬之春冰,涣然消释。宜即还乡复业,毋怀疑虑,以取后悔。"[②]两条诏书的目的是劝告那些已经移居海外生活的华侨尽快回国、回乡,承诺明政府将并不会对他们有任何处罚,这实际上是很明显的招诱政策。除了招诱华侨回国外,明朝政府还采取镇压与安抚相结合的办法来对待已经出洋的华侨。明朝政府打击那些不肯向大明王朝臣服的华侨。1407年,受明政府命令而下西洋的郑和船队,镇压陈祖义势力。同时又扶持协助生擒陈祖义的施进卿势力,明成祖朱棣甚至诏命施进卿为旧港宣慰使。[③]

明朝后期(16世纪60年代以后),明政府逐渐开放海禁,这使得私人海外贸易迎来了一个高潮期,一批福建、广东人移民南洋、日本等地,并在当地形成了一定规模的华侨聚居区。尽管海禁有所松弛,但明朝政府对待海外华侨仍持有敌视的态度。明政府甚至与西方殖民者勾结起来,对付那些被认为有害于明朝政权稳定的华侨。1603年,菲律宾吕宋岛华侨遭到西班牙殖民者大屠杀,明政府对华侨遭遇的劫难非常冷淡,认为并没有保护这些华侨的必要。明政府非但没有对驻菲律宾的西班牙殖民者进行谴责,反而对海外华侨大加指责,认为这些"被杀者乃系抛弃乡里、以牟利为目的之贱民"[④],明政府并没有保护这些华侨移民的必要。

① (明)谭希思:《明大政纂要》卷十三,明万历四十七年(1619年)刊本,第17页。

② 《明实录·明太宗实录》卷六十三,台北"中央研究院"历史语言研究所校勘,上海:上海书店,1983年,第905页。

③ (明)张燮:《东西洋考》卷三,《旧港》,谢方校注,北京:中华书局,2000年,第62页。

④ 沈云鸥:《中国历代华侨政策的变迁》,转引自吴泽:《华侨史研究论集》(一),上海:华东师范出版社,1984年,第482页。

二、清朝前期、中期华侨政策

关于清朝前期、中期、后期的划分,学术界有多种观点,本文采用共识度相对较高的观点:清朝早期:顺治、康熙、雍正时期(1644—1735 年),清朝中期:乾隆、嘉庆、道光时期(1736—1850 年),清朝后期:咸丰、同治、光绪、宣统时期(1851—1911 年)。人们也常把 1840 年至 1911 年称作晚清时期。

清朝统一台湾之前(1683 年以前),清政府延续了明朝时期的华侨政策,禁止中国人移居海外。1647 年,清政府颁布了《大清律》,其中规定:"凡官员兵民私自出海贸易,及迁移海岛居住耕种者,俱以通贼论,处斩。"①官方虽严禁私人出海贸易,但仍有一部分沿海人民为了谋生以及支援郑氏集团的需要在暗地里出洋。为了进一步切断沿海人民和明朝遗臣郑成功为首的郑氏集团及海外反清力量的联系,1661 年,清政府颁布"迁界令",逼迫在山东、江南(今江苏)、浙江、福建、广东等五省的沿海百姓全部内迁 30～50 里②,并且焚烧沿海地区的房屋,让沿海地区的人民背井离乡,形成无人区的隔离地带,这样就进一步减少了沿海人民移民海外的可能性。

随后的几十年里,关于禁止人民出洋的政策一直时松时紧。1683 年,清军攻下台湾后决定开放海禁。一年之后,清政府废止了"迁界令"和相关海禁处分条例,允许私人出海贸易。在 1717 年,由于担心中国人移民海外进行海外贸易会动摇清政府的统治,清政府颁布了《南洋渡船禁止令》,规定南洋吕宋(今马尼拉)、噶喇吧(今雅加达)等地不准商船前往贸易,由福建、广东两省的水师对出洋船只进行查验,违禁者缉拿治罪。③ 清政府准许外国夹板船照旧来中国进行贸易,但规定在回航时船只上不能有中国人,违禁者同样缉拿治罪,这是对中国人移民海外的又一次禁令。原本东南沿海人民迫于生活压力选择出洋谋生,但《南洋渡船禁止令》的颁布堵上了这一条谋生之路,这对东南沿海地区经济、民生上带来了巨大危害:"南洋禁后,诸益尽失,百害俱生,百货不通,民生日蹙……一船之蔽,废中人数百家之产,其惨目伤心可胜道耶?"④显然,《南洋渡船禁止令》的出台,说明清政府并未

---

① (清)阿桂:《大清律例》卷二十,《兵律关津》,清乾隆五十五年(1790 年)刻本。

② 章开沅:《清通鉴》(一),长沙:岳麓书社,2000 年,第 511 页。

③ 章开沅:《清通鉴》(一),长沙:岳麓书社,2000 年,第 1241 页。

④ (清)蓝鼎元:《论南洋事宜书》,(清)贺长龄、魏源:《皇朝经世文编·兵政卷》卷八十三,上海:宏文阁,1898 年,第 13 页。

对华侨移民的身份和目的加以区分,而是将所有海外华侨一律视为仇视清廷、试图恢复明室的逃犯和海贼。即使在东南沿海局势已基本安定的情况下,清政府仍然将南洋华侨视为一种潜在的威胁。

1727 年,闽浙总督高其倬上奏清廷,建议放开南洋海禁,他认为,放开南洋海禁不仅可以有益于东南沿海人民谋生,还可以通过多征贸易关税来增加国库收入。更重要的是,当时中国沿海地区正闹粮荒,而从位于南洋的暹罗运粮食是缓解沿海粮荒、维持社会稳定的重要途径。出于贸易、税收、解决粮荒等方面的考虑,清政府接受了高其倬的建议,并于 1727 年解除了南洋禁航令,同时开放广州、泉州、松江(上海)、宁波四个通商口岸。这一禁航解除令并不是允许私人出国前往南洋,仅仅是允许中外官方贸易的往来。清政府官方设立的通商口岸有四个,但在海禁政策有所松弛后,私人非法移民很多,实际上,当时与海外通商的口岸已经超过 100 个,只不过绝大多数通商口岸都未经清政府的批准,这在一定程度上方便了沿海人民出海贸易和移民。

1757 年,由于"洪任辉事件"的影响,乾隆皇帝撤销宁波、泉州、松江三个海关的对外贸易,仅开放广州海关与外国人进行贸易。"洪任辉事件"是清朝乾隆时期因外商告状而引发的一起涉外纠纷。洪任辉(原名为詹姆斯·弗林特,James Flint)是 18 世纪来华的一名英国商人和外交家,他曾在广州学习汉语,也是英国第一位来华的通事[①]。1755 年,英国东印度公司派船主萨缪尔·哈里森[②](Samuel Harrison)和通事洪任辉前往宁波进行贸易。哈里森发现宁波税收较轻且靠近茶叶、丝绸产地,很适合对外贸易,而且也希望通过在宁波的贸易来反抗广州海关的"胁迫勒索"[③],以此来改善未来在广州的贸易环境。英国东印度公司增加了宁波的贸易量,进而导致广州港的贸易量大为下滑。清政府随即将宁波海关的关税提高一倍,洪任辉就向乾隆皇帝告状,控告广州海关官员贪污受贿并刁难洋商。他还代表英国东印度公司与清政府交涉,希望清政府改变外贸制度,保护外国商人的正常贸易。最终,清政府既惩罚中方相关海关人员,又将洪任辉拘押在澳门前山寨,在拘押期满后将其驱逐出境。"洪任辉事件"带来的直接影响是清

---

① 通事,在清末的主要职能是充当中外贸易的翻译员。

② 萨缪尔·哈里森,也译称"喀喇生"。

③ 当时广州海关陋规繁多。外国商船除须缴纳货税外,还须缴纳 3300～3400 两白银。

政府将广州作为唯一的对外通商口岸,并颁布《防范外夷规条》(又称为《防夷五事》),限制外国商人的活动,这一事件也成为清政府实行独口贸易的标志。虽然独口贸易并没有使得总贸易量下降,但清政府无论是对国内人出洋还是外来人入华都进行严格限制。

《防范外夷规条》规定:禁止外国商人在广州过冬;外国商人到广州,应令寓居洋行,由行商负责稽查管束;禁止中国人借外商资本及受雇于外商;割除外商雇人传递信息之弊,不许外国商人同中国百姓和官吏随便接触,还强化行商制度;禁止外商私自雇佣中国仆役;中国人不得代外商打听商业行情等等。

除了对海路移民进行严格的限制外,清政府在陆路上也对移民有很多限制。1744 年,清政府在广西中越边境设立稽查机构,登记出关前往越南贸易的客商姓名、籍贯、货物、去向,查明印票,发给通行执照(即腰牌)以备归来时查验身份,有印票腰牌者方能入境。

清朝前期,清政府限制已出洋的华侨移民回到中国。1727 年,雍正皇帝虽解除南洋海禁,但对于超过一定期限仍未回国的华侨,禁止其回到中国,以此来限制华侨移民:

> 数年以来,附洋船回来者甚少,朕思此等贸易外洋者,多不安分之人,若听其去来任意,伊等全无顾忌,则飘流外国者,必至愈众。嗣后应定一期限,若逾期不归,是其人甘心流于外方,无可怜悯,朕意应不令其复回内地。[①]

这一限制华侨回国的政策,一直到 1736 年才有所松动。清政府规定:"在番居住闽人,实系康熙五十六年(1717 年)以前出洋者,令其各船户出具保结,准其搭船回籍。"[②]这一有着"移民松绑"意味的政策,其所指的移民时间点只是在 1717 年《南洋渡船禁止令》颁布之前,并不包括所有移民海外的中国人,而在 1717 年禁令之后私自出洋并"托故不归,复偷渡私回"的人"一经拿获,即行请旨正法"。[③]

---

① (清)高其倬:《硃批谕旨》卷四十六,转引自庄国土:《中国封建政府的华侨政策》,厦门:厦门大学出版社,1989 年,第 93 页。

② (清)昆冈:《光绪钦定大清会典事例》卷七七五,转引自许肇琳:《试析清代前期华侨政策及海外移民》,《八桂侨史》1991 年第 4 期,第 18 页。

③ (清)昆冈:《光绪钦定大清会典事例》卷七七五,转引自许肇琳:《试析清代前期华侨政策及海外移民》,《八桂侨史》1991 年第 4 期,第 18 页。

1754年,华侨回国政策进一步松动,根据清政府的相关规定,如有因贸易稽留在国外,或者本身已经去世的人,其遗属愿意回国的人,均准许回乡:"出洋贸易者无论年份久近,概准回籍,若本身已故,遗留妻妾子女亦准回籍。"[①]虽然暂时放开了海禁并允许华侨回家乡,但清政府对已出洋的华侨并没有在根本上改变摒弃的态度,仍将其视为背弃祖宗而出洋谋利的莠民。就连海外华侨在侨居国遭到不公平对待乃至杀戮(1740年,荷兰殖民者对荷属东印度的华侨发起大屠杀,制造"红溪惨案"),清政府仍然置之不理,全然没有保护海外华侨的意识,甚至认为这些已出洋的华侨本就是清廷"正法之人",其在外生事被害是"咎由自取"[②],荷兰殖民者制造的"红溪惨案",反倒是在帮助清政府铲除那些可能通过起义推翻清政府统治的潜在"祸害",而这种置之不理的态度也进一步助长了一些侨居国政府打压、欺侮海外华侨的气焰。

综上所述,清朝前期和中期,清政府对海外华侨主要持否定态度,即一方面通过颁布海禁禁止或限制中国人出国;另一方面,清政府视多数已经移民海外的中国人为弃民、奸民、海贼,通过将海外华侨诏谕回国、行文外国解回华侨、听任侨居国政府伤害华侨等方式,进一步破坏海外华侨的生存和发展环境。在对华侨持负面态度的影响下,清政府对于中国人移民海外的行为本就已进行层层限制,更谈不上主动制定政策来发展海外华侨教育。因此清朝前期和中期政府并未出台相关政策来主动管理海外华侨教育,而清政府真正开始重视海外华侨的生存环境以及华侨教育的发展,要从清朝后期(晚清时期)开始算起。

三、清朝后期华侨政策

(一)允许国人自由移居海外

鸦片战争后,中国的国门被西方的坚船利炮强行打开,腐败的清政府被迫与西方列强签订一系列不平等条约,其中就包括允许华工出国,这也使得海禁政策开始产生明显的松动。1860年10月24日,清政府与英国签订《中英续增条约》,承认英国招募华工合法化,而中国国民可乘坐英国船只离

---

①　(清)陈寿祺:《福建通志》卷二七〇,台北:华文书局,1968年,第5132页。
②　故宫博物院:《乾隆朝外洋通商案》,《史料旬刊》1931年第22期,第803~804页。

开中国：

> 戊午年定约互换以后，大清大皇帝允于即日降谕各省督抚大吏，以凡有华民情甘出口，或在英国所属各处，或在外洋别地承工，俱准与英民立约为凭。无论单身或愿携带家属，一并赴通商各口，下英国船只，毫无禁阻。该省大吏，亦宜时与大英钦差大臣查照各口情形，会定章程，为保全前项华工之意。①

同年 10 月 25 日，清政府与法国签订《中法续增条约》，其中第九款与《中英续增条约》的内容基本相似，即允许华工有组织地出国。② 此外，1868年 7 月 28 日，美国已卸任的驻华公使蒲安臣擅自越权，代表清政府与美国签订《中美续增条约》（又称为《蒲安臣条约》），其中规定：中美两国人民可以自由往来、游历、贸易和永久居住，这使得中国人移民美国合法化。③ 允许中国人自由移民海外的前提是清政府彻底解除海禁政策，这样中国人才能自由往返于中外。1893 年 9 月 13 日，清廷批准总理衙门关于解除海禁的提议，允许人民自由出入国门，海禁政策终于宣告废除：

> 良善商民，无论在洋久暂，婚娶生息，一概准由出使大臣或领事官给予护照，任其回国治生置业，与内地人民一律看待，并听其随时经商出洋。④

(二)护侨政策的形成和海外领事馆的设立

晚清时期，清政府对待华侨移民的态度开始从清中前期的"弃侨"向晚清时期的"护侨"转变。这一时期，当清政府看到海外华侨经济实力日益增长时，想要利用华侨的经济力量弥补国库空虚，这是晚清时期清政府推行护侨政策的主要初衷。⑤ 清政府逐渐意识到华侨是清朝的子民，也是清政府可以利用的重要力量，应以国家的身份对出洋华侨进行保护。

保护海外华工和华商权益是晚清护侨政策的重要部分。19 世纪 60 年

---

① （清）贾祯：《筹办夷务始末（咸丰朝）》卷六十七，北京：故宫博物院影印本，1930 年，第 13~17 页。

② 王铁崖：《中外旧约章汇编》第一册，北京：生活·读书·新知三联书店，1957 年。

③ 宋怡：《试论〈中美续增条约〉》，《安徽大学学报（哲学社会科学版）》1999 年第 5 期，第 50~53 页。

④ （清）朱寿朋：《光绪朝东华录》第三册，北京：中华书局，1958 年，第 3244 页。

⑤ 赵红英、张春旺：《华侨史概要》，北京：中国华侨出版社，2015 年。

代以后,西方国家来华诱拐华工,再加上海外华工受虐待的消息不断传来,清政府开始意识到应妥善处理西方国家从中国招募华工的问题,并通过与西方国家进行谈判、签署条约来主动对海外华工的权益进行保护。① 1865年,清政府与英国、法国驻京使臣签署《续订招工章程条约》(二十二款),其中规定:严禁英法两国到中国拐贩人口,违反者将以死刑定罪。招工的商人须接受中国地方官的核查,在获得印牒后才可以招工,而且一名华工在海外的工作年限不得超过五年。该章程虽最终并未获得英国和法国政府的同意,而是由清政府单方面施行,但这是清政府首次以法律条文的形式关注华工在海外的利益,保护华工的权益。

19 世纪 70 年代,为深入调查华侨在侨居国的生存状况,清政府下令派遣调查委员会赴古巴、秘鲁等地,调查当地华侨受奴役压迫、买卖华侨苦力等情况。时任刑部主事的陈兰彬以专使的身份前往古巴调查,在了解当地华侨生活无着落、被凌辱虐待的惨状之后②,陈兰彬向清政府提交了详细的调查报告,并与当时殖民统治古巴的西班牙政府进行长时间的交涉和谈判。1877 年,清政府与西班牙殖民政府签订《中西古巴华工条款》,对保护华工的合法权益作了详细的规定。一年之后,陈兰彬以宗人府丞衔被正式任命为驻美国、西班牙、秘鲁三国公使。在担任公使期间,他深入海外华侨群体内进行考察调研,了解当地华侨的疾苦,并针对华侨在侨居国遭受的不公平待遇,多次与侨居国政府交涉、抗议,保护当地华侨的合法权益。此外,1904年 5 月 13 日,清政府驻英公使张德彝与驻南非的英国殖民政府签订了《保工章程》,其中对招工者、政府监督者、工人的权利和义务都做了详细规定,特别强调雇佣华工的厂主不能责打华工,不能对华工施加肉刑③,应尽可能地保护南非华工的人身安全。④

除了对华工的权益进行保护外,清政府开始关注经济实力更强的华商在海外的生存和发展情况。1866 年,广东巡抚蒋益澧建议清廷效仿西方国

---

① 庄国土:《清朝政府对待华工出国的政策——晚清华侨政策研究之四》,《南洋问题研究》1985 年第 3 期,第 87~95 页。

② 《古巴华侨史略》(一),《外交部公报》1931 年第 4 卷第 7 期,第 54~57 页。

③ 李安山:《清朝政府对非洲华侨政策探析》,转引自北京大学非洲研究中心:《中国与非洲》,北京:北京大学出版社,2000 年,第 218~220 页。

④ 《外务部为英属北婆罗洲在汕头招工应按南斐洲招工办理事致英使照会稿》,陈翰笙:《华工出国史料汇编》第一辑,北京:中华书局,1985 年,第 483~484 页。

家以商护国、以官护商的经济方针,派遣使臣对海外华商加以保护和利用:

> 内地闽粤等省,赴外洋经商者人非不多。如新加坡约有内地十余万人,新老金山约有内地二十余万人,槟榔士、伽拉巴约有内地数万人……(奏请朝廷)派遣使臣前往各处,联络羁维。①

仅靠清政府派去华侨聚居国的使臣,难以完成与当地政府进行直接交涉的任务,更难以切实了解和保护海外华工和华商的实际权益,而在华侨聚居国建立领事馆,派遣领事常驻华侨聚居国,更能时刻关注并有效保护海外华侨的利益,这也是近代国家外交护侨的主要措施。② 1867 年,时任江苏布政使的丁日昌曾在答复总理衙门关于海外遣使问题时,建议清政府在海外华侨聚居国设立市舶司,管理当地华侨事务。在海外设立管理机构,不仅便于联络当地华侨领袖,更好地开展侨务工作,使得"上下之情通,而内外之气聚"③,而且还能在有效地管理海外华侨事务的基础上,通过各种手段吸引华侨人才回中国效力,壮大国家的整体实力:

> 查闽粤之人,其赴外洋经商佣工者,于暹罗约有三余万人,吕宋约有二三万人,加拉巴约有二万余人,新加坡约有十数万人,槟榔屿约有八九万人,新老金山约有二三十万人。若中国精选忠勇才干官员,如彼国之领事,至该处妥为经理,凡海外贸易,皆官为之扶持维系。商之害官为厘剔,商之利官不与闻,则中国出洋之人,必系恋故乡,不忍为外国之用,而中国之气日振。仍令该员于该处华人,访其有奇技异能,能制造船械及驾驶轮船,并精习洋枪兵法之人,给资送回中国,以收指臂之用。④

这是清朝第一次由政府官员提出在海外设立类似西方国家领事馆的机构。此后,时任直隶总督的李鸿章、福建巡抚王凯泰也曾建议清政府在海外

---

① (清)宝鋆:《筹办夷务始末(同治朝)》卷四十三,北京:故宫博物院影印本,1930 年,第 16 页。

② 庄国土:《对晚清在南洋设立领事馆的反思》,《厦门大学学报(哲学社会科学版)》2006 年第 5 期,第 79~86 页。

③ (清)宝鋆:《筹办夷务始末(同治朝)》卷五十五,北京:故宫博物院影印本,1930 年,第 21 页。

④ (清)宝鋆:《筹办夷务始末(同治朝)》卷五十五,北京:故宫博物院影印本,1930 年,第 21~22 页。

派遣领事、设立领事馆。① 这些提议在当时并没有被清政府采纳,这主要出于两大原因:一是清政府担心向海外国家派遣领事会造成巨大的经费开支;二是当时清政府还未完全接受以西方外交观念和管理为基础的国际关系制度,同时也缺乏合适的外交人才。② 1876年,时任清政府驻英公使的郭嵩焘以保护华侨权益、方便华侨入境检查为由,建议清廷在海外设立领事:

> 窃揆所以设立领事之意,约有二端:一曰保护商民,远如秘鲁古巴之招工,近如南洋日国③所管辖之吕宋,荷兰所辖之婆罗洲、噶罗巴、苏门答腊,本无定立章程,其政又近于苛虐,商民间有屈抑,常苦无所控诉。是以各处民商闻有遣派公使之信,延首跂望,深盼得一领事与为维持。揆之民情,实所心愿,此一端也。一曰弹压稽查,如日本之横滨、大阪各口,中国流寓民商,本出有户口、年貌等费,改归中国派员办理,事理更顺。美国之金山,英国之南洋各埠头,接待中国人民视同一例。美国则盼中国自行管辖,英国则务使中国人民归其管辖,用心稍异,而相待一皆从优。领事照约稍联中国之谊,稽查弹压,别无繁难,准之事势,亦所易为,此一端也。④

郭嵩焘的建议得到清廷的认可,1877年,清政府决定在华侨人数众多的新加坡设立驻外领事馆,由新加坡当地侨领、开设黄埔公司的富商胡璇泽担任领事,胡璇泽成为第一位驻外领事。⑤

相关历史资料显示,清政府在新加坡设置领事的过程其实并非一帆风顺。为了管理新加坡华侨事务,当时驻新加坡的英国殖民政府已经成立了专管华侨的华民护卫司(Chinese Protectorate),而对于清政府在新加坡设置领事一事,英国殖民政府一度担心其会对当地华侨社会造成影响,不利于英国殖民统治管理。因此英国殖民政府对清政府在新加坡设置领事提出过两个苛刻的条件:第一,该领事的设置是临时性的安排,不可长期保存这一

---

① (清)李鸿章:《李文忠公全集·译署函稿》,南京:金陵书局,1908年;(清)宝鋆:《筹办夷务始末(同治朝)》卷九十九,北京:故宫博物院影印本,1930年,第48页。

② (清)宝鋆:《筹办夷务始末(同治朝)》卷五十,北京:故宫博物院影印本,1930年,第32页。

③ 日国,西班牙旧译为"日斯巴尼亚",简称"日国"。

④ (清)郭嵩焘:《新加坡设立领事片》,(清)王彦威、王亮:《清季外交史料》卷十一,北京:故宫博物院文献馆,1932年,第13~15页。

⑤ 《总署奏议复郭嵩焘奏请于新加坡设立领事片》,(清)王彦威、王亮:《清季外交史料》卷十一,北京:故宫博物院文献馆,1932年,第120~122页。

设置;第二,清政府派驻新加坡的第一任领事人选必须是"一位具有高尚品格与良好社会地位的新加坡华族居民,而不是一位来自中国的华人"。①

在这种要求下,在新加坡侨居多年且在当地华侨社会中拥有较大影响力的胡璇泽成为比较适合的人选。胡璇泽能成为清政府驻新加坡的首任领事,不仅是因为他满足英国殖民政府提出的上述两大条件,也与他的个人身份和履历有关。事实上,胡璇泽当时并非专为清政府工作的领事,他同时也是俄国和英国驻新加坡的领事。② 在清政府出洋大臣刘锡鸿的《英轺私记》和外交专使张德彝的《随使英俄记》中,曾对胡璇泽的身份有过如下的记录:"俄罗斯封以男爵,英亦赐以四等宝星"③;"胡君(胡璇泽)固富人,英俄二国皆假以驭民之职"④;"黄埔人现充俄国领事官、英国议事官胡琼轩(胡璇泽)来拜"。⑤ 更重要的是,胡璇泽在新加坡华侨群体中拥有很高的威望,他之前曾平息粤帮华侨与其他帮华侨的冲突,并深得英国官商的信任:胡璇泽"为其他人民所推服。数年前广属人民与各属人民械斗,亦经胡璇泽解散,英国官商皆信之"。⑥ 正因为如此,胡璇泽成为英国驻新加坡殖民政府的太平局绅和立法会议员⑦,可以作为当地华侨与殖民政府之间沟通的桥梁。此外,选择没有清政府官方背景的胡璇泽作为新加坡领事也更容易为英国驻新加坡殖民政府所接受。

1880 年 3 月 27 日,胡璇泽在新加坡石龙冈路南生花园私邸病逝,清政

① Minutes of the colonial office,27-04-1877,Colonial Office Records(CO)91/142,London:The National Archives;柯木林:《石叻史记》,新加坡:青年书局,2007 年,第 74~80 页。

② (清)宝鋆:《筹办夷务始末(同治朝)》卷五十五,北京:故宫博物院影印本,1930 年,第 22 页。

③ 钟叔河:《刘锡鸿:英轺私记 张德彝:随使英俄记》,长沙:岳麓书社,1986 年,第 54 页。

④ (清)黎庶昌:《奉使伦敦记》,《近代中国史料丛刊:拙尊园丛稿》,北京:中国文史出版社,2007 年,第 237 页。

⑤ (清)张德彝:《随使日记》,《晚清海外笔记选》,福州:福建师范大学历史系,1981 年,第 14 页。

⑥ (清)郭嵩焘:《新加坡设立领事片》,(清)王彦威、王亮:《清季外交史料》卷十一,北京:故宫博物院文献馆,1932 年,第 13~15 页。

⑦ 林孝胜:《清朝驻星领事与海峡殖民地政府间的纠纷(1877—1894)》,柯木林、吴振强:《新加坡华族史论集》,新加坡:南洋大学毕业生协会,1972 年,第 13~29 页。

府"饬苏湘清暂行代理领事"。① 可是苏湘清在当地华侨社会的威信不高，而且英国驻新加坡殖民总督塞西尔·史密斯并不承认苏湘清的领事身份，认为中国不能在新加坡设置永久性领事馆。② 经过清朝驻英法公使曾纪泽与英方相关人员长达三个多月的交涉，英国同意中国在新加坡设置永久性领事馆，不再强求中国领事必须从当地侨领中选择，可由清政府直接派遣官员就任。驻英公使曾纪泽最初推荐随员张德彝担任新加坡领事，但张德彝以需要照顾年迈父母无暇顾及政事为由婉拒："彝以客游三载，未能侍奉高堂，五夜自思，殊多负疚，且领事官责任綦重，新加坡政事又繁，碌碌庸才，实不胜任。"③在曾纪泽的推荐下，清政府最终派曾纪泽的随员、英文三等翻译官左秉隆于 1881 年 9 月担任新加坡领事。④

从新加坡领事馆成立开始，清政府陆续在美国、马来亚、缅甸、日本、古巴、秘鲁、墨西哥、菲律宾、荷属东印度等地设立领事馆，海外领事馆总数达45 个。海外领事馆的陆续建立，对于清政府保护海外华侨权益、加强海外华侨与祖国、祖地的联系发挥重要作用。除了外交上的职能外，海外领事馆的另一职能是配合清政府、海外侨居地的华侨领袖和华侨组织，创办华侨学校，号召当地华侨学好汉语，在华侨中传播中华文化，可以说清政府的驻外领事馆也是推动这一时期海外华侨教育发展背后的重要力量，这在本节第四部分"明清时期的华侨教育政策"中将会详细论述。

（三）吸引华侨回归中国

晚清时期的华侨政策不仅仅体现在保护海外华侨权益方面，也包括吸引华侨人才归国、吸收华侨资本等方面，而通过控制华侨、利用华侨的经济力量来维护清朝专制统治，这其实是晚清时期清政府吸引华侨回国的根本目的。从 19 世纪 40 年代开始，中国在鸦片战争、甲午战争、八国联军侵华

---

① （清）曾纪泽：《奏为新加坡领事胡璇泽病故请酌议恤典片》，中国第一历史档案馆"清宫秘档"，档案号：010。

② Letter from Su Kwei-ching to Colonial Secretary, S. S., 01-04-1880, Colonial Office Records (CO) 273/103/103, London: The National Archives.

③ 钟叔河：《刘锡鸿：英轺私记　张德彝：随使英俄记》，长沙：岳麓书社，1986 年，第806 页。

④ 柯木林：《新加坡领事官左秉隆：事迹与历史评价》，刘泽彭：《互动与创新：多维视野下的华侨华人研究》，桂林：广西师范大学出版社，2011 年，第 16 页。

战争中的惨败，迫使清政府与西方帝国主义列强、日本等国签订了《南京条约》、《天津条约》、《北京条约》、《马关条约》和《辛丑各国和约》等一系列不平等条约，大量的赔款造成清政府国库空虚，深陷财政危机之中。清政府发现，由于华侨有将其在海外劳动所得的一部分资产寄回国内的传统，这让清政府看到通过利用华侨资本来摆脱自身财政危机的重要渠道。根据相关统计，1903 年清政府的海外侨汇收入占清政府国际收入总额的近五分之一，而 1906 年海外侨汇收入已成为清政府的第二大国际收入来源。[①] 为了更好地吸收、利用华侨的经济力量，清末时期，清政府主要从华侨身份认定、奖励华侨投资、吸引华侨加入政府智囊团等三个方面入手。

首先，吸引华侨回国投资的前提是要破除华侨归国之忧，确认华侨的国籍身份，让他们能以中国人的身份自由回国。为了消除华侨归国后可能遭遇到地方族邻和官员的勒索等后顾之忧，清政府于 1893 年 9 月 13 日颁布保护华侨的新法令，公开宣布："外洋侨民，听其归里，严禁族邻讹索，胥吏侵扰。"[②]此外，清政府从法律条文上对华侨的国籍和身份进行认定，确立保护华侨的法律依据，为华侨归国消除障碍。1909 年，根据血统主义原则，清政府制定并颁布了中国第一部国籍法——《大清国籍条例》，该条例第一条就对华侨的国籍问题进行了具体的规定，符合以下三种情况的华侨均具有中国国籍：

> 凡下列人等，不论是否生于中国地方，均属中国国籍：生而父为中国人者；生于父死后而父死时为中国人者；母为中国人而父无可考或无国籍者。[③]

其次，清政府也通过"卖官鬻爵"的方式吸引华侨回中国投资。1906 年，商部改组为农工商部，制定商爵条例，将商爵头衔分为 14 等，并根据华侨投资的具体数额予以奖励，其中投资 2000 万元以上者，奖赏一等子爵；投资 1800 万元以上者，奖赏二等子爵；投资 10 万元者，也可授予五品头衔。[④]

---

① 辛亥革命史研究会：《辛亥革命史论文选》(上)，北京：生活·读书·新知三联书店，1981 年，第 233 页。

② 广东省地方史志编辑委员会：《广东省志·华侨志》，广州：广东人民出版社，1996 年，第 206 页。

③ 《大清国籍条例》，《北洋法政学报》1909 年第 100 期，第 1 页。

④ 《奏遵议拟定华商办理实业爵赏章程折》，《大清光绪新法令》第十六册，上海：上海商务印书馆，1909 年，第 49 页。

而且清政府还规定海外华侨商人与国内巨商一样都为爵赏对象,这是对海外华侨地位认定的一次重大提高,对吸引海外华侨回中国投资发挥重要作用。

再次,清政府还将一部分华侨纳入政府智囊团中,共同参与国家政策的制定。晚清重臣李鸿章曾罗致伍廷芳①等海外华侨加入其幕府。1882年,伍廷芳受直隶总督李鸿章的邀请到天津,进入李鸿章的幕府,出任李鸿章的法律顾问和外事代表,主持办理了因北洋水师军舰停泊日本而发生的"崎案"。海外华侨能够成为清政府官员的幕僚,这与中日甲午战争对海外华侨的强烈触动有关。中国在甲午战争中战败,也在客观上激发起海外华侨民族主义情绪的高涨和国家意识的提高,这也是清政府在清末时期吸引华侨回国的重要契机。为了招揽学有所成的华侨人才回国参与清末新政改革,1901年7月8日,清政府给驻国外各地的使臣下令,让他们挑选优秀的华侨子女回中国效力:

> 为政之要,首重人才。闻出洋华商子弟就近游学者,颇多可造人才。着各出使大臣留心察访,如有在外洋大书院肄业,精通专门之学,领有凭照,或著有成书者,准由各使臣认真查访,分别等第,咨送回华。②

为了更公平地选拔优秀的华侨子女进入清政府工作,清政府将具体的考核任务交给督办政务处,明确指示:

> 按其(华侨)所学,分门考试,交卷后带领引见,听候录取,予以进士、举人、贡生出身,俟将来着有实在劳绩,即当重予擢用。所有考试章程及考取姓名、籍贯、年貌,着分别咨送各该衙门查照。该使臣等务当切实考选,毋得以并无实学者滥竽充数,至(致)使徒劳往返,用副朝廷搜罗俊义、实事求是之至意。③

四、明清时期的华侨教育政策

华侨教育政策是海外华侨政策的重要组成部分。明朝以及清朝前期和中期,政府时紧时松的海禁政策,使得海外华侨移民人数相对较少,教育活

---

① 伍廷芳(1842—1922),字文爵,号秩庸,广东新会人。出生于新加坡,后赴香港和英国求学。1877年,返回香港成为一位华侨律师,后经天津海关道黎兆棠引荐给李鸿章。
② (清)朱寿朋:《光绪朝东华录》第五册,北京:中华书局,1958年,第4681页。
③ (清)朱寿朋:《光绪朝东华录》第五册,北京:中华书局,1958年,第4681页。

动也相应较少。而且这一时期，明清政府总体上对华侨移民持否定态度，不仅禁止、限制中国人移居海外，而且对于少数通过偷渡等方式移民他国的中国人，明清政府将其视为弃民、奸民、海贼，自然更不会考虑这些移民在国外的受教育情况。因此在明朝及清朝前期、中期，政府并没有颁布华侨教育政策。直到晚清时期，清政府才开始意识到保护海外侨民权益、发展海外华侨教育的重要性。

随着鸦片战争后中国的国门被西方坚船利炮打开，与西方国家签订的一系列条约使得华工移民海外合法化，华侨移民海外的人数也就大大增加。根据相关统计，1879 年，海外华侨人数为 300 万；1899 年，海外华侨人数升至 400 万；1903 年，华侨人数已达到 730 万，二十年间华侨人数翻倍。[①]

华侨移民人数增多的同时，如何利用教育手段管理海外华侨群体，让其身在域外、心向朝廷，并吸引有一定经济实力的海外华侨回国投资，弥补国库空虚，这是晚清时期政府制定华侨教育政策的重要出发点。清政府内部的一些有识之士多次上奏政府，提出在海外侨居地创办华侨学校、发展华侨教育的急迫性。清政府内阁侍读梁庆桂就曾致手折上书学部，其中提到在美国等华侨聚居国推动华侨教育的必要性和紧迫性，详尽地阐述了华侨子女学习汉语和儒学的意义，认为华侨教育对于避免华侨被他国文化同化、激发华侨对中国故土的感情、为中国未来的发展作贡献等方面都能发挥重要的作用：

> 盖一国有一国之风俗，纲常伦教各有不同，若使旅外侨民于祖国之文字语言道德习尚渺无所知，则习外之见愈深，爱国之情渐淡……惟虑其（华童）自幼即入美国学校，于国文普通未能谙习，势将楚才晋用，不无可惜。且恐归国时授以职业，殊多扞格。拟请奏派专员驰赴北美，提倡华侨学堂，俾侨民博通中学，俟毕业后再入彼完美之学校，或使彼中已习专门科学者，补习国文，则中西融洽，造成全材，足备国家官人之选，因势利导，莫便于此。[②]

在认识到发展华侨教育的重要意义后，晚清时期，清政府主动实施"劝学"、"视学"、"助学"、"奖励办学"、"吸引华侨回国读书"等五项华侨教育政

---

① 李长傅：《中国殖民史》，上海：商务印书馆，1937 年，第 10 页。

② （清）梁庆桂：《式洪室遗稿》，转引自刘伯骥：《美国华侨史》，台北：黎明文化事业公司，1976 年，第 358 页。

策,具体政策如下所述:

(一)派员到海外侨居地劝学

清政府派员前往海外侨居地开展"劝学"工作,这与鸦片战争后近代领事制度引入中国不无关系。近代领事制度在晚清时期传入中国,该制度是在接受国允许下由一国政府委派人员到接受国保护该国侨民利益的重要制度。鸦片战争后,英国、法国、美国、德国等西方列强根据与清政府签订的条约,纷纷在中国通商口岸设置领事。相比之下,清政府在很长一段时间里一直未将领事制度应用于海外华侨聚居地,更未考虑通过派驻领事在华侨聚居地兴学。事实上,在洋务运动时期,就曾有清政府官员提出在海外华侨聚居地委派领事管理当地华侨教育事务。1887 年,晚清洋务派代表人物、教育改革家张之洞在其上奏的《派员周历南洋各埠筹议保护折》中,曾建议清政府在海外华侨聚居地开设领事馆,并利用领事馆所筹集的经费开办华侨学校,挑选当地儒士为华侨子女授课。这样一方面可以推动当地华侨教育事业的发展,在华侨中传播中华文化,另一方面也有利于达到清政府利用学校教育来使华侨及其后代效忠清廷的目的:

> 其设领之处,就其余款酌拨若干,量设书院一所,亦从小吕宋办起,由臣捐资倡助并购买经书发给存储。令各该领事绅董,选择流寓儒士以为师,随时为华人子弟讲授,使其习闻圣人之教,中国礼义彝伦之正。则聪明志气之用,得以扩充而愈,开水源木本之思。盖将深固而不解,从此辗转传播,凡有血气未必无观感之思。①

直到 19 世纪晚期,清政府才真正开始重视在海外侨居地开展劝学工作。1898 年,清政府颁布《定国是诏》,其中就包括命令各类使臣须承担赴海外华侨聚居地的劝学之责。具体而言,从 20 世纪初开始,清政府向新加坡、横滨、旧金山等华侨聚居地多次派出领事,或者直接任命当地部分侨领担任领事(如胡璇泽、张弼士等),并命令各领事劝导当地华侨开设新式华侨学校。② 在领事的劝学以及当地华侨领袖的推动下,新办的华侨学校开始实行汉英双语教育,教授华侨汉语和外语两种语言、儒学以及有用的西学知

---

① (清)张之洞:《张文襄公全集》第一册,北京:中国书店,1990 年,第 457 页。

② 《饬劝旧金山华侨捐办学堂》,《直隶教育杂志》1907 年第 11 期,第 97 页;《部饬提倡华侨兴学》,《直隶教育杂志》1907 年第 18 期,第 112 页。

识与实践技能。[①] 1906 年,清廷就曾委派外交家钱恂与学部专门司行走董鸿祎,到荷属东印度的巴达维亚、井里汶等地劝学,并要求他们须将学务调查情况以报告的形式反馈给朝廷。为了达到更好的劝学效果,出使各国大臣、领事在劝学过程中,特别为海外华侨子女指明了未来回中国发展的一条道路,即海外华侨学校中"才学优长、品望卓著"的学生还可以回中国参加科举考试,并且有机会在清政府内担任领事、参随等官职,这对于明清时期仍抱有回国、发展的华侨而言具有很强的吸引力:

> 旨饬下出使各国大臣督同领事人各就寓洋华人晓以忠义,一体建立学堂并肄中西文字,凡兵农工商格致有用之学,务令各专一艺,而以修身明理为本,即照新议常科例,责领事保结达之使臣,各就所学覆实考校,录尤取进,咨明礼部原籍,作为经济科商籍生员,俟届大比之年,倘该生等有志观光,由使臣给咨回华,准应原籍,或顺天乡试,其有才学优长、品望卓著,并准切实保荐,就近拔尤充领事、参随等官,使之考察商务,研求工艺及一切内政外交。[②]

又如,1907 年,清政府驻新加坡总领事孙士鼎在考察当地华侨学校时,也鼓励华侨绅商创办华侨学校,并为他们划出未来可开办华侨学校的地区:

> 领事传集华商,委曲劝导,谕以兴学之利,不兴学之害,多能蹈厉奋发,克期从事……吉隆、坝罗(怡保)、太平诸埠,计明春必有数区可以开校。[③]

除了选派出使各国的大臣、领事劝学外,清末时期,清政府还多次特派视学员前往华侨人数较多的南洋和美洲各地开展劝学工作。[④] 在视学员的推动下,清末时期侨居地掀起了一股兴办华侨学校的热潮。以华侨人数较多的南洋地区为例,在清政府所派视学员刘士骥[⑤]的劝学下,英属和荷属各埠由侨商兴办的华侨学校就有 17 所。根据各侨居地华侨教育情况的不同,在视学员劝学下开办的华侨学校主要有以下三种情况:一是侨居地本无华侨学校而开设华侨学校;二是侨居地已有华侨学校而再增设华侨学校;三是

---

① 《本国之部劝令华侨注重国文》,《教育杂志》1909 年第 1 卷第 1 期,第 1 页。
② 《总署议覆令旅洋华人开设中西学堂折》,《知新报》1898 年第 67 期,第 7～8 页。
③ 陈育崧:《椰阴馆文存》第二卷,新加坡:南洋学会,1983 年,第 282 页。
④ 《学部筹办南洋华侨教育》,《广益丛报》1906 年第 121 期,第 29 页。
⑤ 刘士骥(1857—1909),广东龙门县客家人,署广西永淳县知县、广东怀集县知县、两广学务处查学委员等。先后在广州发起创办 7 所小学堂,在家乡龙门开办高等小学堂。

在侨居地已有旧式华侨义学、私塾,而将这些旧式华侨教育机构改良为新式华侨学校。1906 年 10 月 7 日《新闻报》刊登的《劝谕南洋华侨速办学堂》一文,具体描述了当时在视学员刘士骥劝谕下南洋地区新式华侨学校纷纷成立的景象,并提到新任视学员敦促学校成立:

> 南洋华侨经劝允设各学堂,请饬新派视学员鼓舞以速成禀复请奖外,并于英荷两属各埠劝谕侨商另辟学堂十七所。一为向无学堂而新议建立者,一为既有学堂而筹添设者,一为旧有义学而议整顿者,各绅商等均允设立,徒以归国期迫未能亲观其成。现请札派新委视学员于所到各埠再行敦劝,以速成立,该令热心该绅商等好义,均属可嘉,候即札饬视学员会同劝学所总董剀切劝谕,赶速开办可也。[1]

当时南洋地区的华侨学校主要为小学、中学教育层次,而事实上,清政府也曾有在南洋地区创办华侨高等院校培养专门人才的想法,甚至已经勾勒出了华侨高等院校的基本轮廓。随着清王朝的覆灭,华侨高等院校终究未能在华侨聚居地成立,但从在南洋创办华侨高等院校的建议可以看出,清政府当时已经具有通过劝学工作在南洋地区发展多层次华侨教育、形成华侨教育体系的想法:

> 闻学部唐尚书(唐春卿)与外务部邹尚书(邹嘉来)近与枢臣会议,拟建设南洋华侨大学堂于荷境(荷属东印度地区),以期就近造就侨民。以汉文为主要科,冀可养成为国效用之材。其款拟饬江粤等省协筹三分之二,余由各埠劝募,刻已议有端绪,闻系陆子兴(陆征祥)公使所建议者。[2]

美洲是南洋地区之外华侨的另一大聚居地,也是这一时期清政府特派视学员前往管理华侨教育事务的重点地区。1907 年,学部上奏清廷,建议协助美洲华侨兴办教育,并派内阁侍读梁庆桂赴美洲劝学。在《奏拟请派员赴美筹办侨民兴学事宜折》中,学部提出了在美洲发展华侨教育的两大裨益:

一是应对当地政府针对华侨子女制定的教育歧视政策,提高华侨子女的知识水平,为其日后在美洲更好地生存与发展奠定基础。当时在美国,即使是一些在侨居国已经生活很久的华侨,其子女也无法和当地孩子享受平

---

① (清)岑春煊:《劝谕南洋华侨速办学堂》,《新闻报》1906 年 10 月 7 日第 9 版。

② 《议建华侨大学堂》,《通问报:耶稣教家庭新闻》1910 年第 419 期,第 10 页。

等的受教育权。华侨子女因受到美国"亚洲幼童共校之禁"的政策影响，未能进入公立学校学习。由于受困于自身学识低下，再加上华侨工商业遭到当地政府各种苛例的阻碍，美洲华侨工商业逐渐式微，华侨的生存和发展空间不断被压缩：

> 比年(华侨)工商实业日即衰微，固由苛例使然，亦由华民漫无学识，未能竞进。及今不图，再阅十年，恐知识愈加柜梏，生业愈形凋敝，可为长虑。①

如果此种情况无法得到根本改善，在美洲的华侨工商业将会没落，这样清政府想利用华侨资本来弥补其财政亏空、巩固其政权统治的计划也会因此受阻。清政府令驻外领事劝学和管理华侨教育，其根本目的是巩固自身专制统治，但这项华侨教育政策却在客观上有助于提高美洲华侨子女的知识水平，在侨居国能够一代代生存下来，并逐步发展，"若施教育以扩其知识，操业日精，生计自裕，生齿亦孳而愈繁"。②

二是在美洲兴办华侨教育有助于在华侨子女中传播中华文化，激发他们对祖国和家乡的眷恋，让他们不至于在美洲文化的浸染中忘祖背宗，最终成为他国所用的人才：

> 近年华人入美国专门大学肄业者甚多，大率内地人士稍具根柢者始往游学，而华侨子弟能入美国大学者殊为罕觏，间有其人亦以生长外国于宗国文化遗之已久，于国事更漠然。若忘，纵使学业有成，亦终楚材晋用为外人所驱使。若施教育以发其爱国之心，俾知孔教渊源，累朝恩德，自可默相维系，收为我用。③

经过清廷批准后，清政府派出梁庆桂为学务专使，于1908年2月7日乘船赴美洲，先后前往旧金山、纽约、芝加哥、波特兰、西雅图、维多利亚、温哥华等地，参与组织和协助当地华侨领袖创办华侨学校。在劝学期间，"所有调查学童、劝励绅董、储备教员、编设学科、补助经费"④等事项，均由梁庆

---

① 《奏拟请派员赴美筹办侨民兴学事宜折》，《东方杂志》1907年第4卷第7期，第150～151页。

② 《奏拟请派员赴美筹办侨民兴学事宜折》，《东方杂志》1907年第4卷第7期，第151页。

③ 《奏拟请派员赴美筹办侨民兴学事宜折》，《东方杂志》1907年第4卷第7期，第151页。

④ (清)朱寿朋：《光绪朝东华录》第五册，北京：中华书局，1958年，第5614页。

桂在与清政府函电后核办,梁庆桂此行的往返车马费和抵美后所需的各项费用均由清政府学部承担。[①] 在国家财政处于严重赤字的情况下,清政府仍拨款委派学务专使赴美劝学,这足以可见清政府在 20 世纪初对海外华侨教育的重视。

到达美洲后,梁庆桂积极履行兴办华侨学校的使命。1908 年 3 月 2日,梁庆桂抵达美国旧金山,他的劝学工作得到清政府驻美公使伍廷芳、驻旧金山总领事许炳榛的大力支持。在华侨各会馆绅董的参与下,梁庆桂多次赴美国、加拿大各商埠宣传开办华侨学校的好处。当时美洲多地华侨还处于各自为政、四分五裂的状态。在旧金山,当地华侨虽然人数众多,但却划分邑界,对于华侨教育的认识并不深入。在经过梁庆桂五个月的游说后,当地华侨才在中华会馆中腾出一块地方作为华侨学校的校舍。在美国芝加哥,当时华侨的"家族主义"思想尚未消除,各姓氏之间相互怀疑,互不往来,梁庆桂在各大姓氏之间来回劝说,终于达到联合办学的目的;在加拿大温哥华,梁庆桂除了大力劝学外,还帮助华侨义学、私塾等旧式华侨教育机构进行改良,制定学规,增聘名师,以使华侨教育能够适应时代发展的需要。经过梁庆桂一年时间的劝学,除了在旧金山、维多利亚两地由当地中华会馆开办华侨学校外,在纽约、萨克拉门托、芝加哥、波特兰、西雅图、温哥华等六地也相继出现了 8 所华侨学校。从梁庆桂到美洲逐地劝学后,当地的华侨教育事业发展进入一个新阶段。华侨社会不仅掀起了一股兴学的风潮,而且在课程设置上不断完善,开设修身、汉语、历史、地理、经学、格致、外语、图画、音乐、诗歌、刺绣、体育、字课、书札等中西合璧的课程,实施汉英双语教育,这也使得新式华侨学校在教育内容上比之前的华侨义学和私塾更近一步。

除了选派使臣、领事、学务专员等个人到海外侨居地劝学外,1905 年以后,清政府相继在荷属东印度的巴达维亚、英属马来亚的新加坡和槟榔屿等地设立劝学所、中华总会等华侨教育管理机构。这样能够更加系统地在南洋各地开展劝学工作,进一步加强海外华侨教育机构与清政府学部的联系,从而让海外华侨能够心归中国、力为中华。清政府在华侨人口众多的新加坡、槟榔屿设立劝学所,由朝廷委派总董,以清政府驻槟榔屿副领事、粤籍华

---

① 《奏拟请派员赴美筹办侨民兴学事宜折》,《东方杂志》1907 年第 4 卷第 7 期,第 151页。

侨富商梁廷芳任新加坡劝学所总董,以槟榔屿锡矿大王、闽商胡子春任槟榔屿劝学所总董。受两广总督岑春煊之命到南洋考察华侨学务的刘士骥,在南洋辅助当地华侨领袖成立中华总会,并将中华总会作为团结华侨、管理华侨学校的组织,之后将其更名为华侨学务总会、爪哇学务总会、爪哇教育会。在总会的宗旨和章程中明确要求:加入该会的各地华侨学校每年须将学校的办学情况呈报学务总会,再由学务总会向清政府学部汇报。此外,1911年,婆罗洲华侨学务处董事林召南上奏清廷,建议设立婆罗洲劝办华侨学务处,并根据清政府制定的《奏定教育会章程》,将婆罗洲劝办华侨学务处改名为"婆罗洲教育会",这一建议得到清廷的批准:

> 悉婆罗洲教育未兴,该董理林召南禀请设立大清驻南洋婆罗洲劝办华侨学务处,自是为振兴教育起见。惟爪哇设立学务总会业经本部饬改为爪哇教育会,遵照本部奏定教育会章程办理,该处情事相同,亦应改为婆罗洲教育会,以归一律。①

(二)派员赴海外侨居地视学

除了派员赴海外华侨聚居地劝学、创办华侨学校外,为了更好地管理海外华侨教育,"整齐国内之学制,提倡海外之学风"②,清政府在 20 世纪初多次派遣视学员、查学员到海外调查华侨教育情况。视学工作与劝学工作有一定的重叠之处,甚至一些视学员同时也兼任劝学员,但视学工作的重点不是创办华侨学校,而是对已创办的华侨学校情况进行全方位的调查。这一时期,清政府对海外华侨学校调查的地理范围,不仅局限在华侨集中的几大商埠,甚至还包括有华侨居住的一些小岛:

> 顷咨外务部谓,各国华侨学务情形,本部迭拟报告。惟查每次报告处所只在于各大埠数处,其饬各领事兼辖诸岛处并未逐一查报,殊非统一之策,应请转饬各领事嗣后关于学务之报告,务将兼辖各岛侨民教育情形分别查明缮表报告云云。③

1.视学员的选派

关于海外华侨学校视学员的选派,清政府采取官派专职视学员、选派教

① (清)林召南:《行驻和(荷)大臣林召南等禀请设立劝办华侨学务处希转饬边办附批文》,《学部官报》1911 年第 151 期,第 57~59 页。

② 《奏第三年筹备事宜折》,《教育杂志》1910 年第 2 卷第 11 期,第 46 页。

③ 《调查华侨学务》,《吉林官报》1911 年第 14 期,第 115~116 页。

员或地方绅董兼职视学员等两种方式。清政府多次派遣视学员考察海外华侨学校的教育情况,由于这一时期海外华侨多来自广东、福建、浙江等东南沿海地区,由来自相同或相近侨乡的两广总督、闽浙总督及相关人员负责海外华侨学校视查工作更加合适,与海外华侨语言沟通更加便利。

1905 年,两广总督岑春煊曾会同闽浙总督,奏派两广学务处查学委员刘士骥到南洋视学。刘士骥到南洋后,立即召集南洋各埠代表在万隆召开学务会议,调查当地华侨学校的具体情况。刘士骥在赴南洋巡视华侨学校期间,走遍英属新加坡、槟榔屿等地,在已开办的华侨学校中,检查已有办学章程中关于教育目标、课程设置等情况,而在未设有华侨学校的地方,他发动当地华侨富商筹措经费开办学校。在完成视学任务回国后,刘士骥将华侨学校考查情况汇报给两广总督岑春煊,并建议在爪哇设立学务总会,在新加坡、槟榔屿等埠各分设学务公所。刘士骥在视学过程中"遇有各属办理学堂,派往查视,均能事事踏实,一改敷衍"①,岑春煊对此颇为赏识,请求清廷给予视学员刘士骥奖励。

刘士骥完成视学任务回国后,他建议继续派遣视学员前往荷属东印度处理纷繁复杂的华侨教育事务,并推荐举人、时任爪哇总视学员的汪凤翔担任荷属东印度劝学所总董兼视学员:

> 奏派爪哇全岛视学员汪千仞君凤翔,于前月下旬由巴达维亚起程往苏门答腊一带,调查华侨所办各学堂之成绩,约本月十五左右可回。②

在爱国侨商黄景棠的陪同下,汪凤翔对南洋各埠的华侨学校进行了一番深入调查,他认为这些华侨学校普遍存在师资水平参差不齐的问题,"局于道途,招延教习,匪易得人。其于管理教授,难保无参差不齐,或则疏缺不备"。③ 此外,汪凤翔在视学中还发现南洋华侨学校学生之间的水平也相差很大。他建议南洋华侨学校应采用分级教学法,来解决因学生水平程度不一而难以开展统一教学的问题。具体做法是将学生进行甄别后,学校可分为初等、高等两级,每一级再根据学生汉语和英语程度的高低分为多个层

---

① （清）岑春煊:《岑督奏奖办学员绅》,《申报》1906 年 1 月 4 日。

② 《爪哇全岛视学员前往苏门答腊调查学务》,《华商联合报》1909 年第 1 期,第 123 页。

③ （清）李瑞清:《条陈扶植华侨学务扩充招待侨民学堂文》,舒新城:《近代中国教育史料》第二册,上海:中华书局,1928 年,第 179 页。

级，分门别类地进行教学。在考察南洋华侨学校实际教学情况的基础上，汪凤翔结合清政府颁布的《奏定学堂章程》，制定了《南洋爪哇各埠华侨学堂章程》(简称为《爪哇学堂章程》)[①]，并将其作为南洋各所华侨学校的办学标准。该章程共包括总义、学科程度及编制、入学退学、教室规则、体操场规则、休假、试验、赏罚、礼仪等，还规定了总理董事等权责、校长权责、教员权责、监学权责、翻译员权责、班长权责、庶务支应书记等员权责，以及校长、教员、学监、翻译之资格及配置，甚至还制定了参观人规则等，共十八个章节[②]，对爪哇各埠华侨学校的方方面面给出了统一、具体的要求。

经过一段时间的摸索与实践后，清政府逐渐改变了原有的视学和查学方式。为了节省海外视学开支，将原有由清政府直接向华侨聚居地派遣专职视学员，转变为委派兼职视学员。1906年，曾任内阁学士的福建人陈宝琛受命前往南洋各地劝办铁路股份，学部就委托他顺道调查爪哇闽商学堂的教学情况，而爪哇闽商学堂为福建籍绅商所办，闽人陈宝琛又在当地闽商中颇具威望，这也可以方便视学员与华侨学校校董沟通，更准确地了解华侨学校的情况：

> 伏查寓荷(荷属东印度)闽商注意教育，组织学堂，各埠闻风响应，图谋公益，深堪嘉尚。惟该地风气初开，必须德望素著、品学兼优之本籍巨绅亲力视察，始足以资感奋。兹查前内阁学士陈绅(陈宝琛)望隆学粹，久为闽省人士所钦服。现值前往南洋劝办铁路股份之便，相应由司移请陈绅将荷埠爪哇各岛闽侨学务顺道详加考察，广为劝导，庶可以联络海外侨氓愈坚其爱国之心而副朝廷兴学育才之意。至陈绅赴哇川资，应由司筹送足重洋一百元略资津贴，并请宪台核资。[③]

又如，清政府学部还曾选派较为了解爪哇侨情的驻荷参赞王广圻，在游历苏门答腊岛时顺道考察爪哇华侨教育情况：

> 学部札派驻和(荷)参赞王广圻考察爪哇华侨学务文云，为札委事查和(荷)属爪哇一岛华侨极多，颇知开办学堂教授子弟，本部实深嘉许。前经奏派董主事鸿祎前赴该岛考察一切详情，以便酌量补助、选派

---

① 孙承：《日本对南洋华侨调查资料选编(1925—1945)》第二辑，广州：广东高等教育出版社，2011年，第296页。

② (清)汪凤翔：《南洋爪哇各埠华侨学堂章程》，新加坡：南洋总汇报馆，1906年。

③ 《闽督咨明闽绅陈阁学往查爪哇各岛闽侨学务文》，《学部官报》1906年第9期，第47页。

教员、力与维持。嗣因该主事经出使和(荷)国大臣调往差遣未及筹办。兹准考察南洋商务大臣杨①咨送各节,与本部意见相同,亟应遴派熟悉该岛情形之员前往考察,报明本部,以凭办理。查有出使和(荷)国二等参赞官王广圻游历苏岛,堪以顺道考察。为此札委札到该员,即便遵照,迅将详细情形报部核夺可也。②

此外,清政府学部也曾让赴海外华侨学校任教的教员兼任视学员,一人承担两份差事,这样可以大大降低清政府对华侨学校视学的成本:

臣部于美属华侨兴办各学,曾经派员赴美充当教习,拟即札派该员等就近在各属学堂查看。③

视学员在调查海外华侨学校教育情况后,对照清政府颁布的《奏定学堂章程》,调查海外华侨学校的办学章程、宗旨、教科书、教员、学生思想动态、教学条件、办学经费等情况,并以报告的形式将调查结果详细地汇报给清政府学部。以下为视查荷属各埠华侨学校的报告选段,从中可以清晰地看出视学员视查海外华侨学校的范围和主要内容,主要涉及荷属华侨学校的办学宗旨、教科书、课程设置、经费开支、学生奖惩等方面:

窃知县于去岁七月初旬由巴达维亚驻所启程巡视各埠学堂,经于九月初旬在泗水埠途次将办事情形具禀申报在案。嗣于十二月下旬事竣回驻巴达维亚,此行于已开学堂之处为之查视学务,于未开学堂之处亦顺道前往演说劝谕,计历五十余埠,所查学堂四十九间,已详报告册中。所至之处,查其章程有未合奏定学堂章程者为之厘订改良,查其宗旨有未合光绪三十二年三月初一日上谕所布忠君尊孔尚武尚公尚实五端者为之切实纠正,查其教科书籍有未知采用学部审定各书者为之指示更换,查其教员有倡言革命违背国纪或文理荒谬精神窳败者为之屏黜淘汰,查其学生有课艺优长气质纯美者为之分别奖勉以示鼓励,查其教室桌椅有不合学校卫生法者为详细指点劝令改造,查其经费有支绌难堪者为之设法维持,查其埠内有顽固之徒造谣生谤反对学堂者为之

　　①　杨,指杨士琦(1862—1916),字杏城,安徽泗州(今江苏省盱眙县)人。曾任驻沪帮办电政大臣兼轮船招商局总理、商部右参议、商部高等实业学堂(上海交通大学前身)监督。之后曾以农工商部右侍郎之职担任宣慰南洋华侨大臣,赴南洋十余埠考察商务。归国后曾任南洋劝业审查总长等。

　　②　《学部派员考察华侨学务》,《神州日报》1908 年 8 月 11 日第 3 版。

　　③　《奏派员查看美属等华侨学堂片》,《浙江教育官报》1910 年第 43 期,第 277 页。

383

演说劝化，查其学董教员有意见凿枘阻碍学务者为之设法调停，所幸各埠学务现已渐次整齐，各校学风现将陆续划一。①

2.视学员指导华侨学校调整学校章程

晚清时期，视学员在调查海外华侨学校的教育实践后，如发现该华侨学校的章程与清政府出台的《奏定学堂章程》有出入，视学员还须根据要求及时调整该华侨学校的章程。《奏定学堂章程》的颁布，是清末新政时期教育改革的重要成果。20世纪初，清廷开展了一场自上而下的改革，史称"清末新政"，以制定近代学制、颁布新式学堂章程为主要内容的教育改革是清末新政的重要内容之一。1903年7月，清政府命令管学大臣张百熙与荣庆、张之洞一道，以日本近代学制为蓝本，拟定各级各类新式学堂的办学章程，并于1904年1月13日颁布，该章程命名为《奏定学堂章程》。由于章程颁布时为旧历癸卯年，所以其也称为"癸卯学制"。《奏定学堂章程》成为同时期海外华侨学校办学的参照，而视学员也将《奏定学堂章程》与所视查华侨学校的办学章程进行对照，若发现学校在课程设置、教师聘用、考查测试等方面与《奏定学堂章程》的相关要求有所出入，且不符合华侨学校实际情况，就会要求华侨学校对章程进行修正。海外华侨学校虽主要是由侨商个人或组织创办的学校，但在创办之初力量比较单薄，办学上还有很多不规范之处，特别在儒学、汉语课程的教材和师资上缺口较大。因此，海外华侨学校办学者也希望在这些方面能得到清政府的支持，就会根据视学员的要求和华侨学校的实际情况对办学章程进行修订。

以荷属东印度的安班澜中华两等小学校为例，爪哇总视学员汪凤翔在视查该校章程时，发现学校在课程设置和学生分级分班上存在问题，他就要求学校对办学章程做出相应调整：

> 惟查据送课程尚嫌简略，仰驻哇总视学员汪令前赴该学堂视察指导，将应有学科照章支配，并将学生确按程度妥为编制，分班教授，以收实效。②

又如，清末时期，清政府也曾派员考察槟榔屿中华学校③，在核查学校

---

① （清）汪凤翔：《爪哇华侨劝学所总董汪凤翔呈各埠学堂报告文并批》，《政治官报》1908年第326期，第12~13页。

② 《批安班澜中华两等小学堂发起员郑绍基等禀：创办安班澜中华两等小学堂请准立案等由》，《福建教育官报》1910年第19期，第41页。

③ 《核定中华学校章程》，《北洋官报》1907年第1554期，第10页。

章程时发现该校在学科程度和肄业年限方面与《奏定学堂章程》中的相关规定有诸多出入。鉴于该校是一所为已学过外语与普通学的学生补习汉语的学校，学生年龄普遍较大，与内地小学堂的教学情形不同。因此清政府学部允许槟榔屿中华学校在实际办学章程上进行一定的调整和变通。经过考察，视学员发现槟榔屿中华学校所拟订的章程，在肄业年限上（蒙学一年、普通学二年）与《奏定学堂章程》所规定的从初等小学堂到中学堂的十四年年限出入很大，而且该校章程中"蒙学"和"普通学"的学习阶段，与其学生已具备一定外语和西学基础的实际情况也有明显出入。因此视学员要求对槟榔屿中华学校的章程进行调整和修改并不为过：

> 察阅原定章程，所列学科程度、肄业年限与奏定章程诸多不符。惟该校系为已学西文普通者补习国文而设，学生年齿较长、知识较多，与内地学堂情形不同，自应变通办理。惟来章所拟课程分为蒙学一年、普通学二年，与奏定章程自初等小学堂至中学堂十四年毕业者年限相差至十一年之多，且以蒙学、普通学定名，与原章所谓本校学生间有已入英塾多年者，其于算术、格致等学均已具有基址，故须酌量变通之意亦不符合。该校远在重洋，其学生程度势难悬揣。惟原章中自相抵触之处，又关系学科课程，有不得不为该校详悉。言之者查奏定章程本无蒙学之名，凡已及学龄者皆入初等小学堂肄业，初等小学堂课程极简，年限颇长。盖以髫龄受学当先其浅者近者，非宽以岁月不能循序渐及。①

正如上述所言，《奏定学堂章程》是视学员视查海外华侨学校教育情况的主要对照标准，但鉴于海外华侨学校与中国教育环境和教育条件上的差别，要求海外华侨学校章程与《奏定学堂章程》完全一致并不合理。因此海外华侨学校也可以根据自身情况对章程进行一定限度的调整。在核查新加坡道南小学校章程时，视学员发现其"学科程度"一章中的"经学"、"格致"、"历史"等科目的程度要求，与《奏定学堂章程》的相关要求有明显差距。鉴于新加坡华侨子女在经学、中国历史方面的基础很难与中国新式学堂的学生相比，学校也缺乏较高水平的经学和历史教师，如果强求新加坡道南小学校的章程与《奏定学堂章程》完全一致显然不合情理。因此视学员仅仅是要求道南小学校在学校计分列等方面与《奏定考试章程》一致，而其余各章则

---

① 《咨农工商部槟榔屿中华学校章程宜再变通改定文》，《学部官报》1908 年第 45 期，第 202～203 页。

无须修改：

> 惟详阅所拟章程，"学科程度"章（中）经学、格致、历史等科所注程
> 度与奏定学堂章程不符。又查光绪三十二年本部奏定考试章程内载
> "满八十分以上者为最优等，满七十分以上者为优等，满六十分以上者
> 为中等，不满六十分者为下等，不满五十分者为最下等"各等语。该章
> 程（指新加坡道南小学校章程）第二十三条所开记分列等之法亦未符
> 合，应一并遵照定章，以免歧异。其余各条于奏章间有出入，第念该处
> 与内地情形不同，应准暂时变通办理。①

3.视查侨居地华侨教育组织

海外华侨学校的增多，使得海外华侨学校的统一管理成为一个重要问
题。在华侨学校较多的南洋地区，华侨纷纷成立学务总会、学务公所、劝学
所等教育组织，统一管理当地的华侨学务。1905年，荷属东印度的三宝垄、
玛琅、谏义里等地的中华学校在经费和师资上缺口很大，学校发展遇到困
难，当地的中华会馆董事就写信给吧城中华会馆，希望由吧城中华会馆领头
来成立一个华侨教育联合机构，加强各华侨学校之间的联络，彼此互帮互
助。1906年7月15日，在爪哇三宝垄举行的第二次中华会馆负责人大会
上，与会人员通过讨论决定成立华侨团体和华侨学校的中心组织——中华
总会。在1907年5月5日的第二次中华总会年会上，又将"中华总会"改名
为"爪哇学务总会"，专门负责爪哇的华侨教育事务，并制定爪哇学务总会的
宗旨和会章，爪哇的华侨教育组织步入正轨。

对于清政府所派的视学员而言，视查侨居地的华侨教育组织与团体，也
是他们的一大重要任务。根据1906年《东方杂志》上的《侨民兴学汇志》一
文中的记录，视学员除了视查南洋各所华侨学校的学生人数、教职员人数、
财产状况等内容外，也参与爪哇学务总会、新加坡学务公所、槟榔屿学务公
所等华侨教育组织的视查工作，主要工作职责包括：对照清政府制定的《劝
学所章程》核查当地华侨教育组织的实际情况，并札行视学员同省的提学
使，为劝学所等教育组织颁发钤记：

> 爪哇华侨近因各埠华人所设学堂日多，风气不齐，事权难一。特议
> 于爪哇设立总学会，新加坡、槟榔屿等埠各分设学务公所。当由粤省所

---

① 《本司详据新加坡中华商务总会请发学堂钤记并咨部立案文》，《福建教育官报》
1909年第16期，第10～11页。

派南洋视学员刘大令士骥禀请前署粤督岑云帅（岑春煊）核办。云帅以该商等此举深得办学要领,至堪嘉尚……特饬将爪哇总学会改为爪哇全岛华侨劝学所,由粤选派总董兼视学一员,其新加坡、槟榔屿两处亦各分设劝学所一区。即派副领事梁丞廷芳充星所总董,胡道国廉（胡子春）充槟所总董,并酌派两埠总视学一员,以符定制而昭画一。除批示饬遵外,并札行提使照章刊发劝学所钤记,以昭信守。①

（三）支持与帮助海外华侨学校的创办与发展

晚清时期,清政府针对海外华侨教育制定的另一大政策是支持与帮助海外华侨学校的创办与发展,具体包括准予海外华侨学校在清政府立案、为海外华侨学校代聘教师、为海外华侨学校解决办学经费难题、帮助海外华侨学校毕业生继续深造等政策。

1.批准海外华侨学校立案

对于海外华侨学校而言,时刻与中国的教育发展保持互动,成为中国近代教育体系中的一部分,这对其持续、健康发展极其关键。清政府对海外华侨学校的立案是对该学校的创办给予的官方认可,也是清政府对该校日后发展提供支持与帮助的前提,这意味着清政府将该华侨学校视为与中国新式学堂同等重要的学校。槟榔屿中华学校在经过清政府商部的考查后被批准立案:

> 为咨行事,光绪三十二年七月二十二日接准本部考察外埠商务大臣太仆寺卿张振勋咨称,本大臣于三十年间与槟榔屿绅商创设中华学校,教育华商子弟,暂借闽粤绅商设立之平章会馆先行试办,是年十月十二日由大部奏请……咨请照准转咨学部立案并奏给关防。②

在清政府批准海外华侨学校立案后,一般还会为该校发放一枚钤记作为立案证明。1904年槟榔屿中华学校成立并被批准立案后,清政府就曾镌发"中华两等学校校印"钤记一枚,赠予槟榔屿中华学校。又如,清政府在批准新加坡道南两等小学校立案后,由福建省提学司为该校颁发钤记,爪哇总视学员汪凤翔查收后转发给道南两等小学校:

---

① 《侨民兴学汇志》,《东方杂志》1906年第3卷第13期,第413~414页。
② 《商部咨槟榔屿绅商创设中华学校请查核立案并声明刊发钤记文》,《学部官报》1906年第9期,第46页。

据新加坡中华商务总会总理林维芳等禀称：窃职会故总理吴道世奇暨司员等联合闽属绅商筹集经费倡办两等小学，以培育闽帮侨商子弟，定名曰道南两等小学堂，理应援照内地学堂办理成案禀请立案，札行福建提学司发给新加坡道南学堂钤记，俾资信守等情到部，当经批以该职等筹设小学培植侨商子弟，毅力热心，洵堪嘉许……至所请发给钤记一节，应由该省提学司遵照办理。除批准立案并札行该省提学司外，相应咨行查照可也等因到本部堂，准此札司遵照办理等因并奉……先准新加坡中华商务总会来咨，当经由司刊刻"道南两等小学堂"木质钤记一颗，详明札发爪哇总视学员汪令凤翔查收，转发报明启用在案。兹奉前因，相应照会新加坡中华商务总会总理林维芳转饬道南小学堂堂长、校员遵照。①

2.为海外华侨学校代聘教师

海外新式华侨学校初办之时普遍存在教师匮乏、师资水平不高的问题，特别是在汉语和儒学课程上的师资缺口很大。张元济在考察南洋和美国侨校时就指出，部分海外华侨学校的教员水平存在一定问题，教学效果并不如意：

凡中国人在外国自办的学堂，我也留心查访。南洋群岛和美国，我国侨民最多，都有学堂学习祖国文字。然教授、管理等事，都不能十分满意，其原因在于不能多得好教习。②

为了帮助海外新式华侨学校解决师资不足的问题，视学员在视学期间承担着为海外华侨学校代聘教师的重任，"特派汪凤翔为视学员驻爪哇，颇为华侨所重视；各埠华校之觅教师者，多请汪征聘"。③ 视学员从中国新式学堂教员和师范毕业生中，挑选合适的人选赴海外华侨学校任教。以苏门答腊巴东中华学校为例，学校创办已有三年，但困于教师匮乏，学校"人心涣散，以致收效甚寡"。该学校教习张有杰曾向两江总督端方请派一名"品学兼优、熟悉管理、老成持重者充当该堂教员兼任校长"。端方经过挑选，选择

---

① 《本司详据新加坡中华商务总会请发学堂钤记并咨部立案文》，《福建教育官报》1909年第16期，第10～11页。

② 张元济：《环球归来之一夕谈（续第二册）华侨之学堂》，《少年（上海1911）》1911年第3期，第16页。

③ 黄斐然：《三十年荷属华侨教育》，《小吕宋华侨中西学校三十周年纪念刊（1899—1929）》，马尼拉：小吕宋华侨中西学校，1929年，第2页。

"品粹学纯、办事稳练"①的陈诚担任教员兼任校长。由于苏门答腊巴东中华学校一向以福州话教授,操着一口流利福州话的陈诚更便于与学生进行沟通。② 再如,1904 年,为了创办槟榔屿华侨师范学校,时任槟榔屿副领事的梁廷芳就曾函告两广学务处,请求派教师前往马来亚槟榔屿任教,以解决学校创办之初教师不足的问题。③ 在海外华侨聚集的某些地区,由于聘请教师较为困难,新式华侨学校的教习甚至由清政府所派驻的领事或者领事的随员直接兼任。1906 年,驻韩总领事马廷亮与旅韩华侨共同创办华商学校,该华商学校的"数学一科由马(廷亮)总领事自为教习,而翻译官陈君秉焜则兼充日语教习"。④ 又如,1904 年,槟榔屿中华学校成立后,由于师资匮乏,时任商部考察外埠商务大臣兼槟榔屿管学大臣的张弼士只能暂时指派随员担任学校的教习,"就地选择学问稍优,品行端谨,兼通正音者十二人为教员"。⑤

需要指出的是,凡是由中国前往海外华侨学校任教的教师,其薪水、食宿费以及往返于中国与海外华侨学校所在地的车马费,一般都由海外华侨学校承担,这足以体现海外华侨学校对中国教师的重视。巴东中华学校聘请陈诚为校长兼教习时,其薪水、食宿费和往返于中国与苏门答腊的车马费均由学校提供:"其束脩每年约荷银一千二百盾左右,膳费一切由堂供应……(并)奉送往返二等舱川资",而"此次川费,先寄来上海荷兰小公银行支票一纸、荷银三百盾,倘有不足到日再补"。⑥ 又如,汉阳劝学所在接到爪哇学务总会关于代聘汉语教习的公函后,选定第一小学堂教员宗鼎、半日学堂教员李先坤、师范最优秀的毕业生李逢年三人前往爪哇华侨学校任教,学校为三位教员每人支付安家费 200 元、车马费 100 元。⑦

为海外华侨学校代聘教师不仅是视学员的任务,在清政府学部推广海外华侨教育的计划中,为海外华侨学校选派教员也是其中重要的一项,另两

---

① 《派遣巴东中华学堂教员》,《教育杂志》1910 年第 1 卷第 3 期,第 20 页。

② 《札委陈令诚充苏门答腊巴东中华学堂教员兼校长文》,《南洋官报》1909 年第 10 期,第 15～17 页。

③ 高伟浓:《晚清政府的南洋"劝学"与华侨兴学——槟榔屿、马来联邦、荷属东印度和新加坡的案例阐析》,《东南亚纵横》2020 年第 5 期,第 22 页。

④ 《侨民兴学》,《东方杂志》1907 年第 4 卷第 3 期,第 64～65 页。

⑤ 陈育崧:《椰阴馆文存》第二卷,新加坡:南洋学会,1983 年,第 246 页。

⑥ 《派遣巴东中华学堂教员》,《教育杂志》1910 年第 1 卷第 3 期,第 20 页。

⑦ 《华侨学堂延聘教员》,《新闻报》1910 年 7 月 6 日第 10 版。

项是为华侨学校颁发统一的教科书以及规定华侨学校的毕业年限：

> 顷闻学部荣尚书日昨集议，以华侨学务近年以来颇见进步，亟宜随时倡导，以期日益改良推广教育。兹又提出拟办之事凡三端：(一)颁发各种教科书，饬令教科统一；(二)规定毕业年限及各生后应升之学堂；(三)由部酌派教员分往各处担认授课。①

为了鼓励中国新式学堂的教员和师范学堂的毕业生前往海外华侨学校任教，1909 年 12 月 21 日，学部还奏请清廷，请求给予那些赴海外华侨学校的任教者优于内地任教者的奖励：

> 海外华侨学堂充当教员者，三年届满，如果成绩优著，即照异常劳绩请奖；如由内地师范毕业生派往各该处充当义务者，在堂三年，准作为义务年满。如果成绩优著，并照(师范生)五年届满之条给奖。②

这一奏折随后被清廷批准，赴海外华侨学校任教的教员可以得到官方的奖励。虽然奏折批准不久后，清王朝就宣告垮台，该政策并未完全落实，但对于国内教员赴海外华侨学校任教的奖励政策，还是在一定程度上表明了清政府支持海外华侨学校发展的决心。

3.为海外华侨学校解决办学经费问题

海外华侨学校主要依靠华商的捐款创办，但随着海外华侨学校的规模逐渐扩大，学生人数越来越多，学校普遍出现经费紧张的问题。为了能够维持海外华侨学校的正常运转，逐步扩大学校规模，清政府采取财政拨款与委托侨居地领事号召侨商捐款等两种方法筹措办学经费。

清政府向海外华侨教育发展较好的学校或地区给予一定的经费补助，而这笔经费主要从清政府的海关关税中支出。爪哇华侨教育一向发展较好，20 世纪初，该地华侨已创办五十多所华侨小学，培养华侨学生四千多人，成为南洋华侨教育的中心之一。在华侨小学陆续开办后，爪哇全岛亟需创办一所华侨中学，这样华侨高等小学毕业生就可以直接升入华侨中学继续读书。爪哇华侨小学的"开办经费尚可竭力筹画"，但其"常年经费殊无着落"③，经费资助并不稳定，更何况创办一所华侨中学所需的经费更多。当

---

① 《扩张华侨教育之计划》，《陕西官报》1909 年第 30 期，第 50 页。

② 《奏变通边省及海外华侨学堂教员奖励并师范生义务年限折》，《学部官报》1910 年第 110 期，第 8 页。

③ (清)端方：《请拨华侨学堂经费片》，《端忠敏公奏稿》卷十二，台北：文海出版社，1967 年，第 11 页。

地荷兰殖民者看到华侨学校经费支绌的情况后,曾多次试图通过资助华侨学校而将华侨子女的教育权收归荷兰人手中:"前岁荷人窥我经费支绌,屡欲饮助以揽教育之权。"[1]为了在爪哇创办华侨中学,让更多华侨子女接受中学教育,也为了不让爪哇的华侨教育权落入荷兰人手中,1908 年 6 月,时任两江总督的端方上奏清廷,建议"江海、粤海、闽海各关每年各筹银二千两,拨给该中学堂具领以资补助"[2],这一建议得到清廷的批准。又如,在华侨聚集的北美地区,20 世纪初,一大批新式华侨学校相继创办,清政府于1905 年派遣梁庆桂赴美劝学、视学。在得到清政府学部的允许下,梁庆桂每年资助旧金山华侨学校 600 美元、纽约华侨学校 200 美元、萨克拉门托华侨学校 150 美元[3],这对于美国乃至美洲华侨教育的发展起到支持作用。

此外,为了扩大捐款的来源,清政府也令侨居地领事积极发动当地侨商为华侨学校捐款,共同支持海外华侨教育的发展。新加坡侨商张弼士,曾被清政府任命为中国驻槟榔屿领事、新加坡总领事、商部考察外埠商务大臣兼槟榔屿管学大臣等要职。张弼士到达槟榔屿后,不仅联合当地富商胡国廉、谢荣光等出资创办槟榔屿中华学校,而且亲自为槟榔屿中华学校出资捐款近八万元,并将由光绪皇帝题字的"声教暨南"匾额和由侍读陈梦雷编纂的旷世奇作《古今图书集成》一套赐给槟榔屿中华学校。此外,张弼士还多次发表演讲,呼吁槟榔屿当地华商为创办华侨学校捐款:

> (创办华侨学校)言其大可以救国,言其小可以致富,言其私可以利己,言乎公可以达人。[4]

> 国家近来贫弱之故,皆由于人才不出;人才不出,皆由于学校不兴。故我皇后、皇上屡谕饬各省设立学堂,此诚务本之第一要举。自奉谕之后,各省官设、私设学堂不可胜计……况我等旅居外埠,积有资材,眼见他西国之人,在各埠设立西文学堂甚多,反能教我华裔之子弟。而我华商各有身家,筹款设赈,莫不慨然解囊相助。各地有事,尚且不分畛域,何况事出本埠? 学校之事,更非捐助各地赈款可比。今与同志诸君会

① (清)端方:《请拨华侨学堂经费片》,《端忠敏公奏稿》卷十二,台北:文海出版社,1936 年,第 11 页。

② (清)端方:《请拨华侨学堂经费片》,《端忠敏公奏稿》卷十二,台北:文海出版社,1967 年,第 11 页。

③ 刘伯骥:《美国华侨逸史》,台北:黎明文化事业公司,1984 年,第 393 页。

④ 阎恩虎:《"客商"与近现代中国》,广州:广东人民出版社,2017 年,第 180 页。

议,务祈慷慨乐输,集腋成裘,共成善举。①

在侨商的共同资助下,不仅槟榔屿中华学校顺利创立,英属马来亚地区还相继出现了槟城邱氏新江学校、吉隆坡尊孔学校、吉隆坡坤成学校、槟榔屿时中学校、霹雳育才学校、加央育华学校、雪兰莪沙叻大同学校等 7 所新式华侨学校,推动了当地华侨教育的发展。

除了想方设法地为海外华侨学校解决经费问题外,对于一些海外华侨学校试图通过抽捐、摊捐等不合理手段筹措办学经费的方法,清政府也给予制止。清政府认为,海外华侨学校经费的筹措应符合当地华侨商人的实际情况,不能因开办学校亟需经费而损害华侨商人的利益。荷属东印度爪哇牙鲁埠中华学校计划开办商科,原本打算通过抽捐、摊捐的方法筹措经费,但这一想法立即遭到清政府的制止,认为抽捐、摊捐的方法不可行:

> 查学务固当维持,商情亦应体恤,抽捐之法既不可行,摊捐之数更难必得。商业学堂之设,只得姑从缓议。至中学岁需二万余盾,据称不敷尚多。此事经端前部堂奏准,由江海、闽海、粤海三关每年各筹银二千两以资补助,实属竭尽心力,别无他法可筹,应由该总理等勉为其难,极力劝募,俾得早日成立,造就侨童,实为至盼。②

4.为海外华侨学校毕业生的深造提供帮助

对海外华侨学校的另一大支持和帮助的政策,是为海外华侨学校的毕业生提供进一步深造的机会。在爪哇,由于福建籍华侨移民人数众多,兴办华侨学校以供福建籍华侨子女读书非常重要。为了给爪哇华侨学校的毕业生提供未来深造的帮助,闽督颁发南洋华侨兴学通告,并同意当地华侨学校毕业生可以回到中国,进入福建各级新式学堂学习:

> 查闽省商民留寓南洋爪哇一岛不下数十万人,侨居或已数传。去国尤逾万里,乃能联合群力,发愤兴学,具见深明大义、不忘宗国之思。惟是兴举学校条理万端,凡编制学级、厘定课程、选订教习,在在均关紧要,且将来学生毕业回国,皆可循级升入本省各等学堂。③

晚清时期,在维护封建专制统治、吸引华侨回国的目的下,清政府开始

---

① 陈育崧:《马来西亚华文教育发创史》,高信、张希哲:《华侨史论集》,台北:华侨协会总会,1963 年,第 131 页。

② (清)樊增祥:《护理两江督部堂樊批爪哇全岛学务总会正总理陈显源等禀复牙鲁埠中华校长拟筹商学款项抽捐摊捐万不能行由》,《南洋官报》1909 年第 39 期,第 10～11 页。

③ 《闽督颁发南洋华侨兴学文告》,《申报》1907 年 4 月 14 日第 9 版。

重视海外华侨教育的发展,支持并帮助已开设的海外华侨学校持续发展。一方面,清政府通过对海外华侨学校立案注册的方式给予华侨学校官方的认可,视海外华侨学校与中国国内新式学堂同等地位;另一方面,清政府也帮助海外华侨学校解决自身发展中面对的师资不足、资金不足、教育层次不高、毕业生出路受阻等实际问题。这些举措的综合使用,不仅旨在将海外华侨教育纳入清末时期中国的近代教育体系中,而且也旨在加强清政府对海外华侨教育的监督和控制,避免海外华侨学校受到革命思想影响,成为推翻清朝统治的一股力量,同时也让海外侨民"知身居海外,仍在圣朝轸念之中,庶几因感生奋,愈以勤学问,笃悃忱"。[①]

(四)奖励海外华侨学校捐资办学者

晚清时期,除了为个别海外华侨学校给予资金支持外,清政府还通过制定奖励华侨捐资办学的政策来鼓励侨居地华侨富商捐资办学。对海外华侨进行奖赏可以体现出清政府对海外华侨态度的巨大转变。清初,海外华侨被视为"天朝弃民,不惜背祖宗庐墓,出洋谋利,朝廷概不闻问"。[②] 到晚清时期,清政府不仅将海外华侨与中国国内民众同等看待,下令准予"远离宗邦、声教莫及的出洋华侨子弟与内地(人)一律出身"[③],而且还主动为出资兴学的华侨赐官奖励,这吸引了不少华侨绅商参与兴学。[④] 1907年,接替岑春煊出任两广总督的张人骏在《南洋绅商捐款兴学请奖折》中,具体阐述了南洋华侨绅商捐资兴学的不易以及清廷对他们给予奖赏的重要意义:

> 南洋英属各岛华侨百万,现在新加坡广惠肇三属养正学堂、潮州端蒙学堂、客籍启蒙学堂及闽粤绅商合办之吉龙(隆)坡尊孔学堂、霸罗育才学堂、庐乞乐育学堂、槟榔屿邱氏家族学堂均已先后成立。各绅商慨捐巨款,兴办学堂……查该绅商侨居南洋各埠,不忘祖国,奋志兴学,捐

---

① (清)朱寿朋:《光绪朝东华录》第五册,北京:中华书局,1958年,第5614~5615页。

② 李长傅:《中国殖民史》,上海:商务印书馆,1937年,第171页。

③ 刘锦藻:《清朝续文献通考》,北京:商务印书馆,1955年,第8717页。

④ Yen C. H. The overseas Chinese and late Ch'ing economics modernization.// *Studies in Modern Overseas Chinese History*, Singapore: Times Academic Press, 1995:160-166.

助经费,实属深明大义,自应优予给奖,以示鼓励。①

《南洋绅商捐款兴学请奖折》中写明了各位华侨绅商兴学捐资的具体数目,张人骏认为,各位华侨绅商捐款的数目虽有所差别,但他们捐资办学的行为都应得到清廷的奖赏:

> 花翎道衔蔡名英捐端蒙学堂银一千两,花翎道衔廖世芳捐端蒙学堂银一千两,花翎知府衔陈积锦捐端蒙学堂银一千两,花翎同知衔蓝镇平捐端蒙学堂银一千两,沈联芳捐端蒙学堂银一千两,吴锦源捐端蒙学堂银一千元,陆祐捐养正学堂银一千五百元,广恒号捐养正学堂银一千元,朱广兰捐养正学堂银一千元,罗奇生捐养正学堂银一千元。查捐助地方善举,银至千两以上者例准建坊。以上十名捐助银数或已至千两,或仅止千元,数目虽有参差,惟均系侨商外洋而能热心兴学,较内地商民尤为难得,自应援案给奖。拟请均准建立专坊,给予急公兴学字样,以昭鼓舞。②

清政府对华侨兴学者的奖励并不局限于华侨学校较多的南洋地区,对于北美等商埠的华侨学校捐资办学者,清政府也援照南洋地区的方式进行奖励:

> 捐资奖励,各埠华商,如有慨然捐助学费者,当援照内地及南洋捐资办学给奖成案,禀报学部,分别奏请给奖,以资鼓励。③

清政府对海外华侨学校捐资办学者的奖赏主要是奖励各种虚衔,"由本部酌给名誉奖励侨民,如有捐资兴学者,应核其捐款数目,照章分别奖给职衔"。④ 1905 年,清政府制定《报效学费章程》,规定报效学费者"照赈捐的五成核算,授予虚衔"⑤,即华侨商人只要捐纳的办学经费数目达到捐纳赈灾的一半,清廷就授予他们相同的职衔。由生员捐监生,再捐同知衔花翎,需要捐纳银 3152 两,而捐资办学者只要捐银 1576 两就可由生员一举得到同

---

① (清)张人骏:《两广总督张人骏奏南洋绅商捐款兴学请奖折(并单)》,《政治官报》1908 年第 105 期,第 4～6 页。

② (清)张人骏:《两广总督张人骏奏南洋绅商捐款兴学请奖折(并单)》,《政治官报》1908 年第 105 期,第 4～6 页。

③ 刘伯骥:《美国华侨逸史》,台北:黎明文化事业公司,1984 年,第 395～397 页。

④ (清)林召南:《行驻和(荷)大臣林召南等禀请设立劝办华侨学务处希转饬边办附批文》,《学部官报》1911 年第 151 期,第 57～59 页。

⑤ 庄国土:《中国封建政府的华侨政策》,厦门:厦门大学出版社,1989 年,第 314 页。

知衔并赏戴花翎。新加坡华侨富商黄福基原为俊秀衔,他为新加坡养正学校捐了 3000 两,能折银 2000 两,援例授予同知衔。[1] 又如,1906 年,侨商李兴廉出资兴办爪哇中华学校,商部特地奏请清廷给予嘉奖[2];同年,根据两广总督岑春煊的奏请,清政府奖励包括"锡矿大王"胡国廉等在内的 20 位南洋华侨教育捐资者[3];苏门答腊吴淑达向巴东中华学校捐款白银 7000 两,其被授予"道员衔"。[4] 此外,清廷还规定:海外捐资兴学、修建学宫庙宇者还可以替其子弟或者先祖捐功名。1909 年,有"印尼糖王"之称的华侨富商黄仲涵遂其父意出资 1000 荷兰盾兴建孔庙,清政府将功名追赠其父,即在其父生前的道员衔上追赠三品头衔。[5] 捐资兴学可为祖辈和子孙带来荣耀,这对于有"光宗耀祖"传统观念的海外华侨来说是一种极大的激励。1909 年,为了进一步激励海外华侨兴学,清政府将奖励华侨捐资办学的标准从四年前的五成降低为二成核算[6],即其捐助的办学经费数目只要达到捐纳赈灾的五分之一,就可以被清政府授予相同的职衔。这些职衔虽然仅仅是虚衔,但对于当时远在异域却心系祖国、仍抱有"叶落归根"思想的海外华侨来说,清政府的奖励是对他们捐资办学行为的最大认可。

除了奖励积极推动海外华侨教育的绅董、教习以及捐资办学者外,清政府也为海外华侨学校颁授匾额,奖励办学效果良好、具有示范作用的华侨学校。因学校办学效果突出,海外第一所新式华侨学校——日本横滨大同学校就得到清政府授予的御书匾额,学校将其挂于校中,得到师生的瞻仰。[7]这些奖励措施对于激励华侨绅商在侨居地捐资兴办新式华侨学校发挥了积

---

[1] (清)张人骏:《两广总督张人骏奏南洋绅商捐款兴学请奖折(并单)》,《政治官报》1908 年第 105 期,第 4～6 页。

[2] 《职商李君兴廉旅居爪哇即在该埠设一学堂》,《东方杂志》1906 年第 3 卷第 3 期,第 58 页。

[3] 张晓辉、夏泉:《暨南大学史(1906—2016)》,广州:暨南大学出版社,2016 年,第 5 页。

[4] 颜清湟:《出国华工与清朝官员:晚清时期中国对海外华人的保护(1851—1911)》,粟明鲜、贺跃夫译,北京:中国友谊出版公司,1990 年,第 185 页。

[5] 《奏和(荷)属华侨黄仲涵捐建文庙请追赠故父三品衔片》,《政治官报》1907 年第 404 期,第 4～5 页。

[6] 黄小用:《20 世纪初年清政府对海外华人教育的扶持》,《湘潭大学学报(哲学社会科学版)》2004 年第 28 卷第 2 期,第 64～68 页。

[7] 《奏旅日华商创设学堂办有成效恳赏给匾额折》,《政治官报》1911 年第 1252 期,第 13～14 页。

极的作用,使得 20 世纪初海外华埠掀起了华侨创办学校的热潮。以华侨集中的新加坡为例,仅从 1905 年到 1911 年的六年间,新加坡华侨就先后创办崇正学校、养正学校、端蒙学校、道南学校、育英中学、新加坡中华女子学校等多所颇具规模的华侨汉英双语学校。

(五)吸引华侨子女回国接受教育

吸引华侨子女回祖国接受教育的政策,既符合清政府控制华侨教育、吸引华侨回国的目的,又满足海外华侨亟需接受中华语言和文化教育的迫切要求,可谓是清末时期符合海外华侨教育实际情势的一项双赢政策。一方面,华侨教育的发展若仅仅依靠海外华侨学校自身的力量将会步履维艰,受制于教师、教材、教法、办学经费等方面的掣肘,海外华侨学校的发展遇到很大困难,教育层次和教育水平与同时期中国新式学堂相比有较大差距。鉴于华侨学生在儒学和汉语方面的基础较为薄弱,直接让华侨子女进入中国新式学堂和中国学生一起学习可能存在一定的困难。因此在中国国内创建若干所专收海外华侨子女的新式学堂,吸引海外华侨子女回中国读书,进而激发华侨回国投资的热情,这是清末时期华侨教育政策的重要部分,体现了清政府借华侨教育以吸引华侨回国的目的。另一方面,晚清时期,许多海外华侨都有送子女回国读书的迫切需要。他们虽暂居海外,但仍抱有叶落归根的想法,更希望自己的子孙后代能够代代传承中华文化,习得中国语言,而送子女回国读书是实现这一想法的最佳选择。奉清政府之命到南洋查学的钱恂、董鸿祎,在南洋考察华侨学务期间,当地许多华侨都向钱董二人表达了将子女送回中国读书的殷切希望。钱恂和董鸿祎见状后,一边鼓励华侨送子女回国读书,并允诺将予以华侨子女官费待遇;另一边则立即向清政府学部申报,请求在国内创办一所华侨学校,供海外华侨子女回中国就读。

钱恂、董鸿祎致电两江总督端方,希望他能支持在中国创办华侨学校一事。钱恂在电文中写道:"爪岛学生通晓官音,可接中学程度者约三十二人,志切归国读书,选地南京,川资日用自备,惟请官给食宿。"[①]也就是说,爪哇的学生中大约有 30 余人会讲中国国语,文化程度相当于中国中学堂的学生,他们盼望能够回国读书,日用开销自理,只请求解决食宿问题。随后,两

---

① 暨南大学华侨研究所:《暨南校史资料选辑(1906—1949)》第一辑,广州:暨南大学华侨研究所,1983 年,第 95 页。

江总督端方也接到学部的电咨,令其解决华侨学生回内地的教育问题:"该岛侨民,笃志内向,自宜因势拊循。"①

事实上,端方对于在中国创办华侨学校一事早有想法。在 1905—1906 年期间,端方曾与戴鸿慈、载泽等五位清政府特派大臣前往日本、美国、德国、俄国等九国考察宪政,当他们从欧洲归国途经南洋时,当地华侨商人和华侨学校的师生为他们列队欢迎。② 这让端方非常感动。当时在场的华侨表示,希望有朝一日能够送孩子回祖国读书,使端方意识到设立华侨学校的重要性。因此当学部根据钱恂、董鸿祎的建议来征求两江总督端方的意见时,端方表示,这些华侨学生可以分送到南京各所学堂读书,并由政府来解决这些华侨子女回国读书的食宿问题。他立即就此上奏清廷:

> 爪岛侨民,流寓远方,不忘归国,派生内渡,就学金陵,洵属爱国情殷,极堪嘉许,自当官备食宿,妥为照料。当经电饬该员钱恂等允为照办,属其传语华侨,益相敦勉。札饬江宁提学使,俟该生等来宁,即查询志愿,分送各学堂肄业。③

将海外华侨学生分送南京各所学堂就读,主要存在三个问题:一是不便于统一管理华侨学生。二是如果华侨学生初回祖国读书时就散居在各所学校,容易产生思乡归家的想法,而聚集在一起可以让他们彼此抱团、彼此激励,更好地度过初回祖国读书、生活的适应期:"以髫龄血气未定,习尚不同之幼童,遽令分入他堂,既恐造诣未深,易染习气;复恐因散处而有归思,其向学之心转纷。"④三是将华侨学生分送到不同的学校,还得征求各所学校的意见和华侨学生的就读志愿,操作起来也相对较为麻烦。在种种因素的考虑下,创办一所专门供华侨学生学习的学校,既能满足海外华侨子女回祖国读书的需要,也有助于海外华侨子女顺利度过初到祖国读书的心理适应期,创办一所华侨学校也就是一件顺理成章的事情。

关于这所学校的取名,两江总督端方将该侨校命名为"暨南学堂",其名源自《尚书·禹贡》中"东渐于海,西被于流沙,朔南暨,声教讫于四海",端方希望能够借助这所学堂将中国语言和中华文化通过海外华侨子女传播至五

---

① (清)端方:《端忠敏公奏稿》卷七,台北:文海出版社,1967 年,第 45 页。

② 《戴、端两大臣之行踪》,《时报》1906 年 1 月 28 日。

③ (清)端方:《华侨分送肄业片》,《端忠敏公奏稿》卷七,台北:文海出版社,1967 年,第 888~889 页。

④ (清)端方:《奏暨南学堂改办中学折》,《学部官报》1908 年第 60 期,第 78 页。

湖四海。端方将《筹设暨南学堂片》上呈清廷。① 出于维系侨情并争取华侨民心的目的,清廷批准了在中国设立暨南学堂的建议。

经过细致的筹备,1906 年底,专收华侨子女读书的暨南学堂(今暨南大学的前身)在南京成立,校址设在薛家巷妙相庵。1907 年 3 月 23 日,暨南学堂正式开学,由田吴炤、温秉忠、左全孝担任暨南学堂总理,郑洪年担任暨南学堂处务长(即教务长,1908 年任暨南学堂校长)。② 关于学校的经费来源,根据《字林西报》(*The North-China Daily News* (1864—1951))在 1908 年 7 月 28 日刊登的《爪哇华人教育》(The Education of Chinese from Java)报道:

> 京师向各省拨款的减少,让两江总督端方发觉实现其教育计划有很大难度。鉴于如果经费不足,爪哇学生来暨南学堂就读一事可能会被耽搁,端方上奏清廷,请求朝廷每年从江海、闽海、粤海海关抽出 2000 两白银,专款资助爪哇学生来华读书。③

据此,清政府每年从闽、粤、江等三个海关上交的关税中抽取 2000 两白银来支持暨南学堂的建设,这对于 20 世纪初正处在财政困难的清政府来说已实属不易。

从 1907 年暨南学堂开学至 1911 年清王朝覆灭,这期间共有三批华侨学生到暨南学堂读书。为了挑选优秀的学生回国读书,吧城中华会馆的董事还专门成立一个委员会,由爪哇总视学员汪凤翔担任主任,会馆董事梁辉温担任副主任,委员包括李兴廉、黄坤舆、陈金山、陈纪南等人。到暨南学堂读书的首批学生是来自爪哇的第一批华侨学生,共有 21 人,年龄从 11 岁到 21 岁。1907 年 2 月 2 日,第一批华侨学生在学部专门司行走董鸿祎、澳大利亚巡视商务委员黄敦夫和吧城中华会馆第二秘书赵锡龙等人的护送下回国。在新加坡等候轮船东渡时,新加坡中华总商会举行隆重的欢迎宴会,宴会上华侨学生还通过即兴诗朗诵表达他们回祖国读书的兴奋之情。④ 关于

---

① (清)端方:《筹设暨南学堂片》,《端忠敏公奏稿》卷八,台北:文海出版社,1967 年,第 1005 页。

② 陈育崧:《暨南创校考》,《椰阴馆文存》第二卷,新加坡:南洋学会,1983 年,第 311 页。

③ The Education of Chinese from Java,*The North-China Daily News* (1864—1951),1908-07-28(7).

④ 《叻报》1907 年 2 月 6 日。

第二批、第三批回中国读书的华侨学生人数，目前相关研究中对此有所出入。根据学者张正藩在《近六十年来南洋华侨教育史》中的统计，第二批华侨回国人数有 10 人[①]，第三批华侨回国人数则有 46 人[②]；而根据温广益、蔡仁龙、刘爱华在《印度尼西亚华侨史》中的统计，第二批华侨学生有 51 名，第三批华侨学生有 38 名，加上第一批的 21 名华侨学生，总共有 110 名华侨学生回国就读暨南学堂。[③]

　　来暨南学堂读书的华侨学生主要来自南洋各埠中华会馆开办的学校。由潘景赫、梁映堂等侨商创办的吧城中华学校，就由梁映堂以中华会馆副会长的身份亲自护送华侨学生抵达南京；由陈显源等泗水华侨联合创办的爪哇泗水中华学校，就从该学校的学生中挑选出 12 名优秀学生来暨南学堂读书[④]；由徐博兴创办的谏义里中华学校，校董们也通过层层考试挑选出二十多名学生来暨南学堂就读[⑤]；就连莫祖格尔都这样华侨人数较少的地方，也有该地中华学校的学生蔡全作来暨南学堂学习。[⑥] 南洋还有一些海外华侨直接将自己的子女送入暨南学堂。1909 年，几位爪哇华侨将自己的子女送到暨南学堂读书，其中包括吴世晋、李沁耻、卢淮牧、陈启基、李友琴、陈荣菊、颜瑞益等人。[⑦] 此外，暨南学堂成立初期只有来自荷印地区的华侨学生前来，后来在清政府驻南洋领事的宣传下，暨南学堂的生源地逐渐扩大，来自新加坡、吉隆坡、槟榔屿等地的华侨也纷纷将子女送入暨南学堂。李光前、何葆仁、许汉雄、饶世汉等学生就是从英属马来亚的新加坡或槟榔屿等地前往暨南学堂学习。关于驻外领事在华侨聚居地对暨南学堂的招生宣

---

① 由时任吧城中华会馆董事潘立斋、梁映堂护送 10 名华侨学生来南京，加上第一批的 21 名学生，共有 31 名学生到暨南学堂就读。这与两江总督端方在《奏暨南学堂筹定划一办法添拨经费等折》中所称的"南洋各岛视学员、学部专门司行走举人董鸿祎等护送爪哇华侨学生三十一人先后到宁"中的学生数字一致。

② 张正藩：《近六十年来南洋华侨教育史》，台北："中央"文物供应社，1956 年，第 32 页。

③ 温广益、蔡仁龙、刘爱华：《印度尼西亚华侨史》，北京：海洋出版社，1985 年，第 449 页。

④ 《爪哇泗水中华学堂总理陈显源副理韩锡宽等派员护送学生归国肄业禀（并批）》，《南洋官报》1908 年第 118 期，第 41～42 页。

⑤ 《泗水华商学会来函》，《华商联合会报》1910 年第 5 期，第 70～71 页。

⑥ 《爪哇莫祖格尔都中华学堂学生摄影》，《华商联合报》1909 年第 8 期，第 18 页。

⑦ 《爪哇巴东华侨派送子弟入暨南肄业之特志》，《华商联合报》1909 年第 13 期，第 68 页。

传,可以从1908年学部给新加坡总领事左秉隆的函电中得到佐证:

> 两江总督曾办暨南学堂,收容爪哇子弟赴宁就学,现又奏请闽粤海关分任经费。新埠(指新加坡)亦为中国侨民,与爪哇同事一律,亦可每年酌选合格学生四十五人内渡肄业,俾得观摩尽善。其瞻依祖国之心,自应益加肫挚。①

对于这些到暨南学堂学习的华侨学生,清政府也给予他们一些优惠待遇。在暨南学堂成立前,两江总督端方就提出"此校(暨南学堂)学生待遇宜厚"的要求。清末时期,清政府更是决定为回国就读新式学堂(包括暨南学堂)的华侨子女免除学费和膳食费②,成绩优秀的华侨学生还可以得到奖励津贴。此外,清政府考虑到华侨学生从小生长在南洋地区,其生病多找西医诊断,特别提高了华侨学生医药费的开支,并根据学校汉英双语教育的需要,增加暨南学堂英文书籍费和实验器材费用的支出预算:

> 伏查该堂(暨南学堂)学生名额既增,而医药各费自应与之俱增,且该生等生长南洋诸岛,性质与西人相近,遇有疾病,多延西医诊视,所费较多。核实计算,自本年起,每年需另添医药费银一千两。又本年全班学生一百七十余人,购办英文书籍,添置理化器具,共需银二千两,均系临时新加之款,不在前次豫(预)算之内。业经设法垫给,以济要需,拟请以上两款共银三千两,仍由闽海、粤海、江海三关分拨,作正开支……宣统元年六月初九日奉朱批:允行该部知道,钦此。③

从暨南学堂毕业的华侨学生也能够拥有较好的毕业出路。学生毕业时成绩最好者,若是官费生,可公费到美国、欧洲、日本等地留学深造,结束深造回中国后还有望在政府担任外交官等职务;若是自费生,可由祖辈、父辈原籍督抚筹措留学津贴。华侨学生毕业后,成绩最优者直接奖以拔贡,优秀者奖以优贡,成绩中等者奖以岁贡。④

---

① 陈育崧:《来远培材,声教暨南》,暨南大学华侨研究所:《暨南校史资料选辑(1906—1949)》第一辑,广州:暨南大学华侨研究所,1983年,第128页。

② 《政府通谕旅寓各国华侨如有送子弟回国入官立学堂肄业者一律免缴学膳费》,《时报》1909年3月15日第3版;(清)端方:《奏暨南学堂医药书籍等费请仍由闽海等关分拨片》,《学部官报》1909年第94期,第9页。

③ (清)端方:《奏暨南学堂医药书籍等费请仍由闽海等关分拨片》,《学部官报》1909年第94期,第9页。

④ 陈育崧:《侨民子弟回国升学的奖励》,《椰阴馆文存》第二卷,新加坡:南洋学会,1983年,第287~293页。

华侨子女能够进入暨南学堂学习,并能拥有优厚的待遇和较好的毕业出路,这在很大程度上推动了海外华侨教育的发展,暨南学堂也成为清末时期不少海外华侨子女回国读书的首选之地,南洋地区甚至掀起了华侨学生回国求学的高潮,这使得暨南学堂的华侨学生人数激增[①]:"爪哇一埠风声传播,不独业经来校各家属欢欣鼓舞。凡附近各埠亦闻风兴起,均愿选取练习中语合格之学生送宁就学。"[②]根据《暨南创校考》一文中的统计,到1909年,暨南学堂的学生数已经增至167人,而当年爪哇申请进入暨南学堂的华侨学生还有70余人。[③] 华侨学生人数的不断增多,导致暨南学堂发展所需的经费预算大幅度提高,从13200两速增到56200两。[④] 而且暨南学堂的现有规模也无法承载足够多的学生,甚至一度出现了校舍拥挤、教学管理混乱的窘境。

面对这种情况,暨南学堂一方面不得不减少海外华侨学生来校的人数,避免因学堂拥挤影响教学质量:

> 调任直隶总督端午帅(端方),近咨粤督,以江宁暨南学堂学生额数日渐增加,断不能无所限制,致于教授管理,诸多未便。现在婆罗洲坤甸埠,本年开办两等小学,四年之后毕业升学,拟送江南暨南学堂肄业,自应准予升送。惟学生须实合中学资格,届时且须由粤省先期知会,由宁酌定额数,能容学生若干名,再由该堂照额择送,以免拥挤而便教课云。[⑤]

另一方面,暨南学堂也在准备扩充学堂的规模,以容纳更多的海外华侨子女入学读书。鉴于海外华侨子女的程度参差不齐,年龄较小,须接受更加系统的教育,暨南学堂的校董们决定还是将学堂的教育层次进一步提高,从之前带有汉语补习学校性质的小学教育逐渐提高至正规的中学教育,并附设高等小学部,分为1个中学班和2个高等小学班,学校按照学生的程度进

---

① 张晓辉、夏泉:《暨南大学史(1906—2016)》,广州:暨南大学出版社,2016年,第8～9页。

② (清)端方:《端忠敏公奏稿》卷十四,台北:文海出版社,1967年,第20页。

③ (清)端方:《奏暨南学堂筹定划一办法添拨经费等折》,《学部官报》1909年第94期,第8页。

④ 黄小用:《20世纪初年清政府对海外华人教育的扶持》,《湘潭大学学报(哲学社会科学版)》2004年第2期,第66页。

⑤ 《暨南收录华侨学生之限制》,《教育杂志》1909年第1卷第7期,第49页。

行分级分班教学。暨南学堂高等小学的毕业生,经过考试可以直接升入本校的中学部继续学习。[①] 暨南学堂扩充学堂规模、提高学堂教育层次的具体原因和计划如下:

> 宜扩充暨南学堂,以宏造就也。查暨南学堂原就妙相庵增筑而成,去年学生仅三四十名,尚可勉强敷用,现在学生将及百名,已有人满之势。此后一有增加,定至无从安插,且所授课程除中学一班外,余皆高等小学程度,学生学业既进,不能无一中学以为升阶,内地所设中学仅足收容本籍子弟,更无余额以处此项多数之学生。况招徕华侨非得一壮丽之学堂不能使之倾向,非设一完备之学科不能使之速化。审度情势,应将暨南学堂另筑新校,大加扩充,改为中学堂,而仍附设高等小学以为初归国者预备入中学堂之地,酌定学额约五百名,中学二百名、小学三百名。他日学生程度渐高,再行酌量变通,所授功课大致仍遵部章。[②]

> 预计中学一班,光绪三十六年下学期毕业,升入法政、商业、陆军各项高等学堂。高等小学两班,按年毕业后,仍接习中学。[③]

对于已在暨南学堂就读的华侨学生来说,学校根据其学习成绩和表现重新为其定级定班,并选择十多名中国内地的学生进入暨南学堂,与华侨学生一起学习,互相交流,这样的学习环境更有助于华侨学生提高中国国语水平:

> 就所有之学生,择其程度较优、已有中学第二年程度者,即从本年起定为中等第三年级,接习中学三年便可毕业。次者定为高等小学第三年级,系将新旧生程度一律者,并为一班。次则分为高等小学第二年级,并选内地品行纯谨学生十余人,相其程度,列入各班,俾华侨各生,藉以练习官话。[④]

扩大学校规模、提高教育层次势必会带来暨南学堂经费的持续增加,造成学堂经费困难的问题。两江总督端方为此多次上奏清廷,先是建议由闽

---

① 暨南大学校史编写组:《暨南校史(1906—1986)》,广州:华侨印刷厂,1986年,第6页。

② 《宁学司详请扩充暨南学堂并提倡华侨学务文》,《南洋官报》1908年第118期,第39~41页。

③ (清)端方:《奏暨南学堂改办中学折》,《学部官报》1908年第60期,第78~79页。

④ (清)端方:《奏暨南学堂改办中学折》,《学部官报》1908年第60期,第78页。

海关、粤海关筹拨经费,后又建议由闽、粤、江等三个海关拨款,以给暨南学堂的优秀毕业生以奖励:

> 惟是来学者日众,则经费日增,江南财政异常支绌。惟有督饬该司道等核实撙节,勉为维持,以期垂诸久远,不至因费绌停办,以致失华侨之心。现据该司道等按照先后所到学生人数,及此次所定办法,预算所需各项用款,以及第一二次回国学生三十一人衣履杂费,每年约共银一万三千二百余两。又今年新筑各室,共需银六千余两,又添置校具银一千余两,均经设法垫拨,以济急需。查此项学生,概系闽粤两省侨民子弟,其所需经费,应由闽海粤海各关分任筹拨,作正开销。在各关所拨为数有限,而于国家来远培材无不关系。惟有仰恳特恩,俯如所请,如数准拨,并定为常年的款,以敷教育而系侨情。①

> 华侨子弟去国万里,不惮重洋跋涉,联袂来归,将来中学毕业应得奖励,请照奏定章程变通从优给奖,并择学力较优各生,选送西洋留学,酌给官费。其自费生之贫乏者,亦请酌加津贴等情……请援案由闽海、粤海、江海各关分任筹拨作正开销,亦系实在情形。合仰恳天恩,俯如所请,实于昌明国学,维系侨情大有裨益。②

经过《辛丑各国和约》等一系列中外不平等条约的巨额赔款后,清政府早已陷入了严重的财政危机之中,要从有限的经费中拨款支持暨南学堂的成立和发展并不容易。因此除了清政府的若干拨款外,海外华侨对于暨南学堂的捐款也成为维系暨南学堂发展的重要经费来源。新加坡道南学堂正总理张显宗就曾筹资1200元洋银补助暨南学堂:

> 新加坡道南学堂正总理、中华商务总会副总理、中书张显宗筹备洋银一千二百元,报效暨南学堂经费,禀请江督核收等情,当奉批云。查暨南学堂虽经开办,一切均待扩充,该员侨寓南洋,于学务要政竭力担任,本部堂早经嘉许。兹复首捐巨款补助暨南学堂,实属好义急公,关怀祖国。披阅来禀,佩慰良深,除将捐款札发暨南学堂外,仰宁学司转饬知照。③

暨南学堂的成立和发展,不仅推动了海外华侨与祖国的联系,而且带动

---

① (清)端方:《奏暨南学堂改办中学折》,《学部官报》1908年第60期,第78~79页。

② (清)端方:《奏暨南学堂筹定划一办法添拨经费等折》,《学部官报》1909年第94期,第1~2页。

③ 《华侨对于暨南学堂助款之慷慨》,《华商联合报》1909年第10期,第4页。

了中国国内其他华侨学堂的创办。特别是在华侨祖籍地,以暨南学堂为模板,创办了一些新式华侨学堂,吸引了更多海外华侨学生回其祖籍地读书深造:

> 按照每省华侨数目,各将本省筹款,仿照江督臣端方奏办之暨南学堂章程,分别设立,以宣朝廷德意云云。两宫甚为嘉许,已面交外部办照矣。①

在沿袭暨南学堂教授海外华侨学生汉语、儒学等内容的基础上,清朝末年成立的其他一些华侨学堂,也根据华侨未来发展的需要,在课程中增加了近代科学、商业知识与技能等教学内容。

1911年,福建省计划为海外华侨子女开设一所商业学堂,"以养成商业上必须之知识技能"②,同时也向海外华侨子女传授汉语和中华文化。根据《华侨商业学堂简章》的记载,由于财力紧张,该华侨商业学堂暂时设在福州乌石山的福建中等商业学堂附近,等财力充足时再另选校址。就学制而言,这所华侨商业学堂设补习科、初等商业科、中等商业科三级。其中补习科的修业期限以升入中等商业本科及普通中学之程度者为止,大致以满一学期或者一学年为限;初等商业科修业年限为三年,中等商业科修业年限也为三年。初等商业科的学生须为初等小学毕业生且年龄在十三岁以上,补习科的学生须为高等小学二年级以上且年龄在十五岁以上(或拥有同等教育程度者),中等商业科的学生须高等小学毕业、中学二年级以上,且年龄在十六岁以上(或拥有同等教育程度者)。就教学方法和教学内容而言,这所华侨商业学堂仿照中国和海外新式华侨学校的分班教学法,以30名华侨学生为一班。初等科课程主要包括修身、读经、汉语、数学、英语、地理、历史、体操、图画、格致、商业要项、簿记、商品学、商业实践等课程,补习科课程主要包括修身、汉语、数学、英语、格致、地理、历史、商业学等课程,而中等科课程主要包括修身、汉语、读经、数学、外语、商业地理、商业历史、法制、经济、商品学、簿记、体操、商业实践等课程。从课程设置中就可以看出,福建华侨商业学堂在初等科、补习科阶段的主要教育目标是打好华侨学生的汉语、儒学、外语、数学的基础,而在中等科阶段则增加一些商业知识与实践技能课程。③

---

① (清)张廷玉:《张中堂面奏广设华侨学堂》,《直隶教育杂志》1907年第15期,第103页。

② 《华侨商业学堂简章》,《福建商业公报》1911年第6期,第55～59页。

③ 《华侨商业学堂简章》,《福建商业公报》1911年第6期,第55～59页。

原本广东省也想仿照暨南学堂的建校模式在广州创办一所华侨学校，吸引南洋粤侨子女回祖籍地读书学习[①]，清政府还曾委任粤督张鸣岐筹划创办此华侨学堂，但筹划工作尚未开启，清王朝就已被推翻。

除了暨南学堂和福建华侨商业学堂外，清末时期一些海外华侨子女也回国进入其他华侨学堂读书。清政府曾决定在南京再开设一所华侨学堂，以供爪哇华侨就读，并选派教师和管理员前往该学堂任教：

> 江督以爪哇回国学生现在实业学堂管理课程、起居饮食，殊多不便，且南洋各岛华侨子弟，不日尚有来宁就学者，自可另辟一校。因饬将前作算绘师学堂之屋，拨作校舍，将爪哇诸生迁入，（分）别派教员、管理员前往，从此南京又增一新学校矣。[②]

也有一部分华侨子女并未选择去祖国专为华侨开设的学堂读书，而是回国去新式学堂与国内学生同校读书。清朝末年，爪哇等地的华侨学校就曾选派林思溢等十几名华侨学生，前往专门培养陆军军官的北洋陆军讲武堂和保定陆军小学堂学习：

> 南洋各岛侨民，前派学生赴南京暨南学堂就学，颇有成效。近来爪哇等处续遣学生林思溢等十余名，赴北洋，谒请端午帅分送学堂肄业。刻已分别送入讲武堂及保定陆军小学堂肄业矣。[③]

纵观清政府华侨教育政策的变化，清政府从清朝前期、中期时对海外华侨持有的敌视、漠视态度，到晚清时期出台一系列护侨政策，并实施帮扶海外华侨教育发展、在国内设立华侨学堂等华侨教育政策，这其中的巨大转变主要出于政治和经济两方面的考虑。

在政治上，护侨政策以及扶持海外华侨教育发展的政策，在本质上是为了通过保护海外华侨的利益来笼络华侨民心。特别是在维新派和革命派于华侨聚居地大力宣传各自思想主张的背景下，清政府扶持华侨学校的主要

---

①　（清）增祺：《两广总督具奏粤省特设专校以便南洋侨民子弟就学折》，中国第一历史档案馆藏：学部档案全宗，文图庶务类，第 950 号卷宗，阁钞第 386 号；（清）增祺：《兼署粤督增祺奏南洋侨民就学维艰拟于粤省特设专校折》，《政治官报》1911 年第 1152 期，第 8～10 页。

②　《江督为华侨另建学校》，《直隶教育杂志》1907 年第 5 期，第 100 页。

③　《华侨赴北洋就学》，《教育杂志》1910 年第 1 卷第 11 期，第 83 页。

目的在于杜绝维新思想、革命思想等"异端学说"在海外华侨聚居地的传播[①],进而争取更多海外华侨对清政府的支持,巩固自身封建专制统治。同时,监督、把控海外华侨学校的学务工作,也有助于控制华侨在侨居国的情绪,约束华侨在侨居国的行为,以免华侨在侨居地闹事,进而引起西方列强对中国的报复,可谓"维侨情而弭隐患"。[②]

在经济上,清政府非常看重华侨日益增长的经济实力,希望从海外华侨的经济力量中得到切实的收益。清政府驻英法西比四国的公使薛福成曾通过统计发现,光美国一地的华侨每年汇回中国的钱就高达800万两白银[③],而19世纪末20世纪初,除去日本、美国、古巴、加拿大等华侨人数较多的地方,其他各地的华侨,在每年寄回家乡的劳动所得中,单单是"寄资回籍养家立业"一项,就达6000万两白银之多。[④] 据统计,从1862年到1911年,五十年间华侨投资国内各企业资金折计5515.8万两白银。[⑤] 华侨的这笔经济收入,对于庚子赔款后国库空虚的清政府来说是重要的财政来源。除了将劳动所得反哺家乡建设外,海外华侨在看到祖国面临的经济凋敝后,也多次施以经济救助。以新马华侨为例,从1888年到1912年,新马华侨每年都为中国募集救济金。[⑥] 因此清政府希望华侨通过接受近代教育提高自身的知识水平和职业技能,增强华侨在侨居国工商业领域的竞争力,这样就可以保证华侨拥有不菲的收入,在客观上有可能为清政府提供更多的资金支持[⑦],缓解清政府沉重的财政压力,进一步巩固其政权统治。

在华侨教育政策实施不久后,清王朝就在1911年被推翻。从晚清时期华侨教育政策转变的成效来看,清政府实施的劝学、视学、助学、奖励办学、

① 陈奕平、王岚:《晚清领事保护与南洋华侨教育研究》,《暨南学报(哲学社会科学版)》2022年第44卷第7期,第114页。

② (清)端方:《端忠敏公奏稿》卷九,台北:文海出版社,1967年,第1091页。

③ 颜清湟:《清朝鬻官制度与星马华族领导层(1877—1912)》,张清江译,柯木林、吴振强:《新加坡华族史论集》,新加坡:南洋大学毕业生协会,1972年,第54页。

④ 王彦威、王亮:《清季外交史料》卷一六六,北京:故宫博物院文献馆,1932年,第9页。

⑤ 林金枝:《近代华侨投资国内企业的几个问题》,《近代史研究》1980年第1期,第201页。

⑥ 颜清湟:《清朝鬻官制度与星马华族领导层(1877—1912)》,张清江译,柯木林、吴振强:《新加坡华族史论集》,新加坡:南洋大学毕业生协会,1972年,第49~88页。

⑦ 颜清湟:《1893年以后清朝对归国华侨的保护——对东南亚华人的专题研究》,庄国土译,《南洋问题资料译丛》1987年第1期,第93~99页。

吸引华侨子女回国接受教育等五项华侨教育政策,在客观上推动了海外华侨双语教育更有序、持续、系统地发展。一方面,在清政府所派视学员劝学、视学、奖励办学等工作的带动下,海外华侨学校的数量明显增加,分布范围也不断扩大,海外华侨学校的儒学和汉语教育,大大激发了海外华侨的中华民族意识和中国国家意识的觉醒,而吸引华侨子女回国就学更加强了华侨与祖国、家乡的联系和感情。另一方面,清政府给予海外华侨学校的一系列助学政策,对于海外华侨双语教育体系中儒学和汉语课程的发展起到重要作用,在一定程度上解决了海外新式华侨学校在教师、教材、教法、课程设置、办学经费等方面的困难,改善了海外华侨学校的教育状况。必须指出的是,海外华侨教育发展的主力军仍是侨居地的华侨领袖、绅商、团体组织,清政府对海外华侨教育的发展仅是起到推动作用,而不是真正的决定性因素。这一时期,海外华侨对学习汉语和外语、儒学和西学的强烈需求,成为海外华侨学校双语教育得以发展壮大的主要动因,而华侨绅商对海外华侨学校的大力捐助更是海外华侨双语教育得以持续发展的重要保障。

第二节　中国教育变革与海外华侨双语教育的互动

除了明清政府直接颁布的华侨教育政策外,由于海外华侨学校在师资、教学内容、教材等方面与同时期中国官办新式学堂紧密相连,海外华侨双语教育的发展也在客观上与同时期中国教育近代化进程形成了一种互动关系。换言之,明清时期华侨教育政策并非仅有明清政府颁布的显性政策条文,中国官办新式学堂的教育实践实际上也是政府隐性教育政策的具体表现,反映出明清时期,特别是晚清时期,清政府对于近代教育(包括海外华侨双语教育)发展的真实态度,而中国官办新式学堂的教育实践事实上也在很大程度上影响了海外华侨双语教育的发展。

一、中国旧式教育向新式教育的转变对海外华侨双语教育的影响

从旧式教育转向新式教育,是晚清时期中国教育发展进程中的重大转折。在晚清西学东渐的大背景下,西方近代科学、制度、思想、文化、宗教伴随着西方列强的坚船利炮传入中国,林则徐、魏源等一批开明士大夫、学者开眼看世界,提出"师夷长技以制夷"和"师夷长技以自强"的口号,而学习西方先进科学知识、技术、制度、思想成为中国近代教育变革的主要目标。洋

务运动时期,中国出现了从旧式儒学教育到近代科学教育的过渡,一大批新式外国语学堂、军事技术学堂和科技学堂拔地而起,外语成为传播西方先进科学、技术、制度、思想的重要媒介。中国官办新式学堂在保留旧式学堂汉语和儒学课程的基础上,大量开设外语和西学课程,并在非语言课程的教学中使用汉语和外语两种语言进行授课,双语教育也因此成为这一时期中国官办新式学堂的主要教育模式。

与中国近代化教育进程几乎同步,这一时期海外华侨教育也处于从旧式教育到新式教育的更替过程中,这种更替主要体现在教育内容、教师来源、教材选择和教学语言等方面的变化。

在教育内容方面,以义学、蒙馆、私塾、书院为教育组织机构的旧式华侨教育,其授课内容大多是《三字经》、《千字文》和《幼学琼林》等儒家典籍,以及历史、书法等传统中华文化;而新式华侨学校的课程不仅包括汉语、四书五经等传统课程,也包括外语、地理、数学、物理、化学等西方语言和近代科学等课程,这样就形成了汉语与外语、儒学与西学并行的双语教育课程体系。从早期的义学、书院和私塾发展到新式华侨双语学校,海外华侨学校多采用同时期中国官办新式学堂制定的教学标准,与中国官办新式学堂的发展保持同步。与中国官办新式学堂的教育内容相比,这一时期的海外华侨学校在教学内容上更注重提高华侨在侨居国生存与发展所需的知识和技能,将通识教育与职业教育相结合,既保存中华民族的文化精髓,也传授华侨在侨居国生活中所需要的实际技能。

在教师来源方面,义学、私塾、书院等海外旧式华侨教育组织机构中的教师,多是科举失意的儒生和风水、相命、书记、书信代写等行当的从业者,甚至有些海外华侨义学由于师资不足只能邀请寺庙的僧侣来任教。1787年,吧城华人创办的明德书院,就因聘请不到塾师而不得不改由僧侣任教。海外新式华侨学校在教师质量上有明显提高,学校儒学课程的教师多是从中国而来的知识分子。特别是20世纪初,很多从中国而来的维新志士和革命党人到海外华侨学校任教,这让海外华侨学校师资队伍的整体质量有了明显提高。在海外新式华侨学校的外语和西学课程中,教师主要由侨居国当地的外籍教师担任,甚至有的华侨学校教师由清政府派驻侨居国的外交官担任。以爪哇为例,在爪哇各地的华侨学校成立之后,由于懂荷兰语的教师较少,且从荷兰聘请教师的花费较高,同时英语在南洋商业社会交往中通用度高,当地华侨学校(如吧城中华学校)选择就近从新加坡聘请英语教师,用英语作为教学语言。再以韩国为例,韩国华商学校在学校初办时难以招聘到合适的教师,就直接由清政府驻韩总领事马廷亮担任数学教习,由翻译官陈秉焜担任日语教习。虽然海外新式华侨学校的教师水平与华侨学塾、义学的教师水平相比有明显提高,但在汉语和儒学课程上还无法与同时期中国官办新式学堂的师资相提并论,这也是清末不少华侨子女选择回中国就学的主要原因。

在教材选择方面,受到教学内容的影响,海外旧式华侨教育机构以《三字经》和四书五经等儒家典籍为教材,而海外新式华侨学校采用的教材基本上是中国新式学堂的教材。教材一般取自中国中华书局、商务印书馆,由沈用宾和沈百英编校的《复兴算术教科书》和《复兴算术教学法》、朱慕周和宗亮寰编校的《复兴常识教科书》、刘虎如编写的《南洋地理教科书》、潘健编写的《南洋地理教学法》、陈捷编写的《南洋历史教科书》、王志成编写的《南洋历史教学法》等等,都是出自中国的这两大出版机构。除了从中国引进教材外,一些海外新式华侨学校也会以自身的教学内容为依托自编教材。日本横滨大同学校就自行编纂《幼稚新读本》和《小学新读本》作为学校的国语教材,而英属马来亚各所华侨学校的自编教材占总教材的2%。虽然这一时期海外华侨学校自编教材的数量有限,但仍在某种程度上弥补了中国教材与海外华侨学校教学实际情况不同的问题。

在教学语言选择方面,海外旧式华侨教育机构多由以地缘、血缘为单位的帮派、会馆设立,所讲的方言各不相同,教学语言也各不相同。广东帮所办的学堂使用粤语教学,福建帮所办的学堂使用闽语教学,潮州帮所办的学堂则使用潮州话教学。海外新式华侨学校多由统一的华侨组织创办,在实际教学中呈现多种教学语言并存的局面。部分海外华侨学校仍使用方言教学,而由于多数海外新式华侨学校所面对的华侨学生来自不同方言区,使用方言进行教学,会使得一部分来自其他祖籍地的华侨子女无法听懂课堂教学内容,这对教学效果造成很大影响。随着海外华侨群体中"统一国语"意识的增强,19世纪末20世纪初的一些海外新式华侨学校开始采用中国国语作为汉语和儒学课程的教学语言。吧城中华学校就率先采用中国国语作为教学语言,改变以前荷属巴达维亚华侨学校多以福建和广东方言为教学语言的情况。与此同时,由于晚清时期缺少描述西方科学知识的汉语术语,海外新式华侨学校的外语和西学课程普遍使用外语作为主要的教学语言。以小吕宋华侨中西学校为代表的菲律宾新式华侨学校就采取中文部和英文部并行的教育模式。两个部门相互独立,互不干涉,都将普通科学文化知识作为必修课程,但区别在于中文部以汉语为教学媒介语言,而英文部则以英语为教学媒介语言,这也构成了菲律宾华侨学校颇具特色的汉英双语教育模式。

二、中国切音字运动、国语运动对海外华侨双语教育的影响

19世纪末,中国掀起的切音字运动以及随之而来的国文教育变革和国语运动,也对同时期海外华侨学校的双语教育实践产生了很大影响。从19世纪90年代开始,卢戆章、沈学、王璞等一批晚清学者曾提出各种汉字注音方案,希望通过切音字改革、简化汉字和统一国语等方式帮助社会下层民众掌握汉字,为今后在全国普及新式教育做好准备。中国汉语拼音文字首倡者卢戆章将切音字改革视为普及教育、提高国家实力的基础:"窃谓国之富强,基于格致,格致之兴,基于男妇老幼皆好学识理,其所以能好学识理者,基于切音为字。"①1892年,卢戆章以闽南方言为基础出版了《一目了然初阶(中国切音新字厦腔)》的课本教材,采用三十多个拉丁字母及其变体作为拼音符号,这是第一个由中国人自己创制的字母式汉语拼音文字方案。随后二十年间,中国相继出现了28种切音字方案,其中包括王照的《官话合声字母原序》、陈虬的《新字瓯文七音铎》等。②

除了切音字运动外,简化汉字也是清末语言改革热潮的一部分,它为20世纪前叶在中国大地上掀起的国语运动奠定了基础。汉字因为字形繁难,被不少晚清学者认为是造成中国社会底层民众识字率低的一大原因。吴汝纶认为,汉字繁难是在中国大众中普及教育的主要障碍:"吾国文字深邃,不能使妇孺通知。"③特别对于在新式学堂中学习自然科学知识的学生来说,如果使用繁体汉字课本,会让他们在识字上花费过多时间,进而导致他们无法专心学习专业知识。中国速记法创始人、西方复式会计科学引进人蔡锡勇认为,汉字虽"最为美备",但也"最繁难",这导致"士人读书毕生不

---

① 卢戆章:《中国第一切音新字序》,《清末文字改革文集》,北京:文字改革出版社,1958年,第2页。
② 倪海曙:《清末汉语拼音运动编年史》,上海:上海人民出版社,1959年,第9~12页。
③ (清)吴汝纶:《答国字改良部干事小岛一腾》,《吴汝纶全集》,合肥:黄山书社,2002年,第398页。

能尽识"①,而简化汉字可以降低识字难度,有效地解决因汉字字形繁难而导致民众识字率低的问题。

晚清学界掀起的切音字运动、汉字改革运动对于清政府的语言教育规划产生了重要影响。1904 年,在清政府颁布的《奏定学务纲要》中提到:汉语教育应从"小学堂教字母拼音始"。② 学界提出的切音字改革方案多是以某地方言为基础来创制拼音字母,卢戆章以闽南音为基础创制拼音,王照以北方官话为基础创制拼音,劳乃宣在江浙皖方言的基础上又增添若干字母形成拼音。倘若不对这些不同的拼音方案进行统一,将容易造成全国各地区人民之间的沟通障碍。1902 年 2 月 13 日,晚清教育家吴汝纶在致管学大臣张百熙的信函中就提出:"谓一国之民,不可使语言参差不通,此为国民团体最要之义。"吴汝纶推荐采用王照的简字拼音方案,以北京话作为官话基础,使"天下语音一律"。③ 吴汝纶所提出的"使天下语音一律"建议成为晚清乃至民国时期国语运动的基础,时任京师大学堂总教习的吴汝纶也是最早在中国新式学堂内提出"官话"概念的人。1909 年,清政府资政院议员江谦提出将"官话"正式改名为"国语",并设立"国语编查委员会",负责编订、编查国语的相关事宜。1911 年,清政府学部通过《统一国语办法案》,决定在北京成立国语调查总会,各省设置调查分会,语言专家们一起进行语词、语法、音韵的调查,审定"国语"标准,编辑国语课本、国语辞典和方言对照表。

受中国切音字运动、国语运动的影响,19 世纪末至 20 世纪初,海外华侨学校也开始改变使用方言进行汉语教学的方式,渐渐推广统一国语。1901 年成立的吧城中华学校在汉语和儒学课程中,率先选择以统一的中国国语代替以往荷属东印度地区旧式华侨教育机构普遍采用的闽语、粤语等地方方言作为教学语言。虽然这一时期直接使用中国国语进行教学的海外华侨学校并不多,但这为民国时期海外华侨学校中掀起的国语教育热潮奠定了基础,而在民国以后,中国国语教育逐渐成为海外华侨学校教育体系中的重中之重。

---

① (清)蔡锡勇:《传音快字》,武汉:湖北官书局,1896 年,第 1 页。

② (清)张之洞:《奏定学务纲要》,璩鑫圭,唐良炎:《中国近代教育史料汇编:学制演变》,上海:上海教育出版社,1991 年。

③ (清)吴汝纶:《与张冶秋尚书(百熙)》,《桐城吴先生尺牍》卷四,清光绪二十九年(1903 年)王恩绂刻本,北京大学图书馆藏。

三、清末新学制的建立对海外华侨双语教育的影响

1901 年中外和议后,清政府推行新政,在政治、财政、军事、文化教育等方面展开一系列自上而下的革新运动。在教育改革方面,清政府不仅废除了科举制度,而且建立了近代学制,并先后颁布了《钦定学堂章程》(即壬寅学制)和《奏定学堂章程》(即癸卯学制),以规范各所新式学堂的办学章程。1902 年 8 月 15 日颁布的《钦定学堂章程》,由于中国新式学堂的教育水平、师资条件和学生能力无法达到该章程的要求,而且其还遭到清政府顽固派的反对,在实施之前就被废除。1904 年 1 月 13 日颁布并实施的《奏定学堂章程》,成为各级各类新式学堂的指引性和规范性章程。《奏定学堂章程》中包含《奏定学务纲要》在内的 22 个规范性文件,对各级各类学堂的教育年限、教育目标、课程设置、教学语言选择、教材选择、考试方式、教学设施等方面都有明确的规定。

《奏定学堂章程》的颁布和实施,不仅对规范中国新式学堂的办学章程起到重要作用,而且对于海外新式华侨学校的发展发挥了指引性作用。本章第一节曾详细阐述清政府所派视学员考察海外华侨学校的具体内容,其中对照《奏定学堂章程》来考察海外华侨学校在学制、课程内容等方面的办学情况,这是视学员考察华侨学校的重点内容。学部颁布并实施的《奏定学堂章程》成为促进中国新式教育与海外华侨教育衔接、互动的重要杠杆。一方面,清政府通过检查《奏定学堂章程》在海外华侨学校的推行和落实情况,把控海外华侨学校双语教育情况。1906 年,清政府所派的爪哇劝学所总董兼视学员汪凤翔就依据《奏定学堂章程》,制定了《爪哇各埠华侨学堂章程》,并将其作为爪哇新式华侨学校的办学标准;另一方面,海外华侨学校所处的社会文化环境与中国虽有不同,但在汉语和儒学方面的教学水平和师资条件与中国新式学堂相比还存在较大差距,海外华侨学校也需仰仗清政府在师资、教材等方面的实际帮助来解决海外华侨教育中的一些实际问题,提高海外华侨教育的整体质量。因此《奏定学堂章程》的推行能够被海外华侨学校的校董和侨领、绅商所接受,成为规范学校办学章程的重要依据。

四、维新变法、辛亥革命等政治运动对海外华侨双语教育的影响

19 世纪末 20 世纪初,随着维新志士和革命党人到海外华侨聚居地,一部分海外华侨学校成为维新派和革命派思想宣传的阵地,也是他们在海外

从事政治活动的掩护所,而他们的到来也在一定程度上影响着海外华侨学校的发展。因受中日甲午战争失利后中华民族危机加重的刺激,以康有为、梁启超、谭嗣同等为主要代表的士大夫、学者,主张变法维新,救亡图存,振兴国家,他们提倡新文化,力主将封建专制转变为君主立宪制。百日维新运动失败后,不少维新志士逃亡到海外各地,用多种形式宣传维新思想,海外华侨学校正是维新志士进行思想宣传的重要场所。1899年4月20日,康有为在加拿大温哥华演讲时,他公开宣传维新思想,号召当地华侨热爱祖国,加强团结,遵守所在国的法律制度和风俗习惯。康有为还极力支持加拿大粤籍华侨李梦九等人创办域多利(维多利亚)义学,并作《域多利义学记》,系统阐述自己的华侨教育思想。除了维新志士外,以孙中山为首的革命党人也在海外华侨群体中宣传革命思想,鼓励兴学育才,华侨学校成为革命党人在海外传播革命思想的重要场所。1907年,同盟会马来亚支部为了让白天工作的华侨工人可以接受文化教育并传播民主革命思想,特意在吉隆坡创办华工夜校,由支部长沈太闲担任教员。该夜校开设语文、习字、算术等课程,每半年一期,每期两班,分别在每星期一、三、五和二、四、六晚上授课2小时,共办5期,毕业生有五百多人。华工夜校授课的主要内容是结合科学文化课讲解民主革命道理,宣传反清革命思想。此外,清末时期,由革命党人在侨居地创办的华侨学校还包括杜南中学、横滨大同学校、缅甸中华义学、泰国华益学堂等,这些学校不仅成为在华侨中孕育革命思想的摇篮,而且也培养了一大批日后投身于辛亥革命的骨干人才,最终成为推翻清朝封建专制统治的"掘墓人"。

维新变法、辛亥革命等清末中国的政治运动对海外华侨学校的发展产生了重要影响,利用海外华侨学校传播各派的思想主张。其积极意义在于无论是维新派还是革命派,他们的宣传主张都进一步促进了海外华侨中国国家意识的觉醒和发展,促使海外华侨及时接受新思想和新思潮。从客观上说,维新派与革命派的到来使得海外华侨群体中形成了不同的政治派别,一些海外华侨学校也渐渐成为维新派和革命派的活动基地。这也使得20世纪初的一些海外华侨学校带有浓重的"政治色彩",无法秉持"求真、求实、求新"的独立办学之道,在对学问的研究和对科学真知的探索上有明显不足,这也在一定程度上制约了这一时期海外华侨学校的自然发展,而逐渐具有民族主义政治倾向的海外华侨学校也更容易引起侨居国政府的戒心和警惕。

第八章

明清时期侨居国华侨教育政策
与海外华侨双语教育的发展

第一节　侨居国华侨教育政策的历史沿革

一、整体特点

　　明清时期,海外华侨教育主要在南洋、北美等地区开展。这些华侨聚居地主要有三大共同点:一是华侨移民人数较多,已经形成了一定规模的华侨社会;二是这些地区的第一代华侨移民在侨居地定居扎根后,对其自身和子孙接受系统、完整的教育产生了强烈需求;三是这些华侨聚居地区中的大多数国家有被他国殖民的历史。事实上,这些华侨聚居国的华侨教育政策也大致可以以殖民者的到来为界,分为两个时期。在殖民者到南洋等华侨聚居地区进行殖民统治之前,除少数政权外(如越南北方郑氏政府(1545—1787 年),当地政府对于华侨普遍采取温和、友好的态度,并不干涉华侨教育的发展。在殖民者到来后,或出于对华侨在当地经济生活中所起作用及其经商能力的嫉妒,或出于对未来难以控制华侨群体势力的担心①,不少殖民者在经济上招徕、依靠、利用华侨的同时,在教育上开始限制、剥夺华侨的受教育权,排斥、打击、迫害华侨学校,阻碍华侨教育的发展,亦或扶植华侨学校的竞争对手,抢走华侨学校的生源。

---

　　① 庄国土:《早期东南亚各殖民政权对华侨政策的特点》,《华侨华人历史研究》1994年第 4 期,第 57 页。

以上是明清时期侨居国华侨教育政策的整体特点,而各个国家的华侨教育政策根据其国家所处社会环境的不同各有特点。本节将根据所掌握的历史资料分别概述明清时期印尼、马来亚、菲律宾、越南、美国等五个主要华侨聚居国的华侨教育政策,并归纳这一时期侨居国华侨教育政策的三种类型。

二、主要侨居国的华侨教育政策

(一)印尼

荷兰对印尼的殖民统治由来已久。早在 16 世纪末,荷兰商人就已将目光对准了盛产香料的马鲁古群岛。在商业利益的驱使下,从 1598 年开始,荷兰商人陆续到印尼。1602 年 3 月,荷兰国会通过决议,成立"联合东印度公司",也称为"荷兰东印度公司"。荷兰东印度公司从名义上看仅是一个商业组织,由多家私人贸易公司组成,但实际上荷兰国会赋予其巨大的权利。除了拥有从非洲好望角往东到南美洲麦哲伦海峡范围内的通商独占权外,荷兰东印度公司还可以组建军队,甚至代表荷兰国会与他国签订条约,其性质显然已经远超一个商业组织的范畴,实际上是荷兰设在东印度地区的一个具有政权性质的殖民统治机构,而荷兰也正是通过东印度公司一步步对印尼实行殖民统治。[①] 1619 年,荷兰殖民者击败英国海军和巽他部队,占领雅加尔达(雅加达),并将其改名为巴达维亚。1699 年,荷兰东印度公司达到其发展的最鼎盛时期,当时该公司拥有 40 艘战舰、150 艘商船和一支 10000 人的军队。[②] 1799 年,东印度公司解散后被荷兰政府接管,并将其统治的印尼称为"荷属东印度"(简称"荷印")。1806—1816 年,荷属东印度先后被法国和英国占领并实行短暂的殖民管理,直到 1816 年荷兰殖民者重新对这片土地取得管理权。

荷兰殖民者对于荷属东印度当地人民的教育起初并不重视,对于当地开办的旧式华侨学校(如义学、书院、私塾等)的控制和管理,荷兰殖民者主要是采取间接统治、以华制华的政策,并不直接干涉华侨教育,而是将华侨

---

① 温广益、蔡仁龙、刘爱华:《印度尼西亚华侨史》,北京:海洋出版社,1985 年,第 70 页。

② 宫崎正胜:《世界史就是一部货币史》,朱悦玮译,杭州:浙江人民出版社,2020 年,第 96 页。

教育的管理权交由介于荷印殖民政府和华侨社会之间的华侨领袖或者华侨半自治机构。1729年,巴达维亚甲必丹郭郡观创办了荷属东印度地区最早的华侨教育机构——明诚书院。1742年,荷印殖民政府在巴达维亚旗杆街建立吧城华人公馆,委任华侨甲必丹、雷珍兰处理华侨社会内部事务。在教育方面,吧国华人公馆主要负责吧城华侨义学、私塾的教师招聘、招收学生、教学时间安排、教学规范、教学经费等事项。[1]

在1816年荷兰殖民者重新回到东印度地区后,他们在当地为荷兰殖民官员的子女开设学校,但禁止当地印尼土著人的子女、华侨的子女与荷兰人的子女同校。由于直接参与殖民扩张和殖民地管理的荷兰人较少,为了培植能够为荷印殖民政府办事的当地官吏,1848年,荷印殖民政府允许印尼土著人为其子女教育开设学校,并且每年拨款25000荷盾作为由印尼土著人开办学校的经费,但对于华侨子女的教育依然置之不理。

随着当地华侨在制糖业、酿酒业、商业、税收承包等领域逐渐占据重要地位,经济力量显著增长,荷兰殖民者开始对华侨力量的壮大感到警觉。在经济上,荷印殖民政府对华侨经济活动采取限制、排挤和掠夺的政策[2];在教育上,荷印殖民政府则计划通过愚民政策来制约华侨教育的发展,压抑华侨民族意识的产生。1854年,荷印殖民政府颁布了《注意民众教育条例》,严禁华侨子女到当地公立学校就读,企图使华侨子女永远处于愚昧状态。1864年(也有一种说法是在1860年[3]),在当地华侨的反抗下,荷印殖民政府取消此禁令,准许华侨子女入学。尽管如此,荷印殖民政府把当地印尼土著人开办学校的招生名额分为两个等级,第一等学校主要招收高级官员和富有阶级的孩子,第二等学校主要招收低级官员和中产阶级的孩子。学校如果有余额,华侨子女才能进入第二等学校就读。对于荷兰人办的学校来说,华侨子女要想进入这些学校必须具备以下两个条件:一是这些荷兰人开办的学校要有余额才能接收华侨子女;二是华侨子女必须能够通晓荷兰语,

---

① 沈燕清:《吧国公堂对吧城华侨教育发展的贡献》,《南亚东南亚研究》2019年第4期,第91页。

② 温广益、蔡仁龙、刘爱华:《印度尼西亚华侨史》,北京:海洋出版社,1985年,第147页。

③ 陈国华:《先驱者的脚印:海外华人教育三百年(1690—1990)》,多伦多:皇家金斯威公司,1992年。

拥有直接用荷兰语听说的能力,符合条件者还须支付高昂的学费。[①] 在针对华侨子女如此苛刻的入学条件下,直到 19 世纪末,才有少数一些华侨官员和富商的子女能够进入荷兰人开设的公立学校学习。[②] 一系列对华侨子女的教育歧视政策剥夺了荷属东印度地区华侨子女平等接受教育的权利,而即便是少数能够进入荷兰人所办小学读书的华侨子女,在读书时也备受白人孩子的欺负,因此这些受歧视的华侨子女从小就在内心里埋下了中华民族意识的种子。尽管荷兰殖民者原想通过推行教育歧视政策和愚民政策来压抑华侨的民族意识,巩固自己的殖民统治,但这些政策反倒在一定程度上激发了华侨民族意识的觉醒。

除了限制华侨子女进入当地公立学校学习外,荷兰殖民者还限制华侨学校的开办。按照荷印殖民政府在 1855 年出台的法规规定,政府应该对当地人的教育负责。这一法规仅仅指政府为印尼土著人开设的学校给予经费资助,并不包括资助专为华侨子女开设的华侨学校。[③] 事实上,荷印殖民政府对华侨学校不仅不提供经费资助,还对其开办进行种种限制。根据荷属东印度 1880 年出台、1912 年修正的《华校注册条例》,华侨学校的开办一律须遵照以下三点要求:第一,各所学校的教科书和汉语课本须接受殖民政府汉务司的检查;第二,学生禁止在学校内谈论中国政治;第三,华侨学校的教员进入荷属东印度时必须接受严格审查,如无确实担保,则将被拒绝登岸。此外,为了进一步削弱华侨学校的力量,荷印殖民政府还规定在各所华侨学校附近,必须增设一所荷属学校,并且多数荷属学校在教学条件上优于华侨学校,这样就造成很多华侨子女舍弃华侨学校而选择荷属学校就读。[④] 对于已开办的华侨学校,荷印殖民政府则多次进行干涉和破坏。1907 年在泗水创办的马辰中华学校,吸引了百名华侨学生前来就读。由于担心华侨学生的聚集可能会削弱荷印殖民政府的控制和马辰中华学校的快速成长,当

[①] 凡登波须:《荷属东印度概况》,费振东译,上海:商务印书馆,1938 年,第 428 页;蒋仁禾:《谈新华》,《印尼椰加达新华学校成立九十八周年纪念特刊(1904—2002)》,雅加达:纪念印尼新华建校九十八周年编委会,2002 年,第 38 页。

[②] 温广益、蔡仁龙、刘爱华:《印度尼西亚华侨史》,北京:海洋出版社,1985 年,第 442 页。

[③] 凡登波须:《荷属东印度概况》,费振东译,上海:商务印书馆,1938 年,第 428 页。

[④] 徐中舒:《南洋华侨教育与立案条例》,耿素丽、章鑫尧:《南洋史料》卷一,北京:国家图书馆出版社,2008 年,第 320 页。

地政府借故逮捕了学校的主办人,捣毁学校设施,这使得马辰中华学校的学生人数从原有的一百多名降至二十名。①

此外,华侨学校教员和学生的人身安全也无法受到荷印殖民政府的保护。日惹中华学校的教员李识韩惨遭歹徒刺杀,但荷印殖民政府当局却并未派人捉拿凶手,这充分说明他们视华侨教员的生命如草芥:

> 日惹中华学堂教员李识韩系湖北人,于前数夜三点钟时正在熟睡之中,忽有匪人入房行刺,身受二十余伤,及喊救时凶手已逃。越日送入医院,以胁下一伤颇重,闻已毙命,而凶手不知何人,至今犹未查获云。记者曰:以学堂教员惨遭匪人刺毙,凶手未获。该处行政官尚安然无事,反是以观。若外人侨居内地,被人刺毙,而该管地方官及督抚大员,即不至于抵命,已波累不堪矣。噫!中国人之生命,其不值钱也如此。②

荷印殖民政府不仅未对华侨学校师生的人身安全进行保护,而且当华侨学生与荷兰学生③出现口角、肢体冲突时,荷印殖民政府偏向荷兰学生,有意侮辱、处罚华侨学生。以谏义里中华学校的华侨学生与荷兰学生互殴一事为例,荷兰官员不分青红皂白地直接判罚华侨学生入狱做苦工:

> 谏义里中华学堂为中华学生与荷兰学生相殴,启衅事已略纪去年本报。兹悉当时由该处县令亚司珍,携带马来警察及甲头杨忠义至该学堂,拘去学生八人,在和(荷)衙署偏听妄断,肆行荼毒。判施欣贤、杨隆丘(十五岁)各下狱,罚苦工三月;胡渤超、施昆蝎、韩德兴、陈德昭(十二岁)、陈芳玉、魏廷仁(十五岁)各下狱,罚苦工一月……按曰:一学生之冲突,排解之可也,训诫之可也,荷官乃因之而百端侮辱,亦太甚矣。然而荷官之意,岂徒侮辱学生云尔哉?④

尽管荷印殖民政府对于华侨学校提出很多限制,对华侨学校的师生不但不加以保护反而侮辱虐待,但华侨学校仍然在荷属东印度地区逐渐建立、发展起来。从1901年吧城中华学校创办以来,在泗水、万隆、北加浪、苏门答腊等埠,当地的中华会馆先后成立了百余所华侨学校,这给荷印殖民政府对华侨教育的控制和监督带来了很大的压力。

---

① (清)沈桐生:《光绪政要》卷三十四,上海:崇义堂,1909年。
② 《日惹中华学堂教员惨遭匪人刺毙》,《华商联合报》1909年第20期,第35~36页。
③ 当时在荷属东印度地区的一些华侨学校中,也有少数荷兰官员的子女学习汉语。
④ 《吧城压制学生案》,《华商联合会报》1910年第5期,第83~84页。

1905 年,荷印殖民政府调整针对当地华侨学校的政策,将限制华侨学校发展转变为与华侨学校展开生源竞争,通过"优胜劣汰"的方式打击华侨学校。一年之后,荷印殖民政府成立了一个专门的小组,研究并制定对付华侨学校的具体政策。荷印殖民政府决定将华侨学校作为巩固其殖民统治的紧要问题,并提出为华侨子女创办一所特定的学校,笼络华侨人心。1908 年,根据殖民地教育、宗教兼工业局长波特的建议,荷印殖民政府在巴达维亚开设第一所为华侨而建的荷文小学——荷华学校,这是荷属东印度地区的第一所荷华学校。①

荷华学校的诞生正是荷印殖民政府针对荷属东印度华侨学校发展而采取的一种应对之策,也是出于荷印殖民政府对当地华侨学校的妒忌,以下史料可以体现荷兰殖民者创办荷华学校的真实目的:

> 爪哇自华侨创办中华学堂以来,日形发达,荷人忌之。近忽设一中荷学校,伪称毕业后与以极优利益。②

> 近年华侨商会成立,学堂踵兴,又屡选送学生肄业暨南学堂,和(荷)人尤不胜嫉妒。因变政策,开设(荷华)学堂,广收华侨子弟,多方笼络无识之流,往往有舍中华学堂而入和(荷)校者。③

华侨官吏和华侨富商子女是荷华学校的首选招生对象。荷华学校规定,月收入平均在 900 荷盾以上的华侨,其子女才有资格入学。④ 为了吸引更多华侨子女进入荷华学校,荷印殖民政府提出在荷华学校就读的学生可以享受很多"优惠条件"。荷华小学毕业生可以直接升入荷华中学学习,荷华中学毕业生可以进入荷兰的大学就读。除此之外,荷华学校的毕业生在未来工作后可以享受当地殖民政府公务员的待遇。荷华学校的课程设置与荷兰殖民者开设的荷文公立学校基本相同,教师采用荷兰语授课,并用荷兰文教材讲学,不开设汉语、儒学、中国历史、中国地理、中华文化等课程。⑤

---

① 陈国华:《先驱者的脚印:海外华人教育三百年(1690—1990)》,多伦多:皇家金斯威公司,1992 年,第 81 页。

② 《爪哇华侨之教育》,《教育杂志》1910 年第 2 卷第 1 期,第 5～6 页。

③ 《上海商会据南洋中华商会函为和(荷)地华侨受虐及速订国籍法事禀文》,陈翰笙:《华工出国史料汇编》第一辑,北京:中华书局,1985 年,第 472 页。

④ G. W. 史金纳:《爪哇的中国人》,力践译,《南洋问题资料译丛》1963 年第 2 期,第 28～29 页。

⑤ 廖建裕:《印尼华人教育史》,《南洋学报》1978 年第 32 卷第 1～2 期,第 51 页。

从课程设置上就可以看出,荷印殖民政府开办荷华学校的主要目的是让华侨子女逐步接受荷兰文化和思想,从而淡化对中国的感情,逐渐疏远中国,最终成为亲荷的一支力量。

由于荷华学校在教学师资、教学条件、学生升学和就业等方面比当时荷属东印度的华侨学校更有优势,不少华侨富商及华侨社会中上层人士将子女送入荷华学校读书,"凡富商大贾及稍有家业者,咸送子弟入荷兰学校以为荣誉"。[①] 甚至荷属东印度地区一些中华会馆和中华学校的董事,都将自己的子女送入荷华学校就读,"不识因何,忽与分局反对将董事辞去,令其子亦退学转入荷校"。[②] 一些原本在中华学校读书的华侨子女纷纷退学,转入荷华学校读书,这也使得荷华学校的学生数远远高于华侨学校,一些地区华侨进入荷华学校读书的人数是中华学校人数的两三倍:

> 泗水华侨约三万人,而中华学校学生仅四百余人,读荷兰书者且两倍三倍之。[③]

> 大如泗水埠华侨约有三万,而入中华学堂学生竟不及三百人,入荷兰学堂者约有七八百。最可怪者,中华学堂(指泗水埠)女生亦仅三四十人,而荷兰学堂之中国女生竟多至数百。[④]

从本质上看,荷华学校是荷印殖民政府打击华侨学校和挑拨华侨之间、华侨与中华会馆之间关系的一种方式。它的出现抢走了华侨学校的不少优质生源,也引起当地华侨社会、华侨学校内部的分化,华侨子女实际上成为荷华学校和华侨学校共同争夺的对象。华侨学校生源的流失,特别是一些华侨领袖、华侨富商子女转入荷华学校读书,这在一定程度上削弱了当地华侨个人和组织对华侨学校的支持和赞助,"他们(华侨)对中华会馆学校的兴趣与支持,将会因为该校(中华会馆学校)经济条件的窘迫而被予以削弱"。[⑤]

综上所述,这一时期,荷印殖民政府实施的华侨教育政策主要包括限

---

① 孔庆龄、吴雨霖:《爪哇学务谭(谈)》,《中华教育界》1914 年第 23 期,第 1~2 页。

② 《吗哪中华会馆分局学堂之风潮及学董教员被拘之原委》,《华商联合会报》1910 年第 7 期,第 32~33 页。

③ 孔庆龄、吴雨霖:《爪哇学务谭(谈)》,《中华教育界》1914 年第 23 期,第 4 页。

④ 《爪哇学务近情(三续)》,《时事新报(上海)》1911 年 10 月 6 日第 7 版。

⑤ Govaars M. *Dutch Colonial Education：the Chinese Experience in Indonesia*，1900—1942，Singapore：Chinese Heritage Center，2005：80.

制、禁止华侨子女进入侨居国公立学校上学,侮辱与虐待华侨学校师生,创办荷华学校与华侨学校争抢生源等。① 荷印殖民政府在不同时期根据自身的需要,通过各种手段阻碍华侨教育的发展,目的在于通过华侨教育政策来削弱当地华侨的统一力量,抑制华侨身上中华民族意识的觉醒,进而巩固其在荷属东印度地区的殖民统治。

(二)马来亚

自 16 世纪以来,葡萄牙、荷兰、英国等西方殖民者纷纷将眼光投向锡矿资源丰富的马来亚,而其中英国在马来亚的殖民统治时间最长。1786 年,英国殖民者开始在槟榔屿建立殖民地,并在此后的一个多世纪里陆续侵占了马六甲、新加坡、霹雳、雪兰莪、森美兰、彭亨、吉打、玻璃市、吉兰丹、丁加奴、柔佛等地,并先后建立海峡殖民地、马来联邦、马来属邦,全面确立了对马来亚的殖民统治。华侨是马来亚人口中的重要族群,以马来亚地区的新加坡为例,1860 年当地华侨人数已超过总人数的 60%。因此华侨成为英国殖民者制定并实施统治与管理政策时首要考虑的族群②,而华侨教育政策是英国殖民政府在马来亚统治时期必须考虑的重要政策。

在 1920 年英属海峡殖民地《华校注册条例》颁布之前,马来亚的英国殖民政府,对当地华侨学校开展的汉语教育持放任自流的态度,并没有出台明显的限制政策。英国殖民政府对马来亚各地华侨学校的发展基本不过问,当然也不给予经费资助:

> (新加坡端蒙学堂)自创校以致(至)1917 年,历时十有二载,新加坡殖民地政府对华校采取放任态度,不予过问,亦不予以资助。故本校经费来源,胥赖潮人各商号之年捐及学费。③

英国殖民政府在这一时期并不过度干涉马来亚的华侨教育,这主要有以下三大原因:

---

① 许克诚:《三十年荷属华侨教育述略》,《小吕宋华侨中西学校三十周年纪念刊(1899—1929)》,马尼拉:小吕宋华侨中西学校,1929 年,第 3~4 页。

② 李元瑾:《东西文化的撞击与新华知识分子的三种回应:邱菽园、林文庆、宋旺相的比较研究》,新加坡:新加坡国立大学中文系、八方文化企业公司,2001 年,第 25 页。

③ 杨伟群:《校史》,《端蒙中学七十周年纪念刊(1906—1976)》,新加坡:端蒙中学,1976 年,第 74 页。

第一，维多利亚统治前期，英国实施相对开明和民主的殖民地政策①，不过度干涉海外殖民地原有的内部事务。这一带有自由主义色彩的殖民政策曾遭到不少英国政客的抨击。英国保守党领袖本杰明·迪斯雷利（Benjamin Disraeli）就认为：英国殖民政府给予殖民地自由的前提应是巩固英国的殖民统治，否则反而会瓦解英国对殖民地长期的统治。② 事实上，为了巩固殖民统治、维护英国在马来亚地区的经济利益，英国殖民政府从19世纪60年代起开始加强对马来亚的殖民管理。从整体上看，与法国、荷兰等其他欧洲国家的殖民政策相比，英国的殖民政策相对开明、温和。晚清时期，新加坡华侨领袖林文庆曾比较英国、荷兰和西班牙殖民者对待华侨的政策，他认为英国殖民政府的华侨政策整体上较为"理性"，并不以压制、虐待、强迫华侨为目的，而是在尊重华侨生活风俗的前提下为当地华侨提供发展的机会：

> 荷人对待华人乃冷热参半，虽然华人不辞劳苦积存了财富，他们大部分不喜欢这种制度。倘若可把生意迁往他地，他们会非常愿意。华人与荷人之间缺乏相互谅解……有关人们遭受虐待的控诉层出不穷……③

> 庆幸西班牙政权已成为过去，但其恶政不仅仅是一种历史兴味，而且可当成一种警惕……天主教固执地强迫华人进教堂……孩子们实际上已被土著化……西班牙殖民地进展缓慢，华人惟有重金贿赂官员才能开发当地。④

> 香港、海峡殖民地和马来联邦的巨大成就固然归功于英国管理的本领以及人口不断增加之华人的事业进取心……但真正的成功秘诀乃在司法的公正执行以及提供华人足够发展能力的机会。⑤

---

① Thomson D. *England in the Nineteenth Century*（1815—1914），London：Penguin Books，1950：89.

② Williamson J. A. *A Short History of British Expansion*，London：Macmillan，1967：184.

③ Lim B. K. The Chinese in British Malaya，转引自李元瑾：《林文庆的思想：中西文化的汇流与矛盾》，新加坡：新加坡亚洲研究学会，1990年，第37页。

④ Lim B. K. The Chinese in British Malaya，转引自李元瑾：《林文庆的思想：中西文化的汇流与矛盾》，新加坡：新加坡亚洲研究学会，1990年，第38页。

⑤ Lim B. K. The Chinese in British Malaya，转引自李元瑾：《林文庆的思想：中西文化的汇流与矛盾》，新加坡：新加坡亚洲研究学会，1990年，第38页。

第二,当时英国的海外殖民地广大,并无足够的精力"照顾"每一个殖民地,而如果过度干涉殖民地当地族群的内部事务(如干涉华侨学校的创办和发展),这容易激起当地庞大群体的反抗情绪,反而会造成殖民政府失去民心,动摇其殖民统治的根基。而且在爱尔兰问题、美国独立战争、加拿大革命等殖民问题上,英国曾因过度干涉殖民地内部事务付出过惨痛的代价。这也是在维多利亚统治前半期,英国对其海外殖民地奉行自由放任政策的一大重要背景和原因。

第三,英国殖民政府意识到马来亚(特别是马六甲海峡南端的新加坡)的华侨人数众多,19世纪以来,华侨在马来亚的工商业领域占有重要地位,其是马来亚工业开发的重要力量。而且与澳大利亚等其他英国的殖民地相比,由于气候炎热,英国在马来亚生活的人数较少,必须要倚仗华侨以及当地土著人才能维持这片殖民地的发展。① 因此英国殖民政府要想有效地管理此殖民地,必须处理好与华侨有关的事务,而华侨教育是华侨内部事务的重要部分。若过度干涉,不仅不利于华侨教育的发展,也不利于华侨群体与英国殖民政府保持长久的正常关系。

正如上述,在1920年以前,英国殖民者对马来亚的华侨教育实施不过度干涉的政策,这从一个侧面说明,华侨在马来亚人口中所占的比重较大,华侨在马来亚社会经济发展中发挥的作用很大,已成为驻马来亚的英国殖民政府不得不重视的一个群体。华侨在英属马来亚拥有较高的影响力,实际上这与华侨从19世纪中后期移民马来亚的历史进程密切相关。英国统治马来亚之后,实施自由贸易和开放自由港的经济政策,这吸引了不少中国人移民到马来亚经商、垦殖。第二次鸦片战争后,中国与英国签订了《中英北京条约》,准许英国雇佣中国人到他们的殖民属地做工,这样大量华工被英国殖民者招募到马来亚。在经济贸易和华工出国两大因素的影响下,在英国对马来亚实行殖民统治时期,英属马来亚的华侨人数激增。以英属马来亚的槟榔屿为例,从1820年到1860年,当地华侨人数从不到9000人增加到36000多人,人数增加了三倍多。② 人口的激增使得华侨在马来亚形成了一定规模的聚居区和华侨社会,因而对华侨教育产生了很大的需求。

---

① 宋蕴璞:《南洋英属海峡殖民地志略》(上),北京:文物出版社,2022年,第99页。

② Smith T. E. *Population Growth in Malaya*:*An Analysis of Recent Trends*. London and New York:Royal Institute of International Affairs,1952:62-63.

纵观这一时期英属马来亚地区华侨教育的发展进程,无论是马来亚华侨早期开办的南华义学、五福书院等旧式华侨教育机构,还是槟榔屿中华学校、槟榔屿时中学校等新式华侨学校,这些华侨学校并未直接威胁到英国在马来亚的殖民统治和他们在海外殖民地最看重的经济利益。因此英国殖民政府并没有对这些华侨学校的教育实践强加干涉。英国殖民政府虽未对马来亚的华侨教育直接干涉,但其出于自身利益考量,也未给予马来亚的华侨学校所需的资金资助,反倒是支持由基督教教会开办的教会学校,教会学校利用华侨对于学习英语的需求,以汉英双语教育标榜,吸引了不少华侨子女就读。

具体而言,为了加强这一时期英国在马来亚的殖民统治,英国殖民当局非常支持基督教教会在马来亚开办的教会学校,通过教会学校培养效忠英国的当地人。1818年,英国牧师罗伯特·马礼逊和威廉·米怜在马六甲共同创办英华书院,初期学生主要为在马六甲出生的华侨子女。学生入校后,英华书院根据学生入学英语考试的情况,将学生分为三个层级,实行汉英双语教育。为了吸引更多华侨子女前来英华书院就读并皈依基督教,英华书院作为一所教会学校却对华侨子女没有宗教限制,学校为华侨学生提供住宿并支付其他生活费用,甚至还为华侨学生设立了助学金。1834年,英华书院有40名毕业生,其中多数华侨学生在毕业后担任英国殖民政府的官员和译员,为英国殖民政府服务。1843年,英华书院迁至香港。[①]

驻马来亚的英国殖民政府通过教会学校以及由英国人或马来亚土著人开办的英文学校,奖励优秀的华侨学子,以此培养一定数量懂英语的政府官员[②],并将这些华侨作为英国在马来亚的代理人,更有效地管理当地华侨社会。这是这一时期英国殖民政府在马来亚主要推行的华侨教育政策,也有学者将英国殖民政府的华侨教育政策称之为"归化政策"。[③] 这一华侨教育政策看似对华侨学校不带来直接的影响,实则是通过语言和文化教育让英属马来亚地区的华侨子女在无形中形成对英国语言和文化的认同,在潜移

---

① Liu S. L. *Sanctuary of Excellence*: *the History of Ying Wa College*, Hong Kong: Ying Wa College Old Boys' Association, 2001.

② 当时马来亚华侨学生成绩优异者可进入新加坡市政局、立法议会、华人参事局等政府部门。

③ 李元瑾:《林文庆的思想:中西文化的汇流与矛盾》,新加坡:新加坡亚洲研究学会,1990年,第35页。

默化中与中国语言和中华文化渐渐疏离。在英国殖民政府支持下,教会学校开设汉英双语教育课程,但从教育性质上分析,这些教会学校面向华侨开展的汉英双语教育,属于削减性的双语教育模式。所谓削减性的双语教育模式,其倡导的并不是平衡地发展华侨子女的汉英双语能力和中西双元文化意识,而是通过语言教育"诱导"年幼的华侨子女形成对英国宗教和文化的认同。在自我概念、文化意识、价值观念和信仰等方面,控制英属马来亚的华侨子女,使其逐渐"英化",这是英国殖民政府扶持教会学校和英文学校的主要原因。除了开设教会学校和英文学校外,英国殖民政府还为成绩优异的华侨子女提供奖学金,让他们赴英国深造。根据相关统计,从 1886 年到 1911 年,英国殖民政府向华侨子女提供的奖学金就有 45 份。[1] 奖励优秀华侨学生的目的,就是让这些华侨子女在英国深造归来后能更好地效忠英国殖民政府,成为英国殖民政府和当地华侨社会沟通的桥梁。

对于同时期马来亚华侨学校,无论是旧式华侨教育机构(如华侨义学、书院)所推行的汉语教育还是新式华侨学校所推行的汉英双语教育,并不与英国殖民者实施的教育政策直接矛盾,反而有助于维护马来亚华侨社会的稳定,这也是这一时期在马来亚的英国殖民政府对华侨学校持有放任自流态度的主要原因。

（三）菲律宾

从 16 世纪至 20 世纪,菲律宾先后受到西班牙和美国的殖民统治。1565 年,西班牙侵占菲律宾并对菲律宾进行殖民统治长达三百多年。1898 年,美西战争爆发,西班牙战败后,于 1898 年 12 月 10 日与美国签署《巴黎和约》。《巴黎和约》规定:西班牙将殖民地菲律宾转让给美国接收,改由美国施行殖民统治,美国为获得菲律宾的主权须向西班牙交付 2000 万美元作为抵偿。以明清时期(1368—1911 年)为时间界限,在菲律宾的殖民政府所颁布的华侨教育政策,可以分为西班牙殖民统治时期和美国殖民统治时期两个阶段。

西班牙人统治菲律宾时期的华侨政策,呈现出"先扬后抑"的发展轨迹。在西班牙人统治菲律宾初期,出于稳定统治局面的考虑,西班牙殖民者并不

---

① Makepeace W., Brooke G., Braddel R. *One Hundred Years of Singapore*, London: John Murray, 1921:472.

干涉华侨事务,相反还鼓励中国人移民至菲律宾,开展海外贸易。① 由于菲律宾距离中国较近,而且西班牙殖民统治初期政局较为稳定,又拥有良好的贸易条件,大量中国人移居菲律宾。以马尼拉为例,当地华侨人数从 1571 年的 150 人升至 1602 年的 3 万人。②

在短时间内大量华侨涌入菲律宾,这使得西班牙驻菲律宾殖民政府十分警觉。一方面,华侨几乎垄断了当时菲律宾经济生活的各个领域③,菲律宾的经济命脉几乎全部掌控在华侨手中,在享受华侨为菲律宾带来的经济收益的同时,西班牙殖民者也十分担心华侨群体实力的增长会对其统治带来威胁;另一方面,在中国和菲律宾贸易中,大量白银、黄金流向中国,华侨所带来的商品(主要是丝织品)还通过马尼拉转口西属美洲市场,这引起西菲商人与其他各地西班牙商人的嫉妒。出于对华侨的警觉、嫉妒甚至是憎恶,在菲律宾的西班牙殖民政府,从 16 世纪 80 年代起就对华侨实行种种暴政④,其不仅强迫华侨参加掠夺其他殖民地的战争,还抢劫焚烧华侨房舍,并且驱逐大部分华侨出境,甚至在 1603 年、1639 年和 1662 年对华侨发动三次大屠杀。

18 世纪末,驻菲律宾的西班牙殖民政府对华侨政策进行了一些改变。1778 年,殖民当局撤销了驱逐华侨的法令,将驱逐政策改为严密控制和监督的新政策,包括将华侨划区居住、只准华侨与菲律宾通婚者开商店、对中国移民征收入境税等等。在教育政策方面,驻菲律宾的西班牙殖民政府一直推行教育歧视政策。西班牙殖民者为了培养住在菲律宾的西班牙后裔,在菲律宾开设各级各类学校,主要招收在菲律宾出生的西班牙子弟入学,并不招收华侨子弟。这一时期,由于西班牙殖民政府对华侨活动的限制,菲律宾当时并无华侨教育出现,只有极少数在菲律宾出生的华侨子女可以接受教区的宗教教育,或者在自家设置私塾,教授子女儒家典籍,一部分华侨也

---

① 赵亮:《西属菲律宾时期"以华养菲"华侨政策的扬抑轨迹》,《兰州学刊》2007 年第 8 期,第 183～185 页。

② 陈台民:《中菲关系与菲律宾华侨》第一册,香港:朝阳出版社,1985 年,第 83 页;金应熙:《菲律宾史》,开封:河南大学出版社,1990 年,第 171 页。

③ 李永锡:《西班牙殖民者对菲律宾华侨压迫的政策与罪行》,《中山大学学报(社会科学版)》1959 年第 4 期,第 92～116 页。

④ 赵红英、张春旺:《华侨史概要》,北京:中国华侨出版社,2015 年。

将子女送回中国读书。[①]

　　1898年,美国与西班牙之间爆发战争。同年,战败的西班牙政府向美国投降,与美国签订了《巴黎和约》,这让西班牙失去了最重要的亚洲和美洲殖民地,仅剩加那利群岛休达、梅利利亚、戈梅拉岛等非洲的殖民地,有些还是无人岛。美国从此开始对菲律宾实行殖民统治。为了培养出一批能为美国殖民统治服务的具有专门技能的人才,美国殖民政府在菲律宾实行美国式的教育改革。美国殖民政府并未针对华侨学校的兴办和发展进行限制,主要持放任自由的态度。在殖民统治菲律宾后,美国殖民政府建立起各级各类的英文学校,大力发展英语教育,以英语作为教学语言,这在客观上与菲律宾当地的华侨学校形成了一种竞争关系,进而引发了菲律宾华侨对于改革当地华侨教育的思考。一些具有远见的华侨意识到新式华侨教育对培养人才、与欧美商人进行商战很重要:"欧美风雨,澎湃东来,为适应废科举设学校之潮流,与夫对付资本主义之剧烈商战,非由教育以培植人才,则无以固吾侨之地位。"[②]

　　20世纪初,受美国驻菲律宾殖民政府教育改革的影响,以小吕宋华侨中西学校为代表的菲律宾新式华侨学校开始实行独特的双语学制,在大胆改进汉语教学的同时,聘用英语教师来加授英语,并在原有中文部的基础上增设英文部。中文部和英文部完全独立,互不干涉。小吕宋华侨中西学校仿照美国近代学校的学制,中文部小学六年,中学则为初、高中各三年;而英文部小学六年,中学三年。此外,小吕宋华侨中西学校还附设夜学班,分为汉文专修科和英文专修科。[③] 在美国殖民政府教育改革的影响以及华侨自身发展的需要激励下,菲律宾华侨教育受之影响发生了主动变化,在学制、课程内容、师资条件等方面进一步完善,增加了外语和西学课程的比例,从而形成了从旧式教育到新式教育的转变。

　　① 耿红卫:《菲律宾华文教育的历史沿革及现状》,《广西社会科学》2007年第5期,第183页。

　　② 彭乃扬:《自序》,《小吕宋华侨中西学校五十周年纪念刊(1899—1949)》,马尼拉:小吕宋华侨中西学校,1949年,第1页。

　　③ 《小吕宋华侨公立中西学校章程》,《菲律宾华侨教育丛刊》1917年第1期,第327～399页。

(四)越南

从 17 世纪起,大量中国人移民越南,而此时的越南形成了南北割据对峙的局面。[1] 其中,南方阮氏政权对华侨采取相对灵活的政策,并未限制中国人移民,而是鼓励中国人到当地进行自由贸易;北方郑氏政权则对华侨实行抑制和同化政策,要求入籍的华侨在言语和风俗上"一遵国俗"[2],间接地强迫当地华侨同化于越南。1802 年阮氏政府统一越南,进入阮朝时期。创建阮朝的嘉隆皇帝对华侨采取较为优待的政策,并未对华侨的语言和生活习俗有明显的干涉和限制。随后的明命皇帝虽对华侨从事的经济活动进行种种限制(如征收税例[3]、登记经商活动[4]等),但并未实施同化政策。从整体上看,在法国殖民者到来之前,为了巩固与中国稳定的外交关系,利用华侨力量发展越南经济,越南的华侨政策并未对华侨在越南的生活产生较大影响。除了阮朝统一南北越南前的北方郑氏政权外,其他政权并未对华侨采取同化政策。

这一较为平稳、温和的华侨政策,在法国殖民者到来后发生了很大变化。19 世纪中叶后,越南一步步沦为法国殖民地。1858 年 9 月,法国发动对越南的侵略战争。1884 年,法国占领越南全境。1884 年 6 月,越南阮朝与法国签订第二次《顺化条约》,这标志着越南沦为法国殖民地。1885 年 6月 9 日,清朝政府与法国在天津签署《中法会订越南条约十款》(又称《中法新约》),放弃了对越南的宗主国地位,承认法国对越南的"保护权",允许对越南订立条约,中国和越南的宗藩关系由此宣告结束。

法国统治越南后,法国殖民者既妒忌越南华侨的经济实力,又担忧华侨与越南人民联手反抗法国殖民统治。因此法国殖民者就利用各种方式散布排华思想,挑拨越南人和华侨之间的关系,主要排华政策包括:通过提高入

---

[1] 刘俊涛:《越南政权华侨政策的演变(1600—1840 年)》,《世界民族》2018 年第 4 期,第 79~87 页。

[2] 潘清简:《钦定越史通鉴纲目》第七册,北京:北京图书出版社,1956 年,第 3154~3155 页。

[3] 杜文心:《大南典例撮要新编》,河内:越南国家图书馆藏,1909 年,第 16~17 页。

[4] 张登桂:《大南实录·正编第二纪》卷一一七,东京:庆应义塾大学言语文化研究所,1971 年。

境税和人口税来限制华侨入境①、逼迫越南境内华侨上缴人头税、营业执照税、所得税、过境税、外货进口税等苛捐杂税。②

在教育领域，法国殖民者在越南逐步推行殖民语言教育政策，这一政策的实施从越南南圻逐渐蔓延至中圻和北圻。法国殖民政府将法语确定为越南的"正统"语言，并在一定范围内推行越语拉丁化拼音文字（也就是越南"国语字"或简称"越语国字"）。这种教育政策源自法国的殖民同化思想，即主张在殖民地推广法国管理制度，通过教育的方式使得殖民地的"有色人种成为有色的法国人"。③ 之前越语国字仅在耶稣会传教士和越南教徒之间使用，而当法国侵占越南南部时，在尚未完成对越南全国占领的情况下，法国殖民者就将越语国字当作其推行殖民统治的一大利器，开始在越南南部创办学校，教授越语国字。具体而言，19 世纪 60 年代，法国殖民政府在其刚刚占领的南圻陆续开办"法越学校"，培养为殖民统治服务的翻译人才。1874 年，法国殖民者又开始对南圻的教育体制进行改革，1905 年进一步在越南全国范围内推行教育体制改革，用西式教育体制取代越南旧有教育体制。法语和越语国字先后被列入越南学校的课程中，而学校的汉语课程则大幅减少，学生升到小学高年级后就不须再学习汉语，相反学校大幅度增加了法语和越语国字的课程比例，将其设置为强制性学科。

法国殖民者在越南推行越语国字的目的之一是颠覆中国汉字在越南的正统地位。当时，由于长期受到中华文化的深远影响，越南的很多知识分子都学习汉语，并能使用汉语写作，甚至著书立说④，汉语在越南当地的影响力很大。法国殖民政府通过推广拉丁拼音文字，企图进一步废止汉字，对包括华侨在内的群众实行思想上的封锁政策，同时提倡当地人在文化上同化于法国文化，其终极目的是借助语言教育的方式消灭当地人反法的民族意识，进而巩固法国在越南的殖民统治。

此外，法国殖民者对于越南华侨学校的教学内容也进行了诸多限制，汉

---

① 《越政府变通人头税华侨人口渐多》，《华侨半月刊》1934 年第 54 期，第 42 页。
② 蔡茂贵：《法国殖民统治以来越南南方的华人》，杨保筠译，《中国东南亚研究通讯》，1986 年第 1～2 期，第 18～29 页；陈世材：《法兰西治下之安南华侨——绪论》，《华侨周报》1932 年第 1 卷第 8 期，第 23～26 页。
③ 亨克·韦瑟林：《欧洲殖民帝国（1815—1919）》，夏岩译，北京：中国社会科学出版社，2012 年，第 187 页。
④ 朱杰勤：《东南亚华侨史（外一种）》，北京：中华书局，2008 年。

语教材被禁止使用,还强行要求华侨学校的校董由法国人担任,华侨学校内中国籍教师的薪资必须低于法国籍教师。这些针对华侨学校的政策,其根本目的就是阻碍华侨教育在越南的发展,进一步削弱汉语、汉字在当地的影响力:

> 小学校中,原有中文课本,现亦被禁采用,而强迫改用法文……又该处中学校仅有一所,经费由华人完全负担,创立时其校长中法各一人,教职员亦中法各半,不久华校长被排挤去职,教职员亦多半离去,现尚留该校之华教员,其薪金待遇,与法教员相差甚远。例如法教员每小时五元而华教员则每年不过百余元,课程以法文居多,对于科学并不注重,视此则法政府之用意,盖可深长思矣。①

(五)美国

美国的排华政策由来已久,从19世纪下半叶开始,美国已经出现排华的倾向,但这一排华倾向并非从华侨刚到美国时就出现。事实上,在排华运动之前,早期赴美的华侨曾短暂地受到过美国白种人的欢迎。当时来美的华侨除了少部分从事小商品贸易之外,大多数为矿工、铁路工等"契约工人",为当地开采金矿、修筑中央太平洋铁路、北太平洋铁路和南太平洋铁路做出巨大的贡献,华工曾被誉为"美国的真正开路先锋"。② 美国铁路大王阿马萨·利兰·斯坦福(Amasa Leland Stanford)称赞华工"安详、平和、耐心、勤劳、节俭,他们比白人劳工更为谨慎和节俭,因而工资少点也毫无怨言"。③ 当华侨到加州时,当地的《加州阿尔塔日报》(*The Daily Alta California*)甚至将华侨看成了他们自己人:"华人将同我们在同一个投票点投票,在同一所学校读书,在同一所教堂鞠躬,就像我们自己人一样。"④

好景不长,随着华侨移民美国人数的增多,华侨社区规模的扩大,在华侨聚集的加利福尼亚州,掀起了排华热潮,种种对华侨的不公平待遇和剥削政策接踵而至。1850年,加利福尼亚州议会通过一项法案,凡外国籍的矿工每月须缴税20元。1852年,加州对以华侨为主的外国矿工每月再强征

---

① 《法人限制越南华侨教育》,《安徽教育行政周刊》1929年第32卷第2期,第11页。
② 刘伯骥:《美国华侨教育》,台北:华侨教育丛书编辑委员会,1957年,第11页。
③ 王评:《唐人街:海外华人百年冒险风云录》,成都:四川人民出版社,1996年,第18页。
④ *Daily Alta California*,12-05-1852.

3～4元的执照税。一年之后,加州州长约翰·毕加勒(John Bigler)在一次演讲中公开侮辱华侨为"契约苦力",甚至呼吁议会禁止华侨来美,而毕加勒也是美国第一位提出排华口号的高官,这进一步激发起全美国的排华浪潮。① 1854年,加州最高法院又规定:任何法庭诉讼中凡涉及白种人者,黄种人和红种人都没有资格提供证据,也不准在法院出庭作证,而其中所言的黄种人就包括华侨。1858年,加州政府宣布征收华侨入境人头税每人55元。② 1873年,加州爆发第一次经济大萧条,白人劳工在与华侨劳工的就业竞争中处于下风,他们就在当地反华势力的煽动下,将失业的原因全部归咎于华工。在此情势下,白人劳工阶层成立了反华俱乐部,组织反华集会,甚至对华侨社区发动暴力攻击,于1876年和1877年两次袭击唐人街,这使得美国的排华、反华运动达到高潮。

　　除了向华侨征收各种杂税并袭击华侨社区外,美国的排华运动还包括限制华侨移民入境。1878年,美国出台了针对华侨移民的新规定,即每艘船赴美入境的华侨人数不得超过15人。③ 1882年,美国国会通过了臭名昭著的《排华法案》,该法案规定:除了留学生、商人和政界人员外,华侨工人及其家属在十年内不能入境美国,同时禁止华侨归化为美国公民。《排华法案》是19世纪下半叶以来美国排华运动的最高峰,这是美国政府排挤华侨的一项赤裸裸的政策,直到1943年美国国会才废除该法案。

　　关于美国排华的理由,一是经济上的原因,19世纪下半叶以来,一部分美国人认为,赴美淘金的中国人会将获得的大部分收入寄回中国,这对美国当地经济并没有实际的贡献,他们将当时美国加州出现的经济危机归咎于华侨的到来。加州议员丹尼斯·吉尔尼(Denis Kearney)甚至将以往受当地人欢迎的华侨称为对白种人构成威胁的"黄祸"。④ 而且随着加州金矿产量的减少,太平洋铁路修筑的完成,美国对华工劳动力的实际需求也日益减少,华侨对于美国白种人的利用价值也就越来越低;另一个原因则是美国白种人对其他肤色人群抱有根深蒂固的种族歧视。1879年至1901年担任美国旧金山市市长的詹姆斯·菲兰(James Phelan),在其任期内曾多次发动、参与排华运动,他认为美国的排华政策在本质上是出于上等人群(白种人)

---

① 刘伯骥:《美国华侨史》,台北:黎明文化事业公司,1976年,第474页。
② 关春如:《美国华侨概况》,台北:正中书局,1988年,第23页。
③ 胡毅:《北美排华略史》,《大江季刊》1925年第1卷第2期,第60页。
④ 胡毅:《北美排华略史》,《大江季刊》1925年第1卷第2期,第60页。

对于下等人群（华侨）的鄙视。在詹姆斯·菲兰看来，这种种族鄙视主要是出于白种人和中国人不同的生活习惯：

> 中国人居留美国者，没有家眷、学校、图书馆、教会、文化、剧院，与其家庭没有什么关系。不讲求公共卫生，致疾病丛生。不作休假旅行，而对于庆典日，亦不感兴趣。他们只有终岁勤劳，不讲求丰美的衣食住，因其数千年传统习惯是这样的。现在这里的中国人，所接触者为美国人，而美国人则生长于优良的家庭环境，对于市镇公益，有服务精神和责任心，可是中国人则缺乏这种条件，又没有这种修养，故两者所以难于同化。①

菲兰上述的言论看似是对美国的排华政策和种族歧视给出解释，实际上却是对美国华侨生活习惯和文化传统的严重歪曲，忽视了华侨对美国交通建设与经济发展做出的贡献，这是美国种族歧视政策赤裸裸的表现。美国华裔心理文化学专家许烺光认为，华侨与白种人在生活方式和文化传统上的差异、彼此沟通上的障碍、下意识的文化隔离都是形成美国白种人对华侨种族歧视的原因：

> 一方面，多数美国公众对中国文化所知甚少，而这种对中国文化的无知往往造成他们对中国人的偏见；另一方面，语言的障碍、风俗习惯的差异、对不同宗教信仰的调和以及其他文化传统，又使中国移民在文化上孤立于白人。中国移民往往下意识地与他们不友善邻居或同事的敌视态度与行为保持一定距离，以求平安无事。不幸的是，中国人这种自发的分离却给他们打上了劣等种族的烙印。②

在美国社会排华情绪和种族歧视政策的影响下，美国一些州政府对于包括华侨在内的外族和外裔儿童实行教育歧视政策，开设种族隔离式学校就是其中的重要一项。1855 年，加州政府批准当地公立学校向当地所有儿童免费开放③，但其并未提及华童，也就是说，华侨儿童的受教育权并不在加州政府立法机关的考虑中。这一不平等的对待引发了加州很多华侨的不满，但这实际上只是加州政府对华侨实施教育歧视政策的开始。1858 年，

---

① 刘伯骥：《美国华侨教育》，台北：海外出版社，1957 年，第 21～22 页。

② 令湖萍：《十九世纪中国妇女移民美国动机初探》，《美国研究》1999 年第 1 期，第 109～110 页。

③ 陈迎雪：《隔离、融合与多元——美国华人教育发展研究》，保定：河北大学博士学位论文，2011 年，第 21 页。

加州教育总监安德鲁·莫尔德（Andrew Moulder）提议，为了避免有色族群学童入校对白种学童造成侵害，应禁止黑人、蒙古种人、印第安人进入公立学校学习。[1] 1860 年，加州议会通过法案，不允许其他种族学童与白种学童同校，而其他种族学童须进入种族隔离学校，并且对于准许收容上述种族儿童的学校，加州政府都将停止对其拨款。如果十名以上有色学童的家长有需要，他们可以通过书面申请的方法，特许官员用公款开设隔离学校，专门收容此类种族的儿童[2]，加州议会将授权当地教育总监，开设种族隔离式学校来收容有色种族学生。1864 年，加州学校教育法规废除了"若学校允许其他种族学童与白种学童同校而给学校罚款"的规定，并且同意如有十个及以上的黑人、亚裔或印第安人一起申请时，加州政府可为他们建立一所隔离学校。[3] 开设种族隔离学校的做法遭到美国华侨的强烈反对和抗议。在美国华侨看来，仅加州旧金山市华侨支付了总数超过 42000 美元的税款，而他们的子女却无法进入正规公立学校的大门读书，这是赤裸裸的教育歧视政策。为此，当地华侨多次向美国国会、加州立法会、旧金山校董会等机构提出言辞激烈的抗议。[4]

在包括华侨在内的有色人种的强烈反抗下，1866 年，加州议会通过《修正法案》，对当地教育官员授权，如果大多数白种学童的家长不反对，可以容许有色种族学童和白种学童同校。[5] 四年之后（1870 年），所有关于加州公立学校的法案经过修正，统一编订为《加州学校法》。根据《加州学校法》的规定，凡不包括在该法案之内的原有规定一律取消。《加州学校法》并未清楚地写明有关华侨学童受教育权的规定，只有两条措词不明晰的规定与华侨教育有关。一条规定是："除非由特别法律规定，各学校乃为准许五岁至二十一岁之间白种儿童入学而开设"；另一条规定是"（对于）非洲裔儿童与印第安儿童的教育，将供应隔离学校"。[6] 这两条教育法令不仅再次申明有

---

① Moulder A. *Report of State Superintendent of Public Instruction*，1858，1859. Sacramento，California，1859：259.

② 直到 1947 年，加州禁止华侨子女进入当地公立学校的法令才被废止，华侨子女才可以不进入种族隔离学校，名正言顺地进入当地公立学校学习。

③ Chief Clerk of the California State Assembly. *California Statutes*，California：California Statutes Archive.

④ *Daily Alta California*，22-08-1877.

⑤ 刘伯骥：《美国华侨史》，台北：黎明文化事业公司，1976 年，第 369 页。

⑥ 刘伯骥：《美国华侨史》，台北：黎明文化事业公司，1976 年，第 369 页。

色种族学童与白色种族学童不能同校,而且由于并未提到华侨学童,在法理上剥夺了华童的受教育权,这意味着华童不仅无法享受与白种学童同入加州正规公立学校的权利,甚至连隔离学校都无法进入。虽然以 1866 年担任加州教育总监的约翰·斯韦特为代表的少数白种人也认为应给华侨学童提供平等的受教育机会,并致力于美国少数族裔的教育平权抗争,但他们的声音在当时排华运动的背景下显得过于弱小,无法影响加州政府的决定,也无法改变加州主流社会对华侨的态度。[①]

《加州学校法》的规定造成该州所管辖城市里的华侨子女除了进入当地的教会学校和其他私立学校外,无法进入公立学校上学,仅有极少数一些生活在小城镇的华侨学童,由于当地白人学童的家长不反对他们入校,他们可以进入公立学校读书。[②] 此后几年间,旧金山华侨曾多次要求加州政府为华侨开设公立学校。1878 年,全加州更是有 1300 名华侨联名向州政府请愿,要求州政府允许加州华侨学童进入公立学校,或者为华侨学童开设隔离学校,请愿书的部分内容如下:

> 许多年来,我们(指华侨)纳税以支持公立学校,为此之故,例如1876—77 年间,我们单就缴纳三藩市之资产及个人实业税来说,已逾四万二千元。此类款项,用以赡给学校,乃为黑人及白人之儿童所受的教育,而后者还有许多是由欧洲各国移来之外籍民,可是我们的青年,竟被排斥不能享受这种权益,实属不公。我们代表加州由五岁至十七岁三千中国儿童来请愿,要求应享受公立学校的权益。他们渴望学习英文,但限于加州法律而被拒于此等学校之门。故代为请求修正这法案,俾我们的儿童获准入公立学校,或为他们而设之隔离学校,与其他各国外籍民的儿童,同样享受教育之均等机会。[③]

加州政府并未对华侨的请愿给予确切答复。在种族歧视的影响下,华侨被很多美国白人视为劣等民族,加州旧金山的公立学校常常以"华侨学童

---

① 李永:《排拒与接纳:旧金山华人教育的历史考察(1848—1943)》,武汉:华中科技大学出版社,2015 年。

② Coolidge M. R. *Chinese Immigration*, New York: Henry Holt and Company, 1909: 435.

③ 刘伯骥:《美国华侨史》,台北:黎明文化事业公司,1976 年,第 370 页。

携带病毒会影响同校师生健康"等荒唐理由拒绝接受华侨学童入校。[①]

在遭受美国严重的教育歧视后,一些华侨也诉诸法律请求公正对待。1884年,旧金山华侨商人赵洽(Joseph Tape)与妻子赵玛丽(Mary Tape),带着他们8岁的女儿赵美媚(Mamie Tape)到旧金山华埠外的春谷小学(Spring Valley School)报名入学,但遭到学校校长珍妮·赫尔利(Jennie Hurley)的拒绝。赵洽以女儿赵美媚的名义向法院提起控诉,1885年3月5日,法院判决赵美媚在诉讼珍妮·赫尔利一案中获胜,旧金山教育局以种族为由排斥华侨学童入校,这违背了美国宪法第十四条修正法案。旧金山教育局不服判决,上诉加州最高法院,但加州最高法院最终仍维持原判。

尽管如此,加州教育局仍然没有批准黄种人的子女与白种人的子女混合在一所学校学习,而是选择在学校内专门开设隔离分校,以满足华侨学童接受教育的需要。根据议员威廉·梅(William May)的议案,加州议会修订了1870年制定的《加州学校法》,新的法令规定:"学校区管理机关,有权设立隔离学校,以收容印第安儿童及中国或蒙古种儿童。当此种隔离学校设立之时,印第安、蒙古种或中国的儿童,不准进入任何其他学校肄业。"[②]这就为加州开设种族隔离学校提供了法理依据。

1885年4月13日,旧金山市教育局在跑华街与昃臣街之间的位置上创办一所带有种族隔离性质的华侨小学,将其定名为"中国初等学校"(Chinese Primary School)[③],由鲁斯·塞耶女士(Ruth Thayer)担任校长。起初该学校并没有吸引太多华侨的兴趣,旧金山华埠的561名华侨学童中仅有9人在这所公立学校上学。[④] 随着当地华侨学童人数的增加,中国初等学校的学生数量也有所增加,1887年学生总人数就增至166人[⑤],而在1885—1890年间,共有434名华侨学生先后就读于这所学校[⑥]。到1900年,学校

①　Jorae W. R. *The Children of Chinatown*: *Growing up Chinese American in San Francisco*, 1850—1920, Chapel Hill: The University of North Carolina Press, 2009.

②　刘伯骥:《美国华侨史》,台北:黎明文化事业公司,1976年,第370页。

③　美国华侨也将该校称为"皇家书馆"。

④　Ngai M. *The Lucky Ones*: *One Family and the Extraordinary Invention of Chinese America*, Boston: Houghton Mifflin Harcourt, 2010: 56.

⑤　陈国华:《先驱者的脚印:海外华人教育三百年(1690—1990)》,多伦多:皇家金斯威公司,1992年,第43页。

⑥　Low V. *The Unimpressible Race*: *A Century of Educational Struggle by the Chinese in San Francisco*, San Francisco: East/West Publishing Company, 1982.

当年已有 100 名学生报名入校,分设三个班。①

1906 年旧金山大地震后,旧金山教育局将这所华侨小学更名为"远东公立学校",招生对象也从华侨和蒙古种儿童扩大到包括日本、韩国裔在内的远东亚裔学童。② 1908 年,该学校增至八个班,学生达 300 人。远东公立学校只属于小学层次,从远东公立学校肄业的华侨学生极少能进入其他中学读书,这实际上也与旧金山教育局实施的另一项华侨教育歧视政策有关,该政策规定:华侨子女凡入远东公立学校者,不准进入其他任何公立学校就学③,这就限制了华侨子女进一步接受教育的权利。以 1900 年该校的毕业生为例,130 名学生被加州政府禁止进入中学读书,而由于"中国初等学校"(远东公立学校)并没有设置中学部,所以这所学校毕业的华侨学生也就失去了继续读书的通道。④

需要指出的是,在日本移民的抗争下,为了维持与日本的友好外交关系,美国联邦政府向旧金山教育局施压,要求在教育政策上向日本学童"松绑"。在此背景下,从 1907 年 11 月 16 日至 1908 年 2 月 18 日,日本与美国之间签订多项外交"君子协定"。⑤ 其中,在日裔学童受教育方面,旧金山教育局将日本学童谎称为"马来人种",可以不受种族入学限制,进入公立学校与白种学童一起学习,而华侨学童则依然只能进入远东公立学校。

加州设置种族隔离学校的办法一直延续了下来,1921 年加州议会立法中仍规定"学校区的管理机构,有权设立隔离学校,以为印第安儿童及为中国、日本或蒙古种的儿童入学"。⑥ 为了掩饰其种族歧视的目的,平息当地少数族群对政府开设种族隔离学校的抗议,美国旧金山教育局一度调整学校章程,对外声称开设种族隔离学校是因为少数族群的英语水平达不到公

---

① 刘伯骥:《美国华侨教育》,台北:海外出版社,1957 年,第 28 页。

② 黄昆章:《华侨华人百科全书·教育科技卷》,北京:中国华侨出版社,1999 年,第 132 页。

③ 刘伯骥:《美国华侨教育》,台北:海外出版社,1957 年,第 28 页;Low V. *The Unimpressible Race:A Century of Educational Struggle by the Chinese in San Francisco*,San Francisco:East/West Publishing Company,1982:96-98.

④ Low V. *The Unimpressible Race:A Century of Educational Struggle by the Chinese in San Francisco*,San Francisco:East/West Publishing Company,1982:118.

⑤ 仇海燕:《1883—1924 年美国排华、排日之比较》,《淮阴师范学院学报(哲学社会科学版)》2012 年第 34 卷第 6 期,第 758～762 页。

⑥ 刘伯骥:《美国华侨教育》,台北:海外出版社,1957 年,第 28 页。

立学校的要求，并谎称种族隔离学校是为了帮助少数族群的子女克服语言障碍而特别为他们开设的学校：

> 所有外国种人子女能英语者，请入学堂须先由该学堂堂长试验教育程度，以定应归何等学级……倘该外国种人子女一经验出不能英语，或英语材料不足……应拨归专为伊等设立之特别学堂或特别学班（种族隔离学校），此等学堂、学班均由学务处按照合宜便益之道设立。[①]

除了调整学校章程以淡化种族歧视的色彩外，远东公立学校在1924年时还更名为"斯托克顿准将学校"，加州官方给出的解释是该校的命名是为了纪念斯托克顿将军（Commodore Stockton）将加州从墨西哥中独立出来建立加州政府。尽管如此，无论改为何名，这所实为种族隔离性质的学校仍只收包括华侨在内的亚裔学童，而直到20世纪30年代，全加州也只有这一所为华侨子女专门设立的公立学校。加州政府在教育上推行的种族隔离政策，剥夺了华侨子女与白人子女共校的权利，这是赤裸裸的教育歧视政策，对华侨子女接受教育产生了非常不利的影响。

三、侨居国华侨教育政策的三种类型

从以上详述的印尼、马来亚、菲律宾、越南、美国等五国的华侨教育政策，结合海外其他国家的华侨教育政策，我们可以发现：近代以前，侨居国政府并不干涉华侨个人或组织开展华侨教育。近代以后，特别是在一部分西方殖民者在南洋等华侨聚居地实行殖民统治后，他们开始逐步改变对华侨教育的态度，所实施的华侨教育政策主要包括以下三种类型：

第一，限制性的华侨教育政策。限制性的华侨教育政策，既包括限制华侨子女进入侨居国当地开设的公立学校学习，也包括限制当地华侨学校的创立与发展。荷印殖民政府就要求华侨子女只有满足两个条件才能进入由荷兰人开办的学校，一是荷兰人开办的这所学校需有余额，二是华侨子女必须通晓荷兰语。而且入校的华侨学生还须支付远高于荷兰人和印尼土著人子女的学费。这样的要求对于当地华侨来说显然过于苛刻，只有华侨富商的子女才有可能进入公立学校学习，大多数华侨子女无法入校学习。在美国加州，《加州学校法》批准设立种族隔离学校，华侨子女无法与白种人的子

---

① 《驻美大臣报告美国旧金山埠改定学务新章》，《学部官报》1907年第26期，第182页。

女共校学习,只能进入专门为包括华侨在内的印第安裔和亚裔儿童开设的种族隔离学校。

华侨在自身受教育权被侨居国政府限制后,只能选择自办学校来满足华侨子女对于知识的渴求,而华侨学校的开办也受到一些侨居国政府的种种限制。荷印殖民政府颁布的《华校注册条例》,就对华侨学校的教材、教学内容、校董和教员有诸多限制,以防止华侨学校成为华侨子女中华民族意识觉醒的摇篮,这足以见得荷印殖民政府对于当地华侨群体力量的警惕和打压。1893 年,在法国取得对老挝的殖民统治权后,殖民政府要求在老挝新设立的华侨学校必须遵循以下六条规定:(一)华侨学校的校长须领回由当地法国殖民政府发给的高级教师证;(二)华侨学校的校长须在印支半岛已居留至少三年时间;(三)华侨学校须每周教授法语至少六个小时;(四)每一平方公尺的教室,可收容学生一人;(五)每收容学生 40 名,须设厕所一个;(六)华侨学校学生不准在校内宣传政治。[①] 以上六条限制性规定对于老挝华侨学校的硬件设施和教学内容提出了明确要求,特别是第三条关于法语学习时长的要求带有明显的殖民语言教育色彩,而第六条"不准在校内宣传政治"强行要求华侨学生在学校内不准讨论中国国事,这是法国殖民者压制华侨子女中华民族意识觉醒和中国国家观念成长的直接体现。

第二,竞争性的华侨教育政策。竞争性的华侨教育政策,指的是侨居国政府通过另开设学校与已创办的华侨学校进行竞争。在与华侨学校争抢华侨生源的同时,也向华侨子女传授侨居国的语言和文化,让华侨子女在文化和思想上逐渐向侨居国政府靠拢,进而一步步与中华文化背离,民族意识也自然难以形成。

侨居国政府实施竞争性华侨教育政策的最典型例子,就是 20 世纪初荷印殖民政府创办的荷华学校。凭借着在师资水平、教学条件和学生毕业出路等方面的优势,荷华学校抢走了当地华侨学校的不少生源,对荷属东印度华侨教育的发展带来了诸多不利的影响。又如法属越南时期,法国殖民政府一方面创办法越学校教授学生法语,另一方面也从越南南部的学校中开始推行越语国字,这一系列做法的根本目的就是削弱汉字及中华文化对于包括华侨子女在内的当地学生的影响,使得越南社会逐渐同化于法国文化。

---

① 陈国华:《先驱者的脚印:海外华人教育三百年(1690—1990)》,多伦多:皇家金斯威公司,1992 年,第 50 页。

　　无论是荷印殖民政府还是法属越南殖民政府,他们实施的竞争性华侨教育政策,其背后的意图较为明显,即通过政府直接出资创办与华侨学校对立、竞争的学校,争抢华侨学校的生源,并企图通过殖民语言教育将殖民国家的语言、文化和思想注入华侨子女的头脑中,让华侨子女产生对殖民国家文化的认同,间接地让华侨子女远离中国语言文字和中华文化。除了这种显性的竞争性华侨教育政策外,也有一些侨居国政府实施隐性的竞争性华侨教育政策。1920 年之前,在马来亚的英国殖民政府并不过度干涉当地华侨教育的发展,但其非常支持基督教教会在马来亚开办的教会学校,通过教会学校培养效忠英国殖民政府的当地人,而教会学校所招收的学生中有相当一部分是华侨子女。虽然教会学校实行汉英双语教育,但其开办的初衷和学校的性质与同样实施双语教育的新式华侨学校大为不同。基督教教会学校的根本办学目的是向包括华侨子女在内的学生传授基督教教义,并不是教授当地华侨子女汉语和中华文化。为了吸引更多华侨子女来教会学校学习,教会学校(如马来亚的英华书院)为华侨学生提供住宿并为其支付生活费用,甚至还为华侨学生设立了助学金,这些举措吸引了许多华侨子女入学,也在某种程度上对同时期开办的华侨学校带来了一定的冲击。

　　第三,放任自流的华侨教育政策。放任自流的华侨教育政策,指的是侨居国政府并不过多干涉当地华侨教育的发展,不进行主动地干预和限制,也不对华侨学校进行经费资助。这一类华侨教育政策最典型的例子就是英属马来亚时期英国殖民政府施行的华侨教育政策。在这一时期,马来亚当地华侨先后成立多所旧式私塾、义学和新式华侨学校,但在 20 世纪 20 年代以前,英国殖民政府并未直接干预华侨学校,也并未强行要求华侨学校的学生学习英语、英国文化、宗教等课程。这种看似无为而治的华侨教育政策,实则与英国的总体殖民政策有密切关系。在当地华侨学校的初创阶段,华侨学校的整体实力较为薄弱,并不会动摇英国在马来亚的统治,更不会破坏其在远东地区的经济利益,特别是马来亚新式华侨学校开设的汉英双语课程,反倒可以培养出一批掌握汉语和英语的双语人才,这不仅可以有利于维护当地华侨社会的稳定,还可以为未来的殖民政府提供优秀的双语人才,成为当地政府与华侨群体之间沟通的桥梁。在这些因素的考虑下,在马来亚的英国殖民政府对华侨教育并未直接干涉,放任其自行发展。当然,正如以上所述,英国殖民政府放任自流的华侨教育政策,与其支持教会学校发展的隐性的竞争性华侨教育政策相伴相生,并存于 20 世纪 20 年代前的英属马来亚地区。

与英属马来亚时期华侨教育政策相似的还有美属菲律宾时期实行的华侨教育政策。虽然美国殖民政府将美国教育模式引入菲律宾,创办英文学校,形成了与华侨学校的竞争局面,但其并未对当地华侨学校的发展进行直接的干预。菲律宾社会对英语人才的需要,以及美国教育模式带来的竞争压力,促进了菲律宾华侨学校的改革与发展。20世纪初,菲律宾华侨学校实行独特的汉英双语教育模式,在大胆改进汉语教学的同时,聘请英语教师来加授英语,并在原有中文部的基础上增设英文部,就此菲律宾华侨学校的汉英双语教育拉开了新的篇章。

明清时期,以上三种类型的侨居国华侨教育政策与侨居国当时的社会政治环境、整体华侨政策、侨居国政府核心利益等因素密不可分。从根本上说,无论是何种类型的华侨教育政策,其根本目的都是通过对华侨教育的管理,更好地巩固侨居地政府的统治,而并非从华侨及其后代自身发展的需求来全盘制定华侨教育政策。在侨居国华侨教育政策的影响下,海外华侨学校时刻思考如何满足华侨及其后代对于学习汉语和传承中华文化的强烈需求,如何在华侨社会中形成统一的中华民族意识。此外,华侨除了对侨居国明显歧视性的教育政策进行抗争外,也在不断思考如何在侨居国华侨教育政策的整体框架下、在不违背侨居国政府相关教育政策的前提下,更好地发展华侨教育。下一节将重点分析这一时期海外华侨学校如何对其双语教育实践进行调适,以适应侨居国华侨教育政策的要求。

第二节 海外华侨学校双语教育实践 与侨居国华侨教育政策的调适

明清时期,由于长期遭受侨居国政府的教育歧视,华侨子女在侨居国当地公立学校的平等受教育权遭到剥夺或者限制,就读于侨居地的华侨学校不仅是他们学习汉语、传承中华文化的主要方式,更是他们面对侨居国教育歧视政策的一种必然选择。这一时期,华侨学校也在与侨居国华侨教育政策的调适中不断地调整、扩充教育内容。一方面,海外华侨学校在课程设置中加入不少与侨居国生活密切相关的实用型课程,与侨居国政府创办的公立学校展开竞争,提高华侨在侨居国的竞争力;另一方面,海外华侨学校的创办和发展也需要在不违背侨居国华侨教育政策的前提下进行,在最大程度上争取侨居国政府的支持,尽量减少与侨居国华侨教育政策的"摩擦"和"对立",这是当时海外华侨学校办学者主要考虑的问题。

一、海外华侨学校课程设置中加入实用课程

与华侨创办的私塾、书院、义学等旧式教育机构相比,海外新式华侨学校更重视培养华侨子女在侨居国生存和发展所需的实用知识与技能,提高华侨的社会竞争力。英语是菲律宾的第一外语,也是菲律宾华侨经商所必须掌握的通用语。因此菲律宾新式华侨学校的代表——小吕宋华侨中西学校就开设英语课,突出英语在菲律宾社会的实用价值,而汉语与英语并行的课程设置也吸引了不少华侨子女前来就读。除了小吕宋华侨中西学校等全日制华侨学校外,为了让白日里工作的华侨店员和工人接受教育,菲律宾小吕宋华侨中西学校还特意开设夜学部,并在夜学部里开设汉语、英语等语言类课程。此外,这一时期的海外新式华侨学校还根据侨居国华侨青年的实际需求,加授实用商业公文、簿记、珠算、应用文、演说、打字、实用教育学、矿物学、园艺学(橡胶种植)等实用技能类课程,提高学生毕业后在侨居国的谋生能力。海外新式华侨学校中的外语和技能类课程,与华侨学校原有的汉语和儒学课程,一起构成了海外新式华侨学校的双语课程。

事实上,增加海外华侨学校实用课程的比重,不仅是为了满足华侨在侨居国实际学习和生活的需要,也是缘于海外华侨学校与侨居地政府所办学校的正面竞争。为了对抗新式华侨学校,分化华侨社会,破坏华侨的教育事业,争夺华侨子女的教育权,荷兰殖民者于1908年在荷属东印度开办了荷华学校。荷华学校的开办对荷属东印度地区华侨学校的发展造成了很大阻碍。当时荷属东印度地区中华会馆所办的新式华侨学校尽管开设了英语课程,但并未开设荷兰语和巫语课程。这是华侨学校本身在课程设置方面存在的缺陷,无法满足当地华侨子女学习当地土著语言文化、与当地土著人交流、未来在当地发展深造的需要。特别是对于荷属东印度土生华侨来说,由于他们生于斯长于斯,如果要长期在当地生存与发展,就必须学习当地的语言和文化。在荷华学校的竞争下,华侨学校一方面在课程设置上更加完善,增加了很多自然科学课程,并将招生对象对准了那些因家境贫寒而无法进入荷华学校读书的华侨子女;另一方面,华侨学校突出自身在汉语和儒学教育上相对于荷华学校的比较优势。当时在荷属东印度地区仍有很多新客华侨希望在侨居国工作一段时间后衣锦还乡,就将子女接受中华语言和文化

教育放在第一位。他们担心子女在侨居国的生活环境中被异族同化，所以希望他们能够学习中国语言和中华文化，保持中华民族的气质、传统和习俗，而以汉语与儒学教育为办学特色的华侨学校，恰好满足了新客华侨对子女接受中华语言和文化教育的迫切需求。

二、海外华侨学校教育内容不违背侨居国华侨教育政策

明清时期，海外华侨学校双语教育实践的不断调适与发展，也与华侨学校为适应侨居国的华侨教育政策主动作为紧密相关。本章第一节所述，明清时期，侨居国政府对于华侨教育制定的政策大多呈现出从放任自流到歧视、限制的变化趋势。所谓对华侨教育歧视、限制的政策，主要是指侨居国政府因种族歧视、抑制华侨力量发展等原因限制华侨子女在当地公立学校读书，不让华侨子女与当地人或者殖民者子女进入同一所学校学习。对于华侨学校而言，在侨居国办学必须不违背侨居国的华侨教育政策，同时也须不威胁到侨居国政府的政权统治，在此基础上尽可能地争取到侨居国政府的支持，这也是支撑华侨学校能够在侨居国生存与发展的重要因素。

荷属东印度华侨在 20 世纪初成立了统一的华侨团体——吧城中华会馆，并创办吧城中华学校，其办学宗旨就是在不抵触当地荷印殖民政府法令的原则下向华侨及其后代宣传中华文化并教授汉语。"不抵触当地殖民政府法令"这一办学宗旨对于吧城中华学校的课程设置产生了重要影响。1901 年 3 月成立的吧城中华学校，其性质并不仅是创办一所面向华侨子女的汉语学校，也并非将这所华侨学校作为当地宣传中华民族主义思想的阵地，而是既发展汉语与儒学教育，又发展英语和西学教育。这一学校性质可以在学校系部设置和课程设置中得到印证。在吧城中华会馆设立的六个部（组）中，有两个部（组）是管理教育的，其中一个是华文学校董事部，另一个则是英文学校董事部。吧城中华学校设有中西合璧的课程，根据中国当时已有的新式学校制度，参考日本学制，开设汉语、算术、历史、地理、修身、外语等课程，并开设西方近代科学课程，教授的课文也取消了科举制度时期流行的八股文。从课程设置上可以看出，吧城中华学校中西合璧的课程不仅符合当时华侨的实际需要，同时也不违背荷印殖民政府的相关教育政策，这也是吧城中华学校得以持续发展的客观原因。

又如，颜永成在新加坡创办的华英义学，在满足了华侨子女对于学习汉英两种语言需求的同时，也获得了当地英国殖民政府的支持，这是因为驻新

加坡的英国殖民政府认为,华侨子女接受汉英双语教育在客观上有助于维护英国在新加坡的统治。因此时任英国驻新加坡总督的塞西尔·史密斯爵士亲自主持颜永成创办的华英义学的开学式,他在开学致辞中给予华英义学高度的评价,认为华侨学生掌握汉语和英语两种语言要比只单纯掌握一种语言更为重要:"学生长大后,除了有英语的知识以外,还懂得华文,这将证明比那些只懂得英语的人能成为更好的公民。"①虽然颜永成创办华英义学的主要目的是满足华侨子女的实际需求,而并非是为了赢得英国殖民政府的支持,但华侨学校的汉英双语教育模式,在客观上是其在侨居国得以立足和发展的基础,比单纯地开办一所汉语学校更容易得到侨居国政府的支持,也更符合当时海外华侨教育的实际情况。

明清时期,海外华侨学校对于在华侨及其后代中传授汉语与中华文化发挥重要的作用,但华侨学校的创办和发展不仅受到办学经费、办学场所、师资、生源、教材等教育内部因素的桎梏,也深深地受到侨居国政府华侨教育政策等教育外部因素的影响。一方面,明清时期,相当一部分侨居国政府对于华侨实施教育歧视与限制政策,剥夺了华侨子女前往当地公立学校接受教育的权利,海外新式华侨学校的开办可以为华侨子女提供宝贵的受教育机会。而且海外华侨学校的教育内容和教育模式在沿袭中国学校教育传统的基础上,也须根据侨居国实际教育情况以及华侨的实际需求进行适时的调整。另一方面,海外华侨学校双语教育实践的发展,也必须在侨居国华侨教育政策的整体原则和框架下进行,在不违背侨居国华侨教育政策的基础上,能够最大程度地争取侨居国政府的支持,这也是这一时期海外新式华侨学校双语教育实践处在不断调适、修正与发展进程中的重要原因。

---

① 周聿峨:《东南亚华文教育》,广州:暨南大学出版社,1995年,第43页。

第九章

明清时期海外华侨
双语教育的历史启示

明清时期,海外华侨双语教育经历了从无到有、从萌芽期到起步期再到快速发展期的历史过程,在教育条件、教育背景上与当今海外华侨华人教育实践有很大差异。因此研究明清时期海外华侨双语教育发展史,并非旨在直接移植历史经验和做法,这并不符合当今海外华侨华人双语教育的实际情况。追溯海外华侨双语教育的历史起源和最初阶段的发展历程,既可以帮助我们从更宽广的历史视角探索华校①教育实践上遇到的瓶颈和挑战,也可以为探索华侨华人教育政策的制定和实践的发展提供宝贵的历史经验。具体而言,明清时期海外华侨双语教育发展史,可为当今海外华侨华人教育的发展提供以下七个方面的历史经验。

一、双语教育满足华侨教育的双重目的

本书第四章在分析明清时期海外华侨双语教育产生的原因时,具体阐述了海外华侨接受教育的两大需求:一是华侨及其后代有学习汉语、传承中华文化的需求;二是华侨及其后代有适应侨居国生活、在侨居国更好地生存与发展的需求。为了满足华侨及其后代的这两大需求,海外华侨学校实行双语教育。一方面,由于汉语是了解、传承中华文化的载体,汉语自然也就成为每一所海外华侨学校的必修课程;另一方面,侨居国主流语言是华侨及其后代在侨居国与他人交流的主要语言媒介,也是他们在侨居国生存与发

---

① 华校,指当代由海外华侨华人个人、家族或华侨华人社团组织筹资创办(含合办)的、华文课程占较大比重的、教学对象以海外华侨华人子女为主的学校。

展的基础,掌握侨居国的主流语言对每一个华侨来说都非常重要,这也是海外新式华侨学校开设外语课程的主要原因。需要指出的是,这一时期,一些海外新式华侨学校的外语课程并不局限于英语课程,也包括侨居国官方语言以及当地土著语言课程。明清时期,第一所海外新式华侨学校——横滨大同学校,其外语课程不仅包括世界通用语的英语课程,也包括作为侨居国官方语言的日语课程;荷属东印度的吧城中华学校除开设英语课程外,也开设荷属东印度官方语言的荷兰语课程以及当时南洋商业社会的通用语——巫语课程;菲律宾小吕宋华侨中西学校,除了开设英语课程外,还特别开设菲律宾语课程,满足华侨学生学习当地语言的需求。外语语种的增加使得明清时期的一些海外华侨学校,在语言教育中甚至出现了"三语教育"、"四语教育"的模式。

相当一部分海外华校主要以汉语单语教育为主,实际上只满足了海外华侨华人接受中国语言教育的单方面需求,而对于外语教育则较少涉及。这些海外华校实施汉语单语教育,主要与华校的性质和定位有关。由于海外华校多为华侨华人住在地的私立学校,在住在国正规教育体系之外,甚至不少海外华校成为住在国公立学校外的汉语补习学校或者周末汉语学校。^① 不少海外华校的办学者认为,华校学生的外语教育已由住在国公立学校施行,而华校只需进行汉语教育即可,并未将外语教育和汉语教育结合起来。事实上,汉语教育和外语教育并不应完全割离开来,而应形成一个整体,只有将两门甚至三门语言教育形成完整的教育模式,才能发挥多种语言教育相互促进的作用,收到更好的教育效果,满足华侨华人接受教育的双重目的。

二、语言教育与学科内容教育的融合

纵观明清时期海外华侨双语教育的发展史,海外华侨学校的教育实践逐步实现语言教育与学科内容教育的融合。这一时期海外新式华侨学校的课程体系中不仅包括汉语、外语等语言类课程,还包括以不同语言为教学媒介进行授课的非语言类课程。以荷属东印度的吧城中华学校为例,除了开设国语(汉语)和外语(英语、荷兰语)课程外,还开设儒学和西学课程。其

---

① 王智新:《在日华人华侨教育的现状、问题与思考》,《湖北民族大学学报(哲学社会科学版)》2021年第39卷第1期,第127~138页。

中,儒学课程以及中国历史、地理等课程以汉语为授课语言,而西学课程则根据课程内容和师资情况,使用不同的语言进行教学。机器学由日籍教师使用日语教授,刺绣由荷兰籍教师使用荷兰语教授。此外,为了能够达到较好的教学效果,让华侨学生能够克服语言障碍,理解非语言类课程的授课内容,吧城中华学校不仅在课堂上请翻译员对部分课程内容用学生熟悉的语言进行转述,而且还开设英语、荷兰语等外语课程,为学生打下扎实的外语基础,以利于其更好地进行专业学习,这体现出语言教育为学科内容教育服务的特点。由于这一时期海外华侨教育多为小学和中学层次的教育,其主要目的是为华侨学生打下语言基础和儒学基础,西学课程的范围因而较为有限。随着学生教育层次的提高,西学课程的范围也进一步增大,同时增加了商业知识与技能等与华侨实际生活紧密相连的课程。

明清时期,海外华侨学校的双语教育虽还处在探索阶段,受师资条件、教学设施等因素的制约,海外华侨学校的课程设置并不完善,但其还是体现出语言教育与学科内容教育相融合的特点,这给予当今海外华侨华人教育留下两点启示:

第一,海外华校应区别于汉语培训班,其教学内容不应仅局限于单纯的语言教育,而应通过语言的媒介传授专业学科知识。面对当今对中国历史文化知之相对较少的第二代、第三代华侨或华裔少年,相对枯燥、机械化的汉语语言教育,或许难以真正激发起新一代华侨华人子女了解中华民族和中华文化的兴趣。海外华校应尝试在汉语教育的基础上,更多地开设中华文化和中国历史、地理、文学等课程,通过这些以专业学科内容为依托的课程"反哺"汉语教育,这不仅有助于提高汉语教育的质量,而且通过开设与中华文化和中国历史、地理相关的课程可以唤醒学生对中华民族和中华文化的历史记忆,在无形中促进他们形成对祖籍国、祖籍地的文化认同与情感纽带。[①]

第二,海外华校的教育目标应定位为通过发展保持型双语教育模式来培养双语双元文化人才。在当今住在国教育管理部门的监督和管理下,由于海外华校的教学对象主要是在海外出生的华裔学生,若海外华校仅仅开设汉语和中华文化课程,海外华校很有可能将被住在国相关部门认定为是

---

① 刘玉红:《印尼华裔新生代中华文化认同与华文教育研究》,《海外华文教育》2016年第 4 期,第 507～513 页。

具有分离主义倾向的少数民族教育,进而难以得到住在国政府的认可和支持,甚至会遭到打压,难以生存。在住在国的教育环境下,以培养双语双元文化人才为教育目标的海外华校,更容易得到住在国政府的认可,也才可能在住在国拥有一定的独立生存与发展的空间。这就要求海外华校在课程设置上还需在开设汉语和中华文化等课程之外,开设与住在国语言和文化相关的课程,这样既不违背住在国政府制定的教育政策,也符合华侨华人子女在海外生存与发展的实际需求。

三、课程设置贴近华侨的实际需求

明清时期,海外华侨学校开设了许多贴近当地华侨实际需求的课程,这是这一时期海外华侨学校在课程设置上的一大特点。这一课程设置上的特点与明清时期华侨所面对的生存压力有关。当时,远渡重洋而来的华侨最急迫的需求,就是能够先在侨居地扎根生存下来。迫于生存的压力,华侨及其后代亟需掌握侨居地的通用语言,与当地人沟通交流,同时为了能够在当地开展生意,也需要掌握一定的商业实践知识和技能。出于满足当时华侨群体的这一实际需求,海外新式华侨学校在课程设置上以实践为导向,除了开设汉语、外语、儒学等基础课程外,还开设贸易契约、簿记、商业公文、信札、打字、珠算、手工、园艺等一系列实践技能型课程,培养学生适应侨居国商业社会的能力,提高华侨在侨居国社会的职业竞争力。特别值得关注的是,海外新式双语教育中以语言为媒介的实用型课程是根据华侨生存与发展的新需要不断调整的。自林文庆将橡胶引进南洋地区并试种成功后,南洋多国大量种植橡胶,当地的新式华侨学校就开设了如何种植橡胶的相关园艺学课程。在锡矿业渐成南洋多国支柱产业的同时,海外新式华侨学校就开设了与勘探锡矿、采锡、炼锡相关的矿物学课程;在采锡从纯人工劳作开始进入半机器化挖掘时期,新式华侨学校就开设了与采锡相关的机器学课程。这种根据华侨生活和生产需要及时调整双语教育的课程设置,对华侨具有强大吸引力。

明清时期,海外华侨学校在课程设置上以华侨学生的实际需求为导向,开设了不少实践技能型课程,而更多地关注海外华侨华人学生的实际需求实际上也是当今海外华侨华人教育发展的关键。当今海外华侨华人学生的学习需求逐渐多元化,许多在住在国出生、成长的华侨儿女,从出生起就已融入当地文化,并没有其祖辈或父辈初来侨居国时那样沉重的谋生压力,但其仍需要接受实践技能型课程的训练，以提高自己全面的职业素质。海外华校不应定位在游离于住在国主流教育之外的汉语补习式教育，这会导致海外华校因得不到华侨华人学生足够的重视，而使其未来的发展空间被进一步压缩。为了在未来拥有更广阔的发展空间，海外华校应与住在国当地学校展开一定程度的教育"竞争"，通过更优质、更符合华侨华人学生实际需求的教学资源、教学内容和教学效果，吸引更多华侨华人学生来华校学习。海外华校若想提高自身办学水准，就必须在教学资源上更加完善，而开设更多贴近华侨华人学生实际生活的实践性课程，也就成为完善教学资源、提高教学质量的重中之重。

四、保持海外华校与祖籍地的互动

随着明清时期华侨政策从"弃侨"到"护侨"的转变，海外华侨教育也逐渐受到中国政府的重视。以晚清时期华侨教育政策为例，清政府逐步实施劝学、视学、助学、奖励办学、吸引华侨子女回祖国接受教育等华侨教育政策，使得海外华侨学校与祖籍地一直保持着密切的互动关系。20世纪初，清政府曾多次派视学员、驻外领事前往海外华侨学校展开视学工作，其中视学员、驻外领事的一项重要工作就是调查海外华侨学校的教育实践情况，对照清政府出台的《奏定学堂章程》来调整海外华侨学校的规章制度。除了调查海外华侨学校教育实践、调整海外华侨学校章程外，清政府所派的视学员还帮助海外华侨学校解决学校师资不足、办学经费不足、教学材料不足等问题，为海外华侨学校的持续发展助力。

19世纪末至20世纪初，海外华侨学校与清政府学部的互动关系说明，海外华侨教育已经成为清代教育体系中的一部分，这既方便清政府对于海外华侨教育的监督和管理，也有利于海外华侨学校借助清政府的力量更好地发展。当今海外华校多由当地华侨华人个体、家族或者华侨华人社团组织所办，不仅在住在国分布较为零散，而且在发展中遭遇资金、师资、教材不足等多重困境，不少学校在发展上已步履维艰。① 如何在海外华校的发展中既能给予其必要的帮助，又能减弱官方色彩以避免住在国政府的干涉，这是摆在侨务部门面前的重要课题。我们或许可以从清末时期对海外华侨教

---

① 刘振平、杨绪明：《"一带一路"背景下新加坡汉语传播现状及策略》，《海外华文教育》2019年第1期，第5～13页。

育的视学政策中得到以下两点可借鉴的历史经验：

第一，将视学任务分解到华侨各祖籍地，由地方派相关人员赴海外华侨学校进行考察。清末时期，前往海外华侨学校视学的官员并非全部由清政府所派，而是分配到海外华侨移民人数较多的福建、广东、浙江等省份的地方政府，由两广总督、闽浙总督负责视学，通过分省视查的方式考察海外华侨学校，不少视学员甚至还兼任华侨学校的教师。这一做法的好处在于可以削弱强烈的官方色彩，不容易遭受侨居国政府的阻挠。选择华侨移民人数较多的省份派员前往海外华侨学校考察，由于华侨学校董事的祖籍地与视学员所来自的地域相同或者相近，视学员可以与校董之间形成更亲近的祖籍地认同关系，有助于海外华侨学校与视学员建立更好的沟通，便于视学工作的开展。

第二，将视学与助学更好地衔接起来。视学的目的是考察海外华侨学校的教育实践，了解其办学情况，而助学则是在视学的基础上为海外华侨学校提供切实的帮助。当前海外华校普遍存在着双语教育师资不足、"语言＋专业课程"教材不足且与住在国社会背景脱节的问题，而这些问题在由特派考察人反馈后，相关华侨华人教育管理部门和机构可以有计划地向海外华校派遣具有国际汉语教师资质的双语教师、复合型（语言＋专业课程）教师、教师志愿者，也可以组织专家、学者、教师编写适合住在国华校的教材。这样不仅可以有效地缓解海外华校在师资、教材上的"燃眉之急"，还有助于形成海外华校对于中华民族和中华文化的认同，同时又能满足海外华侨华人不断增长和变化的学习需求。

五、契合住在国的实际适时调整教学内容

海外华校在不违反住在国政府教育政策的基础上，应拥有较大的独立性和自主性。晚清时期，来自中国的视学员根据清政府颁布的《奏定学堂章程》，向海外华侨学校建议调整学校章程，但海外华侨学校仍可以根据自身的实际教学情况，动态调整学制和教学内容。根据《奏定小学堂章程》的要求，初等小学堂学制四年，高等小学堂学制三年。荷属东印度地区的第一所新式华侨学校——巴城中华学校，就根据学生汉语程度较弱的情况，将初等小学的学制延长一年，即初等小学学制五年，高等小学学制三年，并根据当地华侨未来多从事商业的需要，在高等小学的基础上又增设一年制的商业班。

当今海外华侨华人教育具有更为显著的地域差异性特征。受住在国当地教育政策、教育环境等外部因素以及华校自身生源状况、师资水平、教学条件等内部因素的影响,不同地区海外华侨华人教育实践的差异性很大。因此海外华校应当根据自身情况对学制、教学内容等方面进行灵活调整,加强海外华校校本教材的研究和编撰,以利于海外华校的教育实践符合当地的教育实际情况。

六、加强海外华校与国内学校的教育衔接

明清时期,海外华侨学校大多为华侨小学,仅有个别几所华侨中学,难以满足华侨学生继续深造的需求。清末时期,以暨南学堂为代表的华侨学堂在国内相继开办,其开办的根本目的是清政府以华侨教育为"诱饵"吸引海外华侨回到祖国,从海外华侨的经济力量中得到切实的收益。随着暨南学堂等华侨学堂陆续在中国开办,在客观上形成了海外华侨学校与中国华侨学校的教育衔接。以暨南学堂为例,来暨南学堂就读的华侨学生多是从侨居地中华会馆所办的华侨学校中选拔而来的。这些华侨学生在侨居地的华侨学校中打下了一定的语言基础,而到暨南学堂就读,则进一步提高了他们的汉语水平,并加深他们对于中华文化、中国历史和地理的了解,同时也学习了谋生的知识技能,拓展了人生发展前景。

当今海外华校的教育层次主要以小学和中学教育为主,缺乏高等教育,这使得华侨华人学生在华校毕业后只能选择参加住在国当地的高等院校选拔考试,进入当地的高校深造。为此,一些海外华校在实际教学中需顾及华侨华人学生的考试需要和升学需求,在教学内容中偏向与住在国当地高等院校选拔考试相关的内容。[1] 由于汉语一般不在住在国高等院校考试的范围内,直接导致华侨华人学生对于汉语教育的实际重视程度不高,升学考试阶段中汉语学习价值有限,华校学生学习汉语的主观能动性自然也不高。[2]

近些年来,各级政府和机构发起组织的、面向海外华侨华人子女的"中华文化寻根之旅"、"中华文化夏令营"等活动,由于受制于活动时间、活动形式的局限,很难对华侨华人子女的中华文化认同产生真正的影响,容易演变

---

① 薛鸣、陈于华:《日本中华学校的双语教育及其意义——以神户中华同文学校为例》,《国际汉语教育》2015年第1期,第98~201页。

② 王琳:《法国华文教育的新发展及其困境——以法国新兴华文学校为例》,《世界华文教学》2020年第1期,第83~100页。

为华侨华人子女利用假期到中国的单纯旅行活动,难以产生深远的教育意义。[①]加强海外华校与国内学校的教育衔接,为华侨华人子女创造更多在中国高等院校接受教育的有利条件,这对于华侨华人子女来说,不仅是在中国高校学习、提升专业知识水平和技能的机会,实际上也是长时间的中华文化沉浸式体验。特别是在当今中国高等教育逐步国际化的背景下,以北京大学、清华大学为代表的中国高等院校在世界大学排名上不断攀升,世界认可度也明显提高,这为中国高等学校通过更多举措吸引海外华侨华人学生就读,创造了有利的条件和契机,也使得未来海外华校与中国学校的教育衔接有了更多的可能性。

七、丰富海外华侨华人教育的形式

明清时期,海外华侨双语教育具有丰富多样的教育形式。除了由侨居地华侨个人或组织、维新派与革命派、清政府驻外领事创办的全日制华侨双语学校外,面对不同的教育对象,海外华侨教育的形式还包括专门面向华侨工人的夜校(如仰光益商夜学)、专门面向成年华侨的专科学校(如加拿大维多利亚尚志学校)、华侨女子学校(如新加坡华人女校)、华侨医科学校(如新加坡医科学校)等。

丰富的教育形式体现了明清时期海外华侨教育多样性的特点,而事实上多样性也是当今海外华侨华人教育的属性之一。[②]由于当今海外华侨华人教育在教育对象、教育目的、教育条件上存在巨大的差异,各地在华侨华人教育的形式上也有所不同。以全日制学校为形式的华侨华人教育不应成为当今海外华侨华人教育的唯一形式,面对不同年龄层、不同职业、不同学习需求、不同地域的海外华侨华人,教育形式应更加丰富,可以拥有全日制学校、半日制学校、夜校、商业专科学校、语言培训学校、女子学校、职业技术学校、在线课堂、"线上＋线下"混合式教育等不同的教育形式。[③]当然,在海外华侨华人教育形式多样化的基础上,海外各住在地也有探索成立真正

①　李嘉郁:《"中国寻根之旅"夏令营发展探析》,《八桂侨刊》2020年第1期,第30~36页。

②　耿红卫、刘鑫鑫:《海外华文教育的办学形式研究》,《广州社会主义学院学报》2020年第3期,第40~52页。

③　谢树华、包含丽:《疫情冲击下海外华文教育面临的困境与发展趋势——基于组织生态学视角的分析》,《华侨华人历史研究》2021年第2期,第52~60页。

统一的华侨华人教育组织和团体的必要，以利于将各种教育形式进行分层、分类，集中管理，进一步整合海外华侨华人教育资源，有目的、有计划地进行各种形式的教育实践。丰富的教育形式符合海外华侨华人教育多样性的本质属性，也能促使海外华侨华人接受到更为精准、更符合自身需求的教育形式，这样才有望产出更理想的教育成果。

参考文献

一、史籍文集

(汉)班固:《汉书》,北京:中华书局,2007年。

(汉)司马迁:《史记》,北京:中华书局,2006年。

(晋)陈寿:《三国志》,裴松之校注,北京:中华书局,2006年。

(南朝宋)范晔:《后汉书》,北京:中华书局,2007年。

(南朝梁)萧统:《昭明文选》,于平等校注,北京:华夏出版社,2000年。

(唐)房玄龄:《晋书》,《二十五史》第二册,上海:上海古籍出版社、上海书店,1986年。

(唐)李延寿:《南史》,《二十五史》第四册,上海:上海古籍出版社、上海书店,1986年。

(唐)释道宣:《续高僧传》,台北:文殊出版社,1988年。

(唐)魏征:《隋书》,《二十五史》第五册,上海:上海古籍出版社、上海书店,1986年。

(唐)姚思廉:《梁书》,《二十五史》第三册,上海:上海古籍出版社、上海书店,1986年。

(五代)刘昫:《旧唐书》,《二十五史》第五册,上海:上海古籍出版社、上海书店,1986年。

(宋)洪迈:《容斋四笔》,北京:团结出版社,1997年。

(宋)马端临:《文献通考》,上海:商务印书馆,1936年。

(宋)欧阳修:《新五代史》,《二十五史》第六册,上海:上海古籍出版社、上海书店,1986年。

(宋)沈括:《宋书》,《二十五史》第三册,上海:上海古籍出版社、上海书店,1986年。

(宋)宋祁等:《新唐书》,《二十五史》第六册,上海:上海古籍出版社、上海书店,1986年。

(宋)赵汝适:《诸蕃志(外十三种)》,上海:上海古籍出版社,1993年。

(宋)周去非:《岭外代答校注》,杨武泉校注,北京:中华书局,1999年。

(宋)朱彧:《萍洲可谈》,北京:团结出版社,1997年。

(元)脱脱:《宋史》,《二十五史》第八册,上海:上海古籍出版社、上海书店,1986年。

(元)完颜纳丹:《通制条格》,黄时鉴点校,杭州:浙江古籍出版社,1986年。

(元)汪大渊:《岛夷志略》,上海:上海古籍出版社,1993年。

(元)周达观:《真腊风土记校注》,夏鼐校注,北京:中华书局,1981年。

(明)陈子龙:《明经世文编》,北京:中华书局,1962年。

(明)董应举:《崇相集选录:闽海事宜》,《台湾文献史料丛刊》第八辑,台北:大通书局,1987年。

(明)费信:《星槎胜览校注》,冯承钧校注,北京:华文出版社,2019年。

(明)巩珍:《西洋番国志》,向达校注,北京:华文出版社,2017年。

(明)何乔远:《闽书》,福州:福建人民出版社,1994年。

(明)洪朝选:《洪芳洲先生文集》,李玉昆点校,北京:商务印书馆,2018年。

(明)计六奇:《明季南略》,北京:中华书局,1984年。

(明)马欢:《瀛涯胜览校注》,冯承钧校注,北京:华文出版社,2019年。

(明)宋濂:《宋濂全集》,杭州:浙江古籍出版社,2014年。

(明)宋濂、王袆:《元史》,《二十五史》第九册,上海:上海古籍出版社、上海书店,1986年。

(明)宋应星:《天工开物》,胡志泉校注,北京:北京联合出版公司,2017年。

(明)谭希思:《明大政纂要》,明万历四十七年(1619年)刊本。

(明)王临亨:《粤剑编》,凌毅点校,北京:中华书局,1987年。

(明)王世贞:《倭志》,北京:文物出版社,2022年。

（明）严从简：《殊域周咨录》，北京：中华书局，1993 年。

（明）张燮：《东西洋考》，谢方校注，北京：中华书局，2000 年。

（清）阿桂：《大清律例》，清乾隆五十五年（1790 年）刻本。

（清）宝鋆：《筹办夷务始末（同治朝）》，北京：故宫博物院影印本，1930 年。

（清）蔡锡勇：《传音快字》，武汉：湖北官书局，1896 年。

（清）陈寿祺：《福建通志》，台北：华文书局，1968 年。

（清）端方：《端忠敏公奏稿》，台北：文海出版社，1967 年。

（清）高凤谦、张元济、蒋维乔：《最新国文教科书》，上海：商务印书馆，1906 年。

（清）贺长龄、魏源：《皇朝经世文编》，清道光七年（1827 年）刻本。

（清）贾祯：《筹办夷务始末（咸丰朝）》，北京：故宫博物院影印本，1930 年。

（清）江日昇：《台湾外志》，吴德铎点校，上海：上海古籍出版社、上海书店，1986 年。

（清）蓝鼎元：《鹿洲全集》，蒋炳钊、王钿点校，厦门：厦门大学出版社，1995 年。

（清）李鸿章：《李文忠公全集》，台北：文海出版社，1980 年。

（清）李士桢：《抚事政略》，台北：文海出版社，1994 年。

（清）黎庶昌：《奉使伦敦记》，北京：中国文史出版社，2007 年。

（清）阮旻锡：《海上见闻录（定本）》，北京：文物出版社，2022 年。

（清）沈桐生：《光绪政要》，上海：崇义堂，1909 年。

（清）施琅：《靖海纪事》，福州：福建人民出版社，1983 年。

（清）王沄：《漫游纪略》，扬州：江苏广陵古籍刻印社，1983 年。

（清）汪凤翔：《南洋爪哇各埠华侨学堂章程》，新加坡：南洋总汇报馆，1906 年。

（清）吴任臣：《十国春秋》，徐敏霞、周莹点校，北京：中华书局，2010 年。

（清）吴汝纶：《桐城吴先生尺牍》，清光绪二十九年（1903 年）王恩绂刻本。

（清）吴汝纶：《吴汝纶全集》，合肥：黄山书社，2002 年。

（清）吴宜燮：《乾隆龙溪县志》，上海：上海书店，2000 年。

（清）薛福成：《庸庵随笔》，邓亦兵点校，北京：中共中央党校出版社，

1998年。

（清）薛福成：《出使四国日记》，宝海点校，北京：社会科学文献出版社，2007年。

（清）王彦威、王亮：《清季外交史料》，北京：故宫博物馆文献馆，1932年。

（清）曾纪泽：《曾纪泽遗集》，喻岳衡点校，长沙：岳麓书社，2005年。

（清）张德彝：《随使日记》，福州：福建师范大学历史系，1981年。

（清）张景星、姚培谦、王永祺：《元诗别裁集》，长春：吉林出版集团，2017年。

（清）张廷玉：《明史》，《二十五史》第十册，上海：上海古籍出版社、上海书店，1986年。

（清）张荫桓：《三洲日记》，北京：朝华出版社，2017年。

（清）张荫桓：《张荫桓日记》，任青、马忠文整理，上海：上海书店出版社，2004年。

（清）张之洞：《张文襄公全集》，北京：中国书店，1990年。

（清）朱寿朋：《光绪朝东华录》，台北：文海出版社，2006年。

（清）周煌：《琉球国志略》，陈占彪点校，北京：商务印书馆，2020年。

（清）左秉隆：《勤勉堂诗钞》，新加坡：南洋历史研究会，1959年。

艾儒略：《职方外纪》，杨廷筠译，长沙：岳麓书社，2016年。

《大清光绪新法令》，上海：商务印书馆，1909年。

丁韪良：《西学考略（附二种）》，长沙：岳麓书社，2016年。

杜文心：《大南典例撮要新编》，河内：越南国家图书馆藏，1909年。

福建师范大学历史系华侨史资料选辑组：《晚清海外笔记选》，北京：海洋出版社，1983年。

江苏广陵古籍刻印社：《笔记小说大观》，扬州：江苏广陵古籍刻印社，1983年。

李名方：《蒋贵麟文存》，香港：香港文化教育出版社有限公司，2001年。

《明实录·明太祖实录》，台北"中央研究院"历史语言研究所校勘，上海：上海书店，1983年。

《明实录·明太宗实录》，台北"中央研究院"历史语言研究所校勘，上海：上海书店，1983年。

《明实录·明世宗实录》，台北"中央研究院"历史语言研究所校勘，上海：上海书店,1983年。

《明实录·明神宗实录》,台北"中央研究院"历史语言研究所校勘,上海：上海书店,1983年。

《明实录·明熹宗实录》,台北"中央研究院"历史语言研究所校勘,上海：上海书店,1983年。

《明实录·崇祯长编》,台北"中央研究院"历史语言研究所校勘,上海：上海书店,1983年。

潘清简：《钦定越史通鉴纲目》,北京：北京图书出版社,1956年。

《清实录·清圣祖实录》,北京：中华书局,1985年。

《清实录·清高宗实录》,北京：中华书局,1985年。

沈云龙：《近代中国史料丛刊续编》,台北：文海出版社,1980年。

沈云龙：《近代中国史料丛刊三编》,台北：文海出版社,1994年。

田边茂启、小原克绍：《长崎实录大成》,丹羽汉吉、森永种夫点校,长崎：长崎文献社,1974年。

吴玉贵、华飞：《四库全书精品文存》,北京：团结出版社,1997年。

伊本·胡尔达兹比赫：《道里邦国志》,宋岘译注,北京：华文出版社,2017年。

张登桂：《大南实录》,东京：庆应义塾大学言语文化研究所,1971年。

真人元开：《唐大和上(尚)东征传》,汪向荣校注,北京：中华书局,1979年。

钟叔河：《刘锡鸿：英轺私记 张德彝：随使英俄记》,长沙：岳麓书社,1986年。

二、学术著述

包乐史、吴凤斌：《18世纪末吧达维亚唐人社会：吧城公馆档案研究》,厦门：厦门大学出版社,2002年。

北京大学非洲研究中心：《中国与非洲》,北京：北京大学出版社,2000年。

别必亮：《承传与创新：近代华侨教育研究》,石家庄：河北教育出版社,2001年。

蔡昌卓：《东盟华文教育》,桂林：广西师范大学出版社,2010年。

蔡美彪等：《中国通史》第八册,北京：人民出版社,2009年。

蔡仁龙:《世界华人精英传略·印度尼西亚卷》,南昌:百花洲文艺出版社,1995年。

陈碧笙:《南洋华侨史》,南昌:江西人民出版社,1989年。

陈达:《南洋华侨与闽粤社会》,长沙:商务印书馆,1938年。

陈国华:《先驱者的脚印:海外华人教育三百年(1690—1990)》,多伦多:皇家金斯威公司,1992年。

陈汉基:《美洲华人简史》,翁妙玮译,北京:新世界出版社,2021年。

陈翰笙:《华工出国史料汇编》第一辑(全四册),北京:中华书局,1985年。

陈翰笙:《华工出国史料汇编》第四辑,北京:中华书局,1981年。

陈翰笙:《华工出国史料汇编》第五辑,北京:中华书局,1984年。

陈荆和、陈育崧:《新加坡华文碑铭集录》,香港:香港中文大学出版部,1972年。

陈里特:《中国海外移民史》,太原:山西人民出版社,2014年。

陈烈甫:《菲律宾华侨教育》,台北:海外出版社,1958年。

陈少华:《兴中会革命史要》,南京:建国月刊社,1935年。

陈台民:《中菲关系与菲律宾华侨》第一册,香港:朝阳出版社,1985年。

陈维龙:《东南亚华裔闻人传略》,新加坡:南洋学会,1977年。

陈学恂:《中国近代教育史教学参考资料》,北京:人民教育出版社,1986年。

陈依范:《美国华人发展史》,香港:三联书店(香港)有限公司,1984年。

陈育崧:《椰阴馆文存》第一卷,新加坡:南洋学会,1983年。

陈育崧:《椰阴馆文存》第二卷,新加坡:南洋学会,1983年。

陈照明:《二十一世纪的挑战——新加坡语文的现状与未来》,新加坡:联邦出版社,2000年。

池步洲:《日本遣唐使简史》,上海:上海社会科学院出版社,1983年。

戴子安:《印度半岛华侨教育》,台北:海外出版社,1958年。

丹·乔·艾·霍尔:《东南亚史》,中山大学东南亚历史研究所译,北京:商务印书馆,1982年。

丹尼尔·哈里森·葛学溥:《华南的乡村生活:广东凤凰村的家族主义社会学研究》,周大鸣译,北京:知识产权出版社,2012年。

邓端本:《广州港史(古代部分)》,北京:海洋出版社,1986年。

邓开颂:《澳门历史(1840—1949)》,珠海:珠海出版社,1999年。

邓泽如:《孙中山先生廿年来手札》,广州:述志公司,1927年。

东南周末讲坛选粹编委会:《东南周末讲坛选粹》,福州:海峡文艺出版社,2013年。

凡登波须:《荷属东印度概况》,费振东译,上海:商务印书馆,1938年。

方豪:《中西交通史》,上海:上海人民出版社,2015年。

方积根:《非洲华侨史资料选辑》,北京:新华出版社,1986年。

菲利普·希提:《阿拉伯通史》,马坚译,北京:商务印书馆,1979年。

费慕伦:《红溪惨案本末》,李平译,雅加达:翡翠文化基金会,1961年。

冯天瑜等:《中华开放史》,武汉:湖北人民出版社,1996年。

冯自由:《革命逸史》,上海:商务印书馆,1939年。

冯自由:《华侨革命开国史》,上海:商务印书馆,1947年。

冯自由:《中华民国开国前革命史》,上海:上海书店出版社,1989年。

傅衣凌:《明清时代商人及商业资本》,北京:人民出版社,1956年。

傅宗文:《沧桑刺桐》,厦门:厦门大学出版社,2011年。

高伟浓:《拉丁美洲华侨华人移民史、社团与文化活动远眺》,广州:暨南大学出版社,2012年。

高信、张希哲:《华侨史论集》,台北:华侨协会总会,1963年。

格雷戈里奥·F·赛义德:《菲律宾共和国历史、政府与文明》,吴世昌、温锡增译,北京:商务印书馆,1979年。

耿素丽、章鑫尧:《南洋史料》,北京:国家图书馆出版社,2008年。

宫崎正胜:《世界史就是一部货币史》,朱悦玮译,杭州:浙江人民出版社,2020年。

关春如:《美国华侨概况》,台北:正中书局,1988年。

国民政府教育部中国教育年鉴编审委员会:《第一次中国教育年鉴》,上海:开明书店,1934年。

韩清安:《横滨中华街:1894—1972:一个华人社区的兴起》,尹敏志译,北京:社会科学文献出版社,2021年。

荷属华侨学务总会:《荷印华侨教育鉴》,雅加达:荷属华侨学务总会,1928年。

何新华:《中文古籍中广东华侨史料汇编》,广州:广东人民出版社,2016年。

亨克·韦瑟林:《欧洲殖民帝国(1815—1919)》,夏岩译,北京:中国社会科学出版社,2012年。

胡滨:《中国近代改良主义思想》,北京:中华书局,1964年。

华侨问题研究会:《亚非地区华侨情况介绍》,北京:华侨问题研究会,1955年。

华侨志编纂委员会:《华侨志》,台北:海外出版社,1956年。

华侨志编纂委员会:《华侨志》,台北:华侨志编纂委员会,1961年。

黄昆章:《华侨华人百科全书·教育科技卷》,北京:中国华侨出版社,1999年。

黄昆章:《印度尼西亚华文教育发展史》,吉隆坡:马来西亚华校教师会总会,2005年。

黄昆章、吴金平:《加拿大华侨华人史》,广州:广东高等教育出版社,2001年。

黄文鹰、陈曾唯、陈安尼:《荷属东印度公司统治时期吧城华侨人口分析》,厦门:厦门大学南洋研究所,1981年。

黄炎培:《东南亚之新教育》,上海:商务印书馆,1918年。

晁中辰:《明代海外贸易研究》,北京:故宫出版社,2012年。

洪林、黎道纲:《泰国华侨华人研究》,香港:香港社会科学出版社,2006年。

暨南大学华侨研究所:《华侨教育》第一辑,广州:暨南大学华侨研究所,1983年。

暨南大学华侨研究所:《华侨教育》第二辑,广州:暨南大学华侨研究所,1984年。

暨南大学华侨研究所:《暨南校史资料选辑(1906—1949)》第一辑,广州:暨南大学华侨研究所,1983年。

暨南大学校史编写组:《暨南校史(1906—1986)》,广州:华侨印刷厂,1986年。

简·索瓦杰:《中国印度见闻录》,穆根来、汶江、黄倬汉译,北京:中华书局,1983年。

金应熙:《菲律宾史》,开封:河南大学出版社,1990年。

卡特:《中国印刷术的发明和它的西传》,吴泽炎译,北京:商务印书馆,1957年。

康斯坦丝·玛丽·藤布尔：《崛起之路：新加坡史》，欧阳敏译，上海：东方出版中心，2020年。

柯木林：《石叻史记》，新加坡：青年书局，2007年。

柯木林：《从龙牙门到新加坡：东西海洋文化交汇点》，北京：社会科学文献出版社，2016年。

柯木林、吴振强：《新加坡华族史论集》，新加坡：南洋大学毕业生协会，1972年。

李长傅：《南洋华侨史》，上海：国立暨南大学南洋文化事业部，1929年。

李长傅：《中国殖民史》，上海：商务印书馆，1937年。

李春辉：《拉丁美洲史稿》，北京：商务印书馆，1983年。

李联海：《孙中山轶事》，广州：广东人民出版社，1985年。

李学民、黄昆章：《印尼华侨史（古代至1949年）》，广州：广东高等教育出版社，2005年。

李永：《排拒与接纳：旧金山华人教育的历史考察（1848—1943）》，武汉：华中科技大学出版社，2015年。

李元瑾：《林文庆的思想：中西文化的汇流与矛盾》，新加坡：新加坡亚洲研究学会，1990年。

李元瑾：《东西文化的撞击与新华知识分子的三种回应：邱菽园、林文庆、宋旺相的比较研究》，新加坡：新加坡国立大学中文系、八方文化企业公司，2001年。

李云泉：《朝贡制度史论：中国古代对外关系体制研究》，北京：新华出版社，2004年。

李祖基：《台湾历史研究》，北京：台海出版社，2006年。

梁嘉彬：《广东十三行考》，广州：广东人民出版社，1999年。

梁元生：《宣尼浮海到南洲：儒家思想与早期新加坡华人社会史资料汇编》，香港：香港中文大学出版社，1995年。

梁元生：《新加坡华人社会史论》，新加坡：新加坡国立大学中文系，2005年。

廖大珂：《福建海外交通史》，福州：福建人民出版社，2002年。

廖大珂：《中国传统海外贸易》，深圳：海天出版社，2019年。

廖建裕：《现阶段的印尼华族研究》，新加坡：教育出版社，1978年。

林金枝：《南洋文库闽侨古今名贤事略选辑》，桂林：广西师范大学出版社,2018 年。

林江珠:《东南亚闽侨民俗文化交流史》,福州:海峡文艺出版社,2021 年。

林蒲田:《华侨教育与华文教育概论》,厦门:厦门大学出版社,1995 年。

林仁川:《明末清初私人海外贸易》,上海:华东师范大学出版社,1987 年。

林天佑:《三宝垄历史:自三保时代至华人公馆的撤销(1416—1931)》,李学民、陈巽华译,广州:暨南大学华侨研究所,1984 年。

林文庆:《孔教大纲》,上海:中华书局,1914 年。

林远辉、张应龙:《新加坡马来西亚华侨史》,广州:广东高等教育出版社,2008 年。

林之光、朱化雨:《南洋华侨教育调查研究》,广州:国立中山大学出版部,1936 年。

林忠强等:《东南亚的福建人》,厦门:厦门大学出版社,2006 年。

刘伯骥:《美国华侨教育》,台北:海外出版社,1957 年。

刘伯骥:《美国华侨史》,台北:黎明文化事业公司,1976 年。

刘伯骥:《美国华侨逸史》,台北:黎明文化事业公司,1984 年。

刘德有、马兴国:《中日文化交流事典》,沈阳:辽宁教育出版社,1992 年。

刘海年、杨一凡:《中国珍稀法律典籍集成》,北京:科学出版社,1994 年。

刘继宣、束世澂:《中华民族拓殖南洋史》,南京:国立编译馆,1935 年。

刘锦藻:《清朝续文献通考》,北京:商务印书馆,1955 年。

刘琳:《辛亥革命时期福建华侨报人史》,福州:海峡文艺出社,2013 年。

刘泽彭:《互动与创新:多维视野下的华侨华人研究》,桂林:广西师范大学出版社,2011 年。

柳亚子:《柳亚子文集》,上海:上海人民出版社,1987 年。

六角恒广:《日本中国语教育史研究》,王顺洪译,北京:北京语言学院出版社,1992 年。

陆国俊:《美洲华侨史话》,天津:天津教育出版社,1991 年。

罗晃潮:《日本华侨史》,广州:广东高等教育出版社,1994 年。

罗森:《早期日本游记五种》,王晓秋、史鹏点校,长沙:湖南人民出版社,

1983年。

马慧玥:《近代华侨教育政策与法律研究》,北京:法律出版社,2019年。

马可·波罗:《马可波罗行记》,冯承钧译,呼和浩特:内蒙古人民出版社,2006年。

麦礼谦:《从华侨到华人:20世纪美国华人社会发展史》,香港:三联书店(香港)有限公司,1992年。

梅伟强、张国雄:《五邑华侨华人史》,广州:广东高等教育出版社,2001年。

莫顺生:《马来西亚教育史:1400—1999》,吉隆坡:马来西亚华校教师会总会,2000年。

倪海曙:《清末汉语拼音运动编年史》,上海:上海人民出版社,1959年。

聂德宁:《近现代中国与东南亚经贸关系史研究》,厦门:厦门大学出版社,2001年。

聂德宁、张元:《牵星过洋——福建与东南亚》,福州:福建教育出版社,2018年。

潘翎:《海外华人百科全书》,崔贵强译,香港:三联书店(香港)有限公司,1998年。

彭德清:《中国航海史(古代航海史)》,北京:人民交通出版社,1988年。

彭英明:《学步文集:民族理论与民族历史若干问题探研》,北京:民族出版社,2003年。

彭泽益:《中国近代手工业史资料(1840—1949)》,北京:生活·读书·新知三联书店,1957年。

朴真奭:《中朝经济文化交流史研究》,沈阳:辽宁人民出版社,1984年。

普拉姆迪亚·阿南达·杜尔:《印度尼西亚的华人》,雅加达:明星出版社,1960年。

戚嘉林:《台湾史》,台北:自立晚报社,1986年。

钱鹤:《南洋华侨学校之调查与统计》,上海:国立暨南大学南洋文化事业部,1930年。

钱鹤、刘士木、李则纲:《华侨教育论文集》,上海:国立暨南大学南洋文化事业部,1929年。

钱穆:《中国文化史导论》,上海:生活·读书·新知三联书店上海分店,1988年。

邱菽园:《挥麈拾遗》,厦门:厦门大学出版社,2017年。

邱新民:《邱菽园生平》,新加坡:胜友书局,1993年。

球阳研究会:《球阳》,东京:角川书店,1974年。

璩鑫圭、唐良炎:《中国近代教育史料汇编:学制演变》,上海:上海教育出版社,1991年。

桑兵:《庚子勤王与晚清政局》,北京:北京大学出版社,2004年。

杉山正明:《忽必烈的挑战》,周俊宇译,北京:社会科学文献出版社,2017年。

尚海、孔凡军、何虎生:《民国史大词典》,北京:中国广播电视出版社,1991年。

沈渭泽:《新加坡华侨名人传》,新加坡:南国出版社,1950年。

石沧金:《马来西亚华人社团研究》,广州:暨南大学出版社,2013年。

时平:《中国航海文化论坛》第一辑,北京:海洋出版社,2011年。

施雪琴:《菲律宾华侨华人史话》,广州:广东教育出版社,2019年。

史玄之:《晚清双语教育政策与实践研究》,北京:科学出版社,2021年。

舒新城:《近代中国教育史料》,上海:中华书局,1928年。

宋旺相:《新加坡华人百年史》,叶书德译,新加坡:新加坡中华总商会,1993年。

宋蕴璞:《南洋英属海峡殖民地志略》,北京:文物出版社,2022年。

苏瑞福:《新加坡人口研究》,薛学了、王艳译,厦门:厦门大学出版社,2009年。

孙承:《日本对南洋华侨调查资料选编(1925—1945)》第二辑,广州:广东高等教育出版社,2011年。

孙文:《唐船风说:文献与历史——〈华夷变态〉初探》,北京:商务印书馆,2011年。

汤云航、吴丽君:《新加坡/中国推广普通话比较研究》,沈阳:辽宁民族出版社,2006年。

同济医院:《同济医院一百二十周年历史专集》,新加坡:同济医院,1989年。

万明:《中国融入世界的步履:明与清朝前期海外政策比较研究》,北京:社会科学文献出版社,2000年。

汪向荣:《古代中日关系史话》,北京:时事出版社,1986年。

王斌华:《双语教育与双语教学》,上海:上海教育出版社,2003 年。

王莉颖:《双语教育理论与实践:中外双语教育比较研究》,上海:上海教育出版社,2008 年。

王良:《横滨华侨志》,横滨:财团法人中华会馆,1995 年。

王评:《唐人街:海外华人百年冒险风云录》,成都:四川人民出版社,1996 年。

王铁崖:《中外旧约章汇编》,北京:生活·读书·新知三联书店,1957 年。

王秀南:《东南亚教育史大纲》,新加坡:东南亚教育研究中心,1989 年。

王秀南:《星马教育泛论》,香港:东南亚研究所,1970 年。

威·伊·邦特库:《东印度航海记》,姚楠译,北京:中华书局,1982 年。

温广益、蔡仁龙、刘爱华:《印度尼西亚华侨史》,北京:海洋出版社,1985 年。

温雄飞:《南洋华侨通史》,上海:东方印书馆,1929 年。

武斌:《中华文化海外传播史》,西安:陕西人民出版社,1998 年。

武斌:《中国接受海外文化史:中西交通与文化互鉴》,广州:广东人民出版社,2022 年。

巫乐华:《南洋华侨史话》,天津:天津教育出版社,1991 年。

伍茗欣:《缅甸华侨华人史话》,广州:广东教育出版社,2018 年。

吴凤斌:《东南亚华侨通史》,福州:福建人民出版社,1994 年。

吴华:《新加坡华族会馆志》,新加坡:南洋学会,1975 年。

吴吉堂:《杏林史话》,厦门:鹭江出版社,2011 年。

吴明罡:《近代南洋华侨教育研究:以新加坡、马来西亚、印度尼西亚为中心》,长春:吉林大学出版社,2014 年。

吴泽:《华侨史研究论集》(一),上海:华东师范大学出版社,1984 年。

厦门大学:《厦门大学一览(中华民国二十二年至二十三年)》,厦门:厦门大学,1934 年。

厦门大学郑成功历史调查研究组:《郑成功收复台湾史料选编》,福州:福建人民出版社,1982 年。

厦门大学校史编委会:《厦大校史资料》第一辑,厦门:厦门大学出版社,1987 年。

夏晓洪:《追忆康有为》,北京:中国广播电视出版社,1997 年。

谢怀清:《南洋华侨教育》,上海:国立暨南大学南洋文化事业部,1931年。

辛亥革命史研究会:《辛亥革命史论文选》,北京:生活·读书·新知三联书店,1981年。

徐善福、林明华:《越南华侨史》,广州:广东高等教育出版社,2011年。

徐晓望:《福建通史》第四卷,福州:福建人民出版社,2006年。

徐赞周:《缅甸中国同盟会开国革命史》,仰光:思明日新书局,1932年。

许苏吾:《新加坡华侨教育全貌》,新加坡:南洋书局,1952年。

颜清湟:《出国华工与清朝官员:晚清时期中国对海外华人的保护(1851—1911)》,粟明鲜、贺跃夫译,北京:中国友谊出版公司,1990年。

颜清湟:《新马华人社会史》,北京:中国华侨出版社,1991年。

颜清湟:《海外华人史研究》,新加坡:亚洲研究学会,1992年。

阎恩虎:《"客商"与近现代中国》,广州:广东人民出版社,2017年。

严春宝:《一生真伪有谁知:大学校长林文庆》,福州:福建教育出版社,2010年。

严春宝:《林文庆传》,厦门:厦门大学出版社,2021年。

严中平:《中国近代经济史(1840—1894)》,北京:人民出版社,1989年。

杨布生、彭定国:《中国书院与传统文化》,长沙:湖南教育出版社,1992年。

杨国桢:《海天寥廓:明清中国沿海社会与海外移民》,南昌:江西高校出版社,2019年。

杨松年、王慷鼎:《东南亚华人文学与文化》,新加坡:新加坡亚洲研究学会,1995年。

姚贤镐:《中国近代对外贸易史资料(1840—1895)》,北京:中华书局,1962年。

叶曙明:《印尼华侨华人史话》,广州:广东教育出版社,2018年。

叶钟铃、黄佟葆:《新马印华校教科书发展回顾》,新加坡:华裔馆,2005年。

余定邦、黄重言:《中国古籍中有关新加坡马来西亚资料汇编》,北京:中华书局,2002年。

臧广恩、蒋永敬:《日本华侨教育》,台北:华侨教育丛书编辑委员会,1957年。

章开沅:《清通鉴》,长沙:岳麓书社,2000年。

张磊:《孙中山辞典》,广州:广东人民出版社,1994年。

张维华:《明代海外贸易简论》,上海:学习生活出版社,1955年。

张西平:《世界汉语教育史》,北京:商务印书馆,2009年。

张晓辉、夏泉:《暨南大学史(1906—2016)》,广州:暨南大学出版社,2016年。

张星烺:《中西交通史料汇编》第六册,朱杰勤点校,北京:中华书局,1979年。

张亚群:《自强不息　止于至善——厦门大学校长林文庆》,济南:山东教育出版社,2012年。

张正藩:《华侨教育新论》,台北:"中央"文物供应社,1955年。

张正藩:《近六十年来南洋华侨教育史》,台北:"中央"文物供应社,1956年。

赵红英、张春旺:《华侨史概要》,北京:中国华侨出版社,2015年。

郑可茵、赵学萍:《汕头开埠及开埠前后社情资料》,汕头:潮汕历史文化研究中心、汕头市文化局、汕头市图书馆,2003年。

郑良树:《马来西亚华文教育发展史》第一册,吉隆坡:马来西亚华校教师会总会,1998年。

郑良树:《马来西亚华文教育发展史》第二册,吉隆坡:马来西亚华校教师会总会,1999年。

郑良树:《马来西亚华文教育发展史》第三册,吉隆坡:马来西亚华校教师会总会,2001年。

郑良树:《马来西亚华文教育发展史》第四册,吉隆坡:马来西亚华校教师会总会,2003年。

郑良树:《马来西亚华文教育发展简史》,北京:外语教学与研究出版社,2007年。

郑良树:《青云与石叻》,士古来:南方学院,2000年。

郑一钧:《论郑和下西洋》,北京:海洋出版社,1985年。

中国第一历史档案馆:《清代中国与东南亚各国关系档案史料汇编》第一册,北京:国际文化出版公司,1998年。

中国教育报刊社组:《暨南大学》,重庆:重庆大学出版社,2008年。

中国历史大辞典清史卷编纂委员会:《中国历史大辞典·清史》,上海:

上海辞书出版社,1992年。

中国人民政治协商会议厦门市委员会文史资料研究委员会:《厦门文史资料》第十三辑,厦门:中国人民政治协商会议厦门市委员会文史资料研究委员会,1988年。

中国人民政治协商会议厦门市委员会文史资料研究委员会:《厦门文史资料》第十五辑,厦门:中国人民政治协商会议厦门市委员会文史资料研究委员会,1989年。

中国人民政治协商会议厦门市海沧区委员会文史资料委员会:《厦门海沧文史资料》第六辑,厦门:中国人民政治协商会议厦门市海沧区委员会文史资料委员会,2012年。

中国人民政治协商会议广东省委员会文史资料研究委员会:《广东辛亥革命史料》,广州:广东人民出版社,1981年。

中国人民政治协商会议广东省委员会文史资料研究委员会:《广东文史资料》第二十三辑,广州:广东人民出版社,1979年。

中国人民政治协商会议全国委员会文史资料研究委员会:《文史资料选辑》第七十六辑,北京:文史资料出版社,1981年。

中国人民政治协商会议厦门市集美区委员会文史资料委员会:《集美文史资料第11辑　纪念辛亥革命90周年专辑》,厦门:中国人民政治协商会议厦门市集美区委员会文史资料委员会,2001年。

中国人民政治协商会议福建省同安县委员会文史资料委员会:《同安文史资料》第十四辑,厦门:中国人民政治协商会议福建省同安县委员会文史资料委员会,1994年。

中国社科院近代史研究所、广东社会科学院历史研究室、中山大学历史系孙中山研究室:《孙中山全集》第二卷,北京:人民出版社,2015年。

中国社科院近代史研究所、广东社会科学院历史研究室、中山大学历史系孙中山研究室:《孙中山全集》第四卷,北京:中华书局,2011年。

中国中日关系史研究会:《日本的中国移民》,北京:生活·读书·新知三联书店,1987年。

中华文化通志编委会:《中国与西亚非洲文化交流志》,上海:上海人民出版社,2010年。

周南京:《世界华侨华人词典》,北京:北京大学出版社,1993年。

周南京:《风雨同舟:东南亚与华人问题》,北京:中国华侨出版社,

1995 年。

周聿峨：《东南亚华文教育》，广州：暨南大学出版社，1995 年。

朱杰勤：《中外关系史论文集》，郑州：河南人民出版社，1984 年。

朱杰勤：《东南亚华侨史》，北京：高等教育出版社，1990 年。

朱杰勤：《东南亚华侨史（外一种）》，北京：中华书局，2008 年。

朱有瓛：《中国近代学制史料》第二辑，上海：华东师范大学出版社，1989 年。

庄国土：《中国封建政府的华侨政策》，厦门：厦门大学出版社，1989 年。

庄希泉、余佩皋：《南洋英属华侨教育之危机》，上海：南洋教育社，1921 年。

三、学术论文

蔡茂贵：《法国殖民统治以来越南南方的华人》，杨保筠译，《中国东南亚研究通讯》，1986 年第 1～2 期。

蔡仁龙：《印尼华人马来语之父李金福》，《华侨华人历史研究》1992 年第 3 期。

蔡仁龙：《印尼华文教育刍议（上）》，《海外华文教育》2000 年第 4 期。

蔡仁龙：《印尼华文教育刍议（下）》，《海外华文教育》2001 年第 1 期。

陈奕平、王岚：《晚清领事保护与南洋华侨教育研究》，《暨南学报（哲学社会科学版）》2022 年第 44 卷第 7 期。

陈迎雪：《隔离、融合与多元：美国华人教育发展研究》，保定：河北大学博士学位论文，2011 年。

陈育崧：《左秉隆先生驻新政绩》，《南洋学报》1959 年第 15 卷第 1 期。

范若兰：《战前新马华侨女子教育的发展》，《东南亚研究》2004 年第 2 期。

范若兰：《性别与教育：战前新马华文教育的性别分析》，《华侨华人历史研究》2004 年第 4 期。

甫榕·沙勒：《在荷兰东印度公司以前居住印度尼西亚的中国人》，廖崐殿译，《南洋问题资料译丛》1957 年第 2 期。

高伟浓：《早年美国的华社善堂与华侨的落叶归根》，《华侨华人历史研究》2006 年第 3 期。

高伟浓：《晚清政府的南洋"劝学"与华侨兴学——槟榔屿、马来联邦、荷属东印度和新加坡的案例阐析》,《东南亚纵横》2020 年第 5 期。

耿红卫:《菲律宾华文教育的历史沿革及现状》,《广西社会科学》2007 年第 5 期。

耿红卫:《海外华文教育的历史回顾与梳理》,《东南亚研究》2009 年第 1 期。

耿红卫:《泰国华文教育的历史回顾与梳理》,《八桂侨刊》2010 年第 4 期。

谷佳维:《从留根教育到综合素质教育:西班牙华文教育发展的新趋向》,《华侨华人历史研究》2020 年第 1 期。

顾铭学:《先秦时期中朝关系问题初探》,北京大学韩国学研究所:《韩国学论文集》第一辑,北京:社会科学文献出版社,1992 年。

郝洪梅、高伟浓:《新加坡双语教育政策下的华文处境》,《东南亚纵横》2004 年第 10 期。

胡春艳:《抗争与妥协:马来西亚华社对华族母语教育政策制定的影响》,广州:暨南大学博士学位论文,2010 年。

胡耿:《晚清华侨视学:意外的王朝"掘墓人"》,《华侨华人历史研究》2019 年第 4 期。

黄集初:《马来西亚华文教育体系的省思》,武汉:华中师范大学博士学位论文,2016 年。

黄明:《新加坡双语教育发展史——英汉语用环境变迁研究(1946—2006)》,厦门:厦门大学博士学位论文,2008 年。

黄明:《新加坡的双语教育政策及"讲标准华语运动"》,《世界民族》2008 年第 1 期。

黄贤强:《梁碧(璧)如:二十世纪初期槟城华人社会的领袖》,《马来西亚华人研究学刊》1998 年第 2 期。

黄小用:《20 世纪初年清政府对海外华人教育的扶持》,《湘潭大学学报(哲学社会科学版)》2004 年第 28 卷第 2 期。

焦海燕、陈先松:《使臣日记与清政府东南亚华侨政策的转变》,《历史档案》2020 年第 3 期。

景云:《林文庆教育哲学思想初探》,《宁夏大学学报(人文社会科学版)》2018 年第 40 卷第 6 期。

黎海波:《晚清政府的非洲华侨政策:评价与反思》,《华侨华人历史研究》2009 年第 1 期。

李海涛、曲晓范:《新加坡华侨邱菽园救国维新思想探究》,《史学集刊》
2016 年第 6 期。

李嘉郁:《"中国寻根之旅"夏令营发展探析》,《八桂侨刊》2020 年第
1 期。

李叔飞:《海峡华人知识精英的民族主义观念——伍连德与林文庆的比
较研究》,《华侨华人历史研究》2009 年第 4 期。

李毅婷:《晚清新加坡闽籍商人的兴学活动与儒学传播》,《中国高校社
会科学》2017 年第 6 期。

李永锡:《西班牙殖民者对菲律宾华侨压迫的政策与罪行》,《中山大学
学报(社会科学版)》1959 年第 4 期。

李志贤:《新加坡潮人教育事业与政治环境的互动——潮人学校转型的
观察》,《汕头大学学报(人文社会科学版)》2004 年第 3 期。

梁德坤:《吧城中华会馆和暨南学堂》,《暨南学报(哲学社会科学版)》
1980 年第 1 期。

梁英明:《从中华学堂到三语学校——论印度尼西亚现代华文学校的发
展与演变》,《华侨华人历史研究》2013 年第 2 期。

令湖萍:《十九世纪中国妇女移民美国动机初探》,《美国研究》1999 年
第 1 期。

刘俊涛:《越南政权华侨政策的演变(1600—1840 年)》,《世界民族》
2018 年第 4 期。

刘玉红:《印尼华裔新生代中华文化认同与华文教育研究》,《海外华文
教育》2016 年第 4 期。

刘振平、杨绪明:《"一带一路"背景下新加坡汉语传播现状及策略》,《海
外华文教育》2019 年第 1 期。

马超群:《郑和船队首次环球航行的可能性》,《回族研究》2003 年第
1 期。

马峰:《印尼华文教育的历史发展与华族身份认同调适——基于印尼华
文文学作品的视角》,《民族教育研究》2019 年第 30 卷第 6 期。

马建春:《蒙元时期的波斯与中国》,《回族研究》2006 年第 1 期。

马兴中:《华侨华文教育的回顾与前瞻》,《暨南学报(哲学社会科学版)》
1999 年第 2 期。

麦礼谦：《传承中华传统：在美国大陆和夏威夷的中文学校》，肖炜蘅译，《华侨华人历史研究》1999 年第 4 期。

聂德宁、张元：《明末清初民间海外贸易航路的发展变迁》，《海交史研究》2022 年第 3 期。

聂德宁：《近 40 年来中国与东南亚海上交流史研究回顾与展望》，《海交史研究》2019 年第 4 期。

聂德宁：《危机与机遇：18 世纪末至 19 世纪初中国帆船的东南亚贸易》，《南洋问题研究》2013 年第 3 期。

聂德宁：《荷印吧城华人文化的传统与变迁——以"吧国公堂"的司法行政职能为视角》，《东南亚研究》2013 年第 2 期。

聂德宁：《包乐史教授与华侨华人历史研究：档案文献资料的搜集和运用》，《华侨华人历史研究》2003 年第 3 期。

邱建章：《论晚清政府的华侨教育政策》，《河南大学学报（社会科学版）》2002 年第 4 期。

沈燕清：《吧国公堂对吧城华侨教育发展的贡献》，《南亚东南亚研究》2019 年第 4 期。

市川信爱：《南洋华侨教育的嬗变》，翁其银译，《辽宁师范大学学报》1989 年第 5 期。

G. W. 史金纳：《爪哇的中国人》，力践译，《南洋问题资料译丛》，1963 年第 2 期。

石鸥、崔珂琰：《大同学校及其教科书》，《湖南师范大学教育科学学报》2014 年第 13 卷第 4 期。

宋怡：《试论〈中美续增条约〉》，《安徽大学学报（哲学社会科学版）》1999 年第 5 期。

万明：《明代中国与爪哇的历史记忆——基于全球史的视野》，《中国史研究》2020 年第 2 期。

王琛发：《马来西亚华文教育与五福书院历史探源》，《地方文化研究》2019 年第 4 期。

王立芳：《崇文阁：神与教育的联结——试论近代新加坡神庙羽翼下的华侨学堂》，《闽台文化交流》2007 年第 1 期。

王琳：《法国华文教育的新发展及其困境：以法国新兴华文学校为例》，《世界华文教学》2020 年第 1 期。

王智新:《在日华人华侨教育的现状、问题与思考》,《湖北民族大学学报(哲学社会科学版)》2021年第39卷第1期。

维克多·布赛尔:《东南亚的中国人》,徐平译,《南洋问题资料译丛》1958年第2~3期。

韦丽娟:《泰国汉语教育政策及其实施研究》,上海:华东师范大学博士学位论文,2012年。

吴明罡:《近代南洋华侨教育研究》,长春:吉林大学博士学位论文,2010年。

吴松弟:《南宋人口的发展过程》,《中国史研究》2001年第4期。

吴莹:《异域与本土:近代英属马来亚华侨教育百年发展研究:兼论其对闽省侨乡教育的辐射(1840—1941)》,上海:华东师范大学博士学位论文,2013年。

萧永坚:《徐赞周与辛亥革命》,《华侨华人历史研究》1988年第2期。

谢美华:《华侨教育与20世纪初东南亚华侨民族主义的产生》,《华侨华人历史研究》1997年第1期。

谢树华、包含丽:《疫情冲击下海外华文教育面临的困境与发展趋势——基于组织生态学视角的分析》,《华侨华人历史研究》2021年第2期。

许肇琳:《试析清代前期华侨政策及海外移民》,《八桂侨史》1991年第4期。

薛鸣、陈于华:《日本中华学校的双语教育及其意义——以神户中华同文学校为例》,《国际汉语教育》2015年第1期。

严春宝:《林文庆儒学思想研究》,《哲学动态》2012年第11期。

颜清湟:《1893年以后清朝对归国华侨的保护——对东南亚华人的专题研究》,庄国土译,《南洋问题资料译丛》1987年第1期。

岩生成一:《下港(万丹)唐人街盛衰变迁考》,刘聘业译,《南洋问题资料译丛》1957年第2期。

岩生成一:《论安汶岛初期的华人街》,李述文译,《南洋问题资料译丛》1963年第1期。

姚梦桐:《邱菽园编〈新出千字文〉——现存新加坡最早的启蒙读本》,《亚洲文化》1986年第8期。

姚敏:《中国华文教育政策的沿革》,《语言战略研究》2017年第2卷第1期。

叶隽:《"生于南洋"与"留学西洋"——林文庆、李登辉等的现代大学理念及其侨易背景》,《教育学报》2022年第18卷第3期。

叶舒、徐华炳:《教育与社会的互动:印度尼西亚华文学校经费来源探析(1901—1966)》,《八桂侨刊》2019年第4期。

伊藤泉美:《横滨新风土记稿22——横滨大同学校》,《横滨开港资料馆馆报》1993年。

余定邦:《邱菽园、林文庆在新加坡早期的兴学活动》,《东南亚纵横》2003年第6期。

袁丁:《同光年间清政府对遣使设领态度的转变——晚清侨政研究》,《华侨华人历史研究》1994年第2期。

张建松:《元明之际高丽境内中国移民考察》,《中州学刊》2014年第6期。

张淑细:《马来西亚教育历史的回顾与展望》,《纪念〈教育史研究〉创刊二十周年论文集(17):外国教育政策与制度改革史研究》,2009年。

张学惠:《新加坡学者李元瑾对林文庆思想研究的观点概述》,《华侨华人历史研究》1997年第S1期。

张亚群:《从西洋文化回归儒学文化:林文庆大学教育思想解析》,《高等教育研究》2010年第31卷第1期。

张昭军:《科举制度改废与清末十年士人阶层的分流》,《史学月刊》2008年第1期。

赵亮:《西属菲律宾时期"以华养菲"华侨政策的扬抑轨迹》,《兰州学刊》2007年第8期。

中村聪:《日本横滨大同学校之创立》,马燕译,《东方论坛》2008年第5期。

周进:《新加坡双语教育政策发展研究》,保定:河北大学博士学位论文,2014年。

朱杰勤:《左秉隆与曾纪泽》,《南洋杂志》1947年第1卷第4期。

庄国土:《论晚清政府在南洋的设领护侨活动及其作用——晚清华侨政策研究之一》,《南洋问题研究》1983年第3期。

庄国土:《清朝政府对待华工出国的政策——晚清华侨政策研究之四》,《南洋问题研究》1985年第3期。

庄国土:《早期东南亚各殖民政权对华侨政策的特点》,《华侨华人历史研究》1994 年第 4 期。

庄国土:《对晚清在南洋设立领事馆的反思》,《厦门大学学报(哲学社会科学版)》2006 年第 5 期。

四、近代报刊

《安徽学务杂志》,安庆:安徽学务公所,1908—1910 年。

《北洋法政学报》,天津:北洋政学编辑部,1906—1910 年。

《槟城新报》,槟榔屿:点石斋印字馆,1904 年。

《大江季刊》,上海:泰东图书局,1925 年。

《东方杂志》,上海、重庆:东方杂志社,1904—1948 年。

《华商联合报》,上海:华商联合会报馆,1909 年。

《菲律宾华侨教育丛刊》,马尼拉:小吕宋华侨中西学校,1917 年。

《福建教育官报》,福州:福建提学使署,1908—1910 年。

《广益丛报》,重庆:广益丛报馆,1903—1912 年。

《华侨半月刊》,南京:华侨半月刊社,1932—1937 年。

《华侨周报》,南京:华侨周报社,1932—1933 年。

《吉林官报》,吉林:吉林公署官报局,1907—1911 年。

《济南报》,济南:济南报馆,1904 年。

《教育杂志》,上海:商务印书馆,1909—1948 年。

《竞业旬报》,上海:竞业学会,1906—1909 年。

《叻报》,新加坡:叻报馆,1881—1932 年。

《鹭江报》,厦门:厦门鹭江报馆,1902—1905 年。

《南洋官报》,南京:南京官报局,1904—1911 年。

《南洋群岛商业研究会杂志》,东京:南洋群岛商业研究会,1910 年。

《南洋商报》,新加坡:南洋商报社,1924 年。

《少年(上海 1911)》,上海:商务印书馆,1911—1931 年。

《申报》,上海:申报报务管理委员会,1872—1949 年。

《神州日报》,上海:神州日报社,1907—1946 年。

《时事新报》,上海:中国资产阶级右翼党团,1911—1947 年。

《时务报》,上海:时务报馆,1896—1898 年。

《松江教育杂志》,上海:松江县教育会,1914—1919 年。

《清议报》,横滨:清议报馆,1898—1901 年。

《日新报》,新加坡:日新报馆,1898—1901年。

《天南新报》,新加坡:天南新报馆,1898—1900年。

《万国公报》,上海:万国公报社,1876年。

《厦大周刊》,厦门:厦门大学编辑部,1925—1936年。

《湘报类纂》,长沙:湘报馆,1911年。

《湘报文编》,长沙:湘报馆,1899—1902年。

《新教育》,上海:新教育共进社,1919年。

《新民丛报》,横滨:新民丛报社,1902—1907年。

《新闻报》,上海:美国公司,1906年。

《学部官报》,北京:清政府学部,1906—1911年。

《振南报》,新加坡:振南报馆,1914年。

《政府官报》,北京:清政府官报局,1907—1911年。

《之罘报》,烟台:之罘报馆,1905年。

《直隶教育杂志》,天津:直隶学务处,1905—1911年。

《知新报》,澳门:知新报社,1897—1900年。

《知新报选编》,澳门:知新报社,1903年。

《中华教育界》,上海:中华书局,1912—1937年。

五、校刊、纪念刊、会刊

巴达维亚中华学校:《雅加达八帝贯中华会馆学会一百周年纪念刊》(*Bbuku Peringatan 100 Tahun Sekolah Thhk/Pahoa Centennial of Thhk School*),雅加达:雅加达第一印书局,2001年。

北加浪岸中华学校:《爪哇北加浪岸中华学校二十周年纪念册》,爪哇:北加浪岸中华学校,1925年。

陈德仁:《神户中华同文学校建校80周年纪念刊》,神户:神户中华同文学校,1984年。

冯锦龙:《大同同学录》,横滨:大桥印刷所,1909年。

横滨山手中华学校百年校志编辑委员会:《横滨山手中华学校百年校志(1898—2004)》,横滨:横滨山手中华学园,2005年。

横滨中华学院:《创校百十周年纪念特刊》,横滨:横滨中华学院,2007年。

黄今英:《端蒙中学七十周年纪念刊(1906—1976)》,新加坡:端蒙中学,

1976 年。

黄晓沧:《菲律宾岷里拉中华商会 30 周年纪念刊》,马尼拉:菲律宾岷里拉中华商会,1936 年。

纪念印尼新华建校九十八周年编委会:《印尼椰加达新华学校成立九十八周年纪念特刊(1904—2002)》,雅加达:纪念印尼新华建校九十八周年编委会,2002 年。

马来西亚华校教师会总会:《教总 33 年:马来西亚华校教师会总会庆祝成立 33 周年纪念特刊》,吉隆坡:马来西亚华校教师会总会,1987 年。

李卓辉:《庆祝八华学校成立 111 周年特辑》,雅加达:八华学校,2012 年。

梁友兰:《吧城中华会馆四十周年纪念刊》,雅加达:吧城中华会馆,1940 年。

马六甲永春会馆:《马六甲永春会馆 200 周年纪念特刊》,马六甲:马六甲永春会馆,2000 年。

王良:《横滨中华学院百周年院庆纪念特刊》,横滨:横滨中华学院,2000 年。

吴直由:《直葛中华学校三十周年纪念册(1906—1936)》,爪哇:爪哇直葛中华学校,1936 年。

小吕宋华侨中西学校:《小吕宋华侨中西学校五十周年纪念特刊(1899—1949)》,马尼拉:小吕宋华侨中西学校,1949 年。

新华学校:《新华学校四十一周年纪念刊》,雅加达:吧城新巴刹中华学校,1947 年。

新加坡丰顺会馆:《新加坡丰顺会馆庆祝一百一十周年纪念特刊》,新加坡:丰顺会馆,1984 年。

颜文初:《小吕宋华侨中西学校三十周年纪念刊(1829—1929)》,马尼拉:小吕宋华侨中西学校,1929 年。

杨德炼:《茶阳大埔会馆百四十周年纪念特刊》,新加坡:茶阳(大埔)会馆,1998 年。

印尼八华学校 115 周年纪念特刊出版委员会:《八华学校 115 周年诞辰纪念刊(1901—2016)》,雅加达:印尼八华学校,2016 年。

直华创办一百周年纪念特刊编委会:《印尼直葛中华学校创办一百周年(1906—2006)纪念特刊》,直葛:印尼直葛中华学校,2006 年。

中国朝鲜史研究会、延边大学朝鲜韩国历史研究所：《朝鲜韩国历史研究》第十二辑，延吉：延边大学出版社，2012 年。

六、英文论著

Baker C. *Foundations of Bilingual Education and Bilingualism*. Philadelphia，PA：Multilingual Matters Ltd.，1993.

Bialystok E. *Bilingualism in Development：Language，Literacy and Cognition*. Cambridge：Cambridge University Press，2001.

Chang I. *The Chinese in America*. New York：Penguin Books，2003.

Coolidge M. R. *Chinese Immigration*. New York：Henry Holt and Company，1909.

García O.，Beardsmore B. H.*Bilingual Education in the 21ˢᵗ Century：A Global Perspective*. Malden，Massachusetts：Wiley-Blackwell，2009.

Govaars M. *Dutch Colonial Education：the Chinese Experience in Indonesia*，1900—1942. Singapore：Chinese Heritage Center，2005.

Hamers J. F.，Blanc M. H. A. *Bilinguality and Bilingualism*. Cambridge：Cambridge University Press，2000.

Hoy W. *The Chinese Six Companies：A Short General Historical Resume of Its Origin，Function，and Importance in the Life of California Chinese*. San Francisco：The Chinese Consolidated Benevolent Association，1942.

Husén T.，Postlethwaite T. N. *The International Encyclopedia of Education*（2ᵉᵈ edition）. Oxford：Pergamon，1994.

Jackson R. N.*Immigrant Labour and the Development of Malaya*（1786—1920）. Kuala Lumper：Government Press，1961.

Jorae W. R.*The Children of Chinatown：Growing up Chinese American in San Francisco*，1850—1920. Chapel Hill：The University of North Carolina Press，2009.

Liu S. L. *Sanctuary of Excellence：the History of Ying Wa College*. Hong Kong：Ying Wa College Old Boys' Association，2001.

Low V.*The Unimpressible Race：A Century of Educational Struggle by the Chinese in San Francisco*. San Francisco：East/West Publishing

Company,1982.

Makepeace W., Brooke G., Braddel R. *One Hundred Years of Singapore*. London: John Murray,1921.

Ngai M. *The Lucky Ones: One Family and the Extraordinary Invention of Chinese America*. Boston: Houghton Mifflin Harcourt,2010.

Purcell V. *The Chinese in Malaya*. London: Oxford University Press, 1948.

Purcell V.*The Chinese in Southeast Asia*. London: Oxford University Press, 1951.

Richards J. , Schmidt R. *Longman Dictionary of Language Teaching and Applied Linguistics* (4th *edition*). London: Pearson Education Limited, 2010.

Smith T. E. *Population Growth in Malaya: An Analysis of Recent Trends*. London and New York: Royal Institute of International Affairs,1952.

Song O. S. *One Hundred Years' History of the Chinese in Singapore*. Singapore: University of Malaya Press,1967.

Street B., Hornberger N. H. *Encyclopedia of Language and Education* (*Volume* 2). Rotterdam: Springer Netherlands,2008.

Thomson D. *England in the Nineteenth Century* (1815—1914). London: Penguin Books,1950.

Tung W. *The Chinese in America* (1820—1873), *A Chronology & Fact Book*. Dobbs Ferry,New York: Oceania Publications Inc.,1974.

Williams L. *Overseas Chinese Nationalism—The Genesis of the Pan-Chinese Movement in Indonesia*, 1900—1916. Glencoe,Illinois: The Free Press,1960.

Williamson J. A. *A Short History of British Expansion*. London: Macmillan,1967.

Yen C. H. *Studies in Modern Overseas Chinese History*. Singapore: Times Academic Press,1995.

Alexandar O. Enhanced creativity in bilinguals? Evidence from meaning interpretations of novel compounds.*International Journal of Bi-*

lingualism,2016,20（3）.

Bialystok E. Reshaping the mind: the benefits of bilingualism. *Canadian Journal of Experimental Psychology*,2011,65(4).

Bialystok E., Craik F. I., Luk G. Bilingualism:consequences for mind and brain. *Trends in Cognitive Sciences*,2012,16(4).

Corson D. Bilingual education policy and social justice. *Journal of Education Policy*,1992,7(1).

Graaf H. J., Pibeaud T. G. Chinese muslims in Java in the 15th and 16th Centuries: The Malay Annals of Semarang and Cerbon. *Monash Papers on Southeast Asia*, 1984(12).

Sullivan D. M., Poarch J. G., Bialystok E. Why is lexical retriever slower for bilinguals? Evidence from picture naming. *Bilingualism: Language and Cognition*,2018,21(3).

Ter Kuile H., Veldhuis M., Van Veen S. C., et al. Bilingual education,metalinguistic awareness, and the understanding of an unknown language. *Bilingualism:Language and Cognition*,2011,14(2).

Colonial Office Records(CO)91/142,London: The National Archives.

Colonial Office Records(CO)273/103/103,London: The National Archives.

Chief Clerk of the California State Assembly. *California Statutes*, California:California Statutes Archive.

Daily Alta California. California, 1852—1877.

Straits Chinese Magazine. Singapore,1897—1907.

The Kobe Weekly Chronicle. Kobe,1898.

The North-China Daily News (1864—1951). Shanghai,1908.

The San Francisco Call. San Francisco,1909.

The Singapore Free Press. Singapore, 1904.

The Straits Times. Singapore, 1895—1956.